여공 1970, 그녀들의 反역사

여공 1970, 그녀들의 反역사

김원 지음

이매진
2006

이매진 컨텍스트 08

여공 1970, 그녀들의 反역사

초판 처음 찍은 날 2005년 9월 30일 **개정판 처음 찍은 날** 2006년 4월 21일 **개정판 네 번째 찍은 날** 2021년 6월 21일 **지은이** 김원 **펴낸곳** 이매진 **펴낸이** 정철수 **등록** 2003년 5월 14일 제313-2003-0183호 **주소** 서울시 은평구 진관3로 15-45, 1018동 201호 **전화** 02-3141-1917 **팩스** 02-3141-0917 **이메일** imaginepub@naver.com **블로그** blog.naver.com/imaginepub **인스타그램** @imagine_publish **ISBN** 979-11-5531-118-9 (03300)

- 이 책을 만든 인쇄 노동자 여러분께 감사드립니다.
- 값은 뒤표지에 있습니다.

이 책을 먼저 돌아가신 나카무라 후쿠지 선생님께 바칩니다.

초판 서문

이 글은 내 학위논문인 『여공 담론의 남성주의 비판』을 대폭 수정, 보완한 것이다. 학위논문에 대해 갖는 심경이란 사람마다 다르지만, 내게 이 글은 이른바 '파시즘 시기 지식의 역사'에 대한 내 생각을 정리한 첫 출발이라고 할 수 있다. 또한 이론적 입장에서 볼 때, 그간 간헐적으로 잠재해왔던 '인간주의' 문제설정과 결별한 것이라고 할 수도 있다. 한국 현대사 연구는 90년대 이후 수적으로나 질적으로 취약해진 반면, 새로운 연구 경향이 다양하게 나타나고 있다. 나 역시 이런 변화의 시점에서 '지적인 세례'를 받은 한 연구자임에 틀림이 없다.

이 글이 만들어지는 과정에서 많은 사람들의 도움을 받았다. 무엇보다 책 읽고 글 쓰는 것 이외에 제대로 할 줄 아는 것이 없는 무심한 자식을 묵묵히 지켜봐주신 어머니께 이 책을 작은 선물로 바친다. 그리고 대학원 시절부터 이 글이 완성될 때까지 갑갑한 제자를 늘 독려해주신 지도교수 손호철 교수님께도 감사의 말을 전해드리고 싶다. 그리고 주변의 많은 벗들과 한국에서 연구하는 어려움을 이해해준 아내 은정에게도 고맙다는 말을 전하고 싶다.

그리고 무엇보다도 이 글이 완성되는 데는 2002년부터 1년간 객원연구원으로 방문했던 일본 리츠메이칸立命館 대학의 풍족한 연구 환경 덕분이었다. 그리고 그곳으로 나를 초청해준, 이 글이 완성되고 1년 뒤 유명을 달리하신 나카무라 후쿠지中村福治 선생님 영전에 이 글을 바친다.

1998년 고인의 집에서 선생을 처음 만난 뒤, 약 6년 동안 꽤 큰 나이 차 그리고 한국인과 일본인이라는 '차이'에도 불구하고 가깝게 지냈던 것 같다. 한국을 좋아해서 은퇴한 뒤 한국에서 살고 싶어했고, 안보투쟁 속에서 청춘을 보낸 선생은 50~60년대 일본 사회를 연상시키는 역동적인 한국 사회를 더 연구하고 싶어했다. 그리고 장래성 있는 한국 연구자들과 늘 허심탄회하게 만나서 얘기를 하고 싶어했다.

선생은 까마득한 제자뻘인 내게 1년간 아무런 조건 없이 자신의 연구실을 빌려주었다. 내가 새하얗게 밤을 새우고 아침에 부스스한 모습으로 연구실에 있으면, "또, 밤새웠어요?" 하며 차 한 잔을 타주던 일이 불과 얼마 전 일인 것 같다. 2002년부터 1년간 그 연구실에서 박사논문을 쓰면서 본, 늘 피곤해하면서도 책을 놓지 않던, 하물며 타계 직전 한국의 병실에서도 로자 룩셈부르크의 『자본축적론』을 머리맡에 두던 선생의 모습을, 이젠 더는 볼 수 없다는 생각을 하니 말을 잇기가 어렵다.

내게 많은 선생이 있었지만 진실로 내가 학자이자 선생으로 인정했던 사람은, 매우 외람된 말이지만 한국인이 아닌 일본인인 그분이었다. 자주 이런저런 문제에 대해 물어볼 때 씁쓸하게 내뱉던, "그 사람 실력 없어요, 학자로서", "잘 몰라요"란 말들이 등 뒤에서 울린다.

돌아가시기 2주 전, 쿄토의 한 병실에서 만나서 결혼을 축하한다며 힘든 몸을 이끌고 저녁을 사고, 숙소와 비행기 예약에 소요된 돈을 한사코

받지 않겠다며 '결혼 선물'이라고 고집을 부리던 모습이, 내가 본 선생의 마지막 모습이었다. '결혼 선물'과 함께 스스로 몇 년간 입버릇처럼 되뇌던, "곧, 죽을 거예요"라는 자기 암시처럼 세상과 등졌다. 다시는 선생의 목소리도, 이메일도, 한국어와 컴퓨터 상담도 받지 못할 것을 생각하니, 너무 슬프다. 아마도 신이 가혹하다면, 이런 때를 두고 하는 말이 아니던가…….

부디 나 그리고 우리 주변 많은 이의 마음 안에 선생의 여전히 익숙지 않은 한국어 발음이 기억되기를 빈다. 사요나라, 센세이.

2005년 5월 1일

김원

개정판 서문

먼저 『여공 1970, 그녀들의 反역사』에 관심을 가져준 모든 독자들께 감사의 말을 전하고 싶다. 지나치게 두꺼우며 방대한 과거와 현재 지배적 담론과 익명적 지식들의 실타래를 복잡하게 얽어놓은 『여공 1970, 그녀들의 反역사』를 읽어주신 많은 분들에게 이 글이 '다시 쓰여지는 텍스트'가 될 수 있도록 계속 수정과 보완을 약속드린다. 특히 2006년 『여공 1970, 그녀들의 反역사』는 한국 사회의 진보적 변화를 위해 기여하셨던 고 김진균 선생을 기념하는 제1회 김진균상 학술 부문을 수상하게 되었다. 부족한 글에 과분한 상을 주신 김진균 기념사업회에 개정판을 내면서 감사의 말을 전해드리고 싶다. 또한 여러 사정으로 출판 자체가 어려워졌던 이 책의 출판을 맡아준 이매진 정철수 대표에게도 고맙다는 말을 개정판에서나마 건네고 싶다.

굳이 개정판을 내면서 다시 '개정판 서문'이라는 거창한 이름을 붙인 것은 그간의 관심과 이것을 반영했던 여러 서평과 비판 등을 부족하나마 개정판에서 담아내려고 했음을 밝히기 위해서이다. 또한 이 책에 관심을 가지신 분들에게 이 책을 둘러싸고 전개된 논쟁과 반론을 소개함으로써, 이 글이 좀더 논쟁적으로 읽힐 수 있도록 하기 위해서이다. 여러 언론 지상, 인터넷 매체 그리고 잡지 등에 『여공 1970, 그녀들의 反역사』에 대한 소개가 실렸지만, 여기서는 그 가운데 몇 편의 구체적인 서평을 선택해서, 충분하지는 않지만 개정판에 이런 평가들을 일부 반영했음을 밝히고자 한다.[1] 주제별로 제기된 문제에 대해 하나씩 언급하면 아래와 같다.

먼저, 민주노조 담론의 모순과 균열 문제를 살펴보자. 이 책이 나온 지 얼마 안 된 2005년 11월 서강대학교 정치철학연구회 2005년 학술발표회에서 '담론 분석의 방법들'이라는 주제로 김익경이 처음 문제를 제기했다. 구체적으로 김익경(2005)은 민주노조 담론의 균열과 모순에 대한 내용과 관련, 다음과 같이 비판을 가하고 있다. 다소 길지만 중요한 부분을 인용해보면 아래와 같다(강조는 인용자).

> ……김원의 글은 이렇게 역사적 내용을 도구로 하여 기존 서사를 뒤집는다. 기존 서사가 또 다른 서사를 억압하고 성립한 사후적으로 구성된 담론임을 익명적 지식을 통해 드러내며(푸코의 계보학적 방법), 더 나아가 익명적 지식을 이용해 새로운 서사를 구축한다(미시사의 방법). 즉 계보학과 미시사를 결합하여 텍스트의 서사성이 가진 이중의 위협에 대응한다. ……(그러나 — 인용자) ……청계천 피복노조(청계피복 노조를 지칭 — 인용자)와 동일방직 노조를 기술할 때와는 달리 YH 노조를 기술할 때는 노조가 선택의 주체였다는 점이

1_ 여기서 거명하는 서평은 김준, 「남성주의적 한국 노동사 인식과 서술에 대한 해체적 폭로」, 『민주사회와 정책연구』 통권 9호, 2005; 이재성 · 김혜영, 「"당신에게 나, 은혜 입은 거 없어" — 여공 1970, 그녀들의 반역사 서평」, 『진보평론』 겨울호 2005; 정지영, 「여공 1970, 그녀들의 반역사 서평」, 『한국여성학』 21권 3호 2005; 김익경, 「흔적, 서사, 담론분석의 방법들」, 『역사읽기의 새로운 모색』 서강대학교 정치철학연구회 2005년 학술발표회(2005년 11월 18일)이다. 그 밖에 신문, 잡지 그리고 인터넷 매체 등에서 좋은 비평과 지적을 해주신 모든 분들께 다시 감사하다는 인사를 드리고 싶다.

강조된다. 즉 YH 여성노동자들은 '부차적이고 비자율적인 주체'가 아니었던 셈이다. 어떤 점에서 그들은 주체적이었다고 말할 수 있을까? ……하지만 YH 노조를 주체로 만드는 이와 같은 서사는 약간 당혹스럽다. 이전 두 노조의 신화화를 익명적 지식을 통해 비판하는 곳에서 느낄 수 있었던 전복의 힘을 상실한 것 같아서이다. ……YH 노조 이야기는 차라리 이제야 제자리를 찾은 노조에 관한 서사처럼 읽히는데, 청계천 피복노조와 동일합성 노조에서처럼 '노조'와 주도하는 주체(지식인의 담론 혹은 도시산업선교회)의 위치가 분열되어 있지 않고 일치하기 때문이다. 소급하여 앞의 두 노조에 대한 서사도 다시 구성할 수 있다. 그 서술에서 김원은 노동조합의 기본 기능을 지적하고 이를 무시하는 방식으로 정체성을 구성한 기존 서사를 비판하였다. 그 노조들은 자신의 본질적 기능과 분리되어 있었으므로 진정한 주체가 아니었다. 하지만 YH 노조는 자신의 현실적 위치와 일치하는 진정한 주체였으므로 YH 노조는 행위할 수 있었다. ……"

김익경이 정확하게 지적한 바와 같이 초판 7장의 YH 노조에 대한 부분은 민주노조를 둘러싼 지배적 담론(혹은 서사)을 비판하는 방향과는 틀어져 있었다. 바로 '진정한 주체'로서 YH 노조가 하나의 모델이자 행위자처럼 등장하고 있었던 것이다. 아마도 이러한 텍스트의 모순은 내가 은연중에 지냈던 '주체에 대한 강박증'과 내밀하게 연관되어 있었던 것이 아닌가 생각이 든다. 나는 김익경의 반론을 받아들여서, 개정판에서는 민주노조 담론의 균열 부분에서 YH 노조 부분을 삭제했고, 교회단체와 여성노동자 사이의 균열을 다루었던 초판(8장)을 같은 장으로 합쳐서 1970년대 민주노조운동을 둘러싼 지배적인 해석을 둘러싼 익명적 지식의 드러내기 효과를 강화시켰다.

두 번째, 남성성과 폭력성을 둘러싼 화두다. 나는 초판에서 프롤로그 가운데 일부(「여성전사」)와 초판 4장에서, 작업장 폭력에서 그간 부각되지 않았던 남성노동자들에 의한 무의식적인 작업장 폭력을 남성지배 공동체의 연장선상에서 해석했다. 이 문제에 대해 '남성성=폭력성'이라는 스테레오타입에 지나치게 집착하고 있는 것이 아닌가라는 반론이 제기되었다. 구체적인 쟁점으로 제기된 점은 남성 노동계급이 중산층 남성에 비해 남성다움에 대한 강조가 강하고, 이것은 남성 노동계급이 계급적으로 무시당하는 존재이기 때문에 더욱 강하게 드러난다고 주장하지만, 실제 남성의 폭력성을 일반화했다는 것이다. 바로 남성 노동계급이 중산계급에 비해 남성성에 집착한다는 근거도 없거니와, 주요 논지로 제시되는 것은 폴 윌리스P. Willis의 연구 등 외국 사례이기에 더욱 그러하다. 또한 여성성이 하나로 규정될 수 없듯이, 남성성도 단일하지 않으며, 단적으로 여성노동자가 여성노동자에 대해 작업장 안팎에서 가하는 폭력을 언급하지 않은 것은 '폭력성=남성성'으로 등치시키고 있다는 것이다(김준 2005).

이재성 · 김혜영(2005)도 '남성성=폭력성'이라는 비판과 흡사한 맥락에서, "……'자매애'는, 운동의 구호로는 사용될 수 있을지 몰라도, 남성성을 이성, 정신, 폭력성, 전쟁지향 등으로, 여성성을 감성, 육체, 비폭력성, 평화지향 등으로 정의하는 오래된 근대적 이분법을 수용함으로써 고정된 여성성을 정당화 혹은 강화하는 역설적인 결과를 초래하기도 한다. ……여성을 '남성적 질서 속에서 호전적 전사'로 만드는 것도 분명 문제가 있지만, '여성성=평화 · 탈전쟁으로 읽어야 한다'(91쪽)는 주장은 더 심각한 문제를 낳을 수 있다. 여성을 산업전사로, 희생양으로, 투사로 만드는 것이 여성을 특정한 담론 속으로 밀어 넣어 담론생산 주체의 이해에 복무하도록 권력을 행사하는 것이 문제가 된다면, 마찬가지로 여성을 '평화 · 탈전쟁'의 맥락에서 읽어내는 것은 이미 존재하는 지배적 담론의 내용만 바꾸는 것에 다름 아니다"라고 논박하고 있다.

일단 나는 초판 텍스트 가운데 일부분이 '남성성=폭력성' 혹은 '여성성=평화, 비폭력'으로 독해될 수 있는 여지에 대해 인정한다. 프롤로그와 글의 일부를 다시 검토해 본 결과, 문제가 있는 부분을 수정했다. 다만 여전히 남는 문제는 남성성과 여성성이 단일하게 환원될 수 없는 복합성 혹은 환원불가성을 지니지만, 그렇다고 남성공동체의 지배의 욕망이 관철되는 장으로서 작업장이 지니는 위치에 대한 해석을 철회할 생각은 없다. 이러한 남성지배, 남성공동체로서 작업장을 유지하기 위한 의례적 실천이 남성노동자들의 작업장 폭력과 여성다움을 여성노동자들에게 강요하는 것이었다. 특히 남성들에게 집단적 폭력이나 학살 등의 기억은 스스로 '망각'되어진 기억이며, 여성들에게도 '감추기를 강요당한 기억'이라는 측면에서 더욱 그러하다. 따라서 이 문제는 '경험적인 논거나 사례'라는 차원으로 논의될 문제는 아니지 않은가 싶다.

세 번째 화두는 '자매애femal solidarity 혹은 sisterhood'를 둘러싼 문제다. 『여공 1970』과 관련된 평가 가운데 가장 논쟁적인 것 가운데 하나가 '자매애'라는 여성노동자들 간의 연대의 문화를 둘러싼 문제였다. 바로 여성노동자들 사이의 관계, 문화를 '자매애'라는 개념어로 규정하는 것이 지배적 담론을 뒤집는 책 전체의 흐름을 거스르거나, 혹은 여성노동자간의 차이, 균열 등을 '무화'시키는 것이 아니냐는 것이다. 우선 이재성 · 김혜영(2005)는 이 문제에 대해 다음과 같이 언급하고 있다(강조는 인용자).

> ……'자매애'는 여성주의 진영에서 적지 않게 논쟁을 불러왔던 개념이다. 여성운동사의 맥락에서 '자매애'는 단순히 '여성들 간의 친밀성'만을 의미하는 것이 아니라, '가부장제에 대한 저항이 전체 여성의 공통된 이해'임을 주장함으로써 여성들에게 '모든 차이를 극복하고 연대할 것'을 촉구하는 개념이다. 오늘날 여성운동 진영에서는 그러한 '자매애' 개념이 여성들 간의 '차이'를 인식하기 어렵게 만들 수 있다고 하여 매우 신중하게 사용하고 있다. 따라서 이 개념을 사용하는 저자가 불필요한 오해를 불러오지 않으려면 기존 용법에 대해 적극적으로 개입하여 해석하고, 저자 자신의 관점에 대해서 밝혀주어야 한다. ……저자는 여성노동자들의 독자적인 문화를 발견하려 노력했고, 특히 이를 비공식적 영역과 주변적

범주(수다 등)에 대한 적극적 해석을 통해 달성하려 했다. 그러나 제목과 본문을 보면 여성노동자들의 문화가 '자매애'로 규정되는 듯 보이다가(636쪽), 다른 부분에서는 이를 단순히 노동자문화와 연대의 '기초'라고 정의하는 등(639쪽) 일관되지 못한 개념 구사를 하고 있다. 저자는 남성중심주의에 대항해 온 '자매애' 개념 속에 담긴 많은 이들의 고민을 더 진지하게 다루었어야 했고, 새롭게 재정의하여 '자매애' 개념을 사용한다고 하더라도, 자신의 연구 과정에서 이 개념을 보다 일관성 있게 적용했어야 했다.

비슷한 논지로 정지영(2005)도 초판에서 사용된 자매애에 대해, "……여성 노동자의 문화를 설명하기 위해 도입한 '자매애'의 문제에 대해 좀더 치밀한 고민이 필요하다는 생각이다. 여성노동자의 문화를 자매애로 쉽게 설명하기보다는, 여성노동자의 '자매애'에 대한 논의 자체를 또 다른 담론으로 분석해야 하는 것이 아닐까. 이 책에서 강조한 불연속성과 익명적 지식을 고민할 때, 기숙사 안에서 형성한 친밀한 관계에 대해서도 의구심을 품게 된다. 친밀한 관계가 있었던 만큼 그 안에 갈등과 배신, 타협과 협상이 존재했을 것이다. 기존의 노동사가 '노동자' 내부에 존재하는 남성과 여성 사이의 차이를 보지 못한 것처럼, 김원의 여성노동사는 '여성노동자' 내부의 불균질성을 간과하는 것 같다"고 반론을 제기하고 있다.

내가 책을 정리하는 과정에서 여전히 해결하지 못한 논제 가운데 하나가 바로 '자매애'에 대한 문제다. 두 개의 서평이 정당하게 지적해주고 있는 바와 같이, 자매애 자체가 논의의 대상이 되어야 하며, 자매애는 여성노동자들 간의 차이, 균열 등 복잡한 관계를 드러내는 데 결정적인 한계가 있다고 생각한다. 초판 9장에서 자매애로 규정한 여공들의 소모임 부분을 삭제하고, 개정판 7장의 '여공의 문화'의 일부분으로 처리했다. 또한 개정판에서는 7장에서 자매애 자체에 대한 초보적인 문제제기를 함으로써 제기되었던 문제에 대한 답을 대신하고자 했다. 하지만 '연대의 문화' 수준으로 모호하게 처리된 여성노동자들 사이의 문화 그리고 내부적 차이에 대한 규명은 좀더 시간을 가지고 탐구해야 할 과제로 남겨두었다.

다음으로, 1970년대 민주노조운동을 둘러싼 담론에 대한 쟁점이 제기되었다. 나는 1970년대 여성 민주노조운동을 경제주의, 조합주의, 낮은 의식성 등으로 규정한 것은 남성 노동사가와 활동가들이며, 이것은 여성노동자들을 부차적이고 낮은 수준의 주체로 전락시켰음을, 또한 여성노동자들의 주체적 구성을 은폐했음을 주장했다. 1970년대 여성 노동운동이 조합주의라는 지배적 해석에 대한 '반비판'과 연관해서 제기된 문제는 1970년대 여성 민주노조운동의 '한계'를 지적하는 것을 남성 노동사가들의 편견으로 돌릴 수 있느냐는 문제다. 비판의 요지는, (1) 1980년대 혁명적 노동운동은 1984년 대우자동차 파업에서 중공업 남성노동자의 진출을 환호하는 동시에, 이 운동의 성격을 조합-경제주의로 규정했으며, (2) 1970년대 여성 민주노조운동에 대한 기존의 평가가 특정 지식을 은폐함으로써 편향된 담론을 생산했지만, 마찬가지로 『여공 1970』도 여성주의적 담론에 기초, 70년대 기존 민주노조운동에 대한 평가를 난폭하게 재단할 가능성이 있다는 것이다(김준 2005, 292).

이 문제에 대해서는 한 가지 해명과 한 가지 반론으로 답변을 대신하고자 한다. 일단 내가 여성주의적 담론 — 정확하게는 방법론 — 만을 통해 1970년대 민주노조운동을 둘러싼 지배적 담론을 비판했던 것은 아니라고 생각한다. 나는 지배적인 담론과 공식적 역사에 대한 근본적인 비판에 있어서 푸코의 계보학을 매우 매력적인 틀로 사고했다. 바로 과거에 사료로 전혀 인정되지 않았던 하찮고 잡스러운 자료를 가지고 역사를 비틀어 보는 것은 공식적인 서사/흔적을 남길 수 없었던 주변부 집단을 드러내고, 동시에 지배적 담론을 전복시키는 데서도 매우 효과적이라고 생각했다. 그러한 과정에서 남성주의적 노동사 해석과 반대편 입장에 있는 여성주의 입장과 '친화성'을 가질 수도 있다는 생각이 든다. 하지만 여성주의 인식론을 지니신 독자들이 보시면 아시겠지만, 이 글이 초지일관 '여성주의적 담론'에 기초한 것도 아니고, 일부분은 이미 여성주의 연구에서 제기해온 것들이다. 더불어 잘 알려진 바와 같이 푸코 자신의 '몰성적인' 면은 여성주의에 의해 비판의 대상 혹은 불편함을 주었으며, 푸코의 방법론이 여성주의와 결합하는 문제는 간단한 문제가 아니다. 한편 나는 『여공 1970, 그녀들의 反역사』에 대한 전복성, 해체적 성격 혹은 불편함 등의 '언어' 혹은 '용어'를 사용하는 것 자체가 일정한 입장, 다시 말해서 남성중심적인 지배적 담론에서 쉽게 탈출하지 못하는 '주저함'을 드러내는 것은 아닌가 묻고 싶다. 물론 나는 내 인식론이나 방법론을 강요할 생각이 없으며, 다만 여공을 둘러싼 자명하다고 여겨졌던 담론을 뒤집고, 흔히 과학적 해석, 이분법적 인식에 기초해서 정통으로 간주되어온 역사라는 문제 틀을 반박할 하나의 서사를 구성하고 싶었을 뿐이다. 아마도 아래 글이 좀더 정확한 반론이 되지 않을까 싶다.

……1970년대 여성노동자를 둘러싼 조합주의, 경제주의, 민주화 담론 등 지배적인 담론은 아직도 강한 힘을 지니고 있다. 내가 계보학을 선택한 이유는 이런 지배적인 담론이 형성되어온 역사와 이것을 구성해온 힘들의 역사를 작성하기 위해서였다. 바꾸어 말해 너무나 자명해 보이는 개념, 이제는 보편화된 혹은 사라진 단어, 언어가 가진 신비성, 물신성物神性, commodity fetishism을 벗겨내고자 한 것이다. 이것은 고고학자가 근대의 지층을 발굴하며, 근대 담론의 기원을 탐색하는 것과 유사한 방법이다. 나는 1970년대 여성노동에 대한 기존 연구들이 지녔던 과학, 인과관계에 대한 지나친 집착, 운동사의 전통에 대한 무비판적인 인식에서 자유로워져야 한다고 생각한다. 기존 연구들은 '이론에 대한 맹목' 혹은 '실증에 대한 과도한 애정' 탓에 역사적 현상을 협소화·도구화시키는 경향이 강했다. 오히려 나는 익명적 지식과 담론에 관한 연구에서는 '내러티브', 바로 '서사'의 복원이 필요하다고 생각한다.

끝으로, 공장 동경과 실질적 가장으로서 여공을 둘러싼 문제다. 『여공 1970』에서 나는 희생양 담론을 비판하면서 여공이 희생양이나 생계보조적 노동력이 아닌 실질적인 가장임을 주장했는데, 이런 주장은 '경험적인 차원'에서 문제가 있지 않은가라는 비판이 제기되었다. 구체적인 논거로, (1) 1970년대 여성노동자들의 임금은 남성의 이분의 일에 머물렀으며, 최대한 가계보조를 했다고 해도 수입의 절반 이상을 넘지 않았으며, (2) 통념과 달리 가족에 대한 송금보다 자신을 위한 저축과 소비에 사용했던 노동자들도 많았다. 따라서 주체적 자아로서 여성노동자들의 자기정립은 실질적 가장이었다는 무리한 주장보다, 여성노동자들의 가계에 대한 기여와 도시체험이 여성노동자들과 가족 구성원과의 관계를 어떻게 변화시켰는가를 파악하는 것이 타당하다는 지적이다(김준 2005).

물론 위에서 지적한 실질적 가장으로서의 기여도, 자신을 위한 수입의 사용 등에 대해 나도 인정할 수 있다. 다만 내가 희생양 담론과 다락방 담론이라는 한 쌍의 지배적 해석을 비판한 맥락을 다시 생각해보면, 이것이 '경험적 차원'의 문제가 아님을 쉽게 알 수 있을 것이다. 젠더 불평등이 관철되어온 가족질서 아래에서 여성노동자들은 지배 담론이 강조하듯이 자신을 버린 '희생적인 주체'도 아니었으며, 다락방 담론이나 『전태일 평전』에서 서술되는 것같이 보호의 대상도, 성별이 삭제된 중성적 주체도 아니었다. 그래서 이런 여공을 둘러싼 지배적 담론과 역사 해석을 뒤집기 위해 '공장 동경'이라는 '익명적 지식'을 드러냈던 것이다. 어쩌면 '경험적인 논증'의 차원으로 이 문제를 귀착시킬 때, 여공들은 다시 지배적 담론의 세계 혹은 과학적 역사 서술이라는 타래로 빨려들지도 모르겠다.

정치학, 그리고 한국정치를 전공으로 한 나는 늘 '과연 나의 학문적 정체성'이 무엇인지에 대해 질문을 하곤 한다. 정치학, 역사학, 사회학 그리고 여성학, 문학 등에 걸쳐 있는 나의 연구는 주류 학계의 흐름이나 질서와는 한 걸음 떨어져 있고, 지배적인 해석과도 거리를 두고 있어 읽는 이로 하여금 불편함을 느끼게 하는 것이 아닌가 스스로 생각할 때도 많다. 하지만 이제 막 연구에 첫발을 뗀 한 개인으로서 가지고 있는 생각은 글쓰기, 그리고 주류적인 것과 거리를 두고 살아가는 것이 내가 나름대로 '세상에 말을 거는 방식'이 아닌가 생각한다. 여전히 내가 가슴 속에 간직하고 있는 것은 내 연구가 공식적이며 주류적인 역사 해석으로부터 배제되고 타자화되어, 결국 잊혀져버린 개인과 집단들을 '불러내는', 다른 식으로 말하자면, 세상이 잊어버린 그들과 세상이 '대화할 수 있게' 하고 싶다는 소박한 생각이다.

앞으로 쓰고 싶은 글에 대해 이야기하고 너무 긴 서문을 맺고자 한다. 『여공 1970』에서도 스치듯 말했지만 나는 이야기체 역사를 다시 복원하고 싶다. 과학적인 역사가 폄하한 '서사의 부활'을 통해 또 다른 실험적인 글쓰기를 하는 것이 다음 목표다.

그래서 요즘은 한동안 손에서 놓았던 소설들을 보는 중이다.

2006년 3월 25일

김원

차례

3장_ 힘세고 건강한 소녀들 — '여성노동'과 성별분업 277

이 책에 실린 글들의 출전

1장 식모는 위험했나? — 산업화 시기 주변부 여성노동을 둘러싼 담론들

「근대화 시기 주변부 여성노동에 대한 담론 — '식모'를 중심으로」, 『아세아 여성연구』 43집 1호, 2004년.

2장 여공 되기 — 희생양 담론과 공장 동경

「여공담론의 남성주의 비판 — 전전 일본에 비추어 본 한국 사례를 중심으로」. 서강대 정치외교학과 박사학위 논문, 2003년 8월 가운데 제3장 '여공 되기: 희생양 담론과 공장 동경'(55~58, 70~146쪽).

3장 힘세고 건강한 소녀들 — '여성노동'과 성별분업

「여공담론의 남성주의 비판 - 전전 일본에 비추어 본 한국 사례를 중심으로」. 서강대 정치외교학과 박사학위 논문, 2003년 8월 가운데 4장 '여공이 되고 나서: 성별분업 담론의 구성'(147~177쪽), 「한국 산업화 시기 여성 노동자의 일상사: 적응, 타협 그리고 저항」, 『새로운 역사쓰기를 위한 한 · 독 학술교류: 일상사, 그 가능성과 한계』 한양대 대학원 화상회의실, 에어푸르트 대학 역사인류학 연구소 주관 2005년 6월 23~24일.

4장 계집들이 노조를 만든다고! — 여성들의 노조 만들기

「여공담론의 남성주의 비판 — 전전 일본에 비추어 본 한국 사례를 중심으로」. 서강대 정치외교학과 박사학위 논문, 2003년 8월 가운데 5장 '여공문제와 노동조합: 민주화 담론의 구성 신화 비판'(239~283쪽).

5장 여공들은 '투사'였나? — '민주화 담론'의 구성신화 비판

「1970년대 여공과 민주노조운동 — '민주 대 어용' 균열 구도의 비판적 검토」, 『한국정치학회보』 38집 5호; 「1970년대 민주노조와 교회단체」, 『산업노동연구』 제10집 1호, 2004년 6월.

6장 공순이, 타락했나? — 여성노동자들에 대한 사회적 시선

「여공의 정체성과 욕망: 1970년대 여공에 대한 지배적 담론의 비판적 연구」, 『사회과학연구』 12집 1호, 2004년.

7장 남진, 나훈아에 열광했던 여공들 — 여공의 일상과 문화

「70년대 '여공'의 문화: 민주노조사업장의 기숙사와 소모임 문화를 중심으로」, 『페미니즘 연구』 제4호, 2004; 「여공담론의 남성주의 비판 — 전전 일본에 비추어 본 한국 사례를 중심으로」, 서강대 정치외교학과 박사학위 논문, 2003년 8월 가운데 6장 '여공의 정체성과 문화'(427~478쪽).

이 책에 실린 자료, 표, 그림, 사진들

자료

표

그림

사진

프롤로그_

나와 노동자 연구

……총무과의 미스 명, 외사촌이 회사 내에서 가장 선망하는 사람. 미스 명은 납땜하는 대신, 늘 서류를 옆구리에 끼고 바쁘게 회사를 왔다갔다하거나 우리들의 출근카드를 체크하고 있다. ……곱슬거리는 검은 머리가 어깨 밑까지 부드럽게 내려와 있으며, 눈동자는 맑고, 윤나는 피부를 가졌다. ……외사촌은 그런 미스 명의 모든 점을 다 좋아했다. 특히 미스 명이 생산부 종업원이 아니고 관리사원인 점을…….

— 신경숙, 『외딴방』에서

1. 10년 전의 나

10년이란 세월은 참으로 빨리 지나간다. 1993년 처음 공부를 시작했을 때 내가 여기까지 오리라고는 상상도 하지 못했다. 다만 처음 대학원에 들어오며 쓰고 싶던 한 편의 글을 마무리했다는 점에서 스스로 위안을 삼고 싶다. 이 책에서 다룬 노동자 그리고 여성이란 주제는 지금까지 내 인생에서 한 번도 접하지 못했던 것들이다. 나는 노동자의 삶을 산 적도 없으며 노동자들의 어려움을 피부로 느껴보지도 못했다. 또한 한국 사회에서 여성으로서 지니는 정체성과 자기검열 구조, 멘털리티 등에 대해서도 나는 피상적인 인식 이상을 가지기 어려웠다.

그럼에도 불구하고 '여성과 노동자'라는 낯선 주제로 연구자로서 첫발을 내딛은 것에는 나름대로 사연이 있다. 먼저 노동자에 대한 이야기를 해보고 싶다. 나는 노동자들을 만나는 봤지만 그들이 얼마만큼 이 사회에서 고통받고 있는지에 대해서는 아직도 확실하게 말할 수 없다. 남들은 연구테마에 대해 아주 멋스런 말로 이야기를 하곤 하지만, 내게 여성노동자 연구는 얼마간 유치하기도 한 '개인적 추억' 속에 남아 있는 것들에서 시작한다. 나에게 아스라하게 남겨진 노동자, 그리고 민중에 대한 기억들이 아주 오래도록 내 머리 끝을 붙잡고 있을 뿐이다.

지금부터 14년 전, 내가 대학교 1학년과 2학년 사이를 넘어가던 시절이었다. 지금은 어떻게 변해 있는지 한 번도 가보지 않았지만 양재역 주변에 '꽃동네'라는 작은 철거촌이 있었다. 나는 그곳에서 1년 동안 활동 — 아니 '봉사활동'이라 해야 말이 맞을 것이다 — 을 했다. 봉사를 했다고 하지만 거창한 일을 한 것은 결코 아니었다. 빈민촌 혹은 철거촌이라 불리던 그 어스름한 동네에 일주일에 한 번씩 찾아가 중학교에 다니는 두 소녀에게 공부를 가르쳐주는 일이었다. 지금도 기억난다, 민정이와 연수. 따지고 보면 당시 나는 열아홉, 그리고 두 소녀는 중학교 3학년이었으니까 열다섯. 기껏해야 네 살 터울에 불과했다. 누가 누구를 가르친다는 것이 가당치 않았을지도 모른다.

하지만 당시 한참 머리에 물이 들기 시작했던 나는 가증스럽게도 두 소녀에게 뭔가를 가르치려 들었다. 너희들의 가난과 어려움은 너희 탓이 아니라고. 그건 매일 너희들의 집을 철거하려는 정부와 자본가들 때문이라고. 그러나 놀라운 일은, 굳이 내가 힘들여 만들어온 이런 내용의 교재들은 소녀들에게 별로 흥미를 끄는 것도 아니었으며, 내가 말해주는 것보다 그 소녀들이 현실을 더 잘 알고 있었다는 것이다. 민정이와 연수는 어줍지 않은 어린 선생의 말과 글을 별로 신뢰하지 않았을는지도 모른다. 두 소녀가 내게 자주 묻는 질문이 있었다.

"선생님은 언제 떠날 거예요?"

당시 철거촌이라는 곳 자체가 불안정한 곳이기도 했지만 섣부른 노동빈민 의식화의 열정만으로 이곳에 왔다가 성에 차지 않자 구호와 슬로건이 넘치는 캠퍼스로 돌아가는 학생들이 부지기수였기 때문이었다. 잘 기억나지 않지만 매일 쓰던 교사일지에 나는 원하는 대로 수업이 되지 않는 것에 대한 여러 가지 불평들을 적어 놓았을 것이다. 그때는 참으로 조급했고 내 한마디 한마디와 작은 행동이 '그들을' 변화시킬 것이라고 강철처럼 믿었다. 물론 한 해가 지나 민정이와 연수의 '족집게 같은 예언'대로 나는 그곳을 떠났고, 엄숙하고 시퍼렇게 날이 선 캠퍼스로 돌아왔다.

한참 시간이 지난 뒤에 나는 직접 노동자들을 인터뷰하기도 했고, 그네들의 삶이 그려진 여러 책을 열심히 밑줄 그어가며 읽기도 했다. 우연의 일치인지 모르지만 여성노동자들의 수기를 읽을 때마다 자주 두 소녀의 얼굴이 아스라이 떠오르곤 했다. 이유는 잘 모르겠지만 언어로 표현하기 어려운 1년 정도의 기억들 속에서 노동자, 빈민 등 민중에 대한 내 이미지가 그려진 것은 아닐까 혼자 생각해본다. 그리고 그 시절 내가 왜 그리도 답답해 했나 잠자리에서 되뇌어보곤 했다. 아마 지금쯤 민정이와 연수는 귀여운 아이의 엄마가 되어 있을 것이고, 두 소녀도 여공의 세계를 경험했을지도 모른다. 그리고 지금도 내 무의식 세계 속에는 왠지 민정이와 연수에게 빚진 마음이 있는 것만 같다. 여성노동자들의 수기를 읽으며 늘 오버랩되던 그녀들에게 아직도 내가 너희들에 대해 고민하고 생각하고 있다는 것을 보여주고 싶어서일까? 어디선가 그녀들이 살고 있다면 그것을 알아주길 바라고 있는지도 모를 일이다.

—

또 하나의 테마인 여성은 노동자보다 내게 더욱 생경한 것이었다. 고백하건대 나는 페미니즘에 대한 지식도 별로 없으며, 여성의 입장에서 사물을 보려고 노력하면서 산 경험도 그다지 많지 않다. 그렇다고 페미니즘이나 여성학이 사회주의권 몰락 이후 학문적 상품성을 지니게 된 시대적 화두이기 때문에 여성노동자를 다룰 만큼 나는 약삭빠르지도 못하다. 다만 여성노동자들에 관심을 갖기 시작하면서 '내게 여성이란 무엇인가?'에 대해 질문을 던졌고, 나 자신의 무의식 속에 존재하는 여성적인 것에 대한 '이중 잣대'(나에게는 가족적인 것으로 나타난)에 대해 고민하기 시작한 것이 계기라면 계기라고 할 수 있다.

나는 형제나 누이 없이 혼자 자라서 현실 속에서 '여성적인 것'에 대해 아직도 잘 모른다. 언젠가부터 '내게도 누나가 있었으며 좋겠다'는 생각을 했지만, 그 누구에게도 말한 적은 없었다. 적어도 내 개인사에서 '여성적인 것'은 결핍된 무엇이었고, 동시에 쉽게 접근하기 어려운 '금기시된 무엇'이기도 했다. 어릴 적부터 스스로 많은 것을 해서는 안 된다는 금기에 익숙해진 내게 여성적인 것, 여성의 정체성, 여성과 맺는 관계 등은 늘 조심스런 것이었고, 무의식적으로 회피된 주제였다. 그것이 연애관계든 다른 인간관계든 아니면 학문적인 주제든, '여성적인 것'에 대한 두려움은 참으로 뿌리가 깊었다. 아마도 내가 지나치게 대인관계에서 폐쇄적이고 소극적인 것은 이런 배경이 적지 않게 작용했으리라고 생각한다. 그리고 나와 친교를 맺거나 연애관계에 있던 여성들은 아마도 내 폐쇄성과 그 이면에 숨겨진 집착 때문에 많이 힘들어했을 것이다.

하지만 어느 순간부터인가 여성적인 것 혹은 여성에 대해 가지는 심리구조가 나 자신한테서 나오는 것이 아니라, 어쩌면 다른 무엇이 존재할지도 모른다고 생각하기 시작했다. 금기, 자기검열, 욕망의 절제, 조심스러움 등은 나보다 오히려 여성들에게 더 자주 사용되는 담론들이었다. 내 글 곳곳에 등장하는 배제, 금기, 욕망, 성 등 내게 부과된 것들은 역으로 여성들에게 더 큰 무게로 다가왔음을 나는 여성노동자들의 수기와 페미니즘 관련 연구들을 통해 확인할 수 있었다. 그것을 확인하면서, 아주 오랫동안 나를 짓누르던 '여성적인 것'에 대한 두려움에서 벗어날 수 있으리라는 기대에 차 '여공' 그리고 '여성적인 것'에 대해 이 글에서 처음으로 다루게 되었다.

동의하지 않는 사람들도 많지만 20대 이후 '글쓰기'는 현실에 막힌 내 상황을 해방시키기 위한 나 자신의 출구였다. 특히 한국 지식사회처럼 거미줄 같은 권력 관계가 드리워지고, 개인으로서 지니는 권리보다는 국가 구성원인 국민과 가족의 구성원으로서 지켜야 할 의무가 강조되는 사회에서 쉽게 나라는 '개인'을 발견하는 것은 (비록 여성노동자들보다는 남성인 내가 수월했겠지만) 어려운 일이었다. 하지만 소 혓바닥처럼 길어진 이 글을 쓰면서 생각했다. 계속 글 속으로 숨을 수만은 없다, 글 속에서만 해방을 느낀다는 것은 나 자신에게 너무 가혹하다! 이제 글쓰기라는 작업 밖에서 좀더 자유로워지고 싶다는 생각이 들었다. 부디 이 글이 연구자로서 나의 '시작'인 동시에 여러 가지 금기와 자기검열 그리고 과거에 대한 연민 속에서 살아가던 나 자신에게 새로운 출발이 되는 계기가 되었으면 하는 것이다. 아주 작은 바람이다.

—

이 글의 주인공인 산업화 시기 여성노동자들은 가난, 교육에서 받은 소외, 사회적 천시, 여성으로서 자기검열과 욕망의 억제 등으로 아직도 무거운 어깨를 지니고 살아가고 있다. 그러나 교육 · 재산의 차이, 지방 · 성별 등의 차이로 한 개인이나 집단을 차별하고 무시하는 것은 가장 비민주적이며 거부되어야 할 근대 한국 사회의 찌꺼기들이다. 바로 근대적 개인을 발견하고 개인의 권리에 기반해서 인간 사이의 관계가 맺어질 때가 되어야 평등한 인간관계가 가능해지리라고 믿는다. 그리고 나는 이 글에서 내가 쓴 문장과 한 말들을 현실에서도 반드시 실천할 것이다.

이 「프롤로그」에서는 글을 쓰는 과정에서 있었던 사적인 고민의 편린들을 드러내고자 한다. 이 책의 초고인 박사논문을 본격적으로 준비하면서 작은 개인 홈페이지http://my.dreamwiz.com/lab2001를 운영했는데, 그곳에 이런저런 개인적인 고민과 생각을 옮긴 작은 글들이 있다. 그 중 논문 작성 과정의 고민들이 묻어난 글들을 골라 묶었다. 이 안에는 대학 시절의 개인사, 한국 사회에서 연구자로서 살아가는 삶에 대한 생각들, 한국 현대사에서 민중 · 민족에 대한 고민, 역사 서술의 방법론에 대한 성찰, 그리고 '여성노동'을 연구하며 느낀 현실적인 고민과 주장들이 다소 난잡하게 뒤섞여 있다. 이 「프롤로그」는 이 책 자체에 대한 글이기도 하며, 이 책을 쓴 작가에 대한 소개이자 이 글이 만들어진 과정을 가감 없이 드러낸, 영화로 치면 '메이킹 필름making film'이라고도 할 수 있을 것 같다. 거칠지만 그때 그때 고민이 녹아들어간 「프롤로그」를 통해 이 책이 탄생하게 된 '책의 역사'를 함께 즐길 수 있다면 나는 만족한다. 먼저 나의 '과거' 이야기에서 시작한다.[1]

제헌절 아침녘에 그를 생각해내다

오늘 오후에는 남산 부근에서 열리는 결혼식에 갈 예정입니다.

어제 아침, 가라앉은 목소리의 전화 한 통을 받았다. 재욱이 형이었습니다. 얼마 전 연구실에 한통의 청첩장이 도착해 있었습니다. 사실, 값진 휴일을 결혼식 하객 노릇으로 보내야 하는가 하는 생각이 들지 않은 것은 아니었습니다. 그러나 문득! 바로 그의 목소리 — 상당히 심한 부산 사투리에 빠른 말투……. 그와 대화하면서 난청을 호소했던 이들이 적잖았고, 그것 때문에 그를 아는 사람이라면 그에 얽힌 에피소드 하나쯤은 가지고 있는 — 를 듣자, 나는 깊숙한 기억 속으로 빠져들었습니다.

지금부터 12년 전, 제가 대학교 1학년이고 재욱이 형이 3학년이던 어느 여름날이었습니다. 제 선배의 군대 환송회를 서강대 주변 주점 '사랑채'에서 했는데, 제가 술을 잔뜩 마시고 아마 무척 많이 취했던 것 같습니다. 당시

1_ 이 책의 바탕이 된 박사논문을 쓰는 전후에 내 사고의 흔적을 남긴 이 글들을 가급적이면 당시 느낌을 살리기 위해 맞춤법 이외에는 수정하지 않았다. 부분적으로 '존칭'을 사용하는 글도 있고 '낮춤말'을 사용하는 글도 있다. 내 게으름 탓이 아니라, 문체를 바꿀 경우 글 자체가 변하기 때문에 그대로 살려두었다.

제 집은 가회동이라고, 안국동 위쪽에 있었습니다. 선배들은 저를 데려다 준답시고 저희 집 주변으로 가다가, '삼청공원'이라는 집 주변 공원에 잠시 들르게 되었습니다. 그런데 가는 날이 장날인지, 거기서 불심검문을 받아서 그날 그곳에 간 사람들은 야심한 새벽 종로경찰서에 끌려가게 되었습니다. 문제는 거기서 끝나지 않았습니다. 나는 책을 교재라고 우기면 됐지만, 가방에 '무서운' 문건을 소지했던 재욱이 형은 꼼짝없이 콩밥을 먹게 되었습니다.

문제는 재욱이 형 한 사람에만 해당되는 것이 아니었습니다. 저희 과 사회부 동기들도 불온 유인물과 서적 탐독죄로 불구속되었고, 한바탕 난리가 났답니다. 정말 우연치 않은 일로 일어난 어처구니없는 사건이었습니다.

저는 한동안, 아마 무척 오랜 시간이었을 겁니다. 이 일을 입에 올리기를 무척 두려워했습니다. 뭔지 모를 죄책감이나, 미안함 그런 것들이 복합된 탓이겠지요. 그러다 몇 해 전 그때 그 사건으로 힘들어하던 제 동기 명숙이가 세상을 떠나기도 했습니다. 역시 잊혀지기가 어려운 기억들도 있나 봅니다.

하지만 1~2년 전부터 조금은 나아진 것 같습니다. 이젠 무척 변한 그 공원에 후배들과 산책도 가고 하는데요, 이제 하나의 '기억'으로 이해될 수도 있다는 느낌 때문일까요. 그리고 무엇보다도 당시 힘들어하던 사람들이 다들 잘 살고 있다는 막연한 자기최면 덕인지도 모르죠. 오늘 결혼하는 재욱이 형도 지금 프랑스에서 유학 중이고, 대부분 평범한 30대 초반을 지내는 것 같습니다. 그러고 보니 본 지도 참 오래된 거 같네요. 재욱이 형도, 그들과도. 어제 전화를 받고 인간이 참으로 간사하다는 생각이 들었습니다. '참 쉽고 편하게 잊혀질 수 있구나'라는 느낌을 지울 수가 없었습니다.

맑은 휴일, 제가 굳이 이런 우중충한 기억의 자락들을 훠이훠이 풀어내는 이유가 뭔지 저 자신도 잘 모르겠습니다만, 형을 진심으로 축하해주고 잘 살기를 바라는 그런 속내인 것 같습니다. 아마 정작 눈앞에 만나면 별

이야기를 하지는 않을 것입니다.

만약 '씻김굿'이라는 것이 있다면 저 그리고 우리 모두에게 필요한 게 아닌가 싶네요. 모두의 가슴 한구석에 아로 새겨진 응어리를 이제 좀 편하게 해줄 수 있는 그런 '굿판' 말입니다.

어쨌든 오늘 결혼하는 재욱이 형이 적어도 저보다는 잘 살겠지요, 아니 잘 살길 빕니다. 행복하시고. [2001년 7월 17일]

아버지의 추억

화창한 주말입니다. 아직도 잠에서 깨어나지 않으신 분도 있으신가요? 주말 아침이면, "아, 다시 한 주의 끝자락이구나"란 생각에 한숨이 나오기도 하고, 아주 가끔은 주말이라는 의례적 주기의 순환을 기다리기도 합니다.

어제는 저희 아버지 기일이라서 오전에 연미사熔missa를 드리고 산소에 다녀오니까 벌써 하루가 다 저물었더군요. 저희 집은 식구가 거의 없는 것이나 마찬가지라서 무슨 일이 있든지 사람이 적습니다. 산소에 가서 묘비명 뒤를 보면 인척관계를 표시해놓는 것이 있습니다. 예를 들어서, 자子, 녀女, 질嫉, 손孫……식으로. 어제 저희 아버지 묘비 뒤를 보니까 달랑 '子 元'밖에 없더군요. 좀 썰렁하단 느낌도 들었지만, "언제 저 빈 칸을 채우지?"라는 상당히 가족주의적인 생각이 들기도 하기도 했습니다. 물론 누구든지 가족(혹은 가족주의)에서 완전히 자유로울 수 있다고는 생각해본 적이 없지만. 형제도 없고 친척도 거의 없는데다 대부분 외국에 나가서 10여 년 이상 못 보고 지내는지라 오랜만에 만나도 서먹해서, 나중에 나이 들어서 적적할 것도 걱정됩니다.

그래서 같이 살 사람은 '좋은' 사람이었으면 좋겠다는 생각을 몇 년 전부터 해왔습니다. 돈이나 사회적 지위에 욕심이 없는 그런 사람이었으면 좋겠습니다. 사실 한국 사회에서 이 두 가지를 유예하고 사는 것이 쉽지는 않지만, 자신과 타인에 대해 욕심이 많은 사람은 좀 부담스럽더군요. 그리고 무엇보다도 일상에서 너무 격정적이지 않고 잔잔하고 합리적이었으면 더할 나위가 없겠구요.

시간이 지날수록 저와 아버지를 생각해보면, 외모나 성격이나 거의 비스무레합니다. 시간이 지날수록 그런 느낌을 자주 받습니다. 깐깐하고 제자들과 어울리기 좋아하고 자식에게도 감정 표현하는 데 익숙하지 않았지만 잔정은 많았던, 그런 기억들이 남아 있습니다. 또 너무 나대는 사람을 싫어하고 조용하고 분수에 맞게 살아간 소시민이자, 조용한 선생이었던 것으로 기억이 납니다.

아주 무의식 중에 나도 그 모습과 비슷해지는 것을 감지하지만, 나와 아버지는 다른 시대와 다른 결을 품고 살다 갔고 살아왔기에 저에게는 삶의 또 다른 결과와 장막들이 남겨져 있겠지요. 돌아가신 아버지와 할아버지가 공통적으로 제게 입버릇처럼 하는 말씀이 "남한테 잘해줘라"였습니다. 물론 두 분이 이야기하신 뉘앙스는 좀 달랐지만, 할아버지는 다른 동시대인과 마찬가지로 젊은 시절에 정치적 격변으로 고생도 많이 하신지라 세상을 살아가는 방법으로 그런 이야기를 하셨던 것 같고, 아버지는 의사이자 사람을 가르치는 개인으로서 그런 이야기를 늘 제 등 뒤에서 하셨던 것 같습니다. 그래서인지 아직 제 주변에서 같이 웃고 떠드는 사람들이 얼마 정도는 있는 것 같고요. 굳이 '서울깍쟁이'의 영악한 처세술이라고 치부해도 별로 반박할 생각은 없지만, 그것을 너무 부정하고 살 생각도 없습니다. 이제 의식적인 부정과 분노로 활활 타던 '청년의 시대'는 지났다는 생각을 하기 때문입니다.

저도 가끔 무슨 논문을 쓰면 '학문 상품'으로 잘 팔릴까 하는 상업적 고려를 해보기도 하고, 어떤 나라와 비교를 하면 취직이 잘 되지 않을까

하는 떨치지 못하는 '근원적 욕망'에 시달리는 것 같기도 합니다. 하지만 이제 저는 그런 욕망에서 다소 자유로워진 것 같습니다. 몇 차례 혼자 많이 고민도 했고, 그것이 내가 사는 데 그다지 중요하지 않다는 것을 알았기 때문입니다. '청년의 시대'에도 제가 얼마나 진정으로 자신과 남에 대해 분노했는지는 가물가물하지만, 다시 청년의 시절로 돌아가고 싶진 않습니다. 이제 그것이 제 삶의 균형을 깬다는 생각이 어느 순간부턴가 들었기 때문입니다.

살아 계셨다면 올해 환갑이 되셨을 아버지의 기일에 산소의 묘비명을 보다, 문득 아버지는 29살에 '결혼을 하셨다'는 사실을 다시 확인하고, 제 생물학적 나이를 생각해봅니다. 나도 이제 적지 않은 나이라는 것을, 그래서 모든 것을 너무 쉽게 혹은 격정적으로만 판단할 수만 없는 나이라는 것을 말입니다. 이제 나 그리고 우리가 기댈 언덕이 별로 남아 있지 않다는 생각 때문일까요. 오늘 아침 치료에 실패하고 돌아오시는 공항에서 제 손을 처음이자 마지막으로 꼬옥 잡아준 아버지의 손길이, 옛날엔 손도 안 대던 마늘을 잘 먹는 것을 좋아하시던 아버지의 흐뭇한 표정이 눈앞을 가립니다.

[2001년 8월 25일]

『외 한강』과 13년

하루 종일 학교의 추위와 씨름하다, 이제야 온 몸이 저림을 뒤늦게 감지합니다. 추위는 사람의 사고와 몸을 움츠리게 만들곤 합니다. 그래서 추위는 '고통'인가 봅니다.

지금부터 13년 전, 제가 다니던 대학교 앞 분식점 2층 만화방에서 한 소년이 두꺼운 만화책을 안고 눈을 반짝이고 있었습니다. 아직 대학 새내기 티를 못 벗은, 최루탄 냄새를 두어 번 정도 맡고 한 달여간 도서관에 900번대

만화 『오! 한강』의 삽화

서가에서 한국현대사 책을 구경하느라 정신없던 소년이 말입니다. 보신 분은 아시겠지만, 『오! 한강』은 특이한 이력을 가진 책이지만 그 시절의 소년에게는 충격적인 책이었습니다. 식민지반봉건 사회의 해체, 그 안에 아로새겨진 신분적 격차, 이념 속에서 파괴되는 이성, 그리고 이념으로부터의 도피와 격동의 현대사 — 사실 좀 비약이 심하지만 — 라는 줄거리들.

『오! 한강』을 떠올리면 몇 가지 화두가 생각이 납니다. 하나는 석주의 아버지가 늘 중얼거렸던 '회색주의자'라는 단어, 그리고 석주의 주위를 맴도는 부르주아의 딸인 장미와 이름이 잘 기억나지 않는 친구의 동생인 '난희', 그리고 난희의 작은 손. 13년 전 처음 읽고 제가 석사논문을 쓸 무렵 직접 사서 읽은 기억이 납니다. 하지만 이제 그 책이 어디로 사라졌는지조차 잘 모르겠습니다.

소년이 『오! 한강』에 그토록 매달렸던 까닭은 아마도 당시 고민하던 대부분의 문제들을 그 작은 만화가 보여주고 있었기 때문이 아닌가 싶습니다. 아주 어슴푸레한 기억이지만, 그때 소년은 처음으로 한 친구를 좋아했습니다. 그때 무척 많은 편지(연서라고 하기에는 좀 그렇군요)를 보냈는데, 주된 고민 중의 하나가 '사랑의 형식'에 대한 것이었습니다. 그때 소년이나 또래 친구들은 '붉은 연애', 당시의 용어를 빌리자면 '동지적 결합' 같은 것을 꿈꾸었습니다. 그때 소년에게 친구가, 자신의 오빠 결혼식을 보며 이런 답장을 했던 기억이 납니다. 더듬더듬 기억의 조각을 찾자면, 의사인 오빠의 화려한 결혼식과 가족으로서 지니는 의무감, 부르주아 가정 속에서 자신의 위치 같은 것 말입니다. 우리는 부르주아 가정의 위선, 집안을 보며 하는 결혼 양식 등에 대해 힐난하며 그들을 '말로써' 부정했습니다. 당시 소년을 포함해서 누구든 한번쯤 '고아의식'에 시달린 기억은 있을 것 같습니다.

늘 옷 속에 배어 있던 최루탄 냄새와 들고 다녀서는 안 되는, 검문의 위협에 시달리는 금서들은 '저들'(가족)과 절연해야 한다는 강박관념으로 변해 소년을 괴롭히기도 했고, 그 긴 유예의 기간은 10여 년이 지나도록 아스라하게 스며들어 있습니다. 소년은 『오! 한강』을 보며 자신을 부정하려고 했고 주위를 무시하려고 했던 것 같습니다. 소년은 마지막 장면에 나오는, 난희와 석주가 잡은 두 손을 무척 오랫동안 기억했습니다. '내가 저 손을, 저들의 손을 잡을 수 있을까? 아니야 그럴 수 있을 거야!' 반복되는 수다한 질문과 함께.

그리고 10년 정도가 흘렀고 소년은 10년을 정리하는 작은 책을 냈습니다. 그 책 속에서 아직도 기억에 남는 것은, '먹물'이라든가 자신의 안온함에 대한 자탄들……. 그런 것들이었습니다. 실제로 글의 반 이상은 사회과학이란 외피를 씌운 자기반성이라고나 할까. 그 무렵, 제가 좋아하던 한 친구가 제게 한 자락의 시를 보내주었습니다. 좀 길지만 그대로 보면,

「뼈아픈 후회」

황지우

슬프다
내가 사랑했던 자리마다
모두 폐허다

나에게 왔던 모든 사람들,
어딘가 몇 군데는 부서진 채
모두 떠났다

내 가슴속엔 언제나 부우옇게
바람에 의해 이동하는 사막이 있고;
뿌리 드러내고 쓰러져 있는 갈퀴나무, 그리고
말라 가는 죽은 짐승 귀에 모래 서걱거리는

어떤 연애로도 어떤 광기로도
이 무시무시한 곳에까지 함께 들어오지는
못했다, 내 꿈틀거리는 사막이, 그 고열高熱의
에고가 벌겋게 달아올라 신음했으므로
내 사랑의 자리는 모두 폐허가 되어 있다

아무도 사랑해 본 적이 없다는 거;
언제 다시 올지 모를 이 세상을 지나가면서
내 뼈아픈 후회는 바로 그거다;
그 누구를 위해 그 누구를 사랑하지 않았다는 거

젊은 시절, 도덕적 경쟁심에서
내가 자청自請한 고난도 그 누구를 위한 헌신은 아녔다
나를 위한 헌신, 나를 위한 나의 희생, 나의 자기 부정;

그러므로 나는 아무도 사랑하지 않았다
그 누구도 걸어 들어온 적 없는 나의 폐허

다만 죽은 짐승 귀에 모래알을 넣어 주는 바람뿐

글쎄요. 그때는 이 시에 대해, 아니 이 시를 보며 느끼는 것에 대해 잘 간파하지는 못했던 것 같습니다. 언젠가 그 친구가 그러더군요, "형은 용기가 없는 것 같다고……." 술자리에서 했던 말이기에 아주 어렴풋하지만, 제가 살아온 10년이 참 비겁했다는 생각이 들었습니다. 스스로 험난한 길을 산 것처럼 자위했지만 사실 개중 제일 편한 길만 다녔다고, 그래서 결국 이 자리에 편안하게 자리잡고 있다고 말입니다. 그걸 흔히 '기질'이라고 하죠. 기질이 변하지 않았다고. 얼마 전 작고한 프랑스 사회학자인 부르디외의 말을 빌자면 '아비투스habitus'라고 할 수 있습니다. 1997년, 제가 짧은 방황을 마치고 다시 학교로 돌아왔을 때, 변하지 않는 기질에 그리고 그 기질을 즐기고 있는 저 자신의 모습이 무척 가증스러웠습니다. 결국 껍데기만 남은 채 알맹이는 여전히 10여 년 전의 그것을 그대로 쓰고 있다는 것이지요. 그것은 무척이나 절망스러운 '기질의 발견'이었습니다. 소년에게나, 저에게나 말입니다.

[2002년 7월 12일]

2. 연구자, 타자他者로서 살아가기

2절에는 한 연구자로서 논문을 쓰며 가졌던 사고의 조각들을 담았다. 특히 대학 시절부터 가졌던 '삼류 인생'에 대한 연구자로서의 관심, 1980년대 급진적 연구들이 현재 지식사회에서 어떤 방식으로 '권력화'되고 있는가를 둘러싼 문제, 그리고 '독립적인 연구자'로서 한국 사회에서 살아남는 것이 결코 쉽지 않은 일임을 문득문득 메모한 글들 속에서 드러냈다. 내가 '여공'이라는 주변 계급을 다룬 이유는 여공에 대한 인간주의적 시선이나 여성노동자에 대한 분석을 통해 이들이 변혁의 주체가 될 수 있음을 밝히고자 한 것은 아니다. 오히려 나는 여성노동을 둘러싼 지배적인 해석에 반하는 특정한 지식체계를 배제·주변화시키는 지식의 역사와 운동의 역사 — 혹은 지성사라고 부를 수 있는 — 를 밝히고자 했다. 바로 지배적 담론에서 이탈하는 지식을 생산하는 경우, 누구나 타자가 될 수 있음을 경계하고자 했다. 아래 글들은 그런 문제의식을 발전시킨 과정이라고 보면 될 것이다.

김소진과 에드워드 톰슨

봄임을 짐작하게 하는 하루입니다. 오늘은 제 어릴 적 꿈 이야기를 해보려고 합니다. 초등학교 때까지 저는 화가가 되고 싶었습니다. 중학교에 들어가면서 더 이상 그림 그릴 시간이 없어졌지만, 어릴 적에는 꽤 자주 그리는 편이었습니다. 어린 나이에 귀를 자른 고흐의 그림과 해바라기를 즐겨 보았지요. 하지만 1980년대 열악한 입시 환경은 저를 자유롭게 해주질 않더군요. 그림도 그리고 서예도 꽤 썼건만, 참 오랜 시간 동안 하지 못했고, 이제 더 이상 하기 힘든 것들이 되고 말았습니다.

머리가 커지면서 뭔가 근사한 것을 꿈꾸어야겠다는 생각을 했지요. 야간 자율학습과 대학입시만을 생각하도록 강요받은 고교 시절은 일상적으로에 대해 생각하기 쉬운 시절이 아니었던 것 같습니다. 그때 제가 위안을 삼던 것은 소설책이었지요. 그 시절에 제가 자주 읽던 소설가들은 이문열, 최인훈 등이었습니다. 『금시조』나 『사람의 아들』, 그리고 1970년대 사회상과 낭만을 그린 소설을 보면서 저는 언제부턴가 글을 써야 한다는 생각을 가졌던 것 같습니다. 아주 막연하게 말입니다. 그러면서 글을 쓰기 위해서 배워야 할 것들이 무엇일까 생각하게 되었지요. 아마도 그때는 그것이 '역사'라고 생각했나 봅니다. 물론 고교 시절 문화유산이나 미술에도 관심이 많아서 여기저기 보러 다니기도 했지만, 애당초 막연하게 역사를 배워야 글을 쓸 수 있다는 생각을 했나 봅니다. 그래서 사학과에 입학하게 되었습니다.

1989년 그리고 그 이후는 제게 많은 변화를 강요했던 시절이었습니다. 본관 점거에서 시작된 대학 1학년 생활은 대학생이란 생각보다 너무 무거운 것들을 한꺼번에 머리 속에 집어넣어 준 것 같습니다. 대학 초년병 시절, 처음 서너 달 동안 저는 처음 도서관을 찾아가서 수없이 널려진 책들을 무척이나 신기한 듯이 뒤적이고, 또 뒤적이고 했지요. "야, 이렇게 많은 다양한 책들이 있구나"라고. 그때 한참 빌려 보던 책이 한국 고대사와 미술사 책, 그리고 막 맛을 들이기 시작했던 (결국 현재의 불행을 낳은) 한국 현대사 책들이었습니다. 대학 초반 답사반에서 고대사 공부를 하려던 저의 순진한 바람은 채 두세 달이 가지 못해 무참히 깨져 나아가고 있었습니다. 현실이란 무거운 벽들 때문이었겠죠. 열사, 죽음, 통일, 테러, 화염병, 가두투쟁……. 이 단어들은 새로운 삶과 생각을 하도록, 아니 해야만 한다고 저에게 다가온 현실의 무게들이었습니다. 그 이후 몇 년간 제게 '사회과학의 시대'가 열리게 됩니다. 이른바 새로운 지식에 대한 호기심, 금기에 대한 더 큰 접근 욕구의 시절이랄까……. 아마 이 시절 생각들에 대해 이야기하려면 무척 많은 분량의 원고가 필요하겠죠. 모든 금기에 접근하고 싶은, 금기에 대해 알고 싶은 욕구들이 봇물처럼 터져나왔던 것 같습니다. 하지만 그 속에 놓인 자아, 주체로서 나의 생각은 점차 현실의 풍랑 위에서 흩어진 것 같습니다. 별로 무언가 되고 싶은 꿈이 없던 시절이 대학 4년이었으니까요.

투사나 현장과 같은 많은 말이 있었지만, 저는 그러고 싶지는 않았고 그럴 자신도 없었습니다. 당시에는 빠져나갈 구멍을 찾는다고 자학했을는지 모르지만, 되돌아보면 저의 자의식 안에는 '이것은 아니다'라는 외침이 숨죽이고 있었다면 과장된 표현인지도 모르겠습니다. 저는 사회과학, 아니 맑스주의를 오랜 시간 동안 공부하고 그것을 실천한다고 믿었지만, 되돌아보면 그 과정은 비판적이고 자유로운 개인이자 주체로서 하는 사유를 약화시키는 개인사를 동반한 시기였던 것 같습니다. 제게나, 제 주변의 사람들에게나. 그래서 요즘은 조금은 비극적인 시기로 그 시절을 되돌아보곤 합니다. 4학년이 되고 나서도 저에게는 무엇인가 되고자 하는 강한 열망보다는 이제 이곳에서 자유롭고 싶다는 욕망이 더 컸고, 그 중 하나의 선택지가 대학원에 가는 것이 아니었던가 싶습니다. 적극적인 것이 아닌, '부정적 선택'으로서.

지금도 누군가 제게 '존경하는 사람'이 없냐고 물어본다면, 정말 이야기할 사람이 없습니다. 좀더 자유로워진 뒤에도 너무 많은 사람들에게 실망하고, 한 개인의 영웅화에 대한 근본적인 회의에 길들여진 탓인지도 모르지요. 그래서 '누구처럼 되고 싶다'는 말은 제게 참으로 부러운 말입니다. 적어도 '동경'의 대상이 있으니까요. 저는 그 대상을 무척 오래 전에 상실하고 허공 속에서 헤매는 중입니다. 석사를 마칠 무렵 저는 더는 존경할 만한 사람을 찾을 수 없음을, 따라야 할 대상을 만들기 힘들다는 걸 알았던 것 같습니다. 아마 그 시절부터 더욱 시니컬해진 것 같습니다. 우상에 대한 힐난, 그것에서부터 자아를 찾아 나아가는 늦은 과정이 그다지 좋아 보이진 않았습니다.

김소진과 에드워드 팔머 톰슨

그래도 제가 좋아하는, 적어도 저 사람들 같은 글을 지상에서 사라지기 전에 쓰고 싶은 두 명의 작가는 있습니다. 한 명은 몇 해 전 유명을 달리한 소설가 김소진이고, 다른 한 명은 영국의 노동사가 에드워드 팔머 톰슨E. P. Thompson입니다.

짧지만 무게가 실린 김소진의 단편들 속에서, 그리고 화려하고 생생하며 유려한 그러나 단호한 톰슨의 장문들 속에서, 저의 1990년대 중반 이후가 이어져 온 것 같습니다. 그래서 저는 글을 쓰고 싶어했고, 작가作家가 되고 싶어했나 봅니다. 역사를 배우고 싶어했고 그 와중에 현실을 보았고, 현실을 바꾸고 싶어 맑스주의를 공부했지만, 다시 그 현실에서 멀어지고 싶어 공부를 하게 되었지만, 공부로 밥벌이를 하고자 하는 욕망은 별로 없었던 것 같습니다. 오히려 '글쓰기'의 욕구, 그 긴 과정에 대한 사유와 독서를 저는 여전히 즐기고 있었던 것 같습니다. 하지만 학벌과 돈으로 뭉쳐진, 그래서 개인의 자유로운 사유를 막는 집단주의·국가주의로 아로새겨진 사회, 자기 주변에 선 사람을 누르고 앞으로 나아가야 하는 것을 습속화시킨 근대화 지상주의가 여전히 강한 한국 사회 속에서 글쓰기는 고통스러운 작업이었던 것 같습니다.

그래서 빨리 자유로워지고자 합니다. 자유로워지고자 공부를 시작했지만, 이제 제도교육에서 학위를 따기 위한 공부가 부담으로 다가오는 때인 것 같습니다. 그래서 이곳을 빨리 떠나려고 합니다. 2년 내에 훌훌 털고 욕심 없이 10년간의 학위과정이 나를 짓눌렀던 것들을 다시 생각해보고, 또 다른 글쓰기를 위한 여행을 하고자 합니다. 그러고 보니 제게 반면교사는 여전히 '글쓰기의 유혹'인 것 같군요. [2001년 4월 17일]

「간장선생」

「간장선생カンゾー先生」, 며칠 전에 드디어 혼자 조조로 봤습니다. 다행히 사람이 별로 없어서 먼저 뛰어 나올 걱정은 없더군요. 「간장선생」은 아주 간단한 영화입니다.

제일 기억에 남는 시퀀스는 아카키 선생이 도쿄대학 의대 동창회에 가서 기립박수를 받는 장면입니다. 영화 내내 몇 차례 오버랩이 되는 장면이지만, 선생이 미친 듯이 간염 박멸에 노력하는 것을 치하하는 도쿄대학 엘리트들의 찬사는 선생을 흔들어놓습니다. 발품을 파는 돌팔이 간장선생에서 위대한 대일본제국 도쿄대학 의대의 간장선생으로, 인텔리라면 누구나 겪게 되는 혼란이지만 간장선생의 병원 한쪽 구석에 너저분하게 걸린, '두 발로 달리고, 발이 부러지면 기어서라도 간다'는 말을 선생은 잠시나마 잊게 됩니다. 아카키라는 이름의 간장선생은 이 영화에서 나오는 인물들 가운데 제일 정상적인 듯이 보이지만, 실은 간염집착증 내지 편집증에 걸린 사람처럼 보입니다. 전쟁, 여자, 부 등 모든 것에 초탈한 아카키 선생이지만 오직 간염에 대해서만은 생사를 걸고 덤빕니다. 그리고 사망선고를 받은 환자의 무덤을 파서 간 실험 재료로 삼지요. 결국 이 영화의 인물들은 모두 정상이 아닙니다. 아카키는 간염에, 노리코는 공짜 불가에, 동료 의사는 모르핀에, 그리고 화면마다 술주머니를 차고 다니는 승려는 술에……. 결국 이들은 제 자리로 돌아올까요?

다음으로 기억에 남는 장면은 현미경을 보며 아카키와 노리코가 나누는 대화입니다. 아카키가 감독인 이마무라 쇼헤이今村昌平의 분신이라면, 노리코는 이마무라의 영화마다 나오는 천출賤出에다가 색을 밝히고 그것으로 생계를 유지할 수밖에 없지만 무섭게 억센, 하지만 지능이 매우 낮은 백치 여인의 초상입니다. "박테리아에도 남녀가 있냐"고 어처구니없이 묻는 노리코에게 아가키는 "정조를 지키는 건 인간밖에 없지만 그래도 매춘은 안 돼!"라고 외칩니다. 역설인지 아닌지 분간하기 어렵지만 이마무라의 영화에서 매춘이나 창녀는 아주 자연스러운 것으로 여겨지고 인간이 감춰봤자 소용없는 것으로 표현됩니다. 이 장면은 아마도 이마무라가 자신의 영화 대부분에서 이야기하는, 인간에게 중요한 것이 무엇인지 보여주는 장면이 아닌가 싶군요.

이 영화에서 간염이 전체주의라든가 아니면 군국주의에 대한 조소라는 등 사회과학 · 인문과학적 매스를 들이대고 싶지는 않습니다. 무엇보다도 제가 이마무라에게 질투가 났던 것은 이토록 무거운 주제를 유쾌하게 풀어내는 재주입니다. 엄숙함과 범접하지 못할 금기에 찌든 사람들에게 이마무라의 즐거운 철퇴는 사람을 무뇌아 상태로 만들더군요. 생각해보건대 무거운 주제를 무겁게만 짓누르는 것은 주제를 다룰 내공이 별로 없다는 걸 자인하는 셈이 아닌가 싶습니다. "그래, 중요해. 더 엄숙해지고, 진지해지란 말이야. 그래서 고민해라"라고 강요하는 것이야말로 진정으로 부자연스러운 것이 아닌가 싶습니다. 진정 무겁고 진지한 것일수록 더욱 부드럽고 자연스럽게 이야기해야 하는 것이 아닐까요.

돌이켜보면 이마무라가 젊은 날부터 집착하던 형이하학적 문제들이나 1980년대 젊은 시절 고민했던 문제나 '오십보 백보'가 아닌가 싶습니다. 문제는 어느 정도 깊숙하게 그리고 얇지 않고 두툼하게 인간의 문제에 대해 천착하느냐가 아닌가 싶군요. 이마무라의 영화를 보면서 짓눌려 있는 제 뇌구조를 누군가 좀 펴주었으면 좋겠다는 생각을 했습니다. 엄숙하고 딱딱함이 우리네 인생을 지치게 만든다면, 좀더 즐거울 수 있는 방법을 고민할 필요가 있지 않을까 싶습니다. 그래서 이 영화를 다 보고 며칠이 지나도 제 머리에 제일 남는 것은 평론가들이 지적했던 장면보다 아가키에게 고래를 잡아준다며 물 속에 뛰어든 노리코의 엉덩이입니다. 그래서 어느 평론가 말대로 "세상의 소금은 억센 여인"들인지도 모르죠. 진심은 감춘다고 억압되는 것이 아닌 것 같습니다. [2001년 6월 20일]

지식인과 현실의 거리

요즈음 지식인에 대한 몇 권의 책을 읽는 중입니다. 물론 뭔가 쓸 것이 있기 때문입니다. 시간을 거슬러 10년 전에 제가 생각한 지식인과 몇 년 전 그리고 오늘을 비교하면, 현실과 지향간의 변화와 괴리는 꽤나 큰 듯싶습니다.

논란의 여지는 있지만 저는 지식인의 현실 참여에 대해 매우 어정쩡한 태도를 취하고 있습니다. 몇 년 전부터 유행하던 '정세적 개입' 아니면 다른 무엇이든지 간에 크게 신뢰하지 않는 편입니다. 그 이유는 주변에서 보이는 모습들이 미덥지 못하기 때문이기도 하고, 더 중요하게는 나 자신이 그다지 자신에게 신뢰를 주지 못하기 때문이기도 합니다.

저는 지식인은 '지배계급에 탯줄을 댄 사생아'라고 생각합니다. 하지만 저는 '반지성주의자'는 아닙니다. 운동 진영 내부에도 반지성주의 내지 대중주의가 꽤나 술렁이지만 저는 그것도 그다지 믿지 않습니다. 물론 이제 '지성의 반열'에 오르신 분들은 엄혹한 시절을 딛고 그 열매를 따서 자기들끼리 나누어 먹고 있습니다. 바로 이것이 상당수 지식인이 보이는 현재의 모습이며, 제가 가끔 신림동에 자리잡은 모 대학에 대해 비아냥거리는 동시에 다소 히스테릭하게 반응하는 것은 근거 없는 반발심만은 아니라고 생각합니다. 짐작건대 '자학적 콤플렉스'의 일종이 아닐까 추정할 때도 있지요.

배회하는 지식인으로 개인을 되돌아보면 여러 가지 회의가 듭니다. '무엇을 할 것인가'라는 거창한 문제보다 자주 이야기하는 것은 '무엇을 먹고 살 것인가'라는 문제고, 소박한 친목에 안주하는 경우가 많습니다. 아마도 제 그릇의 크기이기도 하겠지만 맨 땅에 헤딩하는 것에 다소 지친 탓도 없지 않아 있지요. 몇 년 전 저는 언젠가 격동하는 역사의 현장에 가서 흔들리는 무언가를 보고 싶어했습니다. 매우 가라앉아 있는 '저라는 존재'에 대해 염증을 느꼈기 때문인지도 모르겠습니다. 좀 잔인하게 말하자면 외부적 충격에 의한 쇼크를 '무의식 중에' 기대하고 있었는지도 모르지요. 1980년대 운동의 세례를 받은 많은 사람들이 켄 로치의 「랜드 앤 프리덤」 같은 좌파 영화를 보고 내전에 뛰어드는 지식인을 상상하면서 에드가 스노우나 님 웨일즈 같은 '특이한' 경험을 하고 싶어했습니다. 제가 보기엔 20세기라는 극단의 시대에서나 가능한 것을 말입니다.

하지만 생각보다 격동의 땅을 찾는 것이 어려운 일은 아니지요. 한국 사회에서 태어나 권위주의 아래에서 교육을 받았고 특이한 20대의 이력을 지니게 된 사람들도 자신의 뜻과 무관하게 격동의 시절을 지냈기 때문입니다. 다만 지나치게 그 경험을 과장하거나 역으로 너무 손쉽게 버리지만 말기를 바랄 뿐입니다. 그리고 그 시절 경험들을 폄하하는 술자리의 분위기에 대해 화를 낼 정도의 기운이 남아 있기를 바랄 뿐입니다.

아마 시간이 지나고 더욱 복잡한 연줄망에 제가 둘러싸일수록 가장 위험한 것은 '자기검열'의 구조가 아닐까 생각합니다. 제가 동문회와 학연에 얽혀들 가능성이 상당히 존재하는 모임들에 참석하지 않거나, 별로 관심을 보이지 않는 이유는 그 검열망에서 조금이나마 멀어지고 싶기 때문입니다. 물론 제가 참여하고 있는 학회나 연구회 등도 이런 검열망에서 완전하게 자유로운지는 자신이 없습니다. 애당초 저의 '가입'도 불순한 무엇이었는지도 모르기 때문이지요.

다시 10년 전으로 돌아가서, 당시 저는 사회의 급진적 변화를 믿고 있었습니다. 그 믿음은 중간에 굴절이 있긴 했지만, 대략 5년 정도 유지되었던 것 같네요. 그것을 민중이나 노동계급 — 한 후배는 어디서 배웠는지 "노급의 당파성"을 몇 년 전까지 이야기하고 다녔습니다 — 의 감수성에 대한 희구라고 할 수도 있지만, 이제 그런 식의 다소 낭만적인 시선은 걷어내었습니다. 그 이유는 제가 대상을 좀더 냉정하게 바라보길 원하기 때문이고, 또한 그들과 같이 혹은 비슷하게 되는 것은 어렵다는 체념에서 비롯된 것이기도 합니다. 물론 그 안에는 제가 상당히 약아져서 순간순간 인생의 방향을 뒤튼 탓도 있기도 하지요. 그들에 대한 애정의 시선을 가지는 문제와 냉정하게 현재 그들을 바라보는 것을 구분할 수 있게 된 것이라고나 할까요.

물론 여전히 저의 무의식과 일상적 사유체계를 지배하는 이데올로기적 지향은 존재하고 있습니다. 아직 제 사유세계 속에서 급진적 지향이 다른 것에 자리를 내주었다고 생각하기는 어렵습니다. 문득 아닌가 싶은데도 제가 어디선가 하고 있는 이야기는 그 자리에서 벗어나 있지 않습니다. 만일 제가 아주 오랫동안 맑스 '자체'의 문제에 매달려 있었다면 좀 달랐겠지만, 저는 맑스주의 그 자체에서는 좀 떨어져 있어서 그런 듯싶습니다. 하지만 그것을 훈장이나 자랑처럼 이야기하고 싶지는 않습니다. 다만 살며 생각하고 쓰다보니 여전히 그것이 내성화되어 속된 말로, '인이 박힌 셈'이 아닌가 싶네요.

석사 논문을 쓴 뒤 아버지인지 어머니인지 기억은 가물가물하지만, 제게 "쓰는 건 자유지만, 니가 쓴 사람들처럼 살진 말라"고 하셨습니다. 그 뒤 5~6년의 삶을 돌이켜보면 아주 중간에서 어중간하게 서 있음을 느낍니다. 그렇다고 주변인처럼 겉돈다는 의미보다는 특정한 입장과 태도를 밝히고 싶지 않아서, '여기저기를 모두 경원하며 어슬렁대고 있다'는 표현이 적절하지 않나 싶네요. 5~6년 정도의 시간도 대단한 것은 아니었지만 저로서는 늘 어느 곳에 정주하며 무언가를 이야기하거나 써내던 시절이었기 때문입니다.

아마 제가 다시 10여 년 전의 낭만적인 사유나 당시 강조되던 '치열함'의 세계로 귀환하지는 못할 것 같습니다. 다만 현재 세계에서도 탈출하거나 혹은 벗어나려고 하지 않을 것은 분명합니다. 아마 학위를 받고도 여전히 세상과 손을 잡고 살겠지요. 몇 년 전 공지영이란 작가가 『인간에 대한 예의』라는 소설을 발표한 적이 있었습니다. 그(그녀)의 작품을 좋지 않게 보았던 저는 그 소설을 한 밤에 다 읽고 며칠간 꿈지럭대며 써나가던 문건의 이름을 그녀를 비꼬는 심경으로 적어 나갔습니다. '이념에 대한 예의'라는 치기어린 장난이, 당시 그 치졸한 문건을 받아든 친구들에게 어찌 받아들여졌는지 확인할 길은 없습니다. 다만 이 자리에서 그다지 흔들리지 않고 버티는 것 역시 쉽지만은 않은 일이라는 것을 이야기하고 싶었습니다. 다른 누구보다도, 저 자신에게.

몇 달 전 제 손금을 장시간 보아주시던 우리 어머니의 대학 시절 선생님께서 하신 이야기가 생각납니다.

"……웬 중생衆生이 걱정이 이리 많아. 장가는 늦게 가겠어……."

물론 웃기라고 하신 그분의 반 농담이겠지만 세상과 역사에 대해 내가 가진 관심과 시선이 오래 지속될 수 있도록 저 자신이, 그리고 지금껏 지켜봐 준 사람들이 더 지켜봐 주었으면 좋겠습니다. [2001년 12월 8일]

좌파와 타자

저는 '좌파'에 대해서 자주 우울해합니다. 여기서 좌파는 한국에서 맑스주의자인 사람 혹은 스스로 그렇게 생각하는 사람들을 말하지요. 제가 좌파에 대해 우울한 이유는 좌파도 자본주의의 대안이 아니라는 생각을 은연중에 깔고 있기 때문입니다. 언젠가부터 스스로 '맑스주의자'라고 주장하는 사람에 대해 좀 불편하게 생각하기 시작했습니다. 더 정확하게 말해서 대안이 아니라는 큰 이야기보다는, 좌파 역시 한국 사회의 권력 내부에 편입되는 과정을 눈으로 보아가면서 느끼는 우울함이 아닌가 싶습니다.

근대 사회에서 '타자'는 늘 배제되어온 대상이었고 비정상의 실제였습니다. 근대 한국 사회에서 좌파나 노동자들도 그런 대상이었습니다. 1990년대 이후 '변절'과 '수정'에 대한 신앙고백과 이것에 맞서 '지조'에 대한 강조가 지식사회에서 유행하게 됩니다. 저는 사상의 자유시장은 존재하지 않다고 생각하지만, 한 개인의 사상적 변화를 '변절'만으로 보는 시각에 동의하지 않습니다. 오히려 도덕이라는 잣대로 사상의 변화에 대해 이야기하고 싶지 않습니다.

1990년대 중반부터 저는 좌파의 권력화, 혹은 좌파가 또 다른 타자들을 만들어내고 있다는 것을 직관으로 감지하기 시작했습니다. 좌파는 자신들을 수적으로 소수라고 생각할지는 몰라도, 소수지만 그 안에 응어리진 권력은 자못 탄탄합니다. 좌파라는 지식이 특정한 권력과 연접되어 작은 권력을 만든 셈이지요. 맑스주의란 지식과 특정 인맥과 경험을 공유한 지식인 집단의 결합은 여기저기서 '권력'을 만들어냅니다. 그러면서 그 권력에서 배제되는 '타자'들을 생산해냅니다.

근대는 타자를 양산해냈고 타자를 그 자리에 머물도록 권력의 시선을 두어 왔습니다. 지식체계이자 이데올로기로서 좌파라는 정체성은 그 자체로 의미를 지니지는 않습니다. 좌파라는 지식이 어떤 권력과 접합되느냐 혹은 어느 권력장치와 결합되느냐가 중요한 문제입니다. 그것은 시민운동이란 장치 혹은 어떤 경우에는 친노동자 정당이란 장치와 결합해서 특정한 정치적 효과를 발휘합니다. 학단협, 민교협이나 참여연대 같은 제도나 조직을 순수하게 볼 수 없는 이유는 이것 때문입니다. 이것들 모두 복잡한 이데올로기적 장치와 접합되어 있는 '권력장치'이기 때문입니다.

누구도 이 권력 장치들에서 영원하게 자유롭지 못할 것입니다. 제가 주목하는 점은 자주 저 자신도 이 장치들에서 '타자화'된다는 무의식적인 느낌과 실제로 그렇게 되어간다는 생각 때문입니다. 제가 부르주아 정치의 대당으로서 '프롤레타리아트 정치'를 오류라고 생각하는 것은 — 논리와 실제의 차원에서 — 이런 현실의 경험 때문입니다. 그래서 저는 좌파에 '대해서' 우울합니다.

이런 저의 우울함이란 아직은 '심정적'으로는 손을 잡을 수 있으나, 실제로 연대하는 것에 대해서는 '회의적'이라는 의미입니다. 투쟁으로 이 장치들을 파괴시킨다는 말은 아주 쉬운 말이지만 현실은 반대 방향으로 나아가고 있습니다. 이른바 이데올로기적 순결성이나 견결성堅決性 역시 자기정당화와 자기정체성의 확인이라는 역설적 모순을 가지고 있기에 더욱 그렇습니다.

언젠가 '독립적 지식인'에 대해 말한 적이 있습니다. 요즘 '지식인'들은 대부분 '기능성'을 강조하는 전문가를 지향합니다. 그런 지향이 직장을 얻기도 편하기 때문입니다. 이런 긴 이야기를 제가 하는 이유는 '타자'에 대한 탐구가 제 연구의 출발이자 앞으로도 어느 정도 지속될 관심이기 때문입니다. 그 대상이 여성노동자건 동성애자건 혹은 다른 무엇이든지 간에 말입니다. 물론 언제든지 타자는 변할 수 있습니다. 오늘의 생산직 노동자가 내일은 상류계급이 될지도 모릅니다. 몇 년 전만 해도 민주노조운동이 '국가장치'가 될 줄은 아무도 모르지 않았습니까.

[2001년 10월 19일]

입장과 담론

10년 전쯤 처음 대학원에 들어왔을 때, 정말 공부하는 것이 무엇인지 하나도 몰랐습니다. 대학원 첫 시간에 발제를 맡았는데, 형편없는 영어 실력으로 징징대며 밤을 새가면서 발제하던 일을 생각하면 마치 어제 일 같습니다. 그러면서 이럭저럭 지내다가 10년이 지났고, 그리고 이제 박사논문을 쓰는 중입니다.

10년 정도 지나면 지식사회에 대해서 좀 알 만하기도 한데, 어떤 때는 참 답답하기도 하고 어떤 때는 부자유스럽다는 생각으로 가득 찼던 기억도 아스라합니다. 특히 박사과정에 들어와서 내 필요와 요구에 의해 혹은 정말 쓰고 싶은 것을 쓰기도 했는데, 언제나 만족스럽지는 않았지만 나름대로 '용감하게' 글을 쓴 것 같습니다.

저는 글을 쓰는 데 있어 사물에 대한 시각과 방법은 일종의 인식론이자 철학이며, 이것을 바탕으로 하나의 담론이 생산된다고 평소에 말해왔습니다. 그래서 제가 제일 짜증내 하는 글은 자료집처럼 사료만 죽 늘어놓은 글입니다. 물론 반대로 자신의 결론을 도출하기 위한 글도 그다지 좋아하지 않지요. 반면 시각이 분명한 글은 비판하기도 좋고 읽기도 쉽고 읽는 것 역시 즐겁습니다.

며칠 동안 논문의 큰 틀을 다시 짜고 고치면서 방법과 시각에 대해 생각했습니다. 글 속의 비판과 시각이 생산해낼 담론들이 과연 무엇이며, 만일 내가 반대편에 서 있다면 어떤 비판을 할까, 논리의 안과 밖을 서성입니다. '문제틀problematic'이라는 말이 있습니다. 쉽게 말하면 문제틀은 문제와 상반되는 지식을 생산해내고 또 다른 문제틀을 생성합니다. '문제틀'을 만들지 못하는 글은 죽은 글이라고 볼 수도 있지요. 그러면서 '과연 내 방법은 뭘까' 생각하다 배제, 차별, 익명화, 주변화 등의 단어를 떠올렸습니다.

11년 전인가, 레닌의 『무엇을 할 것인가』에 나온 조합주의자들에 대한 비판을 읽으며, '꺾인 것을 다시 돌리는 효과'에 대해 한참 토론한 기억이 납니다. 어차피 객관적 역사란 존재하지 않고, 담론(혹은 해석)을 둘러싼 투쟁이 제가 생각하는 '역사 연구'라면 제대로 된 문제제기와 비판이란 바로 '문제틀'을 만들어내는 것이 아닌가 생각합니다.

가끔 글을 써놓고 '이렇게 심하게 이야기해도 될까……'라고 10분 정도 생각해보지만, 결국 원래 글을 고치지는 않습니다. 제 논문에서도 도시산업선교회와 민주노조운동 그리고 그들이 생산했던 담론들에 대해 '이런 심한 비판이 가능할까……'라는 생각을 해보지만, 결국 고치지는 않습니다. 그 이유는 그렇게 비판하지 않으면, 혹은 그러한 반대 담론이 제기되지 않으면 지배적 담론(해석)을 반복하는 것에 불과하기 때문입니다.

저는 정치적 효과를 노리고 글을 쓰지는 않지만 자주 되돌아오는 부메랑에 대한 '자기검열'이 신경 쓰이기는 합니다. 얼마 전 짧은 글을 통해 모 선생을 다소 심하게 비판한 적이 있습니다. 약 11년 전 그분이 쓴 책은 저로 하여금 정치학과 사회과학에 관심을 가지게 한 중요한 '담론'이었습니다. 그리고 긴 시간이 흘렀고 한국 사회에 대한 저와 그분의 생각도 많이 변했습니다.

되돌아보면 변화한, 정확히 말하자면 현대 한국 사회를 둘러싼 하나의 '담론'을 만든 연구에 대한 평소 생각이었을 것입니다. 저 역시 그 글에 대해 탐탁잖았지만 '문제틀'을 만들어내기 위해 글을 썼던 것 같습니다. 굳이 이런 이야기를 꺼내는 이유는 비판이 어떤 프레임이나 무의식적 자기검열의 망에 갇힌다면 결코 다른 담론을 생산하지 못하기 때문입니다. 지배적 담론과 그 효과 — 물론 그 안에는 필자의 의도와는 다른 무의식적 효과가 내장되어 있습니다 — 에 대해 논하지 않는다면 지식사회는 정체될 것이라고 저는 생각합니다. 지배적 담론에 대한 비판은 사라지고 '그야말로 전통과 신화'만이 남기 때문이지요.

보기와 다르게 제가 글에서 과감하고 용감했던 이유는 담론에 대한 또 다른 담론을 만들고 싶은, 다시 말해서 문제틀을 만드는 것이 '지식인', 아니 아직은 젊은 연구자인 제가 할 수 있는 일이라고 생각했기 때문입니다. 글은 일상을 반영하고 저도 시간이 지나면 비겁해질지도 모릅니다. 그럼에도 불구하고 활자 하나하나에 용기를 내는 이유는 '자기검열'을 벗어나고자 하는 욕망이 아닌가 싶습니다. 적어도 저에게 '정치적인 것'은 대문자 'R'로 시작되는 혁명의 의미보다, 일상의 변화를 제어하고 제가 만들고 싶은 담론을 생산할 수 있는 것이기 때문입니다.

버지니아 울프의 『3기니』로 시작되는 논문의 결론 부분을 치기 시작하며 버지니아 울프가 그토록 비판했던 국가와 가부장제에 대해 생각하는 와중에, 한국 지식사회에서 진정으로 위험한 것은 극우 저널리스트 조갑제뿐만이 아니라는 생각을 했습니다. 오히려 '문제와 담론을 만들어내지 않고 존재하는 지배적인 담론, 그리고 그 질서에 안주하려는 지식체계가 아닌가?' 라고 말입니다.

남성 연구자가 여성노동자를, 노동자와 태생적으로 관련이 없는 제 연구가 또 무슨 상처를 입을지 다소 걱정이 되지만, 언제나 그렇듯이 용감하게 쓸 작정입니다. 아직은 제가 젊고 지배적 담론에 대해 '래디컬하게' 이야기할 만큼 순진하다는 믿음이 어느 한 구석에 남아 있기 때문입니다.

그럼 저는 다시 '여공'을 만나러 갑니다. [2003년 4월 17일, 교토에서]

3. 민중, 민족 그리고 오늘의 민중

3절에서는 연구자로서 연구대상 속에서 그리고 일상에서 관찰했던 '현대사 해석'을 둘러싼 지배적 담론에 대한 생각들을 옮겼다. 민중, 민족에 대한 이 글들은, '국사國史'로 대표되는 민족주의 사학의 편협성, 그리고 붉은 메시아로 격상된 민중이 아니라 미시사라는 창을 통해 본, 민중이 파시즘 체제 아래에서 생존하기 위해 했던 선택 등에 대한 이야기들로 구성되어 있다. 특히 내가 힘주어 강조하고 싶었던 이야기는 민중에 대한 목적론적 인식과 이 민중을 일괴암적 주체monolithic agent로 보는 시각, 그리고 이 민중사를 '신화화'하려는 여러 경향에 대한 비판이었다. 이런 문제의식은 이 책과 동떨어진 것이 아니며, 이 책이 비판하고자 하는 산업화 시기 민주화운동의 '신화화'에 대한 나의 입장과 밀접하게 연관되어 있다.

광주의 역사 해석, 드라마 「낮에도 별은 뜬다」

20년이 지난 시점에서 다큐멘터리가 아닌 드라마로 광주를 다룬다면 무엇을 이야기해야 할까. 이 문제는 이 드라마를 보기 전부터 궁금했다. 그래서 미리 예고편을 보지 않고 두 시간 동안 화면만을 지켜보았다. 결론부터 말하자면, 「낮에도 별은 뜬다」는 광주의 모든 것을 말해주지는 못했지만 현재 광주가 지닌 문제를 집약적으로 질문하는 데는 충분히 성공했다고 생각한다.

먼저 '영웅들의 신화'로 광주를 그리지 않아서 마음에 든다. 물론 산화해간 시민군의 죽음을 모독하려는 말은 결코 아니다. 오히려 죽음을 통해 광주가 시민군만의 것으로 잘못 인식되는 경향을 이야기하고 싶을 뿐이다. 현재 시점에서 광주는 광주 그리고 한국 민중의 눈으로 해석되어야 한다.

드라마에서 애초 양아치로 나오는 감우성이나 술집 작부로 나오는 김여진의 연기 수준을 떠나서 그들의 삶의 진정성이 어떻게 1980년과 그 후 일상 속에서 드러나는가, 또한 광주가 대문자 항쟁에 그치지 않고 20년이 지난 시점에 이들의 일상 속에 어떻게 아로새겨져 있는가 하는 문제는 아주 중요한 화두다.

두 번째로, 광주가 지닌 균열과 모순을 드러내준 점이 매우 인상적이었다. 딱히 광주만의 문제는 아니지만 유독 단일하게 해석되어야 한다는 강박관념 속에 사로잡혀 있던 광주는 분명 단일한 실체가 아니다. 광주는 1970년대의 연장이자 1980년대의 시작이며, 또 1980년대의 한계이기도 하다. 광주는 운동의 자기정당성과 도덕성을 근본적으로 드러내는 화두였고, 대항권력과 폭력의 상징이기도 했다. 하지만 심지어 1980년 광주를 겪은 이들에게도 광주는 단일한 기억으로 존재하지 않았으며, 존재할 수도 없다. 극중 감옥에서 논쟁을 벌이는 지식인들과 이것에 반발하는, '속되게 표현'해서 무식한 민중 사이의 괴리는 1980년대와 광주가 현실에서 다가오기에는 여전히 거리가 존재함을 보여준다.

세 번째로, 광주와 개인의 문제다. 광주는 '집단적 주체' 혹은 '대문자 주체'의 이미지가 강하다. 하지만 20년이 지나고 국가의 자장 안에 편입되어 가고 있는 광주의 기억과 현실 속에서 이제 초점은 개인에게도 맞추어져야 한다. 드라마에서는 '국가폭력'을 피고문자와 고문기술자라는 다소 전형적인 상징과 배치를 통해 이야기했지만, 광주와 그 이후 사람들이 지닌 '내상內傷'은 여전히 사라지지 않고 있다. 물론 극중에서 주인공인 감우성 개인에 대한 인간적 연민을 불러일으킨다는 반론이 제기될 수 있으나, 내가 볼 때는 여전히 너무 근본주의적인 시각만으로 2001년 광주를 보는 것이 아닌가 싶다.

끝으로, 아직도 한국 현대사에서 광주는 출발에 불과하다고 생각한다. 광주는 며칠 동안의 사건이 아니라 전후 현대사의 모순이 응결된 모형이기 때문이다. 또한 우리가 여전히 1980년 5 · 18을 '광주'라고 부르는 것은 광주가 가진 딜레마를 보여주는 동시에, 「낮에도 별은 뜬다」가 오늘 두 시간짜리로 방영되는 것 역시 1980년대 광주에 대한 해석과 자장에서 광주가 자유롭지 못함을 웅변해준다. 광주에 대한 해석이 넓어져야 한다고 늘 주장하지만 여전히 광주는 '국가'가 껴안기에는 그 무게가 너무나 크고 깊다. 비록 당시 일부 주체들이 변질되고 세상이 변해도, 광주와 현대사가 지닌 무게를 아직 국가는 견뎌내고 있지 못하다. 이것 역시 한국 현대사의 비극이라면 비극일 것이다.

방금 전 문화방송의 〈베스트극장〉 홈페이지 시청자 의견란을 보니 '전라도 사투리'의 어색함, 배우들의 염색한 머리 등이 드라마의 리얼리티를 약화시켰다고 모두들 한마디씩 거드는 것 같다. 하지만 그런 지적 속에서 내가 두려운 것은 여전히 광주를 '전라도 사투리'로 채워야 직성이 풀리는 강박증과, 광주에 대한 드라마를 '극' 자체의 리얼리티로만 바라보는 '거리감'이다. 나는 이 두 가지를 모두 경계한다. 문학이든 극이든 혹은 학문이든 현실을 완벽히 재현할 수는 없으며, 그것 나름대로 현재성이 반영되어 있는 것이다.

이런 점에서 이 드라마는 2001년 수준에서 광주의 현재성을 보여주고 있으며, 우리에게 논의할 거리를 제공해준 하나의 '텍스트'라고 생각한다. 그리고 앞으로 더 많이 광주에 대해 이야기해야만 한다는 생각을 던져준 셈이다.

[2001년 5월 19일]

삼일절과 민民, 그리고 민중

오늘은 삼일절입니다. 어릴 적 "기미년 3월 1일 오후……"로 시작되는 노래를 들은 지도 꽤 된 것 같군요. 개인적으로 재미있는 일이 있었습니다. 삼일절 전날 6주간 저와 또 다른 수강생이 함께 일본어를 공부한 일본어 선생과 술자리를 가졌죠. 주로 일본어로 나누는 대화를 듣느라 엄청난 열량을 소모했지만……. 전 민족주의에 대해 비판적이지만 제 유전자 안에 존재하는, 그리고 길들여진 민족주의적 감성에서 자유로워지는 것은 쉽지 않은 일인 것 같습니다.

기왕 삼일절이니 관련된 이야기를 해보죠. 근대 이후 한국사에서 중요한 사건이라면 일제의 식민지배, 1914년 토지조사사업, 1919년 3 · 1운동, 1930년대 농촌진흥운동, 한국전쟁, 1960년 4월 항쟁 등입니다. 그런데 3 · 1운동에 대한 이미지는 일제에 대한 '전민족적 저항'이라는 이미지가 강합니다. 전혀 틀린 이야기는 아니지만 이런 이미지는 식민지를 해석하고 한국 민족주의를 이해하는 데 있어서 많은 문제를 야기했습니다. 과연 한민족은 같은 핏줄이고 5천년 역사를 가졌기 때문에 식민지배에 대해 전민족적으로 저항해온 영광스런 혈통인가요?

제 생각은 적어도 그것은 아니라는 것입니다. 몇 가지 지표를 대면, 1946년 반민특위 기준에 '반민자反民者'를 '일본어를 생활어로 쓴 자'라고 규정하고 있습니다. 여기서 생활어는 일본어를 일상적인 대화에 사용했다는 것을 의미합니다. 전체 조선 인구 중 모든 이가 일본어를 사용했던 것은 아니지만 1940년대 '내선일체론內鮮一体論'이 대두되기 전 일본어를 강제적으로 쓰도록 했지요. 이 기준에 근거하자면 친일파가 아닌 개인은 '소수'입니다. 하지만 해방 이후 현재까지 일제의 제도적 유산은 여전합니다. '식민지는 오래 지속된다'는 것입니다.

다시 3 · 1운동으로 돌아가서, 그렇다면 왜 3 · 1운동 같은 대규모의 민족적 저항이 일어났는지 곰곰이 살펴볼 필요가 있습니다. 이전 동학농민 전쟁 때도 반제反帝(반제국주의)의 지향은 존재했지만 그 저항이 전국적이고 각 촌락 단위까지 미친 것이라고 평가하기는 어렵습니다. 하지만 3 · 1운동의 사회적 의미는 사회 기층단위에 이르기까지 저항이 파급된 점입니다. 경제사적으로 볼 때 3 · 1운동은 1914년 토지조사사업 때문에 민의 불만이 강화된 소산입니다. 물론 기계적으로 물적 토대로 3 · 1운동을 환원할 생각은 없지만 토지조사사업의 결과, 민이 지니고 있던 토지에 대한 소유권은 순식간에 근대적 토지소유 관념이란 이름하에 사라지고, 그 자리에 지주와 소작관계가 남겨지게 됩니다. 이른바 이전 시기 수조권收租權과 소유권所有權을 분리해 생각하던 토지에 대한 민의 관념이 파괴되는 역사적 순간입니다.

문제는 토지 소유에서만 끝나는 것은 아닙니다. 일제는 근대적 토지소유 개념과 더불어 과거 자연촌을 중심으로 한 민의 동리洞里라는 자치공간을 '면面'이라는 행정공간에 편입시키려고 했습니다. 그 와중에 두레, 계 등 공동노동조직과 인보조직이 해산됩니다. 바로 불만은 일상적인 공간에서 발생했던 것입니다. 토지를 상실하고 쌀을 빼앗기고 사회 기층단위에 존재했던 자치 생활공동체가 위협을 받는 조건이 민의 사회적 불만을 가중시켰던 것입니다. 그 와중에 3 · 1운동이 동시다발적으로 기층 촌락 단위에서 전국적이고 집중적으로 폭발했던 것입니다.

다만 유의할 점은 '3 · 1운동에서 민의 불만의 대상이 중앙 국가권력이냐'라는 점입니다. 다시 말해서 총독부 권력에 대한 탈권적 의도가 저항 내부에 존재했느냐 하는 문제입니다. 저는 이 문제에 대해 부정적입니다. 전민족적 저항을 전제할지라도 공격과 저항의 대상은 아직 지방 행정단위였고, 특히 일상적으로 부딪치던 일본인들이었습니다. 그 예가 당시 일제에 의해 반강제로 행정업무를 보던 면장들이 운동에 적극 참여했던 사실입니다. 분명 3·1운동이 민족적 정체성을 강화해준 중요한 계기임에는 분명하지만, 반제 내지 일제에 대한 근본적인 부정에 기반했던 것이라고 평가하기는 어렵습니다. 민족적 정체성이 촌락과 지방에 기초한 민의 정체성을 전적으로 대체할 정도는 아니었으며, 아마도 그 시기는 1930년대 이후에나 가시화되지 않았나 싶습니다.

또한 국사國史에서 해온 민족지사들에 대한 지나친 강조도 운동에서 민의 주도성을 부차화시키거나 특정 시기 사가들이 민족주의를 강조하기 위해 과대 포장된 측면이 강합니다. 실제 33인 가운데 끝까지 친일을 하지 않은 인물이 몇 명이나 될까요. 잘 알려진 최린, 최남선 그리고 다수 천도교 인사들 등은 1930년대 즈음부터 전향과 친일로 내달아갑니다. 그럴 만큼 3·1운동에서 민족주의란 아직 확인되지 않은 맹아적인 것이었으며, 신분적 예속과 촌락 내 공동체적 유제에 근거한 지역민으로서 지니는 민의 정체성이 민족국가라는 대안적 정체성으로 나아가기 시작한 출발점이 아닌가 싶습니다.

이제 3·1운동도 '일제' 혹은 '민족'이라는 두 글자에 손이 파르르 떨리는 단세포적인 인식에서 벗어나야 할 겁니다. 3·1운동은 이제 조작된 전통이 아니라 근대사 속에서 정확히 자리매김되어야 합니다. [2001년 3월 1일]

식민지는 오래 지속된다

오랜만에 보는군요. 「애국가」. 저처럼 애국가 1절이나 겨우 기억하는 사람을 국가가 과연 국민으로 호명할지 모르겠지만, 애국가 안에도 한국 근대사의 오욕汚辱이 깃들어 있는지 아시는지요. 애국가 가사를 작사한 사람은, 잘 알려지지 않았지만 좌옹 윤치호佐翁 尹致昊입니다. 애국가를 안익태가 작곡한 것은 널리 알려졌지만 작사가에 대해 아는 사람은 별로 없습니다. 애국가의 작사가는 일제 때 가장 일관되게 친일 행각을 벌인 윤치호입니다.

인터넷에서는 윤치호를 재평가해야 한다고 주장하는 사람들이 적지 않더군요. 하지만 저는 그가 친일파이기 때문에 민족적 감정으로 비난하고 싶지는 않습니다. 다만 19세기 후반 미국을 경유해서 근대를 바라보았던, 당시로는 가장 선진적 인텔리의 모습에서 몇 가지 생각할 거리를 찾고 싶을 뿐입니다.

잘 알려진 대로 윤치호는 1919년 3·1운동을 '무지렁이들의 폭동'으로, 1930년대 후반 이후 대동아 전쟁에 반대하는 여론을 '비국민의 논리'로 질타한, 요샛말로 치면 꽤나 튀는 인물이었습니다. 비슷한 시기 일본이란 창을 통해 근대를 본 춘원 이광수나 육당 최남선과 마찬가지로 윤치호는 2등 국민인 조선인의 독립보다는 황국신민이 됨으로써 근대적 질서에 편입될 수 있다는 주장을 일관되게 펼쳤습니다.

2등 국민, 덴노天皇에 충성스런 신민……. 왠지 어디서 들어본 말 같지 않습니까? 일찍이 춘원이 '민족개조론民族改造論'과 '탈아입구론脫亞入歐論'을 통해 설파한 동양판 사회진화론을 다시 읊고 있는 것일까요? 좌옹과 춘원에게 있어 근대의 완성은 조선민의 자발적인 힘과 독자적 구상이 아니라 미국과 일본이라는 제국의 창을 통해, 그리고 제국과 협력함으로써만 가능하다고 사고되었습니다. 미국 하버드대학교 옌칭연구소의 카터 엑커트C. Eckert라는 연구자도 김성수의 고창 김 리니지(가문)의 식민지하 성장을 분석하면서 '제국의 후예'라는 모멸적인 제목을 사용하더군요. 민족감정이란 창으로 볼 때 엑커트의 주장은 귀에 거슬리지만 부정하기 어려운 말입니다. 바로 제국의 질서에 순응해가며 근대를 만들어간 세기가 한국의 근대입니다.

좌옹 윤치호

1960년대 군부 쿠데타 세력이 경제개발계획을 입안하면서 그 지적 기반으로 삼은 로스토우W. Rostow의 '근대화이론' 역시 자본주의적 성장과 민주주의의 진화론적 발전과 사회의 유기체적 조화를 설파한 식민지 시기 지식인들의 창백한 자화상의 연장이었습니다. 저는 박정희가 어려울 때마다 니폰도日本刀를 꺼내 마음을 달랬다는 에피소드에는 관심이 없습니다. 다만 20세기 한국에서 근대가 얼마나 타율적이고 전체주의적인 논리에 의해 짓이겨졌는지 한탄스러울 뿐입니다.

1960~70년대 「애국가」, 국민교육헌장, 국기에 대한 맹세는 반공국민으로 자신을 규율화했던 복종의 서사였고, 1980년대라는 격변의 시대에서도 우리는 이 서사에서 자유롭지 못했습니다. 물론 근대라는 거대 서사가 서구적 패러다임에서 전적으로 자유로울 수 없지만, 한국에서 근대란 만들어가야만 하는 이상이기보다, 뒤돌아보지 않고 밀어 붙여야 할 '국가사상'의 목표에 불과했습니다. 그렇다면 지배권력이 그 자원을 제국한테서 얻었다면 저항세력은 자유로울까요? 저는 아니라고 봅니다. 저항운동 역시 소련 콤플렉스, 혁명 모국 콤플렉스에서 결코 자유로울 수 없었으며, 1990년대 들어서는 프랑스를 비롯한 또 다른 제국이 주는 다른 콤플렉스를 안고 살고 있음을 부정할 수 없습니다.

문제는 민족이 아닙니다. 그리고 과거에 대한 인적 청산만도 아닙니다. 어느 순간부터 한 귀퉁이에 자리잡고 있는 근대에 대한 지적인 콤플렉스에서 자유로워져야 한다는 것, 그리고 우리가 새로이 꾸며내어야 할 근대를 넘어서는 사회는 과거처럼 국가의 전지전능한 힘에 의해 일방적으로 강요되어서는 안 된다는 점입니다. 오늘, 윤치호란 한 친일 군상이 애국가를 작곡했다는 민족적 감수성 때문이 아니라, 아직도 저 자신조차 자유롭지 못한 제국에 대한 콤플렉스가 저를 더 괴롭히고 있습니다. [2001년 3월 16일]

‘민중’이란 단어

노곤한 4월의 하루입니다. 언젠가 제 전공에 대해 말씀드렸지만, 한국 현대사에서 1980년대라는 단어는 시대를 표현하는 숫자라기에는 너무 복잡한 의미를 지니고 있습니다. 비단 제가 이 시기를 약간 경험했다는 이유 때문만이 아니라 이 시대가 품고 있는 숨결이 너무나 복잡하며 아직도 많은 동시대인들에게 영향을 미치기 때문입니다. 저는 연구자로서 연구를 ‘한풀이굿’으로 생각하지는 않습니다. 그럴 경우 너무 많은 개인적인 감정이 들어가서 스스로 주체하기가 어려워지기 때문이지요. 그렇다고 현실과 연구대상이 별개의 것이라고 생각하지도 않습니다. 역사란 언제나 ‘현재형’ 혹은 ‘현재’에서 연역되는 것이니까요.

제가 오랫동안 연구하고 있는 ‘민중’이라는 문제도 그렇습니다. 대학시절 민중은 하나의 이상이자, 가야할 ‘길’이었습니다. 하지만 현실의 민중은 이상보다는 굴복이나 좌절의 역사가 일상적이었습니다. ‘민중의 배신’이라고 말하면 지나친 말일까요. 저는 1980년대를 혁명이나 민중이란 용어로 설명하기 힘든 숨겨진 사실들이 많다고 생각합니다. 1980년대가 많은 피를 통해 한국 사회 근대의 몇몇 지점을 비추어주었지만, 여전히 그 안에는 만만치 않은 어두움의 깊이가 있다고 저는 생각합니다. 민중이라는 저수지 안에는 어두운 근대 속을 배회하는 많은 개인들이 있고, 그런 개인들의 역사를 찾아내는 것이 구부러진 1980년대를 평형추에 가깝게 놓는 것이 아닐까 싶습니다.

변혁, 혁명, 변화……. 이 모든 단어들이 공허해지지 않기 위해서라도 어두운 저수지에서 살아온 사람들의 침묵에 귀를 기울일 필요가 있다고 생각합니다. 민중에게 침묵은 묵종이나 탈출만은 아닙니다. 다만 주어진 조건 속에서 절규하는 또 다른 외침일 뿐입니다. [2001년 4월 5일]

전쟁과 반공 국민

1950년대 정치에서 많이 쓴 던 말로 '책임정치'라는 단어가 있습니다. 1950년대 한국 사회는 개인에 대해 국가와 사회가 책임을 지지 않거나 최소한의 안전판조차 없는, 마치 요즘처럼 실업자에 대해 사회적 안전망이 없는 '무방비 사회'였습니다. 그 대표적인 사례가 사진에 보이는 '한강철교'였습니다.

1950년에 전쟁이 발발하고, 국부를 자칭했던 이승만은 '서울은 안전하다, 정부를 믿으라'는 거짓말로 서울 시민들을 서울에 묶어놓고 정작 자신은 대전으로 도주했습니다. 거기다가 인민군이 남진하자 많은 서울 시민을 버리고 한강철교를 끊어버렸습니다. 여기서도 한국 근대에서 국민이 당했던 비극을 확인할 수 있습니다.

한국전쟁 시기 한강철교 모습

도강파와 잔류파. 인민군의 남진과 서울 입성 전에 강을 건넌 자와 건너지 못해 서울에 남겨진 자의 운명은 몇 달 사이에 180도로 변해버렸습니다. 잔류파는 이제 서울에 있는 국민이 아닌 조선민주주의인민공화국의 인민으로 탈바꿈해야 했고, 이들에게는 후에 부역자負役者라는 멍에가 씌워졌습니다. 김원일의 장편소설 『불의 제전』에도 등장하지만 민중에게 전쟁은 재앙이었지만 전쟁만큼 민의 지배체제에 대해, 이른바 민도를 잘 보여주었던 시기도 찾아보기 어렵습니다. 1947년부터 남한 내 사회적 갈등은 국가기구의 최말단인 '마을' 단위로 넘어갔고, 이것은 전쟁으로 이어지는 내전의 연속이었습니다. 이 과정에서 서울의 국민들은 생존을 위해 붉은 인민으로 탈바꿈해야 했습니다. 시인 김수영의 유고 소설인 「의용군」을 보면, 이른바 회색인으로 해방 3년을 살아갔던 한 청년의 고민이 잘 드러납니다. 새 조국 건설의 씻김굿으로 청년들은 죽음을 각오하고 인민의용군에 입대하게 됩니다. 특히 도시의 경우 의용군 입대자 수가 상당했습니다. 청년들은 초기 전황으로 미루어 전쟁이 빨리 끝나리라고 예측했고, 체제에 대한 가능한 선택지로서 의용군에 들어간 경우가 많았습니다.

문제는 민중에게 있어 전쟁입니다. 한 연구자는 '민중의 기회주의'라고 표현하기도 했지만, 전쟁은 학살과 죽음, 신분제의 와해, 새로운 가치관의 도입으로 이어졌습니다. 기왕의 연구들을 보면 공포와 죽음에 초점을 맞춘, 바로 (시민)사회에 군림하는 공포의 국가권력을 강조합니다. 그러나 그 공포가 사회, 구체적으로 민중에게 가했던 힘은 어둠과 공포만으로 표현하기는 어렵습니다. 물론 제가 민간인 학살이나 보도연맹保導聯盟[2] 문제 등에

2_ 보도연맹은 1949년 좌익운동을 하다 전향한 사람들로 조직된 반공단체로, 정식 명칭은 '국민보도연맹'이다. 보도연맹은 1948년 12월 시행된 국가보안법에 따라 좌익사상에 물든 사람들을 전향시켜 보호하고 인도한다는 취지로 결성되었다. '대한민국 정부 절대 지지, 북한정권 절대 반대,

눈을 감자는 것은 아니지만, 전쟁과 그 와중의 정치과정은 민중에게 국가권력과 직접 대면하는 기회를 주었고, 이것은 이전 시기 민중이 지니던 국가에 대한 관념과는 상이한 것이었습니다. 바로 민중이 국민으로 살아가기 위해 길들여지고, 자기 자신을 국민으로 호명interpellation해가는 과정이었습니다. 그리고 이 과정은 '반공'만으로 설명할 수 없는 복잡한 과정입니다.

서유럽에서 시민은 시민사회에 기반해서 자신들의 집단적 이해를 관철할 조직과 영역을 만들어 나갔습니다. 국가별로 다르기는 했지만, '씨토양'이라고 불린 시민이라는 정체성은 국가가 부여해준 것이 아니었습니다. 이들에게 국가가 중요한 의미로 인지되기 시작한 것은 다소 시간이 지난 뒤의 일이었습니다. 하지만 한국의 경우 민중은 전근대적 예속에서 벗어나기 시작한 순간 혹은 근대적 문명과 제도를 면대면face to face으로 조금씩 경험하는 순간부터 국가와 대면했습니다. 면사무소 직원이든 헌병이든 주재소장이던 아니면 마을 구장區長이든, 민중은 이들과 공생할 수 있는 길을 찾아 나아가야 했습니다. 이런 과정은 집단적인 권리를 체현하는 역사라기보다는 상당 시간 동안 이것을 유보시키는 역사였습니다. 민중들은 위인偉人이나 기복신앙을 마음 속 한가운데 심고 그들을 기다렸습니다. 확신할 수는 없지만 전쟁은 우리에게 국가권력과 공존하는 방법을 처음으로 가르쳐준, 근대 남한 국민 형성의 '반면교사'인지도 모르겠군요. [2001년 3월 7일]

인류의 자유와 민족성을 무시하는 공산주의 사상 배격 · 분쇄, 남 · 북로당의 파괴정책 폭로 · 분쇄, 민족진영 각 정당 · 사회단체와 협력해 총력을 결집한다'는 내용을 주요 강령으로 삼았다. 회원은 1949년 말에는 30만 명에 달했고, 서울에서만 2만 명에 이르렀다. 사상적 낙인이 찍힌 사람들을 주된 대상으로 거의 강제적으로 가입을 시켰으며, 지역별 할당제가 있어서 사상범이 아닌 경우에도 등록되는 경우가 많았다. 한국전쟁이 일어나자 정부는 초기 후퇴 과정에서 보도연맹원에 대한 무차별 검속과 즉결처분을 단행함으로써 전쟁 중 최초의 집단 민간인 학살을 자행했으며, 이것은 인민군 점령지역에서 발생한 좌익의 보복학살의 원인이 되었다.

4. 밑바닥에서 세상 읽기

4절에서는 이 책에서 내가 견지하고자 했던 '밑으로부터의 역사'를 보는 시각에 대한 생각들이 간략하게 서술되어 있다. 흔히 '민중사'와 '노동사'를 저항적이고 급진적인 시각만으로 보는 경향이 있지만, 내 생각은 상당히 다르다. 조직된 민중 · 대중 이외에 과학적 이데올로기에서 시선이 거두어진 개인, 집단들은 여전히 존재한다. 사회운동 그리고 과학적 역사과학 · 사회과학은 이들에 대해 제대로 된 관심을 보이지 않았다. 이런 사실은 신자유주의가 본격화된 뒤 비정규직 · 이주 · 여성노동을 바라보는 시선에서도 드러났다. 산업화 시기 여성노동자, 그리고 현재 이주 · 여성 · 비정규노동자들이 '타자'가 되는 것은 '무관심'이 아닌, 과학적 시선이 지닌 권력효과는 아닐까? 이런 생각을 염두에 두며 쓴 몇 편의 에세이가 아래 글들이다.

삼류 인생

한 학기 강의도 끝나고 일본어 1학기 코스도 다음 주 화요일에 다 끝나면 이번 학기도 그럭저럭 마무리되는 것 같습니다. 매번 계절이 지나갈 때마다 입버릇처럼 되뇌는 말이지만, 무엇을 찾고 무엇을 잃었는지 곰곰이 생각해봅니다. 20대 중반에는 멀게만 보이던 '공부'라는 산을 찾아 올라가다 넘어지고, 산등성이의 더러운 것들에 힘들어하기도 했지만, 어느덧 산자락 정도에 와 있는 것 같습니다. 몇 해 전에는 공부하는 것이 즐거워지기도 했지만, 또 어떤 때에는 여느 때와 마찬가지로 왜 이 자리에 머물러 있는지 스스로 다시 되묻곤 합니다. '산 넘어 산'이라는 말도 있지만, 어느 순간에 산이 그다지 높지 않다는 것을 알게도 되고, 저 산을 넘어서는 것이 무슨 의미인지 혼돈스러울 때가 많습니다. 물론 이 모든 질문은 어쩌면 사치스러운 것이고, 철이 덜든 대학교 1학년생이나 하는 칭얼거림인지도 모릅니다.

오늘 오후에 친구가 문자 메시지를 보냈는데, 오전에 조조로 이마무라 쇼헤이의 「간장선생」을 먼저 보았다더군요. 메시지에는 영화를 보면서 여러모로 제 생각이 난다고 하더군요. 저는 예전부터 '삼류 인생'에 애정을 갖고 있었습니다. 사람들은 대부분 1류와 1등이 되어 상류사회에 들어가고 싶어하지요. 제가 10여 년 전 세상과 사회에 대해 고민하기 시작할 때, 그때도 삼류 인생에 대해 여러 가지 생각을 했었고, 그들을 위해 내가 할 수 있는 것이 뭔지 생각하면서 오랜 시간을 그 문제에 몰두했던 것 같습니다. 언제나 세상에는 삼류 인생, 밑바닥 삶의 응어리들이 참 많지요. 그들의 인생살이는 고색창연한 사회과학으로 설명하기 힘듭니다. 1980년대 남한의 비판적 지성이 포기하지 못했던 것 가운데 하나가 '소시민적 계몽주의'라면, 그들은 별로 계몽받기를 원하지 않는 사람들인지도 모르겠습니다. 아시는 분들은 아시겠지만 제 전공은 한국 노동문제, 특히 산업화를 전후로 한 노동계급 형성 문제입니다. 짧고 일천한 연구지만 한국 지식인들은 삼류 인생들에게 제대로 된 시선을 준 적이 없었고, 이들은 시시때때로 잊혀져간 존재들이었습니다. 사회에서 이들을 대부분 잊고 산다면 몇 명이라도 기억해주는 것이 옳지 않은가 하는 생각이 제 연구의 출발이었습니다. 회고해보면 저는 1980년대 운동이란 어떤 의미에서 그다지 '실천적'이지는 못했다고 생각합니다. 구체적인 것은 현실적이라고 이야기했지만 그것은 공염불에 불과했고, 진실로 잊혀지는 것들에 대해서 기억하기 시작하려고 시도한 것은 최근의 일입니다. 얼마 전 어느 배우가 인터뷰를 하는데 인터뷰어가 "과연 당신에게 연기가 얼마만큼의 삶의 무게냐"고 묻더군요. 그때 그 배우는 "연기는 내 인생의 전부는 아니다, 다만 인생의 살아가는 데 중요한 수단이자, 밑거름일 뿐……"이라고 답하더군요. 만약 누군가 제게 제 인생에서 연구가 얼마만큼의 무게냐고 묻는다면 저도 비슷한 대답을 할 수 있을 것 같습니다.

제 지기 가운데 몇몇은 "너는 할 줄 아는 게 공부밖에 없으니까 연구자가 되어야 한다"고 하지만, 저는 많은 책들을 사서 읽고 다시 생각하는 의미들에 대해 늘 다시 묻습니다. "너는 무엇을 위해 그곳에 서 있느냐"고. 어쩌면 인생은 그리 길지도 짧지도 않은 것인지 모릅니다. 저는 체질적으로 '사회에 봉사한다'는 식의 말을 그다지 좋아하지 않습니다. 대신 삼류 인생들에 가까워질 수 있는 길을 찾으려고 합니다. 누구나 일류가 되고 싶어하고, 사람들 사이에서 회자되곤 합니다. 하지만 정작 삼류 인생, 버려진 인생에 대해 이해하려고 하지는 않습니다. 그들에게 삼류 인생은 변화시켜야 하는 '지적 강박증'의 대상일 뿐입니다.

저는 '소시민적 계몽주의자'나 일류를 자칭하는 개인이 되고 싶진 않습니다. 설사 타인이 내게 "그래, 넌 배가 불러서 그런 거야"라는 말을 들을지라도, 그래서 남들이 별로 저를 믿지 않는다고 하더라도 한 개인이 오랫동안 가져온 생각을 그냥 묻히기엔 아쉽다는 생각을 여전히 갖고 있기 때문입니다. 잡스런 푸념을 생각해내면서 문득 노래 가사 하나가 머리를 스치고 지나갑니다. 한 4년 전에 문화방송에서 「산」이란 드라마를 한 적이 있습니다. 제게는 무척 인상적인 드라마였죠.

당시 연구실 제 자리 오른편에는 두 종류의 엽서가 붙어 있었습니다. 하나는 록그룹 천지인의 「청계천 8가」 가사가, 다른 한편에는 드라마 「산」의 주제가 가사가 적혀 있었습니다.

늘 눈에 보이는 곳에.

「저 산 너머」

언제나 변함없는 저 푸른 산과 같이
맘에 변함없는 꿈 푸르게 살아있어
그리워 불러 볼 수 없는 그대의 이름같이
내 맘에 변함없는 사랑 영원히 살아있네
왜 난 사는 건지 무엇이 삶의 목적인지
왜 난 걷는 건지 어디가 나의 쉴 곳인지
그리워 저산을 바라봐 흘러가는 구름 위
내 맘에 남아있는 모습 눈물로 가려지고
올라도 오를 수 없는 저 푸른 산과 하늘 위
무어라 내게 말하는데 나는 들리지 않네
왜 난 사는 건 지 무엇이 삶의 목적인지
왜 난 걷는 건 지 어디가 나의 쉴 곳인지

[2001년 3월 7일]

드라마 읽기 ― 노희경과 김운경

요즘 주로 집에서 작업을 하며 시간이 나면 드라마를 보는데, 최근에는 노희경의 「화려한 시절」을 보고 있다. 내가 노희경이라는 작가에게 처음 매력을 가진 것은 「거짓말」이라는, 색다른 분위기를 지닌 현대물이었다. 노희경은 한마디로 말해서 대사를 참 잘 쓴다. 이것이 내가 노희경이 쓴 작품을 좋아하는 가장 큰 이유다. 길지도 화려하지도 않지만 굵고 힘이 실린 대사는 언제 봐도 나를 즐겁게 한다.

반면 내가 김운경을 좋아하는 이유는 조금 다르다. 김운경 드라마는 한국 드라마에서 볼 수 없는 아주 독특한 '색깔'을 갖고 있다. 그가 쓴 것인지 사전에 몰랐다고 할지라도 드라마를 다 보고 자막이 올라올 즈음이면, '아, 이건 김운경 작품이구나'라는 생각이 들 정도다. 대중적으로는 「옥이 이모」로 잘 알려진 김운경의 연보는 언젠가 한 영화잡지에서 말한 것처럼 '구질구질한 삶'에 대한 천착이다. 기억을 되살려보면, 그의 작품에 등장하는 사람 중에는 근대사회가 '정상인'으로 규정한 사람들이 드물다. 미혼모, 과부, 매매춘 여성, 거지, 앵벌이, 정신병자, 막노동꾼……. 그런 인간군이다. 최근 몇 년간 그가 드라마 특집극에서 보여준 작품 대부분이 그런 사람들의 징글징글한 삶의 역정을 다루고 있다. 영화와 드라마를 통틀어 김운경만큼 이 문제에 대해 지속적으로 다뤄온 작가는 없는 것으로 알고 있다. 그런 점에서 그는 작가로서 연구대상이다.

이번에 1, 2회가 방영된 「화려한 시절」도 전작인 「바보 같은 사랑」과 배경은 비슷하지만 좀 다른 느낌을 주는 작품이다. 1960년대 말 또는 1970년대로 추정되는 도시의 시공간 안에 노희경은 희한한 인물들을 집어넣었다. 마치 초기작인 「내가 사는 이유」에 등장한 인물들과 흡사하게 꼭꼭 숨겨진 도시 뒷골목의 일상이 배열되어 있다. 가짜 대학생과 공고생, 그리고 그의 대학생 형이란 설정, 어차피 노희경의 작품에는 주인공 자체가 큰 의미를 가지지는 않으며, 특히 2인 드라마 내지 멜로드라마의 틀과는 거리가 멀기 때문이다.

두 작가의 연보 속에서 연구해볼 만한 테마는 그들이 본 '가족'과 그 역사를 둘러싼 문제다. 근대화와 그 언저리에서 일상을 살아가던 사람들을 그리고 있는 두 작가에게 나는 시대정신이란 무게를 지우고 싶지는 않다. '과의식적 사색'은 이들을 지치게 할 수도 있기 때문이다. 다만 두 작가가 그려온 산업화 시기 밑바닥 삶들의 인간관계와 그 안에 둥우리를 쳤던 '가족'이란 화두는 소재 빈곤에 찌든 최근의 한국 영화보다 이 작품들에 더 주목할 만한 가치가 있는 충분한 이유일 것이다. 이 점에서 이들의 작품은 한국 사회에서 보기 드문 시대를 읽는 텍스트들이다.

훌륭한 텍스트를 만나는 것은 연구자에게는 큰 행운이다. 그것에 못지 않게 거대 담론에 짓눌린 텍스트를 '복원'해서 재해석하는 것 또한 연구자의 혜안일 것이다. [2001년 11월 6일]

5. '여공'으로 가는 길

이제 5절에서는 본격적으로 '여공'에 대해 이야기를 해야겠다. 잘 알려진 것처럼 1960년대 그리고 1970년대 한국 사회는 급속하고 압축적인 경제적 성장을 거듭했다. 식민지반봉건 사회였던 한국 사회는 임노동자가 다수를 이루는 국가독점자본주의로 변화했고, 다수 민중의 가치 역시 민주주의적 정향으로 변화했다(서울사회과학연구소 1990). 물론 이 과정에는 민중에 대한 탄압과 학살, 죽음 그리고 국가폭력의 그림자가 강하게 드리워져 있다. 왜 이 글에서 다루는 시기가 박정희 집권 시기냐고 묻는다면, 나는 '박정희 시대'야말로 현대 한국 사회의 질서를 틀 잡은 가장 가까운 '기원'이자 '진원지'이기 때문이라고 답하고 싶다. 현대 한국 사회는 박정희, 그리고 박정희가 살아온 시기를 검토하지 않고서 그 원형을 제대로 이해하기 어렵다.

이 책에서 내가 주목하는 것은 '여성'과 '노동'에 대한 담론의 변화를 통한 현대 한국 사회의 변화다. 현대 한국 사회에서 1980년대, 특히 1987년 민주화 이후 민주주의, 혁명, 노동자계급, 변혁 등의 거대한 담론과 이것을 둘러싼 다양한 논쟁들이 불을 뿜었다(김용기 · 박승옥 1989). 하지만 여성과 노동이란 개념의 변화, 그리고 이 개념들을 통해 담론화된 인간 집단 내부, 그리고 상호간의 연속성과 불연속성에는 천착하지 못했다. 더군다나 현재 비정규직 노동자들의 사례에서 볼 수 있듯이 산업화 이후 여성노동은 개념과 담론에서 지속적으로 배제돼왔고 현실 사회관계에서도 유의미성이 의심받아왔다. 특히 여성노동은 한국의 자본주의화 과정에서 어쩔 수 없이 희생되었다는 '희생양' 논리에 입각해서 계급이라는 분석 범주에서 배제 혹은 '에피소드화'되었다.

하지만 산업화 시대로 한정해놓고 볼 때 여성과 노동이란 담론은 급격한 변동을 겪었다. 이전 시기 여성은 '부녀' 내지 '모성'으로 불렸다. 하지만 산업화 시기에 접어들면서 여성은 자본주의화(혹은 '조국 근대화')에서 중요한 행위자로 자리잡았으며, '근로 여성'으로 담론화되었다. 또한 노동이란 개념도 한국전쟁 이후 그 의미를 억제당한 대표적인 담론 가운데 하나였다. 이데올로기의 문제를 따지지 않는다고 하더라도 '노동' 혹은 '노동한다'는 것의 사회적 의미가 급속히 확산되고, 비록 '근로'라는 변형된 형태일지라도 지배적인 담론으로 통용되기 시작했던 때가 1960~70년대 산업화 시기였다. 다시 말해서 여성이나 노동, 두 가지 모두 1960년대 이전에 사용하던 개념과는 상이한 맥락에서 재해석되고 담론 지형이 형성되었다는 점에 주목해야 한다. 하지만 노동과 여성을 둘러싼 담론 지형은 (맑스주의 연구자들조차) 여성노동(혹은 여공)이란 범주를 계급 혹은 프롤레타리아트화에서 의식적으로 배제하거나 주변화했다.

그러나 노동과 여성이라는 폭넓은 개념과 이것을 둘러싼 담론을 모두 다루기 위해서는 상당한 역사적 천착이 필요하다. 따라서 나는 이 두 가지 개념이 결합된, 산업화 시기에 주로 사용되었던 '여공'이란 담론을 추적하고자 한다. 이 책에서 내가 사용한 '여공'이란 용어에 대해 '공순이' 등과 같이 여성노동자를 비하한다는 이견이 제기될 수 있다. 하지만 여공이란 용어는 일본의 단어인 '죠코우女工'의 번역어로서, 이 용어가 사회적으로 담론화되기 시작한 것도 1960년대 이후 국가 혹은 고용주부터였다. 여공이란 용어는 공원, 근로자, 노동자 등 여러 개념과 중첩되어 사용됐지만 산업화 시기에 집중적으로 사용됐기 때문에 당대적인 맥락을 드러내는 한에서 사용했다. 기타 일반적 서술에서는 '여성노동'으로 용어를 통일했다.

아래 글들은 내가 이 글을 작성하는 과정에서 '여성노동', 더 구체적으로는 '여공 담론'에 대한 생각이 구체화돼가는 과정을 당시의 '언어'를 통해

시간 순서대로 드러낸 것이다. 구체적으로 연구 초기에 '밑으로부터의 역사' 라는 문제의식으로 산업화 시기 여공이란 주제를 선택하게 되는 과정, 에드워드 톰슨의 문제의식을 비판적으로 검토하면서 계보학과 미시사의 문제의식을 받아들이는 과정, 그리고 본문에서 다룰 다락방 담론과 여성노동에 대한 인간주의적 시선, 민주화 담론에 대한 근본적인 성찰, 여성노동자를 무성·중성적 주체로 사유하는 지배적 담론에 대한 비판 등이 차례대로 정리되어 있다. 그리고 이러한 지배적 담론과 지식체계에 대한 검토는 1980년대 지성사에 내재한 문제점에 대한 '자기비판'의 성격을 띠는 것이다.

초기 프로포잘

그간 돌아온 길을 돌이켜보면 기본적인 주제나 문제의식은 거의 동일했다. 그것은 한국 사회에서 노동자계급이 밑으로부터 형성된 역동적인 과정을 경험적으로 분석하고, 이것을 기반으로 계급형성의 '특수성'을 이론적인 테제로 만드는 것이었다. 하지만 구체적인 시기와 대상, 그리고 이론의 적용과 더불어 한국의 학문 주기라는 것을 고려하면서 쉽게 '출발점'을 잡지 못했다.

처음 논문의 대상으로 잡은 시기는 '식민지 시기'였다. 기존 연구 성과의 축적이라는 면에서 보면, 이 시기는 역사학과 사회학을 중심으로 가장 많은 연구가 이뤄졌다. 또한 원산업화Proto-Industrialization라고 부를 수 있는 식민지 근대화라는 맥락에서 임노동자가 스스로 근대적 주체로서 징후를 명징하게 보였던 시기이기도 하다. 하지만 연구 전략과 사료의 사용, 이념적 편향 등에서 이 시기 연구들은 온전한 의미에서 사회사 연구 혹은 밑으로부터의 역사 연구라고 할 수 없었다. 그 원인은 크게 두 가지 측면에서 찾을 수 있다. 하나는 식민지 시기를 연구하는 분과 학문들이 1970년대 이래 논의되어온 밑으로부터의 사회사가 거둔 연구 성과를 대부분 받아들이지 않은 채 연구를 진행했기 때문이었다. 다른 하나는 사료의 문제 때문이다. 대부분 연구는 일제 자료에 대한 징후적인 독해를 통해 역사적 사실을 복원하는데 초점이 맞추어졌다. 따라서 좀더 진전된 영역에서 연구가 이루어지기는 무척 힘들었다. 더욱 나를 우울하게 만든 것은 식민지 시기가 지닌 '학문적 주변성'이었다. 정치학계에서는 학문적인 중심과 반주변과 주변부가 항상 존재해왔다. 학문적 주변성을 배경으로 한 주제를 가지고 연구자로 출발을 하는 것은 매우 부담스러웠고, 많은 사람들도 크게 염려했다.

두 번째로 고민한 연구대상은 거시적인 변동이었다. 한마디로 말하자면 분단 이후 한국 사회에서 계급이란 실체가 '분석의 대상으로서' 존재한다는 것을 규명하는 것이다. 개인적인 역사적 소양에 기대어 계급을 시민으로 대체하고, 시민사회를 수축 · 불구화하며, 계급을 동원의 대상으로 보는 주류 학계의 이론적 틀에 반론을 제기하고 싶었다. 솔직히 고백하자면 대가의 욕심이 발동한 시기였다고나 할까? 하지만 두 번째 연구대상 역시 세 가지 정도의 문제에 봉착했다. 첫째, 연구대상인 시기(1953년에서 1987년)가 지나치게 넓다는 점이다. 넓은 연구 시기는 거시 · 인과적 연구의 강점일 수 있지만 동시에 잘못 연구할 경우 문헌 조사에 그칠 위험도 존재했다. 특히 계급이라는 주제의 연구가 특정 시기에 집중돼 있고 나머지 시기의 경우 모두 1차 자료를 사용해야 하는 어려움이 있었다. 거시 · 인과분석이 사용한 자료들을 유심히 살펴보면 대부분 2차 문헌과 기존 연구의 적절한 인용과 해석에 집중돼 있는데, 그런 점에서 연구의 기본 토대가 너무 취약했다. 또 다른 문제는 노동자계급, 중산층, 자본가계급이 각각의 층위에서 형성 · 해체되는 과정, 즉 각각의 역사적 현존을 다룬다고 할 때 '존재' 자체를 다루는 것이 얼마나 의미가 있는지 의문이 들었다. 무어B. Moore, Jr.나 스카치폴T.

Skocpol 등의 사회혁명과 근대화의 경로에 대한 비교 연구는 넓은 비교의 범위가 존재했고, 차이점을 분명하게 부각시킬 수 있던 사례들이었다. 하지만 기존의 차이(계급의 부재)를 존재라는 '연속성'으로 대체하는 것이 얼마나 연구사적 의미가 있는지 회의하기 시작했다.

세 번째로 고민하기 시작한 것은 1980년대 노동계급 형성이다. 1980년대란 화두로 이전에 글을 쓴 경험도 있고 자료나 인터뷰가 풍부한 것이 이 시기 연구의 매력이다. 또한 기초적인 노동운동 연구가 이루어지기는 했지만, 포괄적인 이론과 경험적 사색에 근거한 연구라고 보기에는 매우 미흡한 것도 유리한 점이었다. 하지만 나는 다시 초심으로 돌아가서 왜 이 연구가 필요하고 현재를 사는 우리에게 (더욱 중요하게는 나에게) 무엇을 줄 수 있는지 생각하기 시작했다.

연구시기에서는 두 가지 선택이 가능했다. 하나는 1987년 노동자대투쟁 이후 '노동조합'을 중심으로 연구를 진행하는 것이었다. 이럴 경우 노조 관련 자료를 획득하기 쉽고, 신문 등 상대적으로 풍족한 2차 자료가 존재했다. 다만 내가 가장 염려했던 것은 연구가 운동사 정리로 그쳐버릴 것 같은 의구심이었다. 그것은 초심의 문제의식에서 멀리 벗어나는 길이었고, 너무 쉬운 길을 골라서 간다는 인상을 지울 수가 없었다. 1987년 이후 노조의 조직 형태와 이것을 둘러싼 다양한 이슈들은 유용한 연구주제이며, 공식 조직인 노조를 엄밀한 이론적 기초 위에 연구한 국내 연구 또한 쉽게 나오지 않을 것이다. 그리고 향후 제도화된 노조의 정책 방향을 내오는 데 있어서 좋은 자료가 될 것이라는 생각도 들었다. 그러나 이미 1995년에 대우조선 기업문화 프로젝트의 면접조사에서 경험한 것과 같이 노조 자체와 노조 내부 노동자들만을 연구대상으로 할 경우 나타나는 제한성, 다른 식으로 표현하자면 노동하는 사람들의 총체적인 삶과 일상의 경험을 거의 잡아내지 못할 것이라는 생각이 들었다. 그래서 나는 이 주제 역시 추후 과제로 미루기로 했다.

또 다른 선택은 1987년 대투쟁 이전을 중심적인 연구시기로 잡는 것이었다. 굳이 이 시기를 다루고자 했던 이유는 그 동안 무시되어오거나 간과되어온 시기라는 이유 때문이기도 했고, 1987년 이후 등장한 중공업 남성노동자들에 대한 '과대 포장'이나 1987년 이전 역사적 사실에 대한 왜곡 내지 폄하를 제대로 밝혀보고자 하는 의도 때문이었다. 내가 일차적으로 시작한 작업은 공개 출판된 노동자의 수기와 일지, 기록, 신문기사 같은 사료들을 모으는 일이었다. 한국의 노동문제를 전공하는 사람이라면 대부분 공유하는 사실이지만, 오히려 1987년 이전에 노동자들 자신이 남긴 기록들이 상대적으로 풍부하며, 따라서 규격화된 정치적 언술을 연구자가 그대로 믿는 위험을 피할 수 있다. 그러나 아주 중요한 문제가 남았다. 이 시기 노동자들 상당수는 중소기업 사업장 노동자들이었고 업종별로 나누어지지도 않은 채로 조합주의적이거나 고립 · 분산적인 투쟁을 했다는 것이 지배적인 인식이었다. 또한 1987년 이후에는 유의미한 운동세력이 아니라 노조 운동의 '부차적인 요인'으로 취급되며 간과되었다. 청계피복, 경인지역 여성노동자 사업장, 학생 출신 노동자들과 더불어 소규모 학습을 진행하던 노동자들은 결정적인 파업투쟁을 통해 잘나가는 노동자로 세인들의 눈에 비쳤던 대상이 아니라, 잇따른 패배와 배신, 굴종을 거듭하며 노동자들 사이에서 그리고 노동운동가들 사이에서 잊혀지고 사라져간 대상이었다.

하지만 오히려 이들이 초심의 문제의식에 적당한 사람들이 아니겠느냐는 생각이 들었다. 기존 노동문제 연구자들은 이들을 '데카세이 노동자出嫁型勞動者' 혹은 농촌적 기원을 지닌 제1세대 노동자라고 불렀다. 이 사람들 중 일부는 노동자라고 불리기조차 거부했고, 조금이라도 돈을 모으면 좋은 신랑감을 골라 가정에 눌러앉고 싶어하는 노동자들도 있었다. 내가 개인적으로 애정을 가진 소설인 『외딴방』(신경숙 지음)과 『장석조네 사람들』(김소진 지음)에 등장하는 구질구질하고 아귀다툼인 암흑의 시절과 공간에서 살아 나간 사람들이 바로 이들이었다. 나는 '승리한 자의 역사'에는 관심이 없다. 그들은 이제까지 승리해왔다고 인정되어왔고 당분간 그럴 것이기 때문이다. 적어도 승리한 자들에게는 그들의 '역사'가 존재해왔다. 여기서 승리한 자가 부르주아지 혹은 지배계급만을 의미하는 것은 아니다. 노동자계급 내부도 승리한 자들과 패배해서 잊혀진 자들로 나뉘기 마련이고, 대부분의 노동운동사는 승리한 자들의 환희에 찬 승리감이 가득한 기록으로 채워져 있다. 현대중공업 노동자들의 영웅적인 투쟁이나 마산·창원노동조합연합 노동자들의 전투적 투쟁이 1980년대 남한 노동운동의 흔적 중 하나라면, 그것은 '공식적인 역사'일 뿐이다. 알려지지 않은 집단의 역사를 발굴하는 것 — 최근 서벌턴subaltern 또는 하위집단 연구라고 불리기도 하는 — 이 내 초심의 문제의식이었다면, 1987년 이전을 중심으로, 좀더 정확하게는 산업화 이후 혹은 한국에서 근대적인 주체가 만들어지기 시작했던 1960년대 이후를 연구시기로 잡는 것이 타당하다고 결론을 내렸다.

다음으로 고민한 것은 연구의 범위다. 이 안에서 두 가지 문제가 파생되는데, 하나는 특정 지역을 대상으로 한 연구인가 아니면 전국적이고 포괄적인 분석인가를 둘러싼 문제다. 다른 하나는 핵심적인 분석 범주를 설정하는 것과 관련된다. 다양한 지역에 산재돼 있는 동질적이지 않은 노동자 가운데 어떤 층을 중심적인 분석의 대상으로 삼을 것인가는 판단하기 어려운 문제였다. 전자의 문제와 관련해서 나는 지역 노동사 연구가 지니는 중층성과 두껍게 서술하기thick description라는 강점을 잘 알고 있다. 지역 노동운동사의 경우 그만큼 생생하고 살아 있는 삶의 모양새를 서술할 수 있다. 하지만 사례에 따라 특정 지역사의 특수성 때문에 당대에 대한 총체적인 이해를 어렵게 하거나 글의 주된 논지가 쉽게 반박되는 경우도 있다.

더욱 중요하게는 한 지역의 노동사를 긴 호흡에서 볼 수 있는 사례가 과연 존재하느냐는 것이었다. 후자의 문제는 나를 더 곤란하게 했다. 특정 사업장이나 업종을 중심으로 한 분석이 아니라면, 어떤 범주를 여과기로 글을 구성할 것인가라는 문제는 쉽게 풀리지 않았다. 시기별로 드문드문 기사화되고 잘 알려지지 않은 이들의 모습을 거꾸로 추적하고 모아내는 일이 쉬운 작업이 아닌 것은 틀림없었다.

여기서 나는 초심의 문제의식을 만들어준 에드워드 팔머 톰슨의 『영국 노동계급의 형성』 서문에 나오는 다음과 같은 말을 떠올렸다.

> ……페이비언주의적인 정통교리는 통찰력이 있는 한 줌의 조직가들(특히 프란시스 플래이스Francis Place)을 제외한 절대다수의 노동대중이 자유방임(laissez faire)의 수동적인 희생자였다고 간주한다. 경험주의적인 경제사가들의 정통교리는 노동대중을 노동력, 이주민, 혹은 일련의 통계자료로 간주한다. '순례자의 진보'(Pilgrim's progress)라는 정통교리는 그 시기를, 복지국가의 선구자들과 사회주의 연방의 선조 혹은 (보다 최근에는) 합리적인 산업관계의 초기 전형(exemplars)을 위한 약탈이 있었던 시기로 간주한다. 이러한 정통교리들 각각은 어느 정도 타당성을 지니고 있으며, 이 모든 것들은 우리의 지식을 넓혀주었다. [하지만] 첫 번째와 두 번째 입장에 대해 내가 불만스러워하는 이유는 그런 입장들이 노동대중의 능동적 행위(agency) 및 그들이 의식적인 노력을 통해 역사를 만들어 가는데 기여한 정도를 감춰버리는 경향이 있기 때문이다. 세 번째 입장에 대해 내가 불만스러워하는 이유는 그것이 실제로 일어난 사실 그대로가 아니라 그 이후의 관심사(preoccupation)에 비추어서 역사를 해석하기 때문이다. (그 이후에 전개될 것을 미리 예상했던 열망을 지닌

> 사람들이라는 의미에서) 성공한 이들만이 기억된다. 막다른 골목, 패배한 대의명분, 그리고 패배자들은 잊혀진다. 나는 가난한 양말직공, '기계파괴 직물공(Luddite Cropper)', '사양길의' 수직공, '몽상적인' 숙련직인, 그리고 심지어 조안나 사우스코트(Joanna Southcott)의 기만당한 추종자까지도 후대의 막무가내의 폄하로부터 구하고자 한다. 그들의 직능과 전통은 이미 사라져가고 있었던 중이었는지도 모른다. 새로운 산업주의에 대한 그들의 적대는 역사적 추세를 거스르는 것이었는지도 모른다. 그들의 공동체적 이상은 환상이었을지도 모른다. 봉기를 위한 그들의 모의는 무모한 것이었을지도 모른다. 그러나 그들은 급격한 사회적 혼돈의 시기를 살아갔고 우리는 그렇지 않았다. 그들의 열망은 그들 자신의 경험으로 볼 때 타당한 것이었다. 그리고 그들이 만약 역사의 희생자라면, 그들은 그들 자신의 삶에서 유죄판결을 받은 희생자로 남아 있다.

장인, 직조공, 들판 노동자와 같이 근대화 과정에서 사라진 이들의 분투 속에서 영국 노동자계급의 현존을 톰슨이 바라본 것처럼 나는 한국 노동자계급을 산업화가 본격화되는 시점에서 복원하고자 했다. 이들은 다름 아닌 작은 골방 같은 노동현장에서 각혈을 하며 하루하루 삶을 꾸려가던 농촌 출신 여성노동자들, 가난한 삶을 떨치고자 좁디좁은 야학에서 노동법전을 펴놓고 인간다운 삶을 고민하던 어린 노동자들, 이런 인간 이하의 현실을 같이 호흡하고자 이들의 보금자리로 찾아든 학생 출신 노동자들이다. 이들은 1987년 이후 남한 노동운동에서 잊혀져간 존재였으며, 더 이상 이들을 노동사의 주인공으로는 생각하지 않았다. 이런 의미에서 이들은 한국 산업화의 역사에서 빗겨 나아간 패배자들이다. 그렇기 때문에 나의 출발은 이들의 희생을 역사 속에서 드러내어 잊혀진 노동자계급의 역사를 복원하고자 하는 것이다.

[2001년 10월 29일]

구성신화를 되묻다

이번 주도 주말을 교토 연구실의 불빛 아래에서 지낸다. 오늘 교토는 단풍 축제가 한창이고 날씨가 완연한 가을인데, 나는 논문의 중요 이론과 방법에 대해 세 시간째 머리를 싸매고 고민 중이다. 이럴 때는 나도 '수리'나 '통계'로 논문을 쓰거나 남들이 봐서 평범하다 싶은 것을 쓸까 하는 유혹도 들지만, 내 고약한 성격상 불가능하지 않나 싶다.

내 글에는 이런저런 방법론적 문제들이 제기되지만, 가장 중요한 부분 중 한 가지가 '미시사'다. 글의 말미 정도에 나는 이런 말을 적었다.

> ……1970년대라는 사회적 맥락 속에서 민주노조 사업장 여성노동자들의 의식세계와 전투적인 집단행동을 선택할 수밖에 없는 이유를 탐구할 수 있다. 한마디로 정리하자면 1970년대 한국의 평범한 여성노동자들이 어떤 세계관과 가치관을 지녔고, 그들에게 부과된 한계 속에서 어떤 생존 전략을 선택했는가를 찾아가는 것이다. ……이 점에서 본 연구는 노동자 행위의 정체성을 탐구하는 것이다. 노동자들은 고용주, 정부에 대해 왜 증오와 배신감을 키웠고, 이러한 세계관의 변화는 노동자들 사이의 인간관계에서 어떠한 변화를 가져왔고, 제4장과 5장에서 다루어지는 전투적 집단행동과 연대라는 선택을 가능하게 한 의식구조와 관계는 어떠한 것인가? 유신이라는 파시즘 체제, 고도성장만이 사회의 유일한 가치로 간주되던 시대에 '노조'라는 매우 위험한 선택을 했던 이유는 도대체 무슨 생각과 개인적인 역사에서 비롯되었는가? 그리고 가장 중요하게는 이러한 70년대 여공들이 사회를 본 세계관으로부터 70년대 사회의 어떤 단면을 볼 수 있는가가 미시사적 접근으로부터 부여되는 질문들이다.

정리한다면 노동자의 생존 전략과 정체성, 여성노동자가 본 1970년대 한국 사회 정도일 것이다. 그런데 방법과 글에서 이야기하고자 하는 것이 여전히 선명하지 않다. 이 정도로는 왜 여성노동자가 문제가 되며, 왜 이들이 1970~80년대 운동에서 배제 · 망각되었는지 잘 알 수가 없다.

글에 대해 전체적으로 다시 생각하면서, 내 연구의 반론의 전거典據가 되는 구해근의 책을 다시 살펴보았다. 구해근의 글에서 "1970년대 노동운동에서 왜 여성노동자들이 중요한가?"라는 문제는 아주 간단히 처리되고 있다(143~4쪽). 여성노동자들이 도시산업선교회(구해근의 글에서는 교회)와 결합했기 때문에 노동운동과 계급형성이 급속히 가능했다는 것이다. 그리고 인터뷰를 인용하면서 여성이 남성보다 더 개방적이기 때문에 교회에 접근하기 쉬웠다고 해석하고 있다. 물론 구해근도 가부장제, 성차별에 대해 언급하지만 당시 여성노동자들은 이 문제를 거의 인식하지 못했다고 답하고 있다. 그렇다면 '인식하지 못했다'고 해서 문제가 되지 않을까라는 의문이 들기 시작한다. '왜 인식하지 못했는가?'라는 질문이 꼬리를 문다.

나는 이런 질문들을 뒤집어서 생각해보았다. 왜 산업화 시기 노동운동에서 여성노동자들은 부차적인 역할에 머물렀다고 해석되었을까? 다른 식으로 말하자면, 민주화 과정 혹은 민중운동의 전개 과정에서 여성노동자들이 배제되는 혹은 그들의 담론이 묻혀버릴 수밖에 없었던 메커니즘은 무엇인가에 대한 의문으로 이어져갔다. 이런 의문은 다음과 같은 평가에서 비롯되었다. 구해근은 1970~80년대에 걸쳐 노동계급이 형성되었다고 해석하고 있다. 하지만 1970년대 초반 이후 민주노조의 전투적 투쟁, 1980년 서울의 봄에서 보인 민주노조운동의 패착과 해산, 1984년부터 불어온 정치적 노동운동의 실험 등 '거대한 사건'들을 다른 방식으로 해석할 방법은 없을까?

나는 대안적인 해석 방식으로 미시사의 대표적 저작인 『고양이대학살』과 『프랑스 혁명의 가족 로망스』의 접근 방식에 주목했다. 전자는 18세기 프랑스 민중문화의 상징세계를 '고양이 죽이기'라는 의례를 통해 규명했고,

후자는 자유 · 평등 · 박애 · 형제애라는 프랑스대혁명 안에 숨겨진 여성에 대한 배제를 정신분석학을 통해 밝혀냈다. 나는 두 저작을 모두 흥미롭게 읽었고, 그 저작들은 톰슨의 『영국 노동계급의 형성』 못지않게 내게 영향을 주었다. 톰슨의 글이 영국판 '한국 민중사'라면 두 명의 글은 이런 전통에 반기를 드는 접근이었다. 내가 톰슨에게 '목적론적 혐의'가 있다고 보는 것은 이 책의 영향에 힘입은 바가 크다.

그렇다면 한국 노동운동에서 내세운 가치는 무엇인가? 민주(자주)노조, 노동기본권, 법 앞에 평등한 개인, 최저생존권 등일 것이다. 민주노조의 투쟁사는 여성노동자들이 점진적으로 '정치적인 것'에 대해 인식하게 되는 과정이라고 볼 수 있다. 하지만 여성노동자들의 정치적인 것에 대한 인식은 총체적인 것은 아니었다. 당시 재야운동은 '정치적 민주화'를 중심으로 자신의 담론을 전개했고, 민주노조의 요구는 노동기본권, 다시 말하자면 '법을 지키라'는 수준이었다. 반면 뒤이어 등장한 1980년대 정치적 노동운동은 정치체제, 바로 국가권력을 중심으로 정치의 근본적인 문제를 제기했다. 시기별로 각각의 운동이 제기한 수사는 민주주의였지만, 그것이 내포하는 의미는 상이했다. 한국의 민주화 이행 과정에서 '여성노동자들에게 받아들여진 민주화는 무엇인가?' 혹은 '여성노동자들의 담론에서 배제된 민주화 의제는 무엇이며 이 의제들이 배제되었던 이유는 무엇인가?' 등의 의문이 꼬리에 꼬리를 물고 제기되었다. 그래서 현재까지 제기된 이런 쟁점들을 다음과 같이 몇 가지로 정리해서 다시 생각해보기로 했다.

……1970~80년대 한국 노동자계급에 대한 그리고 군부 권위주의 체제에 대한 기존 시각은 존재한다. 특히, 이 시기 민주화운동 및 민주화 과정에서 노동자운동은 가장 강력한 도전세력, 저항세력으로 묘사되곤 한다. 하지만 반대의

이미지도 있다. 매우 극단적인 평가이지만 당시 노동자와 그 운동은 비정치적이고 조합주의적인 성격이 강했으며, 반드시 극복되어야 할 대상이었다는 평가가 한편으로 존재한다. 다른 한편 아주 일부를 제외하고 노동자들은 대부분 '순종적'이어서 한국의 '경제성장의 기적'이 가능했다는 다른 축의 해석도 있다. 1970년대 이후 민주화 운동 및 노동운동에 있어서 한국 사례는 이례적인 주목을 받을 만큼 급속하고 역동적이었으며 거대한 사회적 변화를 동반하는 것이었다. 한국전쟁과 1961년 군부정권의 등장 이후 30여 년간의 권위주의 지배에 대해 한국만큼 지속적이며 완강한 저항을 했던 사례는 찾아보기 힘들기 때문에 그러할 것이다. 인상적으로 묘사하자면, 1970년부터 1987년 6월 항쟁 이전까지는 '민주화의 시대'라고 해도 과언이 아닐 것이다.

파시즘 체제하의 '영웅적인 민주화 항쟁'으로 이 시기에 대한 지배적 해석을 규정할 수 있다. 하지만 나의 연구는 '실제 역사는 그러했는가?'라는 질문에서 출발한다. 대부분 이 시기 노동계급과 노동운동에 대한 역사 해석들은 민주노조의 헌신적인 투쟁과 국가와 고용주의 비인간성, 억압성 등을 그리고 있다. 하지만 역설이게도 이러한 평가는 1980년대 들어서 급변한다. '조합주의', '경제주의 노동운동'이란 용어로 1970년대 노동운동의 주도세력은 역설적인 평가를 받게 된다. 하지만 나는 두 가지 다소 상반되지만 결국 맞닿아 있는 역사 서술이 1970년대 노동운동에 대한 '구성신화'라고 생각한다. 한편에서는 이 시기 노동운동을 노동투사들에 의한 '영웅만들기'로, 다른 한편에서는 정치적 노동운동을 합리화시키기 위한 반정립의 대상으로 삼았던 셈이다. 내 질문은 바로 여기에서 출발한다. 과연 이 두 가지 시각이 은폐 · 배제하고자 한 것은 무엇이냐는 것이다. 1970년대 민주노조 운동을 전개했던 개인들은 대부분 노동운동의 역사 속에서 묻혀져갔다. 왜 그랬던 것일까? 여러 방식으로 질문에 답을 할 수는 있을 것이다. 가장 대표적인 예가, "대부분 여성이어서 가족으로, 일상으로 돌아갔다", "산업구조가 대공장 남성노동자 중심으로 변화해가는 과정에서의 필연적 현상이었다", "스스로의 이념적 한계를 극복하지 못했다" 혹은 "일시적인 브나로드 운동 같은 흐름이었다" 등이다.

이런 식의 해석은 하나의 '지배적인 담론'으로 존재할 수 있다. 하지만 1970년대 그리고 1987년 이전 노동운동이 주창했던 민주주의, 인권, 노동기본권, 혁명(변혁), 민중 등의 주요한 담론 구조, 그리고 이것을 떠받치고 있던 사회적 관계 속에 무엇인가 의심해볼 문제들이 존재하는 것은 아닐까? 1987년 이전 노동운동 및 노동계급의 형성을 여성노동 없이 설명하는 것은 불가능하다. 노조를 만드는 문제에서 시작해 노조 지부장, 전투적인 집단행동, 그리고 노조 파괴 이후 사회적 피해까지 고스란히 받아 안았던 개인들이 사회적 소수자인 여성노동자들이기에 더욱 그러하다. [2002년 11월 10일]

『전태일 평전』의 재해석 — 지식인이 본 전태일

오늘 이야기하고 싶은 것은 조영래의 『전태일 평전』(이하 『평전』)이다. 오랫동안 숨겨져 온 이 책의 저자가 조영래였다는 사실은 그의 죽음 직전에 밝혀졌지만, 이 글은 1970년대 비판적 지식인과 학생운동 그룹의 여성노동과 노동문제에 대한 시각을 보여주는 매우 중요한 텍스트다. 1970년대 당시 이 글은 복사되어 의식화 교재로 사용되었으며, 지식인들에게는 노동문제의 심각성을 알려주는 '금서'의 반열에 올랐다. 또한 1980년대 들어와서도 이 글은 '시대의 고전'으로서 한국 노동문제의 기본 텍스트로 자리잡았다. 그러나 나는 이 텍스트에 대해 몇 가지 이의를 제기하고 싶다. 한 가지는 『평전』 역시 1970년대에 만들어진 여공에 대한 지배적 담론 가운데 하나였다는 점이다. 다시 말해 평전이 1970년대 여공을 둘러싼 담론에서 '대표성'

을 지닌다고 볼 수 없다는 것이다. 두 번째는, 『평전』은 당대 비판적 지식인 그룹의 여성노동·노동문제에 대한 입장을 분명하게 드러내준다. 구체적으로 그것은 '여공 보호론'과 '인간주의' 담론이었다. 평전의 내용 가운데 상당 부분은 1960년대 중반에서 1970년에 이르기까지 평화시장이나 하층사회의 생활이 얼마나 끔찍했는가에 대한 분노로 가득 차 있다. 나는 '다락방 담론'으로 대표되는 여공에 대한 담론이 생성되고 체계화된 문헌 가운데 하나를 『평전』이라고 본다. 조영래는 저임금, 장시간 노동, 인간 이하의 위생 조건, 무권리 상태, 무지 등으로 둘러싸인 다락방 담론을 폭로했으며, 이것에 대한 처방은 여공보호론과 인간주의 담론(흔히 인간선언으로 불리는)이었다.

마지막으로, 『평전』은 낙관적인 민중관과 무성·중성적 노동자관을 공유했다. 조영래가 쓴 『평전』 곳곳에는 언젠가 노동자들이 소외를 딛고 일어설 것이라는 암묵적인 '신념'이 드러나 있다. 굳이 표현하자면 역사의 진보에 대한 확신과 민중에 대한 신뢰라고 정리할 수 있을 것이다. 이것은 1970년대 그리고 1987년을 전후해서 진보적 지식인들이 공유했던 단선적 역사 인식의 전형이다.

『평전』에서 보이는 중성적 노동자관은 노동자, 특히 전태일이 관심을 가졌던 여성노동자와 시다의 구체적 경험을 드러내되, '인간'으로서 지녀야 할 보편적 인격을 상실했다는 '보편주의'에 입각해서 해석하고 있다. 이것은 『평전』 전체를 통해 일관되게 유지되는 시각이다. 『평전』에서 드러나는 바와 같이 당대 비판적 지식인들은 보편주의, 인간주의, 중성적 노동자관에 입각해서 노동문제를 파악하고 담론화했다. 하지만 이들의 의도와는 별개로 중성적 노동자관은 자본주의 아래에서 성별분업을 은폐하는 동시에 여성노동자들을 보호의 대상으로 여김으로써 결국 가정으로 유폐시킬 가능성이 농후한 담론이었다.

그렇다면 『평전』은 인간선언 등 보편적인 언어로 읽혀져야 할까? 물론 전태일 열사의 분신이 지닌 중요성과 정치적 효과에 대해 부인할 의도는 추호도 없다. 하지만 이제 『평전』 역시 여성노동자들의 시각에서 상대화되어 독해되어야 시점이다. 『평전』이 이후 여성노동에 대한 시각과 노동운동 이데올로기에 미친 영향으로 미루어 보면 중요한 일이 아닐 수 없다. 먼저 『평전』에 실린 전태일에 대한 담론 가운데 보편주의적이고 인간주의적인 시각에 대해 구체적으로 살펴보자. 우선 책의 모두冒頭에 실린 조영래의 '전태일 정신론'을 보자.

> ……몸을 불사르는 지옥의 불꽃 속에서 '우리는 기계가 아니다!'며 울부짖던 그의 인간선언은 다시금 침묵의 장벽에 가리워졌고, 그의 의지를 대변하던 많은 젊은이들은 학원에서 쫓겨나 어디엔가로 끌려갔으며 학생단체는 해산당하고 노동, 언론, 종교계는 새로운 형태로 강화된 감시와 통제 하에 놓여졌다. ……그러나 참으로 전태일은 죽었는가? 전태일의 죽음을 뚫은 불꽃은 환상이었던가? 이러한 물음들에 대하여 '그렇다!'고 대답한다면 그것은 속단이다. 천만에, 전태일은 죽지 않았다. 전태일의 불꽃은 결코 환상이 아니었다. 전태일 투쟁은 절대로 패배하지 않으며 절대로 끝나지 않는다. 이러한 것이 우리의 대답이다. ……전태일의 몸을 불사른 불꽃은 인간선언의 불꽃이다(38~9쪽).

보편 주체로서 인간선언과 낙관적 민중관 등은 전태일의 죽음을 인간성의 회복과 인간존엄성, 인간 중심적 역사 및 인식론의 회복으로 해석했다. 이것은 당시 교회의 인식과도 많이 닮아 있다. 민주화운동에 관심을 지녔던 교회단체 관계자들에게 전태일은 작은 예수이자 인간소외의 상징이었다. 자신의 몸을 희생했으나 사라지지 않은 존재로서 전태일은 상징화되었고, 그 외피에는 인간소외와 인간주의라는 담론이 둘러싸여졌다. 그렇다면 조영래 같은 비판적 지식인들은 이러한 인간주의 담론의 내적인 근거를 어디에서 찾았을까? 그것은 '다락방 담론'과 '여공보호론'이었다. 조영래는 1966년 가을 전태일이 남긴 시다의 참상에 대한 기록을 인용하며 다음과 같이 서술하고 있다.

> ……이것이 전태일이 평화시장의 노동조건에 대하여 비판적으로 보기 시작한 최초의 기록이다. 이때가 66년 늦가을, 그가 평화시장에 발을 디딘 지 2년 남짓한 세월이 흐른 때였다. 이 시기 특히 중요한 것은 그가 억울하다고 생각하는데서 그치지 아니하고 이때 처음으로 그 억울함을 없애기 위해 무엇을 할 것인가 생각해보고 그것을 행동으로 옮긴 데 있다.(113쪽)

텍스트에 묘사된 여공에 대한 담론을 좀더 보면, 우선 재단사와 미싱사 사이에 끼인 약자로서 시다에 대해 "미싱사들이 업주에게 따질 것을 따지며 대드는 일이 드물었던 것은……그들 대부분이 나이 어린 처녀들로 가지는 위축감과 어리숙함 때문이라는 것은 더할 나위 없다. 그러나 그에 못지않게 역시 경제적 약자로서의 불안감 때문이기도 했다"(115쪽)고 서술하고 있다. 또한 전태일의 여공에 대한 담론을 일종의 '여공보호론'으로 해석하고 있는데 해당 구절을 보면, "노동자로서 그의 꿈은 기술을 배워 가난에서 벗어나는 것, 학업을 계속하는 것, 그리고 그리하여 '밑지는 생명들'을 위하여 무엇인가 보람 있는 일을 하는 것이었다. 또 재단사가 될 결심을 하였을 때 그가 기대하였던 것은 약하고 어린 여성노동자들의 편에 서서 그들을 도와주는 일이었다"(126쪽)고 언급한다. 흥미로운 점은 여성노동자들은 약하고 어리숙하다는 시각인데 이런 인식 안에는 그녀들에 대한 무지나 편견이 내장되어 있을지 모른다. 시다들은 경제적 불안감 때문에 고용주나 재단사에 대항하지 못하므로, '보호'되어야 할 존재라는 것이다. '인간 이하'의 노동조건을 대표하는 다락방 담론, 여성노동자들의 취약한 정체성 등은 지식인들의 눈에는 그녀들이 누군가의 힘에 의해 '보호되어야 할' 대상으로 인식된다. 이것이 『평전』에 새겨진 '여공보호론'이다. 이런 시각은 전태일을 둘러싼 해석에서 다시 등장한다.

> ……이러한 여공들의 참상은 전태일이 본격적인 노동운동에 뛰어든 이후로도 그의 기운이 약해질 때마다 끊임없이 그를 일깨우고 쇠잔해가는 투지를 불러일으키는 동력이 되었다.(139쪽)

전태일은 여공의 입장과 자신을 일치시켰으며 그것은 보편적 노동자라기보다 평화시장의 시다라는 여공, 하층사회 여성들이었다. 하지만 이런 입장의 일치 혹은 동일화는 대등한 주체가 아닌 보호의 대상으로 『평전』에서 해석된다. 다시 말해서 전태일이 노동운동을 시작했던 계기는 여공보호였으며 그 동기는 다락방 담론이었던 것이다. 이러한 『평전』 내부의 담론구조는 여공 담론과 관련해서 몇 가지 중요한 문제를 안고 있다. 한 가지는 '여성노동자의 의식=노예 의식 · 비주체적인 개인'으로 담론화되고 있다는 점이다. 『평전』에서 조영래는 "아직도 저 노예의식의 찌꺼기, 깨어나지 않은 혼미의 의식이 사라지지 않고 사회적 민주의 장애요인이 되고 있음을 부인할 수 없다. ……그리하여 그는 비판정신의 싹을 자신의 의식 속에 싹트기도 전에 잘라버리고 사회가 강요하는 모든 명령, 모든 가치관, 모든 선전을 무조건 받아들여 '순한 양'이 된다. 자기 머리로 생각할 줄 모르는 주체성을 빼앗긴 정신적 노예로 길들여지는 것이다"(134쪽)라고 서술하고 있다. 질서 앞에서 순응하는 노예적 의식이 사회적 민주화의 방해물이며 여성노동자들도 이것에서 자유롭지 못함을 강조한다. 그러나 역설적으로 『평전』은 노동운동과 여성노동자의 자각에 대해 매우 낙관적인 사고를 곳곳에서 피력한다. 그 중 한 부분을 보자.

> ……만일 그들이 이 노예의식을 벗어던져 버리고 자유인으로서 자신의 정당한 권익을 위하여 주장하고 투쟁할 결의에 차 있다면, 그들의 조직화는 시간문제일 뿐이며 조만 간에 그들은 '조직화된 다수'로서 조직화된 소수인 억압자들을 물리치고 승리를 쟁취할 수 있을 것이다. 이것이 바로 민중운동의 전진이며, 이것이 바로 민주화이며 어떤 경우에는 이것이 바로 진보인 것이다(133~4쪽).

『평전』 가운데 가장 명시적으로 진보적 역사관과, 노동운동과 여성노동자의 권리 상승에 대한 낙관론을 피력한 부분이다. 하지만 이것은 앞서 나온 여성노동자들의 노예근성이라고 표현한 부분과 마찰을 일으킨다. 단적인 예를 들면 남성 재단사와 시다, 혹은 여성 미싱사와 시다간의 종속관계는 어떻게 극복되는지 혹은 공장, 고용주에 대한 시다의 예속이 구체적으로 극복되는 것에 대해서는 언급하지 않는다. 그렇다면 이러한 마찰은 어떻게 이해해야 하는가? 그 단서는 『평전』에 정리된 '전태일 사상'에서 찾을 수 있다. 『평전』은 전태일 사상의 핵심을 밑바닥 인생의 생생한 경험에 근거한 사상이자 민중관의 급격한 전화 가능성이라는 낙관적인 민중관에서 찾고 있다.

> ……전태일 사상은 각성된 밑바닥 인간의 사상이다. 그것은 오랜 침묵에서 깨어나서 이제껏 현실이 자신에게 강요해왔던 가치관을 전면적으로 부정하고, 오직 스스로의 인간적 체험에 의거하여 그 자신의 가슴으로 느끼고 자신의 머리로 생각하고 자신의 눈으로 세계를 보는, 주체적인 인간의 사상이었다.

……그것은 자기비하에서부터 자존으로, 비굴에서 긍지로, 공포와 위축으로부터 분노와 용기로, 의존과 자학으로부터 자주와 해방으로, 체념과 침묵으로부터 비판과 투쟁으로 전환하여 가는 사상, 노예로부터 인간으로 거듭나는 민중의 사상이다. 전태일 사상의 이러한 특징은 그의 민중관의 저 감동적인 전환에서 가장 잘 표현되고 있다(194쪽).

그러나 『평전』이 제시한 구체적인 계급경험에 기초한 민중의 거듭남 속에는 '민중'은 들어 있지만 여성은 빠져 있다. 다락방 담론에서 전태일이 주목했던 주된 대상은 시다, 바로 여성노동자들이었다. 그리고 전태일이 노동운동을 통해 이루고자 했던 1차적 목표도 '여공의 보호'였다. 여성노동자들과 재단사, 고용주, 가족, 지역공동체, 미싱사 등 중첩적인 갈등의 구조가 인간성의 회복을 통해 해결되는 것이었을까? 특히 가족과 작업장 내부에서 직무 및 임금 등을 둘러싸고 존재했던 성별분업에 대한 담론은 거의 발견되지 않는다. 『평전』은 여성노동자들의 계급경험에 대한 묘사의 탁월함에도 불구하고 보편적 인간 혹은 노동자 전체의 담론으로 자리잡게 되었고, 이것은 노동운동 및 권리의 담지자로서 여성노동자를 '배제'시킬 수 있는 가능성을 내장하고 있다. 바로 『평전』과 그 해석자들은 전태일을 '인간 전태일'로 담론화함으로써 그를 상징화했지만, 그 안에서 여성노동자들은 눈에 잘 띄지 않는다. 전태일에 대한 인간주의적 해석을 하나 더 살펴보자.

……전태일과 그의 친구들이 택한 길은 인간의 길이었다. 그것은 노예가 되기를 거부하는, 스스로의 힘을 확신하는, 진리가 반드시 드러날 것을 의심치 않는 억압과 착취의 저 깊은 고통의 밑바닥에서 억누를 수 없는 힘으로 오랜 침묵을 깨고 솟아오르는 새 시대의 목소리였다. 그들이야말로 자유와 평등을 지향하는 한국사회의 선구자였고 죽음과 같은 체념과 침묵의 벽을 깨는 시대의 참된

영웅들이었다. 오늘 그들은 약할지라도 내일은 반드시 강성해 질 것이다. 오늘 그들의 외로운 목소리는 언젠가는 거대한 함성으로 메아리 칠 것이다(160쪽).

'인간의 길'로 상징되는 위의 텍스트는 전태일과 노동문제에 대한 인간주의적 경향을 강하게 드러내고 있다. 전태일의 여공보호에 대한 실천과 담론을 인간적인 무엇으로 해석하는 것은 노동운동의 상징, 산업화 시기 노동문제의 시발점으로 전태일이란 상징으로 발명해내고, 이것을 보편적 인간성의 회복을 위한 상징으로 제한하고 만다. 실제 전태일이 보호하고자 했던 여성노동자들은 하층사회, 가족, 지역, 낮은 사회경제적 지위, 여성, 저학력 등의 담론에 의해 중층화되었다. 그러나 인간주의에서 언급하는 '인간의 사상'은 노동 그리고 다른 인간들한테서 당하는 '소외'라는 문제는 지적할 수 있지만, 여공을 둘러싼 담론의 복합성에 대해서는 거의 이야기해주지 못한다. 결국 전태일은 모든 노동자의 상징이며, 이것은 『평전』을 통해 중성적 노동사로 재해석되어 지식인들에 의해 다시 전유된다. 이 과정에서 '여공보호'라는, 전태일 자신이 생산해낸 담론의 자기 제한성에 대한 비판은 사전에 봉쇄되고 만다. 『평전』은 밑바닥의 삶(혹은 하층사회의 계급경험)에 대한 전태일의 증오, 그리고 이것을 극복하기 위한 죽음의 선택을 절절하게 그려냈으나, 이것은 인간성 회복을 위한 투쟁으로 환치된다.

……그가 끝내 버릴 수 없었던 것은, 끝내 버려서는 안 된다고 확인했던 것은 그의 마음의 고향, 저 인간시장의 현장에서 학대받고 수모당하고 짓밟혀 파괴되고 있는 인간성을 위한 투쟁의 길 뿐이었다(233쪽).

[2003년 4월 8일]

'중성적' 노동사? — 민주노조 담론 비판

한국에서 쓰여진 대부분의 노동운동사는 주된 행위자들이 여성노동자인데도 불구하고 여성을 중성적 인간 혹은 변형된 남성의 모습으로 묘사했다. 단적인 예가 '전투성'이다. 1970년대 청계피복 노조의 9 · 9투쟁이나 동일방직의 나체투쟁, YH무역의 농성 등이 전투성을 대표하는 사건으로 알려져 있다. 대부분의 서술은 '여성노동자들이 정부와 고용주에 맞서 물러서지 않고 배를 가르고 쥐어 터지고 옷을 벗는 등 극렬한 저항으로 맞섰다'는 식이다.

구해근은 『한국 노동계급의 형성』(2002년)에서 여성노동자가 중성화된 이유를 자신의 언어가 부재했기 때문이라고 말하지만 구체적인 양상을 제시하지는 않았다. 특히 1980년대에 쓰여진 노동사들은 대부분 1987년 혹은 이전 시기의 정치적 노동운동과 대비함으로써 1970년대 노동운동의 한계를 부각시키기 위한 목적에서 만들어졌다. 대표적인 것이 '여성노동자 한계설', 다른 식으로 말하자면 여성노동자들은 결혼 후 퇴직이나 가족에 대한 부담이 적기 때문에 노동운동에 적극적으로 참여할 수 있었다는 담론이었다. 나는 이런 지배적인 담론이 만들어지는 과정에서 여성노동자의 '부차 · 주변화'라는 당대 지식인(특히 운동 진영 지식인)의 기획과 의도에 더욱 관심을 갖고 있다. 다시 말해 이런 지배적 담론들은 '만들어진 담론'이라는 의미다. 이 담론들은 그 진위 여부와 무관하게 특정한 의도와 목적하에서 만들어졌고 지배적인 지식으로 제도화되었다.

물론 사후에 작성된 사료의 사실 여부는 따져봐야 할 문제지만 중요한 점은 여공을 특정한 방식으로 주체화시키는 당대 혹은 후대 지식의 '담론의 형성 방식'이다. 여성노동자들 대부분이 학력이 낮았던 것은 사실이다. 하지만 상당수 유인물이나 노조의 요구사항들은 여성노동자들 자신의 경험에 근거해 만들어졌다. 여공들은 콤플렉스는 있었을지라도 자신이 무식해서 못났다는 식으로 자신을 하찮은 존재로 간주하지는 않았다.[3] 그렇다면 왜 여성노동자들이 '무식'해서 돈도 더 못 주겠고 무시당해도 당연하다는 담론이 유포되었나? 여성은 비생산적이고 열등하다는, 그래서 언젠가는 가정으로 돌아가야 한다는 지배적 담론이 작동한 결과가 아닐까.

산업화 시기 국가는 '산업 전사'라고 여성노동자들을 부추겼지만, 여공에 대한 지배적인 담론은 그녀들은 비생산적인 집단인 동시에 생산과 절약에 복무해야 한다는 점을 강조했다. 더군다나 남성 사업장에 비해 쟁의와 투쟁이 빈번했던 여성노동자들에 대한 사회 · 윤리적 규정이 필요했을 것이고 이것을 위해 '생산성 담론'이 표명되었을 것이다.

다음으로 여성노동자들이 '성적으로 문란하다'는 담론과 관련해서, 한국 사회, 특히 산업화 과정에서 성담론, 구체적으로 여성의 신체에 대한 담론은 '위생학'에 가까울 정도로 도덕적인 성격이 강했다. 물론 여성노동자들도 순결 이데올로기와 유교적 가부장제에서 자유롭지 못했다. 하지만 여성노동자들은 지배담론이 생각하는 것처럼 동거나 혼전 성관계 등을 부도덕하다고 생각하지는 않았다. 당시 여성노동자들의 신체는 모순적이고 복잡한 담론에 의해 규정되었다. 한편으로는 미래의 어머니이자 건강한 노동력을 생산해야 하는 신체로 규정되었고, 다른 한편 생산성 향상을 위해 다른 곳으로 낭비되면 안 되는 신체이기도 했다. 이 점이 도덕적인 규율과 금욕주의가 합치되던 지점이다. 유아 유기를 저지르거나, 사창가를 드나들고, 부업으로 유흥가를 출입하는 여성노동자들은 '더러운 신체'로 간주되어 퇴사가

3_ 흥미로운 점은 모든 여성노동자들이 학력이 낮은 것도 아니라는 것이다. 섬유 및 전자, 화학 등에 따라 학력차가 빈번하게 드러난다는 점이다.

강요되었다. 하지만 더러운 여성노동자라는 여성노동자의 육체에 대한 담론은 상당 부분 국가의 정책과 지식인 등 도덕 담론을 강조하는 측에서 만들어낸 것이었다. 실제 여성노동자들은 일정 부분 순결 이데올로기를 받아들이기도 했지만, '그것이 그리 대수냐'는 식으로 반응하기도 했다. 유교 담론에 기초한 도덕적 육체, 생산적 육체라는 담론은 작업장 밖에서도 여성의 육체 위를 횡단하면서 여성노동자들의 무의식을 휘저어놓았다. 이처럼 이미 정해진 잣대로 여성노동자들의 육체는 분할되었고 고착된 담론으로 현재까지도 이어지고 있다.

공장 안에서도 여성노동자들은 '더러운 욕망 덩어리'처럼 규정되었다. 대부분 작업장에서 '여공 중에 처녀는 없다', '공단 여공은 모두 따먹혔다', '잔업 배분은 담임과 동침 여부에 달렸다'는 등의 이야기들이 끊임없이 새어 나왔다. 흥미로운 점은 이런 담론들에 대한 사회의 시각이었다. 노조와 국가는 여성노동자들의 성 윤리에 대한 '교육'을 강조했는데, 이것은 재야나 지식인층도 본질적으로 다르지 않았다. 다른 한편 고용주는 타락하기 쉬운 여성노동자들의 신체를 기숙사와 공장 내에 감금함으로써 치유하고자 했다. 이것의 표현이 주휴週休의 금지와 기숙사 감금 등의 정책이었다. 주목할 점은 두 입장 모두 '생산적 육체'를 강조했을 뿐 그 방법만 달랐다는 점이다. 전자는 교육을 통한 훈육을, 후자는 감금을 통한 억제를 강요했다.

우습지 않은가? 불과 20여 년 전 일인데도 여성노동자들의 신체가 이렇게 다루어졌다는 사실이. 여성노동자들에게는 가난과 배우지 못한 설움도 무서운 천형이었지만 자신들의 육체에 가해진 '담론' 역시 비가시적으로 이들을 휘어잡는 규율의 기제였다. 그리고 남성 · 중성 노동사에서는 1970년대 이런 일이 있었는지 크게 관심이 없었다. 다만 '민주'의 깃발만이 펄럭일 뿐이었다.

[2003년 1월 9일]

여성 전사 — 전사·투사론

여성 전사

남성 전사 산 오를 때 함께 오르며
불철주야 훈련하던 여성 전사가
총을 맨 모습이 너무도 당당하여라
아아아 해방 진달래 꽃 꽃
그대는 자랑스런 해방조국의 딸이어라
흙 가슴 열어젖히고 민족의 영원한 꽃
용맹의 의지 불태우는 총을 맨 여성 전사

궂은 일도 마다 않고 해방을 위해
전쟁 같은 투쟁전선에 선봉에 서서
총을 맨 모습이 너머도 의연하여라
아아아 해방의 진달래 꽃 꽃
그대는 자랑스런 해방 조국의 딸이어라
흙 가슴 열어젖히고 민족의 영원의 꽃
혁명의 의지 불태우는 총을 맨 여성 전사

1980년대 후반에 대학에 다닌 사람이라면 한번쯤은 들었던 노래다. 내가 다니던 사학과에도 당시 밑에서 올라오는 요구를 타고 '여성학회'가 만들어졌다. 흥미로운 사실은 다른 과는 대부분 여성학회를 여성이 운영한 데 비해 우리 과는 남성이 운영했다는 것이다. 키가 크고 얼굴이 유달리 흰 내 동기였는데, 참으로 특이한 존재였다. 되돌아보면 3년 반 동안 과

학술부장을 장기 집권한 나는 그 친구, 아니 여성학회에 대해 '홀대' — 정확히 말하자면 남성 중심적인 기준으로 대했던 — 했던 기억이 아스라하다.

그때 그 친구가 자주 불렀던 노래가 「여성 전사」다. 돌이켜보면 그 시절에 여성에 대한 노래는 (「딸들아 일어나라」를 제외하고) 거의 없었다. 대부분 투쟁가는 선동적인 행진곡풍으로, 광주, 혁명, 노동자 등 중성화·남성화된 주체에 대한 울림이 강했다. 아니면 매우 서정적인 노래가 유행했다. 그 친구의 십팔번이던 이 노래를 10여 년이 지난 지금 들으니 당시 나와 우리들의 여성 전사에 대한 인식을 그대로 들여다볼 수 있는 것 같다. 솔직히 이야기하자면 이 노래는, 북한 노래의 영향을 받아서 그런지 모르지만, '가부장제'와 '남성 중심적' 운동 정서를 고스란히 반영하는 시대의 산물이었다.

우선 여성은 대부분 꽃, 진달래, 민족, 흙 가슴 등으로 은유된다. 특히 아이러니컬한 사실은 여성 전사를 이야기하면서도 여성을 '꽃'으로 묘사한다는 점이다. '총을 든 진달래 같은 여성 전사'는 상상해보면 우습기도 하지만 여성은 여전히 '민족의 꽃'이라는, 부차적 주체라는 생각이 깊이 새겨진 가사다. 북한 노래에도 「여성은 꽃이다」라는 노래가 있는데 콜론타이 말처럼, 사회주의를 지향했던 사회에서조차 가족과 여성의 혁명을 위해서는 또 다른 '문화혁명'이 필요했던 셈이다.[4]

또 여성의 남성의 관계를 묘사한 구절도 무척 눈에 거슬린다. "남성 전사 산 오를 때 함께 오르며", "궂은 일도 마다 않고 해방을 위해"란 구절을

4_ 콜론타이Aleksandra Mikhailovna Kollontai(1872~1952)는 상트페테르부르크에서 제정 러시아의 장군인 도모노비치의 딸로 태어나 취리히대학을 졸업했다. 1898년 러시아사회민주당에 입당했다가, 1915년 공산당으로 당적을 옮겼다. 1917년 10월혁명 이후 공공복지 인민위원 등 요직을 거쳐 세계 최초의 여성 외교관이 돼 1923~26년 노르웨이 공사, 1926~27년 멕시코 공사, 1930~43년 스웨덴 공사와 대사를 역임했다. 여성해방에 관한 많은 저서를 남겼는데, 그 중에서도 『붉은 사랑Vasilisa Malygina』(1923)은 한때 독서계를 풍미했다. 후편으로 『위대한 사랑』(1932)이 있다.

보자. 여성 전사는 남성 — 아마도 빨치산을 의인화한 듯하다 — 이 지리산을 오르면 같이 오르고, '궂은 일' — 작사하신 분에게는 아주 미안한 일이지만, 나는 '궂은 일=가사노동' 이외에는 해석이 안 된다 — 도 마다하지 않는 희생의 화신이다. 다른 차원의 이야기지만 1980년대 한국 사회운동에서 투사와 전사는 여성도 '남성성'을 획득해야만 가능했던, 그 이외의 정체성에 대해서는 상상하기조차 어렵던 시절이었다. 후일담이지만, 나는 사실 『녹슬은 해방구』에 등장하는 여성 전사 김점분이 좀 무서웠다.[5] 나는 그녀같이 될 자신도 없었고, 1980년대 말과 1990년대 초반이라는 현실에서 현실성이 없는 인물이었기 때문이다. 내게는 차라리 콜론타이의 『붉은 사랑』에 등장하는 여주인공이 더 현실적이었다.

식민지 시기 한국과 일본에도 이런 '궂은 일'에 대한 일화는 많다. 당 세포가 신분을 위장하고 동조자 여성과 결혼을 가장해 동거할 때 협력자 여성에게 가사노동은 물론 성적인 협조까지 얻은 사례조차 있었다. '운동의

5_ 권운상의 작품인 『녹슬은 해방구』는 필자인 내(박 선생)가 1981년 12월부터 다음해에 걸쳐 25명의 무기수가 갇혀 있는 교도소에서 28년째 징역을 살고 있는 김형석한테서 들었던 이야기를 재구성하는 구조를 띠고 있다. 장이 진행되면서 장기수들이 지나간 역사를 현재적 시각으로 체계화시키는 한편 보충 설명을 곁들이고 있어 빨치산의 통사를 엮기에 걸맞은 형식이라고 할 수 있다. 전체 3부 9권인데, 제1부 항전별곡, 제2부 해방일기, 제3부 반역의 세월이다. 이 소설은 식민지 시대 국내 항일유격대의 기원을 탐색하기 위한 작업의 일환이었다. 특히 1942년을 빨치산 출발로 삼을 것을 주장하고 있다. 서술 배경이 일제 식민지 시대였던 이병주의 『지리산』과 8 · 15 이후에 초점을 맞춘 조정래의 『태백산맥』이 간과한 부분을 다루었다는 점에서 의미가 크다. 단적인 예로 『태백산맥』은 여수 · 순천항쟁을 전후한 각종 항쟁을 부각시키지 않았지만, 『녹슬은 해방구』는 항일투쟁 의식과 8 · 15 이후의 모든 민중항쟁을 정면으로 다뤘다는 점에서 빨치산의 이념성에 충실하고자 했다. 더불어 이 소설 이전에 빨치산을 형상화한 소설들이 대부분 영웅적 지도자상을 중심으로 서술된 데 비해, 『녹슬은 해방구』는 평범한 민중들이 위대한 빨치산이었다는 점을 강조했다. 바로 전설과 우상 속의 빨치산들을 보통 인간인 빨치산으로 형상화한 것이다. 일반 민중의 강인한 투쟁이라는 시각에서 『녹슬은 해방구』는 빨치산의 영웅 이현상도 여성 전사 김점분의 조직을 인수함으로써 존재할 수 있었던 투사상으로 그려내고 있다.

대의'는 이런 궂은일도 가능하게 만드는 것일까? 가장 마음에 들지 않는 구절은 후렴인 '흙 가슴 열어젖히고 민족의 영원의 꽃'이다. 여기서 왜 흙가슴이란 상징이 등장하는지 또는 '여성 전사=민족의 꽃'으로 의인화되는지를 보면 잘 알 수 있듯이, 이른바 '민족문학'에서는 '흙=대지=어머니(혹은 여성)=민족의 안식처=가족'으로 상징되는 것이 보편적이었다. 남성의 시선에서, '젖가슴=생명의 근원'으로 상징되는 것은 여성의 신체를 공공연히 남근적 시각에서 왜곡하는 셈이다.

남성에게 가족은 노동에서 해방된 안식처이자 자신의 강제력을 행사할 수 있는 사적 영역이다. '가족=사적 영역'이란 공적 · 사적 영역 분리 담론의 가장 큰 효과는 남성 지배의 장으로서 가족을 정당화하는 것이다. 어린 아이에게 젓을 먹이며, 궂은 일을 묵묵히 인내하는 가정의 꽃인 여성, 이것이 근대 남성이 상상하는 가정이자 '여성 유폐적인 가족'의 실제다. 이것은 '여성 전사'에 대한 은유에서도 그대로 보이고 있다. 내가 '민족'이란 담론에 대해 심하게 알레르기 반응을 보인다고 이야기할 수도 있지만, 나는 한국에서 여성을 '민족'이란 이름으로 호명하는 상당수 담론도 여성의 정체성과 무관한, 여성의 신체, 여성권을 '남성=민족'에 종속시키려는 남성적 시각에 기초한 담론이라고 생각한다.

10년 전에 부르던 노래를 일본에서 웅얼거리며 이런 생각에 잠기는 것도 내 독특한 취향이겠지만, 10년 전에 이 노래를 통해 여성 전사를 상상하며 생활했던 우리들도 '문제적인 인간들'이란 생각이 든다. 내가 너무 지나치게 반응한 것일까? 그때는 여성 전사에게도 여성 투사에게도 '여성'은 사라진 시대였다.

[2003년 1월 13일]

6. 왜 '여공'인가? — 여공 담론의 대상과 사료

내가 이 책에서 다루는 것은 산업화 시기 민주노조운동 사업장의 여공들을 둘러싼 담론이다. 여기서 '여공 담론'은 크게 세 종류로 구분해볼 수 있다. (1) 1970년대 여공의 담론이다. 작업장, 주거, 노동운동 등에 대한 여공들의 익명적 지식 등을 포괄하는 '여공 자신에 의해 만들어진 담론'이다. (2) 1970년대 당대에 만들어진 '여공에 대한 담론.' 1970년대 고용주, 국가기관, 교회 등 여공을 둘러싼 담론 생산자들이 1970년대에 생산한 담론들이다. (3) 1970년대 이후에 노동사 연구자들과 노동운동가 등에 의해 만들어진 '여공에 대한 담론'을 마지막으로 들 수 있다. 이것은 1970년대 여공 및 여공이 주도한 민주노조운동에 대한 평가와 해석이 중심이 된 담론들이다. 먼저 이 글에 등장하는 개인들을 간단하게 살펴보자.

자료 이 책에 등장하는 실명의 인물들에 대한 소개

아래 인물들은 내가 산업화 시기 여공 담론을 분석하는 과정에서 중요하게 인용한 수기, 자료의 저자 혹은 필요에 따라 직접 면접한 개인들이다. 이들은 산업화 시기 노동운동에서 서로 관련된 인물들이다. 특히 민주노조운동, 도시산업선교회, 가톨릭노동청년회, 크리스챤 아카데미, 그리고 그 뒤 80년대에도 노동운동에 직간접적으로 관련되어 있다. 이들이 민주노조운동에서 대표성을 지닌 인물들은 아니며, 모든 사실을 정확하게 기억하고 있는 것도 아니다. 다만 서로 관련이 없는 듯이 보이는 이들이 살았던 1960~1970년대 민주노조운동

혹은 그 사업장 내부에서 했던 경험은 연결되지 않는 듯이 보이는 이들의 역사적 경험을 이어주는 실마리를 제공해준다. 이것은 앞서 서술한 '미시사'의 특징인 서술의 실명성과도 깊은 연관이 있다.

1. 김세균(1947~)

경남 진주 출생. 부산고등학교 졸업. 서울대 정치학과 입학. 71년 학생운동으로 구속. 75년 복학, 석사학위 취득. 77년 크리스챤 아카데미 연구간사 겸 교육간사. 79년 3월 크리스챤 아카데미 사건으로 구속. 80년 1월 석방. 82년 독일 유학. 89년 서울대 교수. 현재 사회진보연대 대표.

2. 최영희(1950~)

전북 전주 출생. 이화여자고등학교 졸업. 1973년 이화여대 문리대학 사회학과 졸업. 1973~1980년 기독교 도시산업선교회 노동교육 담당. 80년 5월 도서출판 석탑 대표. 87년 10월 한국여성민우회 초대 부회장. 1993년 10월~현재 (주)주간 내일신문 발행인 겸 대표이사.

3. 조화순(1934~), 『고난의 현장에서 사랑의 불꽃으로』 저자

1953년 인천여고 졸업. 1962년 감리신학대 졸업. 1966~1984년 인천기독교도시산업선교회 파송. 1991년 한국여성단체연합 산하 조국통일위원회 위원장. 1993년~현재 한국여성단체연합 고문. 현재 산돌교회 원로목사.

4. 최순영(1953~)

강릉 출생. 영동여중 졸업. 1975년 YH무역 노동조합 위원장. 1984년 한국노동조합 복지협의회. 1987년 한국여성노동자회 운영위원. 1989년 부천여성노동자회 회장. 1991년 경기 부천시의회 시의원. 1992년 11월~현재 한국가정법률상담소 부천지부 소장. 현재 민주노동당 국회의원.

5. 이철순(1953~)

1970년대 지오세에서 노동운동 시작. 1978~1983년 천주교 전주교구 노동사목위원회 사무국장. 1987~88년 전국노동사목협의회 교육부장. 1994~1995년 국제 그린피스 동아시아 환경운동가 프로그램 준비위원장. 1996년 이후 한국여성노동자협의회 대표.

6. 민종덕(1951~), 『민종덕 이야기 마당』 저자

1977년 청계피복 노조 총무부장. 1980년 청계피복 노조 사무장. 1984년 복구 청계피복 노조 위원장. 1985년 서울노동운동연합 위원장, 구속. 전태일기념사업회 회장.

7. 이소선(1929~), 『어머니의 길』 저자

경북 달성군 성서면 감천리 출생. 1945년 늦봄 정신대에 끌려감(대구의 방직공장). 1947년 여름 전상수 씨(1924년 12월 7일생)와 혼인. 1970년 11월 27일 청계피복노조 결성. 노조 고문. 1975년 2월 7일 노동교실 인도요청 농성. 1976년 4월 16일 노동교실 실장. 1977년 7월 22일 법정모욕죄로 구속. 1980년 10월 포고령 위반 등으로 구속됨. 1986년 8월 12일 전국민주화운동유가족협의회 창립. 회장에 선임됨(93년까지).

8. 신경숙(1963~), 『외딴방』 저자

전북 정읍 출생. 구로구 동남전자에서 노동자 생활, 영등포여상 산업체 특별학교를 거쳐 서울예술전문대학 문예창작과 졸업. 1985년 『문예중앙』에 「겨울 우화」를 발표하며 등단. 작품으로 『풍금이 있던 자리』(1993), 『깊은 슬픔』(1994), 『외딴방』(1995), 『기차는 7시에 떠나네』(2000) 등 다수.

9. 김지선

백령도 소청도 출생. 대성목재에서 노동자 생활 시작. 삼원섬유 노조위원장. 83년 '인천 블랙리스트 사건'으로 구속. 인천노동자복지협의회 사무국장, 인천노동운동연합 부위원장 겸 사무국장, 인천여성노동자회 회장. 현재 '사단법인 서울강서양천 여성의 전화' 회장 겸 부설 '가정폭력상담소' 소장.

10. 송효순(1957~), 『서울로 가는 길』 저자

전북 익산 여산면 태성리 1004번지에서 빈농의 딸로 출생. 71년 황하국민학교 졸업 후, 73년 상경해 대일화학에 입사. 도시산업선교회와 노조 대의원 활동. 1980년 12월 해고.

11. 추송례(1957~), 『어김없이 봄은 오는가』 저자

전남 완도 출생. 73년 동일방직 입사. 동일방직 법외 노조 노조 지부장. 해고 뒤 부산에서 노동운동. 현재 부산에서 맹인들을 돕는 자활봉사 활동 중.

12. 석정남(1956~), 『불타는 눈물』 저자

충북 중원군 살미면 향산리 출생. 70년 살미면 세성초등학교 졸업. 73년 상경해 양장점, 피복공장, 전자회사 등에 취업하다가, 74년 동일방직에 입사. 동일방직 노조 대의원. 동일방직 법외 노조 때 노조 부지부장.

13. 장남수(1958~), 『빼앗긴 일터』 저자

원풍모방 여성노동자. 부활절 예배 사건으로 구속.

14. 유동우(1949~), 『어느 돌멩이의 외침』 저자

경북 영주 출생. 안정 남부국민학교 졸업. 68년 3월 상경. 천일섬유, 유림통상, 방성산업, 삼원섬유 주식회사 근무. 삼원섬유 초대 노조 지부장. 81년 전국민

주노동자연맹 사건으로 구속. 민주헌법쟁취국민운동본부 상임공동대표. 현 인천시설관리공단 노조위원장.

15. 박순희(1947~)

1967년 대한모방에서 노동자 생활 시작. 1974년 원풍모방 입사, 82년 원풍모방 해고, 제3자 개입금지법 위반으로 구속. 가톨릭노동청년회 사목. 원풍모방 노동조합 부지부장. 현재 천주교 정의구현전국연합 상임대표.

16. 임재수

1974년 원풍모방 입사. 76년 대의원 활동. 1978년 원풍모방 노동조합 총무. 80년 보안사에 연행되어 고문을 당함. 87년 한독운수 노조위원장. 92년 해고 및 구속. 현재 법무법인 이산 공증실장.

17. 이옥순(1954~2002), 『나 이제 주인이 되어』 저자

전북 정읍 출생. 72년에 여고 2년을 중퇴한 뒤 73년 3월 원풍모방 입사. 원풍모방 노조 대의원과 총무로 활동. 82년 집시법과 노동조합법 위반 혐의로 구속. 85년 서울노동운동연합 부위원장에 선출된 뒤, 같은 해 9월부터 위원장 직무대행을 겸하며 수배생활을 함. 2002년 지병으로 작고.

18. 순점순, 『8시간 노동을 위하여』 저자

해태제과 여성노동자.

19. 전태일(1948~1970), 『내 죽음을 헛되이 하지 말라』 저자

이소선의 아들. 청계피복 노동자. 바보회와 삼동회 결성. 청계피복 노동자에 대한 근로기준법 적용을 요구하는 활동을 하다가 70년 11월 분신 사망.

20. 장현자(1951~), 『그때 우리들은』 저자

경북 상주 출생. 인천 성경고등학교(교회 운영 야간학교) 졸업. 1969년 부평 반도상사 입사. 74년 반도상사 부지부장, 77년 지부장 선출. 80년 반도상사 노조 지도위원. 성남 여성노동자회 회장. 현재 대전 광역시 시의원.

21. 이승철(1949~)

전남 나주시 동강면 출생. 68년 8월경 평화시장에 들어옴. 70년 청계노조 설립 이후 청계피복 노조 지부장, 사무장, 조직부장, 조사통계부장을 역임했고, 1981년 청계노조가 강제해산될 때까지 노동운동에 참가. 현재는 신당동에서 자영업을 하고 있음.

이런 여공들의 자기 진술은 각종 잡지와 신문, 수기, 보고서 등에 실린 1차 문헌을 통해 이해할 수 있다. 유념해야 할 점은 산업화 시기 노동자들에 의해 만들어지거나, 노동자들에 대해 기술된 자료들을 사료로서 무비판적으로 받아들여서는 안 된다는 점이다. 1970년대 노동운동과 노동현실에 대한 자료는 대부분 1980년대 초반에 출간됐다. 이 자료들은 1980년대 운동이 지향한 '변혁지향성'이라는 목적을 전파하기 위한 의도가 강했다. 1980년대 중반 정치적 노동운동과 1970년대 민주노조운동의 평가를 둘러싼 노선 갈등이 심했던 것으로 미루어, 1980년대 노동운동의 '반면교사'로서 1970년대 노조운동을 상정하고, 1970년대 노조운동과 주변 상황 가운데 특정한 사실과 경향을 부각하기 위해 임의적으로 수기가 작성된 면도 적지 않았다. 이제 내가 사용한 산업화 시기 공간된 사료들의 성격을 잠시 살펴보자.

구체적으로 나는 '제조업(특히 섬유산업) 여성노동자'들을 둘러싼 담론을 주되게 살펴보았다. 제조업 부문 민주노조 사업장들은 여공이 70퍼센트 이상을 차지하고 있었고, 경공업 위주의 노동집약적 산업화에 따라 농촌 출신 여성들이 대다수를 차지했다. 또 영세 사업장과는 달리 기숙사 등 제반 시설을 갖추고 있어 여공들이 공동체 생활을 경험할 수 있었다. 특히 여성을 중심으로 한 민주노조 활동과 도시산업선교회 등 교회단체와의 긴밀한 결합은 다른 여성 사업장에서 볼 수 없는 여공들의 의식과 행동양식, 문화 등을 풍부하게 보여줄 수 있다. 자료 면에서도 대부분의 여성 민주노조가 수기와 노동조합사 등의 자료를 남겼기 때문에 당시 여공들에 대한 담론이 어떻게 구성됐는지를 파악하는 데 용이하다. 물론 1970년대 민주노조 사업장의 여공들이 1970년대 노동계급과 노동자운동 전체를 '대표'할 수는 없다. 하지만 1970년대 민주노조에 속한 노동자들이 남긴 풍부한 '자기 진술'들은 그들의 세계관, 의식, 익명적 지식체계를 구체적으로 살필 수 있게 해준다.

또 다른 중요한 문제는 기존 연구에서 사용되던 정부의 통계나 신문 등에 실린 자료들이 사실과 다른 것은 물론이고, 산업화 시기 노동력의 적극적 동원이라는 이데올로기적 목적을 가진 경우가 많다는 점이다. 동시에 여공에 관한 연구 자료에서 제기되는 또 하나의 문제는 사료의 '대표성'과 '희귀성'이다. 나는 사료의 양이 당시 노동자들의 세계를 잘 드러내줄 수 있다고 생각하지 않는다. 노동자 수기가 사료로서 지니는 가치나 대표성은 사료의 양에 기초한다는 기존 노동사 연구의 사료해석에 관한 시각이나 견해와 달리 나는 '과연 역사 속에서 노동자, 농민, 민중이 글을 제대로 알거나, 그들의 손으로 남긴 글이 존재하는가?'라고 되묻고 싶다.[6]

대다수 연구자들은 산업화 시기 여공과 그들의 기록에 대해 제대로

6_ 이 문구는 조한욱(2000, 83)에서 조한욱이 미시사를 옹호하기 위해 쓴 글을 본 연구의 맥락에서 고친 것이다.

된 관심을 가진 적도 많지 않았다. 더군다나 그 당시 신문, 잡지를 비롯해 어느 매체도 여공들에 대해 제대로 된 기록을 남긴 적이 없었다. 이런 조건에서 어쩌다 우연하게 남겨지거나 기록된 몇 개 공장 여성노동자의 수기를 통해 여공들의 세계와 담론에 관해 알아보는 것이 그리도 못마땅한 일인가?

역사 속에서 이름이나 글을 남기는 사람이 과연 얼마나 될 것인가? 아주 소수에 지나지 않는다. 더군다나 한국 현대사는 민중의 독자적인 매체나 기록을 대부분 금기시했기 때문에 기록이 없는 것이 이상한 것이 아니라 당연하다. 산업화 시기 여공에 관해 조사를 시작하면서 약 10여 종의 수기와 당시 잡지와 신문에 실린 노동자 관련 기사를 발견할 수 있었다. 하지만 시간이 지날수록 1970년대 노동자 연구가 사료의 숫자나 양의 문제라고 생각되지 않았다. 쉽게 추측할 수 있는 것처럼 노동자가 스스로 쓴 자료는 아주 극소수고, 당사자들은 지금도 당시의 투쟁이나 기억에 대해 별로 말하고 싶어하지 않는다. 현재로서 아주 평범한 다수의 삶과 세계에 들어가기 위한 최선의 방법은 이렇게 '작은 것을 통해 읽고 해석하기'라고 판단했다.

한국 여공의 경우, 문맹률이 매우 낮은데도 불구하고 자신의 생각을 쓴 자료는 극히 드물었다. 특히 신문이나 정부통계는 왜곡되었거나 의도적으로 조작된 노동자상을 그려내는 경우가 많았다. 이런 와중에 발견한 것이 7~8개 존재하던 1970년대 민주노조운동 관련 '수기手記'였다. 이 수기들의 형태는 다양했다. 민주노조에 참여했던 노동자의 개인 수기, 노조의 이름으로 서술된 공식적인 민주노조 수기, 정기간행물에 실린 노동자의 수기 등이 그것이었다. 이 수기들은 산업화 시기 한국 기층사회와 노동자의 세계관에 대한 정보를 많이 제공해주고 있다. 그리고 노동자들이 정부, 고용주, 노동자 사이에 처했던 조건들을 매우 구체적으로 보여준다. 그런 의미에서 노동자들의 수기와 노동조합 자료들은 일종의 '집단 전기'라고 말 할 수 있다.

물론 수기와 자료의 '대표성'이란 문제가 제기될 수 있다. 하지만 간과해서는 안 될 점은 여공에 대한 계보학적 연구가 여공에 대한 또 하나의 '과학적 지식'이나 '역사'를 작성하는 것이 아니라는 점이다. 다시 말해서 산업화 시기 여공에 관한 대안적인 새로운 역사를 쓰는 것이 이 책의 목표는 아니다. 오히려 여공을 둘러싼 담론 분석을 통한 계보학적 연구는 여공에 대한 지배적 담론의 지층 밑에 숨겨진 의미와 맥락, 관행 등을 드러내는 작업이다. 그리고 숨겨진 익명적 지식을 드러내는 작업은 또 다른 공식적 역사를 쓰는 것과는 '정반대의 작업'이다. 바로 사료에 대한 '도구적인 사용'이 계보학의 전제 조건이다. 따라서 계보학적 연구에서 '사료의 대표성'이란 문제 설정 자체는 또 하나의 과학적 역사(혹은 담론)를 서술한다는 상이한 전제에서 제기되는 문제일 뿐이다.

따라서 사료의 재해석 과정은 지식이나 담론을 둘러싼 투쟁 과정이라고 할 수 있다. 이런 맥락에서 이 책에서 서술된 내용은 넓게 보면, 여공 자신이 생산한 담론 혹은 여공을 둘러싼 담론을 추적하는 작업이며, 여기서 사용하는 사료들은 크게 (1) 노동자 수기류, (2) 노동운동이나 노동자 생활을 외부 지식인이 기록한 자료, 르포, (3) 고용주, 노동청(국가) 등에서 발간한 선전용도의 자료와 통계용 자료, (4) 노조와 관련 단체(한국노총, 고려대학교 노동문제연구소, 서강대 산업문제연구소, 크리스챤 아카데미 등)에서 발간한 잡지와 간행물 (5) 필자가 직접 면접한 인터뷰와 구술 자료 등으로 분류할 수 있다. 이 책에서 사용한 문헌들의 내용을 잠시 소개해보면 다음과 같다.

자료 수기와 인용 자료의 성격

여기서 소개하고자 하는 문헌들은 이 책에서 담론 분석의 주된 대상으로 삼은 수기, 노동조합사, 르포들이다. 이 글들 이외에도 인용한 문헌들이 있지만 일관된 논지가 없거나, 익명으로 쓰여진 여공들의 일기 등을 무작위로 모아놓은 것 혹은 단편적인 인터뷰 내용을 기사화한 것이기 때문에 담론의 배경과 논리를 추적하기가 다소 어려웠다. 아래 수기와 자료들은 대부분 자신의 논리에 따라 출생(혹은 노조 결성)에서 노동자가 되는 과정, 노조 만들기, 투쟁과 의식의 흐름 등을 체계적으로 기록한 자료들이다. 내가 이 자료들을 자세하게 소개하는 이유는 앞에서 설명한 바와 같이 이 수기들은 특정한 시기에 특정한 목적을 위해 만들어진 담론의 성격이 강하기 때문이다. 물론 수기와 자료가 모두 조작됐다는 의미는 아니지만, 중요한 사안이나 논쟁에 대해서는 자기변호, 은폐, 생략과 누락, 국부적 사실로 처리하기, 특정 부분을 의도적 부각하기 등이 여러 곳에서 드러나 있다. 여기서는 자료의 작성 시점과 작성 목적, 사용된 자료의 성격을 일목요연하게 설명했다(자료 제시 순서는 가나다순이다).

1. 동일방직복직투쟁위원회 엮음(1985), 『동일방직 노동조합 운동사』, 돌베개

이 자료는 동일방직 해고자 투쟁위원회에서 활동하던 지부장 이총각 등을 중심으로 펴낸 노동조합사다. 초기 노조 결성에서 해고 과정에 이르기까지 일목요연하게 통사적으로 정리되어 있고 띄엄띄엄 조합원 인터뷰도 실려 있다. 하지만 이 자료에 대해 도시산업선교회 등 일각에서 문제제기가 많았으며 조합원들 사이에도 누락된 부분과 평가되지 않은 부분들에 대한 문제제기가 적지 않은 것으로 알려져 있다. 특히 전형적인 민주화 담론에 입각, 동일방직 투쟁을 여성

노동자들의 헌신적인 투쟁으로만 서술하고 있으며, 산선을 비롯 동일방직 노조에 개입한 기타 세력에 대한 평가는 대부분 누락되어 있다.

2. 민종덕(2003), 『민종덕 이야기 마당』(http://www.juntaeil.org)

청계피복 노조 총무와 지부장을 역임한 민종덕이 인터넷상으로 자신의 청계피복 노조 경험을 기술한 수기다. 민종덕 자신이 채록했던 이소선의 『어머니의 길』과 상당 부분 겹치지만 청계피복 노조 설립 이후 결합한 활동가이자 청계피복 노조에서 가장 의식적인 활동가로서 자신의 입장에 근거해서 70~80년대 중반 청계피복 노조의 역사를 기술하고 있다. 특히 잘 알려지지 않은 청계피복 내부의 운영 및 9 · 9투쟁, 지식인의 개입 등에 대해 상당 부분을 할애하고 있다. 그러나 민종덕의 수기 역시 청계피복 노조의 역사를 민주노조를 향한 헌신적이고 전투적인 투쟁사로만 기술하고 노조 내부 모순과 노조가 지식인의 정치적 실험장처럼 변한 문제점에 대해서는 거의 언급하고 있지 않다. 특히 청계피복 노조에서 다수를 차지했던 시다들에 대해서는 남성노동자 특유의 동정적인 담론을 생산하고 있다.

3. 석정남(1976a), 「인간답게 살고 싶다」, 『대화』 11월호.
석정남(1976b), 「불타는 눈물」, 『대화』 12월호.

『공장의 불빛』으로 너무나 잘 알려진 석정남이 1970년대 잡지 『대화』에 기고한 일기의 원본이다. 뒤에서 소개할 『공장의 불빛』보다 일상의 고뇌, 신분상승 욕망, 여성으로서의 정체성 등에 대한 상세한 기록이 돋보인다. 제1차 조직분규까지 다루어졌기 때문에 동일방직 노조의 전체 역사에 대해서 파악하기는 어렵지만, 문학의 꿈을 지닌 한 노동자가 소모임, 노조 활동을 둘러싼 고뇌, 각성 등의 과정을 거쳐 어떻게 민주노조운동가로 변화하는지를 보여주고 있다. 전체적인 내러티브는 기타 노동조합 운동사의 '전형성'에서 벗어나지 않았다.

4. 석정남(1984), 『공장의 불빛』, 일월서각.

1970년대와 1980년대 여공들에게 가장 많이 읽힌 노동자 수기 가운데 하나였던 석정남의 글을 1980년대에 다시 편집한 책이다. 한마디로 말해서 동일방직 노조사를 석정남의 개인경험으로 풀어서 쓴 책이라고 이해하면 될 것이다. 민주화 담론에 입각한 내러티브를 지니고 있으며, 제2차 똥물사건, 명동성당 농성, 해고 등에 대해서는 동일방직 노조사의 입장과 거의 동일하게 해석하고 있다. 1980년대 초반 전후 사정으로 미루어 의식화용 교재로 재편집 내지 윤색되어 출판되었을 가능성이 높다.

5, 송효순(1982), 『서울로 가는 길』, 형성사

대일화학 대의원을 거친 산업선교회 출신 활동가였던 송효순의 자전적 수기다. 출생에서 이농, 공장 입직, 산업선교를 알아가기, 민주노조 결성과 해고, 탄압 등 당시 여성노동자 수기의 전형성을 보여주는 자료다. 하지만 초기 공장 입직 등의 과정에 대해 아주 상세히 서술하고 있어 당대 여성노동자들의 입직을 둘러싼 담론과 현실을 잘 드러내준다. 서술의 내러티브는 석정남과 유사하다.

6. 순점순(1984). 『8시간 노동을 위하여 — 해태제과 여성노동자들의 투쟁 기록』, 풀빛.

1979년 8시간 노동제 쟁취 투쟁을 전개했던 해태제과 여성노동자들의 투쟁기록이다. 전체 기록의 삼분의 일 정도를 차지하는 남성노동자와 사측의 여성노동자에 대한 폭력, 테러, 협박 과정이 아주 적나라하게 반복적으로 서술되어 있다. 여성노동자 개인의 문제의식 발전 경로에 따라 작성된 것이라기보다 투쟁의 전개 과정을 적나라하게 '폭로' 한 선전물 같은 성격의 글이다. 개별 노동자의 경험이나 입직에서 노조 가입에 이르는 과정을 보여주기보다 사측이 남성노동자를 이용, 민주노조운동을 얼마나 심하게 탄압했는가를 보여주기 위해 쓰여진 듯한 느낌이 많이 드는 글이다.

7. 신경숙(1995), 『외딴방』, 문학동네

앞선 수기와 상당히 다른 톤에서 여성노동자로 보낸 2년간의 생활을 서술한 신경숙의 반자전적인 소설이다. 앞선 민주노조 수기들이 여성노동자들의 계급적 각성을 드라마틱하게 서술한 데 비해 『외딴방』은 대학생이 되기를 꿈꾸는 여성노동자가 본 70년대 후반 전자업체(동남전자) 내부의 노동관계와 여성노동자들의 정체성을 매우 생생하게 그려내고 있다. 후일담 소설의 부류이므로 주의할 부분이 있지만, 70년대 후반 농촌 여성들의 도시에 대한 동경, 공장에 대한 적응, 교육에 대한 욕구, 주거와 식생활 등 다양한 소재들이 담겨진 사료적 가치가 높은 자전적 소설이다. 다만 여성노동자 가운데 특수한 조건과 상황에 처해 있던 신경숙 개인이 생산한 담론이므로 다른 수기와 교차 비교가 필요한 자료다.

8. 원풍모방 해고노동자 복직투쟁위원회(원풍투위) 편(1988), 『민주노조 10년 — 원풍모방 노동조합활동과 투쟁』, 풀빛.

1970년대 가장 강력한 조직력을 지녔던 원풍모방 노조의 통사다. 전후 어용노조 시기에서 1982년 강제해산에 이르기까지 노조의 활동과 투쟁, 회의, 내부 모임, 교육 등이 꼼꼼하게 기록되어 있다. 조직력이 강했던 원풍모방이라는 사업장의 특수성이 반영된 일상 활동과 안정적인 노조 운영이 어떻게 이루어졌는지에 대해 상세하게 자료를 중심으로 정리했다. 하지만 노조 내부의 문제나 도시산업선교회와 노조의 관계 등에 대해서는 앞선 자료들과 마찬가지로 평이한 기술에 그치고 있다.

9. 유동우(1984). 『어느 돌멩이의 외침』, 청년사.

석정남의 『공장의 불빛』과 더불어 의식화용 수기로 작성된 대표적인 수기다. 출생에서 삼원섬유 노조 지부장, 제명 등으로 이어지는 1970년대 남성 민주노조 활동가의 전형적인 패턴이 서술되어 있다. 출생에서 여러 직업을 전전하는 과정, 종교와 노동운동의 관계, 사업장 내부 남성과 여성의 문제, 어용노조 등에 대해 비교적 상세하게 기술된 수기다. 그러나 이 자료 역시 유동우 자신이 깊이 간여했던 도시산업선교회에 대한 자세한 서술이 생략되어 있고, 전형적인 남성의 시각에서 여성 사업장과 여성노동자를 바라보는 담론이 유지되고 있다.

10. 이소선(1990), 『어머니의 길 — 이소선 어머니의 회상』, 돌베개.

전태일의 모친인 이소선의 구술 자서전인 이 자료는 이소선 개인사라기보다 전태일의 죽음, 청계피복 노조의 설립 과정에서 이소선의 역할을 중심으로 기록되어 있다. 주된 내러티브는 이소선이 노동운동의 '어머니' 라고 불리게 된 이유를 헌신적 투쟁, 재야운동, 개인적 품성 등을 중심으로 기록하고 있다. 청계피복 노조 자체에 대한 기술보다는 민주화운동으로서 청계피복 노조와 이소선의 역할을 드러내는 데 역점을 두었다. 그만큼 청계피복 노조가 노조로서 가진 문제점을 간접적으로나마 읽을 수 있게 해준다. 전체적 논조는 앞선 수기들과 대동소이하다.

11. 이옥순(1990), 『나 이제 주인이 되어』, 녹두.

2002년 타계한 고 이옥순의 수기다. 70년대 중반 원풍모방에 입사해서 총무직을 맡고 80년대 중반에 서울노동운동연합의 공개 지도부를 맡았던 이옥순의 70~80년대를 아우르는 경험을 기록했다. 전체가 각각 삼분의 일씩 출생과 성장, 원풍모방 노조 활동, 1980년대 활동으로 나뉘어 있다. 특히 1980년대 지식인 중심의 정치적 노동운동에 매우 예민한 비판을 가하고 있다.

12. 이태호(1984), 『불꽃이여 이 어둠을 밝혀라 — 70년대 여성노동자의 투쟁』, 돌베개.

이태호(1986), 『노동현장의 진실』, 금문당.

1970년대 노동문제 르포를 중심으로 취재해왔던 동아일보 해직기자 이태호의 노동문제 르포 모음집이다. 이태호의 르포는 서중석 등과 더불어 1970년대 지식인에 의해 조사, 집필된 노동문제 자료로는 유일한 것으로, 대부분 여성노동자들의 낮은 노동조건, 작업장 내 무권리 상황, 노조탄압, 보도로 알려지지 않은 투쟁 사례 등을 폭로하는 데 초점을 두었다. 논조 자체는 민주화 담론과 여공에 대한 남성 노동사가들의 시각과 거의 유사하다. 현재 1970년대 여공에 대한 담론을 만드는 데 기초 자료를 제공한 사료들로 추정된다.

13. 장남수(1984), 『빼앗긴 일터』, 창작과 비평사.

원풍모방 대의원이었고 탈춤반 활동을 했던 장남수의 수기다. 1980년대 출간된 노동수기가 전형적으로 보여주는 출생, 가난, 이농, 입직, 노조 활동, 의식적 각성이라는 플롯에 충실한 자료다. 장남수가 열성적인 대의원이자 탈춤반 활동가가 되는 과정을 구체적으로 묘사한 자료로 노조 활동 자체보다 작업장과 기숙사의 관계에서 흥미로운 점들을 발견할 수 있다.

14. 장현자(2002), 『그때 우리들은』, 한울사.

반도상사 2대 지부장이던 장현자의 자전적 수기로 출판 후 반도상사 내부와 반도상사에 관계했던 활동가와 지식인들 사이에서 논란이 많았던 책이다. 먼저 수기 출판의 용도가 시의원 출마 홍보용이란 점, 그리고 초대 지부장 한순임에 대한 서술과 그 안에서 장현자 자신의 위상에 대한 조작 여부가 논란의 중심이었다. 시기적으로는 출생에서 입사, 지부장이 된 이후의 활동 등으로 구성됐다. 1970년대 대표적 민주노조이던 반도상사에 대한 최초의 기록이긴 하지만 초기 기록에서 조작 내지 특정 사실을 은폐했을 가능성이 상당히 높은 자료다. 특히 도시산업선교회가 개입해 노조를 결성하고 노조에서 전직 지부장 한순임을 사퇴시키는 과정 등에 있어 전통적인 민주노조운동사의 서술을 답습하고 상당 부분을 은폐하고 있다. 그 밖에 장현자 자신이 지부장이 된 이후 기록은 대부분 사실에 기초한 것이다.

15. 전태일(1988), 『내 죽음을 헛되이 하지 말라』, 돌베개.

전태일 사후 전태일이 남긴 일기, 소설 습작, 메모 등을 묶은 자료집이다. 이 자료집에는 1960년대 후반 평화시장을 중심으로 한 시다와 여공들의 일상에 대해 전태일이 개인적 혹은 집단적으로 조사한 자료와 이들에 대한 전태일의 생각 등이 풍부하게 담겨져 있다. 특히 전태일의 여공보호에 대한 사고가 어떻게 형성되었는지에 대해 일기, 습작 등을 통해 살펴볼 수 있다.

16. 조화순(1992), 『고난의 현장에서 사랑의 불꽃으로 — 조화순 목사의 삶과 신학』, 대한기독교서회

인천 도시산업선교회 활동으로 잘 알려진 조화순의 구술 기록이다. 초기 인천 도시산업선교회의 형성과 고민 그리고 활동을 매우 역동적으로 묘사하고 있는 한편, 동일방직과 도시산업선교회 관련 사건에 대해서는 많은 부분을 호도, 은폐하고 있는 자료다. 잘 알려지지 않은 도시산업선교회의 여성노동자 접촉과 소모임 결성, 동일방직 노조 결성 과정에 대해 긴장감 있고 흥미롭게 서술되고 있지만, 인천 도시산업선교회의 오류와 실책에 대해서는 철저하게 은폐하고 있다. 하지만 구술 과정에서 드러나는 조화순의 스타일을 통해 그녀가 어떤 방식으로 당시 인천 지역 여성 노조운동을 이끌었는지 충분히 추측할 수 있다. 또한 어떻게 조화순을 상징으로 한 교회 노조운동이 신화화되었는지를 주변 인사들의 조화순에 대한 평가 속에서 유추할 수 있다.

17. 조영래(1983), 『전태일 평전』, 돌베개.

1970년대부터 노동자 의식화 교재로 돌려 읽혔던 것이 출판된 책이다. 당시 평화시장 노동자들의 참혹한 노동조건을 폭로하는 '인간주의적 시각'에서 쓰여진 자료다. 평화시장의 지리, 위치, 노동조건, 일상 등을 매우 치밀하게 다룬 보고서라 해도 좋을 것이다. 하지만 필자의 의도와 무관하게 1970년대 노동조건이 모두 평화시장과 유사하다는 다락방 담론을 만든 계기가 된 자료이기도 하다.

18. 추송례 구술, 박승호 기록(2002), 「새로운 삶이 거기 있었지요」, 『기억과 전망』 제1호

추송례(2001), 「어김없이 봄은 오는가」, 『실업일기』, 작은책.

동일방직 대의원이자 노조 해산 이후 법외노조 지부장을 맡았던 추송례의 자전수기와 인터뷰 자료다. 동일방직 노동운동에 대한 숱한 숨겨진 비밀의 문을 열어준 기록이 담긴 중요한 자료다. 길지 않은 글이지만 당대 동일방직 노조의 분위기, 인천 도시산업선교회와 노조의 관계, 어용으로 알려졌던 문명순에 대한 증언, 해고를 둘러싼 담론 등이 짧지만 생생하게 기록되어 있다. 민주노조 내부의 모순과 균열을 추측하고 상상할 수 있게 해준 거의 최초의 기록에 가깝다. 물론 가톨릭 계열 운동가라는 개인의 성향에 주의해서 읽을 필요가 있다.

19. 한국노동자복지협의회(1984), 『YH노동조합운동사』, 형성사

YH노동조합 운동에 대한 공식적인 통사로서 유신 시기 민주화운동의 절정이었던 YH의 노조사를 시기별로 다룬 기록이다. 자료의 중간에 인터뷰와 노조 일지, 회의록 등이 수록되어 있어 당시 여성 노조 운영에 대해 엿볼 수 있다. 다른 노조사와 달리 농성과 노조 운영을 둘러싼 노조 내부의 문제 등에 대해 상대적으로 솔직하게 기록한 자료다. 전체적인 서술의 내러티브는 앞선 노조사들의 흐름과 대동소이하다.

위에서 소개된 수기와 문헌들을 해석하는 구체적인 연구방법과 관련해서 나는 자료의 문제점을 보완하기 위해 먼저 동일 또는 유사 사건과 상황에 대한 자료들을 '교차 비교'했다. 실제 한국의 노동 관련 자료들은 파업, 참가인원, 노조결성 시점, 노동자 의식조사 등에 있어서 차이를 보이는 경우가

많다. 특히 노동청과 유관 기관에서 발표한 국가 공식통계의 경우 사실의 축소, 삭제, 고의적인 누락, 특정 사안의 확대 등 사료로서 상당한 문제를 안고 있다. 이런 문제를 보완하기 위한 방법의 하나가 자료의 교차 비교다. 같은 사건이라도 정부, 신문, 노동계, 당사자 등에 따라 해석과 진술이 다른 경우가 많다. 이것들 사이의 차이를 드러냄으로써 각각의 사료가 어떤 목적에서 구성되었고, 그 안에 은폐된 정치적 함의를 드러내려고 한다.

다음으로 사용한 방법은 '징후적인 독해'다(알튀세르 1991a). 특정 자료 안에서 특정한 이데올로기적 결과를 노리는 서술이 지속적으로 반복되는 것은, 거꾸로 특정한 상황이나 정황을 은폐하기 위한 이데올로기적 효과를 노리는 것이다. 사실이나 정황情況에 대한 과대 포장이나, 특정 의제에 대한 지속적인 배제는 연구자로 하여금 그 자료에 내재된 특정한 이데올로기적 효과를 의심하지 않을 수 없게 한다. 이런 점은, 서로 다른 방향이기는 하지만 정부측 자료와 노동자 수기에서 유사하게 드러난다. 정부측 자료는 저항의 양상 등을 감추기 위해 순조롭고 평화로운 작업장 내 상황과 이것을 뒷받침하는 사실들을 반복해서 기록한다. 거꾸로 생각해보면 이 자료들은 특정한 사실을 배제하고자 하는 메커니즘을 은폐하려는 효과를 노리고 있다. 이 경우 다른 사료들을 역추적해 다른 해석의 여지를 충분히 찾을 수 있다. 노동자 수기도 마찬가지다. 노동자 수기는 늘 여성노동자들의 헌신적이고 투쟁적인 역사를 기록한다. 하지만 구술사 자료나 반대측의 자료를 보면 여성노동자 내부의 균열과 이탈도 있었다. 이런 경우 수기 역시 노동자의 정치적 동원이나 노동운동의 정당성을 합리화하기 위해 윤색되었을 가능성이 매우 높다.

마지막으로 사용한 방법은 구술사 자료와 인터뷰 자료들을 통한 것이다. 이 방법의 경우 직접 수행한 인터뷰 자료와 이미 간행된 연구자료들에 포함된 구술자료로 구분된다. 하지만 구술자료라고 해도 완전하게 신뢰할 수 없다. 구술자료는 구술자의 현재 상황에 따라 당시 역사를 현재적으로 재해석한 것이다. 그만큼 생생한 강점도 있지만, 개인의 상황에 맞추어 당대적 현실이 가공되는 경우도 적지 않다. 단적인 예로 구술자가 자신에게 불리한 기억들을 의도적으로 말하지 않거나, 자신의 공적이나 유리한 특정한 기억만을 언급할 경우 문제는 더욱 심각해진다. 특히 구술자료를 통해 연구를 진행한 2차 연구문헌의 경우, 연구자가 특정한 연구 목적을 확인하기 위해 구술자료의 진위를 검증하지 않은 채 무비판적으로 분석에 원용한 경우도 많다. 이런 경우에도 자료를 역추적해서 구술자의 당시 상황과 이후 행보 등을 참작해 자료를 해석해야 할 것이다. 나는 살아 있는 경험으로서 구술자료의 가치를 충분히 인정하지만, 구술자료 역시 편견과 가공의 가능성이라는 이데올로기적 효과에서 결코 자유로울 수 없음을 유념하면서 자료로 사용했다.[7] 이제 구체적으로 산업화 시기 여공을 둘러싼 담론들을 추적해보자.

7_ '구술사oral history'와 사회과학에서 인류학적 방법론에 대한 소개와 논의는 리하르트 반 뒬멘(2001) 참조.

1장_ 식모는 위험했나?
— 산업화 시기 주변부 여성노동을 둘러싼 담론들

가난하고 형제 많은 집의 딸로 태어나 제대로 학업도 마치지 못한 채 입 하나 덜기 위해 남의 집살이를 해야 했던 그녀들은 애보기와 가사노동의 무료한 일상을 견디기에는 너무 어리고 발랄했다. 내가 초등학교에 입학하기 전까지 함께 살았던 금자 언니는 그때 마침 어딘가에서 눈이 맞은 사내와 연애 중이었다. 들썽들썽 마음이 흔들려 더더욱 자신의 처지를 견디기 힘들어 했던 금자 언니는, 몰래 쌀독에서 쌀을 퍼다 팔아 데이트 자금을 마련하기도 했다. ……결국 엄마가 쌀독이 비는 것을 눈치 채면서 위태로운 연애 놀음도, 금자 언니의 식모살이도 끝나고 말았다. 하지만 나는 건달 같은 사내의 시답잖은 농담에도 까르륵 깔깔, 한껏 교태 어린 웃음을 흩뿌리던 금자 언니의 붉은 뺨을 오랫동안 기억했다. 성장의 그늘 아래 숨은 저임금의 여성노동 착취를 말하기 이전에, 나는 그 이름 그대로 나의 '밥어머니'가 되어주었던 어린 그녀들이 그립고 안타깝다.

— 김별아, 「식모 언니의 추억」, 『동아일보』 2005년 3월 6일자

식모 — 잊혀진 여성노동자들

거리를 지나는 사람들에게 '식모'에 대해 묻는다면 열 명 가운데 절반 이상은 그 존재에 대해 잘 알지 못하거나, 안다 하더라도 이들이 '노동자'라는 점에 동의하지 않을 것이다. 산업화 시기 여성노동자들은 '여공'이란 차별적인 이름과 함께 산업전사라는 또 다른 이름을 지니고 있었다. 하지만 공장에 다니는 여성노동자들이 아닌, 가정에서 여성노동자들보다 더 많은 시간을 일해야만 했던 '식모'(혹은 '하녀')들에 대한 사회적 관심은 거의 없는 것이나 마찬가지였다.

산업화 시기 여성 혹은 여성노동이란 범주는 '통일적인 것'이 아니었다. 오히려 식모는 여성 내부 중심과 주변 관계로 인해 발생했던 '타자' — 정확하게는 '타자적 재현' — 였다.[1] 근대화 시기 주변부 여성의 담론과 세계를 탐구하는 것은 단순히 이들의 생활을 서술하는 것이 아니다. 중요한 것은 이들을 둘러싼 보이지 않던 담론과 지식체계를 재구성하는 것이다. 이 시기 노동자와 노동운동에 대한 상당수 연구자료와 문헌에는 여성노동자들이 등장한다.[2] 하지만 대부분 연구들은 공적 영역이라고 구분된 '공장 노동'에

1_ 여기서 '타자'란 (1) 언제나 '아닌 것', '결여된 것', '결핍된 것', 그것이 무엇이든지 간에 사회적으로 평가받는 자질이 부족한 것, (2) 인류(혹은 민족)공동체의 동료인 개인이 아닌, 혼란스럽고 조직되어 있지 않으며, 익명적인 집합의 일부로 간주되었다. 이런 맥락에서 근대화 시기 타자인 '식모'에 대한 분석은 중심부 여성들이 사회, 경제, 문화적인 구별짓기와 우열화를 통해 식모를 주변적 여성의 위치에 놓는 과정을 포괄한다(신건 2000, 22).

2_ 기존 연구들을 보면, 70년대 여성노동이나 여성 노동운동에 대한 연구에 비해 주변부 여성노동에 대한 연구는 거의 전무하다고 해도 과언이 아니다. 먼저 이임하(2002)의 연구는 한국전쟁 이후 여성노동의 존재 방식을 주되게 분석했다. 특히 근대화 프로젝트 이전 시기 여성노동의 존재 자체를 부정하거나, 혹은 미망인 등을 포함하는 주변부 여성을 희생자로 바라보는 시각을 비판하며, 1950년대 여성노동을 하나의 가능성의 시간으로 파악했다. 다시 말해 전후 가족질서의 와해와 새로운 종류의 노동 가능성이 주어졌을 때, 이것은 여성들에게 생계를 위한 것만이 아니라 공적

집중되어 있다. 그렇다면 공장 노동자 외에 다양한 여성노동의 범주는 의미 없는 것인가?

1 · 2차대전 '전간기inter-war period'의 서구 산업국가에서는 실업의 증가로 직업여성이 증가했다. 이 시기 영국의 경우에도 가내 서비스(가정부)가 전체 여성노동자의 사분의 일에 이를 정도로 여성에게 가장 커다란 단일 직업으로 자리잡았다. 그러나 이런 여성들의 일work은 풀타임이 아니며, 가정 외부 — 공적 영역이라고 지칭되는 — 에서 수행되지 않는다는 이유로 '진정한 노동'으로 여겨지지 않았다(스콧 1998, 648). 또한 미국의 예에서 볼 수 있듯이 가정부와 가내 서비스에 종사하는 대부분의 여성은 흑인이나 기타 가난한 이민족 여성들이었다(레윈학 1995, 266). 이 점에서 가내 서비스직 여성노동은 주변부 노동 내지 주변계급under-class로 규정되어왔다.

이런 사정은 산업화 시기 한국도 크게 다르지 않았다. 그간 근대화 시기 여성노동에 대한 대부분의 연구와 기록들은 공장 노동자, 특히 '여공'으로 불렸던 공장 노동자들을 대상으로 삼았다. 여공만을 여성노동으로 간주했을 때, 공장 이외의 영역에서 행해지는 여성노동에 대해 적절하게 분석하기는 어려울 수밖에 없다. 더불어 생산 활동에서 여성노동은 '공장 노동'만이

영역 내의 자율성을 내포한 적극적 의미를 지녔던 것이다. 이 연구는 근대화 이전과 이후 시기 여성노동의 전개와 이것을 둘러싼 담론간의 연속성과 단절성을 파악하는 데 있어서 중요한 연구 성과다. 다음으로, 식모에 대한 최초의 본격적인 연구인 김정화(2002)는 1960년대 여성노동에서 무시되어온 식모와 버스 차장의 존재조건 분석을 통해, 식모를 둘러싼 익명적 지식과 배제의 구조를 1차 사료를 중심으로 치밀하게 구성해냈다. 끝으로 신건(2000)의 연구는 '여성단체협의회'의 『여성』지에 대한 담론 분석을 통해 국가와 여성 엘리트 담론간의 긴장과 갈등을 분석했다. 특히 근대적 가정의 영역에서 '식모'라는 주변적 존재는 가정 영역에서는 근대적 가정 담론의 형성(부부 중심의 애정에 기반한 핵가족)을 성취하기 위해 배제해야 하는 대상인 동시에, 가사보조 노동력으로서 중심부 여성이 공적 영역으로 나아가기 위해 필요한 존재라는 이중적인 면을 여성 지도자들의 '담론'을 중심으로 구성해냈다.

의미 있는 것, 바꾸어 말하자면 '공적 영역의 노동=공장노동'이라는 관념을 생산해냈다.

나는 산업화 시기 식모를 중심으로 주변부 여성노동을 둘러싼 당대의 담론과 해석, 그리고 식모 자신이 생산한 담론들을 살펴봄으로써 산업화 시기 담론 생산자였던 중심부 여성들 — 여성 지도자, 여대생, 중산층 가정주부 — 에 대해 식모들이 주변부 여성으로 어떻게 '타자화'되었는지 알아볼 것이다. 더불어 중산층 핵가족-남성 생애부양자 가족 형태의 형성 속에서 식모라는 주변부 여성노동이 '논쟁'의 대상이 되는 과정을 살피고자 한다.[3]

이 점에서 식모를 둘러싼 담론을 살펴보는 것은, 산업화 시기 식모의 존재 조건뿐만 아니라 식모라는 주변부 여성을 둘러싼 담론들 사이의 갈등과 각축을 분석함으로써 이들이 '주변화 · 타자화'되는 역사적 과정을 드러내는 의미가 있다. 구체적으로 말하자면, 식모의 존재를 가정과 사회질서를 위협하는 '요보호 여성'(혹은 잠재적 윤락 여성)으로 간주하고, 이들에 대한 정신적 계몽을 강조했던 국가의 담론과 식모가 저지르는 사회 범죄의 원인을 은폐하고 단순히 '사건화'하기에 급급했던 남성 지식인들의 담론, 가정 내부에서 식모의 존재를 전업주부를 중심으로 한 근대적 가족 형성의 장애물로 사고하며 당시 군사정권의 가부장적인 근대화 프로젝트와 공모했던

3_ 근대화 시기 여성을 중심부와 주변부로 구분해서 논의하는 시각이 여성을 분할 지배하려는 가부장적 시각의 반영이라는 비판이 있을 수 있다. 그러나 나는 여성 내부의 중심부 담론 생산자와 이들(그리고 국가와 남성)에 의해 타자화된 주변부 여성 사이의 '차이'에 주목하는 것이 중요하다고 본다. 다른 식으로 말하자면, 같은 시기 가부장적 지배 아래 존재했던 여성이라고 하더라도 그 존재방식과 이들을 둘러싼 담론적 지형의 차이, 그리고 더욱 중요하게는 상이한 계급적인 위치에 존재하는 여성들 사이의 '차이'가 발현되어, 이들이 '주체화'되는 양상은 상이했다. 특히 중심부 담론 생산자들과 근대화 프로젝트를 수행한 국가(혹은 담론)간의 '공모共謀'와 상이한 계급적 위치에 존재했던 여성들에 대한 담론에 근거한 주체화 양식의 차이가 존재했다. 따라서 중심-주변부 여성간의 구분 혹은 차이를 가부장적 분할 지배로 보는 시각에 나는 동의할 수 없다.

중심부 여성의 담론 등은 각각 분리된 것이 아니라, 산업화 시기 새롭게 등장한 식모라는 주변부 여성을 둘러싼 '각축전'이었다.

나는 산업화 시기 주변부 노동의 존재를 노동시장 내 시장적 수요와 그 내부의 성별 분업구조라는 측면에서 접근하지 않으려고 했다. 한국 근대화 프로젝트의 과정에서 중심부 담론 생산자는 여성 지도자, 여대생, 중산층 주부였던 것에 반해, 이들과 대비되는 타자적 재현 대상은 여공, 식모, 윤락여성, 농촌 부녀 등으로 계열화된다는 것을 이 여성들 가운데 '식모'에 대한 '지배적인 담론'을 중심으로 살피고자 했다.[4] 또한 근대적 가정의 영역에서 '식모'는 부부 중심의 애정에 기반한 핵가족 형성을 둘러싼 가족 내 여성의 위치와 관련해서 '논쟁'을 제기했음을 밝히고자 했다(신건 2000, 28). 먼저 이 시기 식모라고 불린 우리의 누이들이 어떤 조건에서 생활했는지 그녀들의 일상을 통해 알아보자.

식모 — 그들은 누구였는가?

잘 알려진 것처럼 19세기 서구에서 여성노동에 대한 담론은 남성과 여성의 '존재론적인 차이'를 강조했다. 반면 한국 근대화 프로젝트의 과정에서는 그 양상이 다소 달랐다. 한국에서 근대화 프로젝트 역시 여성이 공적

4_ 본 연구에서 분석하는 '담론'은 크게 세 가지로 구분해볼 수 있다. (1) 여성지와 식모 자신에 의해 만들어진 담론으로『여원』,『여성동아』,『주부생활』, 그리고 부분적으로 존재하는 식모들의 '수기' 등을 사용했다. (2) 남성 지식인들의 르포, 신문기사인데, 이 자료들은 주로 식모들의 범죄를 '사건'화한 것이다. (3) 국가와 여성 지도자들의 담론인데, 공식 보고서와 국가 담론을 통해 주변부 노동에 대한 지배적인 담론의 윤곽을 파악할 수 있었다.

영역에 진출함에 있어서 존재론적인 차이에 근거한 성별분업이란 관점을 고수하는 동시에 여성을 국가와 민족의 발전에 공헌하는 '적극적인 동원'의 대상으로 변형시켰다. 이와 같이 성별분업 내지 성별 영역을 허물지 않는 상태에서 여성들은 여전히 남성의 '보조적 노동력'만으로 의미를 지녔다(스콧 2000; 신건 2000).

자료 1-1 산업화 시기 여성의 고용 상황

1960년대 당시 여성들의 경제활동 참여와 그 형태 등을 간략히 살펴보면, 1970년에 14세 이상 생산연령 인구 가운데 여성은 942만4천 명, 남성은 851만2천 명으로 여성이 남성보다 91만 2천여 명 많았으며, 여성 취업자들은 연평균 3.1퍼센트의 증가율을 보였다. 산업별로 보면 1차 산업 종사자가 2백1만5천 명(57.2퍼센트), 2차 산업(12.2퍼센트), 3차 산업(21.6퍼센트)의 순이었다. 특히 여성들의 노동시장 진입은 대부분 녹고채용제緣故採用制나 개별고용제 등 연고에 기반한 것이었기 때문에 쉽지 않았다. 그 결과 구인 및 구직자의 직종은 대부분 접객부를 요구했고, 취업자의 상당수가 요식업, 서비스업 계통이었다. **표 1-1**을 통해 살펴보면, 전체 여성 취업자 구성의 변화 추이는 농림수산업의 비중이 1960년대 하반기를 기점으로 급격하게 하락했고, 기능공 및 생산직 노동자의 비율은 소폭 증가 또는 정체했던 데 비해 불특정한 서비스 종사업은 꾸준한 상승세를 보여주었다(노동청 1972, 38~41).1970년대 한국노총이 단위 노조의 자율성을 약화시킨 사례 가운데 대표적인 것이 삼원섬유 지부장 유동우 제명 사건이었다. 당시 본조와 지부간의 관계에서 대부분의 결정권은 본조가 가지고 있었다. 이것은 분회 노조의 자율성을 결정적으로 약화시키는 제도였다. 특히 유신 이후 한국노총은 노동문제의 사회화를 최대한 억제하는 노동조합 활동을 추구했다. 다시 말하자면 민주노조운동이라는 이름이든 다른 형식이든 간에 기층 노조를 한국노총의 '통제' 안에 두고자 했다.

표 1-1 직업별, 연도별 여자취업자와 구성비

	1966	1967	1968	1969	1970
총계(명)	3,025	2,151	3,394	3,349	3,522
전문직, 관리직, 기술직 종사자	44(1.5)	53(1.7)	59(1.7)	67(2.0)	83(2.4)
사무 종사자	41(1.3)	48(1.5)	62(1.8)	67(2.0)	77(2.2)
판매 종사자	447(14.8)	484(15.4)	558(16.4)	533(15.9)	503(14.3)
농림, 벌목, 어업, 수렵업 종사자	1,944(64.3)	1,934(61.6)	1,987(58.6)	1,894(56.6)	2,044(58.0)
기능공, 생산공, 단순 노무자	311(10.3)	385(12.2)	443(13.1)	463(13.7)	418(11.9)
서비스 종사자	227(7.5)	229(7.3)	271(8.0)	264(8.8)	361(10.2)
기타	11(0.3)	9(0.3)	14(0.4)	31(1.0)	36(1.0)

자료: 노동청(1972, 41)

1960~70년대 식모는 영화에서 등장하는 고색창연한 저택의 관리인은 결코 아니었다. 그렇다면 '식모'란 단어는 당대에 어떤 의미로 쓰였을까? 이 글에서 빈번하게 사용하는 '식모食母'란 용어는 1968년 직업사전에 '하녀下女'라는 봉건적 개념으로 사용되었다(김정화 2002, 84).

> (하녀는 — 인용자) 개인 가정에서 집안을 청소하고 식사를 준비, 제공하고 설거지를 하고 기타의 가사 업무를 수행한다. 가사의 먼지를 털고 닦으며 집안을 깨끗이 청소하고 유리창을 닦는다. 침구를 정리하고 음식물을 장만하여 조리한다. 식기를 씻고 의류 등의 세탁물을 세탁하고 수선하며 다림질한다. 전화를 받거나 손님이나 외래인이 오면 문을 여닫거나 애완동물을 관리하며 식료품 및 일상용품을 구입하기도 한다.

당시 어느 정도 사는 집에서 젊거나 조금 나이든 식모들을 찾아보는 일은 그다지 어렵지 않았다. 도시 중류층 가정의 실태를 조사한 연구에서도 "식모를 둔 대부분의 집안에서는 이러한 주부들의 일마저도 식모들에게 맡겨 한가한 시간이 많다"고 이야기하고 있다(정충량 · 이효재 1971, 44). 특히 산업화 초기 여성들은 제조업 등 안정적인 고용에 종사하기보다 육아와 가사를 동시에 병행할 수 있는, 그리고 통계상 파악이 어려운 직종에 참여했다. 예를 들어 출퇴근 시간을 이용한 버스표 팔기, 인형옷 만들기, 봉투 만들기, 레이스 달기, 수놓기, 가정부, 행상 등이 그것이었다(김정화 2002, 83~4). 1968년 6월 『주부생활』의 「그 애환의 조그만 고백기, 어떤 직업여성들의 생활」에 실린 직종을 보더라도 하층 여성노동은 마담, 미용사, 레지, 영화 엑스트라, 욕탕 종업원, 간호원, 여비서, 호올 아가씨, 여자 이용사, 주점 아가씨, 쇼우 걸, 교환원, 엘리베이터 걸, 버스 차장, 부엌 아가씨食母 등이 대부분이었다.

미혼 여성들이 대규모로 이농한 결과, 서울시 전체 가구의 31.4퍼센트가 가정부(식모)를 두고 있었으며, 그 수가 무려 24만6천 명으로 추산될 정도였다(사회사업학과 연구실 1972, 35). 식모 혹은 가정부들은 '기타 서비스업'이란 항목으로 분류됐는데, 이것은 식모의 가사보조 노동을 가치 없는, 또는 비생산적인 노동으로 간주한 지배 담론의 반영이었다. 김정화(2002, 89)의 연구에 따르면 서울시 통계조사(1963~66년)에서는 식모 및 유모로 취업한 남성은 한 명도 포함되지 않았는데, 이것은 '가사보조 노동=여성노동'이란 인식의 반영물이었다. 그 밖에도 당시 기록들을 보면 다수 가정에서 식모를 두는 것에 대한 비판적인 담론이 많았는데, 이것은 그럴 만큼 많은 가정에 식모가 존재했다는 것을 반영한다(김인건 1966; 주태익 1967; 고소아 1968). 이제 이런 직종에 종사했던 농촌 출신 여성들에 대해 좀더 자세히 살펴보자.

‘무작정 상경’과 농촌 출신 여성들

산업화 시기 여러 통계를 보면 여성의 경우 14~19세 미만의 미성년 노동자들의 비중이 증가했던 반면, 남성은 진학 인구 확대와 함께 같은 연령의 취업자 구성비는 낮아졌다(자세한 것은 **표 1-2** 참조). 여성 취업률 증가가 보여주는 점은 개별 가족의 생계가 압박을 받을 경우 가장 먼저 노동시장으로 방출되는 대상은 다름 아닌 여성이라는 사실이었다. 근대 이전부터 한국 사회에서 가족은 가족구성원의 생계가 곤란할 때, 이것을 보조해주는 역할을 해왔다. 그러나 1960년대 산업화 시기 이후 그 양상은 변했다. 저소득층 가족일수록 교육 기회에 있어서 아들과 딸 사이에 차별이 분명해졌고, 이 과정에서 가족 내 젠더 관계gender relationship의 불평등이 재생산되었다. 이런 가족의 생존 전략과 신분상승 전략은 가족 구성원간의 성차별에 크게 의존한다는 점이 특징이었다. 여성노동자들도 공장에 다닐 때 기억과 관련, 눈물을 참지 못하는 기억이 바로 ‘가족’과 관련된 것들이었다. 교육, 여가 등 자신이 인간이자 같은 형제로서 누릴 수 있는 권리를 상실했던 기억, 가족에 몸서리치던 그 시절에 대한 기억으로 그녀들은 아직도 눈가에 물기가 마르지 않는다. 그 시절 기억에 대해서.

이렇게 하층계급 가족들은 가족의 사회적 상승을 위해 ‘남성’ 자녀 — 이른바 ‘미래의 가부장’ — 의 교육에 가족 구성원의 소득 및 자원을 공동출자하는 경향이 강했다. 가족의 생계를 유지하기 위한 미혼 딸들의 기여는 매우 크고 중요했는데, 그 대표적인 예가 가족의 생계가 위협을 받게 되었을 때 누구보다 먼저 딸의 취학을 중단시키거나 어느 아들보다 먼저 노동시장에 방출하고, 결혼을 늦추는 등 가족의 생계 책임을 거의 딸에게 의존하는 것이었다(김수영 2001). 이 점에서 그녀들의 노동은 결코 '생계보조 노동'이 아니었으며, 오히려 여성들은 가족의 생계와 미래를 짊어진 '가장'이었다.

그렇다면 도시로 몰려든 이른바 '무작정 상경' 여성들의 삶은 농촌에서 지낼 때보다 나아졌을까? 불행하게도 그렇지 못했다. 1970년대 서울 인구의 삼분의 일 내지 오분의 일에 해당하는 약 1백만 명에서 3백만 명이 판자촌 생활을 견뎌야 했고, 이 사람들은 대부분 농촌을 떠나온 사람이었다. 소설가 신경숙은 『외딴방』에서 초기 도시 생활에 대해 이렇게 기록하고 있다(신경숙 1995, 67).

> 내가 어리둥절했던 건 갑자기 도시에 나와서가 아니라, 도시에서의 우리들의 위치 때문이었는지도 모르겠다. 제사가 많았던 시골에서의 우리 집은 어느 집보다 음식이 풍부했으며, 동네에서 가장 넓은 마당을 가진 가운뎃집이었으며, 장항아리며 닭이며 자전거며 오리가 가장 많은 집이었다. 그런데 도시로 나오니 하층민이다. 이 모순 속에 이미 큰오빠가 놓여 있고, 이제 열여섯의 나도 그 모순 속으로 들어갈 것이다.

특히 1969년을 고비로 농촌 인구의 절대 수가 감소하고 사상 초유의 인구 이동이 본격적으로 시작되었다(김대환 1974, 4). 1960년대 이후 국가가 도시빈민 등 비공식 부문을 대규모로 양산한 — 반半프롤레타리아 가구의 형성을 조장한 — 정책은 농촌 인구의 광범위한 이농을 유도해 도시의 저임금 노동력으로 동원하는 것을 목적으로 했다. 동시에 국가는 홀로 도시로 와 공장에 취업한 여성들과 농촌에 있는 가족의 경제관계를 지속적으로 유지함으로써 저임금 노동력을 안정적으로 유지할 수 있었다(김수영 2001).

그렇다면 당시 도시로 올라온 사람들은 어떤 사람들이었을까? 1960년대 근대화 시기 서울로 이동한 인구 가운데 가족 단위가 아닌 '단독'으로 상경한 사람들은 대부분 29세 미만의 미혼 남녀였다. 특히 혼자 서울로 온 여성 인구의 절반 정도는 15~19세의 어린 여성들이었다. 실제로 얼마나 어린 여성들이 서울로 올라왔는지를 1974년 이농 여성들의 실태를 통해 살펴보면, 농촌을 떠날 당시 여성들의 나이는 13세 이하(9.0퍼센트), 14~15세(9.3퍼센트), 16~17세(27.2퍼센트), 18~19세(40.4퍼센트), 20세 이상(14퍼센트)의 순서였다. 또 응답자의 86퍼센트가 20세가 되기 전에 서울로 왔다(김정화 2002, 86). 이 여성들은 대부분 농촌 출신으로, 특히 전북(413명), 전남(319명) 등이 상위를 차지했다(『조선일보』 1961. 12. 28). 이농 여성들은 서울에 올라오기 전에 제대로 된 교육을 받지 못한 경우가 다반사였다. 당시 서울시 부녀과에서 상경 여성들을 대상으로 조사한 결과를 보면, 대다수가 국민학교 졸업 정도의 저학력이었다(최형남 1969). 이화여대 사회학과의 조사(1962년 실시)에서도 60명 조사대상 가운데, 무학(38.88퍼센트), 한글 해독 가능자(23퍼센트), 국졸(30퍼센트), 중졸(3.8퍼센트)로 유사한 결과를 보였다. 또한 이상하가 인용한 경찰 집계도 문맹(12퍼센트), 국민학교 중퇴(26퍼센트), 국졸(43퍼센트), 중졸(8퍼센트) 등으로 큰 차이를 발견하기 어렵다(김인건 1966, 331; 이상하 1967, 178).

"무서운 서울역전"

한편 '무작정 상경' 여성이 급증했던 1960년대 서울역에서는 속칭 '뚜쟁이'에 의해 상경 여성이 대규모로 매춘 여성이 되어갔다.[5] 이른바 영세 농어

5_ 서울특별시의 조사에 따르면, 부녀상담소에서 파악한 가출여성은 20세 이하가 3,438명(60.9퍼센

촌 부녀자 혹은 소녀들은 직장을 구하기 위해 역 주변을 배회하다 곤경에 처했을 때 펨푸[6], 불량배, 사설 직업소개소 등의 농간에 넘어가 윤락의 길로 빠지곤 했다. 이 와중에 무작정 상경 여성들을 '커미션' 5백 원에서 5천 원에 팔아넘기는 일이 다반사였다(황무순 1966, 25). 당시 「무서운 서울역전」이라는 르포에, "어느새 여비는 몽땅 털리고 눈 깜짝할 사이에 시계를 떼인다. 짐을 들어주고 택시를 잡아주는 친절은 10원에서 50원까지의 봉사료로 둔갑하며 편히 쉴 수 있는 깨끗한 방은 비린내가 물씬 나는 창녀촌이 되어 당황케 한다"라는 기록되어 있을 정도였으니 당시 상황을 짐작하고도 남을 노릇이다(이상하 1967, 177).

그렇다면 어리고 교육조차 변변히 받지 못한 농촌 출신 여성들이 서울에서 제대로 된 대우를 받았을까? 이 시기 식모살이를 했던 이혜연(1971, 300)은 수기에서 "그때 월급 200원을 받으면 100원은 수업료로, 그 나머지는 책, 학용품, 옷을 해 입어야 했다"고 기록하고 있다. 이렇듯 농촌에 남은 가족의 생활을 보조하기 위해 올라온 여성들이 손에 쥘 수 있는 돈은 거의 없었다고 해도 과언이 아니다. 1962년 이화여대 사회학과 학생들의 「식모 60명에 대한 실태 조사」를 봐도 결과는 마찬가지다. 한 달 수입 600원이 18명(30퍼센트), 400~500원이 각각 12명(30퍼센트)이었다. 또 1964년 가톨릭청년회 조사(여론실태 조사)에 따르면, 빈촌이나 부촌 모두 월 임금은 500~600원(각각 25퍼센트와 26퍼센트)이 제일 많았다(김인건 1966, 330~331).

트)로 삼분의 이 이상이었고, 상담자의 본적지는 전라도 지방이 30.7퍼센트로 단연 많았으며, 부녀 상담자 가운데 다수(84.4퍼센트)가 부모 아래에 있어야 할 미혼여성이라고 보고하고 있다(서울특별시 1973, 26~7).

6_ '펨푸'란 매춘중계업자를 지칭하는 은어다.

자료 1-2 상경 여성들 관련 통계

표 1-2 성, 연령별 취업자 구성 (단위 %)

	여자					남자					취업자중 여성비율
연령대	전체	14 ~19	20 ~24	25 ~59	60 이상	전체	14 ~19	20 ~24	25 ~59	60 이상	
1963	100	15.9	14.8	66	3.5	100	11.9	11	72.4	4.7	34.0
1970	100	19.1	13.6	63.2	4.1	100	11.9	8	75.5	4.7	36.7

자료: 경제기획원 조사통계국, 『경제활동인구연보』, 각년도.

표 1-3 상경 여성들의 연령

18세 미만	19~20	21~25	26~30	31~35	36~40	41~45	50 이상	미상	계
2527	797	604	741	604	615	395	378	2	6740

자료: 김정화(2002)에서 재인용.

표 1-4 상경 여성들의 학력

문맹	국퇴	국졸	중퇴	중졸	고퇴	고졸	대퇴	대졸	국문해독	계
1313	1029	3160	289	434	94	158	16	6	180	6740

자료: 김정화(2002)에서 재인용.

표 1-5 1961년 식모의 실태조사 결과(표본조사)

연령	14세 이하	15세	16세	17세	18세
	67	37	56	63	34
기상시간	4시 30분	5시	5시 30분	6시	6시 30분
	12	82	136	25	2
취침시간	10시	10시 30분	11시	11시 30분	12시 이후
	7	19	92	87	59
보수(환/월)	무보수	2000환 이하	3000환 이하	4000환 이하	5000환 이하
	28	24	84	50	20

자료: 김낙중(1961)

* 이 자료는 영등포구와 성동구의 식모 257명을 대상으로 실태조사를 한 결과다.

표 1-6 상경 여성들의 희망 직업

직공	식모	급사	청소부	보모	사무원	점원	계
1130	656	54	45	25	51	123	2084

자료: 김정화(2002)에서 재인용

그렇다면 기대했던 서울이 아니었는데도 어린 여성들이 서울로 몰려들었던 이유는 무엇일까? 1968년 1월부터 9월까지 경찰이 조사한 바에 따르면 전체 600명 가운데 65퍼센트 정도에 이르는 425명 정도가 도시에 대한 동경 때문에 무단가출했거나 부모의 무관심 때문에 서울로 올라왔다. 구체적으로는 취직, 친구의 유혹, 친척 찾기, 기술 습득, 서울 구경, 교육 등의 이유로 상경했다고 답했다. 식모살이를 하며 고교를 졸업한 이혜연(1971, 296)의 수기를 보면, 그녀 역시 도시에 대한 막연한 동경을 가졌음을 확인할 수 있다. 그녀는 "멋도 모르면서 서울엔 야간(야간학교를 지칭 — 인용자)도 있다는데 내가 노력하면 다닐 수도 있을까 하는 아늑한 기대를 갖고 처음 부모 곁을 떠나 서울로 갔다"고 이야기하고 있다. 또 다른 이유로는 가정불화로 상경한 사람이 23퍼센트인 23명[7], 마지막으로 생활고를 못 이겨 상경한 경우가 68명으로 10퍼센트 내외였다(이상하 1967, 178). 1961년 실시한 김낙중의 조사에도 서울로 상경한 이유를 가난(63명), 농사일이 싫어서(27명), 집이 싫어서(92명), 아는 사람의 권유(3명), 주인집에서 데려와서(2명)의 순으로 응답했다(『조선일보』 1961. 12. 28).

7_ 김낙중의 조사에 따르면, 66퍼센트에 이르는 식모들이 부모가 없거나, 편모偏母, 편부偏父, 계부繼父, 의부義父 등의 조건이었다(『조선일보』 1961. 12. 28).

식모와 '요보호 여성'

앞에서 본 것처럼 식모는 대부분 서울에 처음 올라온 농촌 출신 여성들이었다. 특별한 기술도 없고, 가사노동 외에 손에 익은 것이 없는 이들에게 식모살이는 피할 수 없는 것이었을지도 모른다. 당시 모든 여성들이 처음부터 도시에서 안정적인 직장을 구할 수 있는 사정은 아니었다. **표 1-6**에서 드러나듯이 서울시 부녀과에서 조사한 상경 여성들의 희망 업종 가운데 다수는 '직공'(1130명)이었다. 상경 여성들의 희망 직업을 조사한 다른 자료를 보더라도, 은행원(3명), 영화배우(13명), 양재사(22명), 미용사(89명), 화장품상(97명), 포목상(11명), 식료품상(5명), 차장(3명), 양복공(7명), 직조공(19명), 교원(4명) 등의 순이었다(『조선일보』 1961. 12. 28). 당시 요보호 여성들의 보호기관이던 희망의 집과 은혜의 집에서도 무작정 상경한 소녀와 미혼여성들 대부분이 귀향보다는 공장이나 버스 차장이라도 좋으니 취업하고 싶어했던 것으로 나타났다. 그러나 이곳에서 취업을 알선한 여성들 대다수가 '차장 → 펨푸 → 경찰서'라는 경로를 거쳐 다시 보호기관으로 되돌아오는 경우가 다반사였기 때문에, 되도록 취업 알선은 피하려고 했다(이상하 1967, 182).

주목해야 할 사실은 산업화 시기, 특히 1970년대 이후 '공순이'라고 여성노동을 천시했던 지배적 담론이 1950~60년대에는 적용되지 않았다는 점이다. 1950~60년대의 경우 여공은 천대받는 식모보다 훨씬 안정된 직업이었다. 당시에 "10환짜리 한 장이 귀하기 짝이 없는 농촌에서 연약한 여자의 힘으로 송아지도 사고 옷가지도 장만하고 밭떼기도 장만할 수 있는 길이란 방직공장 직공벌이 아니고서는 생각할 수 없는 일"로 여겨졌다(이임하 2002, 63). 1968년 실시된 한 조사에서도 대다수 여성들이 공장 취업을 원하고 있었지만 서울에 그녀들을 위한 일자리는 거의 없었다. 단적인 예로 공장지대인 영등포에서 1만 명 이상의 여공을 고용하고 있는 대기업체의 일자리는 물론이고 버스 차장, 식당 종업원의 경우도 사람을 뽑는 곳은 드물었다(이상하 1967, 182). 예닐곱 군데에서 식모살이를 하다가 과자공장에 취직한 윤정용은 공장에 들어갔을 당시 심경을 "그때의 그 벅찬 가슴을 무어라고 표현할 수 있을까? 아침에 출근하고 저녁에 퇴근해서 집에 와서 자고 다닌다는 것이 마치 굉장한 출세를 한 것처럼 기쁘기 한량없었다"고 술회하고 있다(윤정용 1996, 34). 하지만 이농 여성들과 부모들은 공장이라는 새로운 환경을 두려워했으며, 차라리 식모 생활이 어린 여성들을 보호하고 미래에 그녀들이 해야 할 한 가정의 현모양처 역할을 준비하는 데 도움이 될 것이라고 생각하기도 했다(Kim 1997, 57). 당시 요보호 여성이라고 불린 여성들을 보호하던 희망의 집에서도 도덕적 타락을 염려, 여성들이 가정생활을 익힐 수 있고 살림살이하는 방법을 배울 수 있는 '하우스 메이드'(가정부)로 보내는 것이 가장 안심이 된다고 언급하고 있다(이상하 1967, 181~2).

식모의 하루, '가정'의 이질적 존재

그렇다면 식모들의 일상은 어떠했을까? 식모는 고용자에게 노동력 이외에 신체, 인격마저도 저당잡히는 존재였다. 식모들은 오전 5시 30분에 일어나 오후 11시에 잠자리에 드는 경우가 가장 많았다(김낙중 1961). 식모 출신인 이혜연의 수기에도 "새벽 5~6시부터는 청소, 빨래, 밥짓기, 심부름, 뭐 이루 헤아릴 수 없이 많은 일들을 더 열심히 해야만 했다"고 기록하고 있다(이혜연 1971). 1950년대 식모의 가사노동에 대한 연구를 보더라도 식모들이 하는 일은 비슷했다. 대표적으로 "밥 · 반찬, 빨래, 다듬이질, 다림질, 바느질, 물 긷기, 장작 패기, 장봐오기, 방 치우기, 요강 부시기, 타구 버리기, 함실에 불 때기, 아궁이 지피기, 양치물 떠 바치기, 세숫물 버리기" 등이었다(이임하 2002, 99). 식모살이를 했던 윤정용 역시 "서울에서의 생활은 말로 듣던 것과는 하늘과 땅의 차이……밥을 실컷 먹여 준다더니 내게 돌아오는 밥은 언제나 간에 기별도 오지 않았고, 자기네는 전부 방에서 먹는데 나만 부엌에 혼자 앉아 덜덜 떨면서 먹어야 했다. 내게 약속한 새 옷은커녕 입고 간 옷이 다 절을 때까지 헌 옷 한 벌 물려주는 게 없었다. ……밤에는 열두 시나 되어야 겨우 바닥에 등을 붙이게 될까 한데 새벽 다섯 시가 되기가 무섭게 깨워댔다. 그때부터 다시 밤 열두 시가 될 때까지 청소하고 아기 기저귀 빨고 설거지하고 나머지는 하루 종일 아기를 돌봐야 했다"라고 식모의 일상을 기록하고 있다(윤정용 1996, 22~3).

식모들의 일상을 다룬 한 르포에 기록된 일상도 별 다를 것은 없었다. 중 · 고등학생이 있는 가정의 경우 식모들은 새벽 다섯 시에는 일어나야 했다. 그때부터 밤 열한 시 잠자리에 들 때까지 일거리에 매달렸다. 중간에 잠시 눈이라도 붙일 성싶으면 주인의 성화에 못 이겨 눈꺼풀을 실로 잡아매야 했다(허영섭 1977, 283).

> 올해 18세. 전남 곡성군에서 가난한 농가의 큰딸로 태어났다. 어릴 때는 없는 살림에서나마 귀엽게 자랐다. 국민학교 입학할 때부터는 담임선생님이나 그 밖의 주위 사람들로부터 꽤 똑똑하다는 소리도 들었다. 없는 집안 살림을 거들면서 자기 반에서 세 손가락 안에 들 정도로 공부도 열심히 했다. 그러나 국민학교 5학년 때 뜻하지 않은 사고로 아버지를 여의고 나서부터 세상의 모든 시달림을 감수해야 했다.

대다수 식모들은 정해진 휴일 없이 명절 때나 며칠 휴가를 받아 집에 다녀오는 것이 고작이었고, 조사에 따르더라도 한 달에 1회 휴일을 갖는 경우는 89명, 두 달에 1회는 97명이었다(김낙중 1961; 『조선일보』 1961. 12. 28; 김인건 1966). 식모들에 대한 부당한 대우는 임금이나 노동조건뿐만이 아니었다. 사회적 차별은 '호칭'에서도 드러났다. 식모는 작업 라인에서 여공들이 '몇 번 시다'로 불린 것과 마찬가지로 '이름없는 존재'였다(김원 2004). 식모살이를 하던 박점아(1968)는 식모의 호칭에 대해, "……나면서 부모님이 지어 주신 이름이 버젓하게 있지마는 모두들 나더러 식모라고 부릅니다. 내 나이쯤 되면 씨 또는 양孃이라는 말이 붙을 만도 하건만 내게는 너무나도 먼 거리에 있나 봅니다. ……이처럼 듣기 거북하고 싫은 것도 없었지마는 지금은 아무렇지 않게 들어 넘길 수 있으면 역성이 생겼나 봅니다." 이혜연(1971, 298, 300)도 "남들이 아무리 '식모', '밥 해 먹는 애!', '부엌데기!' 해도 그때만은 눈물이 왈칵 쏟아져도 학생이라는 자부심 때문에 참을 수 있었다. ……여러 아줌마들이 얘기하는 걸 들으면 나 같은 애들을 이름 대신 '우리 계집애', '그년' 이렇게 말씀하시는 데는 얼마나 가슴이 찢어지는 듯 아픈지 모른다"고 기록하고 있다.

식모들은 가족 구성원이라기보다 '이질적인 존재'로 간주되었다. 이것은 식사를 누구와 같이 하는지를 통해서도 드러난다. 실제로 대부분 식모들은 혼자 식사를 했다. 이런 사실은 식모살이하는 주인집 식구와 '겸상兼床'을 하는 것이 매우 어려웠음을, 다시 말하자면 식모는 가족 구성원이라기보다 봉건적 관계에 의해 규정받았던 '이질적인 존재'였다. 1961년 12월 28일자 『조선일보』 조사에 따르면, 256명의 식모 가운데 혼자 식사하는 경우(212명), 다른 어른(37명), 주인(1명), 아이들(8명), 식구들(1명)이었고, 먹는 장소 역시 방(30명), 부엌(159명), 때때로 부엌(68명)의 순이었다.[8] 이렇게 계약관계에 의해 고용되었는데도 불구하고 식모들이 인간 이하의 대우를 받았던 이유를 어디에서 찾아야 할까? 산업화 시기 '부녀 정책' — 지금의 여성 정책 — 에서 그 답을 찾을 수 있다.

'부녀'라는 이름

당시 식모 등 주변부 여성노동에 대한 국가 정책은 어떠했는가? 산업화 시기 여성은 여성이 아닌 다른 이름, '부녀婦女'라고 불렸다. 부녀라는 용어에서 추측할 수 있듯이 부녀는 가장의 아내이자 딸로서 여성을 의미했다. 여성은 독자적인 자율성과 인격을 가진 개인이 아니라, 가부장과 관련 제도 및 이데올로기의 종속·부속물로 간주되었다. 부녀 정책이라는 당시의 용어도 여성에 대한 국가 담론을 함축하는 말이라 할 수 있다. '부녀 정책'으로 명명된 당시의 정책 가운데 부녀복지 상담사업은 서울역전을 중심으로 상경上京(혹은 이농) 여성들에 대한 상담 활동을 벌여 귀향과 취직 알선, 친척 안내 등을 진행했다.

그렇다면 이 상경 여성들에 대해 국가는 어떤 태도를 취했을까? 요즘 식으로 말하자면, '사회적 안전망'을 구축했을까? 불행히도 그렇지 못했다. 국가의 태도는 이 여성들을 일관되게 '위험한 여성' — 요보호 여성 — 으로 간주하는 것이었다. 단적인 예를 들어보자. 서울역 개찰구에서 30년 이상 근무한 역무원의 증언에 따르면, 이 상경 여성들은 "한결같이 조그마한 봇짐

8_ 그 밖에 취침은 혼자서(20명), 딴 어른(37명), 주인(3명), 아이들(192명)의 순이었다(『조선일보』 1961. 12. 28).

을 들었고 반드시 '서울시 ○○구 ○○동 ○○번지'라고 적힌 쪽지를 지녔다는 것이다. 그리고 이 쪽지를 가지고 전차나 버스 타는 곳을 물어본다. ……경찰서를 찾아 보호를 요청하도록 권유하지만 자진해서 찾아간 소녀는 거의 없다"고 기록하고 있다(이상하 1967, 178).

당시 부녀보호 사업의 기본적인 입장은 주변부 여성들의 존재가 '건전한 가정의 질서와 사회 기강 및 윤리를 위협'한다는 것이었다. 산업화 시기 부녀보호 정책의 가장 큰 특징 중 하나는 보호 대상인 요보호 여성의 위치와 실태에 대한 체계적인 인식이 결여된 점과 이 여성들 대부분을 경제적이나 가정적으로 불우한 주변적인 집단, 다시 말해 모자가정母子家庭 여성이나 윤락여성으로 규정했다는 점이다. 이것은 산업화 시기 부녀보호 정책이 여성을 보호해야 한다는 사회적 합의나 이익집단의 요구에 기초한 것이 아니었다는 것을 말해준다. 오히려 한국전쟁 이후 전쟁미망인이나 부양자 없는 불우 여성들에게 보내던 시각을 그대로 계승했다(황정미 2001, 116). 당시 여성계 지도자이던 박영숙(1964)도 윤락여성을 한국 사회의 '큰 암'으로 지적했고, 식모를 중심으로 한 주변부 여성들은 윤락녀와 더불어 '건전한 가정'에 대비되는 타자로 여겨졌다.[9]

이렇듯 근대화 시기 식모들에 대한 국가의 지배적인 담론은 1950년대는 물론 1970년대까지 일관된 것이었다. 이들은 '잠재적인 윤락여성'이자 '가정에서 보호받지 못하는 존재'로 간주되었다. 1973년 보건사회부에서 실시한 부녀상담 조치를 보자. 상담 대상이 미혼인 경우 구직을 핑계로 가출한 것으로 간주되어 가정으로 이송 조치를 당했다. 부랑 부녀자, 걸인, 윤락

9_ 박영숙(1932년생)은 YWCA 연합회 총무(1963~69년)와 한국여성단체협의회 사무처장(1970~74년)을 역임했다.

녀 등은 상담의 대상이 아닌 '피단속자'로 간주되었으며 대부분 일시 숙박소, 뇌병원腦病院 등의 부녀보호 시설로 보내졌다(서울특별시 1973). 이와 같이 주변부 여성들은 보호의 대상이라기보다 선도가 불가능한 대상으로 여겨졌다. 특히 윤락여성의 경우 "어느 사람보다 일단 전락하면 선도하기 매우 곤란"하다는 당시 국립사회사업 지도자훈련원 교수의 말처럼, '선도가 불가능'하다는 인식이 지배적이었다(손의목 1972, 41). 이런 인식을 합리화하는 근거로 제시된 것을 보면, 윤락의 원인을 가정의 불건전성(결손 가정), 정신병리적 상태(윤락여성 중에는 지능지수가 낮은 자가 많고 정신분열 환자도 적지 않다는 의학적 진단), 그릇된 판단에 따른 윤락(아르바이트 행위로 합리화시키는 경우) 등을 들면서, 주변부 여성들을 '구제불능의 인간'으로 몰아세웠다(최남형 1975, 30).

이런 시각을 보여주는 예가 식모 '신상카드'였다. 1965년에는 각 파출소에 식모가 있는 가구를 골라서 '신상카드'를 작성할 계획임을 밝히며, 이런 신상카드를 만드는 이유를 무단가출과 그것에 따른 타락, 유괴, 절도, 범죄 예방이라고 언급할 정도였다. 신상카드의 내용은 ① 무단가출 상경자, ② 식모의 본적, 전 주소, 성질, 소행, ③ 주인과의 관계, ④ 특수한 인물의 신원조회 등이었다(김인건 1966, 332).

'요보호 여성', 잠재적 윤락 여성

한편 1970년대 들어서 기혼 부인의 노동, 연소 소녀의 노동, 미혼모, 윤락여성 등이 사회문제로 대두되자, 이전의 '요보호 여성'을 중점으로 하던 부녀복지 활동이 '부녀자 일반'으로 확장되었다. 1961년 제정된 「윤락행위

방지법」을 보자. 이 법에서는 '요보호 여자'를 "윤락행위의 상습이 있는 자 또는 성행으로 보아 현저한 우려가 있는 여자"로 규정했다. 다른 기록에도 "국가는 윤락행위의 상습이 있는 자와 환경 또는 성행으로 보아 윤락 우려가 있는 여자를 선도, 보호하기 위하여 보건사회부 장관이 지정하는 중요 도시, 기타 필요한 곳에 보호소를 설치한다"고 규정하고 있다(노영순 1972, 23). 당시 부녀보호사업전국연합회에서 개최했던 요보호 여성의 자립과 관련된 발표에서도 주변부 여성의 개념 확장에 대해 언급하고 있다(하상락 1973, 32~37).

> 모자 세대, 미혼모, 윤락 여성 및 구직 여성 등과 같은 경제적 요보호 상태에 있는 여성들을 일반적으로 흔히 (요보호 여성이라고 — 인용자) 의미하고 있으나 이는 시정되어야 한다. ……그러나 지금 우리들이 다루고자 하는 요보호 여성은 이들을 포함한 보다 많은 일반 여성을 의미한다. ……요보호 상황에 있는 여성으로서 사회적으로 관심을 그다지 끌지 못하고 따라서 하등의 보호를 받지 못하는 사람들도 있다. 예를 들면 가정집 식모, 버스 여차장, 밤거리의 여성, 과중 노동하고 있는 농촌 여성 등이라고 하겠다.

요보호 여성을 둘러싼 이런 인식의 전환은 무엇을 뜻할까? 한마디로 말해서 기존의 부녀 행정이 관심을 갖지 않았던 식모, 여차장, 밤거리 여성, 농촌 여성 등까지 요보호 여성의 범주에 포함시킨다는 의미였다(황정미 2001). 하지만 이것은 단순한 요보호 대상의 확장이 아니라, 조국 근대화라는 근대화 프로젝트의 일환으로 이 여성들을 포괄하는 '적극적인' 의미였다. 이제 국가는 주변부 여성에 대해 그녀들의 섹슈얼리티를 통제하기 위한 '정신적 계몽'이라는 방향으로 돌아섰다. 사회적 약자인 여성에 대한 '보호'는 여성들의 권리에 대한 조치가 아니라, 가족 단위의 부양 체계에서 탈락한 자들에게 '도덕적 낙인'을 찍는 것이었다. '보호받는 국민'은 도덕적 결함이 있는 개인이나 집단이며, 때문에 '요보호자'에게 일차적으로 필요한 것은 '소비적인 무상 구호'가 아니라, 도덕적인 교화와 지도, 자활할 수 있는 의지를 갖추게 하는 정신계몽임이 지속적으로 강조된다(황정미 2001, 66). 다시 부녀보호사업전국연합회의 요보호 여성 자립에 대한 언급을 인용해보자(하상락 1973, 34~35, 강조는 인용자).

> 단순한 이와 같은 경제적 지원이 진정한 자립을 그 요보호자들에게 가져다주기보다는 오히려 그들의 의타심을 조장하는 경우가 많다 하겠다. ……요보호 여성들에 대한 진정한 자립 대책은 이들의 자립에 대한 정신적 용기를 불어넣어주고, 다음으로 자립을 위한 수단을 가르쳐주는 것이어야 한다고 하겠다. …… 금후에 있어서의 요보호 여성의 자립 대책은 종전과 달라져야 하겠고, 그들의 정신적 자립에 일층 더 치중되어야 하겠음을 재강조한다. ……흔히 우리 사회에 있어서는 요보호자에 대한 자립 대책은 정부나 사회 또는 제3자가 해야 하는 것으로 잘못 이해되고 있는 일이 많음을 이에 강조하고 싶다. 그러나 이는 크게 잘못된 생각이라 하겠다. 인간에 대한 자립 대책은 인간의 출생과 동시에 부모와 가정에서부터 시작되어야 한다 하겠다.

이렇게 정신계몽 등을 강조했던 이유는 1967년에 열린 「윤락여성의 선도를 위한 좌담회」(『여성』 4월호)에서 추측해볼 수 있다. 당시 서울특별시 부녀과장은 이렇게 말하고 있다. "① 계절적으로 봄에 편모가정 등 불건전한 가정에서 뛰쳐나오는 무작정 상경 소녀들을 역전에서 상담해 귀향시키든지 혹은 식모 등 적당한 직업을 알선한다, ② 각 가정을 통해 심리적 · 정신적 교양을 시켜 윤락행위를 예방해야 한다, ③ 그들의 전신을 보면 과거에 영세 직장을 가진 사람들도 있으나 대개 양가집 식모를 하던 사람들이 퍽 많다. 그들에 대한 대책으로 협의회에서도 그들에게 가정을 빠져나가는 것이 얼마나 무섭다는 것을 각 가정을 통해서 심리적 · 정신적 교양을 시켜주는 점이 필요하다고 본다."

또한 1966년 『여성』에 실린 「여차장의 권익 보호를 위한 좌담회」에서도 여차장에 대한 몸수색 폐지, 인격적 대우 등을 주장하지만, 동시에 여차장들이 스스로 자기 위치를 알게 하는 '교양 교육'이 필요함을 강조한다. 윤락여성 선도에 대해 경기도 부녀계장인 황무순(1966, 25)은, 윤락여성은 조국의 국가관, 여성관을 소개하는 여자 외교사절이라고 칭하고, 교육을 통하여 자질을 향상시키면 이들이 올바른 외교적 역할을 할 것이라고 주장하고 있다. 이렇듯 식모, 여공, 여차장 등 주변부 여성에 대한 국가의 담론은 일차적으로 정신적 · 도덕적 계몽을 강조하는 것이었다.

이것은 윤락여성에 대한 여성 지도자들의 규정에서도 드러난다. '윤락淪落'이란 사전적인 의미로 '타락하여 몸을 버린다'는 의미다. 하지만 이것은 법률적인 개념이기 이전에 도덕적인 가치 판단을 내장하고 있었다. 1961년에 제정된 「윤락행위방지법」은 풍속저해 사범을 처벌하는 동시에 타인의 인권유린을 처벌하는 법이었지만, 더 나아가서 타락할 '위험이 있는 개인'들을 대상으로 선도, 교화, 직업보도 사업을 하는 것이었다(황정미 2001, 95~96). 실제로 1967년 4월 '윤락여성의 선도를 위한 좌담회'에서 발표된 바에 따르면, 식모나 여공 등 주변부 여성들은 대부분 잠재적 윤락녀로 간주되었다. 단적인 예로 윤락녀들의 이전 직업으로 "식모 280명, 직공 317명, 무직 1626명, 기타 615명"이라고 규정하고 있다. 또한 1964년 보건사회부 통계도 매매춘 여성 1만9986명 가운데 2230명(11.4퍼센트)이 식모 출신이었으며, 1965년 동두천 지역 매매춘 여성 198명에 대한 표본조사에서도 '전직'이 식모였던 여성이 52명(26.2퍼센트)으로 가장 높은 비율을 보였다고 보고했다(윤여덕 1964; 이웅인 1968). 효성여대 여성문제연구(1975, 6)의 조사도 마찬가지로 윤락여성의 전직을 경제적 소득이 낮고 남성들의 유혹을 받기 쉬운 직종인 여공(15퍼센트), 식모(10퍼센트) 등으로 발표했다.[10]

하지만 문제는 1960년대 가출 · 상경 여성에 대한 조치가 이후에도 질적인 변화 없이 유지되었다는 사실이다. 서울시 부녀국에 근무했던 한 관계자는 "내가 늘 안타깝게 생각하는 것은 가출 여성의 양상, 사회문제, 여성문제가 달라지는데, 행정기구가 전혀 거기에 대해서 제대로 파악을 못하고 1961년에 하던 식으로 그대로 역전에서 하는 거야. 70년대 넘어서까지"라고 회고했다(황정미 2001, 113에서 재인용).

이렇듯 농촌 출신 하층여성들은 국가와 사회의 보호를 받지 못한 채 식모, 여차장 등의 경로를 거쳐 공장에 취직했다. 그러나 이마저도 여의치 않으면 이른바 '호스티스'가 되는 경우도 적지 않았다. 이런 사회적 배경 때문에 1970년대 중반 이후 한국 영화에는 '호스티스 영화'라는 특이한 장르가 등장했다(김영옥 2003, 128~136). 1970년대 방송과 영화에서 공장, 특히 부정적으로 그려진 공장이 등장하는 것은 일종의 금기였다. 따라서 여성노동자를 주인공이나 대상으로 한 창작물을 발견하기란 쉽지 않다. 그 대체물로 자리잡은 것이 호스티스 문학과 영화였다. 그 중에서도 영화와 소설로 가장 높은 리얼리티를 지닌 작품이 『영자의 전성시대』(1975)였다. 하층사회 여성에 대한 해석 구조와 담론은 다음 평론에서도 잘 드러난다(강준만 2002, 304).

> 상경上京은 이 영화의 가장 중요한 모티브다. 근대화가 시작된 60년대부터 1970년대 말까지 두 손에 보따리를 든 상경객으로 북적이는 서울역은 서울의 대표적인 풍경이었다. ……기회의 땅 서울로 향하는 이들 가운데 많은 이는 초등학

10_ 다소 시간이 지난 뒤 서울시 부녀과장이었던 최남형(1975, 31)의 발표에서도 윤락여성의 전직은 식모(31.2퍼센트), 무직(29.9퍼센트), 여공(16.2퍼센트), 접대부(11.3퍼센트) 등으로 나타났다.

〈영자의 전성시대〉 1975 (36만명의 관객 동원)

사진 1-1 영화 「영자의 전성시대」(1975)의 포스터

교나 중학교를 졸업한 단발머리 소녀들이었다. 이들에게는 병든 어머니의 약값과 남동생의 학비를 벌어야 하는 소임과, 핸드백을 메고 높은 빌딩으로 출근하다가 건설회사나 무역회사에 다니는 남자를 만나 결혼하는 꿈이 있다. 그러나 배우지 못한 여성이 선택할 수 있는 것은 세 가지뿐. 부잣집에 식모로 들어가는 운이 따라주지 않으면 남는 것은 먼지 자욱한 봉제공장과 위험한 버스 뒷문이었다. 두 갈래로 머리를 묶고 앞에는 돈주머니를 찬 소녀들은 가녀린 팔로 억세게도 사람들을 안으로 밀어 넣으며 첫차부터 막차까지 쉬지 않고 '오라이'를 외쳤다. 문도 닫히지 않는 만원 버스에 매달려 다녔던 누나들의 위험천만한 묘기는 1970년대 서울의 빼놓을 수 없는 초상이었고 신문에서는 간간이 이들의 예견된 죽음을 1단 기사로 보도했다. 버스에 매달려 있던 영자를 다른 버스가 스치면서 잘린 영자의 팔이 고층빌딩 위로 떠오르는 장면은 희생양을 필요로 했던 근대화의 비극을 압축해서 보여주는 명장면이다.

도시 과밀화, 비공식 부문의 급격한 팽창, 주거와 고용이 불안정했던 주변부 사회집단의 거대화가 낳은 생계형 매매춘의 급격한 증가는 매매춘 여성뿐만 아니라, 식모로 대표되는 주변부 여성노동 일반을 윤락행위를 하거나 현저히 그럴 염려가 있는 자로 규정했다. 그 결과 이들 대부분은 '가출 여성', 다시 말해 가부장의 '보호'에서 이탈한 여성으로 간주되었다. 이것은 주변부 여성노동을 사회적으로 위험한 대상으로 간주하는 동시에 '타자화'하는 과정이었다.[11] 또한 여성을 보호할 일차적 책임은 국가가 아닌 가족에 있으며, 가족에서 이탈한 '요보호 여성'이라 지칭되는 주변부 여성노동에 대해서는 '교화되고 지도받을 의무'만이 강조되었다(황정미 2001, 116).

11_ 이것은 형태상 1950년대 여성에 대한 담론과 유사성이 강하다. '자유부인 논쟁'과 '박인수 사건'에서 드러나듯이, '전후파 여성' — 여성의 자율성과 독자적 섹슈얼리티를 주장하는 여성 — 은 가정에서 벗어난 미망인, 양공주, 식모, 매매춘 여성과 동일한 의미로 간주되었다(이임하 2002).

'식모는 위험하다' — 주변부 여성노동에 대한 담론들

김기영의 문제작 「하녀」에서 드러나듯이 산업화 시기 '식모' 등 도시 하층사회의 여성은 금지되고 억압된 욕망의 대상인 동시에 가정의 통제에서 벗어난 비정상적인 '타자'로 여겨졌다. 특히 산업화 시기 식모-여공-매매춘 여성(혹은 윤락 여성)은 하층사회 여성에 대한 '연속적인' 담론의 계열을 형성했다. 당시 한 연구에 따르면 "이들(식모들 — 인용자)은 항상 사회문제화 할 가능성을 지니고 있으며 실제로 윤락여성 가운데 상당수가 가정부였다는 통계가 발표되기도 했다. 또한 가정부의 수효가 증가함에 따라 절도, 유괴, 치정 등 소위 '식모 공해食母 公害'라는 새로운 말이 생겨날 정도로 가정생활을 파괴하고 사회문제를 일으키는 일이 많아졌다"라는 표현이 사용될 정도였다(사회사업학과 연구실 1972, 36).

식모가 저지르는 범죄는 경찰 집계(1965년 3월~66년 2월)에 따르면, 절도(560건), 유괴(30건) 등이었으며, 이 기간 동안 무단가출로 수배된 인원은 242명으로 추산되었다. 구체적인 범죄를 유형화한 것을 보면, ① 살인한 식모, ② 아기를 업고간 식모, ③ 도둑질한 식모, ④ 살림을 들어먹은 식모 등이라고 보도되었다.

범죄 원인에 대한 진단은 특기할 만한데, 사건의 내면에 숨겨진 가정 내 식모에 대한 비인간적인 대우 등에 주목하기보다, "그들의 범죄는 무지와 이에 따른 허영이나 즉흥적인 감정에서 출발"한다고 해석되었다(김인건 1966, 329). 1960년에서 1979년 사이 식모와 관련해서 일어난 대강의 사건들을 유형별로 정리해보면 다음과 같다.

표 1-7 식모 관련 사회문제 사건 건수(1960~1979)

비인간적인 대우	총 60건
절도 및 유괴	총 59건
살인사건	총 16건
자살사건	총 12건
식모 매매	총 5건

출처: 『조선일보』(1960~1979년)에서 재작성 및 재구성

위 목록을 보면 식모에 대한 지배적인 담론을 파악할 수 있다. 특히 식모를 비인간적으로 대우하는 문제에 관한 기사와 이것에 대한 경고, 계몽이 자주 눈에 띈다. 「주부의 두통은 식모인가」라는 특집기사에서는 "식모도 인간이니 장단점이 있습니다. 주부는 식모의 장점과 단점을 잘 살펴 식모의 성격에 따라 단점은 고치도록 타일러 지도를 하고……식모도 가족의 한 사람으로 사람 대접을 해주어야 합니다. 식모들은 스스로가 깊은 열등감에 눌려 있으므로 조그만 말에도 금방 서러워합니다. 따라서 열등감을 다치지 않게 부를 때도 언니, 아주머니 등으로 친근감을 주도록 하고 남에게 식모를 식모라고 구태여 말하기보다는 먼 친척뻘이라고 말해보십시오. 자신도 그 집의 가족처럼 어울릴 수 있고 깊은 열등감을 없애줍니다"라고 말하고 있다(『조선일보』 1961. 5. 16). 또 잇따른 식모 살인사건에 대해 식모를 남이 아닌 '가족이란 공동체의 구성원'으로 여기라며 주종 · 상하간의 인간관계 개선을 촉구하는 한편, 1977년 7월 19일 한국부인회에서는 160만 회원을 상대로 가정부를 두지 않는 운동을 펼 것을 결의하기도 했다(『조선일보』 1977. 7. 20).

짧은 기사들이지만, 이 기사들은 이른바 중산층 가족의 식모에 대한 '시각 교정'을 위한 계몽 담론이었다. 위의 기사로 추측컨대 식모를 인간

취급조차 하지 않는 가정이 다수 존재했으며, 식모살이를 하는 어린 소녀들을 학대하거나 무시하고, 빈곤과 낮은 학력을 가지고 열등감을 자극해서 문제가 발생한 경우도 존재했음을 알 수 있다. 이렇게 식모 계몽을 위한 담론이 만들어진 것은 식모를 둘러싼 사회문제가 매우 심각했음을 보여준다. 김기영의 영화 「하녀」를 통해서 식모에 대한 인격적 점유와 성매매가 은폐된 가정 내부에서의 식모의 관계를 확인할 수 있다(이효인 2002, 113).

> 「하녀」(1960년)에서는 주인공 남자가 음악을 가르치기 위해 나가는 어느 공장의 식당에서 일하는 약간 지능이 떨어진 여자가 주인공 남자의 집에 식모로 고용된다. 그녀는 가정부가 아니라 식모였다. 가정부가 지금의 파출부에 가깝다면 식모는 하녀에 가깝다. 가정부에게 고용자는 노동력의 장악이라는 권리밖에 없지만, 하녀에게 고용자는 노동력을 포함한 신체적, 인격적 점유라는 권리를 갖는다. 1960년대라는 시기는 표면적으로 분명히 개인의 자유와 인격적 권리가 보장된 근대사회였다. 하지만 고용자와 피고용자의 전근대적인 관계와 성 관계를 통한 남녀의 억압적 관계가 뼛속 깊숙이 스며 있던 시기였다.

그러나 유괴, 절도, 살인, 폭행 등의 '범죄'로 해석된 식모에 대한 지배적인 담론은 하층사회 여성들이 지닌 욕망을 은폐하기 위한 것이었다. 이런 지배적 담론은 식모만이 아니라, 버스 여차장, 사환, 술집에 다니는 여성들을 포함하는 하층사회의 가난한 여성들에게도 적용되었다.[12] 이런 담론이 지배적이게 된 이유는 하층 여성들이 중산층, 지배계급에게는 '이질적인

12_ 식모 이외에 버스차장에 대한 문제는 김정화(2002), 이태영 외(1966, 4~5), 그 외 산업화 시기 주변부 여성노동에 대한 자세한 수기는 「그 애환의 조그만 고백기, 어떤 직업여성들의 생활」, 『주부생활』(1968년 6월호) 등을 참조.

요소'로 여겨졌기 때문이었다. 중산층 가족들은 이런 공포를 제거하기 위해 가시적으로 그녀들을 '범죄시'하는 단어와 담론들을 만들어냈던 것이다. 식모로 상징되는 하층 계급 여성에 대한 지배적인 담론은 한편으로는 가족 내부의 식모에 대한 학대와 비인간적인 면을 부각시키며, 인간적인 대우를 호소하는 '인간주의' 담론을 형성했다. 그러나 다른 한편 하층사회 여성에 대한 지배적인 담론 안에는 식모로 대표되는 하층 사회 여성의 욕망, 중산층 가정 파괴에 대한 공포가 착종되어 있었다. 중산층 가족과 구성원들은 "자기 식구들끼리 오붓하게 살아오던 예전 습관이 여러 가지 장해를 받고 질서가 파괴되어 참을 수 없어 내보냈다"고 식모에 대해 이야기하고 있다(고소아 1968, 404). 이효인은 영화 「하녀」에서 드러난 '하녀의 욕망에 내재한 중첩성'에 대해 다음과 같이 언급하고 있다(이효인 2002, 113).

> '하녀'는 주인집 여자가 친정에 간 사이 그 남자(주인공 남자 — 인용자)를 차지해야 한다는 강박에 시달린다. 이 강박증은 신분 상승의 욕망과 성 경험을 통해서 한 남자에게 종속되고자 하는 전근대적 남녀관계 사이를 방황한다.

김기영의 「하녀」 시리즈에 나오는 하녀들은 중산층 가정을 위협하는 '팜므 파탈femme fatale'로 묘사되었다. 앞서 언급한 대로 초기 산업화 과정에서 주변부 여성노동은 '잠재적 윤락여성'으로 간주되었고, 식모들에 대한 지배적 담론은 주로 윤락행위 예방이란 차원에서 재현되었다. 한마디로 이 시기 식모는 건전한 가정을 침투해오는 '잠재적인 윤락여성'으로 재현됐으며, 윤락녀와 더불어 '건전한 가정'에 대한 사회적 타자로 표상됐다(신건 2000, 76~7). 김소영과 이효인은 근대화 시기 식모 및 하층사회 여성에 관한 지배적 담론에 대해 이렇게 말하고 있다(김소영 2000, 157~8; 이효인 2002, 110).

사진 1-2 영화 「하녀」 중 한 장면

여성 피고용인을 가리키는 봉건적 용어인 '하녀'는 오래 전 '식모'로 대치……이 영화들(『하녀』)에서 미혼 여성노동자들은 하층 계급의 팜므 파탈로 간주되어 도시 중산층 가족에게 위협적인 존재가 된다. 여성의 섹슈얼리티와 노동계급의 위상이 결합된 이 여성들은 비천한 위치에 놓인다.

하녀의 식모는 지적으로 미숙하며, 주인 남자와의 잠자리를 가진 뒤 쾌락적 본능과 혼인을 통한 신분 상승이라는 사회적 욕망에 눈을 떠 육체를 미끼로 집요하게 남자를 괴롭힌다. 남자는 그녀에게 성적인 매력에 이끌리지만, 성적 쾌락을 넘어 그녀가 자신의 가정을 파괴하고자 할 때는 저항한다. 하지만 그에게 문제를 해결할 결정적인 능력은 없다. 주인집 여자는 남편의 경제적 무능함에서 비롯된 가난을 극복하기 위해 궂은일을 하면서 중산층 가정을 이룩했지만, 자신들의 경제적 풍요로움과 심리적 사치를 위해 고용한 하녀에 의해 그 세속적 욕망이 무너지는 경험을 해야만 했다. 그녀 역시 정숙하지만 욕망도 가지고 있으며, 유교적 남녀 관계에 침전되어 있지만 또 그만큼 근대적 중산층 가정을 유지하기 위해 갖은 노력을 다하는 인물로 그려져 있다.

하지만 이런 지배 담론에 대해 식모들이 그저 묵종默從하지는 않았다. 중산층 가정과 주부들의 식모에 대한 불만들은 시간이 지날수록 식모들이 초보적으로나마 자신의 권리를 찾으려고 했음을 드러내준다. "요샌 중뿔나게 돌아다녀 봐도 참한 식모 구하기가 얼마나 어려운지 몰라", "식모가 상전이예요", "꺼떡 하면 나간다고 하니 이건 속이 상해서 견딜 수가 있어야지. 겨우겨우 데려다 놓으면 금방 또 누가 빼간다니까요", "면접시험 보듯 묻는 것도 많고 따지는 것도 많지. 텔레비전, 전화, 냉장고가 없으면 거들떠보지도 않는 고급들도 많데요" 등이 그 예다(고소아 1968, 400). 이것은 오갑환의 신문 칼럼에서도 확인된다(「식모와 근대화」, 『조선일보』 1972. 12. 15).

요즈음 식모는 전과 같지 못하다는 불평이다. 전처럼 부리기 쉽지 않고 조그만 불만이라도 있으면 나가버리기 일쑤고 봉급액수나 기타 조건(예를 들면 텔레비전, 전화, 보일러 시설의 유무 등)에 까다로워 졌다는 것이다. ……전처럼 반봉건적인 신분적 노예를 원하지 않고 분명한 계약 관계의 성립을 원할 것이며 계약 관계에서는 자연히 이것저것을 따지게 된다.

특히 **표 1-7**과 같은 범죄가 사회문제화된 원인을 보면, "식모 구하기가 힘든 탓인지 많은 주부들이 무작정 상경 소녀라면 무작정 환영하는 눈치인데 상당히 조심해야 할 일이라고 깜찍한 충고까지 했다"(「시골처녀 가장 식모 도둑」, 『조선일보』 1968. 11. 27)나 "3년 전부터 박 여인 집에서 식모살이를 해온 이양은 작년 4월 사위 김씨와의 불미한 관계로 그만두었는데, 이날 박 여인에게 맡겼던 1만 원과 김씨에게 사후 보장을 요구하러 갔다가 거절당하자 범행을 저질렀다고……"(「불륜 식모가 주인 아들 유괴」, 『조선일보』 1972. 01. 20) 등이었다. 주목해야 할 사실은 대부분 신문들이 식모들의 범행 동기에 대한 분석 없이 사건 자체만을 '단순보도'했다는 점이다. 사건 목록에서 알 수 있듯이 식모에 대한 정신 · 육체적 폭력, 임금 체불, 성적 유린 등에 대한 내용보다 식모에 의한 '범죄'가 더 비중 있게 보도되었다. 따라서 '사건' 자체를 보도함으로써 식모는 가정에 위험한 존재인 동시에 식모가 당하는 폭행, 임금 체불, 성폭력 등을 '당연시'하는 담론을 형성했던 것이다.

하지만 식모 범죄의 실질적 원인은 불미스런 관계 혹은 성적인 학대나 성폭행, 주인집에서 맡아둔 임금의 체불 등 비인간적인 대우와 경제적 문제 때문이었다. 식모들에 대한 폭행은 주로 '사형私刑'의 형태로 이뤄졌다. "반지를 잃어버린 분풀이로 식모를 인두로 지지고 빨래방망이로 때리다가 결국 죽음", "돈이 없어진 이유로 식모를 불에 달군 연탄집게로 지지고 때려 마침내 위독해지자 옥천에 있는 자기 집으로 돌려보냄", "손버릇이 나쁘다 하여 식모를 가두어 굶긴 채 쇠줄과 몽둥이로 때려 머리를 꺼둘름", "부산 남포동 경찰서의 최종영 형사는 김 양(식모 지칭 — 인용자)에게 도둑 누명을 씌워 파출소로 연행, 두 시간이나 파출소에 감금하고 상의를 벗기고 구타, 실신시킴", "임순옥 양이 이웃 사람들에게 배가 고파 못살겠으니 다른 집으로 가게해달라고 말했다고 발가벗겨 부엌에 가둔 다음 연탄집게와 몽둥이로 때려 임 양이 숨지자 이튿날 가마니에 넣어 공동묘지에 암매장" 등이 몇 가지 예다(김인건 1966, 330; 『조선일보』 1968. 05. 23; 『조선일보』 1962. 11. 07).

이 가운데 '유괴' 사건(**부록 1-1** 참조)은 주목할 만하다. 유괴 사건의 경우 식모들은 돈을 요구하지는 않았다. 오히려 유괴는 비인간적인 대우, 인간적 차별 등에 대한 소극적 저항의 성격을 지니고 있었다. 다른 식으로 말하자면, 자신들이 기르던 아이들에 대한 '애착과 집착', 그리고 아이를 유괴함으로써 자신도 중산층 가정과 같은 '정상적인 가정'을 이룰 수 있을 것이라는 주변부 여성들의 환상을 반영한 것이라는 해석이 가능하다(김정화 2002, 95). 이런 해석은 식모들의 고용주(흔히 주인집)에 대한 '이중적 감정'에서도 드러났다. 식모들 자신은 주인집을 '가족'으로 여겼지만, 실제 식모들은 가족한테서 '타자'화되는 것이 일반적이었다. 한 식모의 고백을 들어보자(박점아 1968, 311).

> 나는 내가 일하는 주인집을 가족처럼 생각하고 우리집이라고 부릅니다. ……그러나 바라서는 안 될 일인지는 몰라도 나를 가족 밖의 사람으로 취급한다든지 때로는 하찮은 일에 의심을 하는 경우가 있는데, 이때처럼 슬프고 마음 아픈 때가 없답니다. 식모가 맡은 일에 대해 부여하는 인격적 대우나 경제적인 대우는 너무 인색하기만 합니다.

그렇다면 이러한 식모와 중산층 가정간의 긴장은 어떤 방식으로 전개되었을까? 공식적인 역사 서술에서는 거의 주목되지 않았지만 1960년대 후반부터 제기된 '식모 폐지론'은 이 긴장이 무엇인지 이해할 수 있는 열쇠를 부분적으로나마 제공해주지 않을까?

중산층 가족 형태와 '식모 폐지론'

'식모 폐지론'이란 용어는 아주 낯선 말이다. 식모를 가정에서 없애야 한다는 주장이 공론화되었다면 거기에는 중요한 이유가 있었을 것이다. 앞서 말한 대로 단지 식모가 범죄를 저지르는 '위험한 존재'라는 인식 · 담론만으로는 이것을 온전하게 설명하기 어렵다. 나는 식모 폐지론의 근저에는 산업화 시기 '여성은 어떠해야만 한다'는 식의 지배적 담론의 영향이 분명히 각인되어 있다고 본다.

산업화 시기 '여성'에 대한 지배적 담론은 어떤 것이었을까? 당시 여성 지도자들이 여성, 바로 '표준적 여성'을 재현하는 것은 1950년대 여성상을 활용하는 방식으로 이루어졌다. 『주부생활』(1969년 12월호)에 실린 「質量으로 풍성했던 장한 어머니들」이라는 글을 보자. 1960년대 후반 장한 어머니, 모성애의 상징으로 칭송되었던 여성들의 공통된 특징은 남편과 사별했는데도 불구하고 자식(대부분이 남성)의 성공을 위해 헌신했다는 것이었다. 이 글에서 소개된 모성을 칭송하는 제목들은 '홀몸으로 7남매 키우고', '행상으로 만든 박사 아들' 등이었다. 이렇게 표준적 여성이 재현되는 것을 보면 산업화 시기에 들어서 1950년대 '모 중심 가족'하에서 초보적으로 형성된 근대적 모성이란 관념이 점차 구체화되었던 것을 알 수 있다.[13] 『여성』(1965

년 7월호)에 실린 「한국 주부의 정신 무장」이란 글을 잠시 살펴보자(조기홍 1965).

> 우리나라 재래 한국 부인들은 아침 일찍부터 잠자리 들기까지 노동을 통한 가정부였던 것이다. 그들에게는 노역을 통한 식모살이라고 할까. 그는 주부가 아니고 가정부였다. 가정을 어떻게 관리하고 계획하고 교육 문제를 가장과 논의하는 역할은 주어지지 아니하였던 것이다. ……한국 여성은 강하다, 장하다 하고 누구에게나 한 번도 귀염도 칭찬도 못 받아가면서 이렇게 별안간에 강한 능력이 물 쏟듯이 흘러 나왔던 것은 누가 부정하겠으리오.

이렇게 산업화 과정에서 여성은 두 가지 영역에서 재현된다. 한편으로는 중산층 가족의 초기적 형성 과정에서 보여지듯이, 소비를 향한 여성의 욕망은 좌절되고 근검절약하는 전업주부라는 새로운 형태의 정체성으로 재현되었다. 다른 한편으로는 생산을 둘러싸고 한국 여성들은 근면한 (혹은 근면해야만 하는) 존재로 재현된다. 산업화 과정에서 여성은 내핍과 근면을 중심으로 형성된 국가윤리를 내면화하도록 주체화된다(신건 2000, 50). 이것은 5·16 쿠데타 이후 제기된 '민족 개조를 위한 근대적 노동윤리의 강조'와 밀접하게 연관되어 있다(박정희 시기 노동윤리에 대해서는 **부록 1-2**를 참조). 군사정권은 경제성장을 위한 총동원 체제로 사회를 재편하는 동시에, 이전 시기 사회적 약자에 대한 무상구호를 낭비적이며 비생산적인 정책으로 간주해 최소화하고, 전후 난립한 구호시설을 감축했다. 이처럼 군사정권은 경제성장을 위해 낙후된 과거의 타성을 버리고 근대적이고 선진적인 가치

13_ 모 중심 가족의 구체적인 내용은 윤택림(2001, 49~51), 조은(2002) 참조.

의 도입을 중시했으며, 근대적 가치는 곧 계획성, 계산 가능성, 효율성 등으로 표상되었다. 그 대표적인 정책이 경제개발 5개년 계획, 가족계획과 피임약 보급 등의 조치였다(황정미 2001, 58~9).

'근대적 노동윤리'와 근검절약하는 여성

이처럼 근대적 가치가 전사회적으로 확산되는 과정에서 국가와 사회의 발전을 위한 주부의 각성이 쟁점으로 제기됐으며, 여성에 대한 지도와 계몽이 강조되었다. 여성 의식 개혁, 문맹 퇴치, 생활 개선, 가정살림의 합리화 등이 당시 부녀 행정의 규범적 기초였다. 특히 여성과 가정생활은 '경쟁적인 근대적 시장'과 구별되는 전통의 영역이자, 미풍양속을 지켜가는 영역으로 인식되었다. 당시 부녀 행정의 목표는 '과학과 윤리가 조화되는 가정'이었고, 여기서 가족윤리란 남성 가장 중심의 가부장적 규범을 뜻하는 것이었다(황정미 2001, 59~60). 1950년대 '모 중심 가족'을 경제성장을 위한 '남성 생계부양자 중심의 모델'로 변환하는 것이 근대화 프로젝트 안에는 깊이 각인되어 있었다. 박정희 정권에서 추진된 근대화 프로젝트는 국가의 인구통제에 대한 강력한 담론을 형성해낸 동시에, 적은 수의 자녀가 근대적 가정의 표상이며 국가에 대한 '충성'이라고 설파했다(윤택림 2001, 75). 이것은 당시 여성단체협의회 회장이던 김활란(김활란 1966, 9, 강조는 인용자)과 『여성』 1971년 6월호에 실린 가톨릭여성연합회의 언급에서도 확인된다.

> 외형보다 내면적으로 자기의 운명을 개척하는 여인이 과학화한 사람입니다. 생활 면에서 허영을 버리고 의식주에 걸쳐 소비자의 경제력에 알맞은 생활을 하여야

> 되며……이렇게 여성의 각 부분에 팽창이 많은 반면, 우리 여성은 또한 어디까지나 주부입니다. 가정은 인간을 생산하는 공장이요, 인간 사회를 건설하는 곳이요, 사회 기초를 구축하는 벽돌을 생산하는 것이므로 우리들의 책임은 한없이 많습니다.

> 내 조국의 경제 안정은 곧 내 가정의 경제 안정입니다. 내 가정의 경제 안정은 또한 조국의 경제 안정입니다. 여성의 힘은 위대합니다. 우리 여성의 힘으로 조국의 발전을 기약합시다. 가정 경제의 검소로부터 오는 이익은 곧 조국의 발전을 기약합니다. 가정 경제의 검소로부터 오는 이익은 곧 조국의 발전을 기약합니다. ……여성 여러분, 사치하지 맙시다. 가톨릭 여성은 이 검소화의 앞장이 되어 모범을 보여 줍시다.

정충량(1965)도 여성단체협의회의 1965년 주제 강연에서 "소비를 억제함으로 가정생활을 풍성하게 하고 나아가서는 국가 경제를 성장시키는 데 이바지해야 할 우리들이라는 것을 각성해야 할 단계……국가경제 발전에의 공헌은 남자의 생산만이 아니라 여성의 소비 억제에 더 큰 영향이 미친다"고 가정주부의 소비 억제를 국가적 과제와 연결해서 강조했다. 이런 소비억제 담론을 반영하는 또 다른 예가 대학을 나온 직장 여성의 소비와 사치에 대해 대학교수인 김우종(1967, 152~3)이 쏟아낸 비난이었다. 그는 여성들의 직장생활이 자아실현이 아닌 즐겁게 노는 데 드는 자금 충당, 보이 프렌드 등의 인적 자원 충당, 가정생활의 감시에서 벗어난 자유 등을 제공해준다고 규정하면서, '노세 노세 실컷 노세, 시집가면 못 노나니' 같은 풍조를 강력하게 경고하고 있다. 이렇듯 여성들의 사치와 소비를 '죄악'으로 보는 경향은 남성 지식인들에게 일반적이었다(김용장 1966, 232).

> 그러나 일부 여성들(직장여성 — 인용자)은 자기 수입을 대부분 비생산적인 부분에 소비하고 맙니다. 그때그때의 유행에 따라 옷을 두 벌 세 벌씩 사들이는가 하면 매달 구두를 한 켤레씩 사기도 하고 그것도 국산이 아니라 외제로, 심지어는 매니큐어까지 해서 그 수입을 완전히 낭비해버리는 것입니다. ……이런 사회에서는 이런 여성들의 태도는 죄악이라고도 볼 수 있을 것입니다.

『여성』 1965년 7월호의 권두언 「소비자의 결속은 시급하다」에서는 좀 더 분명한 형태로 여성의 절제 · 검약이 강조됐다. "언제부터인지 몰라도 우리들의 검소하고 근면하던 풍습은 볼 수 없고 미제, 일제 등 외래품을 쓰고 입고 지녀야 자기 체면이 서는 것으로 아는 외화내빈의 풍습을 이제 버려도 좋을 때이다. 국민소득이 높은 선진국의 여성이 우리처럼 사치한 것을 보지 못했거니와 우리의 분별없는 소비생활을 청산해야 할 때가 바로 이때인 것이다"라든지, "우리의 생활을 분수에 맞게 절제하는 데 그 핵심이 있는 줄 안다. 짜임새 있이 산다는 것은 바로 생활의 과학화인 것"이라는 데에서 확인할 수 있듯이 '가정생활의 과학화'는 '절제와 검약으로 담론화된다'(조동필 1973, 50). 이렇게 근대화 프로젝트 시기 여성의 '과소비'는 조국 근대화의 장애 요인이자, '이기적'인 무엇으로 담론화됐다.

과소비로 상징되는 가정주부의 반대항에는 저축과 근검으로 상징되는 '알뜰한 주부'라는, 가정을 과학적으로 설계하는 이상적 주부가 자리잡고 있었다. 「알뜰한 주부 시상식을 마치며」(『여성』 1969년 4월)란 기사에서도 '알뜰한 생활=식모 없는 가계 운영'이란 칭송을 하면서, "주택을 마련하기 위하여 3차에 걸쳐 5개년 계획을 세우고 합리적인 가계 지출과 식모 없는 생활, 가계의 수지 균형을 위한 가계부 기록 등으로 점차 주택을 확장……" 이라고 말하고 있다.[14]

핵가족 이데올로기와 근대적 모성

동시에 강조된 것이 이른바 '핵가족론'이었다. 한국 사회의 핵가족화는 1961년 가족계획 사업 실시에 따른 소가족화 현상과 인구증가, 경제성장, 산업구조의 변화, 그리고 생존에 필요한 지식과 경제적 자원을 독점했던 가부장권의 약화라는 이데올로기적 조건의 변화를 배경으로 이루어졌다. 1960년 총출산율이 6.0명이고 평균 가구원 수는 5.6명이었지만, 1970년대 들어서는 크게 축소되었다. 3세대 이상 확대가족 비율도 28.5퍼센트(1960년)에서 14.8퍼센트(1985년)로 감소했고, 평균 가족원 수도 4.5명(1980년)으로 증가했다(윤택림 2001, 59).[15]

그러나 미국의 핵가족이 가족임금과 이것을 보장하는 생산성 협약, 가정의 재정의re-definition 등 제도적 장치를 통해 안정화된 반면, 한국의 경우 전통적인 가부장제에 기초한 가족 이데올로기에 대한 강조로 표출되었다. 다른 식으로 말하자면 가족 구성원의 복지 및 보호 기능은 '가족의 책임'이라는 전통적인 가족 이데올로기를 유지하는 '선 가족 후 복지'가 강조되었다. 조선시대 이래 한국 사회에 강력하게 자리잡은 '유교 가족주의'는 가족을 중시하고 가족 내에서 구성원들의 생활보장을 책임져야 한다고 규정했다. 특히 1960년대 이래 강력하게 추진된 산업화 정책은 자본축적의 극대화를 위한 성장 제일주의에 따라 국가복지를 사실상 방기했다. 반면 국가는 그 부담을 개별 가족으로 전가하기 위해 유교 가족주의를 활용했다(김수영 2001).

14_ 다른 대표적인 사례는 「알뜰한 주부 시상, 특상에 이인희 여사」, 『여성』 1968년 3월호 참조.

15_ 핵가족 형성의 다른 요인들을 지적한다면, (1) 산업화를 통한 친족 범위의 축소, (2) 산업화를 통한 노동력 재생산 비용의 증가에 따른 평균 출산율의 감소, (3) 중산층을 중심으로 한 가족임금의 형성 등을 들 수 있다(윤택림 2001, 58~9).

가족임금이라는 '규범'이 전체 노동계급으로 확산된 미국과 달리 한국은 중산층과 노동자계급 상층에서만 가족임금이 발견되었다. 이념형으로 가족 임금은 노동자 가족에게는 실제로 적용할 수 없는 범주였고, 대개 저임금 여성노동을 정당화하는 이데올로기에 불과했다. 한국의 가족임금 역시 1976년을 전후로 해서 중산층에 국한돼 나타난 현상이었다. 결국 이것은 모성으로서 여성의 희생을 담보로 노동력 재생산을 가족에 전가하는 정책에 다름이 아니었다(권현정 2002; 이미경 1999, 62~63).

여성의 희생을 담보로 한 논리는 국회도서관 입법조사국(1973)의 담론에서도 드러난다. 이 글은 1970년대 들어서 가족구성이 더 이상 분화가 불가능할 정도로 단순화되었기 때문에, 부모 중 한 사람이라도 사라지면 결손 가정이 발생하거나 가족이 붕괴된다고 논하고 있다. 이 시기에 이르러 가정교육의 실무를 전적으로 어머니가 맡고 있었기 때문에, 아동이 문제아로 발전하는 것은 "아동 자체에게 있는 것이 아니고 오히려 가정, 특히 엄마에게 있다"는 것이다. 이렇듯 사회문제를 가족 내 여성의 책임으로 돌리는 것은 청소년 범죄에 대한 대검찰청 검사 최대현(1968, 7)의 견해에서도 드러난다.

> 이상의 예에서 볼 때 여성에게 부여되어 있는 가정적인 대책의 면은 실로 중요한 것입니다. ……청소년의 범죄 예방을 위한 제1차적인 임무는 사회와 학교가 아닌 가정에게 있다고 할 수 있으며, 동시에 청소년에 대하여 영향도가 높은 여성의 입장에서 가정의 충만성을 기함과 아울러 인간의 방향에 구심력을 형성하도록 그 기본적인 교육의 면에 정진하여야 할 그 책무는 실로 중차대한 것입니다.

이렇듯 1960년대~70년대에는 육아를 전적으로 여성이 책임지게 되었다. 또 다른 주목해야 할 현상은 중산층 모성 담론을 상징하는 '치맛바람'(혹은 '극성스런 어머니')과 과학적인 지식에 근거한 근대적 육아법의 도입이었다. 중산층 주부들은 『가정백과』나 『주부백과』 혹은 『여성동아』, 『여원』 등의 여성지를 통해 육아와 관련된 전문적이며 과학적인 지식을 확보했다. 반면 모성과 자녀 양육에 대한 전통적인 지식은 '지방적 지식local knowledge'으로 밀려나게 되었다. 이제 육아에 대한 정보는 대부분 전문가의 판단과 연구에 기반을 두게 되었다. 이 전문적인 지식들은 점차 항목별로 세분화되어 여성들에게 제공되었다. 단적인 예로 1970년대 일간지와 여성지에는 어머니들에게 전문가와 직접 상담할 수 있게 해주는 정규 칼럼이 있었다. 1973년 아동심리 발달을 다루는 『동아일보』의 「밝고 푸르게」라든지 가족의 건강과 영양에 대한 정보를 제공하는 「홈닥터」 등이 대표적이었다(이재경 2003, 162~3). 여성들이 이러한 전문적인 지식을 구체적으로 실천하기 위해서는 상당한 시간과 노력, 그리고 헌신이 필요했다. 이러한 변화가 함축하는 바는 부모와 자식의 관계가 '감정적 친밀성'으로 구성된다는 빅토리아적 관념이 중산층 가족 내부에 깊숙하게 자리잡게 되었다는 사실이다.[16]

16_ 빅토리아 관념·전통이 지닌 의미를 이해하기 위해서는 과거와 구분되는 부르주아 가족 형성에서의 특징을 이해해야 한다. 18세기 말과 19세기 초에 이르러 새로운 사회계급으로 등장한 부르주아지는 생산의 새로운 조직화에 조응하여 귀족, 농민과는 다른 방식으로 남녀관계, 부모-자식관계를 정의하는 가족구조를 발전시켰다. 부르주아 가족의 가장 큰 특징은 남녀간의 엄격한 '역할 배분'이었다. 부르주아 가족에서 아내의 역할은 생산보다는 가사와 아이를 돌보는 가정생활의 차원에서 재정의되었다. 이런 부르주아 가족에서 부모-자식관계의 특징은 과거의 계급들에서는 존재하지 않던 '감정적 친밀성'이라고 부를 수 있다. 바로 여성의 재생산 책임의 강조점이 출산에서 양육으로 이동해서, 모성motherhood이 여성의 최고 소명이라는 새로운 관념이 유포되기 시작했다. 더불어 성욕이 조직되는 방식도 변화했다. 이제 더 이상 가족이 생산과 노동의 장소가 아니게 됨에 따라, 가족 사이와 부부 사이의 친밀한 개인적 관계는 다른 사회적 관계와 구별되고 공동체 감시에서 벗어나게 되었다. 이제 부르주아지는 성적 통제와 자본주의의 필수적

결국 산업화 시기 가족은 사회적 문제를 예방하는 기능을 해야 하며, 좀더 확대해서 해석한다면 모든 사회적 부작용을 가족, 더 정확하게는 '가족 내 여성'에게 돌리는 효과를 낳았다. 한마디로 말해서, 가족 내부 여성의 역할이 가정 내부 감정 노동, 전문적인 자녀 교육 등으로 변화하게 된 것이다(신건 2000, 74). 이는 1970년대 중반을 기점으로 중산층을 중심으로 한 '핵가족' 이데올로기의 전면화라고 해석할 수 있다.[17]

'식모 폐지론'을 둘러싼 담론

중산층 가족 내 사생활, 과학적 모성, 육아 등 이데올로기가 확산되는 과정에서 제기된 것이 '식모 폐지론'이었다. 앞에서 언급한 바와 같이, 1950년대 그리고 산업화 시기에 식모는 중산층 가족을 포함해서 사회적으로

덕목을 연결시키면서 공동체 규제를 자기 규제self-control로 대체하고, 성욕과 사랑이 분리된 독특한 결혼제도를 발명했다. 그 결과 부르주아 가족 내 여성은 정숙한 무성적asexual 존재라는 위치에 놓이게 되었다. 부르주아 남성에게 섹스는 부드러움의 감정과 분리되어, 하층계급 여성을 대상으로 하는 매춘을 의미하게 됐다. 반면 배우자인 여성과 나누는 '낭만적 사랑romantic love'은 경제적 타산이 지배하는 부르주아 결혼을 위해 발명되었다. 부르주아 가족생활의 새로운 관념인 엄격한 남녀간 역할 구분과 성욕의 새로운 조직화는 '사생활', '가정생활', '여성성 숭배', '낭만적 사랑' 등을 창출했다. 이렇게 빅토리아 가족은 외부적 권위가 침범할 수 없는 신성한 장소가 되고, 가족의 사생활은 경쟁적 자본주의라는 적대적 세계의 대립물로 자리잡게 되었다. 이런 가족의 이상화는 자유주의의 발전과 맞물려 있었다. 시민사회의 확대에 따라 정치·경제적 관계들이 평등한 독립적 개인들의 계약적 권리를 중심으로 조직되자, 가족관계는 개인적 욕구, 개인적 차이, 상호의존을 중심으로 조직된다. 바로 남성과 여성에게 각각 할당된 역할과 남녀 상보성相補性이 강조되고, 남성성과 여성성이 재정의되어, 남성에게는 경쟁과 연관된 특성들이, 여성에게는 협력과 관련된 특성들이 할당된다. 결국 빅토리아적 관념이란 이런 부르주아 가족 아래에서 야기된 '성적 차이', 즉 공(남성), 사(여성)영역이 별개의 영역이라고 보는 것을 뜻한다.

17_ 남한에서 가족임금 및 남성생계부양자 가족모델에 대한 사회통계적 고찰은 이지영(2002) 참조.

만연한 현상이었다. 그러나 1960년대 중반부터 기존에 가사노동을 보조했던 식모에 대해 문제가 제기되기 시작했다. 여공이나 윤락여성과는 달리 식모는 중산층 가족의 내부에 존재했다. 식모는 무위도식하는 인텔리 여성들의 가사노동을 대리하는 존재로서, 핵가족 내부 전업주부의 위치에 영향력을 주는 존재로 파악되었다. 다시 말해서 '가사노동의 조력자'에서 '과학적이고 근대적 가족 형성의 방해물'로 식모의 의미가 옮겨간 것이다. 중산층 주부들의 시간은 사회활동 참여와 자녀의 양육을 위한 시간이어야 하는데, 식모의 존재는 이런 실천을 가로막는 방해물이라는 것이다.

식모 폐지를 둘러싼 담론을 몇 가지로 나누어 살펴보자. 첫째, 식모는 근대적인 전업주부, 다른 식으로 말하자면 남성 생계부양자 가족 모델의 형성을 더디게 만든다는 것이다.[18] 식모가 가정주부의 가사활동에 미친 폐해에 대한 인식을 보면 이렇다(주태익 1966, 148~149; 고영복 1966, 7).

> 서울이나 그 밖에 웬만한 도시에서 조금만 자리 잡고 사는 가정이라면 식모를 안 쓰는 집이 없고 식모가 부엌일, 빨래를 맡아서 하다 보니 안방주부는 할 일이 없어졌다. ……이것이 그 나이의 소녀들에게는 직업을 준다는 보탬도 되겠으나 그 때문에 한가해진 부인네들이 자초하는 폐단은 참으로 큰 것 같다.

> 집안일의 처리는 식모나 가정부의 일로 맡겨지고 자녀의 양육은 할머니의 전담으로 내버려지고 계조직에 신바람이 나서 매일같이 바깥으로 쏘다니는 가하면

18_ 한국 가족의 성별분업 구조는 사회계층별로 차이가 있다. 남성 가구주가 비교적 안정된 수준의 임금을 받는 화이트칼라 가족의 경우 가족 내에서 성별분업 구조가 명확하게 나타난다. 이 가족들은 대개 남편이 단일 생계부양자이며 부인은 전업주부다. 이 경우 부인의 역할은 가족원들에게 개인적 서비스를 제공함으로써 양질의 노동력을 재생산하고 차세대 노동력으로 자녀를 사회화시키는 데 중점이 주어졌다. 반면 남편은 가정생활에 대한 참여도와 관심도가 매우 낮았으며, 가정을 휴식처로 여겼고, 가정 내에서 일의 책임이 부과되지 않았다(김수영 2001).

자모회를 구성하고 학교에 협력한답시고 치맛바람을 나부끼고 개인의 영향력을 행사하는 즐거움을 교육 속에서 만끽하고 있는 것이다.

언론인 송건호도 "주부한테 식생활을 받고 있지 못하다. 식모 위주로 대부분이 위생 관념이 철저하지 못하고 영양가를 무시한 가장 중요한 식생활을 식모에 의존하고 있다. 셋방살이도 식모를 둔다. 젊은 여성일수록 식생활에 관여하지 않는 경향이 짙다"며 가정주부의 식모 의존을 비판하고 있다(송건호 1969, 12). 그 밖에 「식모는 꼭 있어야 하나」라는 기사도 식모의 존재를 주부들의 사치이자, 근면성 부족의 지표라고 지적했다(『조선일보』 1961. 06. 05). 당시 여성 기자였던 정충량도 서구의 아파트 등 근대적 가정생활 설비 등을 소개하면서, 식모의 존재 자체가 한국 사회의 후진성의 증거이며, 식모라는 타인을 한 가정 내에 두는 것은 가정의 단란함을 파괴하는 동시에 봉건적인 주부들의 게으름을 부추긴다고 주장했다(『조선일보』 1971. 12. 06). 『조선일보』 논설위원인 이열모(1966, 14) 역시 비슷한 맥락에서 "부끄러운 이야기지만 우리들이 집에 식모를 두고 선진국 가정에 비하면 비교적 편안한 살림을 차려 나가는 일은 앞으로는 공업화가 진전함에 따라서 점점 사정이 달라질 것이라고 예상된다. ……우리네 살림살이도 근자에 와서 세대주의 월급은 오르지 않았는데 식모의 대우는 더 나아지는 것은 이러한 경향의 초보적인 단계를 보여주는 것이 된다"라며 식모의 폐해를 우회적으로 지적했다.

또한 전업주부들이 식모를 두는 원인을 여성들의 사고방식에서 찾기도 했다. "식모를 고용하게 되는 조건으로……한국 주부들이 일을 싫어 하며 일하는 것을 천하게 여긴다는 낡아 빠진 생각" 때문에 근대적 가족을 수호하는 모성으로서 역할에 충실치 못하다는 것이다(김인건 1966, 330). 당시 여성

지도자들은 여대생 역시 '미래의 모성'이자 '전업주부'라고 여겼다. 『여성』 1965년 6월호에 실린 「여대생을 위한 한국 근대화에 있어서 여성의 의무와 책임」이란 기사를 보자. 여성 지도자들은 여대생들이 현모양처가 되기를 바라고 있는데, 이들이 목표로 하는 운동 대상은 중류 가정의 주부들이고 그 주부들의 '유휴 노동력' 활용이 주된 목적이었다. 그 기사의 일부를 보자.

> 남편에게 이해와 애정을 베풀어줄 사람은 아내이다. 가정은 안식처이다. 경쟁에 시달리고 피로한 가족성원들에게 애정으로 힘을 북돋아주고 나아가서 우리는 반드시 잘 살아야겠다는 의욕을 일으켜주며 실지에 있어서 창조력과 합리성으로 근대화의 환경적 조건을 이룩하도록 하는 것이 여성의 근대화에 있어서 역할…….

이렇게 가정은 사생활의 공간이자 가부장인 남편의 휴식 공간이라는 '핵가족 관념'이 강조된다. 가정이 사회에서 도피할 수 있는 혹은 사회와 대립되는 안식처라는 의미를 획득하면서 유휴 노동력으로 표상되던 '어머니인 여성'의 위상이 변하게 된다. 바로 '근대적-과학적 모성'이란 이데올로기가 가족 내부에 주입된 것이다(신건 2000, 81; 윤택림 2001).

더 나아가서 남성 지식인들은 여대생들의 공적 영역에서 소비와 향락에 대해 매우 신경질적일 정도로 비판을 가했다. 시인인 양명문(1967)은 여대생들이 어두침침한 음악감상실에서 "어깨를 들썩이며 박수로 장단을 치고, 꽥꽥 기성奇聲을 지르는 것은 흡사 '발광發狂'"에 가깝다고 힐난하며, "썩었다는 말은 바로 이런 데 해당되는 말……이러한 간판파[19] 출신의 아가씨들이

19_ 여기서 '간판파'란 당시 여대생 중 한 부류를 지칭하던 말이다. 여대생을 학술파, 직업파, 간판파로 나누면서, 공부에는 그다지 흥미가 없지만 그럭저럭 낙제나 면하면서 졸업 간판이나 얻어가지

그래 젊잖게 시집을 가서 신부가 되고 주부가 되고 어머니가 될 것을 생각하니 실로 한심하고 암담한 이미지밖에 더 떠오를 것은 없다"라고 비판하고 있다. 이것은 조국 근대화라는 국가 프로젝트의 기초단위인 가정을 운영할 '미래의 모성'으로서 자질이 의심스러운 '미래 주부'들에 대한 '위기감'의 일부분이라고 해석할 수 있다. 바로 여대생들이 조국 근대화에 이바지할 곳은 가정이며, 여성은 근대화의 핵심 주체인 남성을 보조하는 역할로 자리매김된다. 하지만 역설적이게도 여성 엘리트들은 여성들(특히 중산층 여성들)의 사회활동을 위해 '식모 불가결론'을 제시하기도 했다. 박영숙 씨를 인터뷰한 자료를 보자(신건 2000, 84).

> 그때 사회활동을 한다는 사람은 가정부가 없어서는 안 되었죠. 사람을 써보니까 훈련도 안 되어 있고 누굴 믿고 데려와야 하는지를 모르니까 YMCA에서 했을 겁니다. 신원보증도 해주고, 훈련도 해서 보내주고, 요새는 기술이 특수화되어서 병간호 특수, 아이 봐주는 특수, 요리만 하는 사람, 뭐 이런 식으로 다 달라진 거죠.

하지만 여성이 직장 혹은 공적 활동에 진출하는 것은 대부분 근대화 프로젝트의 기초단위인 가족을 경영하는 근대적 모성에 위배된다는, 다른 식으로 말하자면 '미래의 모성'으로서 여성성이 훼손당할 수 있다고 여겨졌다. 서울경제신문사 편집국장인 김용장은 여성들의 직장 여성화가 가져오는 위험에 대해, "여성은 직장을 갖게 되면 의식적이건 무의식적이건 간에 여성으로서의 고유의 아름다움을 버리고 중성中性으로 변하는 경우를 볼

고, 그야말로 (대학 졸업장을 — 인용자) 간판으로 좋은 자리로 시집가자는 데 목적이 있는 여대생을 비하해서 사용한 말이다(양명문 1967, 150~151).

수 있습니다"라고 언급하고 있다(김용장 1966, 232).

더 나아가 지배 담론들은 식모의 존재를 핵가족에서 전업주부가 맡아야만 하는 중요한 역할인 자녀의 양육과 교육 등과 연결시켜 사고했다. 따라서 식모를 대신해서 근대적이고 과학적인 모성을 양성하기 위해 주부들의 남는 시간들은 가정과 국가에 집중되어야 한다고 역설했다. 특히 제대로 된 교육을 받지 못한 식모들에게 가족의 영양을 맡기는 것은 과학적 모성과 근대적 모성 형성에 있어서 커다란 문제로 지적되었다. 이처럼 '육아'는 주부에게 있어서 어떤 종류의 역할보다 큰 비중을 차지하게 되었으며, 실제적인 일상생활보다 '어머니 노릇'을 강조하는 담론이 강화되었다. 식모 폐지론이라는 맥락에서 볼 때, 잇따른 유괴 사건의 범인이자 위험한 '요보호 여성'인 식모에게 육아를 '대리'하게 한다는 것은 가정의 위기와 중산층 가족의 불안 요인으로 여겨졌던 것이다. 『여성』 1965년 5월호에 실린 「올바른 모성애로 선도하자」라는 권두언은 모성과 자녀 교육간의 관계에 대해 아래와 같이 힘주어 강조하고 있다.

> 이번 사건(고교생과 여대생 자살 사건을 지칭 — 인용자)을 계기로 부모, 특히 어머니는 그 자녀의 재질, 성격, 취미 등을 정확하게 판단한 후 그에 대한 인간 설계가 있어야 할 것이다. ……어머니는 그들의 재질, 정신상태, 심리를 분석, 정리하고 수시로 그들 변화를 과학적인 판단 밑에 적응할 일은 물론 교우관계, 언행 등을 바로 살펴 그를 연구하는 사람으로서의 조사 작업을 해 나아가야 한다. 물론 그것은 겉으로 나타나는 그런 것이 아니라 어머니 마음 속에만 간직되는 모성애 위에 세워진 자녀 조사, 연구소여야 한다.

사회학자 고영복도 주부에 의한 자녀 교육의 중요성에 대해, "왜 어머니들이 선생이나 가정교사 대신 자녀들을 교육할 수 없는 것일까? 그들이 나가다니는 시간을 절약하여 공부하면서 자기를 충실히 하고 동시에 그 힘으로 자녀를 교육하는 과업에 종사할 수 있을 것이다. ……주부로서 그리고 어머니로서의 역할은 근본적으로 아이들이나 남편들을 위한 따뜻한 보금자리를 마련하는 일에 항상 전념하는 일이나 이것을 돈으로 얻을 수 없는 정신적 작업이어야 하는 것이다"라고 주문하고 있다(고영복 1966, 7).

또한 「식모 없이도 잘만 해나간다」(고소아 1968, 401~3)란 기사에서는 전부 아홉 식구인 어느 중산층 가족의 사례를 들어, 주부를 중심으로 한 분업화된 가족구조와 철저한 위생관념을 소개하고, 아이들에 대한 상벌제도 등 자녀교육을 강조하고 있다. 주태익(1966)도 식모의 폐단을 지적하면서 가정주부들의 여가나 활동으로 교양을 쌓기 위한 독서, 자수와 양재, 꽃꽂이 등의 실용적인 손재주 등을 권하며, 주부들이 이른바 '치맛바람'을 거두고 가정에 정착하기를 권고했다. 이처럼 식모 폐지론자들이 강조하는 것은 가정주부를 중심으로 한 근대적이고 과학적이며, 국가가 제시하는 '근검절약'이란 모토를 내면화한 '모성의 창출'이었다.

거시적으로 볼 때 이 시기 부녀 정책도 기본적으로 여성을 가족과 동일시하면서, 여성들에게 가족 안에서 맡은 역할, 즉 건전한 주부상을 부각시켰다. 1950년대 '모 중심 가족'이, 근대화 시기에 들어서서는 경쟁적이면서도 자녀교육을 떠맡고 근검절약하는 전문가적 면모를 지닌 현모賢母라는 지배적 모성 담론으로 이동한 것이다(이재경 2003). 한편 1960년대 초까지 지속되던 식량부족, 열악한 주거, 높은 유아사망률을 극복하기 위한 사회적 캠페인이 구식 결혼풍속과 가족관습 해체, 전통적인 가부장 가족 비판 등의 형태로 나타났다. 그리고 이 속에는 봉건적 식모 제도에 대한 비판도 포함돼 있었다.

이처럼 과학적인 모성과 육아에 대한 지배적 담론은 자본주의 산업화 과정에서 핵가족이라는 가족 형태를 통해 관철되었으며, 이것은 위생학, 규율 지도, 교육 지도 등의 내용을 포함하고 있었다. 과학적 모성 담론은 국가에 의해 제기되고, 중산층 가족임금의 확보를 통해 그 물질적 토대가 형성되었다. YMCA 간부를 지낸 이요식[20]은 한 인터뷰에서 이렇게 회고했다. "1960년대 후반에 우리가 생각한 거는 앞으로는 산업화가 될 것이기 때문에 여성들도 산업전선에 나갈 것이다. 그러면 소위 가정부를 얻을 수가 없다. 미리 가정부 훈련을 시켜야 한다. ……1969년 후반부터 전적으로 한국 가정을 위한 파출부 훈련을 시켰지요. 가정에서 살림하지만 경제적으로 도움이 필요하다. 이런 사람들을 모아 다 테스트를 하죠. 한글을 쓰느냐, 아라비아 숫자를 쓸 줄 아느냐, 일을 얼마나 했느냐. 전혀 고운 사람은 안 되거든요. 면접시험 때는 몇 마디 물어보고 손을 내놔라 마디가 있느냐 없느냐. 손톱 바른 사람은 안 되거든요"(신건 2000, 85). 이 과정에서 자녀 중심적, 감정 소모적, 노동집약적인 모성 이데올로기가 핵가족 내에 장착되었다. 바로 과학적 · 근대적 모성은 자녀의 양육과 교육이라는 역할로 재구성되었고, 이런 과정에서 식모 등 주변부 여성들이 중산층 가정에서 '배제'되는 것과 노동시장에 '참여'하는 것이 중첩되었다.

『여성』 1965년 6월호에 실린 「여대생을 위한 한국 근대화에 있어서 여성의 의무와 책임」이란 좌담에서 참석자들은 식모 문제에 대해 이렇게 논하고 있다.

20_ 이요식(1934년생)은 서울 YWCA 총무(1957~1976), 서울시청소년보호대책위원(1969-1975), 사단법인 한국여성단체협의회 사무처장(1976-80) 등을 역임했다.

고: 남자의 입장에서 보면 요즘 여자는 아무것도 모르는 것 같던데요.

손: 그 이유를 우리 생활에서 들면 식모가 큰 원인이죠. 사람이 있으니까 시키게 되고, 어른이 시키니까 아이들은 따라서 시키게 되고…….

조: 식모 문제가 나왔는데 제 경우에도 식모가 없으면 못 살아요. ……여자가 일을 안 하니까 식모를 둔다는 비난이 있지만, 앞으로 공업이 발달하면 모두 공장으로 가게 되어 식모가 없어지리라고 봅니다.

이렇듯 식모 폐지를 둘러싼 지배 담론은 중산층 여성들에게 가정주부로서 져야 할 책임을 강조했고, 근대적 모성과 남성 생계부양형 모델을 강화시키고자 했다. 여기서 중요한 점은 이러한 담론화 과정에서 식모의 존폐 여부가 중산층 주부의 가사노동을 둘러싼 '여성의 가정 내부 정체성이 무엇인가'라는 문제를 제기했다는 점이다. 그러나 식모 폐지론이 식모라는 가사 보조 노동력의 존재를 둘러싼 논쟁을 불러일으켰지만 전통적인 의미의 가족 내 성별 위계구조 자체에 대한 문제제기로 나아가지 못하고, 중산층 여성들은 자녀교육을 중심으로 하는 근대적 모성으로 자기 자신을 주체화시켜야 한다는 방향으로 귀결되었다(신건 2000).

부록 1-1 식모 관련 사회문제 사건 목록, 1960~1979

1) 비인간적인 대우

1960.01.07 석간 3 사람대우 못받는 식모 경찰 또 사형(私刑) 사건 적발하고 주인 구속. 이번엔 소녀가 음독중태, 도둑질 했다고 가두고 굶기고 견디다 못해 자살까지 기도

1960.01.13 조간 4 식모의 불평과 요구. "첫째 사람대접을 하라"

1960.01.13 조간 4 〈가정〉 식모도 가족이다. 자존심 꺾지 말고 타이르고 보살피자

1960.01.13 조간 4 식모와 인권 유린. 사회적인 문제다 趙東植, 인간애로 대하라 朴寅順, 식모는 직업인이다 鄭忠良

1960.07.09 조간 4 〈내고장 소식〉 학대에 못이겨 식모가 투신자살

1961.04.09 석간 3 손톱으로 얼굴 할퀴고…머리 깍고, 끔찍한 식모 私刑 — 남편과 가깝다고 닷새동안 감금폭행

1961.04.11 조간 3 私刑한 여인 구속 — 식모 학대한 사실 시인

1961.05.16 조간 4 〈주부수첩〉 이 주일의 가사. 주부의 두통은 식모인가. 가족 앞에서 꾸짖지 말고 동기처럼 친절히 대하자

1960.01.07 조간 3 11세의 식모 가두고 몰매. 검찰서 수사착수

1961.12.28 조간 4 〈가정〉 불우한 식모 소녀들, 통계에 비친 그들의 생활 실태 — 대부분이 농촌출신, 선도책…지역사회의 개발 시급, 책 읽고프나 시간 없고 유일한 희망은 "미용사", 연중무휴…혹사의 연속

1962.06.14 조간 3 어린 식모를 타살. 말 잘 안 듣는다고 방망이로

1962.06.20 석간 3 식모 학대한 과부를 구속

1962.11.07 조간 7 파출소서 옷 벗기고 고문. 여관 식모에 도둑 오명 씌워

1962.11.28 조간 7 金仁哲 준장을 고소. 식모로 있던 韓貞伊씨 간음당했다고

1963.06.28 조간 7 식모 결박 방망이질. 모자가 도둑 누명 씌워

1963.12.18 조간 7 〈색연필〉 여학생이 식모에 린치

1964.01.05 조간 7 순경이 식모「린치」. 도둑 누명 씌워 6시간이나 고문

1964.05.17 조간 2 〈토픽〉 젊은 식모 상대로 남편은 간통하고 부인은 동성연애친 식모 정부집서 체포

1964.09.11 조간 3 어린 식모를 린치한 대학 강사 부인 입건

1964.12.08 조간 7 〈색연필〉 못믿을 건 식모

1965.01.07 조간 5 〈소묘〉 개는 식모보다 소중해?

1965.10.29 조간 3 경찰 가족이 식모에 私刑. 도둑 누명 씌어 이불로 짖어…중태

1965.11.18 조간 7 린치 치사. 어린 식모를 반지 훔쳤다고 불로 지져

1965.11.24 조간 3 〈색연필〉 린치 끝에 숨진 식모의 부모가 둘이 나타나 화제

1965.12.03 조간 3 골방에 가두고 화상 입혀. 6순 식모를 학대

1966.03.27 조간 8 식모 신상조사. 그 취지와 반향. 인권 침해 안될지

1966.06.30 조간 7 식모 치사. 부부싸움 끝에

1966.12.11 조간 6 인권옹호 주간에 들여다본 인권창구 — 연좌제 때문에 직장 쫓겨나, 5년간 급료 못받은 식모도

1968.02.18 조간 7 식모 린치 주민신고로 위안부 구속

1968.05.23 조간 7 어린 식모 죽여 암장. 광주서 부부 구속. "배고프다"에 뭇매

1968.05.31 조간 3 식모 린치 여인 입건. 주민들이 진정

1968.07.09 조간 7 식모를 유인 추행. 도망가다 추락사

1968.09.11 조간 3 아홉 살된 식모 린치 7시간. 밥 훔쳐 먹는다고…주민들

신고

1969.03.26 조간 3 12세 소녀 이틀 동안 감금 식모로 소개하려던 李여인 검거

1970.04.15 조간 7 어린 식모 때려 치사. 구속영장 신청

1970.05.30 조간 7 〈색연필〉 주인 아저씨는 너무하셨다. 식모에 폭행

1972.03.14 조간 7 여인 영장청구. 식모감금 심한 사형

1973.03.24 조간 7 〈색연필〉「집안일 소문내」…식모에 매질

2) 절도 및 유괴

1960.01.21 석간 3 「태흥」 군 다시 엄마 품에 데리고 간 식모 피검. 제 아이로 삼으려고 엉뚱한 범행

1960.01.22 조간 3 금품 훔치고 도망

1960.01.26 석간 3 주인집 돈 훔친 식모

1960.07.19 조간 4 〈내고장 소식〉 식모가 시계 절취

1960.07.19 조간 3 주인집서 절도. 식모 세 사람 검거

1960.08.23 석간 3 주인아이 업은 채 달아난 식모 수배

1960.08.23 석간 3 깜찍한 식모 또 하나. 옷 훔치고 도주

1960.11.11 석간 3 식모가 도둑질

1960.12.28 조간 3 식모가 도둑질

1962.02.22 석간 3 식모 부부가 절도. 강도 만나 실신한 듯이 가장

1962.06.22 조간 3 식모가 사기 행각

1962.07.14 석간 3 손버릇 나쁜 식모의 악행. 간난애에 극약 먹이고 절도 하려다 도주

1962.07.14 석간 3 아이 데리고 실종. 식모 김춘자양을 수배

1962.07.16 조간 3 도둑질한 식모 수배

1962.07.23 조간 3 주인 아들을 유괴. 깜찍한 17세 식모 단 하루 살고

1962.11.02 조간 7 강도 행각 15회 17세 식모 구속

1962.11.22 조간 7 친척집 간다던 여학생과 식모 유괴? 11일째 무소식

1962.12.14 조간 7 식모가 도둑질

1963.04.17 조간 7 효자동 강도 처제인 식모와 짜고한 짓. 일당 세명을 구속

1963.09.14 조간 7 식모가 유괴? 외아들 잃은 어머닌 정신이상

1963.09.15 조간 7 "海晟군 여기 있다" 식모에 업혀간 지 하루만에 「선심」의 신고로 엄마품에

1963.09.21 조간 7 두 남매 데리고 나가 돌아오지 않는 식모

1963.10.27 조간 7 집안의 공갈. 식모가 주인집에 협박장. 전후 여섯번 "돈내라 죽인다"

1963.11.20 조간 7 주인집 아기 유괴한 식모 자백 "정부와 살고 싶어"

1964.03.05 조간 7 식모가 아기 유괴

1964.03.12 조간 7 식모가 유아 유괴

1964.03.17 조간 7 허위 강도 연극. 깜직한 식모

1964.03.24 조간 7 식모가 보석 도둑

1965.01.10 조간 7 식모가 도둑질. 70만원어치 훔쳐

1965.04.25 조간 7 구직 첫날에 주인 애 유괴. 시계도 훔친 식모 수배

1965.05.02 조간 7 절도 혐의로 식모 구속

1965.06.15 조간 7 불량배 5명 검거. 10대 소녀 꾀어 도둑식모 양성

1965.09.23 조간 7 〈색연필〉 실패한 식모의 완전범죄

1966.04.01 조간 3 식모가 도둑질 2만여원 어치

1966.05.08 조간 7 〈색연필〉 식모와 「도둑 애인」

1966.05.12 조간 7 강도식모 검거. 형사대, 대구서

1966.08.04 조간 7 4시간 된 식모가 20만원어치 훔쳐

1966.08.18 조간 7 갓들어온 식모가 백20만원 훔쳐

1966.09.17 조간 3 식모가 백만원 훔쳐

1967.06.13 조간 7 식모가 백만원어치 훔쳐 도망. 주인이 집 빈새

1967.06.18 조간 8 식모가 업고 나가 12일째 행방불명. 한살난 남아

1967.07.13 조간 7 천만원 빼낸 식모. 성북서 오빠 신고로 붙잡아

1967.10.29 조간 7 돈 안주면 유괴 살해. 공갈 식모를 구속

1968.10.20 조간 7 수면제 먹인 식모 도둑. 국 속에 넣어 잠들게 한 후 16만원 어치 훔쳐

1968.11.27 조간 3 〈색연필〉 시골 처녀가장 식모 도둑

1968.12.05 조간 7 식모 가장…주인집 털어 10대 절도단 둘 검거 3명을 수배

1969.03.18 조간 7 식모가장 도둑질한 두남녀 구속

1969.06.05 조간 7 거금 훔쳐낸 식모. 교포행세 하다 잡혀

1969.07.12 조간 3 아기 유괴한 달아난 식모 수배

1969.10.03 조간 3 〈색연필〉 추석 틈탄 식모절도

1970.01.13 조간 7 달아난 절도 식모 3일간 추적 체포

1970.03.12 조간 7 친지 가장 도둑질. 식모 꾀어내고 20만원어치 털어가

1970.03.13 조간 7 〈색연필〉 돈 훔친 식모의 「강도극」

1970.07.24 조간 7 〈색연필〉 식모 가장한 부부 절도

1970.09.27 조간 7 〈색연필〉 애인을 식모로…도둑질

1970.10.01 조간 7 〈색연필〉 주인집에 협박 편지 쓴 식모

1972.01.20 조간 7 〈색연필〉 불륜 식모가 주인 아들 유괴

1972.05.04 조간 7 주인 아이 업고 식모 가출

3) 살인 사건

1960.04.28 석간 3 "총소리는 네번" 이날의 최후 순간을 말하는 식모

1960.12.11 조간 7 소나무에 묶어 식모를 치사

1961.05.05 조간 3 철야 신문. 黃允石 판사집 식모 楊대석양

1961.05.14 조간 3 열두살 식모 독살. 여수에서 9년만에 드러나

1961.10.11 석간 3 식모 金成子양이 진범? 자백한 후 횡설수설. 신당동 살인

사건

1963.06.04 조간 7 식모를 교살-은닉. 텔레비와 금붙이등 강탈범 체포. 범인 金魯淳은 집주인의 이질

1963.09.12 조간 7 식모 살해한 金魯淳에 사형을 구형

1965.03.30 조간 7 형 꾸중 듣고 식모를 살해

1967.07.11 조간 7 이복 딸 청부 살해. 식모-깡패 시켜 인왕산에 유인 난자

1967.07.19 조간 3 「청탁」 아니 혼자서 범행. 이복딸 살해 식모 진술

1967.08.05 조간 3 홍제동 살인사건 조사는 원점으로. 「조사」 좌초. 새 용의자에 「식모」

1968.05.23 조간 7 「행패」와 「학대」 엇갈린 식모사회. 안주인을 독살. "아이 낳기 위해 들어가 구박 심해"

1970.03.13 조간 7 술집 두 식모 피살. 속옷 벗겨진 채 혀 깨물고

1970.03.18 조간 7 식모 살인사건, 철공소 주인 金씨 용의자로 검거

1970.05.12 조간 7 10대, 식모 찔러 죽여

1971.10.31 조간 7 주인집 아들 피살. 식모를 구속

4) 자살 사건

1960.09.22 석간 3 〈색연필〉 식육점 식모 韓京子양 집안에 있는 우물에 투신 자살

1960.12.27 조간 3 식모생활 비관 자살

1961.01.11 석간 3 식모가 음독자살

1961.01.26 조간 4 〈내고장 소식〉 누명 벗기 위해 식모가 자살

1961.02.14 조간 3 향수를 못 이겨 식모 자살

1962.05.13 조간 3 음식점 식모가 비관자살. 주인아들 짝사랑

1962.05.28 석간 3 시계 도둑 누명쓰고 식모 자살미수

1962.06.24 조간 3 식모가 비관 자살

1962.07.27 석간 3　못생긴 얼굴 비관 식모가 목매 자살

1965.09.19 조간 7　식모가 신병비관 우물에 투신자살

1966.03.31 조간 7　도둑 누명쓴 식모 음독 자살

1966.05.13 조간 3　어린 식모 자살미수. 고모집서 매맞고

5) 식모 매매

1961.05.12 조간 3　만8천환 받고 식모를 팔아

1962.07.06 조간 3　식모에 난행. 백주에 꾀어내어

1966.11.13 조간 7　소녀 유괴→식모로 천원받고 판 여인을 구속

1970.10.21 조간 7　고아원생 2명 유괴. 식모 삼으려다 잡혀

1971.10.30 조간 7　주부에 덜미 잡힌「식모 소개」사기. 입주 하룻만에 금품 절취 — 도주 1주간 끈덕진 추격 끝에

출처:『조선일보』

부록 1-2 박정희 정권 노동윤리 관련 문헌들

노동운동이나 근로자의 보호는 국가의 현실을 도외시할 수 없는 것이며, 국민경제에 미치는 영향을 고려하지 않을 수 없는 것이다. 개인이나 단체가 어디까지나 국가와 민족이라는 공동운명의 연대의식에서 자기의 위치와 사명을 재인식하여야 하듯이 근로자 여러분들의 단결과 사회적 운동도 그에 상응하는 사회적 자각과 책임을 수반하지 않으면 안 될 것이다. 개인이나 단체의 자유로운 활동과 권익의 주장은 어디까지나 그 개인이나 단체가 소속한 국가의 목표와 이익에서 이탈되지 않는 범위에서 보장되어야 하기 때문이다.

1964년 3월 10일 근로자의 날 치사

우리들의 긴박한 경제건설을 위해서는 무엇보다 앞서 경제 재건의 원동력인 기업가와 노동자 간의 협조와 단결, 즉 '노사협조'가 이룩되어야 하겠다.

1965년 3월 10일 근로자의 날 치사

균형 있는 국민경제의 발전과 복지 국가 건설을 위해 인정된 근로자의 제諸권리가 오히려 국민 경제 질서에 혼란을 가져온다면 우리의 경제 건설은 한없이 공전空轉되지 않을 수 없다.

1965년 3월 10일 근로자의 날 치사

공장에서, 광산에서, 혹은 철도나 항만港灣에서, 혹은 기타 직장에서 촌음寸陰을 아껴 일하고 있는 우리 근로자 여러분들 한 사람 한 사람은 바로 조국 근대화 작업의 진정한 역군이며 전사다.

1966년 3월 10일, 근로자의 날 치사

노동은 빈곤을 물리치는 최강의 무기이며, 자립경제 건설과 근대화 과업課業의 원동력이다. 1966년 10월 27일, 한국노총 대의원 대회 치사

우리 사회에 있어서, 근로자의 투쟁 대상은 단순한 기업주라 하기보다는 빈곤 바로 그것이다. 따라서 빈곤 없는 풍요한 사회를 건설하기 위한 거족적인 노력의 과정에서 근로자가 취할 자세는 너무나 자명하다.

1966년 10월 27일 한국노총 대의원 대회 치사

현 시점에서 우리가 항상 명심해야 할 것은 노동생산성을 넘지 않는 적정 수준의 임금이야말로 급속한 경제발전의 첩경捷徑인 동시에, 궁극적으로는 근로자 여러분의 생활 향상에 직결될 수 있다는 사실이다. 1970년 3월 10일 근로자의 날 치사

문제는 일시적인 만족을 탐내는 나머지 생활수준을 더 낮추거나 그 이하의 파멸을 가져올 것인가, 그렇지 않으면 일시적인 시련을 참고 노력함으로써 그 대가를 보상받을 것인가 하는 두 가지 자세 중에 어느 것을 택하느냐에 달려 있다.

1971년 3월 10일 근로자의 날 치사

2장_ 여공 되기

— 희생양 담론과 공장 동경

우리 부모 병들어 누우신 지 삼 년에
뒷산의 약초뿌리 모두 캐어 드렸지
나 떠나면 누가 할까 병드신 부모 모실까
서울로 가는 길 이리도 멀으냐

아침이면 찾아와 울고 가던 까치야
나 떠나도 찾아와서 우리 부모 위로하렴
나 떠나면 누가 할까 병드신 부모 모실까
서울로 가는 길이 왜 이리도 멀으냐

앞서가는 누렁아 왜 따라 나서는 거냐
돌아가 우리 부모 보살펴 드리렴
나 떠나면 누가 할까 병드신 부모 모실까
서울로 가는 길이 왜 이리도 멀으냐

좋은 약 구해 갖고 내 다시 올 때까지
집 앞의 느티나무 그 빛을 변치 마라
나 떠나면 누가 할까 병드신 부모 모실까
서울로 가는 길이 왜 이리도 멀으냐

— 김민기, 「서울로 가는 길」 중에서

2장에서는 여성노동자들이 공장에 들어가는 과정에서 나타났던 '희생양 담론-공장 동경'을 다룰 것이다. 여공의 담론과 세계를 탐구하는 것은 단순히 여공의 생활을 서술하는 것이 아니다. 중요한 것은 여공의 세계를 둘러싼 보이지 않던 담론과 지식의 체계를 재구성하는 것이다. 산업화 시기 노동자와 노동운동에 대한 상당수 연구 자료와 문헌에는 여성노동자들이 등장한다. 그러나 그 안에 서술된 여성노동자는 여성인지 남성인지 구분할 수 없는 존재로 기록되어왔다. 이것은 '여성'이기에 앞서 '노동자'로 담론화되어야 했던 산업화 시기 노동사를 둘러싼 지배적 경향 때문이다. 나는 여공을 둘러싼 지배적인 당대의 담론, 후대에 만들어진 여공에 대한 담론과 해석, 그리고 여공 자신이 생산한 담론들의 계보를 탐구함으로써 산업화 시기 여공을 둘러싼 지배적 담론이 은폐하고 있는 것들을 구체적으로 드러내고자 한다. 결론부터 말하자면, 여공을 둘러싼 기존의 담론과 지식체계 내부에 존재한 '희생양 담론'은 여공의 욕망과 공장에 대한 적극적인 동경을 은폐-억제하려는 담론이었고, 이 글은 그 담론을 '전복'하는 작업인 것이다.

내가 여기서 사용하는 '희생양 담론'이란 산업화 시기 여성노동자들이 가족과 가부장의 생계를 위해 저임금, 열악한 노동조건 그리고 자신의 꿈이나 희망을 '희생'하는 것을 내면화했다는, 여공에 대한 지배적 담론 체계를 의미한다. 희생양 담론에 따르자면 여공은 가족의 생계와 가부장, 그리고 미래 가부장의 교육을 위해 희생하는 자신의 욕망과 동경이 결여된 주체였다. 여공의 공장 입직 과정에서 드러난 젠더불평등적인 가족에서의 탈출이라는 '공장 동경'은 삭제된 채, 여공은 순종적으로 가족을 위해 희생했던 일시적 출가 노동력이라는 규정을 재생산한 담론이 바로 '희생양 담론'이다.

서구의 여성노동자들도 마찬가지였다. 초기 산업화 과정에서 여성노동의 이미지는 생계를 해결하기 위해 가족과 떨어져 힘든 노동을 하는 여성

공장노동자, 특히 면방 여성노동자들이었고, 여성노동력의 상징은 기혼 여성이 아닌, 78퍼센트에 달하는 미혼 여성노동력이었다. 그리고 이 여성노동자들의 조건은 '아무도 견딜 수 없는 노동No men could endure the work' 자체였다(조은 외 1997, 88, 92). 노동에 대한 남녀간 관념의 차가 담론화되는 양식을 보면, 남성에게 노동은 독립, 개인적 정체성 획득의 가능성을 의미했던 데 비해, 여성에게 노동은 타인에 대한 일종의 '의무'였다. 특히 젊고 미혼인 여성에게 노동은 가족에 대한 의무로 여겨졌다(스콧 2000, 639). 이런 성별분업의 결과로 가족 내 남성은 '미래 생계 책임자'로, 여성은 '즉각적 생계보조자'로 담론화되었다(조은 외 1997, 48~9). 이것은 가족 내 남성을 위한 여성의 공장 진입을 정당화하는 담론이었고, 한국에서는 생계보조나 남성 가족 구성원을 위한 '출가'로 합리화되었다.

여기서 흥미로운 점은 희생양 담론이 기존 노동사 연구만이 아니라 우익 지식인을 비롯해 산업화 시기 정부의 정책 담당자에게도 발견된다는 점이다. 당시 대통령 제2경제수석이던 오원철은 여공의 특징에 대해 이렇게 지적하고 있다(오원철 1999).

1) 당시의 여공들은 진취적이었다. 15~16세의 어린 나이에도 불구하고, 미지의 세계에 뛰어드는 용기가 있었다. 미국의 서부 개척자와 유사한 정신이다.
2) 인내심이 강했다. 고된 일도 마다하지 않았고 매일 반복되는 지루한 일을 하루 10여 시간 일했다.
3) 향학심이 강했다. 머리가 좋았다. 특히 암산에 능하고 손재주도 좋았고, 눈이 좋아 장시간 미세한 작업을 해도 피로가 적었다.
4) 가족간에 우의가 돈독했고 가족을 위해 희생할 줄 알았다.
5) 국가나 회사에서 설정한 목표량(수출량)을 달성하는 데 스스로 노력을 했다. 대부분의 여공들은 자기 직장에 만족했고, 보수에도 불평이 없었다.

매우 미묘한 뉘앙스를 풍기는 오원철의 여공에 대한 담론은 표면적으로 여공을 한국에서 산업혁명의 주인공인 양 치켜세우는 듯하지만, 실제로는 여공의 진취성, 인내심, 향학열, 가족에 대한 효심 등으로 포장된 산업화를 위한 희생양 논리를 답습하고 있다. 하지만 산업화 및 권위주의 정권 아래에서 가장 많은 육체적이고 정신적인 고통을 경험했음에도 여공들을 단지 희생양으로 파악하는 것은 여공의 세계와 정체성이 지녔던 독자적인 성격을 무시하는 시각이다.

또한 여공의 공장 동경과 욕망을 은폐한 또 하나의 담론은 '다락방 담론'이었다. 평화시장 등 소규모 작업장 내 여공에게 다락방은 실제로 존재했다. 그러나 다락방 담론은 여공의 초과착취, 즉 저임금-장시간 노동 그리고 가족을 위해 희생하는 여공에 대한 담론을 고정화시켜, 여성이자 노동자로서 가지는 여공의 다양한 주관적 경험을 단순화시켰다. 다시 말해 다락방 담론은 여공의 저항 근거를, 이런 착취적 노동조건만으로 환원시켰다. 그리고 여공이 경험한 성별 분업이란 요소를 배제함으로써 민주 대 어용이라는 남성 노동사가 지닌 전제를 합리화했다. 실제 동일방직 등 공장에 대한 여공들의 동경은 노동조건으로 획일화되지 않는, 여공으로서 자기 시간, 자립 등에 대한 희구가 내재되어 있다. 그러나 간과해서는 안 될 점은 여공의 공장 동경이 지닌 이중성이다. 여공의 욕망과 다양한 경험에도 불구, 여전히 여공을 둘러싼 담론은 가부장제, 산업전사라는 국가주의, 사회관계에서 배제된 여성이라는 이중성이 중첩된 상태였다. 이것은 아직 여공들의 공적 영역을 향한 욕구와 민족공동체에 대한 충성 사이의 충돌이 가시화되지 않은 시기였음을 보여준다.

다음으로 여공의 몸과 작업장 내 신체 배치와 관련해서, 여공에 대한 담론은 작업장별, 산업별, 규모별 여공의 상이한 작업장 경험을 '장시간 노동-열악한 노동조건' 등으로 획일화했다. 2장에서는 산업별, 공장 규모, 작업의 성격 등 여공 내부의 다양성을 작업장 내 익명적 지식을 통해 드러내는 동시에 작업장이 노동자 규율의 공간인 동시에 신체, 시간의 규율화를 둘러싼 '공간'임을 밝히고자 한다. 끝 부분에서는 비숙련공의 세계를 살핀다. 처음 여공들이 작업장에 배치되어 비숙련공으로서 겪게 되는 경험이 의미하는 것은 착취적이고 비인간적인 무엇으로만 해석할 수 없다. 중요한 것은 여성노동의 성격이 남성에 비해 낮은 것이 아닌데도 불구하고, '여공=낮은 숙련, 단순한 노동'이라는 여공에 대한 담론이 지배적이었다는 점이다. 더불어 작업장 내부 위계질서가 숙련 혹은 근속 등에 의해 결정되는 것이 아니라 성별을 근거로 확정되어, 여공은 작업량, 작업 위치 등에 대한 결정권에서 원천적으로 배제되었다는 점이다. 이것은 성별분업의 원리가 작업장까지 확대-재생산되었음을 보여준다. 우선 산업화 시기 여성노동을 둘러싼 지배적 담론인 '희생양 담론'부터 살펴보자.

희생양 담론

> 열여섯의 나, 차창에 손바닥을 대고 플랫홈을 내다본다.
> 잘 있거라. 나의 고향. 나는 생을 낚으러 너를 떠난다.
>
> — 신경숙, 『외딴방』 1권, 27쪽

여성노동자들에 관한 여러 문학 작품이나 수기에서 산업화 시기 여공들은 희생적인 누이 혹은 고도성장의 역군, 산업전사로 담론화되었다. 그렇다면 시골의 어린 소녀들이 고향을 등지고 공장에 온 이유는 어떻게 이야기로 만들어졌을까? 여러 문헌들은 '가난한 가족' 그리고 '교육' 때문이라고 이야기한다. 대표적인 예로, 여성사학자 정현백은 여공으로 상징되는 1세대 노동자계급은 의식 내부에 '가족주의 가치관'이 내재되어 있기 때문에, '자신이 아니면 가족이 죽는다'는 식의, 간단히 말해서 가족과 장자長子와 남자 동생을 위한 희생양 담론에 지배적이었다고 주장한다. 잠시 정현백의 주장을 들어보자(정현백 1992, 411).

> 이들에게 있어서 개인주의적 가치관은 매우 약하다. 특히 이들의 대부분이 빈곤한 가정 출신이고 보니, 이러한 가족주의 가치관은 바로 가족의 생계에 대한 책임의식으로 연결된다. 결국 여성노동자들의 대부분이 이 열악한 노동과정을 이겨내는 동인은 '자신이 아니면 가족은 굶어 죽는다'는 의식이다.

하지만 나는 가족을 위해 자신을 희생한 여공들의 미담이 사실인지 아닌지 여부보다, 이런 담론이 확산된 이유에 주목하고 싶다. '가족의 생계와 남성의 교육'을 위한 상경이란 담론 역시 희생양 담론을 정당화시키기 위한 것이었다. 흥미로운 점은 여성노동자들의 수기에도 천편일률로 공장 취직 동기가 가난과 교육 때문이라고 기록되어 있다는 사실이다. 여공들도 무의식 중에 지배적인 희생양 담론에 빨려 들어간 것일까? 기록과 사료 속에 서울과 공장에 대한 여성노동자들 자신의 욕망은 거의 '삭제'되어 있다. 그리고 글 속에 삭제된 것을 찾아내는 것이 이 글의 목적이다.

우선 나는 이농을 통해 여공이 되는 과정에 대한 사회의 시각을 교차시켜보려고 한다. 가족은 어린 소녀들의 공장 취업을 기뻐했을까? 그리고 가족과 여공이란 두 행위자간의 관계는 어떻게 담론화되었을까? 또한 조국 근대화를 위한 '전사'로 여공들을 치켜세우던 국가는 대량 이농에 대해 어떤 태도를 취했나? 그리고 회사 간부와 직원들을 고향에 내려 보내 여성노동자들을 모집하던 고용주의 태도를 비롯해서 심각한 이촌향도 현상에 대한 당시 정치경제학의 시각도 같이 살펴보고자 한다. 이것들을 통해 여공들이 농촌을 떠나 공장으로 온 것이 반드시 '가족을 위한 희생' 때문만은 아니었음을 밝히고자 한다. 정리하자면, 여성노동자가 될 여성들의 정체성 내부에는 가족에 대한 경제적 지원이란 가치에 앞서, 개인으로서 '자립'이나 '독립'이 분명히 존재했다고 말할 수 있다. 바로 이것을 통해 여공에 대한 '희생양-수동적 주체' 담론을 해체해볼 것이다.

희생양 담론을 보여주는 대표적인 문헌이 바로 뒤에서 살펴볼 1972~78년 한국 여성노동자에 대한 민족지적 조사를 수행한 『여공*Yogong*』 같은 문헌이다. 이 글에 따르면 한국 사회에서 '고향'이란 전통적 한국 문화를 이상화한 것이고, 이런 맥락에서 여성노동자들의 도시 체류는 일시적이며, 일정한 돈을 얻게 되면 집으로 돌아갈 길은 열려져 있다. 일반적으로 젊은 여성들의 도시 이주는 개인적인 선택에 따른 것인데, 이런 선택의 주된 배경은 가족과 관련되어 있으며, 개인의 도시 진입은 고향과 가족 조직의 반영이다. 또한 도시 생활 자체가 여성들의 가족적 유대를 단절시키는 것은 아니며, 여성들에게 도시 이주와 공장노동이란 결혼 전 7~8년 정도 가족을 위해 일하는 것을 의미했다(Spencer 1988).

여공의 이농과 가족

그렇다면 산업화 시기 미혼 여성들이 농촌을 떠난 이유는 무엇이었을까? 시기상 다소 차이가 있으나, 1977년 한 잡지는 이농에 대해 이렇게 적고 있다. "지금 농촌은 돈의 화신이 들린 것 같다. 열대여섯 살 고사리 손들이 돈을 벌겠다고 도시로 나간다. 식모살이로, 공장으로 말이다"(강준만 2002, 127 재인용). 그렇다면 소녀들이 이농을 했던 이유는 농촌의 가난과 돈 때문만 이었을까? 앞서 살펴본 것처럼 이농한 이들의 도시 생활이 윤택한 것은 아니었다. 1970년대 서울 인구의 삼분의 일에서 오분의 일에 해당하는 약 1백만 명에서 3백만 명은 판자촌 생활을 감내해야 했고, 이 사람들은 대부분 농촌 출신이었다. 신경숙은 『외딴방』에서 초창기 도시 생활을 이렇게 기록한다(신경숙 1995, 67).

> 내가 어리둥절했던 건 갑자기 도시에 나와서가 아니라, 도시에서의 우리들의 위치 때문이었는지도 모르겠다. 제사가 많았던 시골에서의 우리 집은 어느 집보다 음식이 풍부했으며, 동네에서 가장 넓은 마당을 가진 가운뎃집이었으며, 장항아리며 닭이며 자전거며 오리가 가장 많은 집이었다. 그런데 도시로 나오니 하층민이다. 이 모순 속에 이미 큰오빠가 놓여 있고, 이제 열여섯의 나도 그 모순 속으로 들어갈 것이다.

박정희 정권 때 경제 제2수석이었던 오원철은 여공의 취직을 농촌 가족의 가난을 보조하기 위한, 이른바 생계보조적이라기보다 경제적 어려움을 최소화하기 위한 선택, 좀더 적극적으로 해석하자면 '탈출'이란 뉘앙스로 해석한다(오원철 1999).

> '보릿고개'의 심각성은 가족 전체의 문제라는 데서 오는 좌절감과 영구히 해결될 수 없다는 절망감에 있는 것이다. 그래서 보릿고개를 당하는 농가는 식구 중 한 입이라도 줄이려고, 열 살도 못 된 어린 자식을 양자로 보낸다. 이들은 주로 딸들인데, 말이 양자이지 대개 식모살이를 했다. 보릿고개를 참다못해

도시에 나와도 일감이 없었다. 먹을 거리를 구하기 힘든 것은 마찬가지였다. 매일 매일이 보릿고개였다. 이런 보릿고개는 1977년에 가서야 해결된다. 1960년에는 우리나라 인구 중 65%가 농촌에 살았다. 조그만 농가에 자식은 보통 5~6명이나 되고 그 중의 반은 딸이었다. 그 당시 어느 농촌 소녀의 경우를 들어보자. 이 소녀는 초등학교 졸업 후 가사를 돕다가 15세가 됐다. 동생들은 늘어나고 식량 사정은 더욱 어려워져, 마침내 공장으로 일하러 가기로 결심했다. 돈을 벌어 집을 돕겠다는 생각보다는, 우선 자기가 먹을 양식만이라도 절약해야 하는 절박한 가정형편 때문이었다. 소녀는 동네 또래 몇 명과 함께 공장으로 떠났다.

그렇다면 이농한 여성노동자의 가족은 어떤 상태였으며, 혹시 여성노동자와 가족 사이에 숨겨진 관계가 존재하지는 않았을까? 스펜서가 조사한 몇몇 가족의 사례를 보자(Spencer 1988).

1) 이옥자의 가족 — 경남 남해가 고향인 이옥자 가족은 24세에서 8세에 걸친 8남매고, 이 가운데 이옥자는 둘째다. 그녀의 아버지는 여섯 마지기의 논과 보리와 채소 재배를 위해 3300평의 땅을 소유하고 있다. 이 가운데 약간의 남는 쌀과 다양한 채소나 보리 등을 시장에 판매함으로써 얻어지는 현금 수입이 있으며, 대부분의 생산은 가족의 생계를 위한 것이다. 하지만 여전히 대부분의 생산은 보수의 형태로 사용되며, 현금 수입의 원천으로서 수확물은 거의 미미한 수준이다. 옥자의 아버지는 가정을 떠난 3명의 나이든 자식들에게 쌀과 채소 등을 보내준다. 이것은 도시로 이주한 자식들이 여전히 식생활의 원천을 농촌에 의존함을 보여주는 동시에 자식들이 도시에서 얻은 수입은 가족 소득의 연장임을 의미한다. 실제 이옥자 가족에게 현금 수입의 원천은 두 명의 나이든 딸들이 번 수입이다. 서울에 거주하는 두 명의 자매는 같이 사는 남동생의 생계와 학비를 책임진다(학원비 1만5천 원, 도서관 사용비 3천 원, 중식 및

버스비 600원). 특히 아버지는 모든 자식들에게 있어서 교육이 중요하다고 생각했고 이들은 모두 고등학교를 마쳤다. 그녀의 아버지는 장자長子에 대해 두 가지 생각을 가졌는데, 하나는 장자가 고향으로 돌아와 농사를 책임지길 바라는 것이고, 다른 하나는 교육을 통해 장자가 더 나은 사회적 지위를 얻어 가족을 지원할 수 있게 되는 것이다.

2) 백준선(22세)의 가족 — 백준선 가족은 대도시 경계에 땅을 보유하고 있고, 백준선은 장녀로 현재 집에서 버스로 40분 거리에 있는 전기회사에 다니고 있다. 준선의 아버지는 고등학교 졸업은 모든 자식들에게 '강제 조항'이라고 믿고 있다. 하지만 그녀 밑의 동생들의 경제적 조건이 준선으로 하여금 일을 하게 만들었고, 그녀는 아마 3년 이상 현재 하고 있는 일을 해야 할 것이다. 준선의 아버지는 딸들이 농촌의 부인이 되길 원하며, 도시는 딸들에게 고약한 장소라고 여긴다. 따라서 그녀의 아버지는 현금을 위해 준선의 벌이에 의존해야 한다는 것에 대해 후회하고 있다. 백씨 가족은 비록 서울 대도시 주변에 거주하고 있지만 그 지향은 지극히 농촌적이다. 다른 도시에서 일하는 많은 소녀들이 도시에 대해 매력을 발견하고, 그 안에서 자신들의 삶을 살아가겠다고 생각하는 데 비해, 준선은 그렇지 않다. 준선은 농촌 생활의 숭고함에 대한 아버지의 견해에 동의한다.

3) 김민숙(25세)의 가족 — 김민숙의 가족은 울산에서 버스로 30분 정도 걸리는 농촌 마을에 살고 있다. 하지만 민숙의 가족은 아버지가 땅을 모두 팔아버려서 오직 살 집만을 가지고 있으며, 그 후 그녀의 아버지는 술에 빠져 일을 하지 않고, 부인과 자식들한테서 얻은 돈을 도박과 술로 탕진했다. 이런 불행한 상황은 민숙 어머니의 일 — 그녀의 어머니는 주변 농가의 생산물을 구입해서 정기적인 장사나 버스를 통해 얻은 작은 매출 이익margin으로 이것들을 판다 — 을 통해 경제적인 균형을 이루었다. 그녀의 가족은 부모와 8명의 자녀로 이루어졌고, 민숙은 2명의 자매와 같이 서울에서 일을 했었다. 민숙과 손아래 동생은

중학교를 졸업했지만, 셋째 누이와 그 밑에 동생은 집안 사정이 여의치 않아서 중학교조차 졸업하지 못했지만, 아버지는 딸들의 교육에 대해 우호적이지 않았다. 민숙은 5년 전인 19살 때 서울로 올라왔으나, 과로로 폐결핵에 걸려 2년 만에 집으로 돌아와 쉬어야 했다(당시 농촌에서 폐결핵은 '결혼 결격 사유'였다). 하지만 그녀의 아래 동생은 섬유공장에서 여전히 일을 하고 있으며, 동생의 공장 생활 성공과 2년 동안의 휴식에 따라 민숙이 쾌유함에 따라 주변 도시로 가서 그녀가 다시 일하는 것을 아버지도 허락했다. 장녀인 민숙은 항상 부모한테서 그녀가 나이 어린 형제들의 요구를 충족시켜줄 책임이 있다는 말을 듣는다. 특히 아버지는 가족의 생계를 보조하는 것은 전적으로 딸들에게 달렸다는 보수적인 시각을 가지고 있다. 심지어 아버지는 민숙이 동생과 교회에 가는 것조차 반대했는데, 그 이유는 교회 헌금 때문이었다.

지금까지 세 여성노동자의 '가족적 배경'에 대해 살펴보았다. 공통점을 추려보자. (1) 딸들은 가족의 생계, 수입의 연장선에서 도시에 취업하고 있다. (2) 여성노동자들의 부모는 딸들의 공적 영역 진출에 대해 부정적이며, 교육에 대해서도 '반드시' 긍정적이지 않다. (3) 도시에 오기 전 여성노동자들은 가족 내 가부장적인 지배 때문에 고통을 받은 경험을 대부분 공유하고 있다. 농촌 출신 여성노동자들도 한국의 다른 가족과 마찬가지로 성별위계적 질서 아래에서 성장해왔다. 도시와 공장에 여성들을 보내는 것에 대해 탐탁하게 여기지 않으면서도 딸들이 가족을 위해 희생해야 한다는 담론은 유교 담론의 내외관內外觀과 가족에 대한 효孝가 변용된 형태였다. 여성들에 대한 이런 담론은 딸들의 교육에 대한 부모들의 태도에서도 나타난다. 대부분 부모들은 딸들에게 교육이 굳이 필요없다는 태도를 일관되게 취해왔고, 이런 맥락에서 여성노동자들의 농촌 탈출은 교육의 기회를 얻기 위한 '선택'이었다. 물론 예외적 사례도 드문드문 발견되지만, 산업화 시기 농촌에서 장녀는 가족을 위해 가장 큰 희생을 강요당했고, 여성이기 때문에 차별도 심했다. 그렇다면 십대 여성들은, 일본 메이지 시기 초기 여성노동자들이 몰락한 사무라이 가문의 경제적 보충을 위해 혹은 소작농 가족의 소작료를 갚기 위해 공장에 취직을 했던 것처럼, 가족에 대한 강한 충성심을 지니고 있었을까?

동일방직 여성노동자였던 추송례는 공장을 동경했던 이유를 가난과 가부장적인 가족과 농촌에서는 미래가 결여돼 있기 때문이라고 언급하고 있다(추송례 2001, 28).

> 뼈가 부서져라 일해도 배고프고 가난하기만 했던 어린 시절. 내가 기억하는 고향이란 춥고 배고프고 서러웠던 기억뿐이다. 내 어린 시절을 보낸 완도는 김과 미역이 많이 생산되는 곳으로 우리 집 또한 김과 미역을 했다. 나는 이 김과 미역 때문에 어린 시절을 중노동에 시달려 잘 자라지도 못했고 부모의 사랑이란 것도 모른 채 자라나야 했다. ……우리는 사는 것이 죽는 것보다 무섭다는 것을 일찍부터 체험하며 살았다. 새벽부터 김 내라 밥 불 때라 하고 소리치는 엄마 목소리가 듣기 싫어서 이불을 머리끝까지 올려붙이고 자고 있다가 긴 작대기를 가지고 쫓아온 아버지의 매가 무서워 떨어지지 않는 눈을 억지로 떼어 잠을 쫓았다.

나는 미혼 여성들이 이농을 통해 여성노동자가 된 것을 가족의 빈곤이라는 '경제적 요인'만으로 보지 않는다. 스펜서(Spencer 1988)는 이농 여성과 가족간의 연계에 대해, "농촌의 딸들이 도시로 가는 매력 중 일치된 하나의 이유는 농부의 아내로서 사는 삶이 너무 힘들고 보상이 없기 때문이었다. 그러나 형제와 자매들간의 상호의존과 서로간의 책임은 가족 단위 내부의 연대감을 강화하기도 하고, 일을 구하기 위해 농촌에서 도시로 올라간 딸들은 먼저 도시에 올라가 결혼한 자매나 형제가 은신처가 된다"고 언급했다. 그가 밝힌 이농에 대한 가족의 태도를 다시 인용해보자(Spencer 1988, 34).

> 일단 도시에서 일을 하기로 결정하면, 가족들로부터의 조언이 반드시 따르는데, 그 중 제일 중요한 것은 가족의 재정적 필요를 보충하기 위해 그녀가 일을 해야 한다는 것이다. 비록 보수적인 시각에선 공장 고용은 경멸의 대상이기도 하지만, 농촌에서 아무런 기술도 습득하지 못한 이들에게 이는 한 단계 상승이다(실제 이들은 농촌에서 학교 졸업 후 가정에 남아 있거나 결혼을 기다리는 일 이외에는 대안이 없다). 하지만 아버지에게 딸을 도시로 일하러 보내는 것은 아무리 재정적인 상황이 곤궁해도 마땅치 않은 일인데, 그 이유는 그녀가 일을 하러 간다는 사실은 아버지의 실패를 의미하기 때문이다. 따라서 도시로 일을 나가는 것은 가족의 승인이 필요하며, 이 과정에서 아버지들의 태도는 이중적인데, 한편으론 허락하면서도 다른 한편으로는 부정하는 식이다.

나는 이농, 그리고 소녀들의 선택을 '농촌 탈출'이란 소녀들의 적극적 선택과 가족적 요구의 '복합적인 산물'로 보고 싶다. 이제 그간 은폐되었던 여공들의 공장 취업 과정에서 드러난 농촌 탈출의 욕구와 공장 동경을 하나씩 들여다보자.

농촌 탈출과 가족의 생계 — 여공의 담론들

우선 삼원섬유에서 성장, 1980년대 인천 지역에서 노동운동을 했던 김지선은 자신의 공장 취업에 대해 이렇게 말하고 있다(김지선 2002).

중학교 졸업하고 열일곱 살 때였어요. 내가 6남매 중 넷째였는데, 언니 오빠들은 결혼해서 분가하고, 아버지는 연로하셔서 제대로 일을 하실 수 없었어요. 그만큼 살기가 어려웠지요. 우리 부모가 북에서 피난 내려와 백령도 밑의 조그만 섬에서 살았는데 거기서 태어나 인천에서 자랐지요. 송현동이라는 산동네에 천막을 치고 살았죠. 소꿉친구가 열다섯 명 정도 됐는데, 그나마 중학교 간 건 나 하나밖에 없었어요. 그만큼 동네가 가난했어요. 아버지는 부두노동자였어요. 그래서 공장에 들어갔는데, 그게 대성목재였어요. 나이 때문에 내 이름으로 들어가지 못하고 바로 위에 언니 주민등록으로 들어갔죠. 거기서 한 언니가 산재 당하는 걸 보고 다시는 공장에 안가겠다고 했었어요. 그래도 별 수 있나요. 기술 배운다고 서울에 와서 미싱자수를 했는데, 이게 계절을 많이 탔어요. 봄가을에는 일이 많고 여름에는 쉬고. 시다 생활을 하는데 식모살이 비슷하게 부려먹었어요. 한 2년 고생하다가 '요꼬'[1]라고 스웨터 짜는 걸 배웠어요. 그런 후에 인천으로 돌아와 취직한 곳이 부평 4공단에 있는 삼원섬유죠. 그때가 72년 말, 열아홉 살 때쯤일 거예요. 자취방에서 아버지 모시고, 동생들 학비 챙기며 가장 노릇을 해야 했어요. 그때는 나 같은 사람이 워낙 많았으니까.

그녀에게 공장은 가난에서 벗어나기 위한 선택이었다. 하지만 '생계보조를 위한 희생'이라는 지배적 담론과 달리, 여성노동자들은 실제적인 '가장'이었다. 개인적인 농촌 탈출과 달리 버스로 농촌 소녀들을 데려간 대표적인 사례가 YH물산이다. 당시 사장이던 장용호는 자신의 출신 지역 어린 여성들을 공장 노동력으로 쓰기 위해 버스까지 대절하기도 했다. 물론 이 과정에서 소녀들에게 서울에 대한 환상을 불러일으키거나 야간이나 일요일에 교회에 갈 수 있다는 등의 유혹이 제공된 것은 물론이었다. 여기서 장남수,

1_ '니트knit'를 흔히 '요꼬'라는 일본어로 지칭하는데, 봉제업계의 강한 노동 강도를 노동자들이 인내할 수밖에 없는 조건을 자조하는 말로 노동자들은 자신을 '요꼬쟁이'라고 지칭하기도 했다.

송효순, 민종숙 세 여성노동자의 농촌 탈출과 가족간의 관계에 대한 '개인사'를 미시적으로 살펴보자.

먼저, 원풍모방의 장남수는 1958년 7월 25일 경남 밀양에서 10리 정도 들어간 상동면 평동이라는 마을에서 6남매 중 셋째로 태어났다. 그녀가 유년기를 지내온 시기는 '보릿고개'라는 말이 성행하고, 빈궁에서 해방되는 것이 정치구호로 등장하던 시대였다. 논밭 다 합해야 예닐곱 마지기 정도 되고 달리 수입이 없어서 늘 가난에 시달렸다.[2] 그녀 역시 유년 시절 무밥, 쑥밥, 고구마밥, 콩나물밥 등 요즘은 건강식으로나 먹는 잡곡으로 끼니를 때웠다. 장남수는 유년기의 가난을 이렇게 회고하고 있다(장남수 1984, 9).

> 4학년 때부턴 도시락을 싸가야 했는데 밥을 먹을 때마다 시커먼 보리밥과 김치를 내놓기가 창피해서 그때마다 나는 가리고 먹거나 아예 가져가지 않거나 했다. 그런데 혼식장려라는 구호가 나붙으면서 쌀밥을 싸온 부잣집 딸아이가 선생님께 혼이 났다. 그러나 나는 쌀밥을 가지고 와서 혼나는 그 부잣집 딸아이가 그렇게도 부러울 수가 없었다. ……가난하다는 것, 돈이 없다는 것이 사람을 평가하는 데 최우선적으로 고려되는 결정적인 요소라는 것을 이때 나는 처음으로 뼈저리게 느꼈다.

그녀도 가난 때문에 국민학교만 마치고 1973년, 15세 때 서울에 계신 삼촌이 일을 도와 달라는 소식을 듣고 드디어 서울로 올라오게 된다. 그녀는 당시 서울에 올라오는 심경을 이렇게 기록하고 있다(장남수 1984).

2_ '마지기'는 한국에서 한 말의 씨를 뿌릴 만한 넓이를 지칭하는 단위로, 지방에 따라 다르지만 보통 한 마지기는 논 150~300평, 밭 10평 내외다.

부모님, 형제가 있는 서울엘 가는데도 왠지 그렇게 서러웠다. 지금 생각하면 아마도 그것은 내 유년 시절의 종말을 알리는 낯선 곳으로의 이전에 대한 슬픔이었던 것 같다. 이제 보호받고 자연의 품에 안겨 있던 내 작은 꿈의 시절은 미지의 두려움 속으로 빨려들어가게 된다는 어떤 통과제의와 같은 서러움이었던 것이다.

두려움 속에서 서울로 올라온 그녀를 기다린 것은 가난과 미어터질 듯이 좁은 집이었다. 삼촌 집은 가게에 방이 하나 딸린 집이었고, 삼촌이 그녀를 불러올린 이유는 '자신도 형편이 되지 않지만 너는 공부시킨다'는 생각 때문이었다. 당시 가족들과 공장 경비실장으로 근무하던 아버지의 고단한 삶은 그녀로 하여금 공장에 대한, 독립과 자립에 대한 생각을 더욱 키우게 만들었을 것이다. 12시간 2교대 근무를 하던 장남수의 아버지는 자그마한 전세방이 3명이나 되는 아이들로 항상 시끄러웠기 때문에 짜증이 나서 자주 술을 먹고 만취가 되어 들어오곤 했다. 그는 박봉으로 살아보려고 안간힘을 썼지만, 단칸방에서 제대로 자지도 못한 채 야간 출근과 만취를 거듭했다(장남수 1984, 15~7).

다음으로, 대일화학 송효순이 태어난 충남 논산군 연무읍 황하1동은 약 20가구밖에 살지 않는 조그맣고 가난한 산골 마을이었다. 그녀는 8남매에다, 아버지는 재혼을 한 다소 복잡한 가족사를 지니고 있었다. 더군다나 아버지는 양반이라고 해서 절대 일을 하지 않는 고지식한 사람이었다. 아버지는 가족을 거의 돌보지 않았고, 모든 상속권을 큰오빠에게 넘겨 나머지 식구들은 가난에 시달렸다. 따라서 집안 살림은 어머니가 남의 집 품팔이라든지 떡 장사를 하면서 근근이 꾸려가는 형편이었다. 그녀는 9살이 되던 1965년에 집에서 10리 거리에 있는 황하국민학교에 입학했다. 하지만 바로 위 언니인 송난희도 가정 형편 때문에 중학교에 못 가는 처지였다. 송효순 역시 1971년 중학교 진학을 포기했다. 5, 6학년 때 제법 공부를 잘하던 그녀에게 어머니는 중학교에 들어가면 동생들 학교는 물론 밥 먹기도 힘드니 중학교를 포기하라고 하시며 눈물을 흘리셨다고 한다(송효순 1982, 18~19). 송효순의 예에서 볼 수 있듯이, 여성노동자들의 공통적인 개인사는 단지 이 몇 명에 국한된 것은 아니었다. 1979년 도시산업선교회 회관에서 열린 수련회에 40여 명의 대일화학 노동자들이 참가했다. 이 수련회 가운데에는 개별 노동자들의 고향 소개, 걸어온 길을 이야기하는 인간관계 프로그램이 있었다. 4~5개 정도의 자료를 통해 거의 유사한 개인사를 여성노동자들이 공유하고 있음을 알 수 있다. 송효순은 자신의 수기에 당시 참가자들의 이야기를 잔잔하게 적었다. 그 가운데 중요한 부분을 인용해본다(송효순 1982, 102~7).

> 옥순이는 충남 천안에서 일곱 자매 중 막내로 태어났다. 아버지는 7살 때 돌아가시고 어머니가 일곱 딸을 키우려고 남의 농사를 짓다 감당을 못해서 과일장사, 그릇장사 등을 하다 혼자 힘으로 생활하기 어려워 언니들이 서울로 돈벌러 올라왔다. 언니들이 서울에서 공장생활을 하자 발전이 없는 시골살림을 청산하고 서울로 이사를 했다. ……중학교 3학년 때 집안 형편이 어려워 졸업을 하지 못하고 중퇴를 하고 언니를 따라 가발공장에 들어가 시다로 일을 하였다. ……가발공장을 이곳저곳 옮겨 다니다가 형부의 소개로 대일화학에 입사하였다. 처음에는 포장반에서 반창고 포장을 하다가 일을 잘해서 제약계로 발탁이 되었다. 제약계에서 근무를 하니 몸이 약해지고 생리불순까지 생겼다. 제약계는 파스약이 처음 조제되는 곳으로 약 냄새가 독하고 약을 건조시키기 위하여 용제와 신나를 많이 쓰는 곳이었다. ……일흔이 가까운 홀어머니를 모시고 가정살림을 꾸려 나가는 옥순이는 생활에 여유가 있을 리가 없다. 설상가상으로 몸이 약한 옥순이는 약을 먹어야 했다. 그래서 제약계에 계속 있으면 그나마

건강도 지탱할 수 없어 포장반으로 옮겨 줄 것을 요구하였으나 기술자가 없으면 누가 일을 하느냐고 들어주지 않았다. ……그때 옥순이는 감기에 걸렸는데 몸이 약한 탓인지 일을 하던 중 갑자기 피를 토하기도 하였다. 그래서 놀란 우리들은 병원으로 가려고 법석을 떠는데도 회사에서는 차도 빌려주지 않아 영등포까지 걸어가서 버스를 타고 병원에 갔다. 그렇듯 회사에서는 어느 개인의 아픔은 아랑곳하지 않고 작업과 생산량에만 온 신경을 쓰고 있다.

마지막으로, 평화시장 미싱사인 민종숙도 사정은 다르지 않았다. 민종숙은 특이하게 서른 살이 넘은 노처녀 미싱사다. 어린 시다들에게 '아줌마'라고 불렸는데, 왜 이렇게 나이가 들도록 공장에 머물러 있었을까? 그녀의 사정도 시다들과 다르지 않았다. 가난 탓에 가족이 살아가기 위해서는 가장인 그녀가 벌이를 하지 않을 수 없기 때문이었다. 여섯 식구는 그녀가 결혼을 한다면 생활이 불가능한 상태였다. 그녀도 한참 때는 8만 원에 가까운 돈을 벌었다. 하지만 그 돈으로 저축 한번 제대로 해보지 못한 채 20만 원짜리 셋방을 전전하는 형편이었다. 부모는 환갑을 넘긴 나이로 경제활동 능력이 없었고, 국민학교 다니는 두 동생과 금년에 중학교를 졸업하는 동생을 제외하면, 경제활동이 가능한 식구는 개인 상점에서 일하는 동생 한 명뿐이다. 그나마 동생은 한 달에 1만2천 원밖에 벌지 못했다. 민종숙은, "이런 문제도 나 혼자만이 겪고 있는 문제가 아니다. 평화시장에 나오는 미싱사라면 누구나 다 그렇다. 아무리 고된 일이라도 해야만 하는 절박한 사정에 있는 사람이 아니고서는 평화시장에 나와 일하지 않을 것"이라고 말한다(민종숙 1977, 248).

세 여성노동자의 공통적인 '개인사'를 보면, 우선 이농한 뒤에도 계속된 가족의 빈곤을 들 수 있다. 이 가족들은 모두 생활고 때문에 이농을 했지만, 가정불화 등으로 가난이 더욱 심화된 공통된 경험을 지니고 있다. 또 대부분

초등학교를 졸업했지만, 가정 형편 때문에 상급학교 진학이 불가능하거나 진학하더라도 중퇴한 경우가 대부분이었다. 다음으로, 잦은 이직이다. 초기부터 언니, 형부, 올케 등의 소개로 공장에 취직했지만, 낮은 임금과 불안정한 고용 조건 때문에 잦은 이직을 거듭했다. 마지막 공통의 경험은 여성노동자들은 집안을 책임졌던 실질적 가장의 위치에 있던 점이다. 대부분 장녀가 아닌데도 부모는 경제력이 없거나 병이 나 일할 수 없었고, 언니가 결혼한 뒤 경제적 지원이 중단된 상태에서 어리지만 경제적 능력이 있는 자신이 공장생활을 할 수밖에 없는 조건이었다. 이런 유사한 가족사, 작업장 경험 등은 생산관계에서 파생된 '타고난 계급경험'이었다. 하지만 이런 생애사만으로 여성노동자들이 공장에 들어가게 된 이유를 일반화하기는 어렵다. 이제 가족을 위한 희생이란 지배적인 해석 밑에 숨겨진 '공장 동경'이라는 익명적 지식에 관해 좀더 구체적으로 살펴보자.

익명적 지식 — 공장 동경

가족을 위한 희생이라는 지배적인 해석과 달리, 오히려 나는 지배적 해석 밑에 깔린 다른 익명적 지식들이 존재한다고 생각한다. 그것은 여성노동자가 될 혹은 된 어린 여성들의 '공적 영역'에 대한 강렬한 욕구였다. 대표적인 것이 '향학열'이었다. 많은 여성노동자들은 공부를 하고 싶었지만, 여자라서 학교를 보내주지 않기 때문에, 조금이라도 학교와 가까워지기 위해 도시로, 공장으로 향했던 것이다. (주)서통의 배옥병도 다음과 같이 당시를 회고하고 있다(김지선 외 2003).

서울에 올라와서 이제 저는 제가 시골에서 선망하던 그런 서울 생활, 그 다음에 그 회사에 대한 이미지, 이런 것들이 정말 컸던 것 같아요. 크고, 뭔가 이제 난 가서 열심히 돈 벌어 가지고 시골에 엄마 아버지뿐만이 아니라, 불쌍한 내 동생들 공부도 가르치고……(울먹이며) 그런 생각하고 왔는데, 새벽 2시, 3시에 나가서 밤 11시까지 일하는 거였고, 한 달에 두 번 쉬고, 외출도 못 갔어요.

배옥병도 공장과 도시에 대한 막연한 선망과 동경을 지니고 있었다. 이런 공장 동경은 신경숙의 성장소설이자 자전적 수기인『외딴방』에서도 발견할 수 있다(신경숙 1995, 10~11, 13).

세상을 바꿔보려는 다른 바람이 도시를 휩쓸고 있을 때 어딘가에서는, 아니 나의 시골집에서는 고등학교 진학을 못한 열여섯 살의 소녀가 나, 어떡해(당시 유행가를 지칭 — 인용자)를 듣고 있다. ……노래를 따라 부르는 소녀, 좀 멍한 표정이다. 우체부는 11시 무렵 온다. 이때 소녀의 꿈은 이런 것이었다. 어서 이 무료한 고장을 떠나 도시의 큰오빠에게로 가는 것. 거기에서 누군가를 만나고 그로 하여금 너를 알게 돼서 기쁘다는 말을 듣는 것……이제 열여섯 살의 나, 노란 장판이 깔린 방바닥에 엎드려 편지를 쓰고 있다. 오빠, 나를 여기에서 데려가 줘요. 그러다가 편지를 박박 찢어 버린다.

동일방직 해고 노동자인 추송례도 마찬가지였다. 그녀는 도망치듯이 고향 완도를 빠져나와 '자립의 욕구'를 실현하고자 했다. 이들을 통해 볼 때, 과연 산업화 시기 여공들의 도시 그리고 공장 동경이 가족의 생존만을 위한 '수동적인 무엇'이었는가에 대한 의문을 제기할 수 있다. 추송례가 회고하는 유년 시절을 들어보자(추송례 2001, 27~9).

바닷물과 갯벌을 놀이터로 삼아 자라면서 나는 건너다보이는 섬들이 세상의 전부인 줄 알았고 바다로 길이 막혀 있는 건너 섬들을 건너가 보는 것이 소원이었다. ……쌀밥은 명절 때나 먹는 귀한 음식인 줄 알았는데 가을이 되어 쌀을 수확한 이웃집들이 새 쌀로 밥을 짓던 냄새가 얼마나 군침을 흘리게 했던지 지금까지도 그 밥 냄새가 잊혀지지 않는다. 그래서 나는 아주 어린 아이였을 적부터 내 꿈은 돈을 벌어 논을 사는 것이었다. ……자라지도 않는 어린아이부터 어른까지 한 사람도 빠짐없이 온 가족이 뼈가 부서져라 일을 했는데도 쌀밥 구경은 명절과 제사 때나 맛본 정도이고 주식은 고구마와 좁쌀, 보리밥은 그중 제일 나은 식사였던 것이다. 나는 이렇게 한심한 고향집과 부모님의 잔소리로부터 해방되는 날을 손꼽아 기다린다. 중학교를 졸업하자마자 희망에 부푼 가슴을 가까스로 진정하면서 인천에서 공장에 다니고 있는 언니를 찾아 올라왔다.

삼원섬유 김지선과 YH물산의 최순영은 비록 생계를 위한 것이었지만, 경제적 자립을 목표로 한 공장 취직을 어려움이라기보다 '기쁨'으로 생각했다(김지선 2003; 최순영 2001).

저는 공장에 가서 굉장히 좋았어요. 어쨌든 돈을 버니까. 제가 5학년 때 어머니가 돌아가셔서, 굉장히 산동네에서 너무 어렵게 사는데 제 손으로 돈을 벌 수 있다는 기쁨이 사실 있었어요. 12시간 밤낮 맞교대였고, 일요일 날 한 번은 24시간하고 한 팀은 놀고, 그래서 한 달에 두 번 쉬는 거죠. 두 달까지는 막내로서 귀여움도 받아가면서 밤일도 하고 그랬어요.

고향은 강원도 강릉이구요. 사람들의 생각과는 달리, 우리 집은 나름대로 먹고 살만한 집이었어요. ……내가 맏이구요, 아래 남동생이 셋이 있어 돈 벌러 올라왔지요. 내가 1953년 생이고 한창 근대화가 추진되던 1970년도에 서울에 올라왔으니, 정확히 18살에 상경한 셈이네요. 정확히 70년도 3월, 구정을 쇠고 올라 왔어요.

자신이 공장 생활을 통해 자립할 수 있다는 것이 초기 여성노동자들에게는 '자존심'이자 '자긍심'이었다. 하지만 그녀들의 눈에 비친 도시는 동경의 대상인 동시에 공포의 구조물이기도 했다. 신경숙은 첫 서울 경험을 이렇게 기록하고 있다(신경숙 1995, 34).

그날 새벽에 봤던 대우빌딩을 잊지 못한다. 내가 세상에 나와 그때까지 봤던 것 중의 제일 높은 것. 그땐 빌딩 이름이 대우라는 걸 알지 못했다. 엄마를 따라 새벽 서울역 광장을 걸어 나오다가 열여섯의 나, 몇 걸음 앞서 걸어가는 엄마를 향해 부리나케 달려가 옆구리에 찰싹 달라붙는다. ……

왜 그러냐? ……무서워…….

거대한 짐승으로 보이는 저만큼의 대우빌딩이 성큼 성큼 걸어와서 엄마와 외사촌과 나를 삼켜버릴 것만 같다. ……암것도 아니란다. 그냥 철근일 뿐이지. 엄마가 이렇게 말해도 도시에 처음 발을 딛은 열여섯의 나, 여명 속의 거대한 짐승 같은 대우빌딩을, 새벽인데도 벌써 휘황하게 켜진 불빛들을, 어딘가를 향해 질주하는 자동차들을, 두려움에 찬 눈길로 쳐다본다.

신경숙의 첫 경험처럼, 도시는 공포인 동시에 미지의 세계이자 어린 여성들의 욕망을 채워줄 동경의 대상이기도 했다. 이러한 모순적 경험은 동일방직 추송례의 이야기를 통해서도 확인할 수 있다. 앞서 이야기한 것처럼 그녀는 자신의 힘으로 자립하고, 경제적 능력을 갖추겠다는 의지로 혼자 서울에 올라왔다. 하지만 그녀의 언니도 어두운 골방도 추송례를 반기지는 않았다(추송례 2001, 29).

> 모든 것이 낯선 광경에 두려운 마음과 설렘으로 하루 종일 버스와 기차를 번갈아 타며 먼 길을 오면서도 밖으로 보이는 새로운 세계에 놀라 잠시도 차 창밖에서 눈을 떼지 못한 채 인천까지 왔다. 동인천역에서 내려 언니 주소가 적힌 만석동을 몇 번이고 물어서 찾아갈 때까지 고향에서 탈출해 도시에만 오면 행복이 보장된 줄 알고 있었다. ……겨우 만석동을 찾아 언니가 자취하는 집을 찾았다. 도시에도 이런 집들이 있었구나 하는 놀라운 마음으로 따라 들어가니 한낮에도 햇빛 한줄기 비칠 틈 없는 컴컴한 골방이 나왔다.

추송례의 언니가 동생을 반기지 못하고 멀리서 온 동생에게 화부터 낼 수밖에 없던 것은 사정이 있었다. 좁은 집과 쉽지 않은 취직은 공장 동경이라는 욕망이 쉽게 이루어지기 어렵다는 것을 암시한다. 추송례의 입직 과정을 자세히 보자. 도시에 오면 더 나은 삶이 가능하리라고 믿던 그녀였지만, 도시에 대한 환상이 점차 깨지기 시작했다. 특히 노동 조건 내지 임금 수준이 나은 대규모 공장은 연고가 있어야 들어갈 수 있었다. 무작정 모집공고를 찾아다니는 것이 상책은 아니었다. 그러다가 그녀는 완도 출신의 회사 간부가 있는 대성목재에, 그야말로 빌고 빌어서 입사하게 된다. 그때를 추송례는 이렇게 기억한다(추송례 2001, 31).

> 다음 날부터 언니들은 아침 일찍 일하러 나가고 나는 발이 부르트도록 돌아다니며 취직자리를 구하려 애를 써보았지만 모집공고가 붙은 회사란 찾을 길이 없었다. 수만 명씩 일하는 공장들이 무수히 많이 있었고, 그 공장들은 한 순간도 쉬지 않고 돌아갔지만……한 달이 지나도록 마땅한 자리를 구할 수 없었던 나는 언니들 보기가 점점 더 민망해서 무작정 모집공고가 붙길 기다릴 수가 없었다. 이력서와 서류를 갖추어 들고서 언니들이 자취하던 집에서 멀지 않은 곳에 있던 대성목재 만석동 공장 사무실 앞을 찾아갔다. 몇날 며칠을 공장

> 앞에서 왔다갔다하며 망설이던 끝에 마지막 결단을 내리려는 심정으로 대성목재 인사과에 찾아가 다짜고짜 일자리를 달라고 매달렸다. 아직 사람을 쓸 자리가 없다면서 나중에 모집공고가 붙거든 서류를 내보라며 내쫓으려 했지만, 여기서 거절당한다면 더 이상 있을 곳조차 없던 나는 시골에서 올라온 사정과 이렇게 큰 공장에서 일자리를 얻지 못한다면 어디를 가야 하냐며 눈물로 호소했다. ……나는 날마다 인사과에 들려 내가 할 수 있는 일자리가 생겼는지 알아보러 갔다.

이처럼 추송례와 같은 여성들의 공장에 대한 동경은 상상을 초월하는 것이었다. 농촌 출신 여성들이 그토록 공장에 들어가고자 했던 이유를 단지 가족 때문이라고만 해석하기는 어렵지 않을까? 추송례와 같이 낯선 곳에서 용기를 발휘한 경우나, 주변 친지나 친구의 인맥을 통해 들어갈 정도로 공장 취업에 대한 동경은 큰 것이었다. 자신의 힘으로 취업하고, 스스로의 노동으로 월급을 받는다는 것은, 십대 여성들에게 '새로운 가치'를 부여해주었다. 대부분 여성노동자들의 부모들은 어차피 딸들이 돈벌어오기를 희망했고, 소녀들은 농촌에서 힘든 일을 견디기 어려웠고, 더는 공부할 수 없다는 상처 때문에 도망치듯이 서울로, 도시로 탈출한 경우도 적지 않았다. 다시 추송례의 말을 들어보자(추송례 2001, 32~3).

> 언니와 함께 자취하던 언니들도 모두 대성목재 월미도 공장에 다니고 있었는데 내가 대성목재 검사과[3]에 출근하게 되자 놀라서 입을 다물지 못했다. 시골

3_ 당시 대성목재 검사과는 노동 강도가 약한 부서였다. 추송례의 기록에 따르면, 하루 생산된 제품 개수를 체크하고, 정품과 불량품 도장을 찍어주는 아주 간단한 작업이었다. 그리고 상대적으로 자유시간도 많았던 검사과에 추송례가 들어갈 수 있었던 것은, 그녀의 표현을 빌리자면 같은 고향 출신인 인사과장의 '빽' 덕분이었다.

촌년이 아무 것도 모르는 도시에 와서 내 스스로 일터를 찾아 첫출발을 했던 그 날로 나는 어떤 일이든 적극적으로 나서서 해결하고, '나는 할 수 있어'라고 내 자신에게 속삭이며 어렵겠다고 미리 포기를 해 본 적이 없이 살 수 있었다.

결론적으로, 그 동안 여공의 공장 입직에 대한 지배적인 담론은 여공의 익명적 지식을 통한 공장 동경의 욕망을 배제했다. 동시에 도시와 공장에 대한 동경은 가족과 가부장에서 벗어나려는 탈출 욕구와 가족을 실질적으로 책임져야 하는 가장의 책임 사이의 불균등한 타협의 산물이었다. 이제 공장에 대한 지배적 담론인 '다락방 담론'이 가진 문제점에 대해 좀더 구체적으로 살펴보자.

다락방 담론과 공장 동경

영화 「아름다운 청년 전태일」(1995)에는 미처 다 자라지도 못한 소녀들이 고사리 같은 손으로 미싱을 돌리고 가위를 잡고, 희미한 눈동자로 잠을 참는 비참한 장면이 곳곳에 새겨져 있다. 산업화 시기 유럽에서 행해진 연소노동의 참상을 그린 영화 「단스」(1992)의 인상적인 첫 장면 역시 열 살 정도 된 임신한 소녀가 거리를 헤매는 비참한 모습이었다. 가족도 사회도 이 소녀를 보호해주지 못했기 때문에 소녀들은 주변 남성노동자들에게 몸을 팔았던 것이다. 이처럼 초기 산업화 과정에서 연소노동, 특히 여성노동은 장시간 노동과 인간으로서 견디기 어려운 노동조건에 처해 있었다. 그렇기 때문에 '여성노동자'를 여성으로 간주하지 않는 담론도 만들어졌을 것이다.

산업화 시기 한국의 비인간적인 노동 현실을 대표하는 용어가 '다락방'

이었다. 평화시장의 소규모 작업장에 다락방은 실제로 존재했다. 그러나 분진과 먼지, 각혈 등으로 아로새겨진 다락방에 대한 이야기들은 여공의 초과 착취, 즉 저임금 · 장시간 노동 그리고 가족을 위해 희생하는 여공에 대한 담론을 고정화시켜, 여성이자 노동자로서 가지는 이들의 다양한 경험을 '단순화'시켰다. 다시 말해 다락방 담론은 저항의 근거를, 이런 착취적 노동조건만으로 환원시켰다. 그리고 여성노동자들이 경험했던 성별분업을 배제시킴으로써 '민주 대 어용'이라는 구도로 노동사를 서술하는 '전제'를 합리화했다. 앞에서 살펴본 것처럼 동일방직 등 공장에 대한 여성들의 동경은 노동 조건으로 획일화되지 않는, 자신이 향유할 권리가 있는 자유 시간, 가족으로부터의 자립 등에 대한 희구가 내재되어 있었다.

이처럼 여성노동자들의 공장 동경을 은폐한 담론 가운데 하나가 '다락방 담론'이었다. 나는 산업, 규모 등 여성노동자 내부의 다양성을 작업장 내 잘 알려지지 않은 익명적 지식을 통해 드러냄으로써 산업화 시기 여공들의 일상이 아로새겨졌던 작업장이 신체 규율화와 시간 규율화를 둘러싼 '정치적 공간'임을 이야기할 것이다. 먼저 다락방 담론이라는 지배적 이야기에 대해 자세히 살펴보자.

'인간시장'과 다락방 담론

산업화 시기 공장 담론 가운데 가장 유명한 것이 '다락방 담론'이었다. 전태일 분신으로 유명한 평화시장 노동자들의 고단한 일상을 표현한 것이 다락방이다. 다락방 담론이 지닌 내용은 여럿이지만, (1) 여성노동자들의 열악한 노동 조건, (2) 다락방을 통한 여성노동자, 특히 시다에 대한 경제적·신체적 착취 등이 대표적이다. 하지만 1987년 노동자대투쟁 이후, 현대중공업 같은 대공장 남성 사업장의 '위용'에 압도되어 산업화 시기 여성 사업장 내부 구조는 정확하게 알려져 있지 않다. 단적으로 공장의 위치, 규모, 건물의 구성 등은 스쳐 가는 이야기처럼 서술되어 있을 뿐이다.

하지만 다락방이 모든 여성노동자들이 겪었던 작업장 현실을 반영하는 것은 아니었다. 오히려 다락방 담론은 평화시장 등 중소 규모 사업장의 현실과 유사했다. 민주노조가 존재했던 사업장에서 공장 담론은 다락방 담론과는 상이했다. 여성노동자들은 동일방직, 원풍모방 등 공장에 들어가기 위해 몇 달이나 일 년을 기다리기도 했고, 연줄과 지연 등 자신이 가진 모든 자원을 동원하기도 했다. 하지만 산업화 시기 노동 관련 문헌과 연구들 속에는 '공장은 공포의 공간'이라는 담론이 자리잡고 있다. 이것은 무엇을 의미하는 걸까? 혹은 굳이 '다락방'이라는 담론을 만들어낸 이유는 무엇일까?

여성노동자들, 특히 민주노조 사업장 여공들은 취직할 때 연줄, 인맥, 지연, 언니 신분증 위조, 면접과 신체검사 등 복잡한 과정을 거쳤다. 이것은 여성노동자들이 공장에 취직하려는 욕구가 남달리 컸다는 것을 보여주는 게 아닐까? 다락방 담론은 가족과 형제를 위해 어쩔 수 없이 인간 이하의 작업 조건을 인내할 수밖에 없는 '희생적인 여공'만을 보여준다. 물론 다락방 담론은 여성노동자들이 경험한 세계의 일부분인 인내하기 어려운 노동 조건을 반영한 것이다. 하지만 '왜 여성노동자들이 그토록 공장 일을 하기를 원했는가?'라는 물음은 은폐하고 있다. 여성노동자들에게 공장이 감옥과 같은 다락방만은 아니었을 것이다. 여성노동자에게 노동은 인내하기 힘든 것이기도 했지만, 여성이자 노동자로서 자신의 정체성을 찾아가는 과정이기도 했다.

먼저 다락방 담론을 들여다보자. 다락방 하면 무엇보다 평화시장을 떠올릴 것이다. 청계피복 노조는 1970년대 한국 노동운동의 산실이자 상징으로 알려져왔다. 청계피복 노조의 배경이던 평화시장은 1958년 청계천 복개 이전부터 여러 차례에 걸쳐 화재가 발생하는 과정을 거쳐 1962년 2월에 시장개설 허가가 나왔다. 평화시장과 구름다리로 이어진 통일상가 역시 같은 시기에 지어졌으며, 그 옆에 있던 동화상가는 1968년 7월에 만들어졌다. 이 3동은 1960~70년대 당시 의류 내수시장의 80퍼센트를 차지하며 가난한 시절을 감싸안았다.[4] 특히 1974년 당시 평화시장은 대단히 번창했는데, 평화시장을 중심으로 동화시장, 통일상가 이외에 신평화시장, 부관상가, 동신상가, 연쇄상가, 동문시장, 동대문 종합시장, 중부시장 등 청계천 5가부터 8가에 이르기까지 의류시장과 공장들이 즐비했다. 내수 의류를 거의 이곳에서 공급했기 때문에 상가 내에 있던 공장들은 점차 상가 밖으로 밀려나 창신동, 충신동, 을지로 6가, 신당동, 광희동의 건물과 주택에까지 파고들었다. 당시 이곳에서 의류제조업에 종사하던 노동자 숫자는 약 2만 명으로 추산된다(민종덕 2003).

특히 '인간시장'은 이곳의 현실을 그대로 드러내주었다. 동일방직, 원풍모방 등에서 여성노동자들이 취직하는 중요한 경로는 친척, 소개자 등 '연고'에 의한 것이었다. 하지만 평화시장 일대의 취직 경로는 다소 달랐다. 평화시장에는 '인간시장'이라는 인력시장이 있었다. 평화시장 한복판 (구)국민은행 자리, 평화시장 구관과 신관 사이 과거 서울대학교 음대로 통하는 골목 일대가 이른바 '인간시장'이었다(민종숙 1977, 271~2). 평화시장에서 사람이 가장 많이 모이는 곳으로, 오후 1~2시 사이에 500여 명의 노동자들이 점심시간을 이용해 이곳에 와서 소식이나 소문을 듣는 '인력시장'이었다(이승철 2003

4_ '바보회'가 '삼동친목회'로 명칭을 바꿨을 때 삼동이라는 명칭은 이들 삼동三棟을 가리키는 것이다.

년 5월 8일 인터뷰).[5] 민종숙은 이곳을 "평화시장 일대 모든 제품 상가의 귀요입"이라고 말한다. 그만큼 평화시장 내 많은 노동자들이 인간시장을 통해 일을 구했다. 직장을 옮기고 싶은 시다들도 이곳을 통해 소식을 얻고 직장을 구했다. 특히 이곳은 1970년 전태일 열사가 분신 자살한 곳인 탓으로 노동자들에게는 잊기 어려운 장소였으며, 청계피복 노조가 데모를 할 때면 늘 이곳에서 시작하곤 했다. 인간시장에 가면 제일 많은 사람들이 재단사였다. 평화시장 노동자 가운데 가장 숙련도가 높은 재단사들을 위한 자리는 많지 않았기 때문이다. 인간시장에 사람들이 모인 또 다른 이유는 사람들을 만나기 위해서였다. 이직이 잦았던 평화시장의 사정으로 비추어 볼 때, 인간시장은 직종간의 이동, 교류 가능성을 타진하는 정보시장이었다고 할 수 있다. 민종숙은 인간시장을 이렇게 표현하고 있다(민종숙 1977).

> 인간시장, 우리 사회에서 가장 버림받은 인간쓰레기들이 모이는 곳! 오물도 썩으면 가스가 충만하여 폭발하는데 하물며 인간이 썩어 가는 곳에 불평과 분노, 폭발과 항거가 없겠는가. 업주들은 자신들만의 영원한 평화를 꿈꾸고 평화시장이라는 이름을 붙였지만 평화시장 한 모퉁이에서는 인간들이 썩어들어 이 인간시장은 곧 폭발해버릴 것 같은 위험을 안고 있는 것이다. 혹사와 착취, 강압과 기만이 사라지고 명랑한 노동과 공정한 분배 위에서 인간 상호간의 믿음과 사랑에 입각한 노사관계가 이루어질 때 평화시장은 진정 평화로운 시장이 될 것이다.

5_ 명절을 지내고 난 뒤에는 최고 1천여 명이 인간시장에 모이기도 했다고 한다(이승철 2003년 5월 8일 인터뷰).

그렇다면 평화시장의 다락방은 어떤 '공간'이었을까? 다락방은 공간만을 의미하는 것이 아니라 평화시장 일대 여공들의 현실을 반영하는 담론이었다. 대표적인 것이, '평화시장 아가씨들은 3년만 고생하면 고물이 된다'는 말이었다. 이처럼 악명 높은 다락방은 거의 모든 공장에 존재했다. 보통 다락은 평소에 사용하지 않는 물건이나 버리기 아깝지만 놔두자니 귀찮은 것들을 두는 곳을 의미한다. 그런데 청계천의 다락은, "다락 위칸과 아래칸에 기계와 작업대를 갖다놓고 사람들이 일을 한다. 다락이 설치되어 있으니 왔다갔다하면서 허리를 구부리고 고개를 숙여야 한다. 미싱에서 원단 더미 그리고 제품에 묻혀서 일을 하면 도대체 비좁아서 마음 놓고 움직일 수가 없"는 공간이었다(이소선 1990, 242). 이소선의 묘사처럼 사방이 통제된 상태의 다락방은 감옥을 자주 연상시켰다.

민종숙도 다락방을 이렇게 묘사하고 있다. "이렇게 서둘러서 내가 하루 종일 앉아 있는 곳은 어떠한 곳인가? 큰 홀을 베니아 판으로 이쪽저쪽으로 막아 복도를 낸 방으로 복도 쪽으로는 창문 하나 없이 출입문만이 큰 자물통과 함께 줄지어 있을 뿐이다. 감옥소도 아마 이런 기분일 것이다. 복도 쪽으로 창문 하나쯤은 있을 법한데 그 안에서 일하는 것을 남에게 보이기 싫어서인지 안을 들여다볼 틈이라고는 하나도 만들어놓지 않았다"(민종숙 1977, 245). 민종덕 역시 처음 평화시장에 발을 들여놓을 즈음의 다락방에 대해 다음과 같이 회고하고 있다(민종덕 2003).

> 당시에 내가 취직했던 곳은 평화시장 건너편에 있는 구석진 건물이었다. 낮에도 어둑한 골목을 지나 비좁은 건물 입구로 들어서면 건물 입구부터 온갖 기레빠시(원단을 재단하고 남은 쪼가리), 말대(원단을 말은 막대기) 같은 쓰레기들이 어지럽게 널려 있고, 드르륵 드르륵 미싱 소리가 요란하게 들려왔다. 공장은

사진 2-1 영화 「아름다운 청년 전태일」(1995)에 나온 당시 다락방

다락이 만들어져 다락 아래층이나 위층이나 고개를 똑바로 펼 수 없게 나지막하다. 공장 안은 옷 무더기, 원단 더미 그리고 자욱한 먼지 속에서 사람들이 묻혀서 눈코 뜰 새 없이 바삐 움직이고 있었다.

여성노동자들이 다락방 안으로 들어가는 과정은 어땠을까? 동일방직 등의 공장에 들어가기 위해 여성노동자들은 치열한 경쟁과 연줄을 동원해야 했지만, 다락방에 들어가는 것은 1970년대 중반까지도 그다지 어렵지 않았다. 1970년대 중반까지도 청계천 의류공장에 취직할 때면 이력서나 나이, 학력 등 어떤 것도 필요하지 않았다.

이런 고용 관행에 대해 민종덕은 이렇게 말한다. "다만 취직해서 첫 출근을 하게 되면 사장이 반드시 묻는 것이 있다. 그것은 다름 아닌 '집이 어디냐?'는 것이다. 즉 잠자고 출근하는 곳이 어디냐는 것이다. 사장이 집이 어디냐고 묻는 이유는 새로 출근하는 사람한테 관심을 기울여주기 위해서가 아니다. 그 이유는 새로 온 사람을 '몇 시에 퇴근시킬까'를 결정하기 위해서다. 당시에는 야간 통행금지 시간이 있었기 때문에 이 사람이 몇 시까지 일을 해야 통행금지 시간에 걸리지 않고 집에 갈 수 있을까를 계산하기 위해서다. 그래서 차를 타지 않고도 출퇴근을 할 수 있는 동네 즉 창신동, 충신동, 신당동, 광희동 등에 사는 사람은 밤 11시쯤이 퇴근 시간이고, 버스를 타고 다니는 사람은 막차가 있는 시간이 퇴근 시간이 되는 것이다"(민종덕 2003). 이렇게 다락방의 시간은 고용주가 일방적으로 정했다.

그렇다면 다락방의 노동조건은 어땠을까?

자료 2-1 당시 신문에 실렸던 다락방의 현실

분진 속…혹사의「인간 밀림」—『중앙일보』(1970. 11. 14)

지난 13일 하오 서울 시내 중구 청계천 6가에 있는 평화시장, 동대문시장, 통일상가 등의 종업원 5백여 명이 근로조건의 개선을 요구하는 데모를 벌이려다 경찰의 제지를 받자 재단사 친목회 대표 전태일 씨(22세. 서울 성북구 쌍문동 208)가 몸에 휘발유를 뿌리고 분신자살했다. 이 사건은 낮은 임금에 혹사당하고 직업병에 몸까지 망치고 있는데도 근로자의 보호를 외면하고 있는 당국과 기업주에 경종을 울린 것이다. 이곳에 일하고 있는 2만7천여 명의 종업원들은 작업환경이 나빠 대부분 안질환, 신경성 위장병 등에 걸려 있을 뿐 아니라 낮은 임금에 혹사당하고 있다.

이들은 지난 10월 7일 이 같은 사실을 들어 노동청에 진정했지만 노동청은 업주 측에 조명 · 분진에 대해서만 개수지시를 내렸을 뿐 한 달이 넘도록 아무런 대책을 세우지 못하고 있다.

각종 어린이옷 · 어른 기성복 · 잠바 · 작업복 등을 대량으로 만들고 있는 곳은 10~50명의 종업원을 고용하고 있는 9백여 개의 군소 제품업소가 밀집돼 있다. 여기서 일하는 종업원은 재단사 2천5백여 명, 재봉사 1만2천여 명, 소녀견습공 1만3천여 명 등 2만7천여 명으로 추산되고 있다. 이곳 제품부는 단층을 합판으로 막아 상하로 나누어 천장 높이는 1.5m 정도로 키 큰 종업원은 허리를 펼 수 없는 형편이다.

대부분 미싱을 쓰기 때문에 대낮에 백열등이나 형광등을 켜놓고 일하고 있어 이들은 밖에 나가면 밝은 햇빛 아래서는 눈을 바로 뜰 수 없다는 것이다. 한 평에 평균 4명이 재봉틀 등을 두고 일하고 있는 작업장 한구석에는 자취하는 종업원들의 취사도구들이 그대로 놓여 있고 평화시장 같은 데는 환기시설 하나 없다. 더우면 문을 열어두는 게 고작 통풍시설이고 추우면 문을 닫아 제품 과정에서 특히 많이 생기는 분진이 방 밖으로 새어나갈 수 없는 형편이다.

지난 달 종업원들이 노동청에 진정하기 위해 1백26명을 대상으로 자체 조사한 바에 의하면 96명이 폐결핵 등 기관지 질환자이고 1백26명 전원이 안질환에 걸려 있으며 밝은 곳에서 눈을 제대로 뜰 수 없다는 것이다. 이 같은 환경 속에서 종업원들은 하루평균 14~15시간씩 혹사당하면서도 시간외 수당을 받지 못하고 있다. 특히 1만3천여 명이나 되는 13~17세의 소녀 조수나 견습공들은 원급이 겨우 3천원이다.

작업장의 유해물질 허용 한도까지 규정하면서 근로자를 보호하겠다고 장담하고 있는 당국이 서울 중심가에 있는 이 같은 유해 작업장을 방치하고 있는 것은 구호뿐인 근로기준 감독행정을 단적으로 말해주는 것일 뿐 아니라 종업원의 건강을 생각 않는 기업주에도 경종이 되고 있다.

전태일과 삼동회 동료들은 이미 20여 년 전에 평화시장의 노동조건을 조사했다. 그 문서가 바로 『평화시장 근로조건 실태조사』(1970)다. 이 보고서에는 상가의 수, 직급별 노동자의 수, 시장 안의 구조, 각 시장 작업장 명세가 비교적 상세히 기록돼 있다. 우선 이 자료를 토대로 대강의 윤곽을 그려보자.

먼저, 호수 286호 3층에서 825호 가, 나, 가, 나 중 첫줄은 이층 가게로, 뒷골목 통일상가, 동화시장까지로 평화시장은 이루어져 있다. 호당 10명 정도의 노동자들이 일하고 있었으며, 평화시장 내 대략적인 노동자의 수는 약 1만 명으로 추정되었다. 평화시장과 신평화시장에는 총 500개의 업소가 있었으며 인원은 1만4천 명이었고, 주변 동화시장은 160개 공장 4800명, 그리고 통일상가와 인접 건물은 200여 공장에 8천 명의 노동자들이 일하고 있었다(전태일 1988, 181~3). 하지만 이 정도 자료로는 공장의 전체 윤곽을 한 눈에 알아보기 어렵다. 『실태조사』 다음 페이지에는 "시장 안의 구조"라는 항목이 있다. 길지 않은 내용을 그대로 옮겨보자(전태일 1988, 182).

> 현대식 3층 건물로서 1층은 점포, 2, 3층은 공장임. 10,000명 이상을 수용하는 건물이면서도 환기장치가 하나도 없으며, 더구나 휴식시간 오후 1시부터 2시까지 햇볕을 받을 장소가 없음.

이제 좀더 윤곽이 눈에 들어온다. 공단은 3층 건물이고, 작업장은 2, 3층으로 극도로 밀폐된 공간임을 알 수 있다. 하지만 단일 공간의 구조에 대한 정보가 아직 부족하다. 여전히 부족하지만, "작업장별 명세" 항목을 통해서 몇 개 작업장의 규모와 다락의 높이를 추측할 수 있다. 자료는 5개 사업장에 대해 자세한 정보를 제공해주고 있다(전태일 1988, 183).

> ① 평화시장 3층, 가, 176 왕별사 건평 2평, 종사원 13명, 형광등, 다락높이 1.6m
> ② 평화시장 3층, 가 224, 종사원 22명, 4.5평, 다락높이 1.6m, 형광등
> ③ 평화시장 3층, 가, 181, 단성사 8평, 다락높이 1.5m. 형광등, 종업원 32명
> ④ 평화 268, 조운사[2층 가 268] 7평. 다락 1.6m, 종사원 30명
> ⑤ 평화 2층, 277 동방사, 50명, 12평, 다락높이 1.6m, 형광

주로 평화시장 2, 3층 건물 작업장 명세인데, 이 밖에도 3층에 52개, 4층 52개, 5층 34개의 업소가 있다고 기록하고 있다. 업소별로 왕별사, 단성사 등 업소명이 있는 작업장도 있고, 번호만 붙은 작업장도 있다. 공통적인 점은 좁은 곳은 1평 반, 넓은 곳은 12평의 협소한 공간에서 작업이 진행되고

사진 2-2 1960년대 평화시장의 다락방

있었으며, 평화시장의 좁은 공간을 상징하는 '다락'은 평균 1.6미터 정도로 매우 낮았다. 이 좁은 공간에서 20~30명이 모여서 작업을 했던 것이다.

"평화시장 아가씨들은 3년만 고생하면 고물이 된다"

다음으로 식사를 살펴보자. 평화시장 여성노동자들은 점심시간에 대부분 도시락을 가지고 왔으며, 특히 겨울이 되면 말도 못하게 추워서 차디찬 도시락을 다리미로 데워 먹었다. 식사도 식당이 있는 것이 아니라, 자기 일하던 자리에서 각자 싸 가지고 온 도시락을 먹었다. 식사시간은 보통 한 시간이었지만, 시다들은 얼른 먹고 일을 봐야 했기 때문에 넉넉하지 않았다.

특히 겨울에는 춥고 발이 너무 시려서 동상에 걸리는 여성노동자들이 많았다. 다락방 가운데에 난로 한 개 정도를 놓아주지만, 대부분 연탄난로였기 때문에 방 전체를 데우기는 어려웠다. 그래서 여성노동자들에게 겨울은 너무나 가혹한 계절이었다. 그렇다고 여름은 수월했을까? 여름에는 좁은 공간에서 땀범벅이 되어 일하는 경우가 다반사였으며, 창문을 열어도 활짝 여는 것이 아니라 아주 약간만 열어서 창가에 있는 사람들만 약간 나은 정도였다.

하지만 더욱 심각한 문제는 '환기'였다. 먼지가 빠져나갈 구멍은 물론이고 환풍기조차 없었다. 특히 겨울이 되면 추워서 문을 열 수도 닫을 수도 없는 처지였기 때문에 더욱 그러했다. 다락방에 돌아다니는 먼지의 크기는 눈송이만 했고, 하루 종일 이 안에서 일하면 콧구멍에는 새까만 코딱지가 엉겨 붙었다. 그래서 농담처럼 하는 이야기로, '밤늦게 버스에서 코딱지 파는 아가씨는 평화시장 여공'이라는 말이 있을 정도였다(민종덕 2003).

> 평화시장 제품쟁이(노동자를 지칭하는 말 — 인용자)들끼리 하는 얘기가 있다. 길을 가거나 버스를 타거나 식당에서거나 어디서건 장소를 가리지 않고 코를 후비는 사람은 '제품쟁이'이라고, 그것도 코에서 시커먼 먼지가 묻어 나오면 영락없이 '제품쟁이'라는 것이다. 그만큼 먼지가 많다는 뜻이다. 특히 겨울옷을 만들 때는 원단에서 나오는 털 때문에 먼지가 유난히 크고 많다. 그런가 하면 여름옷을 만들 때면 원단에서 나오는 나염 냄새가 견디기 어려울 지경이다.

한마디로 다락방은 먼지구덩이였고 이 먼지구덩이 안에서 제대로 못 먹고 다니던 노동자들의 신체에는 '질병'이라는 그림자가 따라다녔다. 폐결핵, 동상, 생리불순, 관절염, 두통 등 몇 가지 병을 가진 노동자들은 매일 뇌신[6] 몇 알에 박카스를 먹어야 할 정도였다. 그래서 '평화시장 아가씨들은 3년만 고생하면 고물이 된다'는 소문이 퍼졌던 것이다.

다음으로 화장실 문제를 살펴보자. 왜 화장실이 문제냐고 질문할 수 있는데, 평화시장에서 화장실을 사용하려면 20~30명이 줄을 서서 30분 정도를 기다려야 했다. 이렇게 시다들은 작업 도중에 다락에서 일어서지 못하는데다가, 생리 현상마저 편하게 처리할 수 없었다. 이런 기막힌 광경을 민종숙은 이렇게 말한다(민종숙 1977, 263).

> 밥을 먹으면 서둘러서 변소로 간다. 급하기도 하지만 도대체 어정저정 걷는다는 게 생리에 맞지 않는다. 공장밖에 나오면 무조건 뛰는 것이다. 뛰어서 변소에 가면 벌써 20~30명씩 줄이 늘어져 있다. 버릇이 되서 당연히 기다릴 것으로 생각하지만 여간 귀찮은 게 아니다. 한꺼번에 많은 사람이 밀려나오는 탓도 있지만, 근본적으로 이 커다란 시장에 변소시설이 너무 적고 형편없다. 남녀가

6_ '뇌신'은 이 시기에 두통약으로 복용하던 약의 이름이다.

같이 쓰는 것이 많고 대부분 시설이 제대로 되어 있지 못하다. 평화시장에서 제일 머리에 남는 일이 있다면 틀림없이 변소 가는 일일 것이다. 요즘은 그래도 나은 편이지만 10여 년 전 평화시장 건물이 처음 생겼을 때는 변소에 갔다가 너무 늦어서 점심을 먹지 못한 때도 있었다. 최소한 20~30분은 기다려야 했으니까.

한편 다락방의 공포는 어두운 다락방의 분위기에서 감지될 수 있었다. 아직 어린 소녀들에게 어두운 공장은 무서운 곳이었다. (주)서통의 배옥병은, "내가 미싱을 탔을 때 해보면, 비 구질구질 오는 날, 정말 가발 마네킹이 여기저기 서 있고, 머리는 길게 늘어진 이런 부분들이 있는데, 저게 가발 마네킹이라는 걸 알면서도 '저게 귀신 아닐까' 하는 소스라치는 놀라움 때문에 소리 지르면서, 무서워하면서 그 미싱을 탈 수밖에 없었던, 그런 게 저희들의 현실이었던 것 같아요"라고 당시 공포감을 기억하고 있다(김지선 외 2003). 여성노동자들의 공포는 다락방 안에서만이 아니었다. 전전 일본 여공들이 출퇴근 때 불량배와 매춘업자들 때문에 공포에 떨었던 것처럼, 다락방을 나선 뒤 한국 여성노동자들도 마찬가지로 공포에 질릴 수밖에 없었다. 한 노동자는 교통수단이 끊긴 뒤 평화시장의 밤길을 다음과 같이 묘사하고 있다(김지선 외 2003).

전철도 없고 너무 무서워서 울었어. 어떤 아줌마가 재워준다고 데려가는데 그게 어디냐면 지금 청계천 신발 있는 데로 데리고 갔어. 거기가 자기네 집이래. 근데 그게 집이 아니고 여관 같은 게 있는 거였어. 근데 그 아줌마가 조바[7]인가 그런 아줌마였나 봐. 걱정하지 말고 여기서 자래. 자라고 그러는데 거기서 수군

7_ '조바'란 여관 등에서 회계와 카운터를 보는 사람을 지칭하는 일본어다.

수군 소리 들리는데 자다 보니까 그런데 거기(윤락업소 — 인용자)인 거야. 얼마나 겁이나. 혹시 공장 힘든데 이런 거 할 마음 없냐고 그러고 없다고 그러고, 문 잠그고 아침에 새벽같이 일어나가지고, 우리 집에서는 난리가 났지.

여공들의 '공장 동경'

그렇다면 앞에서 살펴본 다락방에 관한 담론이 과연 모든 공장에 해당되는 것이었을까? 나는 부정적이다. 다락방 담론은 공장을 하층사회, 최하층 인간의 집합으로만 묘사하고 있으며, 원생적原生的 노자 관계, 감옥과 공포의 대상으로 공장을 묘사하고 있다. 그러나 이런 설명만으론 왜 여성노동자들이 그토록 공장에 들어가길 갈망했는지에 대해 알 수 없다. 다락방 담론은 여공들의 공통된 조건이었을까? 원풍모방과 동일방직의 예를 통해 구체적으로 살펴보자. 1973년 3월 27일에 19세로 입직, 28세까지 9년 7개월간 원풍모방에서 일한 이옥순은 입사할 당시 원풍모방을 아주 매력적인 곳으로 기억하고 있으며, 여성노동자의 상징이던 필통(수젓집)을 무척 자랑스럽게 생각했다. 이옥순은 이것을 공장의 '매혹'이라고 불렀다. 평화시장과 달리, 원풍모방의 공장 입직을 위한 과정은 복잡했다. 소규모 공장에 없는 서면 및 구두 계약 과정이 존재했으며, 신체검사와 면접 및 필기시험, 달리기 등이 실시되었다. 대부분 '근력' 테스트로서 고용주들이 건강한 여성들을 원하고 있음을 간접적으로 보여준다. 이옥순은 '언니' 주민증으로 공장에 들어갔는데, 당시에는 특별한 일도 아니었다. 상당수 여성노동자들이 취업 연령에 미달해 친척이나 가족의 주민증으로 취업했고, 민주노조는 추후 이것을 교정해서, 자신의 이름을 찾게 해주었다(이옥순 1990, 35~6).

앞에서 추송례가 동향 출신 인사과장의 후원으로 대성목재 검사과에서 편하게 일할 수 있었던 전후 사정을 간단히 소개한 바 있다. 하지만 운명의 여신의 장난인지, 마침 추송례가 근무하던 대성목재 바로 옆에는 1970년대 민주노조의 '대명사'였던 동일방직이 위치하고 있었다. 추송례는 동일방직이 한눈에 내려다보이는 파란 잔디밭에서 여성노동자들이 머리에 띠를 두르고 무언가를 외치고 노래 부르는 모습을 보며, 어렴풋이 '노동조합'의 존재를 알게 된다. 그녀는 노조에 의해 노동시간이 단축되고 임금과 보너스가 지급된다는 꿈 같은 이야기에 황홀해하며, 이제 가당치 않게도 '동일방직'을 동경하기 시작한다. 여기서 주목할 점은 산업화 시기 작업장을 형상화한 '다락방 담론'은 절반의 진실이었다는 것이다. 적어도 민주노조가 존재한 사업장에서 '다락방 담론'은 전형적인 것이 아니었다.

이렇게 산업화 시기 여공에 대한 담론 가운데 다락방 담론과 같은 유형이 '과잉 일반화'된 점에 유의해야 한다. 실제로 동일방직 추송례가 얼마나 동일방직에 입사하고 싶어했는지 들어보자(추송례 2001, 33~5).

> 그날 이후 내 머릿속에는 동일방직 여공들의 모습과 노동조합이라는 말이 떠나질 않는다. 노동자도 자신의 권리를 찾기 위해 회사와 맞설 수 있다는 사실이 커다란 충격이었던 것이다. ……일을 하다가 틈만 나면 동일방직을 내려다보곤 하였는데 겉으로 보이는 동일방직 전경은 너무나 아름다웠다. 7층 건물의 하얀 기숙사가 있고, 봄이 되면 온갖 꽃들이 피어나고 흰색 담을 빨갛게 장식한 장미가 너무나 아름다웠다. 또 수만 평이나 되는 끝없이 파란 잔디밭, 그곳에서 점심시간이면 축구를 하고, 테니스 코트에서 테니스를 즐기고 삼삼오오 짝을 지어 잔디밭에 앉아 있는 모습이 영화의 한 장면을 보는 것 같았다. ……동일방직은 인천 만석동에서 유일하게 꽃과 나무가 있는 곳이기도 했다. ……전체가 거대한 한 덩어리의 나무껍질 더미처럼 보이는 이 칙칙한 거리에 동일방직의

사진 2-3 1970년대 동일방직 작업장 전경

장미담은 그 길을 지나는 이만 명이나 되는 대성목재 사람들과 만석동 주민들에게 유일한 아름다움이요, 볼 거리였다. 오월이 되면 빨간 장미로 덮여 있는 담장 길로 인해 그 거리가 환해지고 그 길을 지나다니는 우리들 마음까지 밝아지게 했다.

드디어 매일 지나치던 동일방직 정문에 모집광고가 난다. 그림의 떡처럼 보이던 동일방직에서 견습공을 모집한다는 것이었다. 하지만 앞서 본 것처럼 동일방직은 입사부터 여느 회사와 달리 까다로웠다. 일단 그녀는 동일방직이 요구하는 취업연령 18세에 미달되었다. 하지만 나이 때문에 포기할 그녀가 아니었다. 그녀는 언니가 야간작업을 하고 잠든 사이에 언니 주민등록증을 훔쳐 자신의 사진을 붙여 다리미로 감쪽같이 접착을 시킨다. 그때가 1975년 즈음이었고, 결국 추송례는 언니 주민등록증으로 동일방직 훈련생이 되었다(추송례 2001, 36).

다락방 담론의 가정과 달리 산업화 시기 공장에 들어가는 일은 쉬운 일만은 아니었다. 추송례와 마찬가지로 대일화학 송효순도 취직이 쉽지 않았다. 소녀들의 공장 입직은 추송례와 같이 지연을 통한 방식도 있었지만, 송효순과 같이 언니, 친척의 소개, 정보 제공으로 입사하는 경우가 더 많았다. 이것은 대공장이나 규모가 큰 공장의 경우 입사가 어렵다는 것을 의미했다. 따라서 먼저 취직한 언니의 정보 제공, 생활비를 줄이기 위한 동거가 취업의 '전제 조건'이었다. 특히 도시, 공장에 대한 정보가 거의 없었기 때문에 무연고자보다는 가족의 '소개'가 확실한 취업 조건이었다. 입사 과정은 이력서, 사진, 신분 위조 등 다른 공장과 유사했다. 결국 송효순은 상당 기간 동안 송명석이라는 다른 사람의 이름으로 불렸다. 면접에서 물어보는 것은 고향, 소개자, 학교 중퇴 이유, 현 거주지 등이었고, 구비서류도 건강진단서, 주민등록등본 등 기본적인 것들이었다. 장남수의 경우에도, 원풍모방에 입사하기 위해 중요했던 것은 성적보다 면접과 소개자였는데, 처음에는 키도 작고 소개자도 없어 탈락했고 재수해서 합격했다고 회고한다(장남수 1984, 24; 송효순 1982, 31~8).[8] 추송례와 송효순처럼 도시로 상경 직후 농촌 출신 여성들의 꿈은 깨끗하고 멋있는 공장의 여성노동자가 되는 것이었다. 그러나 동일방직과 같은 공장의 취직은 결코 쉽지 않았다. 동일방직의 정명자도 당시를 이렇게 기억한다(김지선 외 2003).

> (고향은) 목포예요. 그러다가 다시 인천으로 와서 동일방직에 들어가기 전에 한 공장을 더 다녀요. 동일방직 들어갈 수가 없는 거예요. 동일방직은 그 당시에 8시간 일한다고 했고, 사람을 뽑는 척도가 강하게 되어 있었거든요. 키도 커야 되고, 몸무게도 맞춰야 되고. 나이가 어려서 안 되는 거예요. 그래서 그 전에 밀가루 공장 동아제분에 다녔어요. 동일방직 다니는 게 꿈이었어요. 8시간 일을 하고 나면 집에 와서 뭔가를 할 수 있겠다는 생각 때문에요. 엄마는 바다에 나가 조개 잡아서 파시고, 아버지는 배타고 그랬으니까. 그래서 저도 들어갈 때 언니 이름으로 들어갔어요. 제 나이가 18살인가, 그러니까 1년 동안 중학교 졸업하고 직장을 두 번 옮기고 세 번째로 동일방직을 들어갔는데, 언니도 못 들어왔어요. 나이 때문에. 언니가 나보다 세 살이 많으니까……. (동일방직 입사는) 19살이어야 되는데, 주민등록이 나와야 되는데, 제가 16살에 들어갔어요. 그게 또 현장에서 하나의 흉거리가 되기도 했어요. 시골에서 어린 동생들이랑 생활이 어려웠는데, 서울만 갔다 오면 피부가 뽀얘지고, 속옷, 동생들 옷 같은 거 팍팍 보내오고, 편지도 오고 그러니까, 거기에 대한 환상들은 다 있었던 것 같아요.

8_ 부평 반도상사의 경우 1974년 4월 민주노조가 만들어진 뒤 퇴직금 수령 가능, 식사의 질 향상, 잔업 및 특근도 희망하지 않을 경우에는 하지 않아도 되는 좋은 조건 덕분에 노동자들이 몰려들어 취직 경쟁률이 3 대 1, 4 대 1에 이르렀다고 한다(김귀옥 2003).

왜 그토록 동일방직 여성노동자가 되고 싶어했을까? 추송례도 말했듯이, 다락방과 달리 여러 조건들이 나았기 때문이었다. 예를 들어, 8시간 일하고 9천 원을 받았을 정도로 당시로는 고임금이었으며, 기숙사, 목욕탕 등 시설이 잘 갖춰져 있었다. 이들의 집단적인 기억 속에서 공통적인 점은 판자촌 자취 생활과 동일방직의 하얀 현대식 건물과 따뜻한 스팀이 나오는 방은 하늘과 땅 차이라는 것이었다. 그래서 당시 동일방직 여성노동자들은 취직 전에 이곳이 공장이란 생각을 전혀 하지 못하고 '좋은 대학인가 보다'라고 생각하기도 했다고 한다. 동일방직 석정남은 봉자라는 동네 친구가 인천에서 방직공장에 다닌다는 말에, '견습공'으로 모집공고에 지원한다. 그녀가 느꼈던 공장에 대한 첫 인상은 다락방 담론과는 다른 것이었다. 커다란 공장의 규모에 일단 놀랐으며, 깨끗한 잔디밭, 정돈된 사무실, 그리고 기숙사에 놀란다. 동일방직에 대한 그녀의 기억을 들어보자(석정남 1984, 12).

> 처음 서류를 내러 갔던 나는 잘 꾸며진 회사의 시설이며 규모를 보고 깜짝 놀랐다. 태극기가 힘차게 나부끼고 있는 아담하고 깨끗한 사무실과 잔디밭과 나무들……저렇게 크고 좋은 회사에 나 같은 것이 들어갈 수 있을까 잔뜩 겁을 집어먹었다.

그래서 이렇게 좋은 조건에서 무엇을 더 해 달라는 것인지, 노동조합에서 데모하는 것을 이해하지 못한 경우도 있었다. 동일방직은 자주 모집을 하지 않기도 하거니와 짧은 모집 기간 중에 많은 응모자가 모여 경쟁이 상당히 치열했다. 다른 공장들도 마찬가지였지만, 회사 간부 가운데 아는 사람이 있을 경우 '연줄'로 들어가는 경우가 많았다(석정남 1984, 12~3). 어떤 경우에는 동일방직에 취직하기 위해, 1년을 관리자 집에 가서 무료로 식모살이를 하고 들어온 경우도 있었다고 한다. 최순영도 YH물산에 입사한 초기에 공장에 대한 인상을 이렇게 말하고 있다(최순영 2001).

> 사람을 하나 데리고 오면……귀했던 거지. 그래서 명절 때면 휴가를 가는데 사람을 한 사람 데리고 오는 조건으로 하면 한 이틀이나 삼일 휴가를 더 줘. 그런 사람도 꽤 있었어요. 그러니까 주민등록등본을 뗄 때 언니 것을 뗀다고, 다른 사람 거……. 당시 종업원이 4천 명이고 공장 건평이 2070평 정도, 대지가 1천 평이 넘었지요. 새로 지어서 건물도 5층인데 깨끗하고 난방도 스팀으로 아주 잘 돼 있었고요. 당시로선 현대적인 시설이었고. 수세식 화장실도 있고 하여 마장동 하고는 비교가 안 될 만큼 좋았어요. 이런 데면 일할 수 있다고 생각해서 취직을 했지요.

동일방직 면접 심사의 경우 여러 번 낙방하는 경우도 많았다. 모집은 주로 1년에 두 번 정도였고, 노조 문제로 해고한 보충 인원을 훈련생으로 모집하는 형식이었다. 회사에서는 키, 몸무게 등 신체검사만이 아니라, 노조가 강한 사업장이었던 만큼 취직 조건이 데모 안 하고 순종적인, 단적인 예로 말 잘 듣게 생긴 시골에서 금방 올라온 순진해 보이는 소녀들을 훈련생으로 맞아들였다.

반도상사 부평공장의 경우 주로 공개모집을 통해 취직이 됐는데, 노동력 공급 과잉 상태인데도 불구하고 '선정 조건'은 상당히 까다로웠다. 중학교 이상 학력, 나이 18세(주민등록증 지참), 건강한 두 손, 영어 해득력, 추천서 등이 조건이었다(김귀옥 2003). 사전 교육, 다시 말해서 작업 배치 이전에 실시하는 상담에서 늘 듣는 경고성 발언은 '절대 노동조합 활동하면 안 된다. 기숙사 들어가면 언니들이 어디 가자 하는데 그런 데 따라나서면 안 된다. 회사에서 시키는 일 열심히 하고 그 외에 다른 것을 하다가는 가차 없이 잘린다'는 이야기들이었다. 석정남은 한 달이라는 기다림 끝에 동일방직에 들어간 기쁨을 이렇게 이야기하고 있다(석정남 1984, 13).

> 얼마나 손꼽아 기다리던 첫 출근이었던가! 앞으로의 희망과 가지가지 알찬 계획들이 한꺼번에 일어나 마음 속에서 춤을 추었다. 앞으로 3년, 딱 3년만 다니는 거다. 돈은 한 푼도 쓰지 않고 월급 타는 대로 모아 뒀다 시집갈 때 요것 저것 예쁜 거 좋은 거 다 사 가지고 가야지. 그런 나를 누가 구두쇠라고 욕해도 좋아. 오빠 말대로 여자란 그저 얌전하게 있다가 좋은 남자 만나서 시집만 잘 가면 되는 거야. 여자 나이 스물 셋이 제일 좋은 때라고 했겠다.

석정남의 말을 통해 또 하나 알 수 있는 것은 이 시기만 해도 공장이란 일시적으로 거쳐 가는 '통과의례' 혹은 좋은 데로 시집가기 위해 지참금을 모으는 곳으로 여겨졌다는 점이다. 이처럼 여성노동자들의 세계 안에는 국가가 강요하는 민족 담론, 가부장제, 여성으로 지니는 이중성 등이 고스란히 남아 있었다. 이것은 공적 영역에 대한 욕구와 민족공동체가 요구하는 여성상 사이의 충돌이 '비가시적인' 시기였기 때문일 것이다. 이제 여성노동자들이 하루의 반나절 이상을 생활하던 공장의 내부 구조와 그 안에서 여성노동자의 신체가 어떻게 배치되었는지에 대해 살펴보자.

작업장 내부 여성의 신체 배치

이제 동경하던 공장에 발을 디딘 여공들이 하루 10시간 안팎을 지내던 공장에 대해 살펴볼 차례다. 하지만 산업화 시기 여성 사업장 내부 구조에 대해서는 자세하게 알려져 있지 않다. 단적으로 공장의 위치, 규모, 건물의 구성 등은 스쳐가는 이야기로 서술되어 있다. 그러나 여공들이 매혹당한 것은 공장과 공장에 관련된 담론들이었다. 먼저 작업장 혹은 공정을 둘러싼 익명적 지식을 보자. 흔히 작업장은 군대의 연장으로 인식되곤 했다. 작업장 공정과 규율 그리고 기숙사에 이르기까지 작업장 경험은 군대의 '군기'와 흡사했다. 그렇다면 여성노동자들도 그렇게 느꼈을까? 유사한 작업장 조건이라도 남성과 여성이 이것을 받아들이고 수용하는 경험은 차이가 있었을 것이다. 특히 남성노동자들보다 정신적 성장이 빨랐던 여성노동자의 연령대를 고려하면 더욱 그렇다. 작업장에 대한 여성노동자들의 '살아 있는 경험 lived experiences'을 알아보기 위해 신경숙의 『외딴방』을 보자(신경숙 1995, 22~3).

> 서로 다른 친구를 사귀면 토라지고 나뭇잎 같은 거 말려서 그 뒷면에 그 애의 이름을 써넣고, 자전거 하이킹도 가고, 밤새 편지를 써서 그 애의 책갈피에 몰래 끼워 놓고……내게는, 그리고 내게 전화를 걸어온 그녀들(산업체 부설학교 동기생 — 인용자)에겐, 그런 시절이 없었다. 토라질 틈도, 나뭇잎을 말릴 틈도 우리들 사이엔 없었다.

신경숙의 공장 생활에 대한 담론은 '결핍' 자체였다. 같은 또래 소녀들이 향유했던 시간을 그녀들은 상실했던 것이다. 이것은 김귀옥(2003)이 조사한 어느 봉제공장의 일과표를 봐도 드러난다.

표 2-1에 나타난 일과를 보면 알 수 있듯이 여공들이 자기 시간을 보낼 여유는 거의 없었다. 오전 작업 후 점심식사 직후와 저녁식사 시간을 합쳐 90분 정도의 휴식시간이 있었지만, 식사시간을 빼면 채 1시간도 되지 않았을 것으로 추측된다. 야간특근이나 잔업이 있을 경우 잠도 3~4시간 정도밖

표 2-1 1970년대 중반 어느 봉제공장 시다의 일과표

오전 8시 이전	기상, 세수, 식사, 작업장 내 출근 완료
오전 8시~오후 12시 30분	오전 근무, 쉬는 시간 없음.
오후 12시 30분~1시 30분	점심식사, 식사 후 휴식, 수면, 수다
오후 1시 30분~오후 5시 30분	오후 일 종료
오후 5시 30분~오후 6시	휴식, 저녁식사
오후 7시~오후 10시	잔업
오후 10시~이튿날 오전 4, 5시	야간 특근

* 잔업과 특근의 경우 회사측 사정에 따라 결정된다.

(참고: 반도상사의 경우에는 하루에 한 번, 오후 3시에 10분간 휴식이 있었다. 식사시간을 제외하고는 하루에 단 한 번도 쉬지 않은 기업도 적지 않았다.)

에 자지 못했다. 대부분 십대였던 봉제공장 여성노동자들은 같은 또래 소녀들처럼 사색이나 독서, 취미 등을 즐길 육체적이고 정신적인 여유가 없었다.

원풍모방의 장남수와 대일화학 송효순이 겪었던 초기 공장 내부의 경험은 긴장, 서투름, 초조의 연속이었다. 작업장에서 겪은 첫 경험에 대해 장남수는, "온 몸을 삼켜버릴 것 같은 기계소리, 소음방지기, 직포과 등 드문드문 생각"이 남지만, 무척 긴장했던 것을 알 수 있다. 그리고 그녀가 눈썰미가 없는 것에 대해 반장이 투덜거리면서, "시집가려면 어렵겠군"이라고 비아냥댄 첫 작업의 기억이 남아 있다. 이것은 공장 노동을 결혼과 연결시키던 당시 여공들에 대한 공장 담론이었다. 이처럼 여성의 일은 숙련과 '힘-근력'이 필요한 '남성의 노동'과 대비되면서 단순하지만 세심한 주의와 끈기가 필요한 일로 담론화된다. 눈치나 기술을 배우는 속도가 느린 여성노동자에 대해서는, 공장에서 하는 기술 습득과 가정에서 부인으로서 하는 역할을 일치시키며 '성별분업 체계'를 강화했다(장남수 1984, 24). 송효순도 첫 출근한

날에는 처음 하는 일이라서 신기해서 열심히 일을 했다. 그러나 더 많은 수입을 올리기 위한 자진 철야작업 신청을 언니는 만류한다. 지독한 노동강도 때문이었다. 더군다나 야간작업은 일단 시작하면 지속적으로 해야 했기 때문에, 그녀의 말을 빌면 "결과적으로 지옥과 같은 고통"을 체험하기 시작한다(송효순 1982, 31). 첫 노동 경험은 잔혹했다. 기계의 굉음과 사방의 감시, 시도 때도 없이 불려대는 자신의 '번호.' 이 모든 것들이 여성의 신체를 새롭게 조작해갔다. 동일방직 정명자도 작업장에서 자신의 신체가 무의식적으로 기계화 · 규격화되는 것을 생생하게 회고한다(김지선 외 2003).

> 우리가 막상 일을 하면 정말 기계예요. 한 시간에 140보씩 움직이려고 하니까 지금은 안 되거든요. 한 시간에 140보씩 움직이고, 이름도 부를 수 없고, 호루라기 '호' 불면 화들짝 놀라서 쳐다보았죠. 저는 처음에 회사에 들어가서 일을 하면서, 자다가 깜짝깜짝 놀랬어요. 꿈에 호루라기 소리를 듣고……아무튼 우리는 8시간 근무를 했는데, 그 8시간을 위해서 바깥에 있는 16시간이 거의 다 잠재의식 속에 짓눌리는 듯한 그런 작업조건이었어요. 8시간 동안 일하는 동안에는 내가 이미 사람이라는 것을 잊어버리는 거예요.

시다, 이름 없는 여성들

그렇다면 작업장에서 여성노동자들이 어떤 이름으로 불렸는지 궁금해진다. 실이 끊기거나, 불량이 났을 때 반장은 그녀들을 큰 소리로 불렀기 때문이다. 과연 장남수, 석정남 혹은 신경숙 같은 이름으로 불렸을까? 아니다. 작업장 안에서 그녀들은 신체뿐만이 아니라 이름도 상실했다. 청계피복

자료 2-2 산업화 시기 공장에서 사용되던 용어들

산업화 시기 작업장에서는 공정工程이나 작업 도구 등을 가리키는 말에 일본어가 자주 사용되었다. 이 책에서도 꽤 많은 일본어가 사용되는데 그 중 일부 단어의 의미를 소개한다.

기레빠시: 원단을 재단하고 남은 쪼가리.
니혼바리: 재봉틀 이름.
돕바: 원어는 'topper(혹은 topcoat)'로 여성들이 입는 두꺼운 겉옷을 지칭.
래자 봉제반: 인조가죽을 뜻하는 일본어인 래자는 영어 'leather'에서 유래.
마도메: 작업의 마지막 정리를 하는 공정.
말대: 원단을 말은 막대기.
시다: 미싱사 보조
시아게: 뒷마무리하는 사람
에리: 옷깃을 지칭하는 일본어
오바로꾸: 정식 명칭은 'overlock sewing machine'이며, 간략히 줄여서 오버록이라 한다. 재단한 천의 절단선 마무리 작업.
오야: 두목, 상급자 등을 지칭하는 일본어.
요꼬: 니트를 지칭하는 일본어로, 봉제공정의 높은 노동강도를 노동자들이 한탄하며 자기 자신을 요꼬쟁이라고 부름.
우아끼: 윗도리 · 저고리를 지칭하는 일본어.

같은 소규모 작업장에서도 굳이 이름을 부를 일도 없었고 그냥 '몇 번 시다' 이렇게 하면 끝났다. 이름이 불리는 것은 재단사 같은 월급쟁이들뿐이었다. 혹은 작업 명칭인, 예를 들어 '오바로꾸' 같은 식으로 부르기도 했다. 청계피복 민종덕의 말을 들어보자(민종덕 2003).

> 시다들은 이름이 없다. 그냥 '시다'다. 다만 여러 명의 시다를 구분하기 위해서 붙여진 번호만 있을 뿐이다. 시다 위에 있는 사람들은 '시다야!' 하고 불러서 일을 시키고, 야단을 친다.

전자공장에 다녔던 신경숙의 경험도 마찬가지였다(신경숙 1995, 74~5).

> 내 앞의 에어드라이버는 공중에 매달려 있다. 피브이씨를 고정시킬 나사를 왼손에 쥔 다음 에어드라이버를 잡아당겨 누르며, 치익 바람 새는 소리와 함께 나사가 박힌다. 2번인 외삼촌도 마찬가지로 나사를 열 몇 개 박아야 한다. …… 처음에 외사촌은 입을 꽉 다물고 컨베이어만 쳐다본다. 공중에서 에어드라이버를 끌어당겨 나사를 박는 일이 천박하게 느껴져 싫은 것이다. ……'차라리 납땜을 하는 게 낫지. 꼭 남자 같잖니.' 열여섯의 나, 대꾸하지 않는다. 납땜연기가 싫은 것도 마찬가지였으니까. 우리가 숙련공이 되어 갈수록 외사촌과 나의 이름은 없어진다. 나는 스테레오과 A라인의 1번이고 외사촌은 2번으로 불린다. 작업반장은 외친다. '1번 2번 뭐 하는 거야? 작업이 끊기잖아.' ……1번으로 불리지 않아도 내 이름은 없다.

‘오야 맘대로’, 평화시장 봉제공장

다음으로 업종별 여성노동자의 신체 배치에 대해 각각 살펴보자. 첫 번째, 영세 사업장인 평화시장[9] 민종숙의 경우 작업장에서 일했던 노동자는 40여명 정도였는데, 일감의 배분은 자의적이다 못해 제멋대로였다. 일감의 배분은 공장주 대신 공장에 나오는 공장주의 아들이 맡았다. 스무 살이 될까 말까 한 공장주의 아들은 아버지를 닮아서인지, 마음에 드는 사람과 들지 않는 사람을 차별해서 일감을 배분하기도 했다. 한마디로, “오야 맘대로”인 셈이다. 얼마 전 공임 인상 요구로 공장주 아들이 민종숙에게 앙심을 품고 있던 차에 계속 까다로운 부분만을 골라다 주었지만, 항의하기는 어려운 형편이었다(민종숙 1977, 251~2).

그렇다면 구체적인 작업장의 모습은 어떠했을까? 여러 사진을 통해 확인되지만 라인과 라인 사이에 여성노동자들이 번호순 혹은 직무에 따라 위치가 배분되어 있는 게 일반적이었다. 1970년대 초반 봉제공장의 작업장 모습은 **그림 2-1**을 통해 확인할 수 있다(김귀옥 2003).

한편 이런 공정에 대한 여공들의 담론은 어떠했나? 평화시장 미싱사였던 민종숙의 수기에 따르면 작업장에는 미싱 14대, 미싱사 14명, 미싱사 보조(시다) 14명, 오바로꾸(재단한 천의 절단선 마무리 작업) 및 니혼바리(재봉틀 이름) 미싱사가 각각 1명씩 있었다.[10] 그 밖에 재단사 2인, 재단사 보조 2인, 시아게(뒷마무리하는 사람) 2명과 공장장 자격으로 나와 있는

9_ ‘평화시장’의 경우 전태일(1988), 조영래(1983)와 르포물 등 아주 자세히 소개되어 있다. 여기서는 간략하게 줄인다.

10_ 당시 작업장에서는 작업 용어가 대부분 한국화된 일본 용어가 사용되고 있었다. 예를 들어 자주 사용하는 ‘시아게しあげ[仕上げ]’는 공정의 마무리를 의미하는 일본어다.

그림 2-1 1970년대 초반 어느 봉제공장 작업장 모습

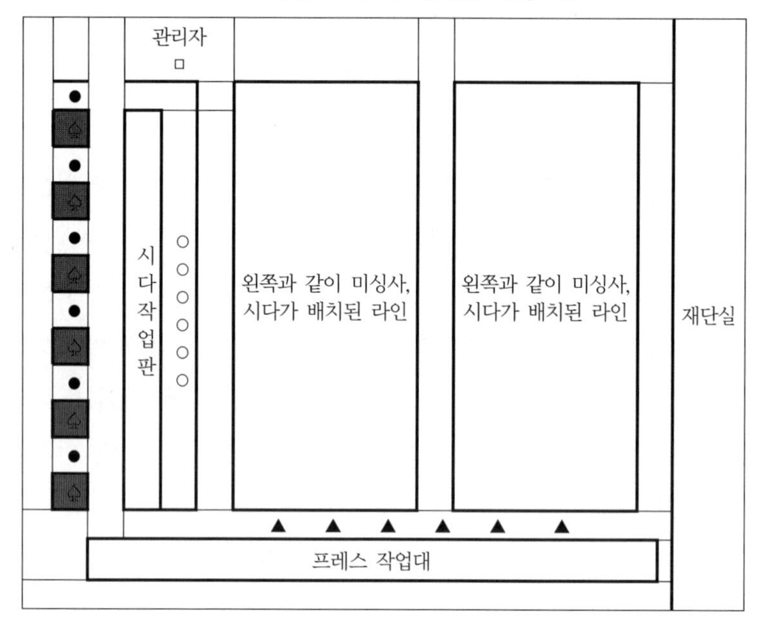

주인 아들이 있다. 일이 없어도 시다들은 제자리에서 일어설 줄을 몰랐는데, 그 이유는 작업장 구조 때문이었다. 민종숙의 말을 들어보자(민종숙 1977, 251).

> 막상 일어나 봐야 갈 데도 없고 공장 안에서 모두 일어서 서성거리기라도 하면, 소란스러워서 오히려 정신이 없어질 테니 그대로 제자리에 앉아서 다음 일거리가 나올 때까지 기다리는 편이 차라리 낫기 때문이다. 지금 재단사가 된 신 씨가 재단보조로 처음 들어와서, 변소에 가는 시간을 제외하고 하루 종일 제자리에 앉아 있는 우리들을 보고 신기하게 생각하여 가끔 일어나 바깥 공기라도

쐬고 간단하게 기지개라도 한 번씩 켜면 좋지 않겠냐고 틈만 있으면 밖에 나갔다 오다가 주인에게 꾸지람을 듣던 일이 생각이 난다.

그나마 미싱사들은 의자에 앉아 그런대로 편했지만 시다들은 천조각과 먼지로 뒤범벅이 된 비닐 바닥 위에 그대로 주저앉아야만 했다. 예를 들어 미싱이 양측으로 마주보고 있으면 그 가운데 자리에 일감을 쌓아둔다. 시다들은 거기에 앉거나 서서 일하기도 하고, 시다들이 앉았던 곳은 통로로 사용되기도 했다. 일감이 많을 때는 사람인지 옷인지 구분이 안 되는 경우도 허다했다. 한마디로 옷과 먼지 무더기에 어린 시다들이 파묻힌 모습이라고 할 수 있었다. 대다수 여성노동자들은 좁은 공간 내에서 오랫동안 고정된 채로 배치됐으며, 노동과정에 대한 자기 통제권은 거의 없었다. 소규모 공간을 최소한의 비용으로 관리하고, 특별한 관리 시스템 없이 여성노동자들을 공간에 배치하는 식이었다. 다시 민종숙의 말을 들어보자(민종숙 1977, 251~2).

좀더 자세하게 우리 공장을 설명하면 이렇다. 우리 공장은 건평이 20평인데 건평의 삼분의 일은 다락으로 덮혀 있다. 그것과 붙어서 재단판이 양쪽 끝까지 늘어서 있고, 양쪽에 오바로꾸와 니혼바리가 있는 시아게판과 재단판이 늘어선 옆으로 한편에 다섯 대씩 미싱이 두 줄로 마주보고 놓여 있다. 그리고 입구에서 중앙을 보고 두 대가 놓여 있다. 결국 양옆으로 5대씩, 그리고 입구와 한쪽에 미싱 2대, 오바로꾸, 니혼바리 합해서 12대, 다락에 있는 미싱을 더하면 도합 14대가 있는 셈이고 재판판과 마도메판이 더 있다. 이렇게 꽉 들어찬 곳에다 40명 가까운 사람이 옷이라도 벗어서 걸어 놓을라치면 공장 안은 더욱 정신살이 없어진다. 이러니 설사 먼지가 나지 않는다 하더라도 답답할 판인데 먼지까지 일으켜놓으니 처음 들어온 사람은 단 5분도 견뎌내기 어려울 정도로 숨이 탁탁 막힌다. 지금은 겨울이니 좀 덜 갑갑하지만 한 여름에는 40명이 다닥다닥 붙어 있는 이곳은 마치 사람을 삶아 데쳐내는 장소처럼 생각되기도 한다. 다락만 없어도 통풍이 훨씬 잘 되고 사람도 덜 답답하겠건만 다락까지 있어 놓으니 먼지 빠질 곳조차 없다. ……인간이 생활하고 일하는 곳이 아니라 옷 만드는 기계 창고라고나 할까.

사람 잡는 기계들, 섬유업종

산업화 시기 홍보용으로 만들어진 「대한 뉴우스」 등 홍보영화를 보면 공장 곳곳에는 '생산 증진'을 위한 포스터와 현수막이 붙어 있었고, 여성노동자들은 공장에서 흘러나오는 음악이나 라디오 소리에 맞춰 흥겹게 일을 하는 것처럼 묘사되어 있다. 하지만 대부분의 작업장 분위기는 이런 지배적 이야기와는 딴 판이었다. 이옥순이 일했던 원풍모방(당시 직원 1800명)에 대한 인상은 "말없이 기계에 붙어서 일하는 딱딱한 분위기"였다(이옥순 1990). 공장은 흥겨움이나 즐거움 등 감정이 개입될 수 없는 곳이었으며, 노래나 흥얼거림조차 금지되었다. 더군다나 공장을 부정적으로 묘사한 노래나 영화 등은 검열의 실타래에서 결코 자유롭지 못했다. 대중음악 평론가 이영미는 당시 상황을 이렇게 지적하고 있다(이영미 2002, 143).

> 대중가요에서는 짝사랑하는 사람이 공원에서 눈물을 흘리는 노래가 허락되지만, 공장에서는 눈물을 흘리면 안 된다. 농담이 아니다. …… '공장'이라는 말을 쓰는 것은 대중가요의 관행에서 벗어나는 것인데다가, 그 일탈이 사회에 대한 불만, 비판의식으로 향할 가능성이 아주 작게나마 있다고 판단되는 모양이다.

여기서 먼저 섬유업종의 작업장을 살펴보자. 원풍모방의 경우 공장은 우측의 정문을 기점으로, 운동장 — 이곳에서 노조 정상화 투쟁이 주도되었다—을 가운데 두고 좌측에 직포과와 정사과, 검사과 등 부서가 자리잡았다(가공과만이 운동장 북측에 위치했다). 기숙사는 작업장에서 멀지 않은 운동장 북동쪽에 위치했다(원풍투위 1988, 16, 19). 원풍모방이나 동일방직 같은 섬유업종의 작업 공정은, 먼저 호주에서 수입해오는 양모를 소모과에서 큰 덩치로 감아내고, 여기에 염색을 한 뒤 기계에 넣어 회전시키면 실 형태가 만들어진다. 그 다음에 전방과와 정사과를 거쳐 완전한 실이 된다. 이 실이 직포과로 넘어오면 준비계를 거쳐 직포에서 베를 짠다. 그 뒤에 정포正布를 거쳐 수정을 하고 가공과에 넘겨져서 세탁과 다림질을 한 뒤 검사과로 넘어간다. 끝으로 검사과에서 최종 검사를 마치면 완제품이 만들어진다. 여성노동자들은 아침 6시에 출근해 2시에 퇴근, 2시에 출근해 10시 퇴근, 다시 10시에 출근해 다음 날 아침 6시에 퇴근하는 이른바 '3교대 작업'이 1주일 간격으로 교대로 이루어졌다(장남수 1984, 26). 이러한 작업 공정을 '도표'로 만들면 **표 2-2**와 같다(원풍투위 1988, 8).

표 2-2 원풍모방 작업 공정

양모 → 소모(세탁) → 염색 → 전방 → 정방(단사) → 정사(합사, 연사) → 검사 → 정경 → 통경 → 제직 → 정포 → 습식 → 건식 → 수정 → 검사 → 포장 → 출고

섬유업체의 공정에서 여성노동자들의 살아 있는 경험들을 동일방직 추송례의 수기를 통해 더 자세히 알아보자. 동일방직도 공정은 방적과와 직포과로 분류되었고, 이 중 방적과에서는 한겨울에도 25~26도를 오르내리는 고열 속에서 솜뭉치가 실로 만들어졌다. 비록 모든 공정이 기계화되었지만, 실이 날릴까봐 선풍기조차 사용하기 어려웠던 방적과는 마치 커다란 찜통 같았다. 거기다가 눈에도 보이지 않는 솜먼지들이 눈, 코, 입에 달라붙어 숨쉬기조차 어려웠다.

반면 직포과는 방적과를 거쳐 만들어진 실을 천으로 만들어내는 공정으로, 사람이 견딜 수 있는 적당한 온도가 유지되어서 다소 나은 편이었다. 직포과에는 와인더와 여러 공정이 있으며, 그 사이에서 자동화 기계가 천을 짜면 여성노동자들은 이물질을 제거하거나 실이 끊어진 부분을 정리하고 묶어서 돌아가도록 다시 연결한다. 그런데 이 작업이 앞서 말한 '기계가 사람을 잡는다'고 이야기되는 공정이었다. 이물질이 들어갔는지 안 들어갔는지 양쪽 기계를 보고 한 사람이 50대 정도의 기계를 보면서 왔다갔다 몇 바퀴를 돌다 다시 제자리에 오는 작업은 기계와 사람의 구분을 거의 불가능하게 했다. 특히 직포과는 끊임없이 작동하는 직기織機 수천 대의 굉음 때문에 고무마개로 귀를 막아도 귀가 찢어질 지경이었다. 직포과의 작업은 자동적으로 움직이는 기계 수천 대 사이를 움직이며 정지된 기계가 있으면 그 원인을 해결해 다시 움직이게 해주거나 엉킨 실을 풀어주고 끊어진 실들을 찾아 이어주는 작업이었다. 표면적으로 직포과는 별로 할 일이 없을 것처럼 보이지만, 자동화된 기계는 그냥 쇳덩이가 아닌, '사람을 잡는 기계들'이었다. 숙련공이 되면 보통 40~50대 정도의 기계를 보게 되는데, 24시간 돌아가는 기계를 쉴새없이 보다 보면, 화장실에 갈 시간조차 없었다(추송례 2001, 37).

사진 2-4 동일방직 여성노동자들의 작업복과 작업장 전경

작업장에서 동일방직 여성노동자들은 멋진 미니스커트만 겨우 걸치고 있었는데도 공장 안은 후끈거렸다. 앞서 작업공정에 관해 설명한 것처럼 솜덩어리가 실이 되는 와중에서 그 굵기가 점점 가늘어졌고, 그 과정에서 실이 코와 온몸에 붙었다. 특히 여성노동자들 가운데 알레르기 피부를 가진 경우, 견디기 매우 어려웠을 것이다. 글만으로는 감이 잘 안 올지 모르지만, 초기 동일방직에서 노동에 적응하는 것은 수월하지 않았다. 8시간 노동을 한다는 것뿐이지, 8시간 내내 완전 자동화된 기계를 쫓고 쫓기는 과정이었다. 심한 경우 어떤 여성노동자들은 기계를 쫓다 화장실 갈 시간조차 없어서 옷에다 오줌을 싸는 경우도 있었다. 처음에 여성노동자들은 자동화된 공정을 보고 작업환경이 좋을 것으로 생각하거나, 모든 공정이 자동화 · 시스템화되어 일은 기계가 다 하고 사람이 하는 일은 하나도 없는 것으로 생각했다.

그러나 기계를 쫓아다니는 일은 피를 말리는, 코피를 쏟게 하는 과정이었다. 그것뿐만이 아니었다. 고온의 작업장은 여성들의 신체에 극심한 변화를 가져왔다. 안질眼疾과 고온다습한 환경 때문에 생기는 피부병이 대표적인 질병이었다. 하지만 동일방직은 앞에서 본 다락방이나 같은 업종인 섬유업종 사업장 가운데 작업 조건이 가장 나은 편에 속했다.

6개월간 동일방직에서 일했던 조화순 목사는 당시를 이렇게 기억하고 있다(조화순 1992).

> 거기는 광목을 짜는 곳이었는데요. 솜에서 실을 빼내서 물레에서 돌려서 나중에 짜는 것까지 해요. 그 일에는 온도가 그렇게 중요하대요. 겨울이나 여름이나 같은 온도예요. 굉장히 더워요. 그리고 먼지가 많아서 눈을 뜰 수가 없어요. 눈을 뜨면 속눈썹에 하얀 솜먼지가 붙어서 눈 비비다가 일을 못 하겠더라고요. 공기가 항상 습하고요. ……제일 가슴이 아파서 같이 울었던 것이 사람들이

목욕탕에 못 가. 목욕탕에 가면 막 긁어서 헐어 가지고 사람들이 문둥이냐면서 못 들어오게 한대. 그 이야기 듣고 같이 엉엉 울었어요. 좋은 회사였는데도 그랬어요.

도급제와 공임제

이제 유신체제 붕괴의 신호탄을 쏘아올린 YH무역 노조가 속했던 가발 업종의 작업장을 보자. 가발공장은 저임금 노동력에 기초한 전형적인 수공업적 노동에 의존했다. 가발은 모발을 하나하나 심어서 만들어졌기 때문에 기계화가 극히 어려웠으며, 섬세한 노동이 필요하다는 이유로 대부분의 노동력이 여성이었다. 섬세한 수공업 작업은 여성이 담당해야 한다는, 작업 성격에 대한 성별분업이 가발업계에서도 관철되었다. YH의 건물 구조는 가발 1층~2층, 봉제 3층~4층이었다. 또 식당이 하나였기 때문에 점심시간은 부서별로 다른 시간에 주어졌다. 따라서 다른 부서의 노동자들이 만날 수 있는 기회가 많지 않았다.

기본적인 공장 업무는 총무과, 자재과, 기술과, 개발과, 생산과로 구분됐고, 생산직 노동자들은 모두 생산과에 배속되어 있었다. 그리고 생산과는 가발부와 봉제부(일반봉제반, 래자봉제반)로 구분되었다. 가발부에서 하나의 가발이 만들어지기까지 거쳐야 하는 공정은 14단계였고, 그 밑의 부서는 개발과, 자재과, 염색반, 절단반, 정모반, 쌍단침반, 건조반, 재단반, 포스터반, 수재반, 미용반, 검사반, 포장반으로 구성되어 있었다. 모든 작업은 '도급제'로 진행됐다. 도급제는 작업 물품에 단가가 매겨지고, 일정한 노동시간 동안 개인이 작업한 성과에 따라 보상이 이루어지는 체계로, 노동자들의 초과 노동을 유도하고 경쟁을 조장함으로써 저임금을 유지하기 위한 임금 체계였다(박승옥 · 오장미경 외 2003, 287). 이 가운데 개발과, 자제과, 검사반을 제외한 11개 반은 전부 '도급제'였다(한국노동자복지협의회 1985, 20~21).

보통 고참 여성노동자가 '반장'을 맡았다. 작업장 내부 단가를 매기거나 작업을 분배하는 권한은 반장에게 있었다. 그리고 반장 위에 남성 감독, 감독 위에는 계장, 과장이 있었으며, 이 가운데 현장 관리자는 여성노동자가 맡는 반장과 남성 감독이었다. 섬유업종에 비해 가발은 도급제였기 때문에 개별 노동자의 능력에 따라 어느 정도는 노동시간을 조정할 수 있었다. 예를 들면 섬유처럼 기계에 쫓겨 돌아다니는 경우는 없었으며, 개인이 손으로 하는 작업이기 때문에 굳이 점심시간이 부족할 일도 없었다.[11] 하지만 경기가 호황인데다 선적일을 맞추기 위해 야업夜業과 밤샘 작업을 일상적으로 진행했다. 이와 같이 가발 작업장은 섬유와는 사뭇 분위기가 달랐다. 장비도 많이 필요가 없었고 가발을 씌울 수 있는 모형 머리통, 나무통과 책상 같은 탁자만 있으면, 그 위에서 나무통을 거기다 끼우고, 바늘만 있으면 작업이 가능했다. 당시 작업에 대해 YH무역 최순영은 이렇게 설명하고 있다(박승옥 · 오장미경 외 2003, 287).

> 이렇게 바늘을 이렇게 집고 이쪽도 이렇게 머리카락을 집고 하니까 바늘로 머리카락을 해서 이렇게. 그 망이 어떻게 되어 있냐면……어, 저기 우리 그 스타킹 같은 옛날 그런 그물인데 촘촘하지 뭐. 촘촘한 것도 있고 그 다음에 또 아주 어려운 거는, 이렇게 뭐라 그럴까 고무 우리 머리 살 같아. 이렇게 고무에다가 머리카락을 하나하나 심는 거야, 고무 같은 데다. 그러면은 사람들이 겉에 봤을 때도 진짜 머리에 살에 이렇게 심어진 거 같아.

11_ 아침 8시에 가서 일하고 12시에 집에 가서 밥 먹고 다시 공장에 갈 수도 있는 체제였다.

작업장에 앉는 순서 역시 입사번호 순서와 같았다. 맨 앞에 고참들이 앉았는데 작업장에서 고참의 힘은 무척 강했다. 고참들은 대부분 숙련공이어서 사측도 마음대로 하지 못했다. 예를 들어 고참들끼리는 계모임 등을 통해 단결이 잘 되어 있어서, 고참들이 일하기 싫으면 '야! 오늘 야근하지 말자'는 식으로 충동을 하는, 일종의 '일상적 저항'이 이루어질 수 있었다. 고용주는 고참들을 잘 구슬려야 그 밑의 여성노동자들을 손쉽게 통제할 수 있기 때문에 어쩔 수 없었다. 이들은 각자 작은 라디오를 하나씩 가지고 다니면서 노래를 듣거나, 귀에 리시버를 끼고 연속극을 들으면서 작업을 했다. 이것은 섬유산업에서는 상상하기 어려운 일이었다(최순영 2000).[12]

끝으로, 스웨터 업종에 해당했던 삼원섬유의 경우, 공정은 가공부, 편직부로 나뉘어 있었다. 이 가운데 기사라고 불리던 남성노동자의 권위는 '전제적'이라고 할 정도였다. 유동우의 회상을 중심으로 살펴보면, 가공부에는 18~22세 사이의 여성노동자들이 160여 명 있었으며, 이중 15~17세 가량의 연소노동자도 30여 명 있었다. 대부분 일당제였고 편직부에 비해 임금 수준이 매우 낮았다. 임금은 10시간 노동에 200~300원 정도였고, 고참이 500여 원, 가장 낮은 사람은 평균 350원이었다. 여성노동자들은 거의 매일 12~16시간 동안 작업을 해야 했으며, 심지어 하루 24시간 꼬박 철야로 일을 해야 하는 경우도 있었다. 이처럼 매우 열악한 조건이었음에도 불구하고, 회사측은 처음에 다른 요꼬 업체들과 같이 도급제로 운영하다가 임금 부담을 해소하기 위해 일급제로 전환했으나 생산량은 도급제와 같은 수준을 노동자들에게 요구했다. 이런 작업 과정은 '공장장-기사-부기사-보조기사-공원'이

12_ 이렇게 노래를 들으면서 일을 해야 능률이 오른다고 해서, 사측도 어떤 때는 음악도 틀어줬다. 나중에는 빠른 음악을 틀어주면 능률이 더 잘 오른다는 말이 있기도 했다.

라는 위계질서에 의해 편재되었고, 일감과 생산량을 무게로 달아 부과하는 형태로 진행되었다. 유동우는 당시 생산조직에 대해 이렇게 설명하고 있다 (박승옥 · 오장미경 외 2003, 301).

문: 150명이 기사 한 명, 그 기사가 기계를 고쳐주는 거예요?

답: 기사가 둘이었어요. 그러니까 보조기사가 있고 부기사, 정기사 이렇게 있어요. 둘이었어요.

문: 일감을 누가 주고 하루 일을 누가 시켰었어요?

답: 일감은 인제 자기가 실을 짜자면 실을 배당 받아 와요. 인제 배당계에 가 가지고 실을 배당 받아 와 가지고 이제 짜죠. 옷으로 다 짜면, 수납계에다가 짠 걸 중량을 달아 가지고 이거 딱 줘요. 수납을 시키고 그러면 또다시 배당계에서 실을 타오고. 거는 뭐 자연스럽게, 현장을 사실상 관리하는 건 기사예요.

문: 그러면 사실상 그 기사라는 사람은 말하자면 요꼬의 전문가인데요?

답: 음. 기계, 기계의 전문가이자 요꼬의 전문가죠.

생산조직 위계 속에서 상단에 위치했던 '기사'는 어떤 존재였나? 기사들은 요꼬 작업에 관한 한 장인 수준의 숙련공이었으며 기계 수리도 맡았다. 기사들은 중 · 고등학교를 수학한 경험이 있고, 요꼬 작업에서 기계까지 보아주면서 생산과정에서 노동자들을 일정하게 통제하는 기능을 행사하고 있었다. 그렇다면 시간에 쫓기며 작업을 해야 하는 노동자들은 상품의 질을 유지하기 위해 어떤 노력을 했을까? 이것을 파악하기 위해 다시 유동우가 설명하는 생산과정에 귀를 기울여보자(박승옥, 오장미경 2003).

문: 그러면 어떤 스타일의 옷을 그 기사들이 새로 만들어 주나요.

답: 이게 이렇게 되는 거예요. 오더를 보면 어떤 스타일의 옷을 뭐 몇 만 장, 뭐 이런 스타일은 사이즈별로 뭐, 몇 만 장씩 뭐 이런 스타일의 옷은 그렇게 해서 오더를 받잖아요. 그걸 다 짧게 해 가지고 그 작업만 하는 거예요. 그리고 뭐 그 밖의 다른 뭐 바이어들한테 오더를 받으면 전혀 스타일이 다를 거 아니에요? 그 나라도 다르고 뭐, 그러니까 그러면 또 그 작업을 해요. 이제 그거 끝날 때까지 그 작업을 하고요.

문: 그럼 나중에 검사 같은 건 어떻게 했어요? 그걸 나중에 그 수납계인가 거기에서 옷을 다듬어서 나가나요?.

답: 일단 편직부에서, 편직에서 우아끼(上衣, 윗도리 · 저고리를 지칭하는 일본어 — 인용자)까지 네 개 인제 에리(옷깃을 지칭하는 일본어 — 인용자)까지 가공부에서, 가공부에서 이제 박는 사람, 다 꿰매요. 다 연결시켜야지 옷이 되니까. 에리도 붙이고, 하면은 이걸 인제 요새 보면 검사하는데 아크릴처럼 이렇게 있는데 안에 형광등 켜놓고 씌워 놔, 뭐 씌워버리면 흠집 난 거 다 보이잖아요. 그러니까 검사거든. 거기에서 뭐 코가 빠졌거나 하여튼 뭐, 뭐 색깔이 잘못 들어갔거나, 뭐 오물이 묻어 오점이 있거나 하여튼 그런 거 이제 검사하는 거예요. 그, 그걸 통과돼야. 그 검사는 뭐 일차 검사, 이차 검사, 삼차 검사까지 있는데 단계마다 예를 들면 뭐, 그 드라이까지 다 해놓고 나중에 최종 검사도 하고요.

문: 그래도 검사를 세 번에, 검사를 세 번 해야지.

답: 그렇죠. 통과.

작업은 실을 구해다가 편직기에서 옷을 짠 다음 제품검사를 거쳐 불량이 발생하면 그 자리에서 처리하고, 가공부에서는 불량을 제외하고 마무리를 하게 된다. 문제는 불량품이 발생하면 개수임금제로 짜인 사실상의 도급제 아래에서 불량품의 수만큼 임금이 줄어든다는 사실에 있었다. 공임은 매당 얼마라고 정해져 있어서 '여름 티를 하나 짜는 데 뭐 백 원이다. 그 백 원을 공임이라고 그래'라는 식으로 정해져 있었다. 다른 수당은 일체 정해져 있지 않았고 회사가 일방적으로 공임 단가를 정했다. 이런 결정방식은 언제나 '공임 투쟁'이 일어날 수 있는 가능성을 남겨놓았다. 왜냐하면 노동조합도 없었고, 작업의 난이도 등 여러 변수가 있을 수 있었는데도 이 변수들이 임금을 결정하는 과정에서 전혀 고려되지 않았기 때문이었다. 따라서 노동자들의 불만과 작업강도는 높아질 수밖에 없었다. 이처럼 사실상 도급제, 개수임금에 의한 작업과정은 노동자들의 작업강도를 높이고 엄청난 심리적 부담을 주었으며, 일상적인 수준에서 공임 분쟁이 계속되는 원인이 되어왔다.13

이상에서 몇 종류의 작업장에서 여공의 신체 배치를 살펴보았다. 가장 주목해야 하는 점은 작업의 종류에 따른 성별분업과 성에 따른 작업장 내부 위계질서가 형성되어 있다는 점이다. 노동강도가 강해서 언제나 서서 이리 뛰고 저리 뛰어야 하는 섬유, 자기 시간을 통제할 수 있으나 주문이 밀릴 경우 며칠이라도 철야를 해야 하는 가발, 라인의 균형이 중요한 전자 등 대부분 사업장에서 장시간 노동은 공통적이었지만, 여공의 신체는 다양하게 배치되었고 작업장 내 이동이 이루어지고 있었다. 시간과 동작 관리 또한 상이했다. 여기서 여공들의 신체는 몇 가지 원칙과 공장 담론에 의해 표준화, 절단, 배치되었다.

13_ 같은 의복제조 회사인 부평 반도상사의 경우, 테일러식 분업체계에 기초한 노동과정을 통해 여성노동자 자신이 작업장(혹은 노동과정) 체제의 한 부분으로 자리잡게 되었고 작업장 내부의 속도와 균형의 중요성을 습득해갔다. 다른 식으로 표현하자면, 옷을 만드는 것 자체보다는 시다는 미싱사의 '속도'에 맞춰야 했고, 미싱사들은 부분 노동을 조립하는 과정을 통해 개인적 기량보다는 한 라인의 속도를 준수하고 상호 호흡을 맞춰 나가야 하는 라인식 공정에 익숙해져야 했던 것이다(김귀옥 2003).

첫 번째, 여공들은 건강한 소녀여야 했다. 여공의 신체는 남성과 동일한 노동강도로 움직여졌는데, 이것은 코피가 날 정도의 고된 노동이었다. 이것은 '남성노동자=근력', '여성노동자=섬세한 단순노동'이라는 노동의 성별분업에 기초한 분류가 허구적이었음을 알 수 있다. 이처럼 작업장에서 적용되던 남녀 노동의 구분은 신체근력의 사용이나 노동량에서나 근본적 차이를 보이지 않았다. 그럼에도 불구하고 '여성노동'이 '섬세한 단순노동'으로 구별되었던 여공 신체에 대한 '특정한' 구분은 담론을 통해 일반화되었다. 두 번째, 여공은 이름이 부재한 '무명의 신체'로 담론화되었다. 몇 번 시다 혹은 몇 번이라는, 여공들에 대한 감독자나 반장의 호명은 여공의 신체를 규격화하려는 공장 담론의 특성 중 하나였다. 세 번째로, 공장 내부 여공의 배치는 청계피복 같은 소규모 사업장, 동일방직 같은 대규모지만 넓은 공간을 담당해야 하는 경우, 가발업종처럼 정해진 장소에서 생산량을 극대화하기 위해 노동시간이 자의적인 경우 등 다양했다. 초기 여공의 신체는 공장 노동의 낯섦 등 여러 이유 때문에 반복적 노동에 대한 지루함과 고통을 감지하지 못했다. 그러나 반복적이고 강한 노동강도 아래에서 여공의 신체는 여성으로서 지니는 신체적 특징이 굴절되는 과정을 거쳤다. 이렇게 여성으로서 겪는 작업장 경험은 '여성노동'이라는 범주에 따라 차별화된 무엇으로 담론화되지만, 이러한 차별화와 분화의 담론은 여공의 노동, 신체를 '노동력 일반'(남성 노동)과 구분하기 위한 담론적 구성물이었다. 그렇다면 다음으로 여성노동 — 특히 미숙련 노동자 — 에 대한 성별분업과 숙련 담론이 작업장 내부에서 어떻게 결합되었는지 살펴보자.

소녀들의 손을 잡아먹은 '캔디'

지금까지 본 것처럼 산업화 시기 작업장 내 여공의 신체에 대한 담론이 목표로 했던 것은 생산성 향상을 위한 '시간과의 투쟁'이었다. 잦은 잔업과 초과 노동은 노동의 절대적인 양으로 환산될 수 없었다. 정해진 시간 속에서 중요한 것은 여성노동자들의 신체에 대한 신속하고 효율적인 '규율화' 였다. 노조가 만들어지기 이전 원풍모방의 작업 체제는 12시간 2교대제였다. 양성 기간은 6개월, 호봉은 A, B, C, D급으로 구분해서 차이를 두었다. 담임, 반장 등이 호봉 급수를 결정했기 때문에 화장실도 이 사람들의 허가 없이는 갈 수 없을 정도였고, 주휴제는 생각할 수 없는 조건이었다. 그럼에도 불구하고 여성노동자들은 담임, 반장의 횡포에 대해 적극적으로 이의를 제기하지 못하는 분위기였고, 이의를 제기한 경우 결국 얼마 못 견디고 스스로 퇴사했다. 당시 현장 분위기는 작업량이 많아 점심시간에도 작업을 하는 것에 조합원들이 항의하며 식사시간만이라도 쉬게 해 달라고 해도, 사측은 '쉬고 싶으면 회사를 그만두라'는 식으로 묵살했다(원풍투위 1988, 23). 요컨대 여성노동자들의 신체는 기계처럼 다루어졌고, 반복되는 노동은 그녀들의 신체를 마비시켰다. 전자업체에 다녔던 신경숙의 경험을 들어보자(신경숙 1995, 164).

"팔이 올라가질 않아."
어느 날 점심시간에 식당에서 외사촌은 젓가락을 들려다가 내려놓는다. 공중에 매달려 있는 에어 드라이버를 끌어내려 나사를 박아야 하는 외사촌의 눈에 눈물이 글썽하다. 열일곱의 나, 마른 밥을 아욱국에 쓱쓱 말아서 숟가락으로 떠서 외사촌의 입에 넣어준다. 젓가락으로 멸치조림을 집어 입에 넣어준다.

손과 팔의 일시적 마비뿐만이 아니었다. 산업체 부설학교에서 신경숙의 짝이었던 왼손잡이 안향숙은 본래부터 '왼손잡이'가 아니었다. 하루에 수만 개의 캔디를 싸야만 하는 반복되는 노동은 그녀의 오른손을 먹어 버린 셈이었다(신경숙 1995, 168~9).

"손이 왜 이래?"
어느 날 나는 그녀의 손을 잡았다가 얼른 뗀다. 딱딱하다 못해 굳어 있다. 너무 얼른 떼버린 것 같아서 다시 잡았다 놓는다. 내 마음을 알겠는지 왼손잡이 안향숙은 빙긋이 웃는다.
"캔디를 싸는 일을 하거든. 닳아져서 그래."
"하루에 얼마나 싸는데?"
"보통 이만 개 정도."
"……."
"니 손은 참 부드럽구나. 너 회사에서 놀고 먹는구나."
내 손등을 감싸쥔 그녀의 손바닥이 발바닥 같다.
"처음엔 재밌더라구. 이런 것도 일인가 싶었어. 며칠 지나니까 캔디를 넣고 비닐을 비틀어야 하는 여기에서 피가 흘렀단다."
그녀는 오른손과 왼손의 엄지와 검지를 내 앞에 내민다. 잘 내밀지 않아서 몰랐는데 손가락이 삐뚤어져 있다.
"이젠 굳어서 괜찮아. 근데 이년 전에 이 손가락을 못 쓰게 되고 말았어. 그래서 왼손으로 글씨 쓰는 거야."

미숙련공의 생활 — 요꼬쟁이 모가지는 아흔아홉 개

미숙련공하면 생각나는 것이 바로 '시다'다. 전태일이 남긴 시다들과 함께 찍은 사진을 보면, 어린 티가 채 가시지도 않은 말라서 보기 안쓰러운 소녀들의 흑백 사진을 볼 수 있다. 민종덕의 말을 들어보자(민종덕 2003).

> '시다'라는 단어만 떠올려도 울컥 목이 메고 눈물이 핑 돈다. 예전에 함께 일하던 그 어린 소녀들이 생각나서 그렇다. ……고단한 몸을 이끌고 아침 일찍 도시락 하나 덜렁 들고 만원버스에 시달리며 공장으로 출근한다. 공장에 당도하면 맨 처음 작업 준비를 서둘러야 한다. 미싱사가 출근하자마자 곧바로 일을 할 수 있도록 일감을 챙기고 주위를 정리해놓아야 한다. 본격적으로 작업이 시작되면 미싱판에서 봉제를 한 것을 다리미질하고, 그것들을 다시 잘 정리해서 올려주고, 위험한 다락을 오르내리며 재단판에서 일감을 날라 오고, 실밥을 뜯고, 공장 안의 온갖 잔심부름하고, 그야말로 시다의 일은 한도 끝도 없다.

초기 산업화 과정에서 아주 좁은 공간에 숙련공과 미숙련공이 한데 모여 공장은 바글바글했다. 서유럽의 경우, 숙련공 흔히 장인artisan이라고 불린 집단과 미숙련공 사이에는 커다란 '격차'가 존재했다. 이것은 단지 임금, 노동 조건만의 문제가 아니라 일종의 자존심pride 문제였다. 장인들은 노동과정에 대한 직접적 통제와 독특한 장인문화에 기초한 노동문화를 지니고 있었다. 하지만 비숙련공들은 사회적 자원으로서 숙련을 지니고 있지 못했다.

한국에서 시다와 양성공 등으로 불렸던 미숙련 여성노동자들에 대한 무시와 차별은 '당연'하게 여겨졌다. 이런 차별을 정당화하는 데 있어서 중요한 역할을 담당한 것이 '숙련 담론'이었다. 대부분 여성노동자들은 미숙

사진 2-5 1970년대 여성 시다들의 사진

련·비숙련 노동자로 취급되었다. 이것은 숙련도와 무관했는데, 숙련 담론은 여성노동자들을 작업장 내부에서 '낮은 지위'로 고정시키기 위해 고용주와 남성노동자들에 의해 만들어졌다.

그 동안 여성노동자에 관한 연구는 한국 노동계급 내부의 숙련과 비숙련은 유의미한 차이가 없다고 언급해왔다(최장집 1988, 54). 하지만 이것은 당시 숙련을 둘러싼 공장 담론에 대한 철저하지 못한 인식 때문에 나타난 해석이었다. 여공을 미숙련·저임금으로 강제한 것은 '숙련'을 둘러싼 고용주와 남성노동자에 의해 '구성된 담론'이었다. 여성노동자들은 자신의 숙련이 남성의 그것에 못지않다고 주장했지만, 작업장 내 작업을 둘러싸고 성별 분업과 그 가치는 쉽게 무너지지 않았다. 산업화 시기 미숙련 여성노동에 대한 담론은 '여성은 단순 작업만 할 수 있다'는 것이었다. 자신을 '미숙련 노동자'로 인식했던 여성노동자들은 '도급제' 등의 경쟁 체계를 통해 내부적 분할을 경험했고, 이것이 노동자 사이의 분할로 귀결되었다.[14] 여기서는 숙련에 대한 여성노동자의 입장과, 고용주와 남성노동자들의 입장이 어떻게 대립되면서, 동시에 여성노동자들이 작업장에서 어떻게 이것을 타협적으로 수용했는지 살펴보자.

먼저, 전태일이 일하던 평화시장에서 기술을 지닌 재단사와 그렇지 못한 시다 사이의 위계질서와 차이는 '하늘과 땅'에 비유할 만한 것이었다. 시다는 항상 남아도는 잉여 노동력으로 늘 해고의 위험에 노출되어 있었다. 고용주는 자의적인 해고가 불가능해지는 고용 후 3개월 바로 전 날까지

14_ 이런 성별분업은 노동과정 자체의 성격에서도 기인했지만 여성노동에 대한 오랜 사유방식에서도 기인했을 것이다. 전근대 사회의 여성들은 남녀유별에 근거해서 10세 때부터 길쌈, 바느질, 부엌일, 제사 장만을 '천직'으로 배우게 된다(김진명 1994, 131). 이런 특정한 여성노동에 대한 성격 규정은 근대사회의 작업장에서도 여성의 일을 하찮고 단순한 것으로 규정하는 것으로 이어졌다.

시다들을 고용하다가, 때맞춰 해고한 뒤 다시 계약을 체결하는 '전형적인' 방식으로 비숙련 노동자들을 착취했다. 전태일은 비숙련공의 고통을 자신의 일기에서 이렇게 토로했다(전태일 1988, 109).

> 끝 날이 종점이겠지. 정말 하루하루가 못 견디게 괴로움의 연속이다. 아침 8시부터 저녁 11시까지 칼질과 아이롱질을 하며 지내야 하는 괴로움을. 허리가 결리고 손바닥이 부르터 피가 나고 손목과 허리가 조금도 쉬지 않고 아프니 정말 죽고만 싶다. ……육체적 고통이 나를 죽음을 생각하게 하는 것이 아니다. 정신적 고통이 더욱 심하기 때문이다. 두 가지 가운데 하나만 없어도 좋겠다. 미싱 6대에 시다가 6명. 그 사람이 할 걸 나 혼자서 해주어야 하니. 다른 집 같으면 재단사, 보조, 시아게 잘하는 사람 3명이 해야 할 일을……언제나 이 괴로움이 없어지나. 죽어버리면 다 깨끗해지겠지.

문제는 여기서 끝나지 않았다. 평화시장의 임금제도는 도급제였다. 하지만 완전한 도급제를 통해 고용주가 임금을 모두 지급하는 것도 아니었고, 시간임금제로 노동시간만큼 임금을 주는 것도 아니었다. 대부분 고용주는 미싱사에게 임금을 주고, 미싱사는 다시 시다에게 몇 천 원을 선심 쓰듯이 던져주는 임금체계였다. 이렇게 미싱사는 고용주에게, 시다는 미싱사에게, '이중적인 장치'에 종속되어 있었다. 특히 평화시장 시다들의 작업 가운데 가장 힘든 일은 '다림질'이었다. 겉보기에 다림질이 뭐가 힘드냐고 반문할 수 있다. 하지만 봄 점퍼나 남방 같은 경우 다림질이 쉽지만 겨울 점퍼나 돕바[15] 같은 인조털 재료들은 재료가 두꺼워서 다리기가 여간 어려운 것이 아니었다. 민종숙이 말하는 시다의 역할에 대해 들어보자(민종숙 1977, 273).

15_ '돕바'의 원어는 'topper(혹은 topcoat)'로 여성들이 입는 두꺼운 겉옷을 가리킨다.

> (시다들은) 다림질은 잘 안 먹히고 미싱사는 잘 접어주지 않는다고 잔소리라도 할라치면 다리미를 잡고 울고 싶은 때도 있는 것이다. 비단 다림질이 아니라도 일류 미싱사 밑에서 미싱을 맞추어 계속 다림질을 할 수 있는 시다 역할을 하기는 여간 힘이 드는 것이 아니다. 그래서 보통 말한다. 시다가 반몫을 더한다고. 그리고 옷은 미싱사가 만드는 것 같지만 시다의 도움 없이는 하루에 한 장 빼기도 어려울 것이라고.

이렇게 고용주들은 저임금의 원인으로 시다와 미숙련공들의 숙련 결여를 이야기했지만, 시다가 없다면 제품의 질 유지는 물론 생산 자체가 불가능했다. 시다의 작업이 숙련이 결여된 간단한 작업이라는 시각은 여성노동의 저임금을 정당화하기 위해 만들어낸 담론이었다. 사정은 대규모 사업장인 동일방직도 마찬가지였다. 추송례는 매일 코피를 쏟으며 훈련과정을 인내해야 했다(추송례 2001, 36~7).

> 아름다운 겉모습과 달리 너무나 고된 노동에 나는 매일 코피를 쏟으면서 고열과 솜먼지, 귀가 찢어질 듯한 소음에 적응할 수 있도록 있는 힘을 다 쏟아냈다. ……훈련 과정을 받는 도중 너무나 힘이 들어 언니 말을 들었으면 좋았을 텐데 하고 많이 후회했다. 나는 노조에 대해 알고 싶은 생각으로 미쳐 있지 않았다면 도저히 훈련 과정을 견디어 내지 못했을 것이다.

숙련에 따른 차별뿐만 아니라, 양성공들은 정식 공원이 되기 전까지는 노조 근처에 갈 권리조차 지니지 못했다. 노조가 강했던 동일방직도 마찬가지였다. 양성공들의 이야기를 들어보자. "훈련 기간 때는 그 앞(노조 사무실 — 인용자)에 지나가도 안 돼요. 쫓겨날 각오를 해야지. (회사측에서 — 인용자) 받는 교육이 처음에 부서 배치가 되면 선배 언니들이 어디 가자 어디

가자 따라가는 거 눈에 뵈기만 해도 너희 잘린다. ……이게 (사측의 — 인용자) 교육이라니까. 노동조합 사무실 가입하고 몰려다니면 모가지야." 거기다가 사측은 순응적이시 않은 열성 조합원들에게 '양성'이란 작업장 내 최저 지위를 계속 유지하게 함으로써 수치를 주는 일도 서슴지 않았다.

다음으로, '여성노동=미숙련'이란 담론을 통해서 만들어진 작업장 위계질서에 대해 살펴보자. 양성공의 훈련 과정을 보면, 양성공들은 '여공 내부(밑)의 여공'이라고 할 수 있다. 예를 들어 시다와 양성공들은 현장 청소, 허드렛일을 도맡아 해야만 했다. 이옥순의 일기에는 양성공 시절의 '부끄러움'과 '서러움'이 구체적으로 묘사되어 있다(이옥순 1990, 39).

> 현장으로 출근해 빗자루를 들고 누가 볼세라 우리 방 식구들 눈을 피해가며 급하게 서둘러 현장바닥을 쓴다. 누가 보면 그렇게 창피할 수가 없다. 반장은 오늘은 아침반이니까 주임, 사원들 출근하기 전에 깨끗이 쓸라고 성화다. 현장 가에서부터 쓸어 나가는데 영순 언니 작업 기계 앞에 난희 언니가 와 있다. 가슴이 뛰박질을 한다. 당장 빗자루를 팽개치고 어디론가 숨어버리고 싶다. 그러나 얼굴을 숙이고 못 본 채 빗질을 해 나갔다. 아마 내 얼굴이 홍당무가 되었을 것이다. 생각해보면 내가 양성공이니까 당연히 해야 할 청소이건만 왜 이리 창피하고 하기 싫은지 모르겠다. 기계에서 12시간을 일하는 게 낫지 청소 시간은 정말 싫다.

원풍모방 양성공의 설움을 보여준 노가바(노래 가사 바꿔 부르기) — 이 노가바는 당시 인기 가수 김인순이 부른 「자주색 가방」의 개사곡이었다 — 를 보면, 양성공이 겪은 온갖 허드렛일과 작업장 내 멸시가 잘 드러난다(이옥순 1990, 40).

양성 시절 석 달 동안 정이 들은 몽당 빗자루
비가 오나 눈이 오나 현장바닥 쓸어야죠
그러나 지금은 양성 아닌 원공인데도
어이해 현장바닥을 구석구석 쓸어야 하나
잊을 수는 없을 거야.

실 잇기 시험

하지만 양성공들이 작업장에서 겪어야 했던 차별은 숙련노동자, 감독자, 관리자와 맺는 관계뿐만 아니라, 양성공 사이의 경쟁 시스템이란 형태를 통해서도 나타났다. 이것은 흔히 '생산성 테스트'라고 불렸는데, 여성노동자들 사이의 경쟁을 부추겨 노동자로서 정체성을 약화시키는 효과를 노린 제도였다. 특히 경쟁 시스템이 심각했던 제과업계를 보면, 당시 미숙련공들은 대부분 도급제의 차별 속에서 생활했다. 해태제과의 여성노동자였던 순점순은 도급제 노동의 실상을 적나라하게 밝히고 있다. 해태제과에서 생산하는 비스킷, 캔디, 캐러멜, 웨하스, 양갱 등 모든 제품은 도급제로 생산되었다. 해태에는 두 가지 종류의 도급이 있었는데, 하나는 개인이 혼자 하는 '개인도급'이었고, 다른 하나는 10명이 한 팀이 되어 하는 '반도급班都給'이었다. 특히 반도급은 팀으로 작업이 이루어져서 문제를 많이 일으켰는데, 졸거나 화장실 가는 일, 더운 현장에서 물 마시는 일까지 여성노동자들 스스로 통제해야만 했다. 심지어는 식사시간에 식당에 다녀오는 시간 이외에는 어떤 방법을 써서라도 자신의 작업량을 처리해야만 했다. 순점순이 '총을 들지 않은 전쟁'이라고 이야기한 것처럼 도급제는 노동자 사이의 경쟁을 부추기는 제도적 기제였다(순점순 1984, 59~63).

도급의 기본 개념은 일을 많이 할수록 수입이 올라가는 것이었지만 현실은 달랐다. 대일화학 송효순의 경우에도 생산량에 따라 청소당번을 맡는 등 차별이 가해졌다. 작업을 초과 달성한 경우 A조로 묶여 특권이 부여되었으며, 이런 경쟁을 통해 여성노동자들은 공장 내부 질서와 원리를 알게 되었다. 바로 경쟁에 기초한 생산량에 따라 공장질서가 재배열된다는 것이다. 실제로 여성노동자들은 일요일에도 쉬는 날이 없었고, 교회에 나가려면 사유서를 제출하거나 청소반을 맡는 등 불이익을 감수해야만 했다.

이런 조건하에서 여성노동자들은 '자기 시간'을 얻기 어려웠다. 이렇게 공장 입직 초기에 노동규율에 익숙해지는 과정에서 여성노동자들은 전제적 공장질서 자체에 대해 크게 의문을 제기하지 않았다. 왜냐하면 돈을 버는 것이 지상 목표였기 때문에 다른 문제를 생각할 여유가 없었던 것이다(송효순 1982, 38~43).

여성노동자간의 경쟁을 부추기는 제도는 단순히 경쟁만 유발하는 것이 아니었다. 이른바 '노조탄압용 경쟁'이 동일방직에는 존재했다. 예를 하나 들어보자(김지선 외 2003).

> 회사에서 적극적으로 노동조합을 탄압하기 시작하는데 견디기 힘들었어요. 탄압하는 방법으로 초를 재기 시작해요. 기능 테스트라고 해서 회사의 반장 그런 책임자 직장 이런 사람이 날마다 어느 시간을 정해 가지고 테스트 점수를 매기는 거지. 개인당 모두 1분에 실을 몇 번 묶고 몇 개를 묶을 수 있으며, 작업처리능력, 우리 같은 경쟁을 붙여가지고 아주 정신없이 이렇게 만드는 거야. 1분에 몇 올을 뽑았다 매일 기록을 체크하는, 서로 간에 경쟁을 부추겨 가고, 그러고 나니까 현장이 살벌해 버리더라니까. 서로 경쟁을, 회사에서는 자꾸, 회사에서는 체크하고 다니지. 우리 자체가 거기에 쫓겨 가지고……직포과 같은 경우에는 실을 이어 가지고 1분에 몇 번에 했니 생산량은 얼마니 계속

체크를 해대니 압박감이 얼마나 되겠어요. 생산량이 떨어진 사람이 노동조합에 간여를 했다. 이게 탄압대상 1호라 생산량이 떨어지고 일을 못하는 것이 어찌했다, 자동 퇴사하도록…….

이 밖에도 양성공에게는 일상적인 테스트 훈련이 기다리고 있었다. 석정남은 '실 잇기 시험'이란 것을 받기도 했는데, 초시계로 시간을 재서 1분에 정상량의 어느 정도에 해당하는 실을 이을 수 있는지 검사하는 것이었다. 또한 '걸음걸이 연습'도 있었다. 많은 기계를 빨리 돌아다니며 이상 유무를 체크하는, 업무에 필요한 분당 140보를 기준으로 한 연습이었다(김지선 외 2003; 석정남 1984, 16~7).

1분에 140보 걷는 운동을 시켰어요. 1시간 전에 들어와서. 딱 1분에 140보 걷는 훈련을 받아야 해……. 그거 안 받았어? 뛰면서 걸어야 하는 거지. ……들어가기 전에 했어. 현장에 들어가기 전에 그걸 했어. 빨리 걸어야 생산을, 1분에 140보가 엄청난 거니까. ……인정을 받았어. 담임한테 얼마나 인정을 받았는지 몰라. 급수가 팍팍 올라가는 거야. 9급에서부터 1급까지 올라가야 해. ……공무원 급수제 같이 우리도 급수제야. ……급수제에 따라 월급이 달라지고…….

실 두 개를 잡고 준비태세를 마치자 지도원은 시계의 초침이 중간에 멎어 '시이작!' 하고 외쳤다. 시끄러운 소리가 온통 멈추어버린 듯한 순간이었다. 잠시 후, '그만!' 하는 소리와 함께 기계소리는 다시 나의 고막을 찢을 듯이 울려왔다. ……1분에 15개가 정상이에요. 15개를 할 수 있도록 출퇴근 시간이나 틈틈이 연습을 해봐요, 하면서 부드럽게 등을 두드려 주는 것이었다. ……양성공들은 실 잇기 이외에도 걸음 걷는 연습도 하였다. 나이가 스무 살 이상씩 먹어 가지고 걸음마 연습을 한다니 좀 우스울지 모르지만 양성공들에게 있어서는 아주 중요한 일이었다. 그래서 회사에서는 1분에 140보를 기준으로 정해놓고 있다. 끊어진 실을 빠른 속도로 이어줄 것과 빨리 걸을 것, 이 두 가지가 가장 중요한 문제였으므로 양성공들은 꽤 오랜 동안 이 연습을 되풀이하여야만 했다.

이상에서 살펴본 것처럼, 미숙련 여성노동자에 대한 차별과 위계질서의 형성은 '숙련'에 대한 특정한 담론이 작동한 결과였다. 남성노동자나 재단사 등의 숙련과 여성노동자의 숙련은 질적으로 다르다는 지식체계가 작업장 위계질서 속에서 작동했던 것이었다. 이런 지배적 담론에는 여성노동은 '하찮은 단순노동'이라는, 여성노동에 대한 성별분업이란 가치가 개입되어 있었다. 이 점에서 산업화 시기 남성노동자와 여성노동자의 숙련을 둘러싸고 근본적인 차이가 없다는 해석은 여공의 숙련에 대한 특정한 담론을 은폐하는 효과를 낳았다.

희생양 담론과 공장 동경

2장에서는 여공이 되는 과정에서 숨겨진 여공의 익명적 지식과 여공을 둘러싼 담론을 자세히 살펴보았다. 한국 노동사 연구에서 여공은 독자적인 욕망과 자립의 의지 등이 결여된 '결핍된 주체'이자, 가족을 위해 헌신한 '희생양'으로 분석되었다. 그러나 여공이 되는 과정에서 여공의 익명적 지식체계를 보면, 이런 지배적인 해석은 여공을 사회관계에서 체계적으로 배제하려는 담론에 불과하다는 것을 알 수 있었다.

첫 번째 테마는 여공의 공장에 대한 동경 문제다. 그 동안 대부분의 노동사 서술은 여공의 취직, 공장 진입에 대한 천편일률적인 담론을 재생산해냈다. 그것은 다름 아닌, 여공이 취직하려는 동기는 가난과 가족을 위한

'애사哀史'라는 것이었다. 이런 지배적인 담론은 농촌 출신 혹은 도시 하층사회 출신 여성들이 자신의 자립과 독자적인 욕망을 이루어내기 위해 얼마나 도시와 공장을 동경했는지를 둘러싼 익명적 지식을 의도적으로 배제했다. 그 이유는 여공의 공적 영역 진입이 여공 자신의 욕망과 지식을 통해서 이루어지는 것이 아니라, 가족을 위한 혹은 민족으로 상상된 국가를 위한 것이라고 은폐하기 위해서였다. 오히려 대부분 여공은 생계보조적이라기보다, 생계를 담당하는 가장인 경우가 많았다. 하지만 지배적인 노동사 서술은 여전히 여공이 '부차적 노동력'이자 '가부장의 소유물'임을 강조하기 위해 '생계보조적' 성격을 끊임없이 강조했다. 결국 민주노조 출신 여공들 상당수의 경험을 통해 볼 때, 하층사회 여성들이 여공이 되었던 것은 농촌 탈출이라는 적극적 선택과 가족적 요구 사이의 타협의 산물이었다.

두 번째, 여공의 동경과 욕망을 은폐한 또 하나의 담론은 '다락방 담론'이었다. 다락방이 평화시장 여공에게 실제 존재했음을 부정할 수는 없다. 그러나 다락방 담론은 여공에 대한 초과 착취, 저임금-장시간 노동, 그리고 가족을 위해 희생하는 여공에 대한 담론을 고정화시켜, 여성이자 노동자로서 여공이 가지는 다양한 주관적 경험을 단순화했다. 결국 다락방 담론은 여공의 저항의 근거를 이런 착취적 노동조건으로 환원함으로써, '민주 대 어용'이라는 남성 노동사가 지닌 전제를 합리화했다. 실제 여공들의 공장 동경에는 착취적이고 열악한 노동조건으로 획일화될 수 없는, 자기 시간을 가지고 자립하는 것 등 다채로운 경험이 내재되어 있었다. 그러나 간과해서는 안 될 점은 여공의 공장 동경이 지닌 이중성이다. 여공들은 자신들의 욕망과 다양한 경험에도 불구하고 여전히 가부장제와 산업전사라는 국가주의, 사회관계에서 부차화된 여성으로서 이중성이 중첩된 상태였다. 이것은 1970년대가 여공들의 공적 영역을 향한 욕구와 민족공동체에 대한 충성간의 충돌이 비가시화된 시기였음을 보여준다.

세 번째, 여공의 몸과 작업장을 둘러싼 담론을 살펴본 결과 그 동안 작업장별, 산업별, 규모별 작업장에 대한 연구와 담론들이 '획일화'된 것임을 알 수 있다. 여공의 신체 배치는 착취나 장시간 노동만으로 일방적으로 규정 — 이것을 합리화해서도 안 되지만 — 되었다. 그러나 산업별, 작업장별 다양성을 규명함으로써 작업장은 노동자 규율의 공간인 동시에 다양한 수준의 신체 규율화와 시간 규율화를 둘러싼 공간임을 알 수 있었다.

이처럼 여공의 공장 입직에 대한 지배적인 담론은 공장 동경의 욕망을 배제했다. 여공의 노동은 생계보조적 노동이라는 지배적인 담론의 전제는, 여공은 순종적이어야 하고 가족을 위해 희생해야 한다는 것이었다. 이런 담론은 '희생적인 모성 혹은 누이'라는 담론을 통해 확인된다. 권명아는 한국의 모성담론에 대해 이렇게 비판하고 있다(권명아 2000, 50~1).

> 어머니가 전후 소설에서 자기 희생과 헌신을 강요하는 파시즘적 이데올로기의 대안적 가치체계로 서사화되는 방식은 굶주리고 병들고 무기력하고 제정신이 아닌 어머니의 표상을 통해서가 아니라, 이 모든 것을 사랑과 헌신의 이름으로 승화시킨 '모성'의 표상을 통해서이다. 즉 이러한 서사화에 의해 모성은 인간의 한계를 초월한 자기 헌신과 사랑을 통해 현실의 모든 고통을 감내하고 승화시킬 수 있는 가치의 세계로 신화화된다. ……현실의 수난을 헌신과 사랑으로 승화시키는 어머니의 표상이 민족 수난사를 서사화하는 주요한 상징으로 자리잡는 과정은 어머니의 표상을 집단적인 민족 심리로 전도되는 과정을 뚜렷하게 반영하는 것이다.

모성, 누이, 수난 등 의미로 사용된 모성에 대한 서사는 사회적으로 구성되는 모성 담론을 '자연적인 무엇' 혹은 '민족적인 무엇'으로 환치시키며, 여성과 모성을 일치시킴으로써 희생적 여공이란 담론을 자연스럽고 당연한 것으로 간주했다. 그렇다면 가족은 여성노동자, 아니 여성들만의 문제인가? 가족의 생계를 여공이 보조하거나 책임져야 한다는 담론의 정치적 효과는 무엇인가?

이것을 이해하기 위해 전후 한국 가족을 둘러싼 담론을 이해할 필요가 있다. 전후 한국에서 가족이란 개인들의 불안을 해소하는 창구였는데, 권명아는 이렇게 정리하고 있다(권명아 1999, 39~40).

> 전쟁으로 인한 상실의 체험에서 비롯된 주체와 관계의 복원에 대한 열망은 강력한 주체를 위한 자발적 상실과 전체 속의 자발적 소멸이라는 역설적인 욕망을 내포하고 있다. 그리고 불안의식, 주체 소멸의 공포와 강력한 전체를 통한 갈등적 관계가 심리적으로 해소되는 것은 바로 '모성의 집'이라는 표상을 통해서이다.

가족 문제를 여성적인 무엇으로 국한시키는 담론은 사적 영역은 '여성적 문제'이며, 현실적, 역사적, 철학적 문제는 남성적인 문제라는 이데올로기의 무의식적인 표출이다. 가치 판단과 정치적 순위에서 배제된 가족과 여성이 신화화된 사회에서 가족과 여성에 대한 담론은 그만큼 철저하게 사회적 영역에서 밀려나지만, 이데올로기적이고 상상적인 층위에서는 '모성의 집'과 같이 신비화되어 절대로 침범할 수 없는 금기의 영역이 된다. 이처럼 가족문제를 여성문제로 환원하고자 하는 이데올로기는 가족을 인간에게 가장 '본질적인 무엇'으로 상정한다는 점에서 '반여성적'이다. 특히 한국 가족에서 여성을 둘러싼 담론은 여성교육의 불필요성, 신체와 권리의 박탈을 정당화해왔으며, 가부장으로 대표되는 가장은 소녀들에게 무보수가사노동, 가부장에 대한 절대적인 복종, 재산권의 배제, 신체적 체형과 억압을 행해왔던 것이다. 이제 3장에서는 작업장에서 성별분업의 재생산과 이것에 대한 여공들의 선택을 살펴보자.

3장_ 힘세고 건강한 소녀들

— '여성노동'과 성별분업

모든 사회를 가부장제라고 규정하려는 구상은 계급 사회구상과 마찬가지로 단순한 이름 붙이기에 불과하다. 그것은 남성과 여성이 단순한 지배관계를 이루고 있지 않으며, 오히려 그들은 억압, 저항, 타협, 의도된 연출, 의식으로 복잡하게 얽혀 있다는 것을 밝히는 서술을 거부하는 단순한 이름 붙이기인 것이다.

— 도로테 비얼링, 「일상사와 양성관계사」, 『일상사란 무엇인가』, 청년사, 2002, 245쪽.

산업화 시기 노동 세계에서 여성노동은 다수를 차지했다. 민주노조의 경우에도 노조 활동의 대부분을 여성노동자들이 주도했다. 이런 점에서 산업화 시기 한국의 경우 '여성노동자 없이, 노동계급 형성, 노동운동은 없다'라고 말할 수도 있을 것이다. 하지만 작업장에서 여성노동자는 자신의 노동에 대한 자율적인 통제권을 지니지 못했다. 더불어 남성 노동사가들의 연구는 여성노동자들의 잦은 이직이 노동운동의 취약성을 가져오거나 노동자로서 지녀야 할 계급 정체성을 약화시킨다고 주장했다(김인동 1985; 이목희 1994; 이원보 외 2003).

나는 여공이 된 뒤의 작업장을 둘러싼 담론을 살핌으로써 기존 남성 노동사가들이 은폐한 '성별분업 담론'을 밝혀내고자 한다. 내가 사용하는 '성별분업 담론'은 남성노동자와 여성노동자의 생득적인 신체적 차이를 자연화해 작업장 내부의 성별 위계질서와 성별에 따른 노동과 업무의 차별을 재생산하는 것을 의미한다(칠더스 1999). 산업화 시기 작업장에 대한 많은 문헌들에서 나타나는 공통점은 장시간 노동, 저임금, 인간 이하의 노동조건, 강제 잔업, 그리고 그런 것들의 반대항으로서 인간적인 대우를 받기 위한 여성노동자들의 투쟁 등으로 대표되는 '보편주의 · 인간주의 담론'이다. 하지만 이런 여공에 대한 지배적 담론에는 '성별분업 담론'에 기초한 여성노동에 대한 배제와 차별이 대부분 삭제되어 있다.

산업화 시기 작업장에서 성별분업은 여공의 저임금과 여성 노동력에 대한 성격 규정, 여공 보호에 대한 입장, 작업장 내부 폭력, 작업장 내부 위계질서 등과 연관된 담론을 통해 확대 재생산되었다. 이런 과정은 여성노동자들이 성별분업에 기초한 작업장 담론과 질서에 대항하는 동시에 깊숙이 공모했던 '이중적인 성격'을 지니고 있다. 작업장에서 성별분업을 비인간적 노동조건으로 환원시키는 '인간주의'와, 여성노동자들의 저항의 근거를 여성노동의 생계보조적 성격으로 사고하는 작업장을 둘러싼 지배적인 담론, 그리고 그 기저를 흐르는 익명적 지식을 차례로 살펴보자.

여공의 저임금, 생계보조적 임금

산업화 시기 여성노동자들에게 '저임금과 빈곤'은 늘 같이 따라다니는 한 쌍의 조합이었다. 여러 기록에서 볼 수 있듯이 여성노동자 다수가 저임금을 받았다는 점은 자명하다. 일반적으로 한국 여성노동자의 저임금은 수출주도형 산업화에 따른 저임금 · 저곡가 정책이라는 구조적 요인 때문이라고 이야기된다(김금수 1986; 김영일 1976; 김형기 1988).[1]

여성노동자의 저임금과 관련, 1970년대 민주노조의 임금협상을 보더라도 결과는 유사했다. 물론 당대에도 남녀 성별 임금차를 줄이려는 노력은 있었지만, 그 격차가 크게 줄지는 않았다(**그림 3-1** 참조). 문제는 수치상의 임금 격차보다, '여성노동=저임금'을 정당화했던 담론과 기제들이었다. 이런 정당화는 수적으로는 여성노동자가 많았지만 남성의 생계임금을 통해 가족이 부양되어야 한다는 논리에 따른 것이었다. 따라서 여공의 임금은 보조적이며, 낮을 수밖에 없다는 담론이 지배적이었다.[2]

전태일 분신 이후 노동현장의 저임금 문제가 사회화되었지만, 노동문제의 사회화는 노동자 일반의 저임금에 대한 인식이었지, '여성노동=저임금'에 대한 담론이 확산된 것은 아니었다. 전태일의 죽음 이후 1971년 1월

1_ 숙련을 둘러싼 여성노동의 내부 분할에 대해서는 2장에서도 다룬 바 있다. 산업화 시기 작업장 내 성별분업과 분할 구조에 대해서는 이수자(1983), 윤택림(2003), 정미숙(1993) 등의 연구를 참조.

2_ 가족임금에 대해서는 **부록 3-1**을 참조.

23일 김대중은 연두 기자회견에서 일곱 번째 항목으로 "전태일 정신의 구현"을 선거공약으로 내걸었고, "노동 3법의 전면 개정, 자유로운 노동운동의 보장, 근로기준법상의 맹점 시정, 각급 노동위원회에 대한 강력한 집행명령 및 제재권 부여"를 주장했다. 또한 여당 후보인 박정희도 같은 해 1월 17일 연두 기자회견 일곱 번째 문항을 노동문제로 삼았다. "첫째는 근로자 노동환경과 복지향상 문제이고, 둘째는 노동환경, 복지향상도 중요하지만 경제발전 문제를 고려하는 것이다. ……근로자의 복지문제를 기업의 생산과 함께 점진적으로 향상시켜 갈 작정"이라는 등 이전에 보이지 않던 노동문제에 대한 '관심'을 보였다. 이처럼 1969년 기자회견에서도 열두 번째 문항으로, 과거에는 언급조차 되지 않던 노동문제가 등장한 것은 의미심장한 일이었다(조영래 1983, 27). 하지만 정부와 정치사회의 이런 태도 변화에도 불구하고 '여성노동의 저임금'이란 의제에 대한 '관심'은 잘 보이지 않았다(자세한 내용은 **부록 3-2**를 참조). 실제 남녀 노동자간의 임금 격차가 어느 정도였는지 **그림 3-1**을 통해 살펴보자(구해근 2002, 97).

그림 3-1 남성노동자 대비 여성노동자의 임금 수준

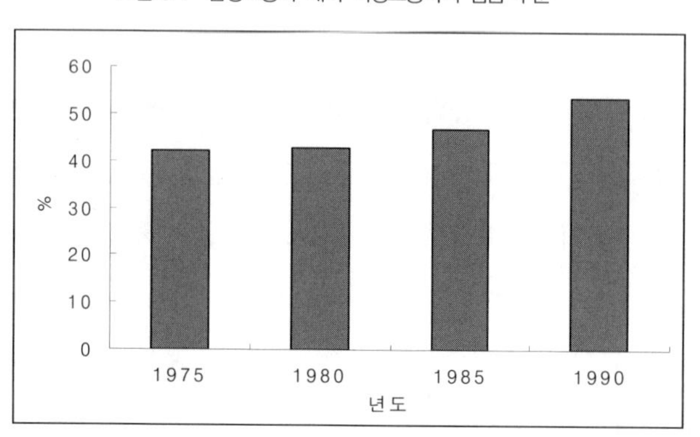

그림 3-1에서 보여지듯이 남성노동자 임금을 100으로 할 경우, 1970년대 중반 여성노동자의 임금은 42.2에 해당했고, 1970년대가 종료되는 1980년에도 42.9로 큰 차이는 없었다. 1970년대 초반 임금의 평균적인 상승률이 더욱 낮았음을 고려하면, 남성노동자 대비 비율은 42보다 더 낮았을 가능성이 높다. 이처럼 남녀 비율로 볼 때 여성노동자 임금의 비율은 남성노동자의 절반에도 미치지 못했다. 또 다른 자료를 살펴보자. 1974~79년 사이 반도상사의 남녀 임금 격차를 도표화한 **그림 3-2**다.

그림 3-2 반도상사 임금 인상표(1974년~1979년)

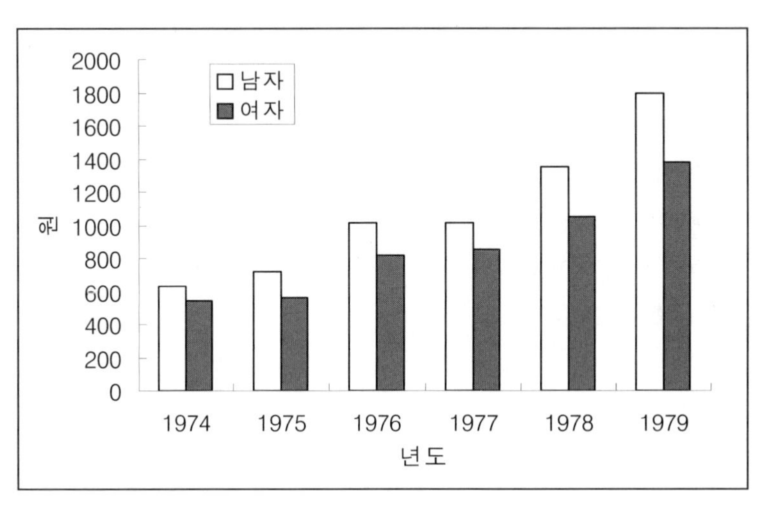

* 자료: 장현자(2002, 150~2)에서 재구성.

** 1974년: 본공 남녀. 1975년 남녀 평균 임금, 1976년 남녀본공 초임, 1977년 남녀본공 초임, 1978년 남녀본공 초임, 1979년 남녀본공 초임

1974년 한순임의 주도로 반도상사에 민주노조가 결성된 이후 상황을 보면 본공의 경우 남녀별 격차는 80원 정도였고, 1975년의 경우 170원, 1976년은 90원, 그리고 노조 해산 직전인 1979년에 남녀본공 초임은 여전히 400여 원의 절대량에서 차이를 보이고 있다. 그렇다면 실제 여성노동자들의 계급경험에서 감지되었던 저임금은 어느 정도였을까? 상당수 여성노동자의 임금은 생활수준 이하였음에도 불구하고 가족의 생계 등을 위해 보내졌다. 1970년대 후반 구로공단에서 일하던 신경숙이 다니던 부설학교 김삼옥의 이야기를 들어보자(신경숙 1995, 227~8).

"회사가 폐업하면 학교는 어떻게 되는 거예요?"
"학교 같은 건 상관없어. 나, 회사에 다녀야 돼. 아무 대책도 없이 당장 회사가 문 닫으면 어떻게 살아. 시골에도 돈 부쳐야 돼."
열일곱의 나, 미서와 얘기를 나누고 있는 김삼옥을 멀거니 쳐다본다. 월급을 얼마나 받길 래 그걸로 시골에 부치기까지? 미서도 나와 같은 마음인가 보다.
"그 동안 시골에 돈 부쳤어요?"
"그럼. 어떻게 하니. 어머니 밑에 동생이 넷이나 되는데 ..."
"월급은 얼마나 되는데요?"
김삼옥은 피식, 웃으며 내뱉는다.
"치약 하나 사면 그걸로 삼 년 썼어. 됐니?"

그렇다면 이런 저임금에 대한 여공들의 담론은 어떠했을까? 적어도 1970년대 초반 여성 민주노조가 활성화되기 이전까지 여성노동자들에게 저임금은 당연한 것으로 여겨졌다. 저임금은 무의식중에 여성노동자들 자신에 의해 정당화되고 있었다. 조화순은 동일방직에서 만났던 여성노동자들과 나눴던 이야기를 이렇게 회고하고 있다(조화순 1992, 77).

그때 나는 120원의 일당을 받았고 남자들은 300원, 나이 어린 여성 근로자는 80원을 받고 있었어요. 내가 어떤 여성노동자에게 임금차별에 대해 화를 내며 이야기했더니 당연하다는 듯이, '남자는 남자라서, 언니는 나이가 많아서 당연히 많이 받는 것'이라고 대답했어요.

이러한 여공들의 담론은 남성의 노동력은 여성보다 우월한 것이 당연하다는, 다시 말하자면 여성의 열등한 성질은 '불변적인 질서'라는 무의식적 사유방식에 기초한 것이다. 이는 유교 담론 가운데 음양설陰陽說이 변용되어 나타난 것이었다. 흔히 남존여비男尊女卑라고 이야기되었던 음양설은 불변적 우주의 자연질서라고 지칭되는 음과 양을 남과 여라는 성별로 치환해서 남성의 우월성과 지배권 그리고 여성의 열등함을 자연화시켰다(최일성 2000, 18~9; 김수영 2000, 40). 이런 유교 담론을 통해 여성들은 가부장적 가족 내에서 훈육되었고, 동시에 '여성=생계보조적 노동'이라는 당시 정치경제학의 인식은 여성노동자들 사이에 확산되었던 것이다(유교 담론에 관한 자세한 내용은 **부록 3-6**을 참조).[3]

그러나 실제로 다수 여성노동자들은 생계보조 노동력이 아닌, '가장'이었다. 이 가운데 대다수는 공장노동을 통해 번 돈을 고향의 가족에게 송금하거나, 일부는 부모에게 보내고 그 중 일부를 자신의 교통비, 식비조로 타서 사용하는 경우가 많았다. 이처럼 여성노동자들의 부모들이 거의 경제적 능력을 상실한 상태에서, 농촌 출신 여성들은 가장 빨리 기술을 배울 수 있는

3_ 유교 담론은 육체노동과 정신노동에 대한 이원적 분리, 다시 말해 성별에 따른 성별분업 구조를 정당화했다. 조선 시기 소농경제 아래에서 여성이 상당한 경제적 기여를 한 것은 잘 알려진 사실이다. 하지만 남성 가장은 전체 생산의 운영과 처분권을 가지고 소위 정신노동에 해당하는 역할과 권한을 독점했다. 반면 여성들은 대부분 가정 내부의 사적인 기여자만으로 간주되어 성별분업의 희생자가 됐다. 이런 분업체계를 지지하는 유교 담론이 바로 '남녀유별男女有別'이었다(조옥라 1986).

미싱을 통해 실제로 가족을 부양하는 가장 역할을 했다. 따라서 이들의 임금은 '생계보조적'이라기보다, 생계의 '대부분'을 차지했던 것이다(Spencer 1988 ; 김원 2003). 이 점에서 산업화 시기 여성노동자들이 남성보다 더 적극적으로 노동운동을 할 수 있었던 이유를 경제적으로 가족에 대해 책임을 지고 있지 않았기 때문에, 다시 말하면 생계보조적 성격 때문이라고 설명하는 것은 여성노동을 '부차화 · 배제'시키는 담론에 불과하다.

여성노동의 '비생산성'에 대한 담론은 1970년대 노동청의 부녀정책에서도 분명하게 드러난다. 노동청에서는 '근로기준 담당관'으로 하여금 근로기준법 준수 여부를 감독하게 했지만 실제로 연소자와 여성에 대한 보호조항은 준수되지 못했다(김옥렬 1975; 노동청 1972; 보건사회부 1987; 신인령 1985). 그렇다면 근로기준법이 준수되지 않는 가운데, 노동청이 여성노동자를 대상으로 지도계몽 사업을 편 이유는 무엇이었을까? 황정미(2001)는 당시 여성노동력에 대한 정부 담론의 초점은 노동이 아닌 '여성' — 당시에는 '부녀婦女' — 이라고 논한다. 다시 말하자면, 여성은 가사 보조를 위한 인력이고 결혼과 더불어 가족으로 복귀할 가능성이 컸기 때문에 여성으로서 교양과 살림에 필요한 소양 계몽을 지도의 핵심에 둔 것이다. 지도계몽 교육의 취지는 다음과 같다(노동청 1972, 83).

> 여성 근로자들은 지방출신이 많고 야간작업 등으로 피곤하여 여성의 보가사(가사보조, 곧 가정 살림 — 인용자) 분야에 교양이 결여되어 있으며 저임금 계층이고 사춘기에 있거나 결혼 적령기에 처해 있는 실태일 뿐만 아니라 이들은 불안전하게 기술 없는 단순노무에 종사하는 상태에서 일반교양과 기능교육을 실시하는 직장교실의 운영은 이들이 한층 밝은 얼굴로서 자기의 일에 전념할 수 있는 힘을 넣어주고 있다.

이처럼 여공을 둘러싼 담론은 저임금, 낮은 교육, 단순 노무 등에 종사하는 여성노동자들을 일시적인 생계보조 노동력으로 간주했으며, 언젠가는 가정에 '정착'해야 할 집단으로 고착화시켰다. 따라서 '여성 근로자'라고 불리는 정책 대상은 잠재적인 '부녀'였고, 부녀 계몽과 비슷한 내용의 교양교육과 정서 교육이 이루어졌다. 실제 '예비 부녀' 양성 프로그램이라고 해도 과언이 아니었다. 이런 담론들에는 여성노동자들의 저임금은 도시화에 따른 생활수준 향상으로 '자연히' 해결될 것이라는, 그리고 그들이 있어야 할 장소는 공장이 아닌 가정이라는 시각이 은연중에 깔려 있음을 알 수 있다. 자본주의 발전이 여성의 지위를 향상시켜 줄 것이라는 이런 '낙관론'은 여성 저임금의 원인을 비생산성에서 찾는, 성별분업에 기초한 지식을 교묘히 은폐하고 있었다. 그렇다면 왜 여공의 보호와 가정 복귀가 언급되었는가? 당시 사회의 여공에 대한 보호 담론에 대해 의문이 가지 않을 수 없다. 이 문제는 잔업을 둘러싼 논쟁을 통해 살펴보자.

잔업 논쟁 — 여공 보호론과 잔업 불가피론

잔업은 산업화 시기 대부분의 노동자들이 해방되고 싶어했지만 생계 때문에 어쩔 수 없이 인내해야 했던 고통스러운 기억이다. 잔업은 저임금과 한 쌍을 이루며 여성의 노동과 신체를 규정했으며, 여성노동자들의 잔업을 둘러싼 논란은 잔업의 강제성과 자발성을 둘러싼 문제였다. 노조의 중요성과 분배를 강조하는 정치경제학자들은 잔업이 고용주의 반강제적인 '생산주의 논리'에 의해 강행되고 있음을 역설했다. 반면 고용주와 노동청 등 주무 관청의 경우 잔업은 강제조항이 아니며, 생계비를 벌기 원하는 노동자들의 '자발적인 행동'이라고 반박했다(이소선 1990; 한국노동자복지협의회 1984). 한마디로 논란적인 주제가 잔업이었다. 저임금-장시간 노동-비인간적인 노동조건은 1970년대 그리고 1987년까지 한국 노동사회를 장악한 주요 의제들이었고, 민주노조와 노동쟁의 역시 이 의제들에서 자유롭지 못했다. 그렇다면 '잔업 불가피론'과 '여공 보호론'이라는 잔업을 둘러싼 대립은 어떻게 구체화되었나? 또한 야간작업 · 잔업에 대한 사회의 우려는 어디에서 기인했는가에 대해 살펴볼 필요가 있다.

먼저 잔업을 둘러싼 지배적인 시각은 '잔업 불가피론'이었다. 이 시각의 핵심은 여성노동자들에 대한 사회적 보호장치가 부재했다는 것이다. 1971년에 발표된 글은 여공의 비보호 원인을 이렇게 언급하고 있다(신두범 1971).

> 우리나라에서는 아직도 경영외적 환경조건의 불비不備로 말미암아 노사관계를 주종관계로 이해하는 경향이 적지 않다. 이것은 우리 사회가 전통사회에서 산업사회로의 급격한 전환을 시도함에 따라 실제적인 경영 내지 노사관행이 전통적인 가족활동 형태에서 탈피하지 못한 채 제도적인 면에서만 체제를 갖추려고 하는 데에서 기인한 괴리현상이라고 하지 않을 수 없다.

신두범의 견해는 가족적 관행이 노사관계를 지배했다는 시각인데, 김현미의 연구를 보면 비보호 노동력을 여성 노동력의 성격에서 추출하고 있다(김현미 2000).

> 한국 노동자계급의 일차적 구성이 주로 나이 어린 하층 계층 여성들로 이루어지게 되는 것은, 외국의 자본을 끌어오기 위한 유인의 전략과 통제를 가능하게 하기 위한 선택과 무관하지 않다. 이러한 자본축적 전략은 아시아의 많은 발전도상국이 서구의 오리엔탈리즘에 부합, 저항 없고 유순한 여성 이미지를 영구

적으로 고착시킴으로써, 스스로 구성한 오리엔탈리즘을 형성……여성들은 저 임금과 장시간 노동을 가능하게 하기 위한 '비보호' 노동력으로 선택되어진다.

잘 알려진 것처럼 산업화 시기 다국적 자본의 제3세계 진출과 이것에 따른 노동분업의 특징 가운데 하나는 여성노동력이 국내 남성 엘리트와 다국적 자본간의 흥정 · 거래의 대상이 된다는 사실이었다. 자국 정부와 남성 엘리트 등은 다국적 자본을 유치하기 위해 국내 여성노동력에 대한 '성적 이미지', 다시 말하자면 온순하고 잘 훈련된 여성노동자의 이미지를 강조했다(김현미 2000). 한국이 수출자유지역에 일본을 중심으로 외국자본을 유치할 수 있었던 이유도 법적 · 제도적 유인뿐만 아니라, 여성노동은 값싸고 규율이 잡힌 유순한 '농촌 소녀'와 같다는 오리엔탈리즘의 외피를 쓴 여성노동에 대한 담론 때문이었다(이창복 1974; 최순임 1982).[4]

이렇게 산업화 과정에서 창출된 여성노동자는 한편으로는 '보호의 대상'으로, 다른 한편에서는 '권리보다는 절약과 검약을 몸에 익혀야 한다'는 범주로 나뉘었다. 잔업 문제도 여공 보호론이 전자를, 잔업 불가피론이 후자를 표현하는 담론이었다. 문제는 이 두 입장이 상당수 지식인에게 받아들여졌던 점이다. 다시 말해 여성노동은 생산에 헌신해야 하며, 여성노동자들의 권리는 '희생에 대한 보상' 혹은 '보호의 차원'에서 이해됐다. 이것은 1970년대 대표적 여성학자 이효재의 글에서도 일부 드러난다(이효재 1978).

우리나라가 경제대국으로 성장하기 위해서는 근로자의 책임과 의욕을 북돋아 주면서 동시에 소외당한 우리 자신의 문제로 생각하여 극복할 방법을 찾는 것이다.

4_ 수출자유지역 노동자에 관한 자세한 내용은 **부록 3-5** 참조.

하지만 여공 보호론을 둘러싼 문제는 더욱 복잡했다. 대부분의 노동운동 관련 자료들은 고용주에 의한 강제 잔업론이 지배적이었음을 주장했다(한국기독교교회협의회 1984; 전태일 1988; 이태호 1984). 하지만 이것은 간단한 문제가 아니었다. 해태제과와 삼원섬유의 예로 볼 때, 잔업을 줄이거나 없애는 것은 노동자들, 특히 가족의 생계를 담당한 남성노동자들의 반발과 심지어는 폭력까지 불러왔다. 노동자들 자신도 잔업을 원하지 않았지만, 생계를 위해 어쩔 수 없었고 따라서 노동시간 단축에 대해 반대하는 입장을 취했던 경우도 적지 않았다(유동우 1984). 이 점에서 잔업을 둘러싼 담론에서 초점은 크게 두 가지 방향으로 맞추어져야 한다. 한 가지는 여성 노동력에 대한 보호 담론이 부재했다는 주장에 대한 반론이고, 다른 한 가지는 여공보호 담론이 제기했던 내용이 무엇이며, 이것이 여성노동자의 정체성에 미친 영향에 대한 평가다. 물론 여공에 대한 보호 담론이 존재했던 사실 자체를 부정하기는 어렵다. 다만 보호의 담당자이자 집행자였던 국가와 고용주에게 '여공 보호'란 그다지 필요한 문제가 아니었다. 고용주, 국가는 여성노동자들이 '생산성 있는 민족주의 집합체'로 기능하는 한에 있어서 보호 담론을 '선택적으로' 사용했다. 오히려 일관되게 여공에 대한 보호 담론을 주장한 측은 지식인, 여성운동 등이었다.

산업화 시기 잔업에 대한 사회적 관심은 크게 두 측면에서 드러났다. 하나의 입장은 '노동력 재생산'이란 관점이었다. 이것은 지나친 장시간 노동은 지속적으로 노동력을 충전할 수 있는 시간과 여가 시간을 갖지 못하게 했기 때문에 생산적인 작업에 지장을 초래한다는 주장이었다. 같은 시기에 추진되었던 가족계획 사업에서도 드러나듯이 산업화 과정에서 여성의 신체는 국가권력 앞에서 일반화된 하나의 범주인 '사회적 몸social body'으로 변화했던 것이다(대한가족계획협의회 1977; 김영옥 2003, 115~122; 김은실 1999, 110). 다른 한편, 잔업-장시간 노동이 여성노동자의 신체에 악영향을 미쳐 어머니로서 지녀야 할 건강한 육체를 파괴할 수 있다는 주장도 제기되었다. 하지만 두 주장은 엇갈리고 중첩된 형태로 나타났지, 논쟁의 형태를 띠지는 않았다. 오히려 쟁점은 더 높은 생산성이냐, 어머니인 여성노동자의 몸을 보호해야 하느냐는 '보호론' 사이에 놓인 입장들이었다. 여기서는 1970년대 한국 부녀 복지회의 입장으로 보이는 양계숙의 『여성 근로자의 보호 문제』를 살펴보자(양계숙 1971, 34).

> 왜냐하면 여성은 단지 하나의 노동력이기 전에 장차 모체이기 때문이다. 모체의 보호는 여성 자신의 문제로만 돌릴 것이 아니라 국민 전체의 공동관심사로 발전시켜야 한다.

간단한 문장이지만, 여공에 대한 지배적인 담론을 적나라하게 보여준다. 여공 보호의 근거는 인간으로서 보호받을 권리를 지닌 개인이었기 때문이 아니라 '모체' 혹은 '모성'이라는 이유 때문이었다. 이처럼 산업화 시기 여성노동자의 건강한 모체는 생산적인 노동력을 재생산하기 위한 도구였다. 이런 담론은 유교 담론 내 모성에 대한 특정한 사고방식과 가부장제 담론의 접합에 의해 이루어진 것인데, 특히 한국의 어머니, 전통적인 어머니상이란 특정한 역사적 맥락에서 구성된 산물이었다. 산업화 시기 모성 담론 역시 당대적 필요에 따라 구성된 측면이 강했다. '우리의 어머니'라고 불리는 담론은 어머니라는 존재를 피할 수 없는 '유전인자'를 지닌 것으로 합리화하고, 어머니를 신비화했던 것이다(이숙인 2001, 33; 上野千鶴子 1994).

‘열등함’의 상징, 여성노동

더 나아가 여성노동자들이 보호되어야 했던 또 하나의 이유는 신체를 보호받을 여성의 ‘권리’ 때문이 아니라 여성노동자의 ‘열등함’ 때문이었다. 앞에 소개한 양계숙의 문건을 다시 보면, 여성 근로자의 특성을 들면서, 이러한 특성들이 여성의 열등성을 구성하기 때문에 여성은 보호되어야 한다고 명료하게 주장하고 있다. 여기서 여성노동자의 특성으로 들고 있는 것들은 이렇다(양계숙 1971, 32).

> 여성은 행동양식이 남성과는 달리 일을 하는 데 있어 필요 이상으로 소극적이고 감수성이 민감하다. ……수동적이고 창조성이 적으며 허영심이 강하면서 소극적인 생각은 여성 근로자의 큰 약점……(가) 여성근로자는 육체적, 정신적으로 남성보다 뒤떨어져 있다. ……첫째, 키가 남성보다 작다. ……둘째 가슴둘레가 작다. 전신운동에 있어 오래 견디어 낼 수 있는 힘은 가슴의 크기에 따라 심장 발육도 왕성함을 말해주고 있다. ……(나) 지능이 남성보다 떨어진다. ……표(남녀고교생 지능지수 남녀비교표—인용자)에서 본 바와 같이 평균의 차가 3점 내지 5점 밖에 없으나 전체적으로 볼 때 여자가 남자보다 뒤떨어지고 있음을 볼 수 있다.

이처럼 여공 보호를 둘러싼 담론은 철저히 생물학적 인식에 기초한 것이었다. 여성유권자연맹이 실시한 조사에서도, ‘남녀가 능력에 대하여 차이가 있다’라는 질문에 ‘그렇다’고 대답한 여성노동자가 61.9퍼센트로 반수를 넘었다. 그 이유로는 ‘남자와 여자가 신체적으로 다르기 때문에’ 57.1퍼센트, ‘남자는 평생 가족을 부양해야 하므로 열심히 일하고, 여자는 그렇게 생각하지 않기 때문에 남녀 간의 능력 차이가 생긴다’란 응답이 24.1퍼센트,

'집안에서 자랄 때부터 남자 일, 여자 일이 구분되어 길러져서이다'가 16.8퍼센트였다(한국여성유권자연맹 1980, 97). 이것은 여성노동자와 남성노동자는 애초부터 전혀 다르며, 이런 차이는 '가족 내부의 지위'에서 비롯되었다는 담론 때문이었다.

서유럽에서는 자본주의 초기에 공장법 제정 등에 기초한 여성노동 보호를 통해 남성 가장을 생계부양자로 확립했다. 동시에 여성과 아동을 가정으로 복귀시킴으로써 여성노동을 '부업화'했던 가족임금 체제를 지배적으로 만들었다(권현정 2002; 권현정 외 2003; 레웬학 1995). 산업화 시기 한국에서는 여성노동의 보호라는 이름으로 여성을 가족 내로 편입시키는 동시에 종법적 질서에서 가족 내 여성의 취약한 위치가 작업장에 그대로 투영되어, 작업장 내 초과 착취의 근거가 되었다. 이것은 가부장의 권력이 공장 내부로 확장된 것이라고도 말할 수 있다. 황정미는 이 문제를 다음과 같이 정리하고 있다(황정미 2001, 15).

> 좀더 단순화시키자면 서구의 경우 여성노동자의 생활에서 가족윤리와 노동윤리가 상충하자 가족윤리를 강화하는 방향으로 보호입법이 나왔다면, 한국의 여성노동자들은 산업 현장에서도 가족윤리의 지배를 받았다고 보아야 한다. 첫째, 이들의 취업 동기는 철저하게 가족중심적이다. 현재의 가족을 부양하거나, 미래의 가족을 위한 준비작업(가령 결혼비용 마련)이었던 것이다. 둘째, 고용주들은 가장과도 같은 위치에서 여공들을 관리하였다. 셋째, ……국가주도의 계획화된 산업화 과정은 국가의 정당성을 뒷받침하는 '재발명된 전통'과 통합되어 있고, 이러한 전통은 여성에게 건전한 가정에 걸맞은 부녀로서의 정체성을 강요함과 동시에 여성노동의 격리를 강화하였다.

결국 여공에 대한 보호 담론은 — 실제적으로 차별을 묵인하는 — 단순히 전통주의에 기초한 것이라기보다, 국가 주도 산업화 과정에서 재해석된 충과 효, 남녀유별 등 유교담론에 기초한 '가족 체제'를 통해 구체화되었다.

한 가지 더 중요한 점은, 여공에 '대한' 담론 가운데 특히 여성노동이 비생산적이라고 합리화되었던 조건이 무엇이었느냐이다. 이 문제는 여성노동을 고용주와 국가가 어떤 식으로 사고했는가를 보여주는 중요한 단서다. 결론부터 말하자면, 여공에 대한 국가와 고용주의 담론이 여성노동자들과 결정적으로 갈라지게 되는 지점은 '권리'에 대한 시각이었다. 다국적 자본과 국내 자본가들은 오리엔탈리즘적 여공상女工像을 지녔고, 여기에서 벗어난 여성노동자의 의식과 행동을 반민족적인 것으로 사고했다. 문제는 왜 그랬는가 하는 것이다. 여성노동자들 역시 남성과 마찬가지로 보상을 받을 권리가 있고, 고용주와 자신들의 권리에 대해 협상을 할 수 있다. 하지만 국가와 고용주는 저임금과 잔업으로 대표되는 열악한 노동조건과 이것을 보상받기 위한 요구를 '권리'라고 파악하지 않았다. 대신 '구제' 혹은 '복지' 문제로 보고 제대로 '문제화'하지 않았다. 이처럼 고용주와 국가에게 여성노동자의 노동 혹은 일work은 '계약 관계'를 통해 성립되는 것이 아니었다. 오히려 여성노동은 국가와 가족에 대한 도덕적이고 윤리적인 관계를 통해 구성되었으며, 이것을 매개하는 것이 '성별'이라는 은유였다(김은실 1999, 46). 이처럼 여성노동자의 권리가 성별이란 은유를 매개로 윤리적인 문제로 대치되었던 것은 효와 충 같은 '유교 담론의 발명'에서 비롯되었다(전재호 2000; 신병현 2003). 이른바 여성은 가족적 가치에 종속된다는 독트린들은 충과 효를 절대적인 가치로 강조한 새마음운동[5]에서도 드러난다(박근혜 1979, 15; 77).

5_ 박근혜가 주도했던 구국봉사단의 '새마음운동'에 대한 자세한 내용은 3장의 뒷부분 참조.

孝에 대하여

우리 마음을 진단하는 계기
충효 사상은 물질만능의 병폐를 치료할 수 있는 힘
효는 한 인간이 인간답게 살아 나아가고자 할 때 가장 먼저 실천해야 하는 근본
부모님의 마음을 항상 편안하게 해 드리고자 노력하는 마음

모범 종업원으로 선발된 수상자들은 자재 하나도 여러모로 연구하여……좋은 상품을 만듦으로써 그것은 바로 자신의 모든 정성을 다해 자신이 해야 할 일을 한 충의 실천이었으며, 또 적은 월급으로 저축도 하며 규모 있게 생활한 결과 부모님을 기쁘게 해드릴 수 있었던 것은 바로 효의 실천이었습니다.

이 글에서 박근혜는 충과 효를 한국 전통문화의 정수이며 충효사상을 '물질만능의 병폐' — 이기주의, 개인주의, 가치와 낭비, 퇴폐성 등 — 를 해소하는 대안으로 제시했다. 이 글의 문맥에 따라 새마음운동 담론을 유추해보자면, 물질만능이 상징하는 것은 국가에 무조건적인 충성(혹은 산업전사로서 명예)을 저버린 무분별한 임금 인상, 노동쟁의 등일 것이다. 또한 가족에서 부모에 대한 효 역시 공장 내 노동관계에서도 관철되어야 하는 논리로 격상되었다. 재발명된 유교 담론은 산업전사로서 근면하고 유순한 노동력이자 절약, 저축을 통해 가족에 봉사하는 '효녀'로 여공을 호명했던 '이데올로기적 기제'였다. 앞서 1장에서 본 것처럼 산업화 과정에서 하층 여성들(여공, 식모, 창녀, 서비스업종 여성 등 포괄)은 대규모로 공적인 영역에 진입했다(사회사업학과연구실 1972; 이응인 1965; 장동칠 1967; 최 케서린 2001; 김원 2003). 하지만 이 여성들은 공적 영역에 진입했는데도 불구하고 여전히 보호

혹은 구제의 대상이지, 독자적인 목소리를 지닌 주체로 인정되지 않았다. 오히려 여성노동자들은 '보호의 대상' 혹은 '주장이나 요구를 삼가면서 근면하게 일해야 하는 대상' 사이에 놓이게 되었다. 여성노동자의 낮은 경제적 지위를 개선하려는 운동 역시 이러한 범주에서 벗어난 것은 아니었다(김은실 2001, 52). 여성노동자이자 모성으로서 여성의 현실개선 담론은 가족, 국가, 형제-자매를 위해 노동할 수 있는 책임의식을 바탕으로 한, 그 과정에서 하는 희생에 대한 '정당한 보장'의 형식으로 나타났다. 바로 여성노동자들은 자신의 권리조차 국가와 가족에게서 분리되어서는 상상하기 어려웠던 것이다. 그렇다면 가족과 국가 그리고 여공 사이의 관계에 대한 담론은 공장 내 남녀관계에서는 어떻게 나타났는가? 이것은 작업장 폭력을 통해 확인해 볼 수 있다.

작업장 폭력과 남성적 심리구조

산업화 시기 노동현장에서 폭력은 일상적이다 못해 무감각해진 소재였다. 특히 여성노동자에 대한 폭력은 작업장 내부 성별분업 담론과 결합해서 당연한 것으로 여겨졌다. 하지만 일상적 폭력의 실체만을 지적하는 것은 여공을 둘러싼 담론을 이해하는 데 그다지 도움이 되지 않는다. 문제는 왜 그리고 어떤 경로를 거쳐 작업장 폭력이 방조됐느냐에 있으며, 특히 작업장 내·외부의 폭력을 방조한 담론과 제도에 주목할 필요가 있다. 서구의 경우 남성노동자와 여성노동자 사이의 대립은 노동시장의 노동력 공급을 둘러싸고 일어났다(스콧 2002; Coontz 1992). 반면 한국은 노동시장을 둘러싼 성性간 경쟁과 대립이 불필요했다. 이미 1970년대 한국 노동시장은 고정적인 성별분업 체계에 근거해 노동시장이 성별화되어 있었기 때문에 노동시장 자체를 둘러싼 남녀간 대립은 드물었다(김형기 1988).

여성노동자들은 주로 여성노동력을 필요로 하는 경공업에 집중되었기 때문에 남성들과 취업 경쟁을 하지 않아도 됐지만, 작업장(혹은 공장) 내에서 성별을 중심으로 한 '수직적인 위계질서'는 분명히 존재했다. 경공업 분야의 경우 관리직은 대부분 남성인 반면 생산직은 20세 미만의 미혼 여성들로 구성되어 있었다. 예를 들어 인천 삼원섬유는 1973년 제4수출공단 내에서 최초로 노조를 결성했는데, 이 사업장의 생산직 노동자는 주로 남성으로 구성된 편직부(150명 중 100명이 남성)와 주로 여성으로 이루어진 가공부(150명 가운데 대다수 여성)로 나뉘어 있었다. 가공부 여성노동자의 임금은 편집부 남성노동자 임금의 3분의 1에서 4분의 1이었고, 노조가 결성되기 이전에는 현장에서 대부분의 결정을 남성이 내리고 여성들은 남성들이 정한 대로 따르는 것이 관례였다(이옥지 2001, 178~183). 이것은 작업장(혹은 노동과정) 내부에 '성별'을 둘러싼 위계질서가 강력하게 형성됐음을 의미한다. 그러나 대부분의 작업장이나 노동과정은 '무성적' 혹은 '몰성적asexual'인 공간으로 여겨졌다. 이것은 성별gender은 가족 등의 사적 영역에만 존재한다는 지배적 담론의 소산이었다.

현상적으로 볼 때, 민주노조 사업장에서 벌어졌던 폭력은 대부분 남성노동자에 의해 일어난 사건이었다. 그러나 이 안에는 복잡한 입장들이 숨겨져 있었다. 먼저, 작업장 폭력에는 여성에 대한 비하라는 '성차별 이데올로기'가 내재되어 있었다. 여성이기 때문에 폭력을 가해도 무관하다는, 즉 여성노동자 한두 명에 대해 폭력을 가해도 별 문제가 되지 않는다는 입장 말이다. 또 하나의 입장은 작업장에서 폭력을 행사했던 남성노동자들에 대한 남성 노동사가들의 해석과 담론이다. 남성노동자들이 여성노동자들에게 폭력을 가했던 것에 대해 남성 노동사가들은 '사측의 사주'라고 해석하고 있다(한국기독교교회협의회 1984; 순점순 1984; 동일방직복직투쟁위원회 편 1985). 이런 해석은 작업장 폭력에 내재된 성차별 이데올로기를 은폐하고, 오직 민주노조를 탄압하려는 고용주와 정부의 탄압으로만 현상을 표면적으로 해석하는 데 머물고 만다.

남성노동자의 작업장 폭력을 둘러싸고 은폐된 담론이 남성노동자들이 강하게 지닌 '남성다움'에 대한 강조였다. 작업장 폭력은 남성노동자가 자신의 남성성을 폭력과 일치시킴으로써, 공장에 다니는 자신의 열등감을 해소하는 '나르시시즘적인 성격'을 지니고 있었다. 폴 윌리스가 영국 노동계급 가족에 속한 남성 학생의 '반학교 문화' 연구를 통해 밝힌 바와 같이, 잦은 성관계, 폭행 등은 '사나이다움'이란 이름 아래 노동계급 청소년들의 '남성다움' 혹은 '자존심'처럼 여겨졌는데, 이것은 남성노동자들이 가정 내 폭력을 통해 여성을 지배할 수 있다는 당대 노동계급 모문화母文化의 반영물이었다(윌리스 1989). 다시 말하자면, 폭력, 강인함, 힘 등으로 상징되는 '남성성masculinity'은 작업장과 가족 외부에서 무시당했던 남성노동자들이 내세울 수 있는 최종 근거처럼 작용했다(이종영 2001, 219). 더군다나 여성노동자들의 남성에 대한 태도 역시 비슷해, 자신보다 가문이나 재산, 학력 등 인적 자원이 더 많거나, 아니면 적어도 연령이 많거나 키라도 더 큰 남성과 결혼하는 것이 상식이었다. 여성노동자들은 자신과 유사한 인적 자본이나 사회적 배경을 지닌 남성들을 '동등한 존재'로 바라보지 않았다.

남성다움에 대한 집착과 더불어 중시해야 할 것은 고용주와 남성노동자들이 작업장 내 '성적 통제'를 통해 여성노동자들을 규율화했다는 점이다. '성적 통제'란 가부장적 사회구조 아래에서 자본이 성을 매개로 해 여성노동자들의 자본에 대한 교섭력과 조직 역량을 약화시키려는 통제 양식을 말한다. 자본과 고용주 등이 성적 통제를 노동통제와 노동과정에 대한 관리 전략으로 사용했던 것은 결코 '비합리적인 것'이 아니었다. 오히려 최소한의 비용으로 최대한의 효과를 내는 '합리적인' 통제 전략이었다. 성과 연관된 담론, 장치 등을 통해 여성노동자들의 힘을 약화시키는 것은 산업화 시기 여성 사업장에서 보편적이었다. 바꾸어 말하자면 성적 통제는 어느 특정한 부분에서만 발생하는 예외적인 통제 양식이 아니라, 가부장적인 사회구조 아래에서 자본의 '보편적인 통제 양식'이었다(조순경, 여난영, 이숙진 1989, 166, 171). 여성노동자 개인 혹은 집단에 대한 성폭행, 강간 위협, 남성중심주의 문화에 기반한 위협과 협박 등 여성 사업장에서 사용되었던 성적 통제의 수단과 방식은 다양했다. 문제는 이런 것들을 성 문제와 무관한 것으로 사고하는 남성 노동운동가들과 노동사가들의 사유 방식이다. 지금부터는 여성노동자들이 경험했던 폭력의 실체와 이것을 둘러싼 담론을 자세히 살펴보자.

가장 널리 알려진 작업장 폭력 가운데 하나는 청계피복 재단사들의 폭력이었다. 원생적 노동관계의 상징인 다락방에서 모든 권력의 원천이던 재단사의 폭력은 상상 이상이었다. 여성노동자, 시다에 대한 욕설은 아무것도 아니었고, 시다들의 머리끄덩이를 잡고 구타하기도 했다. 물론 재단사도 공장장이 아닌, 오야(생산현장의 상급자 — 인용자)였으므로 객공제 아래 있었다. 따라서 능력급과 도급에 따라 돈을 벌어야 했기 때문에 시다들이 일이 서툴면 마구 화를 내고 구타하는 경우가 많았다. 문제는 이런 폭력에 대한 묵시적 공조가 작은 다락방 안에서도 존재했다는 사실이다.[6] (주)서통의 배옥병은 당시 관리자들의 자의적 폭력을 이렇게 증언한다(김지선 외 2003).

6_ 다락방 및 그 담론에 대한 보고는 조영래(1983), 전태일(1988), 이소선(1990), 민종숙(1977), 민종덕(2003) 등을 참조. 다락방을 둘러싼 담론이 여성노동자의 정체성에 미친 영향에 대해서는 김원(2003, 91~99)이나 이 책의 2장을 참조.

관리자들이 여성노동자들에 대해서 함부로 대하고 그 다음에 떠들었다고 해서 군 출신인 관리자가 겨울에 눈밭에서 여성노동자를 막 굴림시키고, 토끼뜀 뛰게 하고, 또 불러내 가지고 자기 책상 옆에다가 손들고 벌서게 하고, 두들겨 패고, 머리 잡아서 흔들어 가지고 부딪치게 하는 이런 비인간적인 행위들이 참 저희들을 힘들게 했던 것 같아요.

다음으로, 똥물사건 등으로 잘 알려진 동일방직과 달리 잘 알려지지 않은 사례가 해태제과 '8시간 노동시간 투쟁'이었다. 해태제과에 다니던 순점순의 수기를 보면, 수기의 3분의 1은 남성노동자와 관리자가 여성노동자에게 자행한 폭력으로 가득 차 있다. 순점순의 글에는 이런 남성노동자들의 욕설이 그대로 옮겨져 있다. 그러나 8시간 노동운동 과정에서 여성노동자들이 남성노동자들에게 숱한 폭력과 협박에 시달렸다는 사실에만 주목해서는 안 된다. 특히 남성들은 물리적 폭력만이 아니라 '언어'를 통해 자신의 남성성을 드러냈다. 이것은 가부장제에서 학습 · 재생산된 남성이자 미래의 가부장으로서 자신들의 정체성을 확인하는 과정인 동시에, 작업장의 성별 위계질서를 구축하는 수단이었다. 아래 예들은 1979년 해태노동자 35명이 낸 고소장에 실린 내용 중 극히 일부다(순점순 1984).

① 최병희는 작업 후 긴 층계로 가던 중 기사 10여명이 '좀 쉬었다 가라'고 하자 '퇴근 시간인데 왜 막아요. 비켜요'하자, 이들은 "홍지영이 쓴 책도 못 봤냐, 정신 차려 이년들아"며 목덜미를 구타하고, "이년들 저쪽으로 끌고 가, 여기는 밖에서 보인다"며 "이 빨갱이보다 더 지독한 년들, 쌍년들"하며 2층 계단에서 밀어 온몸이 멍투성이가 되었다.
② 유금순 등은 79년 8월 28일 오후 11시~새벽 1시경 "이 쌍년아, 사표 내고 나가라", "이 0할년아, 너 때문에 내가 윗사람한테 들볶인다"며 창고로 데리고

가 위협했다. 그러고도 분이 풀리지 않는지, 그라인더에다가 철사를 달구며 "너 거기 가만히 있어"하며 지지려고 했다.

남성노동자들에 의한 폭력은 민주노조 활동가들만이 아니라 일반 여성노동자들에게도 확산되었다. 도시산업선교회와 전혀 무관한 여성노동자였던 해태제과 이희관도 계장, 이사 등에게 자신의 억울함을 호소했지만 무시당해서 8시간 노동운동을 하던 김금순을 찾아와 작업장 폭력을 호소했다. 「해태제과 신정차 사장님께 드리는 공개청원서」란 글을 보면, 이희관은 8시간 운동에 참가하지 않았을 뿐더러 회사에 충실한 여성노동자였다. 하지만 1979년 8월 22일 저녁 7시 30분 야근하러 온 이희관은 파과자破菓子가 많자, 주임이 "이 새끼들 다 왔냐"며 어제 너희 주임에게 무슨 이야기를 했냐고 화를 냈고, 그녀는 어제 일을 그대로 전달만 했다. 그러자 주임은 욕설과 함께 그녀의 멱살을 잡고 흔들며 주먹으로 머리를 밀어 제쳐 팔이 기둥에 부딪쳐 멍이 들었다. 8월 24일 다시 주임이 그녀를 불러 "이년들아, 너희 주임이 불렀으면 빨리 왔을 텐데 내가 불러서 늦게 오느냐"며 욕설을 하자, 그녀는 "제발 욕 좀 빼주세요"라고 했다. 그러자 주임은 그녀의 뺨을 때리며, "이년아, 욕하는 것이 듣기 싫으냐"며 계속 구타하자 그녀는 공포에 "잘못했습니다"라고 사과한다. 그러자 이 주임은 "너 하나 없애는 것은 누워 떡먹기이다", "반장 시켜줄까 주임 시켜줄까" 하면서 "잘 생기기나 했으면 말도 안 해……개×같이 생긴 것이……네 인생이 불쌍하다"며 모욕을 주었다(순점순 1984).

해태제과 한 곳의 사례지만, 이것은 현실의 일부에 불과했다. 남성 기사, 담임 등의 무시, 구타, 언어폭력은 일상적인 일이었다. 특히 민주노조 결성에서 여성노동자들이 중심이던 도시산업선교회 회원들에 대해 남성들은 신체적 모욕을 동반한 폭력을 행사했다. 남성노동자에 의한 이런 일련의 폭력을 통해 알 수 있는 것은, 남성적 정체성에 근거한 남성노동자들의 폭력 행사가 '남성적 역할의 수행'에 국한된 것이 아니라는 점이다. 남성적 정체성의 본질은 남성과 대립적 존재인 여성에게 여성적 정체성에 부합하게 행위할 것을 요구하는 것이다(이종영 2001, 229). 특히 한국의 경우 유교 담론에서 기인한 '여성다움'이란 가치가 여성에게 부가되었다. 가장 단적인 예로 유교 담론에서 여성다움이란 여성의 남성에 대한 종속과 집안일에 충실한 것을 의미했다. 문제는 이런 여성다움이 지속적인 훈련과 학습에 의해 강제되었다는 점이다. 다시 말하자면 남성은 사물과 상황의 원리를 파악하고 추상화 · 이론화하는 능력을 기르고, 여성은 이미 합법화된 원칙을 수용 · 실행하는 도구로 전락했던 것이다. 이것은 원리를 깨우치거나 추상화하는 능력을 여성에게 허용치 않겠다는 의미다(이숙인 2000, 23~4).

뿐만 아니라 작업장 내 남성노동자에 의한 폭력은 노동운동 내부의 중심적 의제에서 무의식적으로 배제되어왔다. 삼원섬유의 사례가 그 모습을 분명하게 드러내줬다. 1975년 1월 25일 여성노동자가 다수인 삼원섬유 편직부에서 남성노동자 백 모 씨가 여성 조합원 김 모 씨를 기계 부속품인 '오도다시'로 때려 눈이 찢어졌다. 폭행을 한 이유는 작업 용구를 둘러싼 다툼 때문이었다(유동우 1983, 120~5). 하지만, 대다수 여성노동자들은 살기등등한 백씨의 기세에 눌려 감히 반항도 하지 못한 채 울고만 있었고, 편직부에 근무 중이던 40~50여 명의 여성 조합원들도 강 건너 불 보듯 구경만 하고 있었다. 당시 조합장이던 유동우는 여성노동자들에게 바보같이 보고 있지만 말고 자신의 권익을 지켜야 한다고 역설했다(유동우 1983, 121). 유동우의 말에 자극을 받은 여성노동자들은 자신들끼리 모여 대책을 숙의하고 퇴근 시간이 다가오자 백씨를 폭행죄로 고발하기로 결정했다. 사측도 폭행의 가해자와 피해자 양측에게 시말서를 요구했다. 가해자인 백씨는 유동우에게 "계집년들을 선동해서 나를 처벌하게 해"라고 흥분했고, 분회 간부들은 "골치 아프게 왜 문제를 만들었느냐, 남자가 여자를 좀 때린 문제로 왜 난리냐"는 반응이었다. 이 부분이 당시 작업장 폭력에 대한 남성노동자들의 '지배적인 담론'이었다. 여성노동자들은 '여성'이기 때문에 폭력을 행사해도 상관이 없는 '이차적인 존재'라는 입장이었다. 문제는 유동우 지부장의 대응이었다. 유동우의 담론을 통해 여성 의제에 대한 남성노동자의 반응을 엿볼 수 있다 (유동우 1983, 123; 124~5).

> 백씨를 고발하는 것도 앞으로 여러분들의 권리를 지키는 한 방법이라는 것을 잘 알아요. 그러나 백씨를 고발하는 것에 나는 찬성하지 않아요. 그도 우리와 같은 처지의 근로자입니다. 가진 자로부터의 분풀이를 자기보다 조금 약하다고 생각한 여자들에게 한 것이지요.

유동우가 한 말의 초점은 고발보다는 여성노동자들이 권리 의식을 가지게 된 것이 본질적으로 중요하다는 주장이었다. 그렇다면 왜 유동우는 고발을 막으려고 했을까? 이것은 여성이 폭행을 당한 '여성 의제'보다는 '민주노조의 사수'가 중요하다는, 노조와 여성 조합원의 문제가 동시에 발생할 경우 노조의 단결이 우선이라는 사유방식을 보여주는 것이었다. 다시 말해서 노동자 사이의 갈등이나 균열은 사측에 의한 탄압의 빌미를 주므로 민주노조를 위해 여성의 권리를 다소 유보할 수도 있다는 것이다. 여기서도 여성노동자의 권리는 '민주'노조라는 담론에 의해 유보되었던 것이다.

성적 통제, 순결을 통한 여공의 관리

하지만 작업장 안팎에서 여성노동자에 대한 폭력은 물리적 폭력만이 아니라 여성의 성을 직접적인 타깃으로 삼기도 했다. 성폭행을 '공공연한 비밀', 혹은 '수치'로 사고하는 상황에서, 당시 여성노동자들에 대한 남성, 특히 관리자들의 성폭력은 '일상적인 것'이었다. 동일방직의 사례를 보자(석정남 1984, 90~2).

> 사내들은 우리를 바짝 움켜쥐고 밖으로 질질 끌어냈다. "어머, 세상에 이런 사람들이 다 있어." 우리와 같이 끌려나온 사람이 외치자 그 중 한 녀석이, "그래, 이년들아 우리는 이런 사람들이다"하면서 아랫도리를 훌떡 벗어 보이면서 드세게 설쳐대는데 완전히 기가 질려 버렸다.

이처럼 여성노동자들에 대한 통제는 적나라한 물리적 폭력만이 아니라 성을 둘러싼 남녀간의 담론과 지식체계의 차이를 이용해 전개되기도 했다. 특히 여성에게 섹슈얼리티와 관련된 지식과 정보가 폐쇄되었던 1970년대에 이런 지식 · 담론들은 부끄럽고 감추어야만 했던 내밀한 영역이었다. 사회화 과정에서 여성은 성적 관계에 수동적이고 소극적이어야 했으며, 여성이 성에 대한 지식을 지니는 것은 비도덕적인 것으로 간주되었다. 동일방직의 사례처럼, 성에 대해 폐쇄적인 여성노동자들에게 이질적인 성문화의 충격을 통해 집단적 저항을 약화시킬 가능성을 염두에 두고 반복적으로 이루어지는 관행적 실천이 전형적 사례였다(조순경, 여난영 · 이숙진 1989, 175~6).

한편 성적 통제는 '순결'을 통한 통제의 형태로 나타나기도 했다. 가부장제 사회에서 순결은 그 자체로 '여성성' 혹은 '여성으로서의 가치'를 의미하는 거의 절대적인 규범이었다. 특히 순결이 남성에게는 적용되지 않고 여성에게만 차별적으로 적용되었던 것은 그만큼 순결이 여성에게 강력한 영향을 미치던 지식 체계였음을 보여준다(석정남 1976a; 이병태 1975). 구로공단에서 일하던 십대 여성노동자 신경숙과 외사촌에 대한 생산계장의 성폭행 시도는 공장에서 이루어지던 '순결'을 통한 성적 통제의 단면을 잘 드러낸다(신경숙 1995, 138~142).

> 미스 리(미스 리는 노조 간부다 — 인용자)가 외사촌에게 말한다.
> "너 조심해야겠드라."
> "……."
> "생산계장이 널 찍었대."
> "지 맘속에 찍으면 이 계장 그놈 얼마나 추근대는 줄 아니? 그러다가 안되면 얼마나 구박을 다 하는 그런 놈이야."
> "……."
> "미친 놈, 눈은 있어 가지고."

산업화 시기 관리자와 남성노동자는 마음에 드는 여성노동자를 유혹해서 성관계를 맺은 뒤, 모든 책임을 그녀에게 뒤집어씌우는 수법으로 작업장과 노동과정에 대한 통제권을 행사했다. 신경숙의 외사촌 같은 경우에도 생산계장의 '성적 대상'으로 지목됐고, 이것은 무의식 중에 그녀에게 '순결 상실의 공포'를 가져다주었을 것이다. 성차별이 구조화된 사회에서 여성이 성적 대상으로 지목됐다는 점은 실제 성폭력 여부와 무관하게 당사자를 일반적 여성과 다른 여성으로 위치시켰다. 다른 식으로 말하자면 사실 여부와 무관하게 순결이란 규범을 파괴한 (혹은 파괴당할 가능성이 높은) 여성으로 담론화되었던 것이다(조순경 · 여난영 · 이숙진 1989, 172). 그러나 이런 남성

관리자와 노동자들에 대한 여성노동자들의 대응은 대체로 방어적이거나 심리적 무력감에 빠지는 것이었다. 그렇다면 신경숙과 외사촌은 어떠했을까? 외사촌을 유혹하는 데 실패한 생산계장은 이제 신경숙에게 만년필을 주며 유혹하기 시작한다. 이 모습을 본 외사촌은 생산계장 김 계장을 향해 이렇게 외친다(신경숙 1995).

"얘가 몇 살인 줄이나 알아요?"
"……."
"열일곱 살이라구요."
"……."
"얘는요, 아직 생리도 없어요."
열일곱의 나, 화들짝 놀란다.
"계장님은 여동생도 없어요? 건들 사람이 따로 있지."
"……."
외사촌은 내 손을 붙잡고 은하다방을 빠져나온다.
"정말 밥 사줄려고 그러는 모양인데?"
"얘가 정말 세상 모르네. 저놈이 나한테 추근거리다가 안 되니까 너한테 그러는 거야?"
"너한테도 그랬어?"
"나는 만년필 같은 건 안 주더라. 다짜고짜 입을 맞추려고 하지 뭐냐?"
"……."
"상대도 말아라, 너. C라인의 미스 최 있지. 그 애한텐 애까지 배게 해서 미스 최가 저놈 마누라한테 머리끄덩이 잡히고 난리났었댄다."
"미스 최는 어떻게 됐는데?"
"내가 아니? 회사에 사직서 쓰고 나갔댄다."
"치사한 놈. 내보내려면 조용히나 내보내지. 바늘 도둑으로 몰았대지 않니."

이처럼 남성 관리자들에게 있어서 여성노동자에 대한 성적 통제는 자신의 남성다움과 공장 내 위계를 드러내는 방식이었다. 관리자나 남성노동자의 폭력과 성적 통제는 남성이자 작업장 관리자로서 자연스러운 권리를 행사하는 것으로 여겨졌고, 그 결과에 대한 모든 책임은 여성노동자들에게 돌아갔다. 그리고 이런 성적 통제를 둘러싼 여성노동자들 사이의 침묵의 '공조'는 옆으로 혹은 은밀하게 흐를 뿐이었다.

의인화된 권위, 완장 찬 반장 언니

작업장에서 여성노동자들이 가장 두려워했던 것은 무엇일까? 많은 수기에는 여성노동자들이 천대받으면서 일을 제대로 못한다고 반장한테 마구 혼나고 울었다는 사연이 곳곳에 쓰여 있다. 이렇게 일상적으로 이루어졌던 집단적인 공포와 경계는 여성노동자로 하여금 자기규제를 강제했으며, 그 결과 집단적인 노동규율에 기초한 복종의 내면화를 가져오기도 했다. 문제는 '누가', 그리고 '어떠한 권위'를 통해 노동자들에게 노동규율을 심어 나아갔느냐다. 그 동안 진행된 연구들은 산업화 시기 한국의 작업장 체제를 "군사적 테일러리즘", "전제적 권위주의" 등의 개념을 통해 고찰해왔다(김형기 1988). 산업화 시기 한국 에서 '동의'의 제도화가 형성됐다고 판단하기는 어렵다. 1960~70년대에는 근로기준법의 보호에서도 배제된 노동자 집단이 다수였고, 법적으로 보장된 노조 결성의 권리, 휴가, 노동시간, 최저임금 등 '권리'는 고용주와 정부의 자의적인 전횡에 의해 언제든 묵살될 수 있었다는 점에서 "가부장적-전제적 권위"가 지배적이었다(구해근 2002, 99).

특히 1970년대 초반 아직 민주노조가 만들어지기 이전에 공장은 침묵의 공모로 넘쳐흘렀다. 여성노동자들이 10시간 이상의 장시간 노동으로 녹초가 돼 통근버스를 탔을 때는 지쳐 움직이지도 못하는 상태였기 때문에, 자신의 노동에 의해 삶이 변하고 노동조건이 변해야 한다는 생각을 갖는 것은 쉬운 일이 아니었다. 관리자도 마찬가지였다. 작업반장은 애 어른 할 것 없이 아무런 상의도 없이 일방적으로 작업을 전달하고 강제했다. 그러나 단 한마디라도 자기 의사를 내는 사람을 여성노동자 사이에서 찾아보기가 힘들었다. 추측해 보건대, 당시 여성노동자들이 이런 대접을 받으면서 일종의 자괴감 혹은 비참한 심경을 공유하고 있지 않았을까? 여성들은 공장을 동경하고 자신의 노동을 통해 자립하기 위해 공장으로 왔지만, 마치 짐승처럼 일방적으로 움직이고 외마디 항의조차 할 수 없는 자신의 모습을 보며, '과연 나도 인간인가'라는 생각을 했을 법하다. 아니면 일상의 변화, 일상의 정치를 혼자 머릿속에 생각하고 있지는 않았을까?

이런 조건에서 작업장 내부 위계질서를 형성한 담론들은 무엇이었을까? 먼저 원풍모방 이옥순의 경험을 살펴보자. 원풍모방에서 작업장 내부 위계질서는 '완장'으로 표현됐는데, 완장은 경력과 직급을 표시하는 것이었다. 예를 들어 줄이 하나면 지도공, 둘이면 부반장, 셋이면 반장 순이었다. 이옥순의 말에 따르면, "세 줄짜리 반장 언니가 지나가면 작업장은 꽁꽁 언 분위기"였다고 한다. 이처럼 작업장 위계질서의 형성 과정에서 반장은 여성노동자들의 일상과 규율을 조정하는 권위의 상징이자, 의인화된 권위였다. 특히 나이와는 상관없이 지도공은 양성공에게 반말을 할 수 있었고 지시를 내릴 수 있었다(이옥순 1990, 41~2).

이처럼 작업장 위계질서 안에서 '반장' 혹은 '언니'라고 불리던 대상은 단지 상급자 이상의 의미를 지녔다. 여성노동자들에게 반장은 회사 · 고용주로 '의인화된 권위'와 '작업장 규율의 관리자'인 동시에 여성노동자들 자신이 경쟁자들을 따돌리고 올라서야 하는 위치였다. 반장에게 부여된 지위와 권위는 미묘한 정치적 효과를 낳았다. 그 중 하나가 여성노동자들 사이의 '질서', 즉 작업장 내부의 '충성 경쟁'이었다.[7] 구해근은 산업화 시기 한국 노동자의 작업장 내부 정체성 형성에서 중요한 요인들에 대해 다음과 같이 설명하고 있다(구해근 2002, 81~2).

> 노동자들은 학교에서 공식적인 권위에 대한 복종, 시간관념, 조직화된 작업일정과 지속적인 평가 등 관료적 환경 속에서 일하는 데 필요한 기본적인 행위습관을 배우게 된다. 두 번째로 중요한 제도는 군대였는데……엄격한 통제, 권위주의, 폭력 등의 요소는 1980년대 이전 한국 군대를 특히 강하게 지배했다. ……그러나 아마도 한국 산업 노동력 형성에서 앞의 두 가지 제도보다 더 중요한 것은 가족이라고 하겠다. ……다른 많은 신흥공업국처럼 한국에서도 자본가들은 의식적으로 기업에서 가부장적인 권위관계를 재생산하고자 했고, 가족적 가치관에 호소해서 노동자들의 복종과 충성을 얻어내고자 했다. ……한국 노동자들은 장시간의 노동과 열악한 작업환경에 대해서 많은 글을 썼지만, 새로운 작업환경에 적응하는 어려움에 대해서는 거의 쓰지 않았다. 대체로 한국의 프롤레타리아트는 예외적으로 순탄하고 평화로운 과정이라고 볼 수 있다.

구해근의 말처럼 가족 혹은 가족주의가 노동규율 형성에서 중요했던 것은 분명하지만, 과연 한국의 프롤레타리아트화가 평화로운 과정이었을까? 개발도상국의 산업화 초기 단계에서 노동자들은 공통적으로 작업장 내 위계질서에 잘 적응해왔다는 것이 '통설'이었다(구해근 2003; 최장집 1988). 거시적으로 본다면, 한국 여성노동자들이 작업장 체제에 빨리 적응했던 이

7_ 반장은 대부분 여성노동자들이 승진해서 올라갈 수 있는 가장 높은 자리 중 하나였다.

유는 가계 경제의 주도자, 맏아들長子의 교육비 준비, 결혼지참금 준비 등 다양한 경제적 요인으로도 설명할 수 있다(Spencer 1988). 하지만 궁극적으로 여성노동자들이 잔업과 장시간 노동을 '인내'할 수 있었던 이유는 자신의 벌이를 통해 경제적 조건을 개선하고 교육을 받고 싶은 자아실현의 욕구 때문이었다. 여성노동자들이 가난한 가족의 생계를 떠맡고 동생의 교육비를 마련하기 위해 나머지 모든 것들을 유예할 수 있었다는 희생양 담론은 만들어진 담론에 불과했다.[8] 그러나 구해근은, "노동자들이 권위구조에 복종하고 힘든 작업일정을 충실하게 수행하게 한 핵심적인 기제는 가족이었다. …… 특히 여성 노동자들이 강고한 가족윤리를 가지고 공장에 들어왔음을 잘 보여준다. ……한국 노동자들이 그렇게 열심히 일했던 진짜 요인은 강한 노동윤리나 일이나 회사에 대한 헌신이 아니라 깊이 새겨진 가족을 위한 자기희생의 윤리였음을 알 수 있다"(구해근 2002, 98~9, 강조는 인용자)라고 논한다.

이처럼 구해근의 논리는 다시 가족으로 '환원'된다. 그 논리는 가족을 위해 희생한 여공, 민족을 위해 헌신한 산업전사로 되돌아간다. 다시 강조하지만, 한국 산업화 시기 고용주와 국가에게 여성노동자의 노동 혹은 일work은 계약관계를 통해 성립되는 것이 아니었다. 오히려 여성의 노동은 국가와 가족에 대한 도덕적이자 윤리적인 관계로 인식됐으며, 이것을 매개해주는 것이 성별이라는 은유였다. 이것을 마치 '실제'인 것처럼 오도하는 것은 성별분업 담론을 정당화해주는 것에 지나지 않는다. 더불어 가족(혹은 가족주의)에 대한 지나친 강조는 여성노동자의 정체성을 가족을 위한 무엇으로 회귀시키기 쉽다. 실제로 여성노동자들은 회사를 운명공동체와 '동일시'하지도 않았고, 작업 자체에 대한 만족도 역시 높지 않았다. 다만 반장의 지위

8_ 산업화 시기 여공들에 대한 지배적 담론인 '희생양 담론'에 대해서는 3~4장 참조.

에 섬으로써 자신의 욕망을 실현할 수 있다는 점에서 부분적으로 작업장 위계질서를 인정했다.

그렇다면, 일상적으로 중간 관리자가 여성노동자들을 통제하는 문제에 대해 살펴보자. 작업장의 일상 속에서 여성노동자들을 계급 내적 단결이란 '수평적 연대'보다 작업장 내부의 승진, 급수 인정 등을 둘러싼 경쟁체제로 몰아놓은 질서와 권위는 틀림없이 존재했을 것이다. 그리고 이런 질서의 원천은 반장, 조장 등의 중간 관리자한테서 나왔을 것이다. 산업화 시기 한국 작업장에서 중간 관리자, 특히 남성 중간 관리자들은 작업장 체제의 민주화, 민주적 노조의 결성과 유지에 가장 강력한 '적대자'였다. 한마디로 '노조파괴자', 1980년대식 용어로 표현하면 '구사대救社隊'였다. 중간 관리자들은 작업장 체제에서 생산성 향상에 반하는 여성노동자들을 위협하거나 공공연한 테러를 가했으며, 그래도 순종하지 않을 경우 회사와 결탁, 이 노동자들을 해고 · 제거하는 역할을 담당했다. 또한 노동조합이 결성되는 초기 시점과 민주노조가 강화되는 시점에 남성노동자들과 더불어 회사와 정부(혹은 한국노총)의 지시에 따라 조합원에 대해 직접적 폭력을 행사하는 테러단의 역할 — 대표적인 사건이 동일방직의 나체사건과 똥물사건이었다 — 을 해왔다. 하지만 중간 관리자가 모두 회사의 끄나풀 내지 노조파괴자였던 것은 아니었다. 여러 수기 속에서 찾아볼 수 있듯이, 반장이나 조장 중에서 민주노조에 동조했던 '여성'들도 존재했다. 원풍모방 노조의 경우가 반장들이 대거 노조에 참여함으로써, 생산현장 내 권력이 강화된 대표적인 사례였다(정미숙 1992).

작업장 질서와의 공모, '제도화된 경쟁'

반장, 조장들이 처음부터 노골적인 위협이나 강제 수단을 사용하지는 않았다. 일단 언니, 오빠 혹은 아버지처럼 자신들을 따라주기를, 다시 말해서 가족주의적 관계를 만들자고 했다. 동일방직 근무 초기 직포과에서 일하던 석정남은 반장의 발언을 이렇게 기억하고 있다(석정남 1984, 14).

> 2~3개월만 눈 딱 감고 참아내면 여러분들도 틀 보기가 되니까. 그땐 좀 편하고 월급도 많이 받게 되지요. 그러다가 일 잘하고 오래 다니면 여러분도 다 조장이 될 수 있어요. 나나 반장을 회사의 관리자다 하고 어렵게 생각하지 말고 친언니나 오빠 혹은 아버지처럼 생각하고 언제 무슨 일이든지 의논을 해요. 그렇게 해서 따뜻한 분위기에서 일해 봅시다.

관리자는 자애로운 언니, 아버지와 같은 '가족'으로 자신을 형상화했다. 하지만 실제 이런 관계는 노동자들이 생각하는 세계 속에 존재했던 가족과는 거리가 멀었다. 반장 그리고 담임 등 중간 관리자들은 작업장이나 한 과課 내에서 전제적인 권위를 행사했다. 그리고 시간이 지남에 따라 작업장에서 권력을 가진 반장이나 담임에게 잘 보이기 위한 노동자들의 '충성 경쟁'이 가속화되었다(석정남 1984, 27~8).

> 특히 우리 직포과는 완전히 담임 한 사람에 의해서 움직이고 있는 실정이었다. 담임의 미움을 받거나 눈 밖에 난 사람은 아예 회사를 그만두어야 한다. 눈에 잘 보인 사람은 급수도 잘 올라갈 뿐 아니라 편하고 깨끗한 자리에서 일할 수 있다. 그러니 서로가 담임에게 잘 보이기 위해 동료들의 조그마한 약점이라도 알기만 하면 일러바치는 것이다. 그뿐인가 조장이 되기 위해서는 작은 월급

에 선물 꾸러미를 들고 담임의 집을 찾기도 한다. 공동의 이익보다는 눈앞에 보이는 자기만의 이익을 생각하기 때문에 이런 행위도 서슴지 않고 할 수 있는 것이다. ……출근 시간보다 1시간 전에 출근하는 것이 아주 당연시되고 있는 것이다. ……도대체 언제부터 직포과는 1시간 전에 출근하는 제도가 생긴 것이냐고 물어보지만 이에 대해서는 알고 있는 사람은 아무도 없었다. 직포과는 원래 옛날부터 그랬어.

석정남의 회고는 담임에 대한 자발적 혹은 강제적 충성이 일상적이었음을 보여준다. 한마디로 반장과 담임 등은 '공포의 대상'인 동시에 '충성'의 대상인 이중적인 의미를 지니고 있었다.

1970년대 민주노조 가운데 가장 강한 조직력을 지녔던 원풍모방도 민주노조 설립 이전에는 마찬가지 상황이었다. 여성노동자들은 조장이나 반장이 되기 위해 관리자에게 잘 보일 수밖에 없었으며, 이것은 참으로 '비참한 것'[9]이었다고 박순희는 회고하고 있다(박순희 2002년 12월 30일 인터뷰). 이런 반장의 자의적인 권위 행사에도 불구하고 노동자들 사이의 경쟁이 지속되었던 것을 어떻게 해석해야 할까? 노동자 사이에서 반장이라는 지위를 둘러싸고 벌어진 경쟁은 노동자 내부의 연대를 약화시킨다. 이것은 노동계급의 형성은 계급간의 투쟁이기 이전에, 계급 내부의 투쟁이라는 명제와도 연결된다(쉐보르스키 1985). 바로 노동자들 사이의 연대감이 형성되기 위해서는, 내부의 상이한 정체성을 극복하는 과정이 필요한 것이다.

하지만 여성노동자들을 무조건 비판할 수만도 없는 이유는 1970년대

9_ 그러나 민주노조 이후에는 이런 일이 사라졌고 입사 순서대로 조장과 반장을 맡게 됐다. 개인이 능력이 있건 없건 조장이 되었고, 노조에서는 개별 노동자들이 작업장에서 이런 역할을 수행할 수 있도록 지원을 아끼지 않았다(박순희 2002년 12월 30일 인터뷰).

원풍모방 같은 대규모 사업장에서도 노동자 의식의 한계가 존재했기 때문이다. 무엇보다도 저임금이란 노동조건을 고려해야 한다. 동일방직의 경우에도 양성공들은 대부분 저임금에 시달려야 했다. 휴일 작업과 잔업을 해야 했지만, 최저생계비에도 미치지 못하는 임금을 고려할 때 '급수'는 반드시 필요한 사다리였다. 그 밖에도 숙련의 문제를 들 수 있다. 많은 여성노동자들이 종사했던 섬유업종의 경우 대부분 3개월에서 몇 주 정도의 기초 교육을 받은 뒤 작업장에 투입됐다. 다시 말해 여성노동자들 사이에는 숙련을 둘러싼 근본적인 차이가 존재하지 않았다. 이런 조건에서 직급, 승급을 둘러싸고 관리자의 주관적이고 자의적인 판단이 많이 작용한 것은 당연했으며, 이것 역시 조장과 반장에 대한 노동자들의 충성 경쟁을 부추긴 요건이었을 것이다. 석정남은 이것을 '제도화된 분위기'라고 이야기하고 있다(석정남 1984, 17).

> 우리 양성공들도 어느새 조장의 눈을 피하여 짬짬이 잡담도 나누고 장난을 칠만큼 여유도 생기게 되었다. 그러나 일을 잘해서 반장이나 조장 담임의 눈에 잘 보여야 된다는 보이지 않는 경쟁의 끈까지도 느슨해졌던 것은 아니었다. 그러한 욕심과 경쟁의식은 우리가 이 회사를 퇴사하고 시집가는 그날까지 한시도 떨쳐버릴 수 없는 이미 제도화된 분위기였는지도 모른다.

이것과 유사한 노동자간 경쟁 시스템은 송효순이 근무한 대일화학에도 존재했다. 바라고 바라던 모범상, A조(청소 제외)에 오르게 되자, 주변에서 수군거리는 불만의 소리가 들렸다. 그것은 열심히 해서 상을 타는 것이 아니라 반장에게 잘 보인 결과라는, 여성노동자들의 경쟁에 대한 '간파penetration'였다.[10] 송효순의 경우에도 경쟁에서 이기기 위한 노력은 처참했다. 자동기

10_ '간파penetration'란 한 사회 구성원들이 자신이 처한 삶의 조건과 전체 사회 속에서 자신의 위치를

계에 적응하려고 시달린 결과, 그녀는 잠꼬대에서도 '스톱, 스톱'을 외칠 정도였다. 반장을 통한 현장 노동자의 통제, 상벌을 통한 인센티브 제공과 경쟁 유도는 노동자 내부의 균열을 가져오는 동시에, 그 기준이 상급자에 대한 '충성도'에 근거한 주관적이고 편파적인 것이었기 때문에 노동자 내부에서 불만이 발생하기도 쉬웠다(송효순 1982, 41~4).

이옥순의 양성공 경험이나, 석정남의 훈련생 마크에 대한 부끄러움 모두 정식 공원, 바로 기능공에 대한 열망에서 기인했던 것이다. 석정남은 3개월 동안의 훈련공 기간을 마치고, 드디어 모자 끝에 10자를 단, 자신의 표현에 따르면 "어엿한 기능공"이 되었다. 그녀는 당시 여성노동자들 사이의 분위기를 이렇게 회고하고 있다(석정남 1984, 15; 석정남 1976a, 181, 강조 인용자).

> 이제 조장이나 반장, 담임의 눈에 곱게만 보이면 보다 빠른 시일 내에 9급, 8급, 7급을 향해서 승진이 되고 급수에 따라서 수당도 올라갈 것이다. 훈련생을 갓 졸업한 우리 동기생들도 어느덧 알게 모르게 남보다 일을 더 열심히 해 보이려는 경쟁적인 분위기가 만들어지고 있었다.

> 미싱일을 하니까 시다일보다 훨씬 재미있다. 드르륵, 드르륵 미싱 소리가 신나게 들린다. 이 공장 안의 여러 시다 애들이 모두 나를 부러워하는 것 같아 나도 모르게 어깨가 으쓱해진다. ……나와 서로 겨루던 애들을 저만치 뒤로 떨어뜨린 것이다. 내가 이겼다. 난 이제 이 길로 미싱사가 된다. 그렇게 원하고 바라던 미싱사! 과장님께서는 고맙게도 아주 친절하게 지도해주신다.

꿰뚫어보려는 충동을 의미한다. 폴 윌리스가 관찰한 반학교 문화에서 보이는 경쟁과 순응주의에 대한 거부, 노동자가 된 이후 노동이 무의미하다는 인식 등이 간파의 형태들이라고 할 수 있다. 이처럼 간파는 직접적으로 표출되는 것이라기보다, 일상생활 안에서 행동과 언어 그리고 실질적 선택 등 문화적 형태를 통해 나타난다. 다시 말하자면, 간파는 노동자들이 "노동력의 상품형태를 '인식'하고 주체가 그런 것들에 매몰되는 것을 제약하고 '사나이'들이 자기들 나름의 목표를 위해 자기들의 능력을 문화적으로 개발하고 드러내는" 근간이라고 할 수 있다.

석정남의 글에서 몇 가지 중요한 사실을 알아낼 수 있다. 한 가지는 급수가 올라가는 것을 평가하고 판정하는 담당자는 조장, 반장 등 관리직이었다는 사실이다. 그리고 다른 하나는 급수가 올라가기 위해 노동자들 사이에 '무의식적 경쟁'이 벌어지고 있었다는 점이다. 따라서 노동자들 사이에서 반장이라는 존재는 '공포'의 대상, 즉 자신의 운명을 좌지우지하는 대상이기도 했지만, 동시에 '자신의 미래'로 여겨지기도 했다. 단적인 예로 동일방직에는 '기능대회'라고 불린 경쟁 시스템이 있었다. '기능대회'란 특정 여성노동자가 몇 대의 기계를 쉬지 않고 돌릴 수 있는지 알아보는 경쟁을 붙이고, 매일 생산량을 체크해 최고 생산자를 표창하는 등 여성노동자들을 지쳐 쓰러질 때까지 몰아세운 제도였다(추송례 2001, 38). 뿐만 아니었다. 여성노동자들은 좋은 부서에 배치받기 위해, 혹은 야간작업을 따내기 위해 관리자들을 유혹하는 경우도 있었다(이혜숙 1991, 67).

> 현장에서 일하는 애 들 중에 얼굴 반반한 애들은 맨 그 새끼(남성 관리직을 지칭 — 인용자)들 밥이라잖아. 어떤 골빈 년은 행여나 좋은 부서에 옮겨줄까 하고 먼저 꼬리를 치기도 한다는데 뭘…….

정리하자면, 한편으로 반장은 작업장 내부의 위계질서를 세우고 그 질서는 가족적인 것으로 표현되었다. 그러나 이것은 가상적인 것이었으며 현실의 작업장에서 반장은 여성노동자에 대한 인격적인 지배를 실현하고자 했다. 특히 반장이 공포의 대상에서 점차 여성노동자들의 '미래'로 변화해간 과정은 이중적이었다. 한편으로 여성노동자들은 그녀를 증오했지만, 다른 한편 자신도 공장에서 오를 수 있는 가장 높은 위계질서에 오르고 싶어했다. 바로 여성노동자들은 작업장 질서에 '공모' 또는 '연루'되어 있었던 것이다.

이렇게 여성노동자에 의한 여성노동의 통제는 여성노동자들 사이의 경쟁을 격화시키는 동시에 여성노동자들의 정체성을 취약하게 만드는 이중적 효과를 지녔다. 따라서 반장은 하나의 직급인 동시에, 여성노동자들을 관리하기 위한 제도적 장치였다. 이제 작업장에서 여성노동자들을 통제하던 유교·전통 담론에 대해 구체적으로 살펴보자.

산업화 시기 전통의 '재발명'

산업화 시기 대중들을 흡수해 나아갔던 물질적 힘 가운데 일부는 전통적인 충효사상에서 나왔다. 특히 국민윤리, 국민교육헌장 등 유교 전통의 재발명을 통해 국가에 대한 충성을 지배적 규범으로 정착시켰다. '민족중흥의 역사적 사명'으로 시작하는 1968년 국민교육헌장 제정으로 전국의 학생, 공무원 등 모든 국민들은 행사 때마다 이 헌장을 암송해야 했으며, 민족적인 것은 과거의 전통, 특히 유교적인 담론 속에서 재발명됐다(전통의 발명에 대해서는 **부록 3-7** 참조). 이른바 '국적 있는 교육'으로서 국사교육과 충효교육, 자주정신, 주체정신, 개화정신, 실학정신 등이 선택적으로 강조됐다.

산업화 시기 박정희 정권은 전통적 요소의 '선택적' 활용을 통해 지배를 정당화하고자 했다. 1960년대 중반 이후 전개된 전통문화 정책, 새마음운동 등 국가의 동원을 정당화하기 위한 유교 담론의 재발명 등이 대표적인 예다. 특히 '자주국방', '국민총화' 등으로 대표되는 군사주의와 국가주의를 강화하기 위해 전통과 역사를 선택적으로 이용했다. 대표적인 사례가 호국 유산의 복원과 충효사상 등 봉건 윤리의 부활이었다. 여기서 박정희와 유신 시기의 주요 이데올로그인 박종홍의 담론을 비교해보자(김석수 2001, 250).

유신은 이 국력을 재조직화하고 우리의 현실화에 맞도록 제도화함으로써 보다 능률화하여 의도하는 바 민족중흥을 실현하려는 과제……적화로 민족분열을 꾀하는 공산주의자와 달리 총화단결이라는 민족사적 정통성을 계승……

새마을운동은 한국적 민주주의의 토착화를 위한 실천도장이요 참다운 애국심을 함양하기 위한 실천도장인 동시에 시월유신 이념을 구현하기 위한 실천도장……

위의 담론들은 어느 것이 박정희의 글이고 어느 것이 박종홍의 것인지 구분하기 어렵다. 전자가 박종홍의 것이고 후자는 박정희의 연설문 가운데 하나다. 이처럼 유신 정권은 투철한 국가관과 애국애족愛國愛族이라는 민족 공동체에 대한 충성을 일상화하기 위해 유교 담론을 선택적으로 재발명했다. 특히 민족 담론은 국가를 모든 가치의 우위에 두는 국가주의와 결합되어 물질적인 성장을 최우선의 가치로 하는 '조국 근대화론'의 형태로 구체화되었다.[11] 민족 담론은 군사적인 성격 때문에 많은 비판을 받았지만 분명한 대중적인 지지 기반을 지니고 있었으며, 이런 민족 담론의 물질적인 힘은 역사적으로 구축된 산물이었다. 산업화 시기 대중들은 일제 말기의 국가주의적 교육과 멘탈리티에 익숙한 집단이었다. 더군다나 한국전쟁과 냉전 반공주의 이념 아래에서 대중들은 민주주의적 관행에 익숙하지 못했다. 따라서 전전 세대들이 유교 담론의 재발명을 통해 국가주의 담론을 받아들이는 것은 그다지 어려운 일이 아니었다. 이런 모습은 여성노동자들에서도 유사

11_ 주의할 점은 박정희 정권이 전통문화와 가치를 있는 그대로 민족문화의 전형으로 사고한 것은 아니라는 점이다. 전통문화 가운데 국가주의나 가부장적 지배에 유리한 부분은 강조되고 재발견됐지만, 전통적인 관습이나 태도에 대해서는 '구습'이자 청산해야 할 대상으로 다뤘다. 근대화와 국가주의를 위해 민족적인 것은 매우 선택적이고 자의적으로 재발명된 것이다(오명석 1998, 148).

표 3-1 산업화 시기 재발명된 유교 담론

유교 원리	주요한 내용 및 정리	근대적 담론적 효과
男女有別 · 內外觀	· 여성들은 공적인 일에 관여해서는 안 되고 남성과 여성은 일상생활을 영위하는 데 최소한의 관계만을 가지며 기본적으로 분리된 공간에서 생활해야 한다	· 성별 분업의 정당화 · 여성 공적활동 억제
男尊女卑	· 남녀간의 관계는 위계적인 것으로 하늘天에 해당하는 남성이 땅地에 해당하는 여성을 지배하는 것이 우주적 질서	· 남녀간 위계의 자연화
陰陽說	· 여성은 낮고 천한 것 · 정절이라 불리는 여성의 신체에 대한 규범은 여성을 무성적 존재로 규정. 남성과 신체적 접촉을 최소화하며 여성의 신체를 노동력 재생산과 모성의 기능으로 제한 · 여성은 집안일, 육체노동, 남의 다스림을 받는 일로 규격화	· 여성의 욕망 억제 · 가내 육체노동 및 무성화 · 여성의 공적 활동 배제
三從之道	· 여성은 출생에서 사망까지 남성에 종속 · 여성은 비자율적 존재 · 순종은 여성의 본성婦德 · 희생과 자아제한의 원리	· 남녀간 위계의 자연화 · 남성을 위한 여성의 희생양화
忠孝論	· 가족의 주요 기능은 가계와 지위를 계승하는 부자관계 · 자식은 독자적 존재가 아닌 부모에 대한 효를 매개로만 존재	· 가족을 통한 개인통제 宗法制, 戶主制 · 가족에 대한 효와 국가에 대한 충을 연결

하게 드러났다. 농촌의 가부장적인 가족 제도 아래에서 일상적으로 유교적 규범을 교육받았던 여성노동자들이 박정희 정권의 국가주의에 즉각적으로 대항하거나 거부하는 것은 쉽지 않은 일이었다.[12] 이런 역사적 배경들이

12_ 당시 기록을 보면 존경하는 인물로 꼽았던 인물은 이순신, 을지문덕, 세종대왕, 안중근, 김구 등이었다. 이것은 민족 담론이 만들어낸 영웅신화에 대중들이 포섭된 결과라고 평가할 수 있다 (박한용 1999).

여성노동자들이 민족담론을 받아들이면서 자신이 산업전사로 불리기 바랐던 중요한 요인들이었다(박한용 1999).

그러나 분명히 해두어야 할 점은, 민족 담론이 개인을 국민으로 호명하고 민족이라는 이름으로 통합하려 했지만 이 안에는 남성과 여성의 역할이 분명히 구분되어 있었다는 것이다. 박정희 정권이 서구적 근대화로서 조국 근대화와 경제발전을 수용했지만 자유민주주의나 개인의 인권을 철저하게 경멸했던 것처럼, 전사로서 남성은 국가 방위와 산업 현장을 책임져야 했던 반면 여성은 사회에 기여하는 모성으로 분리돼 존재했다(김은실 1999, 104~5). 국가는 여성노동자들을 산업전사로 호명했지만 최종적인 존재 근거는 모성 그리고 가족이어야 한다는 성별분업 담론을 망각하지 않았던 것이다. 이제 구체적인 사회관계 속에서 여성노동자들이 고용주, 국가에 의해 어떻게 호명되었는지 살펴보자.

가족 공동체 — 가족 같은 회사

산업화 시기 작업장에서 공장주, 고용주, 다른 식으로 말하면 자본가는 노동자들에게 어떤 이미지로 비쳤을까? 유럽의 산업화 과정, 특히 초기 노동계급이 형성되었던 시기 고용주들은 매우 부정적인 이미지로 묘사됐다. 예를 들어 흡혈귀, 악마, 기생적인 인물 등이 대표적이었다(Perrot 1986). 그렇다면 산업화 시기 한국 고용주들은 어땠을까? 신경숙은 1980년 서울의 봄 직후 사표를 낸 동료가 고용주에게 던진 한 마디를 이렇게 기록하고 있다(신경숙 1995, 60).

서울의 봄에 서치(몸수색)를 거부했던 서선이가 스스로 사표를 쓰면서 말한다. "그들은 필요하다면 우리들의 신김치에 지렁이도 잘라 넣을 사람들이야."

1970년대는 물론 지금도 고용주에게 여성노동자들은, '인격'이 아닌, 자유로이 사고 파는 물건이었다. 대일화학 송효순은 퇴근 시간 15분 전에 사전에 아무 통고도 없이, 서울 공장에서 오산으로 전출된다. 송효순과 동료들은 이의를 제기하지만, 질문조차 받지 않고 무시당한다. 그때 그들은 이렇게 외친다(송효순 1982, 153~5).

"어쩌면 김 차장님 눈에는 우리들이 노예로 보이시나요?"

전태일도 1969년 9월에서 12월 사이에 쓴 일기에서, 고용주에 대해 명시적이지는 않지만 분명한 어조로 이야기하고 있다(전태일 1988). "……생산주의 경쟁으로 피해를 당하는 것은 생산공과 소비자들이다. 이유, 첫째, 어떤 수를 쓰던지 가격을 인하할 목적으로 상품을 아주 형식적으로 생산한다. ……한정된 자본으로 막대한 이득을 취하려고 한다면 잘못입니다. … 나 혼자만이 안이한 자리에 안도의 한숨을 쉬고 기회주의자의 본심을 털어놓고 우리나라 대한민국이라고 제주도의 화이트 빠꾸샤(바쿠샤, 돼지를 지칭하는 듯함 — 인용자) 같은 부르죠아는 기름기계에 집어넣은 불쌍한 샐러리들(샐러리맨, 봉급생활자를 지칭하는 듯 — 인용자)을 마구 조롱하고 큰 오락이라도 하는 것처럼 짜낸 샐러리들의 기름을 흐뭇한 기분으로 주판질한다." 논리적인 언어는 아니지만, 생산성 경쟁 때문에 노동자와 소비자가 같이 피해를 보고 있다고 파악하고 있으며, 부르주아를 '돼지'로 묘사하며 비난하고 있다. 이처럼 노동자들의 고용주에 대한 태도는 기생성이나 비인간성 등을 비난하는 형태로 표출됐다(전태일 1988). 김지하의 「오적」에서 표현된 것과 같이 고용주, 사장은 날강도, 흡혈귀, 살찐 돼지 등으로 은유되었다. 여성노동자와 고용주는 가족적 관계가 아닌 가축적 관계였다고 말한다면 지나친 표현일까?

자료 3-1 김지하의 「오적五賊」에서 묘사된 재벌

첫째 도둑 나온다 재벌이란 놈 나온다

돈으로 옷해 입고 돈으로 모자해 쓰고 돈으로 구두해 신고 돈으로 장갑해 끼고
금시계, 금반지, 금팔지, 금단추, 금넥타이 핀, 금카후스보턴, 금박클, 금니빨, 금손톱, 금발톱, 금작크, 금시계줄.
디룩디룩 방댕니, 불룩불룩 아랫배, 방귀를 뽕뽕뀌며 아그작 아그작 나온다
저놈 재조봐라 저 재벌놈 재조봐라
장관은 노랗게 굽고 차관은 벌겋게 삶아
초치고 간장치고 계자치고 고추장치고 미원까지 톡톡쳐서 실고추과 마늘 곁들여 나름
세금받은 은행돈, 외국서 빚낸 돈, 왼갖 특혜 좋은 이권은 모조리 꿀꺽
이쁜 년 꾀어서 첩 삼아 밤낮으로 작신작신 새끼까기 여념없다
수두룩 까낸 딸년들 모조리 칼쥔놈께 시앗으로 밤참에 진상하여
귀띔에 정보 얻고 수의계약 낙찰시켜 헐값에 땅 샀다가 길 뚫리면 한 몫잡고
천千원 공사工事 오원에 쓱싹, 노동자임금은 언제나 외상 외상
둘러치는 재조는 손오공할애비요 구워삶는 재조는 뙤놈 술수 빰 치겄다.

이런 전후 사정으로 미루어 볼 때, 고용주는 노동자들에게 긍정적인 이미지로 비치지는 않았을 것이다. 반대로 고용주는 여성노동자들을 어떻게 보았을까? 우선, 한 산업체 부설학교에서 흘러나온 여성노동자에 대한 대화를 살펴보자(이혜숙 1991, 53).

> 촌구석에서 제대로 얻어먹지도 못하고 빌빌대던 것들이 월급 줘가면서 공부까지 시켜주면 고마운 줄이나 알아야지 이건 한술 더 떠서 일까지 덜 시켜 달라? 이건 뭐 회사를 자선사업하는 덴 줄 아냐?

이처럼 산업화 시기 고용주에게 노동자들은 인격적 대상이 아니라, 기계와 같은 소모품으로 여겨졌다. 단적인 예로 YH의 박태연은 다음과 같은 이야기를 들려줬다(박승옥 · 오장미경 외 2003, 297).

> 기업주나 간부 기업주가 곧 법이니까 '너 내일부터 나오지 마' 이러면 내일부터 안 나와야 되는 거고, '너 저기 가서 손들고 있어' 이러면 손들고 있어야 되는 거고……. 더군다나 지각을 하면 팻말을 앞에 붙이고 나는 지각을 해서 다른 사람에게 피해를 줘서 미안하다 이렇게 하면서 돌아다녀야 하고, 그런 노예 같은 삶, 비인간적인 삶, 이런 것이 상당히 많았죠.

비정한 아버지, 고용주 — "당신에게 나, 은혜 입은 거 없어!"

표면적으로 산업화 시기 고용주는 회사의 '공동체성'을 표상하는 '가족으로서의 회사'를 강조했지만, 고용주와 여성노동자들은 '같은' 혹은 '동등한' 위치가 아니었다. 일단 회사라는 '가족'에 들어온 이상, '가족 구성원'으로서 회사가 정한 규범과 규칙 그리고 지상 목표에 동조하지 않는다면 회사의 '조직원' 혹은 '가족 구성원'으로서 인정할 수 없다는 것이었다. 송효순은 노조 결성 직후 사장의 담론을 정확하게 기억하고 있다(송효순 1982, 132).

> 노동법 그대로 해 달라는 내용이었다. 큰 것도 바라지 않고, 노동법에 있는 내용 그대로만 해주면 되는데 그것도 해주지 않았다. 이 사실을 안 사장은 '나쁜 년들'이라며 "누가 아버지를 고발하느냐"고 노발대발하였다. 조회시간에도 야단을 치고 아무 데서나 보기만 하면 "네가 송효순이야?"하면서 어떤 때는 "너 참 똑똑한 아이지"하며 역정을 내었다.

가족으로 이야기되었던 회사는 사장, 고용주를 '가장'으로 하고, 관리자, 사무직 그리고 여성노동자들의 순서로 위계화된 질서였다. 하지만 가부장인 아버지가 복종하지 않는 자식에 대해 자의적인 폭력을 행사했듯이, 고용주도 마찬가지였다. 임금도, 작업장 내 위치도, 모두 고용주의 권력에 의해 좌지우지되었다. 당시의 가족은 대부분 구성원 사이의 정서적인 유대와 보호 등을 중요한 구성요소로 지니고 있었다. 그러나 회사에서 여성노동자들은 자신을 아버지라고 부르는 고용주와 관리자에게서 정서적인 유대감을 얻기 어려웠다. 오히려 여성노동자들은 정서적인 적대감과 차별만을 느꼈으며, 이러한 공감대가 여성노동자들 사이의 '정체성' 형성으로 이어지는 경우가 적지 않았다.

이런 사례를 대일화학에서 발견할 수 있었다. 대일화학에서는 월급 인상 때 도시산업선교회 회원에게 차등 지급(본래 10퍼센트인데 5퍼센트)을 한 반면, 회사에 고분고분하는 노동자들에게는 15퍼센트를 인상해줬다. 특히 도시산업선교회 회원으로 포장반 조장이던 황영애의 조장 탈락이 그

본보기였다. 사측은, 조장을 시키면 고분고분해질 줄 알았는데 실제로 그렇지 않자 조장이 도시산업선교회를 가자고 하면 갈 사람이 많아질까 염려해서 그녀를 조장에서 제외시킨 것이었다. 심지어 과장들 사이에는 황영애만 회사를 그만두면 "밤에 다리를 뻗고 자겠다"는 악담이 돌 정도였다. 작업장에서 가해지는 차별은 이것만이 아니었다. 매주 회사에서는 새마을운동의 일환으로 조회를 실시했는데, 노동자들은 햇볕이 쨍쨍 내리쬐는 곳에서 군인처럼 부동자세로 서 있어야 했다. 무리한 조회 때문에 빈혈과 일사병으로 여성노동자들이 쓰러져도 사장은, "그렇게 정신이 희미해서야 무슨 일을 하느냐"는 발언을 남발하면서, 조회는 전통이므로 몇 명이 쓰러져도 강행한다는 식으로 여성노동자들을 취급했다(송효순 1982, 79, 91).

이처럼 '가족 같은 회사, 아버지 같은 사장님'이란 담론은 노동자들의 의식 속에 오래 머무르지 못했다. 이것이 '가족으로서의 회사'라는 담론이 가진 한계였다. 오히려 여성노동자들은 고용주의 비인간성에 치를 떨며 분노를 삼키는 경우가 많았다.

단적인 예가 평화시장의 한 외눈박이 여성노동자 이야기였다. 청계피복에서는 야간작업을 둘러싸고 노조와 사용자 사이에 일상적인 갈등이 있었다. 그러던 어느 날 노조는 8시 이후 노동 금지를 어기고 작업을 강행한 공장장과 실랑이를 벌였다. 일단 노조는 공장장 부인에게 '확인서'[13]를 받았는데 갑자기 임은숙이란 여성 조합원이 그 광경을 보고 분을 못 이겨 눈물을 흘렸다. 이소선의 말에 따르자면, 그 이유는 그녀가 그날 야업을 강행한 공장장이 운영하던 공장에서 일하다가 눈 병신이 됐기 때문이었다. 실제 그녀의 한쪽 눈은 흰자위밖에 보이지 않아 매우 흉했다. 고용주들에게 이제

13_ 8시간 야간작업을 시키지 않겠다는 확인서를 의미한다.

갓 스물을 넘긴 처녀의 '눈'은 보상금 몇 천 원짜리에 불과했던 것이었다(이소선 1990, 272).

> 삼년 전에 저놈의 집구석에서 일을 하다가 눈을 다친 적이 있어요. 치료비를 요구했더니 이 핑계, 저 핑계 대면서 돈을 안주는 거예요. 나중에야 겨우 천 원을 주더라구요. 그 돈으로는 도저히 병원에 갈 수가 없어서 치료도 못 받고 나는 눈 병신이 되었다구요. ……이런 것들은 인간도 아냐! 아무리 돈에 환장을 했기로서니, 자기네 공장에서 일하다가 눈을 다쳤는데 천 원이 뭐야, 천 원이! 남의 눈 병신 만들면서 번 돈 죽을 때까지 싸지고 갈라고 그래?

해태제과 껌부 김순례가 사표를 쓰게 된 과정도 마찬가지였다. 8시간 노동을 요구하다가 남성 기사들에게 폭행을 당해 병원에 입원한 김순례는 한때 중환자실에 가야 했을 정도로 위급한 상태였다. 그러나 사측은 한 번도 병원에 와보지 않았다. 거기다가 딸이 당한 부상에 놀라 고향인 전라도에서 상경한 아버지는 발병 원인이 회사측에 있다는 것을 알고 사측에 입원비를 요구했다. 그러나 김순례를 이렇게 만든 유창호 계장은 "입원비가 모자라면 좀 보태줄 수 있다"는 식으로 책임을 부인했고, 오히려 딸을 데리고 고향으로 돌아갈 것을 강요했다. 이런 사실은 그녀의 퇴원 직후 유창호 계장의 말에서 그대로 드러난다(순점순 1984, 155).

> 37년 동안 살면서 너처럼 뻔뻔스런 여자는 처음 봤다. 얼굴에 철판을 깔았어도 몇 개를 깔았겠다. ……누가 폭행을 했으며 팔이 몇 군데라도 부러졌느냐, 병신이라도 되었느냐, 껌부만 해도 약 2억은 손해 봤다.

이것뿐만이 아니었다. 고용주는 노동자의 요구를 언제든지 무효화시킬 수 있는 '아버지'였다. 고용주는 임금인상, 노동시간, 노동조건 등 여성노동자들의 요구에 대해 자신이 불리하면 받아들이는 척하다가, 슬그머니 다시 원점으로 돌리는 '신용불량자'였다. 과연 이런 연속된 일들이 여성노동자들에게는 어떻게 비춰졌을까? 해태제과에서 8시간 노동시간 단축 운동을 펼치던 순점순의 경험을 보자. 1979년 7월 17일 도시산업선교회에서 8시간 노동을 결의한 후, 회사와 8시간 근무를 하기로 약속한 날 하루 전에 남자 기사들은 '지금은 8시간 노동을 요구할 시기가 아니니, 간식, 통근버스 등의 요구로 운동을 하자. 그러면 자신들도 참여하겠다'는 식으로 8시간 운동을 주도하던 여성노동자들을 회유했다. 또 다음날 아침에 생산부장 진중배는 "여러분이 원하는 8시간 노동제를 시켜주겠다. 그러나 지금은 안 되고 불황을 넘기고 하자"라고 설득했다. 그러나 이 약속은 결국 지켜지지 않았다. 고용주에게 노동자와 한 약속은 계약이 아니었다. 노동자와 한 약속을 너무나 쉽게 파기하는 고용자의 여공에 대한 담론에 대해 순점순은 이렇게 말하고 있다(순점순 1984, 80~1, 153~5).

> 창립 35주년이 다 가도록 근로기준법을 무시하며 12시간의 장시간노동과 18시간 곱빼기 노동 그리고 일요일마저 없이 7부제 도급제에다가 휴식시간마저 스스로 주지 않았던 한 가닥 양심도 없는 회사는 이제 생산부장만을 내세워 언젠가는 해주겠다, 불황을 넘기고 해보자는 둥 너무도 성의 없는 태도를 보였지만, 우리 노동자들은 그런 수법에 여러 번 속은 터라 이제는 저들의 마음속까지 훤히 들여다보이는 것 같은 느낌마저 들었다.

고용주에 대한 불신과 관련, 산업화 시기 '빈부격차의 확대'라는 사회적 맥락을 추가해야 한다. 1960년대 후반에 이르러 한국 사회의 양극화가 여론을 통해 보도되기 시작했다. 당시 빈부격차는 단어 자체가 함축하는 것 이상으로 심각했다. 비록 미디어를 접할 기회가 상대적으로 적었던 노동자들이었지만 이런 분위기를 모를 리 없었다. 1960년대처럼 국민이 모두 가난하다면 노동시간이 길다고 해도 일할 수 있는 작업장이 있다는 사실만으로 노동자들은 만족할 수도 있었을 것이다. 그러나 빈부격차가 커졌을 경우 상대적 박탈감은 한층 심화됐을 것이다.[14] 하지만 여성노동자들이 언제까지나 '보호'나 '은혜'에 만족하지는 않았다. 사용자가 원했던 '순둥이 딸내미'로 남아 있지만은 않았던 것이다. 1970년대 중후반에 들어서면서, 여성노동자들은 잔업부터 작업장에 관련된 소소한 사안에 이르기까지 아버지를 배반했다. 아니 애당초 존재하지 않던 고용주의 '은혜'를 부정한다. 동남전기 신경숙의 기억에 남아 있는 준비반 조장 유채옥의 이야기를 보자(신경숙 1995, 92).

> 준비반 조장인 그녀는 풍속화 속에서 동적으로 그려질 것이다. 강한 필치로. 어느 날 C라인의 미스 최는 출근을 저지당한다. 그 전날 잔업을 하지 않고 갔다는 것이 이유다. 생산과장은 미스 최에게 사직서를 쓸 것을 강요한다. 유채옥은 잔업을 하지 않았다고 사직서를 쓰라는 것은 부당하다며 C라인의 미스 최를 옹호하고 나선다. 잔업과 특근은 정상근무 외의 시간이다. 그래서 수당이 있는 거 아니냐. 종업원들은 개인사정에 따라 빠질 수도 있는 것이다. ……생산과장은 유채옥에게 욕설을 퍼붓는다.
>
> "어디서 굴러먹다 온 말 뼈다귀야. 여기는 생산현장이야. 생산현장에서 일어나는 일은 내 관할이라고. 어디다가 이래라저래라, 하는 거야." ……
>
> 생산과장과 유채옥의 삿대질이 오가는 싸움에 미스 최가 운다. 생산과장

14_ '공순이' 담론으로 대표되는 여성노동자들에 대한 차별에 대해서는 이 책의 6장 「공순이, 타락했나? — 여성노동자들에 대한 사회적 시선」을 참조.

대신 총무과장이 달려와 유채옥에게 배은망덕한 년, 이라고 소리를 지른다. 유채옥은 총무과장을 쏘아본다.

"당신에게 나, 은혜 입은 거 없어!"

하지만, 장시간 노동을 기반으로 하는 노동력의 안정적인 수취를 위해서 고용주도 노동자에게 '긍정적인 이미지'를 보여줄 필요가 있었을 것이다. 대표적인 것이 앞서 언급한 가족으로서의 회사, 아버지 같은 사장님, 다시 말해서 '회사는 가족'이라는 '가족주의' 담론이었다. 그렇다면 여성노동자들은 고용주를 어떤 태도로 대했을까? 앞에서 언급했지만, 고용주들은 작업장이라는 생산의 영역에서 아버지로서 여성노동자들에 대한 훈육을 담당했다. 그러나 고용주의 여공에 대한 담론은 매우 모순적이었다. 여성노동자들에게 '자비' 혹은 '보호'는 실제적으로 주어지지 않았고, 오히려 그들의 권리나 요구를 통제하기 위한 수단으로서 '가족주의 논리'가 사용되었다. 공장은 취직에서 작업의 배치, 해고에 이르기까지 가족 혹은 유사 가족의 논리에 의해 구성되었다. 대부분 공장 입직은 친척, 가족, 소개자 등 '관계자'의 연줄에 의해 이루어졌다. 혹은 회사에서 관계자를 직접 농촌에 파견해서 여성노동자들을 모집하는 경우도 있었다. 이처럼 입사 때부터 회사는 가족적·혈연적인 끈이 반드시 필요한 곳이었다. 소개자가 같은 회사의 관리자이든, 회사 관리자와 간부를 아는 친척 혹은 지기知己든, 회사에 들어오는 과정은 합리적이라기보다 정서적이었으며, 이렇게 정서적으로 얽힌 관계망을 통해 고용주들은 여성노동자들을 통제하려고 했다. 고용주나 관리자들은 여성노동자들의 요구가 불거질 때만 가족, 우리 혹은 '우리 애들'이라고 불렀다(송호근 1991, 94). 하지만 노조 결성이나 노동자 정당한 권리를 요구하는 것 등은 아버지에 반하는 '반역적인 무엇'으로 사고하곤 했다.

'새마음운동'과 박근혜

회사, 그리고 고용주는 국민과 국가 사이의 관계를 그대로 작업장 내부에 적용했다. 한마디로 국가·조국의 근대화가 국민의 권리에 앞서야만 한다는 국가주의 논리와 마찬가지로, 회사의 생산성 향상은 종업원, 공원의 임금이나 노동조건에 앞선다는 것이었다. 바로 국가가 정한 가이드라인을 기층 사회의 일부 공장과 단위 사업장에서도 관철시키고자 했던 것이다. 이런 논리를 대표했던 담론이 1973년 도입된 '공장새마을운동'과 '새마음운동'이었다. 이 두 운동은 여성노동자들의 장시간 노동과 저임금 인내를 국가건설과 국가안보에 동일시하면서, 여성노동자의 계급적 이해를 '국가적인 것'으로 환치시켰다.

최근 유신 시기의 역사적 재평가와 관련, 한나라당 의원인 박근혜를 둘러싸고 논란이 많다. 한편에서는 대중적인 여성정치인으로 박근혜를 지지해야 한다는 움직임이 있는가 하면, 다른 한편에서는 '독재자의 딸'인 박근혜 역시 청산의 대상이란 이야기도 있다. 하지만 냉정히 따져볼 때 박근혜가 역사적 청산의 대상 혹은 이런 움직임에서 자유롭지 못한 이유는 그녀가 박정희의 '혈연'이기 때문이 아니다. 중요한 사실은 박근혜 자신이 유신 체제에서 여성노동자를 포함하는 대중들의 이데올로기적 통제를 위한 '새마음운동'을 주도한 유신체제의 '공조자'였기 때문이다. 1970년대 중반 박근혜의 주도로 전개된 새마음운동은 전국 규모의 '정신개조 운동'이었다. 새마을운동이 농촌 중심의 개발 사업이었다면, 새마음운동은 유교적 윤리 규범에서 도출된 충과 효 등 '유교 담론'을 부활시키는 것이 근본 목적이었다. 새마음운동의 성격에 대해 최장집은 이렇게 정확하게 지적하고 있다(최장집 1988).

(새마음운동은 — 인용자) 개인적 충성에 입각한 위계질서로서 사회의 가부장으로서 나타나도록 하는 시도였다. 대체로 권위주의적 이데올로기를 강조하는 이 운동은 조화롭게 질서화된 기계적 인간관계를 공장 새마을 운동에 순조롭게 접합시킴으로써 고용주와 피고용인의 관계가 부자관계와 유사한 것으로 인식하게끔 하였다.

특히 새마음운동은 공장, 학교, 각급 단체에 유교적 담론을 전파하기 위한 이데올로그 역할을 자임했는데, 이 운동을 담당했던 구국여성봉사단 단장이 바로 박근혜였다. 구체적으로 이 운동이 전파하고자 했던 유교 담론은 어떤 것들이었을까? 희귀한 자료지만 박근혜가 1979년 펴낸 『새마음의 길』이란 소책자에는 1970년대 중반 이후 박근혜가 각급 단체에서 행했던 연설문이 모아져 있다. 이 책 내용 가운데 유교 담론을 추려 당시 지배적인 공장 담론을 살펴보자. 우선 '충'에 대한 부분을 보면 이렇다(박근혜 1979, 5).

충효 정신은 조상이 물려준 가장 소중한 자산
구슬이 서 말이라도 꿰이야 보배
충은 자기 정성을 다해 자신이 해야 할 일을 하는 것
진정한 의미의 선진국이 되려면 최선의 노력 속에 충은 존재
종업원을 내 가족 같이, 공장을 내 집 같이
깊은 뜻에서 충은 관용성을 의미
국가가 있고 나서 나도 있을 수 있다
민족의 선천적 예지를 모아 도의 사회를 재건

인용문에서 확인할 수 있듯이 공장 내 노동관계를 가족적인 관계로 사고하고 충효 등 유교 담론과 국가에 대한 개인의 종속을 의미하는 국가주

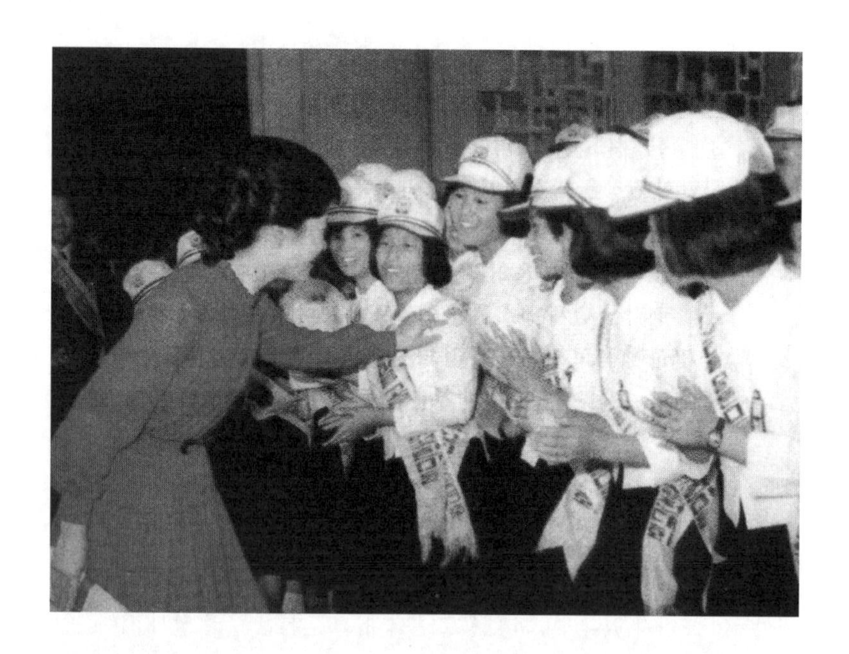

사진 3-1 새마음운동과 박근혜

의가 강조되었다. 구체적으로 살펴보면 "충은 누구에게나 적용되는 진리이므로 기업인이 자신의 할 일을 모든 정성으로 한다면 자연 종업원은 자신의 가족같이 아끼고 돌볼 것이며, 종업원이 자신의 모든 할 일을 정성으로 한다면 자연 그 공장을 마치 자신의 집과 같이 생각하여 제품 하나 하나에 모든 성의를 다할 것"이라고 해석하고 있다(박근혜 1979, 11). 이것은 다른 구절에서도 비슷하게 반복되고 있다(박근혜 1979, 73).

기업인과 종사원은 한 가족

100억불 수출탑을 성취시킨 정성으로 새마음 기치를
새마음의 숨결이 제품 하나하나에
기업인과 종사원은 한 가족
모든 일에 열과 성을 다하는 기쁨
자랑스런 세대

새마음운동의 논리는 충과 효가 한국 사회 모든 문제, 특히 노동문제의 진정한 해결책이며 이런 논리를 '민족의 지혜'인 전통적 담론에서 찾아내야 한다는 것이었다. 아주 흥미로운 것은 새마음운동에서 사용하는 유교 담론 가운데 상당수가 일본 메이지 시기 재발명된 유교 담론과 유사하거나 일치했다는 점이다. 그 가운데 하나가 '충효일본忠孝一本'이다(한국과 일본의 국가주의 담론에 대해서는 **부록 3-8**을 참조). 이것은 국가와 부모가 같다는 의미로서 일본에서는 덴노天皇와 가부장이 일치함을 강조하기 위해 사용되었던 담론이다. 그러나 새마음운동은 이것을 고래古來부터 존재했던 말처럼 사용하고 있다(박근혜 1979, 112).

이처럼 새마음운동은 가족 내부의 가부장적인 지배를 공장에서도 동일한 양식으로 재생산하고자 했다. 이것은 공장새마을운동에서도 유사한 논리로 보급됐다. 새마을운동의 추진 동기 역시 "권선징악, 상호부조, 공동협동, 향촌발전 등 공동체 의식을 계승하고 빈부격차 등의 사회적 이중구조 현상을 극복하기 위한" 것이었다(이동우 외 1983, 16). 그리고 관련 사업으로 새마을 청소, 조경과 사내 미화구역 관리책임 제도와 경진대회 등을 실시했다. 여성노동자들에게 아침 일찍 일어나 노동시간 이외에 청소를 시키고, 맑은 정신과 단합된 정신을 만들기 위해 노래를 부르거나, 작업 전에 건강한 정신을 갖기 위해 새마을 교육에서 배워온 내용을 한 소절 읽어 주었다. 이런 일상적 의례들을 통해 노동자들에게 더 많이 일을 시키려고 했던 것이다. 특히 새마을운동에서는 '일체감 조성'이라는 이름 아래 '직장의 제2 가정화' 운동을 전개했는데 그 내용을 잠시 살펴보자(이동우 외 1983, 75).

> 기업주는 가장家長과 같은 위치에서 종업원의 불편한 점과 어려운 일들을 따뜻하게 보살펴 주어야 하고 종업원은 또 기업주를 어버이처럼 따르고 존경하고 회사 일을 자기 일처럼 알뜰하게 보살펴 나가는 자세가 중요한 것이다.

'모범 노동자들'의 이야기

이런 담론에 대한 노동자들의 반응은 어땠을까? 불행하게도 산업화 시기 여성노동자들의 수기에는 새마을운동에 대해 직접 언급한 글이 많지 않다. 큰 부담을 느끼지 않고 오히려 노조 교육용으로 활용했다는 YH무역 사례 정도가 눈에 띈다. 그래서 어쩔 수 없이 '모범 근로자'들의 수기로 관심을 돌릴 수밖에 없었다. 잘 알려지지 않았지만 1970년대에는 노사 협조주의를 유포하기 위한 전문적 잡지들이 노동청 등 몇 군데에서 발행됐다. 노동청에서 발행한 『산업과 노동』(이후 『노동』으로 명칭 변경), 『노동공론』, 그리고 『새마을운동 우수사례 수기』가 그것이었다. 이 잡지들에는 일정한 양의 노동자 수기들이 게재됐는데, 민주노조운동의 수기와 다른 맥락의 '전형성'을 지녔다. 가난 속에서 가족과 동생들을 위해 공장에 취직하고, 근면과 절약으로 집안을 일으키며, 더 나아가 공장환경 개선과 새마을운동에 동참해서 '모범 근로자'로 표창을 받고 새로운 인생을 개척하는 '산업 영웅'이 모범 근로자 수기에 드러난 전형성이었다. 약간 차이는 있지만 이런 스테레오타입에서 근본적으로 벗어난 수기는 발견되지 않았다.

이 수기들을 통해 볼 때 공장 새마을운동이나 모범 근로자 등의 제도를 '허구적인 것'으로만 보기는 어렵다. 각종 모범사례의 발굴과 회사와 지역 행정기관, 노동청 등에서 주는 포상과 승진은 물질적 보상은 아니었지만 여성노동자들에게 충분한 심리적인 보상을 제공해주었을 것이다. '모범 근로자'로 불린 여성노동자들은 절약, 저축, 솔선수범 등으로 개인적인 만족감을 얻었고, 공순이라고 무시당하던 자신이 국가 경제를 위해 가치 있는 존재라는 존재감, 바로 생산적인 민족공동체의 구성원이라는 일치감을 보상으로 획득했을 것이다(김준 2002). 당시 '모범근로자'라고 불린 여성노동자들의 수기 가운데 일부를 보자.

> 그 누가 버스차장이라고 욕해도 나는 웃어넘길 수 있습니다. 큰상도 받았고 또 누구 못지않게 돈을 벌며 주위 사람들에게 인정을 받고 있으니 말입니다(이매순 1976).

> 적금을 부어가던 저에게 뜻밖의 영광이 내려진 것은 회사에서 저를 저축의 왕으로 추천하여 주셨습니다. ……그 후 회사 동료들은 저를 이해해주기 시작

하고 아울러 저는 재입사한 지 만 1년 만에 조장이란 직책을 맡게 되었습니다(김경자 1977).

1970년대 중반 이후 새마을운동이 본격적으로 전개되면서 모범 근로자들은 '공장새마을운동'을 주도했고 분임장 등 공장 내에서 인정받는 위치에 올라서게 되었다. 많은 '모범 근로자 수기'와 '공장새마을운동 수기'를 통해서 볼 때 여성노동자들은 적극적인 활동을 전개하고 지도력을 발휘하곤 했다. 모범 근로자들은 집체교육 양식의 새마을 교육을 통해 '인생의 전환점'을 맞았고 새로운 인간으로 다시 태어났다고 스스로 말하고 있다.

그렇다면 실제 교육 내용과 효과는 어떠했을까? 공장 새마을운동은 모범 근로자들에게 새로운 세계를 경험하게 해주고 회사와 국가에 대한 충성심을 불어넣어준 '군대식 집단 훈련'이었다고 할 수 있다. 이태호의 기록에 따르면, 상공부 제3공장 새마을운동 연수원에서는 오전 5시 50분에 기상해서 외부 강사에게 '국제정세와 우리의 안보', '국란 극복사', '정신보안과 인구문제', '북한실정과 대남전략', '국가발전과 여성의 역할', '한국경제 발전과 우리의 과제', '새마을운동의 성공 사례' 등을 교육받았다고 한다. 또한 교육 기간 중 생활은 군대식 점호와 교관 지시에 따른 구호 등으로 이루어졌다(이태호 1984).

단위 사업장의 경우 청주방직은 매주 수요일에 '새마을 사업시간'을 갖고 건전가요, 에어로빅, 신체조 등을 교육했다(공장새마을운동추진본부 1983, 50). 김준(2002)은 '모범 근로자' 수기 분석을 통해 새마을 교육의 효과에 대해 이렇게 정리하고 있다.

이들이 대부분 국민학교만 졸업했거나 혹은 그나마도 제대로 학업에 충실하지 못했다는 점과 어린 나이에 공장에 들어와 가족의 생계를 돕기 위해 돈을 모아 보다 나은 삶을 영위하기 위해 한눈팔지 않고 오로지 열심히 일하고 저축하는 데만 몰두해왔던, 다시 말하자면 자신의 가족과 자기 자신의 미래라는 좁은 세계관에 갇혀 있었다는 점을 고려해 본다면, 새마을 교육 등을 통해 더 넓은 세계와 접촉하고 이제까지 미처 듣지 못한, 보다 넓은 세계관—혹은 새롭지는 않지만 자신의 이제까지 경험을 국가, 민족, 국민경제 등의 거창한 단어들과 연결시켜 의미를 부여할 수 있는—과 접촉했다는 것은 분명 개인적으로 상당한 충격적 경험이었을 수 있으며 그만큼 이를 쉽게 전폭적으로 흡수했을 가능성이 있다.

새마을운동이나 모범 근로자 표창은 위에서 시작해 진행된 관료적인 것이었으며, 확실한 물질적 인센티브가 결여됐기 때문에 형식적인 동원이나 전시적인 보여주기 운동에 지나지 않는다는 지적도 있다. 하지만 새마을운동을 단순한 '전시 행정'이라고 평가하는 것은 산업화 시기 국가의 '대중동원'을 일면적으로만 파악하는 것이다. 오히려 강조돼야 할 것은 여성노동자들이 공장의 주인이자 관리자라는 '가상의 공동체' 의식이 매일 벌어졌던 일상적 관행, 의례, 자발적 운동 등을 통해 형성됐다는 점이다. 예를 들어 국민체조, 구보, 아침 청소, 건전가요 보급, 바자회 개최 등은 군대식 질서를 공장 내부에서 시행하는 것 이상의 의미를 지녔다. 이것은 일상적 의례를 반복적으로 학습시킴으로써 여성노동자들을 '공동체 질서' 내에 편입 · 통합시키기 위한 '정치적 기획의 일환'이었다.

대표적으로 '공장 가족들에게 주인의식을 갖게 하자', '공장을 아름답고 밝게 가꾸자'라든지 식기 자율반납, 부모님 생신에 소액환 부치기, 하절기에 묘목에 물주기, 군것질 안 하기 운동 등이 공장에서 실시되었다. 또한 종업원의 일체감 획득을 위해 국제방적의 경우 일본처럼 합창단, 농악대, 꽃꽂이회, 산악회, 서예, 낚시회 등 서클을 만들었다(김준 2002; 공장새마을운동추진본부 1983, 6~9, 56). 이런 의례와 행사들은 겉보기에는 비정치적으로 보인다. 하지만 이것은 근검, 절약, 솔선수범 등 가족과 여성노동자들의 도덕적 가치와 무의식적으로 연결되어 있었으며, 동시에 회사와 노동자들의 일치를 목적으로 한 일상적인 의례였다. 이 운동들이 내걸었던 슬로건은 무의식적으로 노동자들을 기업 질서와 의례에 몰입하게 만들고, 새마을운동이 지향했던 똑같은 정치적 효과를 노린 '모범 근로자', '회사형 인간'이었다.

민족공동체 담론 — '수출은 성전聖戰이다'

박정희 정권 시기 사회는 일종의 '병영兵營'으로 변모했다. 조국 근대화라고 이름 붙여졌던 수출은 선택이 아닌 성전처럼 여겨졌고, 마치 군대에서 군인이 국가의 안보를 위해 '신성한' 국방의 의무를 다하듯, 노동자는 수출이라는 국가의 과제를 위해 온몸을 바쳐야만 했다. 강준만은 당시의 사회분위기를 이렇게 묘사하고 있다(강준만 2002, 25, 312~3).

> 수출은 전쟁이되, 성전聖戰이었다. 수출은 국가종교였다. 결코 과장이 아니다. 정부가 사실상 주도한 일본인 대상 기생관광에서 잘 나타났듯이, 젊은 여성들의 육체마저 '수출상품' 이 되어야만 했고 그들은 달러를 벌어들이는 '애국자'로 불리기도 했다. '잘 살아보세'라는 찬송가가 울려 퍼지는 가운데, 수출을 위해선 그 어떤 모욕과 희생도 감수해야만 했다. 부국강병이라는 천국을 위해서는 말이다. ……70년대 한국은 일종의 '병영국가'였다. 박정희가 그런 병영체제의 총사령관으로서 전쟁을 치르듯이 경제발전을 위해 애썼으며 큰 성과를

거두었다는 건 분명한 사실이다. 문제는 박정희가 자신의 삶은 물론 국민의 삶까지 늘 전쟁으로 여겼다는 것이다. 박정희는 실제로 공개적으로도 '우리가 직면하고 있는 오늘의 상황은 준전시 상태가 아니라 전쟁을 하고 있는 상태'라고 해야 할 것이다(1974년 7월 16일)라고 발언하기까지 했다.

박정희 정권은 한마디로 국가의 운명을 수출에 걸었고, 세련되게 표현하면 모든 사회적 가용 자원을 수출에 집중시켰다. 국가는 수출을 마치 군사작전을 전개하듯이 했으며, 이런 목표에 입각해서 전체 사회는 수출을 통한 조국 근대화라는 '단일한 가치'를 위해 조직되어야만 했다.

그러나 조국 근대화의 의미는 외형적인 수출의 감격만으로 국한되지 않았다. 국가와 교육기관에서는 자랑스러운 조상으로 이순신 장군을 그리고 바람직한 여성상으로 신사임당의 부덕婦德을 강조했다. 펄럭이는 태극기에 대한 맹세 그리고 사랑해야만 하는 대상으로서 조국의 번영은 '모두의 과제'였고, 이것은 불행한 과거와 단절해야만 하는 '국민적 사명감'으로 승화되었다. 이처럼 근대화 프로젝트 안에는 산업화, 냉전체제, 군사주의와 충忠사상, 신사임당의 모성으로서의 여성성 등이 혼재되어 있었다(조국 근대화를 둘러싼 다양한 의례와 상징에 관해서는 **부록 3-9**를 참조). 다른 식으로 표현하자면 근대화의 지향으로서 서구화와 군사주의, 수호해야 할 전통과 민족주의, 가부장적 성별체계 등 상이한 담론들이 혼재되어 있었다(김은실 1999, 101~2).

여공의 다른 이름, 산업전사

특히 국가는 노동계급을 조국 근대화에 동원하기 위한 담론을 다양하게 창출했다. 사회에서는 차별받고 무시당하지만, 적어도 국가는 노동자들을 긍정적으로 대해주는 듯한 뉘앙스를 풍기는 산업전사라는 '민족주의적 수사'와 '군대식 용어'가 노동계급에게 붙여졌다. 신경숙도 당시 직업훈련원에서 듣던 '산업전사' 담론에 대해 이렇게 회고하고 있다(신경숙 1995, 40).

> 강사들은 한결같이 우리에게 산업역군이라는 말을 쓴다. 납땜질을 실습시키면서도 산업역군으로서, 라고 말한다.

이처럼 국가가 일상적으로 여공들에게 '산업전사'라는 담론을 사용했던 이유는 무엇일까? 이것을 구해근은 '민족주의의 동원'이라는 맥락에서 해석하고 있다(구해근 2002, 207).

> 1960년대 말부터 산업전사, 산업의 역군, 수출의 역군, 수출의 기수 같은 새로운 단어들이 산업용어로 등장했다. 분명히 이 용어들은 민족주의적 이데올로기를 이용하여 수출증진을 위해 노동자들을 동원하려고 만들어졌다. 이 새로운 단어들은 민족주의를 발전주의 및 군대식 수사와 결합했고, 산업 노동자들을 국방을 위해 싸우는 군인들과 동일시했다.

그러나 왜 군사조직과 군사문화 · 제도를 공장에 이식했는가에 대한 의문을 여전히 버릴 수 없다. 1970년대에 전체 사회가 군사적 멘탈리티 내지 무의식에 사로잡혀 있었던 이유는 개발도상국에서 군대, 군사조직이 차지하는 위상을 떠올려보면 된다. 배규한의 연구에도 공장과 군사조직의 유사점에 대해 이렇게 서술하고 있다(구해근 2002, 104~5에서 재인용).

> 피고용자의 일상생활은 공장노동에 매어 있다. 노동자들은 회색 현대제복을 입고 하루 대부분을 공장에서 보낸다. 그들은 공장의 엄격한 규칙을 준수해야 한다. 예를 들어, 머리를 짧게 잘라야 한다. 그들의 지위는 왼쪽 주머니 위에 핀으로 달아놓은 명찰 모양에 의하여 드러난다. 그들은 큰 스피커에서 울려나오는 행진곡을 들으면서 아침 8시 20분 이전에 공장에 온다. 공장 정문에서 경비가 노동자들과 손님들의 출입을 통제한다. 노동자들은 2시간 일한 후 10분 휴식을 취한다. 그리고 12시에는 사원들의 직책에 따라 분리된 회사식당에서 점심을 먹는다.

1950년대와 1960년대를 거치면서, 군과 군사조직은 가장 근대화되고 합리적인 조직을 대표했고, 다른 사회조직의 모델로 여겨졌다. 군사주의는 단지 이념형으로, 혹은 동원의 이데올로기만으로 존재한 것이 아니었다. 군사주의는 구체적인 개인, 바로 노동자 개인의 위치를 결정짓는 조직 원리였다. 구해근 역시, "의식적으로 혹은 무의식적으로 한국의 기업가들은 기업을 군대조직처럼 권위주의적이고 위계적으로 조직하면서 군대의 조직구조와 권위모형을 채용했다"고 지적한다(구해근 2002, 104). 또한 군대라는 집단적 개념을 여성노동자에게 적용, 여성노동자들을 '무성無性의 민족공동체의 구성원'으로 위치지웠던 것이다. 그렇다면 산업전사라는 담론은 무엇을 의미했는가? 당시 대통령 경제 제2수석인 오원철은 여공과 산업전사에 대해 이렇게 논하고 있다(오원철 1999).

1960년대의 여성 근로자는 참으로 자랑스럽다. 이들 어린 女工들의 피땀어린 노력으로 우리나라 경제는 발전하기 시작했다. 제1차 산업혁명의 戰士였던 것이다. 하마터면 파산할 뻔했던 국가위기에서 女工들이 나라를 구했다. 그리고 국민에게는 희망과 자신과 용기를 주었다. ……朴대통령은 "우리 민족은 똘똘 뭉치면 위대한 힘을 발휘할 수 있다. 고구려 시대에는 隋의 백만 대군을 물리쳤고, 임진왜란 때는 의병들이 일어나 국난을 극복했다. 그리고 지금은 10억 달러 수출이라는 기적을 이루고 있지 않는가. ……그 방법은 경제면에서는 수출제일주의, 정신면에서는 자조, 근면, 협동과 근검, 절약, 저축의 새마을 정신이다"라며 국가적 목적의식과 국민적 행동의식을 국민들에게 심어주었다. ……우리 민족은 훌륭한 지도자가 나와서 목적의식과 행동의식을 제대로 심어주고 신념화하면 무한한 능력을 발휘할 수 있는 위대한 민족이라는 것을 여실히 증명하였다. 그 증명 과정에는 오늘날 잊혀져 버린 이름 없는 영웅들(女工)이 있었다.

이렇게 박정희 정권의 경제정책 담당자는 여공을 '민족을 구한 영웅'으로 담론화했다. 바로 위대한 민족의 지도자이자 국가의 가부장인 박정희와 그 딸인 여공이 나라를 가난에서 구했다는 논리적 구조다. 그렇다면 여성노동자들은 산업전사 담론에 대해 어떻게 반응했는가? 한마디로 결론 내리기 어려운 문제다. 산업화 시기 '공순이'라고 무시당했던 여성들이 여성노동자라는 정체성을 인정하는 것은 쉽지 않은 일이었다. 가난과 공장에서 겪는 차별, 사회에서 당하는 비인간적 대우 등을 '개인적인 문제'로 돌리는 여성노동자들도 상당수 있었다. 특히 민주노조 사업장 이외의 여성노동자들 같은 경우 '산업전사', '산업역군', '수출역군', '새마을 아가씨' 등 여공과 상이한 이름으로 자신을 호명하기도 했다. 모범 근로자 수기를 통해 민주노조와 다른 맥락의 여성노동자들을 다룬 김준(2002)의 연구를 보면, 공순이라는 부정적인 담론이 아닌 국가가 만들어낸 긍정적 이미지를 적극적으로 받아들이는 여성노동자들을 어렵지 않게 발견할 수 있다. 김준이 인용한 모범 근로자 수기 가운데 몇 가시를 인용해보자(김준 2002).

현실에 발맞추어 창조하고 개척하면서 절약과 검소한 생활로 알뜰한 살림을 꾸려 나아가는 여유 있고 지혜로운 여인이야말로 현명한 국민이며 나라에 이바지 할 수 있는 길이 아니겠습니까.

지금도 한 산업전사로 공업단지에 몸담고 있습니다. ……저는 밝은 마음으로 구로공단의 수출역군으로 일하고 있으며…….

적은 봉급으로 저축하여 즐겁게 살 수 있는 여유를 키우면서 저는 내일을 살아보렵니다. ……현실의 고뇌를 승화시키고 운명을 지긋이 누를 줄 아는 영원한 여인상을 위해 인순이는 노력하렵니다.

우리 손으로 만든 제품들이 선진국가에 많이 수출되어 국가산업발전의 한 부분을 담당하는 산업전사로서의 긍지를 생각하면 피로도 사라지고 마는 것이었다.

인용문에서 보이듯이 모범 근로자 수기 속에는 생산적 민족공동체에 대한 충성과 동일시同一視가 각인되어 있었다. 박정희 시기의 민족 담론에 의한 여성노동자들의 통합에 대해 상당수 연구들은 부정적이거나 유보적 태도를 보여왔다(최장집 1988; 송호근 2000). 하지만 민주노조운동이 민족공동체 담론을 전복시킨 것이 아니라면 민족공동체 담론에 대해 '부분적인 동의'의 태도를 취한 것이 아닐까? 농민의 경우 자신들을 처음으로 국민으로 대접해준, 새마을운동으로 대표되는 근대화 프로젝트에 상당한 동의를 하고 동참했다(황병주 2000). 마찬가지로 산업화 과정에서 여러 사회세력들을 '근대화 프로젝트'로 강력하게 흡인해간 저변에는 커다란 욕망의 흐름이 있었다고 추론해 볼 수 있다(신병현 2003). 그 욕망의 흐름은 여성노동자를 둘러싼 민족공동체 담론의 힘이라고 할 수 있다. 박정희 정권의 민족 담론은 단지 허구적인 상상적 구성물이 아니라 물질적 힘을 지닌 역사적 실체였다.

결국 산업화 시기 고용주에 대한 대표적인 비판은 '고용주는 비인간적이며, 건전한 산업관계의 방해물'이라는 것이었다. 그 원인으로는 국가주도 산업화 과정에서 고용주들이 노동관계의 협상에 관한 룰을 익힐 기회가 부재했다는 점 등이 지적되었다. 하지만 1970년대 고용주 역시 새마을운동이나 새마음운동 등 가족주의 담론을 받아들임으로써 '국가의 논리=가족의 논리=공장의 논리'라는 지배적 담론이 형성됐다. 이런 가족주의 담론은 여공과 고용주간의 관계는 '계약관계'가 아니라, 가부장이 가족 구성원에게 그렇듯이 '은혜'에 기초한다는 것이었다. 여공에 대한 고용 담론은 전통적 유교 담론에 기초해서 가족(효녀)과 국가(국민)로 이어지는 공장(은혜 입은 여공)이라는 연속적인 담론을 구성하고자 했다.

한편 산업화 시기 여공과 국가의 관계를 둘러싼 지배적인 담론은, 정부와 국가에 대한 여공의 인식은 중립적이었으며, 이것은 여공들의 낮은 의식 때문이고, 그 결과 여성노동자들의 노동운동이 반유신 투쟁으로 진전하지 못한 채 조합주의적 투쟁에 머물렀다고 해석했다. 정부의 여공 담론은 크게 두 가지였는데, 하나는 '산업전사' 담론으로 상징되는 군사주의, 다시 말해서 여공을 '무성無性'적인 산업전사로 일치화해 생산적인 민족공동체의 일원으로 주체화시키는 것이었다. 다른 하나는 '노조=범죄적인 것'이라는 담론을 통해 여공이 일으키는 운동을 사전에 봉쇄하는 것이었다. 이것은 민족공동체로 상상된 국가에 대한 일체의 도전 가능성을 미리 봉쇄한 것이었다.

‘여성노동’ 범주와 성별 노동분업

지금까지 살펴본 것처럼 작업장은 여공에 대한 저임금, 저숙련, 비생산성 등의 담론들을 통해 노동자 규율을 형성하는 공간이다. 특히, 성별 위계질서에 의해 작업이 배치되면서 여공은 비생산적이며 미숙련, 낮은 임금으로 계열화됐다. 한국 여공을 둘러싼 지배적인 담론 가운데 한 가지가 여성노동자의 저임금을 당연시하는 것이었고, 이것을 정당화하기 위한 것이 ‘여성노동=비생산적’이라는 담론이었다. 이런 담론 아래에서 여성노동은 여성노동자들의 생리적 특징, 저학력, 미숙련 등 지식에 의해 비생산적인 것으로 간주됐고, 여성노동자들은 이런 결점을 만회하기 위한 ‘생산적인 주체’가 되기 위해 경쟁에 몰두했다. 이런 상황은 여성노동이 생계보조적이라는 담론과 결합되어 더욱 강화됐다. 초기 여성노동자들은 이런 담론을 간파하지 못하고, 생산성 향상이 생활수준 향상을 가져올 것이라고 믿었다. 이런 일련의 과정은 보편적 노동, 궁극적으로는 ‘남성’노동과 대별되는 특질을 가진 ‘여성노동’이라는 카테고리를 창출했다. 조안 스콧은 여성이자 노동자에게 있어서 성별분업의 주요한 가정을 세 가지로 정리하고 있다(스콧 2000, 638).

(1) 여성의 임금은 더 값이 싸지만, 여성노동은 ‘덜 생산적’이다.
(2) 여자들은 미혼이라는 특정한 삶의 시기에만 노동하는 데 ‘적합’하다.
(3) 여성은 ‘특정 종류의 노동’ — 미숙련, 임시직, 서비스직 — 에만 적합하다.

이처럼 여성노동자들은 ‘여성’이기 때문에 비생산적이라는 담론에 의해 특정 부서, 특정한 노동에 배치됐다. 초기 여성노동에 대한 시각은, “노동자가 되는 여자는 더 이상 여자가 아니다”였다. 초기 여성노동에 있어서는

'가정' 대 '노동' 그리고 '여성성'과 '생산성'이라는 대립적 담론이 존재했던 것이다. 그만큼 사적 영역인 가정을 수호해야 하는 여성이 공장에 존재한다는 것은 받아들여지기 어려웠다. 특히 전통적으로 남성의 영역으로 여겨졌던 작업장에서 '성별'에 따른 노동 배치는 작업장 질서를 재생산하는 과정에서 가장 핵심적인 고려 사항이었다.

이처럼 작업장의 성별분업 담론은 노동시장이 숙련이나 기술에 의해 분할되지 않고 성별에 따라 분할되도록 유도했고, 그 결과 여성이 특정한 업무나 일자리에 몰려 항상 작업 위계질서의 밑바닥에 머무르게 하는 효과를 낳았다. 입사할 때 신체검사를 통해 농촌출신 소녀들의 손마디 길이나 키 등 신체 상태를 살펴보았듯이, 공장노동에 적합한 조건은 '힘세고 건강한 소녀'였다. 그리고 건강한 소녀들은 특정한 '여성노동'의 범주에 따라 작업에 배치됐다. 대표적인 예로 남성은 강한 힘, 속도, 숙련이 '남성성'으로 은유되었고, 여성은 '섬세하고 날랜 손가락, 인내 그리고 끈기'라는 요소가 '여성노동' 범주의 한가운데 자리잡았다. 물론 '여성노동'의 범주에 관한 일치된 사회적인 합의는 존재하지 않는다. 그러나 노동 일반(정확히는 남성노동)과 대비되는 여성노동이라는 범주의 탄생은 노동의 공간적인 조직화, 임금, 승진, 지위의 위계질서, 특정 종류의 일자리를 향한 집중이라는 작업장을 둘러싼 성별분업을 강화했다(스콧 2000, 633).

특히 작업장 성별분업에서 주목할 것은 '남성의 힘'이라는 요인이다. 남성과 여성 사이에 직종이 분리되는 핵심적 이유로 제시되는 것은 남성노동은 '힘이 들어가는 작업'이기 때문이라는 담론이다. 반면 여성의 작업은 섬세함, 꼼꼼함이라는 특징을 지닌 '여성노동'으로 범주화된다. 이런 여성노동의 성격에 대한 담론은 여성노동은 간단한 '숙련'만이 필요하다는 것을 전제하고 있다. 또한 남성들이 여성의 작업을 하지 않으려는 이유는 그 일을 할 수 없기 때문이 아니라, 여성노동은 기계에 매달린 일이며 가치가 낮다고 간주되기 때문이다(조순경 외 2002, 175, 189, 190).

한편, 작업장 폭력과 여공의 지배를 둘러싼 담론에서는 남성의 여성에 대한 성적인 지배의 가장 근본적인 측면이 '무의식성'이라는 점이 은폐되고 있다. 남성적 사랑은 나르시즘의 특성을 지니고 있기 때문에 여성에게 지배자로서 존경받고 우두머리가 되고자 한다. 따라서 남성은 여성에게 끊임없이 '여성적인 면'을 요구한다. 이런 남성의 무의식적 지배 욕망은 '가족'을 통해 확인할 수 있다. 가족 외부 세계의 원리는 경쟁과 적대의 원리인데 비해, 가족 원리는 내밀함의 소통과 배려로 담론화된다. 그러나 실제 가족 내부를 들여다보면 가부장이 원하는 것은 소통이나 배려가 아니라, '지배'다. 가부장은 아내와 자식이 가부장인 자신을 두려워할 때 비로소 가족의 평화가 온다고 믿는다. 그리고 이 두려움은 가족 구성원에게 자발적 복종을 이끌어내는 메커니즘이다(이종영 2001, 5, 25, 31, 45). 이런 점에서 작업장 내 남성 폭력의 본질은 가족 내 지배질서의 연장선상에서 이해할 수 있다. 작업장 내 일상적 린치, 남성적 권위의 강조, 성별분업의 조장 등은 남성노동자의 '남성다움'을 드러내는 데 그치지 않고, 여성노동자들이 남성노동자나 관리자에 대해 두려움을 가지게 하는, 가족에서 가부장의 위치가 공장 내부로 '투사'된 것이다. 남성의 여성에 대한 성적 지배에 관한 연구가 '남성공동체의 무의식적 욕망'에 관한 연구인 것처럼 작업장 내 남성노동자의 여공에 대한 지배 담론은 작업장을 남성공동체로 상상하고자 하는 남성들의 무의식적 지배 욕구와 관련돼 있다(이종영 2001, 59).

부록 3-1 남성 생계부양형 가족과 가족임금

자본주의적 생산양식의 발전은 과거 봉건적 가구경제household economy의 붕괴를 수반했다. 이 시기에 이르러 전통적인 가구경제는 노동자들로부터 생산과정 그리고 노동공급에 대한 통제를 박탈하는 기술에 근거한 생산 조직화의 자본주의적 형태에 의해 점차로 파괴되었다. 그 결과 산업혁명은 여성과 아동을 포함해서 모든 사람을 노동시장으로 끌어들였고, 그 결과 노동시장에서 공급과잉을 초래했으며, 노동자의 임금 수준을 극도로 악화시켰다.

이 과정에서 노동자들이 작업장과 가족관계에서 경험했던 자본주의적 착취는 부모와 아이들 사이의 전통적인 경제적 · 가족적 관계들을 유지하기 위해 임금과 노동조건 향상을 요구하는 투쟁을 초래했다. 하지만 당시 노동자들의 이러한 요구는 부르주아 정치인들, 경제학자들, 종교 지도자들의 관심사와 일치하는 측면이 있었다. 부르주아는 열악한 노동조건이 노동자들의 건강을 악화시키고 전통적인 부모-자식관계 그리고 남녀관계를 파괴한다고 비난하였다.

특히 19세기 중반에 접어들면서 노동자계급들 가운데 상대적으로 강력한 협상력을 지녔던 숙련노동자들은 자신들의 임금노동만으로 가족을 부양하기에 충분한 임금, 다시 말해서 가족임금family wage을 획득하게 되었으며, 이러한 과정은 여성을 위한 보호입법과 더불어 노동자계급 내 가족관계를 변화시켰다. 가족임금 체계는 19세기 말, 20세기 초에 점차 안정적인 노동자계급 가족들에게 하나의 규범norm이 되었다. 그러나 가족임금이 규범이 되었다는 것은 가족임금이 노동계급에게 '보편적으로' 획득되었다는 것을 의미하는 것은 아니었다. 자본에 의해 끊임없이 재규정되는 노동의 위계질서 속에서 가족임금은 규범이라기보다는 '예외적인 것'이었다. 가족임금을 통해 남성노동자들은 가족의 생계를 책임지는 생계부양자가 되고, 여성들은 가사노동과 육아의 일차적인 책임자가 되었으며 이들의 노동시장 참여는 가족의 라이프사이클에 종속되게 되었다.

그런데 왜 남성노동자들은 남성과 여성의 동일임금을 위해 투쟁하는 대신에 가족임금을 추구함으로써 그들의 아내를 가정에 두기를 원했는가? 이 문제를 둘러싸고 다양한 쟁점들이 제기되었다. 지배적인 페미니즘은 '가부장제'의 재생산을 결정적 요인으로 본다. 반면 가부장제를 강조하는 해석에 대해 노동자계급에게 가족이 갖는 경제적, 정치적, 사회적 중요성을 간과하고 있다는 비판도 존재했다. 대표적으로 험프리즈Humpherys는 "노동자계급은 언제나 전통적인 가족구조들의 해체 속에서 생활수준의 침해와 계급투쟁에서의 지위의 악화를 인식하면서 가족에 대한 대안들에 저항해 왔다"고 주장했다. 다시 말해서, 19세기 중반 아동과 여성노동을 제한하고자 한 노동자계급의 전략은 노동공급을 감소시켜 노동자계급 협상력을 증가시키고 여성과 남성, 노동자 그리고 그들의 아이들을 위한 더 나은 삶의 질을 보장하기 때문에 노동자계급의 이해에 부합한다는 것이다. 이처럼 가족임금 전략이 남성노동자와 여성노동자 사이에 갈등을 가져왔으나 그에 못지않게 많은 남성노동자의 아내들의 지지를 받은 것도 사실이다.

이처럼 18세기 말~19세기 전반에 걸친 노동자계급의 투쟁은 노동자계급이 생활과 노동조건이 전반적으로 악화된 것에서 비롯되었다. 가구경제에 대한 자본의 공격은 불가피하게 전통적 가족관계의 파괴를 수반했기 때문에, 새로운 형태의 경제적 착취는 가족 해체라는 형태로 나타났다. 이에 대한 노동자들의 대응은 경제적 차원에서 파업을 비롯한 여러 가지 저항 형태들을 통해 표현되었고, 경제적 차원에서 뿐 아니라 그들의 투쟁에서 다른 사회계급의 지원을 얻을 수 있게 하는 가족에 대한 지배적인 이데올로기들의 틀 내에서 자신들의 요구들을 표출했다. 따라서 문제는 남성노동자들의 '쇼비니즘'이라기보다는 당시에 가족임금이 남성노동자와 노조만이 아니라 '진보주의적' 자유주의 개혁가, 포드 등 법인자본가들의 지지를 받으면서 범계급적 이념이 되었다는 점이다. 아메리카 법인자본은 조직노동자와 '생산성 협상'을 맺어 남성 가장의 가족임금을 보장했으며, 국가는 노동계급의 아동기를 연장하기 위해 아동노동 금지법과 의무교육 실시, 모성보호법, 복지체계를 수립했다. 이러한 결과로 남성노동자들은 가사노동으로부터 면제받았고, 가족은 휴식 장소로 이상화되어 노동자 아내는 유급 고용에서 격리되어 가사와 육아를 전담하게 되었다.

그러나 이제 노동자계급 여성에게 고용은 선택이 아니라 필수가 되었다. 1960년대 후반 아메리카 법인자본주의 위기로 가족임금 체계가 위협받게 되고, 그 결과 실질소득 감소로 인해 여성들도 노동시장에 참가하게 된다. 남성 가장의 실질임금이 감소함에 따라 점점 많은 수의 여성들이 경제로 통합되는 한편, 많은 수의 남성노동자들 — 특히 숙련 블루칼라 노동자들 — 은 일자리를 잃거나, 고용을 위협받고, 그동안의 투쟁을 통해 획득한 각종 특권들을 상실했다.

* 출처: 권현정 외, 『페미니즘 역사의 재구성: 가족과 성욕을 둘러싼 쟁점들』, 공감, 2003; 권현정, 『마르크스주의 페미니즘의 현재성』, 공감, 2002.

부록 3-2 '대중경제론'과 노동문제 인식

대중경제론은 1971년 대통령 선거에 나선 김대중 후보 진영이 집권의 청사진을 이론화한 작업이다. 당시 야당 진영에서는 현행법의 테두리 내에서 집권세력의 반민주성을 부각하고 자신들의 집권 논리를 정당화해야 할 필요성이 절실했다. 대통령 선거를 앞두고 김대중 후보 진영은 대통령 후보로서 공약과 집권 논리가 필요하게 된다. 13명의 각계 전문가들의 논문이 취합됐지만, 기본적인 시각에서 편차가 있고 논리 전개 방식도 달라서 단순 취합만으로는 논리적인 일관성이 보장될 수 없었다. 이런 편집상의 어려움을 해결하기 위해 당시 김대중의 비서였던 김경광은 온양의 모 여관에 센터를 마련해 공동 작업에 들어갔다. 그 결과 박현채, 정윤형, 김경광, 임동규 등 4인이 모여 2주간 작업을 해서 김대중의 집권 논리였던 '대중경제론'이 완성된다. '대중경제론'이라는 기본 시각에 기초해 여러 전문가들의 의견을 최대한 살리는 한편, 내용의 요지를 100문 100답 형식으로 매 항목마다 집약해서 '대중경제론'은 세상에 모습을 드러냈다.

'대중경세론'을 동해 김대중은 산입화 과징에서 소외된 대중의 지지를 흡수하고자 했다. 일각에서는 대중경제론이 체제 부정의 논리라고 비판했지만, 실제 '대중경제론'은 경영, 생산, 분배 등 모든 부문에 대중이 참여, 생산의 비약적 증대와 분배의 공평을 꾀하기 위한 발상이었다. 이 점에서 '대중경제론'은 중소자본의 이해에 무게 중심을 두고 그 주변에 민중의 사회경제적 이해를 접합시키고 내수 관련 산업 중심의 성장모델을 기축으로 한 '축적전략'이었다. 바로 그간 소외된 중소자본 및 대중의 경제적인 요구를 반영하는 '민중주의적 성격'을 지녔던 것이다. '대중경제론'의 중요한 내용 중 일부를 인용하면 아래와 같다.

한마디로 말하여 대중경제체제는 대중에 의한 대중을 위한 대중의 경제체제이다. '대중에 의한'이란 말은 지식인, 민족자본가, 근로자, 농민 할 것 없이 사회의 각계각층이 경제건설에 직접적으로 참여한다는 것을 의미한다. ……요는 국민대중의 수중에 있는 자본을 산업자본으로 동원할 기구를 확립할 수 있느냐 없느냐에 달려 있다. 소수의 특정인에게 내자內資 및 외자外資의 특혜를 제공하여 경제를 건설하느냐 그렇지 않으면 대중의 자본에 의존하느냐에 특권경제·대중경제의 구별점이 있다. ……대중경제에 있어서 소득의 공정한 분배는 첫째로, 조세정책을 통하여, 둘째로 근로자의 경영참여를 통하여, 그리고 셋째로 참여자본에 대한 이익배당을 통해 이루어질 것이다. ……대중경제에 있어서 경제발전의 추진세력은 자본가가 아니라 대중이다. 대중경제가 육성해야 할 것은 자본가가 아니다. 오직 경영자뿐이다. 자유경쟁의 밑바탕 위에서 대중의 자본으로 조직된 기업을 합리적으로 운영하는 당사자가 전문적인 경영자인 것이다. ……한국에 있어서 대중경제의 이념을 꼭 실현해야 하는 가장 큰 이유는 우리나라가 놓여 있는 환경에 있다. 우리가 당면한 최고의 목표는 조국의 통일에 있다. 북한의 공산주의자들은 수단과 방법을 가리지 않고 적화통일을 꿈꾸고 있다. 이런 환경에서 우리에게 부과된 임무는 충분한 무기의 준비와 더불어 정신무장을 튼튼히 하는 일이다(1~4쪽).

한국적 대중민주주의의 담당자 또는 그 근거는 국민경제의 대외의존성 및 파행성에 존립근거를 갖는 소수 특권적 제 세력을 제외한, 그리고 이를 반대하는 민족주체성을 가진 국민일반으로 구성된다. ……즉 국민경제의 비자주적인 파행적 구조 위에서 소수 관료자본에 의해 이루어지는 정치, 경제, 사회의 여러 측면에서의 대중소외는 대중소외 그것으로 끝나는 것이 아니라 이해의 대립에서 신중간층 아닌 중소기업 및 대기업을 망라한 민족자산가 그룹, 독립소생산자, 농민·근로자 및 중소상인의 연대가 가능……(47쪽).

대중경제의 실현에 있어서 근로자 계층은 가장 광범위한 자기 기반과 그들의 새로운 중간층으로서 갖는 성격 때문에 그 역할이 중요시되는 계층이다(54쪽).

노동운동에 일정한 기준을 주는 것으로 되는 새로운 운동 이념은 무원칙한 노사협조론에 대항하기 위해 현실적으로도 존재하는 사회적으로 생산된 경제 잉여를 둘러싼 노자간의 대립을 올바르게 인식하는 토대 위에서 정립되어야 한다(259쪽).

세력균형론의 입장에 선 대중민주주의 및 대중경제론적 입장은 정치, 사회 및 경제의 비전체주의적인 자본주의 기능에 대한 잠재적인 위협으로 간주하고 근로자계층의 노동운동을 적극 지원하는 입장에 설 것이다(262쪽).

* 출처: 임동규, 「4월 혁명에서 남민전, 민주노동당까지 민중해방의 길」, 『이론과 실천』 창간준비 제1호, 2001; 김대중, 『대중경제 100문 100답』, 대중경제연구소, 1971; 이광일, 「한국민주주의와 노동정치」, 성균관대학교 정치외교학과 박사학위 논문, 1999.

부록 3-3 산업화 시기 여성 노동운동에 대한 지배적 해석

어용노조였던 한국노총 등으로 대표되던 남성노조의 부패와 무능력에 비해 여성노동자들이 중심이 된 민주노조운동이 활성화되었던 원인에 대해 당시 영등포산업선교회 실무자이던 신철영과 섬유노조 간부이던 이원보는 가족부양의 부담이 없었던 미혼이란 조건, 단순함, 순수성 등으로 해석하는 전형적인 남성주의적 시각을 보여주고 있다. 남성 지식인 활동가들은 여성노동자들의 투쟁은 '순수성', '가족이나 사회관계로부터 자유롭기 때문에 지속성에 문제가 있지만'이란 단서를 달면서 단절적인 운동으로 평가하고 있다. 이들의 언급은 아래와 같다(이원보 외 2003; 강조는 인용자).

> '여성 노동자들이 중심이 되어 노동운동이 전개되는 것을 어떻게 해석해야 할 것이냐'였어요. 어떻든 간에, 실제 남자들이 결혼하여 살림살이를 하고 있는 경우에는 취약한 부분이 많잖아요. 남자들 중에 그런 탄압들을 이겨낼 수 있는 사람들이 많지 않았거든요. ……남자들의 경우에는 노동자들의 생활을 하면서 저지를 수 있는 부패라는 것이 뭐 그리 대단한 건 아니지만, 이런 부패에 익숙해져 있었던 게 많았던 것 같아요. 그런 약점이 있으니 남자들은 취약했던 것 같고. 대체적으로 여성 노동자들의 경우에도 아주 특별한 경우를 빼놓고는 미혼이고 하니까 본인들이 갖고 있는 부담도 단순하고. 더 그런 면에서 다른 부분의 외압으로부터 견뎌내기가 상대적으로 낫지 않았겠느냐.
>
> 방직공장 같은 경우에 3교대를 하는데 조장 같은 게 저기 어디 끌고 가서, 그런 일은 다반사라. 그런 게 설움들이 쌓이면. 그런 것이 계기가 되어 폭발…… 상대적으로 남자들은 家長, 가장 책임이 엄청나게 크니까. 섬유 산업에 뭐가 있었냐하면, '불알 다 떼 버려라'. 막느라고 바쁘니까, 줘도 안 먹는다, 차라리 참기름 발라줘라, 자기도 노동자면서 그런 자조적인 얘기도 하고 그랬는데.

미혼 여성들이 갖고 있는 순수성이라고 할까요. 매인 것도 없고, 때려 치고 나가면 되니까. 그 당시에야 웬만하면 여성노동자들, 동생들 딸 같은 사람들인데, 사장들, 어떻게 공순이들이 나랑 마주 앉아서 같이 회담을 하나? 내가 먹여 살리고 그러는데……이런 것들에 비해서 여성 노동자들은 순수하고 매이는 게 별로 없었다. 한 번 붙으면, 지속성에는 문제가 있지만, 한 번 붙으면 단결력이라는 게 대단히 강했다고 보지요.

부록 3-4 산업화 시기의 시다

대표적인 저임금 사례가 청계피복 시다였다. 특히 시다들에 대한 이중 착취는 '견습'이라는, 아직 훈련 중인 노동이란 이름으로 정당화되었다. 민종덕은 당시 시다의 저임금에 대해 이렇게 서술하고 있다(민종덕 2003).

> 시다는 이중으로 고용되어 있는 경우가 많다. 특히 잠바를 만드는 공장의 시다가 그렇다. 즉 시다는 자신을 고용한 사용주로부터 월급을 받는 것이 아니라 자신이 속해 있는 미싱사로부터 월급을 받는 것이다. 이것은 객공 제도라는 임금제도 때문이다. ……(시다들은 — 인용자) 너무 저임금이다. 시다의 일을 견습이라는 명목으로 임금을 적게 주는데 그것은 타당하지 않다. 시다의 일은 미싱을 배우기 위해 그냥 보고 배우는 것이 아니라 매우 고된 노동을 해야 하고, 보통 시다를 3년 정도 해야 미싱대에 오를 수 있다. 시다는 하나의 독립된 기능인데 이것을 인정하지 않는 것이다. 실제로 경력 있는 시다가 빠진 상태에서 미싱을 한다면 능률이 절반밖에 못 오른다.

봉제업체에서 전체 공정을 모두 한꺼번에 소화시키면서 도급제로 일하던 사람들을 '객공'이라고 불렀다. 이들은 A급 미싱사들보다 뛰어난 기술을 가지고 있었으며, 1960년대에는 '선생님'이라고까지 불릴 정도로 기술자로 인정받았다. 객공은 혼자서 모든 공정을 해냈기 때문에 노동강도는 강했지만 임금은 높았다. 하루에 900매, 800매, 1000매를 한다면 한 시간에 80~90매의 일을 해야 했는데, 그런 경우 화장실 갈 시간도 없었다고 한다. 객공은 자신이 알아서 하나부터 열까지 챙기면서 한 벌을 다 완성해내야 했기 때문에 완벽한 기술이 있어야 했고, 주문업체 개척, 물량 확보 등 일감을 찾는 문제까지 스스로 해야 했기 때문에 그만큼 머리를 써야 했다(오장미경 2003).

부록 3-5 1970년대 마산수출공업단지와 여성노동자

"한국은 생산성을 가진 풍부한 노동력을 갖고 있다. 한국의 평균임금은 미국의 10분의 1, 유럽의 8분의 1, 일본의 5분의 1에도 미치지 않는다." 이것은 경제기획원이 외국자본을 끌어들이기 위해 해외에 배포하고 있는 선전 책자에 실려 있는 문구다. 1970년 1월 1일에 개설된 마산수출자유지역은 원래는 수출의 진흥, 고용증대, 기술의 향상, 지역개발 등을 목표로 하여 마산시 양덕동에서 봉동에 이르는 28만여 평의 대지 위에 제1공구에서 제3공구까지로 나누어 건설되었다. 1977년 말 현재, 이 지역에서 가동 중인 기업은 100여 업체 정도다. 이 가운데 일본인 투자기업이 91개사로 실제로 일본 기업의 독무대가 되고 있다. 이 지역을 출입하는 노동자의 수는 2만8천여 명인데, 이 가운데 여성노동자는 74퍼센트인 2만8백여 명이다. 여성노동자들의 피해 상황을 요약하면 다음과 같다.

첫째, 그들은 저임금과 초과노동을 마치 숙명처럼 여기고 받아들여야 한다. 마산수출자유지역의 노동자들은 업주들이 줄곧 생산량을 파악하고 있기 때문에 기계처럼 움직여야 한다. 합성 신발을 생산하는 대성산업大成産業은 1974년 4월 "불황이기 때문에 인원을 감축해야 한다. 그것을 피하려면 임금을 15퍼센트로 인하해야 한다. 이상을 받아들일 수 엇다면 생산량을 비약적으로 높여야 한다"면서 노동자들에게 삼자 택일하라고 윽박지른 적이 있다. 여성노동자들은 이때부터 회사 측이 도입한 생산량 체크제에 따라 그때까지 노동자 한 사람이 하루에 180켤레씩 생산하던 흰 샌들을 1개월 뒤에는 하루에 240켤레씩 생산해 내야만 했다. 이것 때문에 몸이 쇠약해져 다른 회사로 옮긴 어떤 여성노동자는 다음과 같이 말했다.

우리들은 꼭 도살장에 끌려가는 기분이었다. 그러나 우리들은 해고당하지 않기 위해 서로 치열한 경쟁을 하면서 일을 해야만 했다.

마산수출자유지역에 있어서 다른 무엇보다도 심각한 문제가 되고 있는 것은 공해, 산업재해, 직업병이다. 한국 가톨릭노동청년회가 1973년 12월 이 지역의 여성노동자들에게 "당신은 작업할 때 어떤 마음으로 일하는가"라는 질문을 한 적이 있다. 이에 대한 답변은 '죽지 못해 일한다' 35.8퍼센트, '먹고 살기 위해 일한다' 33.1퍼센트, '별로 생각 없이 일한다' 23.1퍼센트, '기쁜 마음으로 일한다' 7.7퍼센트 등이었다. 이것이 박정희 정권이 과장 선전하고 있는 이른바 '질이 좋은 값싼 노동력'의 주인공들이 겪고 있는 실상이다. 또한 산업의학계의 중견교수팀은 76년 11월 이 지역의 노동자 6천 9백 87명, 남자 1천 1백34명, 여자 5천 8백 53명을 대상으로 '당신은 작업한 후 어떤 증세가 나타나고 있는가?'라는 질문을 던졌다. 응답한 노동자 가운데 여성노동자의 44.4퍼센트가 질병에 걸려 있는 것으로 판명되었다. 그들이 호소한 질병의 종류는 다음과 같은 것이었다(『한국의 산업의학』 1977년 9월호).

1. 눈이 쓰리고 아프다	22%
2. 머리가 아프다	17.3%
3. 빈혈증세가 있다	16.4%
4. 다리가 아프다	11.0%
5. 배가 쓰리고 아프다	9.6%
6. 소화가 안 되어 늘 약을 먹는다	6.2%
7. 콧병이 있다	4.4%
8. 허리가 아프다	3.5%
9. 피부병이 있다	2.3%

다른 한편으로 그녀들은 일본인의 유혹에 시달리고 있다. 1977년 12월 한국 수미다의 일본인 사장은 여성노동자 20여명에 대한 '추행' 혐의 때문에 일본으로 추방되었다. 그는 얼굴이 예쁜 여성노동자들과 잠자리를 하고는 그녀들을 조장이나 반장으로 승진시켰다. 일본인 사장과 여성노동자를 결합시켜준 사람은 이 회사의 한국인 중견 간부였다. 이 사장과 간부는 여성을 교대로 농락한 적도 있었으며, 술집에서 여성노동자를 끌어다 앉혀놓고 술을 따르게 한 적도 있었다. 1974년 8월에는 한국 마이크로회사의 일본인 기술자 2명이 여성노동자를 유혹해서 2박 3일 동안 관광여행을 갔다온 사건이 문제가 되었다. 시민들은 '일본인들은 자숙하라!', '한국의 여공들을 보호하라!'고 쓴 플랜카드를 내걸고 데모를 벌일 정도였다. 이 밖에도 갖가지 추문들이 1년이면 10여 건에 달한다고 마산 수출자유지역의 어떤 상담 전문가는 말해 주었다.

* 출처: 이태호, "일본의 독무대 — 마산수출자유지역", 『불꽃이여 이 어둠을 밝혀라』, 돌베개, 1984, 74~82쪽에서 발췌.

부록 3-6 종법사상宗法思想과 가부장제도

산업화 시기 여성노동의 생리적 능력에 대한 '차별'이 재현된 것은 한국 가족에서 여성의 지위가 유교담론으로부터 강한 영향을 받았기 때문이었다. 여성에 관한 유교담론의 대표적인 문헌은 성종의 어머니인 소혜왕후의 『내훈內訓』이었다. 이 글에서는 부계대가족을 가족의 '이상적 형태'로 사고했다. 특히 조선의 경우 17세기 중반에 접어들면서 '종손우대 경향'이 나타났으며 부친 계보적 특성 출현, 장자중심의 차등상속 등 유교의 '종법사상宗法思想'이 본격적으로 확산되었다. 여기서 '종宗'이란 조상의 제사를 받들기 위한 후손 집단을 지칭했는데, 이를 구체화시킨 종법제는 종법을 유지하기 위한 제도이자 제사를 위한 종의 존재방식이었다. 종법제의 구체적 표현이 바로 '장자상속법'으로, 이는 제도적으로 가계의 계승권을 적장자에게 일임하는 것이었다. 바꾸어 말하자면 여식女息과 사위는 종족 외부인이 되어 종족 내부의 서열을 제도화한 것이었다(최일성 2001;김수영 2000). 바로 17세기 이후 가족의 전반적 경향은 부계 직계가족의 계승을 기초로 한 '종족주의'가 번성하게 되었다(권희영 2001, 26~8). 이때부터 가족 내부 여성의 지위는 종법주의 원리에 바탕을 둔 유교담론에 기초한 분명한 위계질서 아래 놓이게 되었다. 이러한 종법제도 아래에서 가족의 권력은 가장을 비롯한 남성에게 집중되었고 여성이 남성의 지배를 받아야 한다는 부계중심적 제도가 강화되었다. 결국 유교담론에 기초한 종법제의 정치적 효과는 부계중심의 가족질서를 확립시키고 모계, 나아가 여성을 주변화시킨 것이었다(최일성 2000, 16~7).

부록 3-7 홉스바움과 '전통의 발명'

이 글에서 사용하는 '전통의 발명'은 역사학자 에릭 홉스바움E. Hobsbawm이 사용한 개념이다. '전통의 발명'은 구래부터 내려오는 오래된 것으로 간주되는 전통적 요소들이 대부분 정치, 경제, 사회적인 이유 때문에 최근에 발명됐다는 사실을 구체적인 사례를 통해 증명하는 것이다. 또한 비슷한 맥락에서 사용되는 '역사의 이용use of history'은 현재적인 필요에 따라 역사가 새롭게 재해석·변형되는 것을 의미한다. 이처럼 발명된 전통은 누구나 인정하는 규정에 따라 치러지는 행사들을 의미하며, 이런 행사들은 본질적으로 의례적이고 상징적인 것으로 행위 규범에 일정한 가치를 반복해서 주입하며, 이것이 반복되면 과거와 관계를 지니게 된다는 것으로 간주된다. 그러나 발명된 전통의 '특이성'은 역사적 과거와의 연속성이 대체로 '작위적'이라는 점이다. 다시 말해서 발명된 전통은 과거의 맥락과 형태적으로 연관성을 지니며, 새로운 상황에 대해 반응한 것들이라고 볼 수 있다.

흥미로운 점은 새로운 목적을 위한 새로운 형태의 전통을 만들기 위해 고대적인 자료들을 사용한다는 점이다. 발명된 전통은 오래된 공식적 의례, 상징주의, 도덕성의 고양高揚이라는 물건으로 가득 찬 창고이며, 그 성격은 집단 성원의 의무, 가치, 권리의 본질이 비특정적이고 애매하다. 예를 들어 애국주의, 충성, 의무, 규칙의 준수, 학교 정신, 국가 제창, 국기에 대한 의례 등에서 중요한 점은 상징적으로 부여된 구성원이라는 표식을 만들어낸다는 점이다. 이처럼 가능한 모든 발명된 전통은 역사를 자신들의 행위를 정당화하고 집단적 연대를 공고화하는 데 이용하고 있다. 발명된 전통에서 주목해야 할 또 다른 점은 비교적 최근의 역사물인 민족과 민족과 관련되어 있는 현상들 — 예를 들어 민족주의, 민족국가, 국가적 상징과 역사 등 — 과 깊은 연관을 지니고 있다는 점이다.

그 밖에도 발명된 전통에서 공통적으로 발견할 수 있는 점은 우선, 과거 '교회'와 맞먹는 세속적인 것을 발전시켰다는 점이다. 국민 교육 등을 통한 공화국의 이상, 민족(국가) 영웅 만들기 등을 의도적으로 창출했던 것이 대표적인 예다. 두 번째로, 다양한 공공의례들을 창출했다. 이것은 공식 · 비공식적인 국가(민족) 의례와 대중성을 지닌 축제들을 통해 국가(민족)와 대중(혹은 시민)이 결합되어 있음을 정당화하기 위한 것이었다. 끝으로, 공공적 기념비의 대량 생산을 들 수 있다. 동상, 기념비, 건축물, 현판 등이 대표적인 예다. 이런 점에서 산업화 시기의 경우에도 '전통'은 그것 자체로 수용된 것이 아니라 순조로운 자본주의화를 위한 담론의 형태로 선택적으로 재발명 · 수용되었고, 이것은 여공에 대한 통제와 관리를 위해 활용되었다는 점에서 '역사의 이용'이라고 말할 수 있다(홉스바움 · 랑거 1996).

출처: 에릭 홉스바움(1996), 『전통의 날조와 창조』, 서경문화사, 37~38, 48~51, 369~371쪽, 전재호(2000), 『반동적 근대주의자 박정희』, 책세상, 86, 134; 한경구(2000), 「동아시아 경영문화」, 『발견으로서 동아시아』, 문학과지성사, 361쪽.

부록 3-8 전전 일본과 산업화 시기 한국의 국가주의 담론

전전 시기 일본은 '덴노天皇'라는 전통적 질서를 재발명해서 이것을 '이에家'라는 사회 기층 단위의 가부장적 질서와 결합시켰다. 그리고 여공에 대해서 남녀 차등적 세계관에 입각, 순풍미속順風美俗, 충효불이忠孝不二, 모성 담론 등 교육을 통해 권위에 대한 무조건적인 복종의 메커니즘을 창출하고자 했다. 유교 담론은 가족관계 내에서만 작동한 것은 아니었다. 가족국가인 동시에 파시즘으로 대표됐던 전전 일본 국가는 억압적인 정책을 통해서만 여공을 통제한 것은 아니었다. 덴노-여공, 파시즘-여공의 관계는 '가부장-딸'이라는 의미로 계열화됐고, 유교적 가족주의는 제도 교육, 가정 내 관행, 공장 내부 질서 등의 제도와 실천을 통해 여공의 복종을 내면화했다.

이처럼 한일 양국에서 공통적으로 내셔널리즘, 국가에 대한 충忠과 가부장에 대한 효孝가 강조되는 가족주의-가부장제도 등은 유교적 전통들의 '재발명re-inventing'을 통해 만들어졌다. 이런 점에서 유교 담론은 단순히 가족 내부의 봉건적 성차별 질서가 아니었다. 오히려 유교 담론은 근대 자본주의화 과정에서 변용되어, 특히 여공이라는 생산 주체에게 적용되어 다양한 담론적, 제도적 형태를 띠었다. 가부장에 대한 '무조건적인 효'란 담론은 공장 내부에서 가족관계를 이식하기 위해 사용되었으며, 한국의 새마음운동 그리고 일본의 '경영 가족주의'가 대표적 사례였다. 이런 유교 담론에 기초한 성별분업 담론은 '생산=훈육'이라는 원리와 유교적 가족질서의 변형된 형태인 충-효 담론, 여성다움을 강조하는 '모성론'을 통해 생산현장 내부의 위계질서를 형성했다. 이 담론들은 여공의 자유 시간, 욕망 등을 가족(또한 이에家)에 대한 봉사와 희생이라는 논리를 통해 억제함으로써 사회관계 내에서 여성의 배제와 주변화를 강화했던 '정치적 기획'이었다.

주목해야 할 점은 전전 일본의 유교 담론을 산업화 시기 한국에서 받아들였던 '학습 효과'다. 일본의 경우 메이지 시대 직후 전근대적 여성이 아닌 교육하는 모성담론으로 양처현모론良妻賢母論을 재발명했다. 일본에서 충과 효는 엄격히 말해서 '충 우위의 효'의 형태로 본래 유가 독트린을 역전시킨 것이었다. 이것은 근대 천황제를 발명하는 과정에서 국가에 대한 민중의 복종을 합리화하기 위해 유교 담론의 전통을 정치적 필요에 의해 변형시킨 것이었다. 특히 가부장제와 부권제 가족국가를 결합시킨 이에 제도를 통해 '충 우위의 유교 논리'는 더욱 정교화됐다. 메이지 시기 재발명된 유교 독트린에 입각한 국가주의 담론은 산업화 시기 광범위하게 한국적으로 변형되고 수용됐다. 특히 유신 시기 새마을운동과 새마음운동 등 전통적 가치에 입각해 전개된 '국민정신개조 운동'의 논리는 메이지 시기 유교 담론에서 많은 부분들을 받아들였다. 하지만 한국의 경우 일본과 달리 가족에 대한 '효'가 더욱 강조되었다. 가족에 대한 '효'와 가부장에 대한 무조건적인 '효'가 1970년대 사회적 갈등을 해소할 수 있는 대안으로 제기됐기 때문이다.

부록 3-9 조국 근대화를 위한 일상적 의례와 상징들

산업화 시기 국가의 수출전략은 군대처럼 명령을 내리면 곧바로 사회에 흡수되는 것은 아니었으며, 따라서 여러 가지 장치와 의례들이 도입됐다. 박정희의 경제 수석비서를 지낸 오원철의 회고에 따르면, 1970년 1월 9일에는 수출진흥에 대한 표어 현상모집이 실시되어, 모두 10만2348편이 응모해서, 4편이 각각 3만원의 상금을 받았다고 한다. 당시 당선된 표어들을 보면, “너도나도 참여하자, 10억 달러 수출대열”, “할 일 많은 1970년대 10억불 수출부터” 등이었다. 또 1월 16일에는 수출행진곡 가사를 모집해 레코드로 보급되기도 했으며, 수출진흥 웅변대회, 수출에 관한 영화 제작, 수출진흥 노래 모집, 그리고 연말에는 70년도 수출 액수 맞히기 현상모집까지 실시됐다(강준만 2002, 27). 당시 분위기를 오원철은 이렇게 말한다. “1964년 1억 달러 수출을 기념해 ‘수출의 날’을 제정한 지 6년 만인 70년에 10억 달러 수출 목표를 달성하게 되었으니 감격할 만도 했다. ……밀어붙일 때 밀어붙이라고 명령하는 것이었다. 70년 수출의 날은 온통 축제 무드였다. 이날 기념식에서 대대적인 포상이 이루어졌으며 카드섹션까지 벌이기도 했다”(오원철 1999). 이처럼 수출과 조국 근대화라는 지상 명제 아래, 남녀와 노소 그리고 계급과 계층이 구별되지 않았으며, 이들을 동원하기 위한 각종 의례와 장치들이 동원됐다.

4장_ 계집들이 노조를 만든다고!

— 여성들의 노조 만들기

노동자들이 얼마나 단순해요. 그때만 해도 단순하고 순수했지. 회사에서 하나 알아서 해주면 열 개를 더 해줄 정도로. 그런 걸 모르고 회사는 '저 무식한 것들이 시키는 대로 하고 주는 대로 받더니' 제 목소리를 내니까 그 꼴을 못 보는 거예요. '야, 니 네들이 우리하고 동등해?'하면서 '이총각, 이총각'이라고 부르지 지부장이라고는 불러주지도 않았어요, 그런데 지금도 똑같죠.

— 동일방직 이총각 증언, 박수정, 『숨겨진 한국 여성의 역사』, 아름다운 사람들, 2003)

IMF 위기 이후 한국 사회의 계급구조는 급격히 '양극화'되었다. 특히 계급구조 변화 과정에서 주목을 받는 집단이 '비정규직 노동자'들이었다. 비정규 노동자들은 고용주와 정부의 보호를 받지 못할 뿐만 아니라, 같은 노동자인 '정규직 노동자'들로부터도 주변화되었다(김원 2004e). 특히 비정규직 노동자 가운데 다수를 차지하는 '여성 비정규직 노동자'들은 노동자로서 인정받지 못할 뿐만 아니라, 정규직 노동조합한테서도 차별을 받는 '주변계급under class'이 되었다. 익히 알려진 현대자동차의 여성 비정규직 노동자들에 대한 차별뿐만 아니라, 현재 한국 사회 곳곳에는 여성이자 비정규직이라는 이름으로 그녀들의 이마에 새로운 '주홍글씨'가 새겨지고 있다. 마치 산업화 시기 여성노동자들에 대한 정부, 고용주, 남성노동자들의 시각이 다시 재림再臨하는 듯한 인상을 지울 수가 없다.

그 동안 많은 연구들이 산업화 시기 여성노동자들이 주도한 민주노조의 역할을 인정했지만, 이들이 노동운동을 주도할 수 있었던 이유는 미혼 혹은 부양가족이 없어서 부담이 없고 일시적인 공간으로 공장을 생각했기 때문이라는 한계를 동시에 지적해왔다. 또 여성노동자들은 저학력이라 노동운동을 하기 위한 체계적인 논리가 결여돼 있었기 때문에, 지속적 집단행동을 전개하기 어렵다는 주장도 존재했다. 단적인 예로 1970년대 활동가들은 즉각적이고 지엽적인 결과를 성취하려는 근시안적 태도로 노조 활동에 접근했기 때문에 장기적인 전망으로 노동운동을 발전시킬 수 없었다는 것이다.

반면 여성노동자들의 노조 활동을 둘러싼 또 다른 시각은 여성노동자들을 '희생양'으로 파악하는 시각이다. 서구 페미니즘 내지 이것에 기초한 상당수 연구들은 1970년대 여성노동자들이 자신을 임시직 노동자로 사고했다고 봤고, 가족과 결혼에 주된 관심을 둔 존재, 다른 방식으로 말하자면 가부장제, 고용주의 사회적 차별, 남성노동자들의 폭력 등에 짓밟힌 한 희생자로 여성노동자들을 재현했다(Kim 1997; Nam 1994). 아마도 이런 연구들은 희생자로서 여성노동자들의 유순한 성격docile worker을 노조 활동에 적극적이지 않았던 원인으로 파악하고 있는 듯하다. 하지만 제3세계 미혼 여성노동자들이 남성에 비해 노조 가입과 활동에 소극적이며, 순진한 농촌 소녀 같다는 서구 페미니즘의 통념은 적어도 한국에서는 적용될 수 없었다. 여성노동자들은 소모임 · 노동조합 등을 통해 작업장의 위계질서에 대항했으며 노조 대의원 중 다수를 차지함으로써 노조 대표체계의 질서를 와해시키는 동시에 작업장의 남성 지배적 관행과 질서를 점차 부식시켰다. 이런 점에서 제3세계 노동자를 다국적 자본-국내 자본의 '희생양'으로 보는 시각은 사실과 다르다. 전순옥도 제3세계 여성노동자에 대한 서구 페미니즘의 시각에 대해 다음과 같이 비판하고 있다(전순옥 · 조주은 2004).

> 영국에서 공부하면서 서구의 여성학자들이 아시아 개발도상국 여성 노동자들을 어떻게 바라보는지를 알게 됐다. 그들은 아시아 여성 노동자들이 경제성장 과정에서 겪은 희생을 보면서, 여성 노동자들을 '희생자로 개념화victimization' 하곤 한다. 대부분이 이런 접근인데 나는 이렇게 제3세계 여성들을 대상화시키는 것에 대해 비판적이다. ……여성학자들은 1970년대 '여성들이 여성의식이 없었다'고 비판하고 있다. 예를 들어 노동조합에서 단체교섭을 할 때 여성만의 문제를 제기하지 못했다거나, 여성 노동자로서 받아야 할 교육은 없었다는 등. 이런 비판은 당시의 상황을 충분히 감안하지 않은 조금은 무책임한 것이다. 자기들은 그때 뭘 했나?

한편 여성노동자의 자율성을 강조하는 입장의 경우, 산업화 시기 한국 여성노동자들의 성과는 수동적이고 순종적이고 세상의 때가 묻지 않았다는 아시아 여성의 전형적인 이미지를 깨뜨리고, 용감하고 체계적인 협동정신을 도모, 이것을 지속시킬 능력이 있는 지적 개인임을 보여준 점이었다고 주장한다(전순옥 2004, 19; 정미숙 1993). 하지만 전순옥(2004, 306~311)의 분석에도 몇 가지 중요한 문제점들이 보이는데, 우선 민주노조의 윤리와 원칙 등이 존재한다고 논하지만, 그 실체에 대한 '규명'은 글에서 잘 드러나지 않았다. 여성노동자들을 '여성'이기 이전에 '투사의 이미지'로 그려내고, 여기에서 벗어난 개인 혹은 당시 노동운동의 중요한 집단 — 대표적으로 교회 단체나 지식인이라는 행위자들 — 들은 분석에서 '생략' 혹은 '삭제'되었다.[1]

특히 1970년대 '여성 노조 대 남성 지배 노조'라는 균열에 주목해야 한다. 전전 일본의 경우, 메이지 시기에서 다이쇼 시기에 존재했던 여공들은 '데카세키 카타出稼型'라는 이름으로 불리며 노동운동이 취약해진 중요한 원인으로 지적되었다. 매매인을 매개로 한 여공 매매, 개인 · 혈연 · 지역적 연고에 기초한 고용관계는 이들을 육체적이고 정신적으로 고용주에 예속시켰으며, 종국에 여성노동자들은 온정주의 혹은 경영 가족주의의 '일부분'이 되었다는 것이다. 더불어 여성노동자들의 잦은 이직은 여성 사업장 노조의 '낮고 불안정한 조직력'을 가져온 요인이 되었다는 것이다.

반면 소수 남성노동자들은 급진적 이념의 영향력 아래 전투적인 노동운동을 전개했고, 그 결과 계급의식이 부재한 여성노동자가 다수를 차지하는 회사 지배적 노조와 소수 남성노동자들이 지배하는 급진적 노조라는 '양극화' 현상이 일어났다는 것이다. 그렇다면 과연 일본과 흡사하게 한국도 초기 산업화 과정에서 여성노동자들이 자주적 노조의 '장애 요인'이었는가?

1_ 1970년대 도시산업선교회와 지오세JOC 등 교회 단체와 민주노조운동간의 '균열'에 대한 연구는 김준(2003)이나 이 책의 7장을 참조.

전전 일본과 달리 산업화 시기 한국에서는 여성노동자들이 노조 활동의 중심축이었다. 하지만 여성노동자들의 저항성, 전투성만이 지나치게 강조된 나머지, 노조 내부에 존재하는 여성과 남싱 사이의 균열은 부차적인 요소로만 지적됐다. 다시 전순옥의 논의를 보자. "……당시 여성노동자들을 인터뷰하면서 '당시 남성노동자들에게 얼마나 많이 당했느냐, 같은 노동자들에게 당하는 게 더 분하지 않았느냐'고 질문을 했다. 그런데 이 사람들의 대답이 놀라웠다. 그들은 '아니다. 다시 생각해봐도 아니라고 생각한다'고 답했다. 남성노동자들도 결국 사용자에게 고용된 희생자일 뿐이라는 것이다. 실제로 그들은 오히려 그런 남성노동자들을 노조 지도부에 넣으려고 노력했다. ……만약에 그 남성들과 싸우기 시작하면 그게 바로 자본가들이 바랐던 '노-노勞-勞 갈등'이라고 여겼다. 개인적으로 이견이 있더라도, 그들의 입장을 최대한 그대로 반영하는 게 기록자의 역할이라고 생각했다. 내 책에서 남성과 여성간의 '적대적 관계'가 빠진 것은 그 때문이다." 하지만 이재성(2004, 350)이 적확하게 지적한 것처럼 전순옥의 연구는 '산업발전 → 계급 형성 → 계급적 투쟁 → 계급의식 고양 → 역사의 진보'라는 고정된 가부장적 도식에서 자유롭지 못한 동시에, 기존의 '남성-지배자-자본가' 중심의 노동사 서술을 '여성-투사-노동자' 중심의 서술로 대체한 결과를 낳았다. 이것 때문에 1970년대 노조 운영에서 '남성 지배'라는 요인을 간과하고 만다.

먼저 나는 노조 담론의 형성과 전개에 있어서 '민주노조'를 둘러싼 담론들에 대해 문제삼고자 한다. 특히 1970년대 '민주'노조 혹은 '노조'를 둘러싼 담론이 어떻게 변화했고 이 담론들이 여공들을 중심으로 한 민주노조에 어떤 미친 정치적 효과를 미쳤는지 검토할 것이다. 1970년대의 노조에 대한 대표적인 담론을 정리하면, '노조는 비생산적이다', '노조는 사회질서를 어지럽히는 사회적 질병이다', '노조는 빨갱이the reds들이 사주하는 것이다' 등이었다. 국가는 노조 '일반'을 부정하지는 않았지만 노조가 생산적이고 국가의 가이드라인을 벗어나지 않을 경우에만 노조로 인정할 수 있다는 입장이었다. 반면 고용주들은 산업화 초기부터 공식적으로 '노조'라는 용어를 사용하는 것조차 꺼려했다. 하지만 노조를 전면적으로 부정하는 담론은 오래 유지되기 어려웠다. 이른바 '민주'노조 담론이 부상하고 민주노조 사업장을 중심으로 한 힘의 관계가 변화하면서 고용주는 '노조 인정-남성 노조'라는 담론을 수용하기에 이른다. 이런 국가와 고용주의 입장 변화는 여성노조에 대한 특정한 사고방식, 다시 말해서 노조는 자율적이고 노동자들에 의해 운영될 수 있으며 협상과 투쟁을 통해 노동자 개개인을 보호할 수 있다는 특정한 관념을 배제하는 과정이었다.

한편 여성 민주노조가 등장한 이후 노조는 질병에서 통제-관리되어야 할 대상으로 변모했다. 이 와중에 등장한 것이 '민주노조' 담론이다. 하지만 민주노조 담론은 여공을 노조운동에서 배제하는 정치적 효과를 낳았다. 1970년대 대부분 민주노조는 70~80퍼센트가 여성으로 구성된 여성 사업장이었지만 여성 민주노조운동이라고 사고되지는 않았다. 여성이 주도하는 민주노조가 존재하는데도 불구하고, 노조에 대한 담론과 입장들은 이런 사실을 의도적으로 배제한 것이다. 여성노조를 둘러싼 이런 담론들은 작업장 내 지배적인 담론과 유사한 방식으로 남성의 강인함-힘-권력 등을 정당화시키는 것이었다. 이런 맥락에서 민주노조 담론은 1970년대 노동운동사를 민주 대 어용으로 단순화시키고 은연중에 여공이 주도한 민주노조는 '남성들을 무력화시킨다'는, 여성 배제라는 지식형태를 재생산했다.

민주노조 담론의 형성과 모순

'민주노조'라는 용어는 매우 한국적인 개념이다. 특히 '민주'노조는 권위주의적 정치체제 아래에서 등장한 용어다. 1970년대, 특히 유신 시기에 들어서 노동쟁의의 이슈가 상당히 변한다. 유신 이전에는 임금인상, 노동조건 개선이 노동쟁의의 주요 이슈였다. 하지만 유신 전반기에 접어들면서 노조 결성을 둘러싼 이슈가 절반을 넘게 된다(이원보 2004, 398~9). 남녀별 노동자 구성에 있어서도 1976년까지 여성노동자의 구성비를 보면, 1970년 33.2%이던 것이 41.4%로 증가하게 된다. 또한 전체 조직률은 1970년 12.4%에서 1979년 16.8%로 증가한다(이원보 2004, 337). 특히 남녀 조직률을 비교해 보면, 남성은 1962년 138,348명에서 1971년 367,530명으로 2.8배 증가한데 비해, 여성은 같은 기간 37,817명에서 126,181명으로 3.3배 증가했다. 1979년에는 1970년과 비교해 남성은 722,421명으로 2배, 여성 조합원은 371,587명으로 3.2배 증가했다. 여성 조합원은 전체 조직노동자 가운데 24.6퍼센트(1970년)에서 34.0퍼센트(1979년)로 증가했으며, 이런 여성 조합원의 급증은 섬유, 화학 등 제조업 분야에서 두드러졌다(이원보 2004, 162; 377).[2]

일반적 의미에서 노조는 자본주의 사회에서 자본의 전횡에 맞서기 위한 노동자들의 '방어 조직'이었으며, 단체교섭과 노동법 입법은 노동자들의

2_ 1970년대 당시 섬유노조는 17개 산별노조 가운데 조합원 수가 두 번째로 많았고, 전체 조합원의 80퍼센트 이상이 여성노동자였다. 섬유노조의 연도별 '전고용인에 대한 조직 노동자 비율'을 보면, 26.1퍼센트(1963년), 23.1퍼센트(1971년), 17.4퍼센트(1973년), 25.0퍼센트(1977년), 26.6퍼센트(1978년)으로 꾸준하게 높은 수치를 보였다(최장집 1988, 48). 또한 산업별 노조원 변화 추이를 민주노조가 다수 존재하던 섬유업종을 통해 구체적으로 보면, 1970년 123개 사업장에 56,686명이던 조합원 수는 1979년에는 314개 사업장에 173,883명으로 증가했다. 사업장 수는 2.55배로, 조합원은 3.07배로 증가했다(이원보 2004, 378).

이런 저항의 결과물이었다. 하지만 한국의 경우, 노조의 형성 경로가 서구와 많이 달랐다. 1953년 이후 국가의 노동입법이 '선행'했고 뒤이어 국가의 후원 아래 노조가 태동했다. 이것은 한국 노동조합이 국가의 정책적 선택의 범위나 경제 · 기업적 노동조합주의 안으로 제한될 수밖에 없었던 역사적 '유산'이었다. 따라서 산업화 시기 노동운동에서 노조가 노조다운 형식과 실천, 그리고 담론을 지닌 경우는 아주 '예외적'이었다.

그렇다면 왜 민주노조가 7~8개에 불과했는지 생각해볼 필요가 있다. 이것은 노조라는 조직을 둘러싼 담론의 형성 과정, 그리고 노조에 대해 어떤 담론이 지배적이었는지 살펴봐야만 이해할 수 있다. 산업화 시기 노조에 대한 주요한 사유방식은 다음과 같은 계열화를 이루었다.

(1) 노조는 비생산적이다.
(2) 노조는 사회질서를 어지럽히는 사회적 질병이다.
(3) 노조는 빨갱이the reds들이 사주하는 것이다.

왜 이런 담론이 고착됐을까? 그리고 왜 노조에 대한 지배적 담론에 반해서 '민주노조'라는 담론이 생산됐을까? 국가는 노조 '일반'을 부정하지는 않았다. 오히려 국가는 한국노총을 지지했고 정치적으로 낮은 수준에서 동원하기도 했다. 이 속에는 노조에 대한 몇 가지 담론이 내장되어 있었다. 그것은 노조가 생산적이고 국가의 가이드라인이라는 '한계'를 벗어나지 않을 경우에만 노조로 인정할 수 있다는 것이었다. 실제로 1973년 개정 노동법에서는 '노사협의회'라는 강제 조항을 두었고, 자율적인 노동조합 활동의 가능성을 제도적으로 제약했다. 다시 말하자면 국가주의와 생산성주의가 결합해 노조에 대한 담론이 만들어졌던 것이다.

동남전자 신경숙이 처음 전자공장에 배치됐을 때 노조를 둘러싼 경험을 살펴보자(신경숙 1995, 90).

> 저임금으로 인한 퇴사자들이 많아지고 그러니 입사자들도 많아져 컨베이어 앞에 앉아 있는 사람들의 변동이 잦다. 얼굴을 익힐 만하면 퇴사를 하고 새로운 얼굴들이 입사를 한다. 새로운 입사자들이 올 적마다 총무과장은 주의사항을 말한다. 노조에 가입하지 말라, 노조비는 노조 간부들이 회전의자를 굴리는 데 쓰는 것이라고…….

이처럼 고용주들의 경우 '노조'라는 용어를 사용하는 것조차 꺼렸다. 고용주들의 사유방식 안에는 노조는 고려될 수 없는 것, 그러니까 앞의 것 중 (2)에 가까운 입장이 가득 차 있었다. 하지만 '민주노조' 담론이 부상하고 단위 사업장 내부 힘의 관계가 변화해 고용주들도 노조 '자체'를 부정할 수는 없게 되었다. 노동자들 사이에 급속하게 노조에 대한 인식이 확산되는 것을 방조할 수만은 없었기 때문이었다. 이것에 대한 대체물로 만들어진 것이 '남성지배 노조'라는 담론이었다.

생산적 · 남성지배 노조 담론

노조에 대한 이런 특정한 담론이 만들어진 데는 당대 정치경제학의 힘이 컸다. 국가주의와 생산성주의를 강조하던 산업화 시기 정치경제학은 노조를 인정했고 노사협조를 강조했지만 '자율적인' 노조의 내포는 거세했다. 1960년대 대표적인 저항 담론을 구성했던 『사상계』도 마찬가지였다. 노동문제는 흔히 노-자 관계 차원이 도외시된 실업 해소(혹은 임노동 기회

확대)의 과제로 이해됐고, 독자적 내용을 상실한 채 생산성 향상의 방편들 가운데 하나로 간주되었다. 특히 노동문제에 대한 많은 글을 썼던 탁희준은 노조를 "개발사업"에 "어떠한 방식"으로 "적극 참여하도록 유발·촉진할 것인가"라는 차원에서 바라보았다. 다시 말해서, 노조를 "불온 세력"으로 보는 시각에 대해서는 비판적이었지만 자율적 결사체라기보다는 민족적 목표를 실현하기 위한 동원 단위로 취급했다(김보현 2003). 당시 정부의 입장을 박정희의 발언을 통해 살펴보자. 우선 「종교 활동 법 테두리 내에서」(1979. 9. 15)와 또 다른 연설문을 보자(김현미 2000, 40에서 재인용 — 강조는 인용자).

> 기업주는 기업의 사회적 책임을 더욱 투철히 인식하여 종업원을 가족 같이 대하고, 근로자는 공장을 내 집 같이 아끼는 노사 일체감 조성에 서로 노력하여 공존공영하는 한국적 노사 협조체제를 정립해야 할 것이며 이를 위해 공장 새마을 운동을 더욱 활발히 내실 있게 전개해야 할 것이다.

> 국가의 복지를 위해 회사가 번영해야 한다. 회사가 번영하기 위해 근로자와 경영진은 협동해야 하고 조화를 이루어 살아야 한다. 생산에 있어서 분열은 적을 돕는 행위이며 국가적 목표를 와해시키는 일이다. 그러므로 국가를 위해 협동하고, 열심히 일하며 인내하라.

생산과 건설을 통한 국가경제 발전과 이것의 바탕은 노자간 분열이 아니라 협동이라는 요지였다. 이처럼 노조 자체를 조직체로서 '부정'하는 것, 즉 '노조는 사회 질서를 어지럽히는 질병'이라는 담론이 약화된 것에는 나름대로 이유가 있었다. 당시 정치경제학 내부에 국가 주도 산업화의 사회적 악영향에 대한 비판들이 등장했기 때문이었다. 1960년대 후반과 1970년대 초반 몇몇 잡지 등 여러 곳에서 제기된 새로운 담론은 '고도성장의 사회적 비용'과 관련된 내용들이었다. 그것은 사회적 빈부의 격차 때문에 생기는 불안정, 서울을 중심으로 한 도시 문제의 발생 등 때문이었다. 이런 전후 사정은 노조에 대한 담론을 '비생산적-사회적 질병'에서 노조에 대한 '부분적 인정'으로 바꾸어놓았다.

그러나 노조에 대한 특정한 사유 방식이 근본적으로 변화한 것은 아니었다. 이것은 잘 알려진 '남성지배 노조'에 대한 입장을 통해서도 알 수 있다. 서구 노동조합 운동에서도 여성의 노조 참여는 은밀하고 혹은 공공연하게 배제되어 왔다(권현정 2002; 스콧 2000). 물론 노조에 대한 담론에서 '남성지배 노조'라는 용어가 사용되지는 않았다. 하지만 한국노총을 중심으로 한 대부분의 노조는 구성과 운영이 남성을 중심으로 이루어졌고 여성의 노조 참여는 은밀하게 배제되었다.

이처럼 노조에서 여성노동자들이 배제되었던 것은 작업장 내부 담론과도 밀접하게 연결된 듯하다. 앞서 3장에서 본 것처럼 작업장 담론은 여공의 비생산성, 여성은 보호받아야 하는 대상이라는 담론들을 통해서 여성노동자들을 자본가와 남성노동자에게 종속시켰다. 이것은 작업장과 노조 내부에서 남성성을 확보하고 남성의 강인함 · 힘 · 권력 등을 일상적인 지식으로 관행화시키기 위한 담론들이었다. 이런 맥락에서 여성노동자들은 '남성들을 무력화시킨다'는 이유에서 지속적으로 노조에서 배제되어왔다. 이것은 산업화 과정에서 여성노동자들을 '오리엔탈리즘적 시각'으로 해석한 것이라고 볼 수 있다(우미성 2001, 166~8).

특히 한국 여성노동자들은 드러나지 않지만 효성이 깊고 부모와 형제들의 생계와 교육을 위해 공장에 뛰어든, 그러나 시끄럽지 않고 가부장 혹은 남성으로 재현된 고용주, 국가에 반항해서 가족에 누를 끼치지 않는 존재여야 한다고 담론화되었다.[3] 이런 담론이 점차 약화되고 여성노동자들이 자신들의 권리를 지켜줄 수 있는 조직으로 노조를 사고할 수 있게 된 데는 시간과 계기들이 필요했다. 이제 구체적으로 산업화 시기 노동조합과 여성노동자 간의 구체적 관계에 대한 지배적 담론을 살펴보자.

'여성' 민주노조에 대한 지배적 담론들

한국의 경우 1970년대 그리고 1987년 노동자 대투쟁 직후까지 고용주들의 노조관은 '전근대적'이다 못해 '봉건적'이었다고 말할 수 있을 정도였다. 단적인 예로 고용주들은 노조를 '회사를 망하게 하는 질병'과 같다고 생각했다. 특히 노조는커녕 '노동'이란 단어조차 사용하기 어려운 사회적 조건은 노조에 대한 고용주의 부정적인 사회적 인식을 더욱 강화시켰다.[4] 산업화 시기 노조의 조직 형태에 대해 당시 크리스챤 아카데미 간사였던 이광택(현 국민대 법대 교수)은 이렇게 말하고 있다(이원보 외 2003).

> 옛날 경험들이라는 것이 실은, 60년, 61년 5 · 16 나고 나서 바로 5월 달 이제 노동조합 해산했다가, 8월 달에 재건을 허용하면서 산별 지침을 내렸던 정도에서, 재건은 하되, 독일식으로 꼭 17개 산별을 만들어라, 이렇게 해서 산별을 만들었단 말이에요. 이게 말이 안 되기 때문에, 산업화가 안됐었는데, 산별로 하라는 것이. 어쨌든 이게 상층부만 컨트롤을 하면 노동조합이 가능하다는 생각으로 했었는데, 그게 이때부터 60년대 초부터 산별로 형식상 하는 과정에

3_ 여성의 공적 영역 참여에 대한 유교 담론의 입장은 **부록 4-2**를 참조.

4_ 1961년 한국노총 재조직화에 대해서는 김삼수(1999), 이원보(2004) 등을 참조.

서 그야말로 산별이라고 그러면 이 단위노조 내지 지부, 분회 부분을 억압하는 이런 구도로 처음부터 출발했기 때문에 산별에 대한 저항감이 남아 있다는 것입니다.

1972년에 유일한 공식 노조였던 한국노총은 공공연하게 유신 지지를 선언했고, 1973년부터는 노동쟁의와 체불임금 관련 통계자료들이 노사협조에 부정적인 영향을 미친다는 이유로 통계 수집조차 중단했다. 더군다나 대부분의 노조는 남성노동자들이 지도부를 차지했던 '남성지배 노조'였기 때문에 여성 조합원들은 노조에서 원천적으로 배제되었다. 또한 여성노동자들 가운데 대다수는 노동조합이 무엇을 하는 조직인지 알지 못했고 관심조차 없는 경우가 많았다. 남성지배 노조 아래에서는 조합원 교육도 없었으며, 조합비는 공제됐지만 그 돈으로 조합이 무엇을 하는지에 대해 문제를 제기한 개인이나 집단도 거의 없었다. 동일방직의 추송례도 노조에 대한 생각이 막연하기는 마찬가지였다. 그녀는 일찍부터 노조에 대한 궁금증을 가졌지만, 노동자라는 단어조차 잘 사용하지 않던 시절, 노동운동을 하면서도 왠지 근로자가 노동자보다 높아 보인다는 생각에 사로잡혔다고 기억한다(추송례 2001, 34). 수기 속에서 담론화된 여성노동자들의 노조에 대한 사유체계를 정리해보면 다음과 같은 몇 가지로 집약할 수 있다.

① '노조란 조합비로 행세하고 임금교섭은 방석집에서나 하는 것'으로 사고했다. 이것은 노조가 대의원 총회를 통해 기층 조합원의 요구를 수렴해서 고용주로부터 노동자의 일상적인 이익을 보호하는 조직과 거리가 먼 '간부조직'으로 전락해 있었음을 단적으로 보여준다.

② 노조 브로커의 문제. 초기 청계피복 노조에서 드러나듯이 노조를 번개처럼 만들어서 고용주에게 팔아넘기는 '노조 브로커'들이 많았다. 일반

노동자들의 경우, 특히 소규모 사업장은 노조와 관련된 기본적인 지식조차 모르는 조건에서 노조를 결성할 때 이 브로커들의 도움을 받지만 결국 노조 조직이 고용주에 넘어가는 악순환이 반복되었다.

③ 노동자들은 근로기준법에 명시된 단결권조차 모르는 경우가 일반적이었다. 1960년대 말에서 1970년대 전반에 걸쳐 많은 노조들이 조직됐지만, 노조 조직과정에서야 비로소 근로기준법의 존재를 알게 되는 경우가 허다했다. 그것도 한국노총 본조 간부가 와서 지도를 해주거나, 도시산업선교회 내지 가톨릭노동청년회의 교육을 통해 근로기준법의 '실체'를 알게 된다. 동남전자 신경숙도 1980년 서울의 봄 당시 노조 간부가 자신들의 '무지'에 대해 한 이야기를 다음과 같이 적고 있다(신경숙 1995, 60).

> 노조 지부장, 그가 한 말들을 기억한다. 나는 여러분들이 야근하는 시간에 이 세상 어딘가에서는 방에 딸린 욕실에서 따뜻한 물을 받아 목욕을 하는 사람들도 있다는 걸 깨닫게 하고 싶었습니다. 적어도 여러분들이 희생당하고 있다는 사실을 깨닫고 자신들을 귀히 여겨 권리를 찾아가기를 바랐습니다. 노조 지부장, 그는 우리들의 침묵이 안타깝다. 권리를 주장할 줄 모르는 우리들. 낮은 임금이나 낮은 수당에 대해 투쟁하기를 겁내하는 우리들. 그보다는 잔업이나 특근이 없어져서 수당을 못 받을까봐 그것이 걱정인 우리들. 우리는 스스로를 귀히 여길 줄 모른다. 우리는 그의 말처럼 희생당하고 있는 사람들이 우리들이라는 생각을 하지 못한다.

④ 노조 가입이 노동자에게 '손해'라는 인식. 고용주측은 자신들이 지닌 노조에 대한 부정적 시각을 일반 노동자들에게 설득하기 위해, '노조는 아무 하는 일도 없고 노조가 생기면 조합비를 내야 하며 이것은 노동자에게 손해'라는 담론을 유포했다. 당시 노동자들의 낮은 권리의식을 악용한 사례였다.

자료 4-1 한국노총의 유동우 제명 사건

1970년대 한국노총이 단위 노조의 자율성을 약화시킨 사례 가운데 대표적인 것이 삼원섬유 지부장 유동우 제명 사건이었다. 당시 본조와 지부간의 관계에서 대부분의 결정권은 본조가 가지고 있었다. 이것은 분회 노조의 자율성을 결정적으로 약화시키는 제도였다. 특히 유신 이후 한국노총은 노동문제의 사회화를 최대한 억제하는 노동조합 활동을 추구했다. 다시 말하자면 민주노조운동이라는 이름이든 다른 형식이든 간에 기층 노조를 한국노총의 '통제' 안에 두고자 했다.

삼원섬유 지부장인 유동우에 대한 제명 사건의 경위를 간단히 살펴보면, 제명 직전 지부장인 유동우는 경기도 본부 조직부장을 겸임하고 있었다. 하지만 도시산업선교회와 연결된 유동우를 탐탁하게 보지 않던 경기지부장 박수영은 유동우를 명령불복종으로 몰아 제명시키고 당시 유니온 숖 상태에서 유동우는 회사 측으로부터도 해고당한다. 명령불복종 근거는 박수영이 유동우에게 경기지부 쟁의부장 상근 근무를 지시했으나, 유동우가 분회 노동자 들 때문에 이를 거부했기 때문이었다. 이를 둘러싸고 서류 및 회의가 반복되었으나, 본조에서 유동우에게 하는 말은, '무조건 빌어라'는 것이었다(유동우 1983, 175~192). 당시 상황을 유동우는 다음과 같이 설명하고 있다(유동우 1983).

> 본조 대표자회의에서 그러니까 위원장들 회의에서 나를 제명을 시켜버리는 거예요. 원래 단위노조의 분회의 대표자는, 분회장은, 본조 중앙위원회에서 제명을 하게 되어 있죠. 제명 결정을 하게 되어 있는데요. 그런데 그 지부에서 사전에 그것도 없이, 지부에서, 지부장들이 모인 운영위원회에서, 지역 지부, 지역 지부 운영위원회에서 제명을 시켜 버려요. 그러니까 난 이제 제일 처음에 하자를 들어서 뭐, 이유는 차치하고서라도 하자를 들어서 섬유노조 본조에다가 재심 신청을 냈는데 결국 어쨌든 도산 계열이라고 하는 것 때문에 그걸 나중에 중앙위원회에서 추인을 해버려요.

⑤ 노조 조직을 본조의 세력 확장의 수단으로 삼는 경우. 삼원섬유 유동우의 사례에서 알 수 있듯이 본조는 자파의 세를 과시하기 위해 노조를 결성하는 경우가 많았다(자세한 내용은 **자료 4-1** 참조). 특히 1960년대 후반부터 1973년까지 전국섬유노조의 조직률이 확장된 원인은 조직 활동가를 적극 투입해 신규 조직을 했던 것 때문이 아니라 경제성장에 따라 종업원이 자연 증가한 결과였다. 당시 신규 노조의 조직화는 노동자들이 사업장 내에서 자연발생적으로 불만을 해결하기 위해 상급 노조에 접선해 오면, 그때마다 받아들이는 '수동적'인 성격이 강했다(이원보 2004, 165). 하지만 본조는 초기 신규 노조 설립을 지원해 주기는 했지만 노조가 조직된 이후 본조에 순응하지 않으면 노조를 무력화시키는 경우가 있었다.

"내일 잘 산다고 오늘 굶을 수는 없지 않소?" — 초기 노동자들의 노조관

초기 지배적인 노조 담론에 대한 노동자들의 '반응'을 삼원섬유의 사례를 통해 살펴보자. 삼원섬유는 부평공단 내 외국인 투자기업 중 최초로 만들어진 노조였다. 그렇기 때문에 사측과 정부의 협박과 압력이 다른 노조보다 심했다. 특히 위원장 유동우(현 인천시설관리공단 노조위원장)는 노조 결성 직후 많은 심적 고통에 시달려야 했다. 그 중 하나가 조업 단축으로 생긴 '급료 인하'였다. 예를 들어 노동자들 사이에 '노조는 무엇을 하는 곳이냐'라든지, '굶어 죽기 전에 노조를 때려부수자' 등의 말이 난무했다. 노조원들은 유동우에게, "내일 잘 산다고 오늘 굶을 수는 없지 않소?", "차라리 노조를 없애는 것이 낫지 않소"라고 항의하기도 했다(유동우 1983, 111~3; 168~71).

이런 유동우의 기억은 초기 노조 결성 과정에서 노동자들이 노조에 대해 가졌던 생각을 단적으로 드러내준다. 노동자들은 노조가 즉각적인 임금인상을 가능하게 해줄 것이라고 기대했다. 그러나 삼원섬유의 경우 반대였다. 노조가 요구했던 노동시간 단축은 생활임금 자체를 감소시켜 노동자들을 분노하게 만든 것이었다. 이런 사건은 초기 조합원들 대부분이 권리의식이 낮거나 노조에 대한 구체적인 상이 결여되어 있었다는 사실을 알 수 있게 해주는 대목이다. 장기적인 권리의식, 노조라는 조직을 통한 단결, 연대 등의 의식이 노동자들에게 자연스럽게 생기는 것은 아니었다. 오히려 그런 것은 조합장이 던져주어야 할 무엇으로 여겨졌다. 이처럼 노조를 새로 만드는 것은 조직의 결성이지 그 자체가 조직의 '공고화 혹은 안정화'라고 보기는 어려웠다(유동우 1983, 168~9).

> 단돈 10원이라도 더 받을 수 있는 곳으로 옮기고 싶어하는 절박한 생활상의 요구에 직면해 있는 근로자들에겐 나름대로의 민감한 자기보호의 감정이 앞설 수밖에 없다. 따라서 그것을 무작정 탓할 수는 없으며 또한 조합을 중심으로 단결하자고 마냥 외친다고 해서 조합의식이 저절로 생겨나는 것도 아니다. 그러한 의식이 싹트기 위해서는 그럴 수 있는 밑바탕이 갖추어져야 한다. 자기 개인으로서가 아니라 우리가 서로 뭉쳐서 함께 우리의 운명에 대처해 나가는 길만이 자기 개인의 문제뿐 아니라 우리 모두의 문제를 해결하는 바른 길이라는 사실을 깨달을 때 비로소 그 기반이 마련되는 것이다.

유동우의 자기 진술은 1970년대 초반 민주노조 지도자의 가장 솔직한 자기 평가가 아닌가 싶다. 자기 자산이나 지불능력이 있던 대기업을 제외하고 대부분의 노동자들은 저임금과 고용불안에 지속적으로 시달렸다. 특히 노동력의 '공급 과잉'이 지속되던 조건에서 노동자들, 특히 영세 · 중소기업

노동자들의 경우 일반적으로 이직이 잦았다. 노동자들이 잦은 이직을 할 수 밖에 없었던 이유는 노동자 혹은 계급으로서 정체성이 취약했다기보다 생존을 위한 하나의 선택이었다. 따라서 당시 노동자들의 권리의식을 일방적으로 '낮다' 혹은 '높다'는 식으로 구분하고 규범적으로 비판하는 것은 정당하지 못하다.

더군다나 유동우의 말처럼 노동자들은 제도교육을 받는 과정에서 참여, 연대, 민주주의 같은 담론보다는 복종, 국가, 충성이라는 담론에 길들여져 온 것도 사실이었다.[5] 노조에 대한 조합원의 일치감보다는 노조라는 매개를 통해 자신의 어려움을 극복하고자 하는 경향이 강했다. 사회과학 용어로 말하자면 '무임승차free-rider' 의식이 강했던 것이다. 정당이 지구당과 당원에 기초하지 못할 때 소수 정치엘리트에 의해 좌지우지되는 '간부 정당'이 되듯이 노조 역시 '간부 노조cadre union'가 될 수 있고, 한국에서 초기 노조들도 그런 형편이었다. 또 초기에는 민주노조조차 본부에 대한 '의존성'이 강했다. 예를 들어 초기 노조 결성을 주도했던 노동자들이 알고 있는 것은 근로기준법이 있다고 하니 법을 준수해서 노조를 결성해야겠다는 정도였다. 여전히 임금인상 등을 정부가 해줘야 되는 것으로 인식했지 노동자들이 단결해서 쟁취해야 한다는 것을 제대로 인식하지 못했다. 단적인 예로 섬유노조 본부 간부들은 노조 결성이나 정부와 공권력의 생리를 잘 알고 있었기 때문에 어렵다 싶은 노조는 절대로 결성하려고 하지 않았다(유동우 1984).

5_ 박정희 정권 시기 나타난 민족주의 담론들은 찬란했던 과거라는 역사를 재발명re-inventing하고, 현재를 해석하고 새로운 민족공동체의 미래를 구성하는 데 적극 활용되었다.

‘어용노조’ 대 ‘민주노조’

그렇다면 변화해가는 여성노동자들의 세계 속에 자리잡은 노조는 어떤 모습이었을까? 원풍모방 장남수의 수기를 통해 몇 가지로 정리할 수 있다. (1) 돈, 권력, 지식에 의해 천대받는 노동자들이 부당한 기업주의 대우에 맞서 노조라는 ‘조직체’에 모여 단결된 힘을 통해 대항하는 것. (2) 압도적인 회사의 힘(해고, 부당한 전직 등)에 맞서 노동자는 머릿수를 통해 ‘힘의 균형’을 이루어내어야 권익 수호가 가능. (3) 노조는 결코 회사의 ‘적’이 아니며 다만 인간답게 살기 위한 정직한 양심, 사랑하는 인간애가 있는 곳. (4) 노조는 더 좋은 품질, 생산을 위해 애쓰는 곳. (5) 무시, 차별, 부의 불공평한 분배 등 사회의 모순을 깨닫고 시정 방법을 모색하는 곳, 이것이 노동자들이 사고했던 노조의 모습이었다(장남수 1984, 29~31). 하지만 이 안에는 노조에 대한 여러 가지 담론이 얽혀 있다. 대항 조직인 노조, 자본주의 아래 방어 조직인 노조, 노사협조 이데올로기, 생산성 노조론 등이 그 내용이었다. 이것은 민주노조라는 담론이 여성노동자들에게 여전히 모호한 상태로 남아 있었음을 보여준다. 특히 1970년대 가장 안정적인 지도력과 노조의 힘을 보여준 원풍모방조차 그랬다는 점에 주목해야 한다.

민주노조처럼 한국 노동운동을 해석하는 지식체계 속에서 오래된 담론은 없을 것이다. 민주노조는 1960년대와 다른 새로운 유형의 노동조합으로, 1970년대에 새롭게 나타난 조직이었다. ‘민주 대 어용’이라는 균열이 노동관계에서 지배적이 되었던 시점은 1972년 국가보위법 발포와 유신체제 수립, 그리고 그 결과 한국노총이 ‘역조합기구’[6]로 변질된 결과였다(최장집 1988,

6_ ‘역조합기구逆組合機構’란 최장집(1988)이 사용한 용어로 노동자들의 집합적 이해를 대변해야 할

169). 한국 노동운동에서 '민주'는 운동에 있어서 정당성의 원천이었고, 이런 사정은 1970년대와 1987년 이후나 유사했다. 청계피복 노조 민종덕이 지녔던 민주노조에 대한 이해가 대표적인 예다(민종덕 2003).

> 이런 가운데 발생한 1970년 11월 13일 전태일 분신항거 사건은 그 동안 전무하다시피 한 자주적인 노동운동의 출발점이 되는 사건이었다. 노동자의 인간다운 삶을 부르짖은 전태일 동지의 뜻을 실현하기 위해 결성된 청계피복 노조를 비롯, 1970년대 민주노동운동은 그야말로 군부독재의 폭압적인 탄압 속에서 자주적이고 민주적인 노동운동의 씨앗을 뿌리는 지난한 투쟁을 전개해왔던 것이다. 민주노조 또는 민주노동운동이라는 말도 군부독재하에서 민주 대 반민주의 대결 구도에서 생겨난 것이라고 볼 수 있다.

민주노조에서 '민주'란 어용 노조에 대한 '반정립'의 의미를 지니고 있었다. 통상적 의미에서 노조는 국가 · 자본에게서 자율적이고 내부적으로는 민주적으로 운영된다는 것을 전제했을 때, '민주'라는 수식어는 불필요하다. 하지만 민주노조라는 용어가 '사회화'되고 1970년대 일군의 노조들을 지칭하는 데 쓰였던 이유는 민주노조 담론이 고용주에 종속적이고 노동자들을 '보호'하지 못하는 기존 어용노조에 대한 반정립이라는 맥락에서 만들어졌기 때문이었다.[7] 그리고 그 핵심에는 노조 운영에 노동자, 특히 여성노동자가 직접적이고 자율적으로 '참여'한다는 의도가 강하게 반영되어 있었다.

노동조합(혹은 그 정상조직peak organization)이 본래 역할이 아닌 생산성 향상이나 국가의 하부기구 · 국가기구로 변질되는 경우를 지칭한다. 한국 산업화 시기 한국노총이 이것에 해당된다고 할 수 있다.

7_ 유럽 노동운동에서 '노동 귀족labor aristocrat'은 숙련 기술, 좀더 나은 물질적 혜택이나 노동과정에 대한 통제권, 고용안정성 등을 보장받은 노동계급 내부 특권층을 의미했다.

반면 어용노조라는 담론은 민주노조에서 생산해낸 것으로 국가와 자본에게서 자율적이지 못하고 기층 노동자rank-and-file의 참여가 배제된 노조라는 의미였다. 물론 남성 중심적 작업장 질서를 근본적으로 흔들었다는 점에서 여성 민주노조들이 만들어낸 변화는 '혁명적'이었다. 하지만 이런 변화가 곧바로 여성노동자들에게 '민주노조'에 대한 믿음을 제공해준 것은 아니었다. 오히려 '민주 대 어용'이라는 단순화된 대립 구도는 노조의 장기적이고 안정적인 운영보다는 노동운동의 균열을 민주 대 어용이라는 이분법만으로 간주하는 사유방식을 낳기도 했다. 그 결과 지도부가 조금이라도 사측으로 기울면 어용으로 규정됐다. 이런 문제들은 1970년대 민주노조를 둘러싼 담론에서 잘 드러나지 않는 노조 내부의 다양한 균열과 갈등의 형태들이다. 결국 민주노조 담론은 국가와 고용주 그리고 남성으로 대표되는 노조파괴자들에 대항, 민주노조를 '사수'했다는 지배적 담론을 만들어냈다.[8]

하지만 이런 민주노조에 대한 담론은 노조 내부의 균열과 충돌을 은폐하거나 사유하지 못하게 만들었다. 한 좌담회에서 나온 발언들을 보면 민주노조 내부 '민주'에 대해 여공들이 품었던 사유방식의 일단을 파악할 수 있다(김지선 외 2003).

> 제 주관일 수도 있는데, 민주노조라고 명명을 했던 것은 크리스챤 아카데미 교육을 받은 그 부류, 우리는 정말 노동조합이 사회의 민주주의를 놓는 초석이다, 민주주의 학교다, 학교의 장이다, 이거를 형성해 가야된다라는 게 그때

8_ 하지만 전순옥(2004, 308~9)이 지적한 것처럼, 조직적 자원이나 물리적 자원에서 노조에 압도적인 우위를 점했던 국가와 고용주의 일상적인 억압과 구속, 그리고 생물학적으로 여성이란 이유만으로 여성노동자들이 가족, 작업장, 노조에서 배제되어왔던 계급경험, 그리고 '노조 해산인가 공권력에 의한 진압인가'라는 절망적인 순간에 여성노동자와 지도부들이 항상 이성적이고 합리적인 태도로 행동하지 못했던 것은 충분히 이해할 수 있을 것이다.

당시에 뿌리 깊게 자리를 잡고 있었어요. 그때부터 스스로 자부심도 느끼고, 그렇게 하려고 하는 노력도 갖고 그랬던 게 아닌가 싶어요. ……프로그램 속에, 나는 노동당 당수, 여당수가 되겠다 이런 얘기도 하고요. 우리의 노동조합 상은 정말 '민주'였어요. 그래서 그야말로 전민노련할 때 꿈과 여망이 있었어요. 그러니까 전민노련이 시대에서 정말 나오기도 했지만, 1970년대부터 쭉 탄압을 받으면서 민주노총을 갈망을 했던 사람들의 모든 애정과 열정, 꿈과 희망이 이렇게 표현되는 과정이었다고 봐요.

민주노조운동을 무오류의 대상으로 담론화했던하 것은 민주노조의 균열과 한계를 둘러싼 사유를 불가능하게 만들었다. 민주노조 담론 내부에는 지도력의 한계, 노조에 대한 편향된 사고방식, 비민주적 실천과 운영, 여성 노동자들이 주도했음에도 남성에 의존한 점, 민주노조조차 생산성주의에 동조한 점 등 다양한 익명적 관행과 지식들이 도사리고 있다. 그러나 1970년대 민주노조를 둘러싼 담론들은 이런 균열을 '단순화'시키는 사유방식을 고착화시켰다. 이런 사유방식을 고착화시킨 민주노조 담론은 다양한 민주노조의 실천의 가능성을 봉쇄하고 내부의 모순을 전복적으로 사고할 가능성을 은폐했다. 다음으로 이런 모순을 확인하기 위해서 '남성노조'에 대해 살펴보자.

남성지배 노조

한편 '남성지배 노조'라는 용어를 사용해도 좋은지에 대해서 논란이 존재한다. 여기에는 몇 가지 부연 설명이 필요하다. 표면적으로 산업화 시기, 특히 1970년대에 노조의 운영과 지향을 둘러싼 균열은 민주노조와 어용

노조였다. 하지만 민주 대 어용이라는 균열은 이데올로기의 차이보다는 정부와 고용주로부터 확보한 '자율성'이 중요한 쟁점이었다. 한국에서 민주노조는 시구에서는 '황색노조yellow union'라고 불리는 친고용주적 성격을 가진 노조에 반대하는, '부정적 이미지negative image'로 만들어졌다. 1970년대 존재하던 민주노조는 대부분 여성이 70퍼센트 이상을 차지했던 사업장이고, 조합장과 중요 간부들도 여성이었다. 간부의 구성에서 남성지배 노조는 여성노동자들이 주축이 된 민주노조의 대립물이었다. 한국노총으로 대표되는 상급 노조들은 고전적인 남성 주도권을 표현해주는 동시에, 수적으로 압도적이던 여성노동자들이 영향력 있는 노조에서 중요한 지위를 확보하지 못하도록 여성노동자들을 '체계적'으로 배제했다(전순옥 2004, 212).

또한 남성지배 노조가 민주노조의 대립물인 이유는 대개 민주노조가 남성의 지배 아래 있던 어용노조를 교체하면서 등장했기 때문이었다. 1963년 노동관계법 개정 이후 상당수 노조들이 조직됐지만 대부분 수명이 짧거나 고용주와 협력을 통해 생존하거나 혹은 다수를 차지했던 여성노동자들을 노조의 의사결정 과정에서 배제함으로써 생산현장과 리더십의 연계가 취약했다. 이런 맥락에서 1970년대에 '어용노조', '남성지배 노조', '산부노조'는 노조의 성격, 주체, 지도부와 조합원간의 의사소통이라는 다른 차원에서 규정되는 용어지만, 거의 유사한 맥락의 의미였다.

당시 어용노조와 민주노조의 차이에 대해 YH의 박태연은 이렇게 설명하고 있다(김지선 외 2003).

> (민주노조가 — 인용자) 한국노총하고 다른 것은 요구조건을 얼마만큼 높였느냐는 것도 있지만, 현저하게 다른 점은 조합원을 얼마만큼 그 요구조건 싸움에 참여시켰느냐 이거라고 봐요. 예를 들자면, 교섭하고 있으면 조합원들은 거기

서 농성도 하고 있고, 또 시시각각으로 교섭 상황도 알리고 하면, 결과적으로 조합원들이 '아, 이거는 간부 몇 사람이 그냥 뚝딱해서 시혜적으로 갖다 주는 게 아니라, 우리가 참여해서 우리가 결정하는 거다'라고 생각하게 되요. 이게 완전히 다른 거구요. ……그때 교육과정에서 저희가 했던 것은, 예를 들어 요구조건이 한국노총보다 덜 관철된다 하더라도, 얼마만큼 많은 사람이 의사결정 과정에 참여를 했느냐는 거예요. 조합 간부가 시혜적으로 갖다 주는 것은 '참 고맙다'라고 하지만, 힘이 거기서 발생하는 건 아니거든요. 그건 엄청난 차이가 있어요.

이처럼 민주노조의 구체적인 운영과 실천 과정에서 남성노동자와 조합원들은 반민주적 실천을 반복적으로 보여왔다. 서로 다른 시기에 동일방직, 원풍모방, YH물산, 반도상사 등 민주노조가 무력화되었던 원인 가운데 하나는 남성노동자들이 민주노조의 여성 지도부를 폭력적으로 탄압해서 노조의 조직적 기반을 파괴했기 때문이었다. 한 예로 반도상사의 경우 부산에서 차출된 남성노동자들이 노조파괴 공작을 벌여, 관리과장이 주도하는 '봉선회'라는 친사측 조직을 조직해서 노조 사무실의 비품 등을 부수며 행패를 부렸다. 남성노동자들이 이런 관례적인 실천을 했던 이유는 남성노동자들의 '자존심'을 자극해서 여성 노조에서 떨어져 나가게 하기 위한 것이었다(이옥지 2001, 345). 그 동안 민주노조 사업장에서 일어난 폭력은 대부분 사측의 사주를 받거나 남성노동자에 의해 일어난 사건으로 해석되었다. 그러나 이 안에는 복잡한 입장들이 숨겨져 있는데, 여성노동자들에 대한 폭력은 여성에 대한 비하라는 '성차별 이데올로기'가 강하게 내재되어 있었다. 여성이기 때문에 폭력을 가해도 무관하며, 여성노동자 한두 명에 대해 폭력을 가해도 별 문제가 되지 않는다는 것이다. 남성노동자들이 여성노동자들에게 폭력을 가한 것에 대해 남성 노동사는 '사측의 사주'라고 해석하고 있다. 물론

이 점도 중요했지만, 중산층 남성에 비해 남성노동자들이 강하게 지닌 '남성다움'에 대한 강조도 크게 작용했다.[9]

앞서 3장에서 살핀 바와 같이 작업장 폭력은 남성노동자가 자신의 남성성을 폭력과 일치시킴으로써, 공장에 다니는 자신의 열등감을 해소하려는 나르시시즘적인 성격을 지니고 있었다. 윌리스(P. Willis 1989)가 영국 노동계급 가족의 남성 학생들을 통해 밝힌 바와 같이, 여성과 맺는 성관계, 폭행, 남성다움 등은 남성노동자들에게 남성다움 혹은 '자존심'처럼 여겨졌고, 남성노동자들은 이런 것들을 통해 여성을 지배할 수 있다고 생각했다. 이런 맥락에서 1970년대 한국 남성노동자의 세계 안에는 '남성-친자본-폭력-권위적'이라는 의미의 계열이 자리잡고 있었다. 1970년대 노조 운동사는 이런 3항의 내부 균열구조 아래 진행된 것이었으며, 특히 남성지배 노조의 위계질서는 전형적으로 작업 현장의 그것과 '일치'했다. 다시 말해 남성 작업반장들은 거의 대부분 직장 대표위원이나 대의원이 되었으며, 작업장의 성별 위계질서는 그대로 노조의 질서로 이어졌다. 방림방적 등 제조업 노조를 조사한 최장집에 따르면, 이런 작업장의 성별 위계질서와 노조 내 질서가 일치되는 경우는 70~80퍼센트 정도에 이르렀다(최장집 1988, 123). 이런 점에서 동일방직과 원풍모방, 반도상사 등에서 여성 조합원들이 기존의 작업장 질서 · 권위를 대표하던 남성들 대신 대의원이 된다는 것은 작업장과 노조 질서 · 대표 체계를 뒤흔드는 사건이었다.

더불어 남성 지배의 위계질서는 노조 운영에서 여성을 배제하고 남성 간부노조를 만들려는 남성노동자들의 '무의식적 습성'에서 비롯되었다. 남성노동자들은 여성노동자가 간부를 하면 노조와 남성노동자들이 무기력해

9_ 남성노동자에 의한 작업장 폭력에 관한 자세한 내용은 이 책의 3장을 참조.

진다는 담론을 생산해냈고 이것을 통해 여성노동자들을 노조와 작업장 내부에서 '부차적인 존재'로 만들고자 했다. 이것은 한국 사회 내부에 존재하는 성별분업 담론과 깊은 연관을 지닌다. 1977년 3월 10일 『중앙일보』에 실린 「근로절과 여성, 아들딸 구별 말고 — 설득력 약해져, '여자다움'보다 '일'로 평가를」이란 기사를 보자(이승호 2002, 207~8).

> 노동은 고귀하다. 노동은 위대하다. 노동은 광명이다라고 찬양하는 말들을 요사이 듣는다. 그러나 이것이 과연 노동으로 보여줄 수 있는가는 정말 의문이다. 오히려 오늘의 우리 현실은 노동자 자신들까지도 긍지를 느끼는 것 같지 않다. ……공장의 숱한 여공에서부터 대학을 나오고도 일자리를 찾아 사회 기여를 하지 못하는 여성들. 근로자로서 긍지를 얼마나 느끼고 있는지 궁금하다. 주위로부터의 인상이 그러하고 일하는 사업장인 공장이나 기업체에서의 제도와 대우가 그러하다. 여성은 직장을 갖기보다는 결혼하여 개인의 자격으로 그쳐버리기를 가족, 친지, 및 사회가 강요하다 시피 한다. 공개채용에 있어서도, 심지어 '아들딸 구별 말고 둘만 낳자'는 가족계획계몽소조차도 남성만 구할 정도니 어처구니없다. 막상 힘들게 직장에 들어가서도 일로써 평가가 되기보다는 관례대로의 여성다움의 역할에 따라서만 평가하려 든다.

이 기사에서 드러나는 1970년대 노동시장에서 여성 배제를 통해 알 수 있듯이, 여성의 일과 작업은 '남녀관계'라는 사회적 맥락에서 평가되고 가치가 매겨졌다. 이런 논리 아래 여성노동자들은 노조 내에서 부차적인 존재로 여겨졌고, 노조 내 여성노동자의 적극적 활동은 남성을 약화시키는 것으로 간주됐다. 이것은 가부장제에 익숙한 남성들의 관행과 더불어 여성의 본질은 '가정'에서 찾아져야 한다는 담론 덕분에 더욱 강화되었다(스콧 2000).

단적인 예로, 삼원섬유의 경우 전체 노동자 300명 가운데 남성은 80명에 지나지 않았다. 하지만 초기 노조의 운영이나 간부 선출은 남성 중심이었다. 초기 분회 임원 17명 가운데 여성노동자는 4명에 불과했다. 이것은 간부의 선출뿐만 아니라 노동자들이 대부분의 일상을 보내던 작업장에서도 유사하게 나타났다. 남녀가 같이 일하는 편직부에서는 노조 결성 이전부터 현장의 모든 결정권을 남성들이 장악하고 여성노동자들의 의견은 참고조차 되지 않았다. 간혹 공임 투쟁이나 연장근로 거부 등 집단행동이 일어나도 남성들이 행동을 지시하면 여성들은 따라 하는 식이었다.[10] 노조와 작업장의 여성 배제에 대해 유동우는 심각하게 생각하고 있었다(유동우 1984, 127).

> 노조를 깨트리려고 한 회사도 노조의 힘이 원천이 남자라는 판단 아래 남자들이 일하는 편직부를 집중적으로 공략했고, 남자들의 힘을 분산시키기 위해 남자 분회간부들을 매수해서 노조 파괴를 획책하는 것이었다. 이로 말미암아 몇몇 남자 조합원들이 회사측으로 넘어갔고 회사에 장단 맞추는 이들의 극성으로 우리는 상당히 고전을 면치 못하고 있었던 것이었다. ……이와 같이 노조가 다같이 여성들의 잠재적인 힘을 아예 무시하고 있었는데 나는 우리 노조의 새로운 힘을 여성에게서 찾지 않는 한 분열되어 가는 남자 조합원들의 현실 상태를 감안할 때 커다란 위기에 직면할지도 모른다는 두려움을 느끼곤 하였다.

남성 분회장의 입장에서 본 이 문제는 몇 가지 중요한 점을 시사해준다. 산업화 시기 노동체제의 수준에서 노동자들은 정치사회와 시민사회로부터

10_ 여기서 '공임工賃'이란 영어로 'wage, cost of labor'를 통칭한다. 흔히 공장주가 '공임이 비싸서 수지가 안 맞는다'고 하는 것은 개별 생산품에 대한 생산비용과 임금의 수준을 지칭한다. '임금인상 투쟁' 등으로 호칭해도 무방하다.

배제되어 있었다. 하지만 여성노동자들의 경우 또 하나의 '배제의 메커니즘' 안에 놓여 있었다. 바로 노조와 작업장의 '성별 위계질서'가 그것이었다. 산업화 시기 여성노동자들은 '산업전사'이자 '승공勝共의 역군' 등 군사주의적 남성 주체로 호명되었다. 작업장 위계질서 역시 군사주의적으로 조직된 성별 위계질서의 또 다른 변형이었다. 하지만 동시에 주목해야 할 점은 여성노동자들의 잠재력이었다. 산업화 시기 민주노조운동에서 '여성 없는 민주노조운동은 존재할 수 없다'고 할 정도로 여성노동자들의 의미는 컸다. 왜 이런 현상이 나타났느냐는 질문에 대해 유동우는 노조의 위기라는 차원과 여성들의 잠재력에 대해 이야기하고 있다. 전자의 경우 간부노조가 아닌 대중적 민주적인 노조로서 당연한 사고지만, 후자의 실체는 무엇일까? 이 문제에 대한 해답을 최초의 여성 민주노조 동일방직 사례를 통해 살펴보자.

잃어버린 '이름' 찾기

1970년대 여성노동자들에게 민주노조는 '신'과 같은 존재였다. 물론 민주노조의 투쟁 · 존재를 절대시하거나 신화화시키는 것은 문제지만, 여성노동자들에게 노조 그리고 노조의 조직적 기반이었던 소모임은 그녀들의 '잃어버린 이름'을 돌려주었다. 전순옥은 한 인터뷰에서 당시 여성노동자들에게 있어 노조의 존재를 이렇게 설명하고 있다(전순옥 · 조주은 2004).

> ……그들(여성노동자 — 인용자)은 정말 인간으로서, 여성으로서 너무 대접을 못 받고 살아왔다. 집에서는 말순이, 섭섭이, 끝단이, 큰 년이, 막내로 불리다 공장에 오니까 시다 1번, 미싱사 3번으로 불렸다. 그런데 노동조합에서는 그들

의 이름을 불러줬다. 노동조합 활동을 하면서 위원장, 교육선전부장 등 직함으로 불리고. '아, 나한테 이름이 있었구나', 이렇게 노동조합 활동을 통해 자아, 존재를 찾은 것이다.

공장으로 오기 전 여성노동자들은 사적 가부장제의 젠더 불평등 아래에서 교육받을 권리와 자신의 삶을 스스로 결정할 권리를 박탈당했다. 또 작업장에서는 성별 위계질서 아래 '소모품'으로 전락했으며, 이런 과정은 그녀들이 누려야 할 권리를 여성이라는 '차이' 때문에 박탈당하는 과정이었다. 이런 빼앗긴 권리를 되찾아오게 된 결정적인 계기가 1972년 동일방직 노조 선거였다.

동일방직 노동조합은 동양방직 노동조합이라는 이름으로 1946년에 결성되었다. 애초에 전평全評(조선노동조합전국평의회) 산하 노조로 출범했던 동일방직 노조는 전평이 와해되면서 대한노총 산하 노조로 명맥이 유지되고 있었다. 그러나 노동조합은 조합원과 유리된 채 소수 기술직 남성들에 의해 독점되어 있었고 회사의 한 부서처럼 인식되고 있는 형편이었다(동일방직복직투쟁위원회 1985, 32). 이 와중에 1970년대 들어서 인천 도시산업선교회 조화순의 주도로 민주노조가 만들어지게 된다. 당시 조직화 과정에 대해 조화순은 이렇게 회고하고 있다(박승옥, 오장미경 외 2003, 257).

> 여성 집행부로 바꿔야겠다, 딱 결심하고 집중적으로 교육한 게 한 6개월을 했어요. 노동조합에 대한 교육만……우리 여성들도 할 수 있다. 여성이 많은 회사에서는 여성이 대표가 되어야지 어떻게 남자가 대표가 되느냐. ……남자들이 월차수당이나 생리수당이나 이런 거 자기들이 경험도 없고 얼마나 불편한 줄도 모르고 그걸 요구할 리가 없지 않느냐. ……이런 식으로.

노조가 민주화된 결과, 최초의 여성 지부장 주길자가 당선된 일은 세간의 화제가 될 정도였는데, 『노동공론』에 실린 기사는 당시의 '경악'을 이렇게 전하고 있다(주길자 1972, 122).

> 지난 5월 7일과 10일에는 우리나라 노동조합 사상 하나의 이변異變의 날이었다고 할 수 있다. 그것은 최초의 여성 지부장이 탄생되었기 때문이다. 현 노총조직 근로자 총 49만 4천 5백명(3.30 현재) 중 여성 근로자가 12만 4천 5백여 명으로 전체수의 25%나 차지하고 있으면서도 여성이 지부장에 피선된 적이 일찍이 없었던 것이다.

또한 『노동공론』에서는 왜 여성노동자가 노동운동과 노조에 참여하기 어려운지에 대해 설명하고 있다. 이것은 노조에 대한 당대의 지배적 담론을 잘 드러내고 있다(주길자 1972, 123).

> 첫째, 그 직업이 아무리 천직이라 할지라도 결혼, 출산 등의 이유로 일생 근무할 수 없는 시간의 단절이 있다는 것이며, 둘째는, 노동운동의 성질상 그것이 아무리 여성 근로자가 압도적으로 많은 섬유 계통의 공장일지라도 조직이라는 수월치 않은 관문을 통과하는데 여성이라는 사교의 한계는 이를 감당하기 힘들다는 것이 그 이유이며, 셋째는, 노동운동이라는 거치른 항로를 헤쳐 나가는데 투철한 사명감을 여성에게 기대하기 어렵다는 이유…….

위의 인용문은 주길자를 취재한 남성 기자의 해석으로 여성 노조에 대한 지배적인 담론과 거의 일치했다. 후일 동일방직 지부장이 된 이총각에 따르면 1972년 5월 여성 집행부에 대한 사측과 남성들의 태도는, "기집애들이 뭘 아냐, 1년도 못돼서 손들고 나올 거다" 혹은 "저 무식한 것들이 시키는 대로 하고 주는 대로 받더니, 제 목소리를 내니까 그 꼴을 못 보는 거예요. '야, 니네들이 우리하고 동등해?'하면서, '이총각, 이총각'이라고 부르지 지부장이라고 불러주지도 않았어요"였다. 여성노동자들이 일상적으로 듣는 욕보다 더 힘들었던 것은 '여자들이 뭘 아냐'는 식으로 낮추며 무시하는 말들이었다(박수정 2003, 25~7). 반도상사의 경우에도 관리자들은 지부장 한순임에 대해 "겨우 반장이나 하던 젊은 가시내가 지부장은 무슨 지부장이냐"고 비꼬면서, "한 양, 한 양"이라고 불렀다(이옥지 2001, 348). 당시 반산선 선동가였던 홍지영은 『산업선교는 무엇을 노리나』(1977)에서 여성이 왜 '기질적'으로 노조 활동에 부적합한지 다음과 같이 말하고 있다(전순옥 2004, 94 재인용).

> (1) 여성들이 공산주의, 종교 단체의 인도주의적 호소에 민감한 것은 이들이 논리적 사고, 도덕적 판단력이 부족한 '내재된 본성' 때문이다. (2) 어린 소녀들은 타고난 여린 감수성 때문에 단체 활동에 몰입하기 쉽고 그 속에서만 평안을 느낀다. (3) 여성 노동자들은 감정에 좌우되기 쉽기 때문에 쉽사리 흥분하고 무모한 행동을 하기 쉽다. (4) 여성들은 교활해서, 직장에서 말썽거리를 만들어 훈계라도 듣는 날이면 울음을 터뜨리고 히스테리를 부리기 일쑤이다.

여성노동자가 노조 지부장을 맡는다는 것은 '여성답지 못한' 것으로 의미화되었고, 이것은 공사 영역의 남녀 분리와 연관이 있었다. 유교 담론에 기초한 가부장제도는 국가조직과 가정은 질서유지를 위한 위계적 관계로서 특징을 지녔다. 특히 남성과 여성은 신체적 특징과 능력이 다른 것이 당연시되며 따라서 맡아야만 하는 직분도 달라야 한다고 규정되었다(유교 담론에서 성별분업에 대해서는 **부록 4-2**와 **부록 4-3** 참조). 이른바 '분리 원리'는 남녀 역할과 활동 공간 분할의 원리로서 공적 영역과 사적 영역을 성별에 따라 나누고 여성의 공적 영역 진입을 차단했다(정옥자 · 이숙인 외 2000, 108~9).

이처럼 공사 영역의 분리 관념이 여전히 지배적이던 시기에 여성노동자가 노조 지부장이 되었다는 사실은 '경악'이자 '충격'이었을 것이다.

'여성' 노조 만들기

다음으로 동일방직에서 최초의 여성 지부장인 주길자 지부장을 선출하는 과정을 살펴보자. 여성노동자인 주길자가 지부장이 되는 과정은 인천도시산업선교회의 치밀한 '계획의 산물'이었다. 당시 많은 관련자들도 동일방직에서 여성 지도부가 선출된 것은 매우 '획기적'이며 노동운동사의 한 계기를 이루었다고 평가하고 있다(이원보 외 2003).

> 섬유의 경우, 동일방직이 왜 주목을 받느냐 하면 방직공장 체계가 종업원, 조장, 반장, 담임, 계장 이런 식으로 되어 있거든요. 담임, 계장이 남자예요. 아랫사람을 고향 등 연고 채용……그걸 뿌리치고 자기가 바라는 대의원을 뽑았다는 것은 혁명적인 겁니다. 여자 대의원들, 이것은 자주적 결단이고 자주성을 확보하는 기초적인 조건이었는데. 선거도 자주적으로 자기 결단에 의해 행하는 것이 민주노조의 특징입니다. 운영의 민주성은 별개라 하더라도 말입니다.

당시 도시산업선교회 소모임 회원들은 대의원을 선출하기 전에 부서마다 존재하는 소모임에서 자기 부서의 대의원을 미리 무기명 투표로 선출, 여기서 선출된 여성 후보를 지지하도록 '사전조직'이 됐다(박정세 1992). 과거 대의원의 과반수 이상은 남성이었지만 이제 여성 대의원을 사전 조직, 자신들의 대표를 스스로 선출했던 것이다. 대의원 선거 전에 소모임 회원들은 부서 여성노동자들의 주거지를 돌아다니며 우호적 관계를 형성, 과거 회사에 의해 일방적으로 이루어지던 관행을 단숨에 바꾸어놓은 것이었다. 그 결과 1972년 대의원 선거에서 여성들이 대거 대의원에 당선됐고, 그 여세를 몰아 제24대 지부장 선거에서 도시산업선교 회원은 아니었지만 나이가 많고 지도력과 신망이 있던 노조 부녀부장 주길자를 지부장으로 선출했다. 한국 노조운동 역사상 최초의 여성 지부장이었다. 1972년 말 현재 전국섬유노조 조합원의 83.2퍼센트가 여성이었고 동일방직은 1,383명의 조합원 가운데 1,214명이 여성이었다. 여성이 노동조합 지부장으로 선출될 수 있는 가능성은 항상 열려 있었지만 실제 노조 내 여성의 역할과 위치는 미미했다. 이런 와중에 동일방직에서 여성 지부장이 등장했던 사건은 자신들의 조직적 대표체에서 배제되고 주변화되었던 여성노동자들에게는 '혁명적 변화'였다.

동일방직 주길자 지부장을 출발로 1974년에는 반도상사 부평공장에서 인천 도시산업선교회 실무자 최영희의 지원 아래 한순임이 여성 지부장으로 선출됐다. 앞서 주길자의 지부장 당선 관련 기사에서 확인되듯이 대의원대회에 인천시장까지 참석했던 동일방직 같은 대규모 사업장의 노조 지부장이 되는 것은 단지 지부장 한 명이 바뀐 것에 그치지 않았다. 이것은 노동운동의 지역적, 전국적 변화를 예고하는 것이었다. 여성 민주노조의 확산은 동일방직에 그치지 않았다. 동일방직이 있던 인천은 공단밀집 지역이며 하숙 등 노동자 주거지가 곳곳에 산재했다. 그런 만큼 노동자들 사이에 소문이 빨리 퍼질 수 있는 조건이 형성돼 있었다. 인천 만석동 동일방직에서 여성 민주노조가 만들어진 사실은 부평공단으로 퍼져 나갔고 여성노동자들 사이에는 자기 공장에도 여성 지부장이 있어야 한다는 목소리가 높아져갔다.

이 와중에 도시산업선교회의 조직화에 의해 두 번째로 만들어진 인천 지역 여성 민주노조가 바로 반도상사였다. 반도상사는 럭키그룹 산하 1,200

명 규모의 대공장이었는데, 여성노동자 조직은 도시산업선교회 실무자 최영희가 주도했다. 반도상사의 노조 결성 움직임은 1973년 12월부터 3개월간 지속된 인천 도시산업선교회의 '부평지역 여성지도자 훈련'에서 시작되었다. 반도상사 여성노동자들은 연장 · 철야작업, 몸수색 시 여성노동자들에 대한 관리자들의 구타, 폐결핵에 걸린 노동자에 대한 해고, 생산직과 관리직에 대한 차별 등의 계급경험을 공유하면서 여성 노조의 필요성을 공감했다. 놀라운 사실은 1974년 2월 26일 오전을 기해 결행된 파업 전날, 기숙사와 탈의장에 유인물이 배포됐지만 출 · 퇴근자와 기숙사생 가운데 아무도 파업계획을 사측에 알리지 않았다는 점이었다(이옥지 2001, 195~6). 1974년 2월 여성노동자 1천여 명의 연좌시위를 시발로 작업장 내 비인간적 대우에 대항하는 노조의 조직화가 시작됐다(이옥지 2001, 194~5; 장현자 2002). 또 1975년에 YH무역에서도 민주노조 결성과 함께 최순영이 여성 지부장으로 선출되는 등 1977년 말 현재 전국에 걸쳐 11개 노조, 56개 분회에서 여성이 지부장이나 분회장에 선출되었다. 당시 동일방직에서 지부장이 '여성'으로 바뀐 뒤의 '혁명적' 변화에 대해 조화순은 이렇게 회고하고 있다(박승옥, 오장미경 외 2003, 257~8, 강조는 인용자).

> 대의원 선출하는 건 간단하지 뭐. 옛날에는 누구 찍어라 하면 그러면 다 누구 찍어. 다 남자야. 그런데 이제 얘네들이 의식이 바뀐 뒤로는 그렇게 안 하는 거지. 지혜가 필요하다, 그러면 절대로 아는 척 하지 말아라. 과장이 찍으라고 그러면 대들고 그래. 난 그러지 말고 속으로 '야, 이 병신아 엿 먹어라' 그러라고 그래. 그렇게 해서 그 속상한 것을 이겨내라고 그랬어. 대의원 딱 찍잖아. 여자가 몽땅 되는 거야. 회사가 갑자기 기절을 하는 거야. 이게 어떻게 된 거냐고. 아무것도 몰랐는데 어떻게 그렇게 되었는지 몰라. 노동조합 선출할 때 인천시장이 다 와. 완전히 정치 축소판이야. 지부장 선출하려면 추천을 해서 출마하잖아. 그러면 대단해. 돈 쓰고

별 짓 다 하는 거야. 그렇게 대단한 줄 몰랐어. 여자를 출마시켰어. 처음 여자가 출마되니까 안 될 거라고 생각하는 거지. 그리고 상례가 3번 이상을 출마를 했대. 그러면 뒷거래하는 거야. 과반수가 안 되니까. 여자들은 과반수가 딱 되는 거야. 그런데 내가 시켰지. 조금 괜찮은 남자한테 가서 얘기해라. '당신 표를 날 주라. 그러면 여자끼리 집행부 구성을 안 하겠다, 당신에게도 지분을 줘서 남녀 혼성으로 하겠다.' 그러면 안 믿지. 그런데 나중에는 정치적인 사람이니까 하겠다고 하더래. 첫 투표 때 당신 표가 이쪽에 오면 그렇게 하겠다고 했는데 막상 딱 찍으니까 안 한 거야. 그러니……일사천리로 여자 애가 다 된 거야. 여자 지부장이 당선이 돼. 집행부 전부가 여성으로 조직된 거야. 그 전에는 열여섯 명 가운데 여자는 딱 하나야. 그러니 신문에 대서특필되고 난리가 났어.

하지만 여성 노조 결성이 순탄하지만은 않았다. 세 차례에 걸쳐 실패를 겪었던 YH무역 노조가 대표적이었다. 1970년에 순이익 약 12억 7천만 원을 낼 정도로 번창하던 YH무역은 무리한 사업 확장과 경영 부실로 1974년에는 은행부채가 약 6억 원으로 늘 정도로 사세가 기울었다. 게다가 도급제를 기초로 하던 극심한 노동강도와 저임금 때문에 노동자들의 불만은 점차 높아가고 있었다(박수정 2004). 특히 숙련공과 비숙련공간의 커다란 임금격차가 노동자들의 불만을 가중시켰고, 이런 와중에 1975년에 건조반에서 작업거부 사건이 발생했다. 이 사건은 작업감독의 인사이동이 계기가 됐지만 본질적으로는 무리한 노동과 낮은 임금이 원인이었다(한국노동자복지협의회 1985, 23). 작업거부는 회사의 감시를 피하기 위해 상봉동 천주교회 집회로 이어졌고 여기에 200여 명이 참여하게 됐다. 여기서 여성노동자들은 가톨릭노동청년회JOC 이철순을 통해 노동조합을 소개받게 됐고, 이것이 노동조합 결성의 필요성을 자각하게 된 최초의 계기였다.

이철순은 당시를 이렇게 회고하고 있다(김이정희 2002, 72; 박수정 2004).

> YH의 경우 공장 뒤 선술집이 즐비한 뚝방이 있었는데 그곳에 나가는 아가씨들이 거의 YH 여공 출신이라는 걸 우연히 알게 되었어요. YH는 도급제 회사였는데 일이 있으면 월급을 받고 일이 없으면 월급을 받지 못하는 형편이라 생계를 위해서 아르바이트를 하지 않을 수 없는 상황이었죠. 그걸 보고 안 되겠다 싶어 YH에서 일하고 있던 조장들을 만나 문제 해결을 도모했죠.

이 사건은 여성노동자들의 자발적 단결의 가능성을 보여준 동시에 노조에 대한 관심을 촉발시킨 계기가 됐다. 최순영은 1975년, 평소 입바른 소리를 잘해 현장에서 신뢰를 받던 차에 기숙사방 친구인 민경애로부터 노조 이야기를 듣는다. "노조라는 것이 있는데 우리 노동자에게 참으로 좋은 것이래. 이걸 읽어보고 생각이 있으면 오늘 퇴근 후에 ○○다방으로 잠깐 나와. 회사에 발각되면 큰일나니까 아무에게도 말하지 마, 라고 하면서 『노동조합이란 무엇인가』라는 팜플렛 한 장을 꼬깃꼬깃 접어서 슬쩍 건네주었습니다"(한국노동자복지협의회 1985, 27, 44; 박수정 2003, 95). 노조 결성 직전 최순영 역시 노조가 무엇인지 감조차 잡지 못했던 것이다(최순영 2001).

> 어느 날 노동조합을 하자고 하기에 나는 우리 회사가 노동청에 가입해 있는데 뭘 하러 노조 만드느냐고 무식을 떨었지요. 노조를 하면 8시간 노동에 퇴직금도 받고 상여금도 받을 수 있다는 말에 넘어간 것 같아요. 어차피 그만둘 직장인데, 나이 어린 동료들에게 좋은 일이나 하고 그만두자고 생각했지요. 섬유노조 조직부장이 만나자고 하데요. 도합 6명이 나왔는데 그 중 하나가 공장장의 처남이었지요. ……75년도죠. 웃기는 일이 많았지요. 그 중 한 친구가 노조가 야당이냐고 물었는데, 조직부장이 여당이라고 말했어요. 조직부장은 8시간 근

무가 기본이고 수당을 주어야 한다는 것을 강조했던 것 같아요. 나는 정당한 일이라면 회사에 요구하지 왜 쉬쉬 하냐고 물었어요. 그랬더니 해고된다고 했어요. 그 이튿날 나만 빼고 여자들 4명이 몽땅 해고가 됐어요. 공장장 처남이 가서 찌른 거죠. 난 회사에서 신뢰했고, 일을 잘 하니까 해고를 못했던 것 같아요. 그 대신 하청공장을 차려줄 테니 어떠냐고 물어오데요.

다음 날 다방으로 나가자 건조반 조장으로 파업에 앞장섰던 4명과 섬유노조 본조 조직부장 임동수가 나와 있었다. 그러나 임동수가 하는 이야기는 왠지 노조간부가 되면 호강한다는 식의 말뿐이었다. 단적인 예로 "지부장은 현장 일을 관두고 아침에 출근, 공장에 별 문제가 없는지 돌아보고 신문이나 보고 회전의자만 돌리면 됩니다"라는 식이었다. 이렇게 섬유 본조는 노조의 수적인 증대, 조직의 확대에만 관심이 있었고 신규 조합을 결성할 때도 조합원의 권리의식을 높이기보다는 노동자가 조합 간부직에 '매력'을 느껴서 노조 결성에 적극적으로 참여하기를 기대했다(한국노동자복지협의회 1985, 33~55; 최순영 2001; 박수정 2003).

한편 노조 결성 직후 섬유 본조의 김영태와 박은양 일파는 YH 노조를 어용화해 의류노조 산하에 두려고 했고, 섬유노조 전 위원장 방순조 일파는 노조를 인정하고자 했다(당시 한국노총 본조에 대한 상세한 내용은 **자료 4-2** 참조). 이런 사정은 YH 노조의 결성이 본조의 '내부 갈등'과 깊이 연관되어 있었음을 시사한다. 동시에 회사는 신원철이라는 남성을 앞세워 새로운 노조를 결성한 뒤 노조를 팔아먹으려 했다. 이렇게 산업화 시기 막 의식이 깨기 시작한 여성노동자들이 노조를 만들려고 할 때 상급 노조가 결성 과정을 도와 일단 노조를 만든 뒤, 회사로부터 거액의 금품을 받고 주동자를 밀고해서 부당해고시키고 어용노조를 만드는 이른바 '조합 팔아먹기'가 빈번했다. 더군다나 노조 결성 이후에도 사측은 결코 노조를 인정하려고 들지 않았으며, 최순영에 대한 회유, 자진 사퇴 협박, 간접적 폭력의 행사 등 다양한 탄압이 가해졌다.

1975년 4월 20일 어린이대공원에서 두 번째 노조 결성 시도에는 회사 남자 직원만 모여 또 한 번 실패를 겪었다. 연달아 1975년 5월 14일 청량리에 있는 중국집 용봉정에서 세 번째 결성을 시도했지만 이것 역시 실패한다. 결국 YH는 1975년 민주노조 결성 이전에 세 차례에 걸친 실패를 경험했던 것이다(박수정 2003, 95). 이 과정에서 주동 노동자들은 해고, 좌천, 출장, 부서 이동을 당했으며, 사측은 보복 조치로 현장에서 잔업 연장, 활동적인 노동자 미행, 공장 외부 모임 적발, 기숙사생 외출 금지 등 여러 조치를 취했다. 또한 사측은 모든 관리직 남성 사원, 직원에 총동원령을 내려 새벽 4시 통행 금지 해제와 출 · 퇴근 노동자 감시, 미행 보고를 의무화했다(한국노동자복지협의회 1985, 26~30; 32).

세 차례에 걸친 실패를 겪은 이후 최순영은 해고된 주동자 4인과 노조 결성을 위한 '방향 전환'을 시도했다. '공개적인 노조 조직'을 시도했던 것이다. 해고자 4인은 출 · 퇴근 시간에 공공연히 만나 노조 교육과 선전을 하고 노조의 필요성을 주장하는가 하면, 『노동조합을 만듭시다』, 『노동조합이란 무엇인가』라는 팸플릿을 배포하는 등 적극적이고 변화된 모습을 보였다. 이런 변화에 대한 사측의 대응은 즉각적이었다. 팸플릿을 회수하기 위한 기숙사 검신(몸 수색 — 인용자)을 실시하거나, 기숙사 마당에 줄을 서게 해서 한 사람씩 속옷까지 검사하고, 또 사내방송을 통해 ① 회사 사정으로 기숙사 외출 절대 금지, ② 유인물을 소지하고 있다가 발각되는 자는 발각 즉시 해고, ③ 유인물 소지자 중 자진해서 회사에 신고하면 책임을 묻지 않고 용서한다는 발표를 했다(한국노동자복지협의회 1985, 33).

자료 4-2 김영태와 섬유노조의 노조 탄압

유신체제 아래 여성노동자 및 민주노조에 대한 담론은 '반노조담론'의 형태로 나타났다. 특히 1970년대 노동운동에 대한 담론 가운데 가장 많이 등장하는 것 가운데 하나가 노조의 무력화 · 어용화와 관련된 것들이었다. 특히 유신 직후 한국노총은 국가기구로서 기능을 노골화했다. 구체적으로 반노조 담론과 실천이 전면화된 시점은 대표적인 어용노조였던 섬유노조 본조가 1976년 7월 29일 '김영태 체제'로 변화하면서부터였다. 특히 여성노동자가 많았고 그만큼 도시산업선교회와 외부 지원 단체의 관심과 개입이 많던 섬유 사업장이 그러했다. 그 결과 본조의 의도와 달리 전투적인 집단행동과 본조의 통제 범위를 넘어서는 투쟁들이 발생했다. 물론 이 사업장들은 전체 섬유업종 사업장 중 몇 개에 불과했지만 노동문제를 지속적으로 사회화시키고 도시산업선교회 등과 연계해 노동자의 독립적인 의식 · 세계를 형성했다는 점에서 한국노총에게는 위협적이었다. 이런 와중에 섬유노조 본조 위원장이 김영태로 교체된다.

1970년대 노동운동사에서 민주노조 파괴의 선봉장으로 알려진 김영태가 전직 방순조(방림방적 위원상)를 제거할 수 있었던 중요한 이유 가운데 하나는 동일방직 문제에 대한 처리 때문이었다. 방순조는 위원장으로서 동일방직 문제 하나 제대로 처리하지 못하는 무능함을 이유로 임기 만료 1년을 남겨놓고 불신임안이 통과되어 해임되었다. 당시를 이원보는 다음과 같이 회고하고 있다(이원보 외 2003).

> 1970년대 초반부터 조직분쟁이 엄청나게 많이 일어나서, 거의 매년 위원장이 바뀌는데, 결정적인 것이 언제 일어나느냐 하면, 동일방직 사건이 나고, 76년 7월말에 선거를 하는데 그때 김영태가 등장을 합니다. 불신임을 해요. ……위원장 바뀌고 나서 위원장 되자마자, 완전히 개판 되죠. 그러면서 수습

대책위를 보내 가지고 대대적으로 공작한 게 동일방직 노조운동사에 나온 그대로죠.

한편 YH무역의 경우 섬유노조가 노조의 '회사 노조화'를 저지했는데, 그 이유는 섬유노조 '내부 갈등' 때문이었다. 심지어 섬유노조는 회사 방해에 맞서 YH 노동자들의 교육을 적극 지원해 주기도 했다. 이처럼 섬유노조 내부 권력 갈등은 1960년대부터 뿌리 깊은 것이었다. 1960년대 최대 쟁의이던 면방쟁의가 종료된 뒤 집행부 이춘선 그룹과 반대파인 부산 지부장인 김영태 그룹이 대립했고, 1970년대 위원장 선거에서는 이춘선이 지지하는 이찬혁과 김영태가 지지하는 최용수가 맞붙었다. 이후에도 섬유노조는 1974년까지 매년 위원장이 교체되는 등 조직 분규가 지속되었다. 부산지부장 김영태는 1977년 동일방직 인천지부 사태를 제대로 수습하지 못했다는 이유로 위원장 방순조를 임기 도중 불신임시켰고, 이춘선과 방순조 등을 조직분열 기도 혐의로 중앙위원회에서 제명하는가 하면, 1978년 전국 대의원 대회 이후 원풍모방, 반도상사, YH 무역, 동일방직 등 여성 민주노조와의 조직적 관계를 단절하기에 이르렀다(이원보 2004, 139~140; 367; 371~2; 이옥지 2001, 202~3). 이처럼 한국노총에게 기층 노조(지부 및 분회)는 통제와 관리의 대상이었을 뿐 그 이상의 선을 넘어서는 활동을 전개하는 노조는 무력화의 대상이었다. 상급단체(정상조직peak organization)인 한국노총이 노조 본연의 위치로부터 이탈했던 특수한 상황은 한국노총의 성격을 노골적인 '역조합기구逆組合機構'로 특징지웠다.

하지만 출퇴근 시간을 이용, 팸플릿을 배포하는 공개 활동과 비공개 작업을 병행했다. 당시 조직화 작업을 살펴보면, 최순영의 친구 민경애로 하여금 현장 내부 조직화를 담당하게 했고, 본격적인 조직적 동원을 위해 최순영은 해고자와 본조 사이의 연락을, 최순영의 기숙사방 동료인 포스터반의 이곡지와 김수자는 포스터반 동원을, 재봉반의 박준분과 박현황은 재봉반을, 수제반은 친목 모임인 세븐 클럽과 어인자가 담당하는 등 역할을 분담했다(한국노동자복지협의회 1985, 34). 예를 들어 기숙사 안에서 조합교육이 실시됐는데, 노조에 대해 알고 싶은 사람은 기숙사 몇 호실로 모이라는 '쪽지'를 돌린 뒤, 방에 불을 다 꺼놓고 이불을 덮은 채로 사측에 발각되지 않기 위해 신발을 모두 기숙사 방 안으로 넣고서 교육이 진행되었다.

노조 결성에 세 차례나 실패하고 마지막 시도에서 성공한 YH 노조는 영등포 도시산업선교회 등과는 신민당 농성 이전까지 거의 직접적인 관계를 맺지 않았으며, 초기 조직화는 상대적으로 양심적인 간부였던 교육부장 표응삼의 지원을 받았다. 표응삼은 최순영에게 회의 진행할 때 의사봉 두드리는 법, 총회 하는 법 등을 일요일에 도봉산 등에 가서 가르쳐주었고, "섬유 본조 저거 다 어용이고 도둑놈들이니까 말 듣지 마라"고 조언하기도 했다.[11]

마침내 1975년 5월 24일 오후 8시 청량리 새서울예식장에서 노조 결성식을 열기로 예정하고 보안과 내부 동원을 점검한다. 24일 아침 각 반의 주요 멤버들은 동료들과 외출복을 입고 출근, 퇴근 후 작업복을 가게에 맡겨두고 예식장으로 갈 것을 결의한다. 이 과정에서 관리과장이 사전에 노조 결성을 알아차리고 저지하려고 했지만 최순영의 순간적인 재치로 위기의 순간을 모면했다. 당시 긴박했던 상황을 최순영을 이렇게 기록하고 있다(최순영 2001; 한국노동자복지협의회 1985, 35).

11_ YH 노조 지부장이었던 최순영은 섬유 본조 교선부장인 표응삼에게서 크리스챤 아카데미를 소개받았다. 또 표응삼은 최순영과 원풍모방 박순희를 비롯해 당시 여성 지부장들 사이의 만남을 주선해주었다(박수정 2003, 98~99).

토요일(75년 5월 24일)을 결성일로 잡았는데, 아침에 공장장이 날 불러 오늘 노조를 결성한다고 하는데 아느냐고 묻기에 난 모른다고 했죠. 회사도 날 믿었어요. 미스 최가 나가서 알아보라고 내보내더라구요. 나가서 해고된 4명을 만나서 내가 공장 안을 책임질 테니까 밖은 너희가 책임지라고 합의하고 들어왔지요.

하지만 결성 장소인 예식장에서 기다려도 본조 간부가 보이지 않자 결국 오후 9시 50분 우남빌딩 9층 섬유 본조 사무실에서 노조를 결성했다(한국노동자복지협의회 1985, 38~40). 하지만 노조를 결성하는 과정에서 희생이 따랐다. 몇 차례 결성을 시도하는 과정에서 가장 탄압받았던 4인은 복직하지 못했다.[12] 이것은 YH 노조의 결성이 어느 정도 사측과 본조의 '타협'에 의해 이루어진 탓이기도 했다. YH 노조 결성은 이 네 명이 해고되는 조건으로 타협된 것이기 때문에 불완전했고, 조직 과정상 한계들을 남겼다.

지금까지 살펴본 것처럼, 동일방직, YH무역, 원풍모방 등 노조들 가운데 상당수는 여성 지부장이 있거나 간부 중 다수가 여성들로 이루어져 있었다. 그렇다면 이런 사업장들에서 여성노동자 주도로 노조가 결성되고 운영될 수 있었던 이유는 무엇인가? 단지 여성노동자가 수적인 우위에 있다는 사실에서 기인한 현상이었나? 우선 지적할 수 있는 점은 앞서 서술한 것처럼, 여성 조합장이나 지도부들이 남성 중심적 문화와 관행에서 어느 정도 자유로울 수 있었기 때문이었다. 남성 조합장 다수가 회사에 매수되거나 노조가 회사 노조로 된 이유는 사측이 뇌물, 신분 보장, 술자리 등 남성적 관행과 실천을 통해 포섭했기 때문이었다. 하지만 여성 조합장은 이런 남성

12_ 해고된 4인은 김경숙, 박금숙, 이옥자, 전정숙이다. 이 네 명은 아직도 민주노조운동사 속에서 제대로 알려지지 않고 있다.

중심적 관행과는 거리가 멀었다. 더군다나 도시산업선교회나 종교단체와 맺은 연계가 상대적으로 강했기 때문에 '도덕성'도 남성들보다 우위에 있었다. 또 다른 원인으로 지적할 수 있는 것은 여성노동자들의 '특수성'이었다. 같은 또래에 농촌 출신이라는 비슷한 개인적 배경을 지닌 이들은 소모임 등을 통해 급속도로 친밀감을 형성했고, 이것은 노조의 '조직적 자원'이 되었다. 이처럼 여성노동자들이 민주노조의 잠재적이고 실재적인 힘이자 주도세력이 될 수 있었던 또 하나의 요인으로 간과할 수 없는 것이 '소모임'이었다. 대표적으로 기숙사와 도시산업선교회, 부서별 클럽 등을 통해 여성노동자들 사이의 연대의식이 형성되었다.

여성 노조와 리더십

일단 여성 민주노조가 만들어졌을 때 어떤 점이 남성지배노조와 달랐을까? 임원의 선출, 조직운영, 회의방식 및 조직화 등에서 '차별성'이 존재했을 것이다. 물론 처음부터 여성 민주노조가 순조롭게 운영됐던 것은 아니다. 특히 초기 노조 활동은 여러 가지 어려움에 봉착하곤 했다. 먼저 YH 노조 상임집행위원회의와 대의원대회 회의록을 중심으로 살펴보자.

노조 신고필증이 나온 다음 날인 1975년 7월 1일 노조는 제1차 상임집행위원회를 개최했다. 초기 노조의 활동 목표는 적극적인 조직 활동을 전개한다는 것과 사내 질서안정을 기한다는 것이었다. 비록 노조가 합법화됐지만 조직력이 취약했으므로 활동의 초점을 사측과 정면 대결하는 것보다 사내 질서안정에 맞추었던 것이다. 하지만 노조의 초기 입장은 깊이 있는 토론의 결과는 아니었다. 오히려 고용주가 노조에게 가하는 억압적 상황이나 분위기에 의해 결정된 것이었다. 노조 결성 이후에도 사측은 최순영 지부장을 무시하고 노사협상을 계속 거부했는데, 여기에는 앞서 지적한 여성 노조에 대한 고용주의 '시각'과 '담론'이 강하게 작용했다. 또 다른 이유는 사용주측도 노사협의에 대해 무지했던 것은 마찬가지였기 때문이었다. 남성지배 노조가 존재했을 때는 노사협의가 거의 이루어지지 않았다. 아니 더 정확하게 말하자면 그럴 필요가 없었다. 하지만 여성 노조가 만들어지자 양자 모두 노사협의의 '게임의 룰'을 익히지 않으면 안 되었다. 실제로 사측은 곧바로 태도를 바꾸어 '노무과'를 설치해서 노조에 대응했다. 그러나 사측이 노사협의에 임했지만 노조측 요구를 모두 거부한다. 결국 노조는 7월 22일 서울시에 「단체협약에 관한 단체교섭 조정결정 신청」을 제출, 노무과장 윤재호와 지부장 최순영 사이의 예비교섭이 성사됐지만 첫 번째 협상은 그다지 순조롭지 않았다. 노사간의 합의 내용에서 알 수 있듯이 사측에 끌려다니기만 해서 실제적인 내용을 얻어내지 못했던 것이다(한국노동자복지협의회 1984, 65).

협상 결과 표면적으로 임금이 인상된 것처럼 보였지만, 9시간에서 8시간으로 노동시간을 단축하되, 9시간 임금을 받는 것이므로 실제 임금상승 효과는 없었다. 또한 작업 전후 10분씩을 인정한 것은 무보수 노동을 공짜로 준 셈이었으며 잔업 역시 자의적인 잔업 허용의 근거를 제공해준 것과 마찬가지였다. 왜 이런 일이 벌어졌을까? 12월 8일 열린 상집회의 회의록을 한번 보자. 노조원들은 무엇보다 차별대우에 목소리를 높였다. 단적인 예로 부녀부장은 "아무리 차별대우가 법적으로 금지되어 있더라도 그런 차별대우(생산-관리직 상여금 차등지급을 지칭 — 인용자)는 우리 회사뿐만이 아니라 다른 회사에서도 있어 온 것이 아닙니까?"라고 발언했다. 하지만 사무장, 쟁의부장, 상집의 목소리는 높았다. 이들은 연말 상여금 100퍼센트 요구를 결의하고 구체적인 방안을 논의한다. 또한 상집회의에서는 지난 노사협상에서 노조의 가장 큰 문제가 기층 조합원에 기초하지 못한 협상에 있었음임을 강조하며 조합원 교육과 동원에 대해 언급했다. 한편 12월 15일 다시 노사협의가 개최됐지만 협의는 결렬되고, 18일 상집회의가 개최된다. 사측은 여전히 생산직에 대한 상여금 지급을 거부했고 이것은 간부들의 분노를 자아냈다. 당시 회의록 가운데 일부를 보자(한국노동자복지협의회 1985, 68~71).

교선부장 아니, 세상에 이럴 수가 있습니까? 관리직은 월급도 우리보다 몇 배나 많고 게다가 생산직에서는 쉬지 않는 공휴일도 전부 쉬고 있는데 이젠 상여금까지 차별하겠다니 이게 말이나 됩니까? 도저히 그냥 넘어갈 수가 없습니다.

사 무 장 회사가 우리 생산직을 깔보고 관리직만 우대하는 것은 우리 노동자들이 회사에서 시키면 시키는 대로 하고 주면 주는 대로 받아 생활했기 때문이라고 생각합니다.

지 부 장 우리나라 헌법은 노동자들의 단결권, 단체교섭권, 단체행동권이 보장되고 있습니다만 '국가보위에 대한 특별조치법'으로 인해 단체교섭권, 단체행동권이 묶여 있다는 애로점이 있습니다. 그리고 일을 해 나가는 과정에서 주동자가 없다는 것을 확실히 밝히지 않으면 안 됩니다.

부녀부장 우리가 지금 결정한 내용은 법을 지키자는 것이지 법에서 금지한 단체행동을 하자는 것은 아니라고 생각합니다. 법을 지키는 것은 우리의 정당한 권리행사가 아닙니까. 그리고 상여금은 생산직 노동자면 누구에게나 다 관련된 것이므로 어느 누가 주동한다고 할 수 없을 것입니다.

위의 발언을 통해 여성 노조간부들이 가졌던 고민의 일단을 읽을 수 있다. 먼저, 노동자들의 낮은 권리의식을 지적하며 이것이 노사간 협상의 어려움이나 사용자측의 비타협적인 태도의 원인이라고 파악하고 있다. 다음으로, 노조 지도부의 단체행동에 대한 매우 신중한 태도에 주목해야 한다. 노조는 '법을 지키는 선'에서 집단행동을 해야 한다고, 구체적으로는 1) 아침 조회에 참석하지 않는다, 2) 8시간 작업 후 연장근로를 하지 않는다, 3) 휴일근무는 하지 않는다 등 '법망 내로' 투쟁 수위를 정했다. 유신체제 아래에서 국가의 제재는 초기 민주노조 간부들에게도 곤혹스러운 문제였다. 이것은 조합원의 반응에서도 나타났다. 당시 조합원들은 준법투쟁에 대해서도 상당한 두려움을 가진 상태였다. 하지만 이런 한계에도 불구하고, 주목할 것은 노조 운영에서 드러난 여성 노조의 '특징'이었다.

우선, 여성 노조의 특징은 교육과 의견을 모아내는 과정 속에서 남성 노조에서는 보이지 않던 노조원의 '참여와 절차성'이 드러났다는 점이었다. YH 사무장이던 박태연은 한 좌담에서 당시 여성 민주노조의 특징에 대해 이렇게 말하고 있다(김지선 외 2003).

> 상집 간부들이 임원회의에서 제일 먼저 무엇을 다룰 것인지 논의가 되면, 상집 회의를 통해서, 다시 그것을 한 번 재점검을 하구요. 거기서 대략적인 골격이 서면 그 다음에 대의원대회를 소집해요. 저희는 대의원 밑에 서기나 총무가 두 사람이 있었어요. 그 밑에 적어도 7~8명의 조합원이 있거든요. 이래서 아까 56개의 단위가, 한 40~50명 단위가 됐고요. 그래서 대의원대회에서는 임원회의, 상집회의에서 좀 심층적으로 다뤘던 내용을 대의원대회에서는 한 번 더 숙지하고 거기에 대해서 한 번 더 논의를 했어요. 그 다음에 그렇게 해서 좀 추가되고 첨가될 거 되면, 안을 만듭니다. 조합원 교육안 내지 조합원에게 사업 설명할 수 있는 안을 만들어요. 안을 만들어서 대의원, 제가 지금 정확하게 기억은 안 나는데, 대의원 그룹의 한 다섯 개 그룹의 간부 부장이 상집 중에 무슨 교육부장이든 아니면 교선부장이든 하여튼 간부 부장 한 사람하고 붙어

서, 한 다섯 개 대의원과 거기 조합원들의 교육이 들어가요. 기숙사에 그룹 토의했던 발표들이 쫙 나붙어져 있었어요. 토론한 장소는 기숙사 방이었어요. 다 쫙 흩어져서 자기가 발언했던 것이 다 붙어져 있었어요. 그러면 내가 무슨 대의원 소속이 되어 있으면, 그 소속의 차트만 가서 보면 자기가 발언했던 것이 다 기록되고 이것을 또 한 번 묶는 과정이 있었어요. 56개 그룹이면, 같은 것끼리 묶는, 이게 크리스챤 아카데미에서 배운 방식이에요.

동일방직 노조 역시 조직의 운영은 거의 비슷했다. 대부분 여성 민주노조는 소모임에서 대의원대회로 이어지는 조직적 네트워크를 통해 노조가 운영되었다. 동일방직의 정명자는 노조 활동에서 소모임의 역할에 대해 이렇게 말했다(김지선 외 2003).

일부 한국노총 계열의 노동조합들은, 정말로 형식적인 활동을 했어요. 임투를 하더라도 자기네가 마지막까지 양보할 마지노선을 결정한다든지 그런 거였는데, 우리는 일차적으로 노동조합의 조직표를 보면, 가장 지도 핵이 지부장하고 상무집행위원회거든요. 지부장, 그 다음에 상무집행위원회가 있고, 그 다음에 대의원총회가 있어요. 그 다음에 조합원 소그룹들이 쫙 있는 거예요. 사실 이 조합원 소그룹들이 조직의 핵이거든요. 아주 다양한 모임이, 그룹이 만들어지는데, 일상적인 활동들은 아주 재미있었어요. 요즘 사람들이 하는 거 다했어요. 기타를 칠 줄 아는 친구들은 일상활동 그룹끼리 연합해서 고아원, 양로원도 방문했어요. 한문 공부도 하고, 노동의 역사 공부도 하고, 다양한 공부들을 그룹의 요구대로 했어요. 불사조 그룹, 다이아몬드 그룹, 열매, 포도, 이런 그룹들이 포진되어 있는 게 바로 그 당시의 민주노동조합들이었어요. 어떤 일이 생기면, 이 상무집행위원회부터 현장 소그룹까지 쫙 연결이 됩니다.

여성 노조의 또 하나의 특징은 노조 운영에서 '도덕성'과 '민주성'이 강조되었다는 점이다. 남성지배 노조의 경우 노조 내부의 민주적 선출과 운영이 극히 제한적이었다. 산별노조의 경우 중앙정보부KCIA가 17개 전국 규모 지도부를 구성할 30여 명의 남성노동자를 추천하면, 이들은 한국노총 집행부 9인과 더불어 중앙정보부 본부에서 일주일간 사상 심화교육을 받았다. 유신 말기인 1979년에 이르러서 중앙정보부는 배후 조종에 그치지 않고 산별노조 위원장 불신임 투표장에 개입, 연단에 직접 등장해 자신들이 지명한 노조위원장에 대한 불신임 조치를 저지하기도 했다. 이렇게 '지명된' 남성지배 노조 간부들은 정부에서 매달 상당한 금액을 지원받았다(전순옥 2004, 221, 226). 이런 점에서 여성 민주노조의 '민주성 · 대표성'은 기층 노동자와 나눈 '호응성'에서 기인한 것이었다. YH 노조 사무장이었던 박태연도 당시 노조운동의 민주적 운영과 대표성에 대해 이렇게 말하고 있다(김지선 외 2003).

> 1970년대 민주노조는 항상 사측의 사주를 받고 노동조합을 깨려고 하는 시도가 도사리고 있었어요. 노동자측을 대변하고, 노동자의 입장에서 이익을 수렴하지 않으면, 정말 노동자들이, 자기 운동, 뭐라고 그럴까, 노동조합 운동을 포기해야 되는, 이런 것과 끊임없이 맞물리는 거거든요. 이 속에서는 생존의 법칙이 민주적일 수밖에 없고, 조합원의 지지를 받지 않으면 살 수가 없어요. ……민주적이지 않으면 그때 운동은 발붙일 데가 없었어요. 그리고 아무리 민주적이어도 작은 노조는 살 수 없었던 이유는, 바로 그런 힘이 없었으면 안됐던 거예요. 그때는 대략 1,500~2,000명, 이런 노조들이 살아남을 수밖에 없었거든요.

고용주의 회유 등에 맞선 여성 노조의 도덕성은 자본과 국가에서의 자율성 — 혹은 노동운동사에서 자주성으로 불리는 — 을 의미했다. 1970년대 민주노조에서 자율성은 '민주성'과 혼동되어 인식되었다. 그러나 엄밀히 말하자면 여성 민주노조는 자율성이 매우 강한 지도부가 있고 이 지도부가 지속적으로 조합원들의 지지를 획득한 성격이 강했다. 특히 리더십의 자율성은 지부장이나 지도부의 강한 카리스마에 기반했다. 이런 리더십은 대부분 자율성이 취약했던 남성지배 노조 속에서 여성 민주노조가 생존하는 방식이었다. 한 좌담에서 이 문제에 관한 언급을 찾을 수 있다(이원보 외 2003).

이원보 민주적 운영이라는 게 실제로 어떻게 되었을까. 우리가 밖에서 보기에는. 민주적으로 할 기회가 없었다. 왜냐하면 민주노조로 출범하자마자 바로 대립, 투쟁, 버텨가야 하니까. 조합원의 일상 활동을 통해서 민주적으로 운영할 기회 자체가 없었다. 만약 기회가 있었다면, 비교적 원풍모방 정도, YH 정도, 동일방직 정도였죠. 그 다음에는 민주적으로 운영할 기회가 있었을까? 맨 날 싸움했으니까요.

이광택 노동조합의 생명은 민주성과 자주성이 있었다는 데 의미가 있죠. 또 그 다음에 뭐가 더 중요하냐 하면 자주성일 수밖에 없다고 봅니다. 싸움을 하는 도중이기 때문에 싸움하는 도중에 투표하고 뭐 그럴 수가 없는 거거든. 리더십에 맡기는 거거든요. 민주적 운영의 여지가 별로 없다고 할 수 있지요. 지도력이 중요하지요.

신철영 어쨌든 지도부들이 조합원들의 절대적인 신임을 받고 있었고요.

이원보 그 중에서도 우리가 민주성의 실례를 들자면. YH가 중요한 결정을 할 때 바로 조합원 총회를 연다든지, 토론 통해서 결론을 내린다든지. 원풍모방도 주로 소모임을 통해 대의원대회 전에 토론을 해서 안건을 만들고. 이런 짧은 경험은 있었지만, 그래도 전반적으로는 민주적 운영의 경험은 별로 없었다. 리더에 대한 전폭적 신뢰. 자주성과 관련되지요.

여성 노조의 리더십 형성과 관련, 반도상사 노동조합을 초기에 조직했던 인천 도시산업선교회의 최영희는 흥미로운 이야기를 전해주었다. 노조 결성 과정에서 리더가 하나 이상, 예를 들어 둘인 경우 노조는 제대로 운영되지 않았고 지부장으로 대표되는 여성노동자를 현장의 '영웅'으로 만드는 것이 아주 중요했다. 또 외부에서는 지부장에게 모든 힘을 실어 그녀를 현장의 영웅으로 만들어야지 외부에서 모든 것을 다 해주다보면 결국 노조는 깨지고 만다는 것이다. 이것은 이론이 아니라 당시 인천에서 노조를 조직화하는 과정에서 얻은 노하우였다(최영희 2003년 3월 24일 인터뷰). 정리하자면, 1970년대 여성 민주노조는 절차적 민주주의가 충분하지는 않았지만 '자주성' 혹은 '자율성'을 기반으로 조합원의 강력한 지지를 받고 있었다. 소모임을 통해 여성노동자들은 '이번에 우리가 임금을 얼마를 올려야 하는지' 스스로 의논했고, 결과를 집행부가 논의해서 조합원들의 의견을 최대한 수용한 결정을 내린 뒤 다시 그 결과를 조합원들에게 공고했다. 이런 과정을 거쳐 간부들은 교섭에 들어가 반드시 15퍼센트를 올려야 했다. 조합원들은 '내가 주장한 15퍼센트 인상을 간부들이 사용자와 교섭하고 있다'고 생각하면서, 자연스럽게 지도부에 신뢰와 절대적 지지를 보냈다(전순옥 · 조주은 2004). 이런 과정에서 기층 노동자와 지도부를 이어준 가교가 '대의원 제도'였다.

여성 민주노조의 네트워크 — 대의원 제도

1970년대 노조에서 대의원의 위치와 역할을 이해하기 위해 원풍모방 노조의 운영 사례를 살펴보자. 잘 알려진 것처럼 원풍모방은 1970년대 민주노조 가운데 가장 강력한 조직력을 가진 여성 사업장이었다. 다른 민주노조들의 경우 사측과 정부의 지속적인 탄압에 못 이겨 파업, 농성 등 전투적 집단행동을 하다가 3~4년 만에 해산 혹은 어용화의 길을 걸었다. 하지만 원풍모방은 기층의 대의원에 기반한 조직력과 준법투쟁을 통해 사측과 공권력에게 탄압의 빌미를 제공하지 않고 강력한 현장권력을 바탕으로 10년간 민주노조를 사수했다. 특히 1974년 회사의 부도와 노사 공동경영을 통한 노조 승계 등 어려운 조건에서도 강한 조직력과 탄력적인 전술을 통해 민주노조를 유지한 점에서 원풍모방 노조는 1970년대 민주노조가 전개했던 일상적 활동의 '전형典型'이라고 해도 과언이 아니다. 특히 대의원과 조합원 교육, 유연하지만 전투적인 전술, 노사 대등한 협상력과 강고한 현장권력은 1970년대 노조운동이 할 수 있는 '최대치'였다. 노조 부지부장이던 박순희의 말에 따르면 원풍모방 노조는 한 달에 한 번 꼴로 큰 싸움을 조직했고, 그 결과 현장에서 자신의 일상적 권리를 확보하고, 기숙사를 노동자가 통제하며, 조장과 반장을 임명제가 아닌 순번제로 교체할 수 있을 정도였다. 또 조합원 2,100명 가운데 700명은 늘 움직일 수 있을 정도의 탄탄한 조직력을 지니고 있었다(박수정 2003, 156~7). 이런 조직력의 중요한 바탕 가운데 하나가 대의원의 교육과 동원 과정이었다.

우선 원풍모방의 대의원 선출 과정을 보자. ① 각 부서별, 반별로 선출하되 조합원 30명을 기준으로 해서 1인씩 선출했고, 20명 이하인 경우 다른 부서와 통합해 선출했다. ② 대의원 선출은 입후보 제도로 하되 과반수 이상의 득표를 당선으로 했다. ③ 투표방식은 연기명 비밀투표를 채택했다. ④ 선거관리위원회는 상집 간부 전원으로 하고 투표와 개표시 반드시 현장 각 부서 담임과 반장이 참관해서 그 결과를 확인한다. 일단 대의원 선출 공고가 게시되면 각 부서에서는 작업시간 사이의 틈을 이용해서 의견을 조정했으며, 조정이 원활하지 않을 때는 식사시간 등을 통해서 후보를 내정했다. 여기서 눈여겨보아야 할 점은 남성에 대한 대의원 배정이다. 1970년대 노조 민주화와 민주화한 노조를 유지하는 것에서 가장 큰 난관은 남성 대의원의 배신 혹은 남성노동자의 노조 무력화 기도였다. 원풍모방 노조는 이런 사례를 참조해서 1973년 이래 전체 대의원과 상집 선출에서 남성노동자의 비율이 20퍼센트를 넘지 않게 규정했다. 다른 사업장에 비해 원풍모방이 장기간 민주노조를 유지할 수 있었던 것도 이런 '제도적 장치'에서 부분적으로 기인했다고 볼 수 있다.

구체적으로 대의원이 원풍모방 민주노조의 조직력 강화에 기여한 사례는 1972년 노조 정상화 과정에서 찾아볼 수 있다. 농성 과정에서 승리한 한국모방(후일 원풍모방) 노동자들은 대의원을 선출하기로 했다. 당시 노조 정상화의 핵심은 대의원 선출이었다. 이미 민주파의 지동진과 사측 담임인 이한철이 지부장에 입후보한 상태였으며 대의원대회가 3일 뒤로 예정된 상황에서 민주파는 노조를 민주화하기 위해 다수 대의원들을 당선시켜야만 했다. 사측이 담임들을 대의원에 당선시키기 위한 준비를 진행하던 상황에서 '한국모방 노동조합 정상화를 위한 투쟁위원회'는 현장에서 신임을 받고 부서에서 통솔력이 있는 조장급 여성노동자들을 대의원에 선출하기 위해 치밀한 준비를 진행했다. 대의원 선거 당일 사측은 사원, 담임을 동원해서 투표소에 진을 치고 공포 분위기를 조성했고, 선거는 식당에서 실시되어 다음 날 새벽이 돼서야 종료되었다. 결과는 투쟁위원회의 승리였다. 총 42명의 대의원 가운데 여성 29명, 남성 13명으로 압도적 우위를 점했다. 하지만 안심할 수 있는 상황은 아니었다(원풍모방 해고노동자 복직투쟁위원회 편 1988, 58).

표 이탈을 막기 위해 회사 주변 의용촌에 있는 여관에서 대의원 대회 날까지 합숙을 하기로 했다. 대의원들은 출근 때도 집단적으로 행동했다. 밤 10시와 새벽 6시에 퇴근하는 대의원들을 밖에서 동료들이 대기하고 있다가 같이 여관으로 오기도 했고, 승용차를 빌려 타고 오기도 했다. 여관에 모인 대의원들은 회의 진행법과 절차에 관해 공부했다. 대회 때 발언자를 정해서 연습도 했다. 경험이 없는 대의원들이었기 때문에 만약의 실수를 방지하기 위해 준비에 철저를 기했던 것이다. 사측이 작업장, 주거지, 고향까지 돌아다니며 금품, 뇌물, 지위 보장, 협박, 가족 동원 등을 통해 대의원 포섭에 열을 올리던 것이 1970년대 상황이었다. 이런 조건 아래에서 대의원 '보호'는 정말 중요한 사안이었다. 특히 당선된 여성노동자들은 그 동안 노조의 의사결정 과정에서 원천적으로 배제된 탓에 아무런 경험도 없어서 더욱 그러했다. 이런 조건에서 중요한 역할을 한 또 하나의 조직이 소모임이었다.

민주노조 10년과 소모임, 원풍모방

1970년대 박정희 정권과 한국노총은 민주노조의 소모임을 '점조직' 혹은 '소조'에 비유했다. 하지만 이런 악선전과 달리 민주노조의 재생산과 초기의 형성은 소모임이 없었다면 불가능했을 것이다. 대표적인 사례가 원풍모방이다. 원풍모방에는 1970년 6월 노조가 민주화되기 전부터 많은 소모임들이 있었다. 원풍모방에서 소모임은 1970년대 10년간 민주노조를 유지할 수 있었던 기본적인 힘이었고, 특히 1972년 방용석 민주 집행부가 본격적으로 출발할 수 있었던 기반이 되었다(원풍모방 해고노동자 복직투쟁위원회 1988; 박순희 2001). 처음 소모임이 만들어지는 과정을 살펴보면, 어용노조 아래에서 노동자들은 개별적 차원에서 문제를 해결하기 어렵다고 판단, 조직적인 차원에서 해결을 모색하기 위해 소모임을 만들기 시작했다. 초기에는 샛별,

소띠, 빅토리 등 소규모 모임으로 시작된 조직들은 쥐띠, 뿌리, 역부공, JOC 모임, 성우회, 친목회 등 20여개 조직으로 확대되었다. 1970년 6월부터 가톨릭 신자 전체모임인 성우회가 조직되고, 1971년 10월경부터는 영등포 도시산업선교회 등과 교류하면서 소모임이 더욱 확대된다. 원풍모방 노동조합 내에는 7~8명으로 조직된 50~60개의 소모임에서 400~500명의 조합원이 활동하고 있었다. 이런 소모임은 1971년부터 만들어지기 시작해서 1972년 노동조합을 민주화시킨 이후부터는 '공개' 활동을 했다. 모임 장소는 주로 도시산업선교회, JOC, 노조 사무실, 자취방과 기숙사 등이었다(원풍모방 해고노동자 복직투쟁위원회 1988, 161~2).

특히 몇몇 노동자들은 1971년 10월경부터 가톨릭 도요안 신부, 영등포 도시산업선교회, 경수산업선교회의 안광수, 조지송 목사 등과 친교를 맺어 소모임을 만들었다.[13] 당시 '무궁화팀'이란 이름으로 활동했던 원풍모방 가톨릭 신자 8인은 1970년 6월 투사 선서식을 하고 일반회원 접촉과 예비팀 발족을 서둘렀다. 이들은 주 1회 모임을 가졌으며, 다음 해 7월에는 15인으로 '소나무팀'이라는 예비팀을 결성했다. 또 해고된 교우敎友 이길우 등을 만나 노조의 문제점을 파악하고, 8월 30일에는 가톨릭 신자 전체모임인 '성우회'를 발족했다. 그리고 이듬해 1월 23일 투사모임에서는 세 가지 주요 활동목표를 설정했다(원풍모방 해고노동자 복직투쟁위원회 1988, 42).

13_ 미국 뉴저지 주 호보콘에서 태어난 도요안은 1959년 뉴저지 주 돈보스코 신학대학을 졸업한 후 한국에 왔다. 1962년부터 프랑스 리용 신학대학에서 연구과정을 마치고, 1967년 리용에서 사제 서품을 받았다. 1968년 다시 한국으로 돌아와 도림동 천주교회 보좌·주임 신부, 서울대교구 가톨릭노동청년회 지도신부, 서울대교구 노동사목위원장, 가톨릭노동청년회 국제협의회 아시아 지도신부를 역임했다. 저서로는 『생명의 샘 정녕 당신께 있고』(2000), 『아버지의 뜻이 하늘에서와 같이』(2001) 등이 있다.

1. 올해는 노조 임원으로 파고 들어가기 위해 적극적인 활동
2. 노조 대의원 대회에서 진정으로 노동자를 대변할 수 있는 지부장을 선출하도록 계몽
3. 예비팀 발족과 확장에 중점을 두어 활동

하지만 가톨릭 신자들만의 힘으로 노조가 민주화되기는 어려웠다. 이때 중요한 계기가 된 것이 초대 민주노조 지부장 지동진과 이들의 '만남'이었다. 1972년 2월 투사모임 후 당시 회사 경비원이던 지동진 등이 찾아왔다. 1971년 대의원 대회 때 발언 문제로 해고된 이길우를 통해 성우회 소식을 듣고 찾아왔던 것이다. 지동진 등은 "한국모방 문제도 많은데 왜 외부에서만 활동하려고 하는가?", "대의원 대회가 5월에 있는 것을 아는가?", "지난 해 7명의 대의원이 해고된 사실을 생각해 보았는가?" 등을 질문하며 같이 일할 것을 제안했다. 성우회 투사들은 좀더 두고 보면서, 사내에 성우회원 40인, 도시산업선교회 회원 70인, 신협 조합원 50인이 존재하는 것을 파악하고 이들의 힘을 모을 수 있는 방법을 모색하기 시작했다. 1972년 2월 오후 2시 수녀원에서 가진 모임에서 이들은 한국모방(후일 원풍모방)이 가진 문제를 해결하고 지원하기 위해 A반은 안광수 목사가, B반은 조지송 목사가, C반은 도요한 신부가 지도하기로 하고, 지동진 등을 만난 사실은 비밀에 붙인 채 6월까지 활동하기로 했다. 그리고 애초 5월에 개최될 예정이던 대의원 대회가 열리지 않자 한국모방 1,200명 조합원 구제회를 조직해서 1,047명의 서명을 받아 대의원 대회 소집투쟁을 전개하다가, 이것이 '한국모방노동조합 정상화 투쟁위원회'(7월 7일)가 되었다(원풍모방 해고노동자 복직투쟁위원회 1988, 42~3).

원풍모방 노조 전성기에는 7~8명으로 구성된 소모임이 50~60개 있었

고, 그 내부에 500명 규모의 조합원이 활동했다. 원풍모방의 소모임은 여러 가지 형태를 띠었다. 지오세, 도시산업선교 등과 무관하게 취미 활동에 기초한 소모임들도 있었으며, 불교, 여호와의 증인 등 교단별로 소모임이 만들어지기도 했다. 소모임에 기초하는 강한 조직력을 지녔던 원풍모방 노조는 종교 신자에 대한 '조직적 배려'도 했다. 대표적인 사례가 여호와의 증인 신자들이었다. 원풍모방은 양복 원단을 만들면서 군복 원단과 군용 담요 원단도 생산했는데, 여호와의 증인들은 교리에 따라 군용품 생산을 거부했다. 이런 상황이 닥치면 기계 배치나 현장 분위기가 나빠지곤 했다. 이런 곤란한 상황에 대해 노조는 조장과 반장들을 모아 토론해서, 작업지시가 내리기 전에 분쟁이 일어나지 않으면서도 신자들의 마음이 상하지 않게 작업을 배치했다(박순희 2002년 12월 30일 인터뷰; 박수정 2003, 154). 그리고 노조 민주화 이후에는 노조에서 이 소모임들을 전체적으로 관장하면서 노조의 기본적인 동력으로 삼았다(박순희 2002년 12월 30일 인터뷰). **표 4-1**은 당시 원풍모방에 존재하던 소모임 가운데 C반의 일부다. C반 이외에도 A반과 B반에 50여 개의 소모임이 존재했다(원풍모방 해고노동자 복직투쟁위원회 1988, 162~3).

소모임을 유지할 수 있었던 기반은 다름 아닌 '교육'이었다. 원풍모방 노조에서는 시기별로 조합원 교육, 대의원 교육, 상집 간부 교육, 남자 조합원 교육, 종교별 교육 등 두세 명만 모여도 교육이 진행됐다. 특히 소모임의 경우 A, B, C 각 반별, 작업 부서별로 교육이 실시됐고, 지도는 주로 상집 간부나 노조 상근자들과 대화를 통해 이루어졌다. 소모임에서는 다양한 형식과 내용으로 자체 활동과 교육이 진행됐다. 예를 들면 저임금에도 몸치장을 하려고 빚을 지고 사는 여성노동자들을 변화시키기 위해 직포과 소모임인 세븐클럽에서는 멋 부리지 않기, 사치하지 않기, 옷 빌려 입지 않기, 고운 말 쓰기, 욕하지 않기 등의 '실천 약속'을 하기도 했다(박수정 2003, 148).

표 4-1 원풍모방 소모임 활동 현황

명칭	부서	대표자	인원	명칭	부서	대표자	인원
이스트	전방보전	김명희	7	말뚱구리	전방C	홍옥희	6
씨알	가방C	이미애	9	정사	정사C	이숙사	11
모란	전방C	이선임	7	넝쿨	정방C	최점순	5
둥지			2	차돌	정사	김현숙	7
시계	가공C	조옥순	9	아람	전방C	오정순	6
오뚜기	직포C	김명희	6	대들보	직포준비C	백정희	7
송죽	전방C	박필순	10	솔		고정순	
혁신	소모C	박영순	8	흙	정방직포	송정예	8
뿌리	가공C	김정희	6	장미	정사	구자경	7
일맥	정포	주명님	9	소금	직포준비C		8
솜비			8	목화			10
촛불							

그 밖에도 가난한 동네와 부자 동네를 각각 돌아다니면서 서로 보고 느낀 것을 공유하는 프로그램도 있었다. 방문 교육을 다녀와서 여성노동자들은 가서 보고 온 것을 아주 예리하게 지적하곤 했다. 단적으로 두 동네를 비교해보니 '냄새부터 다르더라'는 이야기가 나오기도 했다. 부자 동네에서는 장미꽃 냄새가, 가난한 동네에서는 쓰레기 냄새가 난다는 말이었다. 이런 생생한 교육은 어느 한 소모임에서만 이루어지지 않고, 교육의 방식과 내용이 다른 부서의 여성노동자에게 다시 전수 · 확산됐다. 이렇게 소모임 활동이 활발해지자 굳이 노조가 소모임을 활성화시킬 필요성이 없어졌다. 오히려 신입 여성노동자가 입사하면 소모임 성원들은 서로 자기 소모임에 들어오라고 '쟁탈전'을 벌일 정도였다(박순희 2002년 12월 30일 인터뷰). 소모임들은 모두 동일한 내용 혹은 방식으로 운영되지는 않았지만, 주요한 투쟁이나 행사 때는 '별동대' 역할을 했다. 특히 대의원이나 노조에 적극적인 활동가 중 다수가 소모임 활동을 통해 발굴되었다. 이렇게 소모임에서 교육과 여가가 분리되지 않고 결합됨으로써, 여가를 통해 고통스런 작업장의 경험과

단절하는 것에 그치지 않고 아니라 자신의 노동에 대한 '새로운 의미 규정'을 하도록 강제되었다(정미숙 1993, 116).

원풍모방 노조에서 또 한 가지 주목되는 점은 대의원 대회의 형식이었다. 대의원 대회에서 적극적인 의견을 개진하고 요구를 제기하거나 고용주에게 압력을 가하는 것은 민주노조에서만 볼 수 있던 현상이었다(원풍모방 해고노동자 복직투쟁위원회 편 1988, 152).

> 회사 식당에서 개최되는 대의원 대회는 2~3백여 명의 조합원과 각 부서 과장급 이상의 간부들이 방청하는 가운데 진행된다. 지부장의 대회사와 회사측의 축사에 이어 결산 및 예산안의 심의, 사업보고 및 사업계획안 심의, 임원 선출까지는 사전에 검토된 내용이므로 순조롭게 회의가 진행된다. 그러나 기타 토의 과정에서는 각 부서에서 논의된 근로조건 개선 요구 및 고충처리 등 불만사항으로 사용자와 부서장에 대한 성토장으로 변해 회사 대표의 즉석 답변을 요구하므로 방청한 조합원들로부터 열렬한 박수갈채를 받아 회사 간부들을 궁지에 몰아넣는 한편 조직적 결속을 다지기도 한다.

위에서 알 수 있듯이 대의원 대회는 단지 형식적인 절차가 아니었다. 대의원 대회는 구체적인 현장의 요구가 모아지는 동시에 조합원 자신의 경험과 목소리로 모아내는 장이었다. 다시 말하면 대의원 대회는 현장 내 노동자의 힘과 권력을 표출하고 이것을 기반으로 고용주를 압박하는 과정이자 노조원들을 교육시킬 수 있는 '산 교육의 장'이었다. 단적인 예로 지도부는 현장에서 노사협상이 잘 안 되면 소그룹장을 통해 수시로 협상 과정과 정보를 있는 그대로 공개했다. 또한 노동자들은 쉬는 시간만 되면 노사협상이 진행되는 장소로 몰려와 관심과 지원을 보냈고 교섭위원들도 그 자리에서 조합원들에게 상황을 보고했다. 지도부-대의원-소모임으로 이어지는 이런 네트워크가 강화된 결과, 원풍모방 노조의 조직력이 극대화될 수 있었다(임재수 2002년 12월 30일 인터뷰). 이처럼 여성 민주노조가 보여준 자율적인 노조 운영은 외부의 일방적인 주입과 지시에 따른 것이 아니었다. 그것의 바탕에는 기층 노동자rank-and-file worker에 기반한 요구의 수렴 과정, 간부 선출의 절차, 그리고 지도부에 대한 집단적 신뢰를 기초로 하는 작업장의 노동자권력이 있었던 것이다(원풍모방 해고노동자 복직투쟁위원회 1988, 152~6, 158~9).

여공과 '정치적인 것'

이상에서 살펴본 바와 같이 여성노동자들에게 '노조는 불필요'하다거나, 여성노동자들에게 '정치적인 것'이 부재하다는 지배적인 담론은 다시 생각해볼 필요가 있다. 여성노동자들은 가족과 공장, 그리고 교육체계 등 각종 제도와 담론에 의해 사고와 행동의 제약을 받고 있었다. 그런 만큼 여성노동자들은 공적 영역에서 자기 목소리를 내는 것이 어려웠다. 많은 노동사가들은 여성노동자들이 남성노동자보다 가족과 생계에서 자유롭기 때문에 산업화 시기 여성노동자 중심의 노동운동이 가능했다고 주장했다. 하지만 거꾸로 여성노동자의 '단기성'과 '출가성出稼性'이 노동운동의 조합주의적 성격과 비정치성의 원인이 됐다고 해석하기도 했다. 남성 노동사가들의 상반된 해석은 의식적으로 '남성노동자=공적인 영역에서 의식적인 행동'을, '여성노동자는 부차적인 동시에 언젠가 가정으로 돌아간다'는 '성별분업 담론'을 정당화시켰다. 여성이 남성과 같은 일work을 하면 여성다움을 상실하고 역으로 남성은 무기력해진다는 초기 노조담론과 마찬가지로, 여성이 노조라는 '의식적인 활동'을 한다면 남성에게 위협이 된다는 사유 방식이 전제된 것이었다.

나는 여기서 여성 민주노조에 대한 담론을 통해 그 동안 1970년대 노조를 '민주노조'라고 지칭하는 것 안에 숨겨진 의미를 찾아냈다. 1972년 동일방직에서 여성 지부장 주길자의 탄생은 한국 여성노동운동사에서 '혁명적 사건'이었으며, 이것은 노조에 대한 고용주, 국가, 지식인층이 생산했던 생산성 노조 담론을 변화시켰다. 이처럼 여성 민주노조 활동을 통해 여공들은 '여공은 무지하며 권리의식이 취약하다'는 남성적 노동사가들의 주장과 반대되는 실천을 조직했다. 그러나 민주노조 담론은 노동운동 내부 여공의 역동성과 주도성을 은폐하고 어용에 반대되는 '민주노조'라는 담론을 부각하기 위한 것이었다. 민주노조 담론은 민주 대 어용이라는 이분법적 지식체계를 통해 여공의 정체성과 정치성을 배제시켰으며, 민주화 담론에 근거한 역사해석 속에서 늘 여성보다는 민주노조가 지켜야 할 절대선으로 자리잡게 만들었다. 남성 노동사가들은 '정치적인 것', '의식적인 것', 그리고 '정치투쟁'은 거칠고 전투적이며 공적이며 국가와 정부에 격렬하게 반항하는 무엇으로 규정했다. 대부분 노동사 서술에서 정치적 계급의식의 소유자는 그 주체가 남성이든 여성이든 '남성적인 경험' 혹은 '무성화된 경험'으로 통일된 주체였다. 따라서 여성노동자들의 전투적인 투쟁 역시 중성화된 주체로 묘사됐으며, 내러티브의 구성도 남성적 표상에 의해 독점돼왔다. 그 결과 노동자 혹은 노동운동을 다룬 서술에서 여성노동자의 존재는 간과되었고, 가족, 성(혹은 성차)과 욕망 등 역사적 중요성은 무시되었다.

하지만 여성노동자들이 노동자로서 권리의식을 획득하더라도 이것은 여성으로서 경험에 입각한 것이 아니라, 중성적인 '투사'라는 담론의 형태였으며 대부분 의식화 교육도 그러했다.

콘트롤데이타 한명숙의 익명적 지식을 들어보자(강남식 2003, 189).

노조 활동하면서 이제 사치를 안 해야겠다 하면서 그걸 안 하는 거예요. 손톱도 짧아지고 더 옷도 검소하게 입고, 이러면서 그 동안의 잘못됐던 허위의식이라든지 이런 부분들이 노동자의식이 생기면서 여성의 허위의식도 같이 벗겨지는 것 같았어요. 여자니까 예뻐야 한다 그런 것보다도……조합 간부 되고 나서는 아무튼 사는 관점이 달라진 거고 나 자신이 이제 너무 겉치레를 하고 살았기 때문에 그 5년 동안의 껍데기를 벗기 위한 과정이 한 1년 이상이었죠. ……한번은 홍도를 가는데 직업란에 이제 공순이 그렇게 썼어요. ……가리봉 5거리에서 소주를 마시면……어깨동무를 하고 우리들은 노동자다 좋다 좋다 하는 노래를 막 목이 터져라 부르고. 부르면서 사실은 남들 듣게 하는 거 못지않게 나 자신한테 각성시키는 과정이었던 거 같애. 버스를 타도……택시를 타도……노동자 현실에 대해서 얘기를 쏟아붓고. 그러니까 정신병에 걸렸을 정도로 노동자인 것에 대해서 굉장히 몸부림치면서 각성을 해 들어갔던 과정이었던 것 같애. ……일년 쯤 되고 나니까 조금씩 정신이 차려지더라고.

여성노동자들은 의식화 과정에서 노동자로서 지녀야 할 '계급 정체성'과 자신의 '인격'에 대해 자각하게 되었다. 그러나 그 안에는 '여성'으로서 문제의식은 여전히 빠져 있었다. 의식화 · 조직화 과정에서 여성노동자들은 자신이 여성이라는 것에 앞서 노동자임을 인식해야 했으며, 중성적 투사-同志라는 담론들에 의해 주체화되었다. 여공을 둘러싼 익명적 지식을 검토하는 과정에서 확인할 수 있었던 것은 여공을 둘러싼 담론의 질서 내부의 균열이 그녀들의 의식화 과정에서 복잡하게 얽혀 있다는 점이다. 국민으로서 보호받을 권리에 대한 요구, 인간적 평등에 대한 호소 등은 여성노동자들에게 가해지던 지배적 지식체계에 대한 '도전'이었다. 그러나 이런 도전이 국가(민족공동체의 생산적 주체)-가족(가부장적 질서)-공장(성별분업의 위계질서)을 '전복'시키는 양식은 아니었다. 여성노동자들은 권리라는 언어를 획득했지만 중성적인 주체화 양식에서 자유롭지 못했다. 그럼에도 불구하고 사료로서 인정되지 않던 여공들의 익명적 지식과 경험이 보여주는 것은 산업화 시기 여공에 대한 특정한 사유방식의 '불안정성', 그리고 여공을 둘러싼 지식체계들이 고착화된 것이 아니라 유동적이며, 내부적 균열이 착종되어 있다는 것이다.

부록 4-1 박정희 시기 노동조합의 유형

박정희 정권은 집권 초기 노조가 경제개발에서 중요한 역할을 할 수 있을 것이라고 판단, 산별체계로 노조를 재조직하면서 이들을 지원했다. 그러나 1960년대 후반에 이르면서 국가의 노조에 대한 시각은 변한 것으로 보인다. 1969년 대통령 비서실에서 대학교수들을 주축으로 노동 상황 연구를 위한 위원회를 구성했으며, 이 위원회는 '기업 수준'에서 노조 조직을 권고했다. 이후 지도와 협동의 대상이란 기조가 노동정책에 중심에 위치하게 되었다(이옥지 2001, 95). 한편 1970년대 존재했던 노동조합의 유형은 크게 몇 가지로 구분할 수 있다. (1) 회사지배적 노조에서 회사지배적 노조: 상당수 노조들이 여기에 해당되었다(방림방적). (2) 자주적 노조에서 자주적 노조(청계피복과 반도상사): 초기 노조 설립에서 지속적으로 노조의 자율적인 힘이 유지된 경우인데, 이들 노조들도 1980년 신군부 집권 이후 각각 해산된다. (3) 회사지배적 노조에서 자주노조(원풍모방): 기존 어용노조를 '민주화'시킨 경우이다. (4) 회사지배적 노조에서 자주노조를 거쳐, 회사지배적 노조(동일방직): 어용노조를 민주화시켰으나 고용주와 국가와의 지속적인 대립 과정에서 민주노조가 와해된 경우이다. 특히, 단위 사업장 문제의 사회화에 따라 민주노조가 회사노조화된 '전형적 사례'가 동일방직이었다(최장집 1988).

부록 4-2 여성의 공적 영역 참여에 대한 유교 담론

한국의 경우, 여성노동자를 조직에서 배제하는 데 성별간의 '차이'만이 작동한 것이 아니었다. 이것은 유교적 가부장주의와 산업화가 상호작용했던 결과였다(이수자 2004, 77). 이것은 노조라는 조직 내 여성 배제만이 아닌, 노동시장 내 성별분업과 성별에 근거한 위계적 분업, 인간관계 규범 등에도 유사하게 작동했다. 이른바 유교적 덕목(혹은 담론)인 효가 바탕이 된 충성, 친족유대성, 조화의 유지 등은 조직 내부에서 위계적-성별 분리적 문화를 만든 셈이었다.

부모와 자녀관계에서 효의 중요성, 연령과 세대에 따른 위계, 남녀 영역의 명확한 구분, 조상숭배의 의례, 가족의 계승과 상속에서 부계父系의 강조 등이 대표적인 유교적 요소라고 할 수 있다. 특히 유교담론에서 가장 빈번하게 등장하는 효는 주자학에서 삼강오륜三綱五倫으로 대표되는 인간관계의 핵심적 덕목이다. 삼강오륜의 인간관계는 그 자체가 복종과 차별의 논리로 하위자는 상위자에게 공순恭順의 태도로서 복종해야 하며 하위자의 권리를 부정하고 있다. 주자학에서는 이런 불평등관계를 합리화하기 위해 부자관계가 오륜의 중심개념이며 모든 사회관계로 파급된다고 설명하고 있다. 바로 효는 모든 공순의 기본이며 따라서 가족질서 체계 속에서 효의 강조는 더 나아가 국가에 대한 충의 강조로 도출되었다(김수영 2000, 42). 특히 가족을 중심으로 재구성된 '유교 가족주의'의 형태로 나타났다. 유교담론 가운데 현대에 재발명된 대표적인 것으로는, (1) 남녀간의 관계는 위계적인 것으로 하늘天에 해당하는 남성이 땅地에 해당하는 여성을 지배하는 것이 우주적 질서("男尊女卑"), (2) 이런 질서의 유지를 위해 인간의 정열이나 욕망을 통제할 필요가 있고 이것에 따른 남녀간의 분리를 강조("男女有別"), (3) 성적 방종이나 남녀간의 자유로운 교제는 사회적 무질서를 야기한다("男女七歲不同席"), (4) 남녀와 부부의 역할은 남성은 공적 영역, 여성은 가정 영역으로 분명히 구분되었다("天理觀", "內外觀", "夫婦有別"), (5) 여성의 열등한 지위는 자연의 법칙으로 정해진 것이기 때문에 여성은 자신보다 우월한 남성에게 복종해야 한다("三從之道") 등이다.

부록 4-3 유교 담론에서 음양설

유교에서 여성들은 (1) 공적인 일에 관여해서는 안 되고, (2) 남과 여는 일상생활을 영위하는 데 최소한의 관계만을 가져야 하며, (3) 남성과 여성은 기본적으로 분리된 공간에서 생활해야 된다는 점을 강조했다. 이것은 흔히 '남녀유별'이라고 불렸는데 이러한 분리는 '내외內外' 개념에 의해 강화되었다. 내외 개념은 공간적 의미인 안과 밖이란 뜻에서 발전, 남편夫과 부인婦, 남과 여 등 성별을 지칭하거나 가옥 내 안채와 사랑채 등을 지칭하는 원리였다. 이는 남녀간의 예의禮儀와 역할 직분 분담을 강제하는 규범으로 작용했다.

더불어 유교의 음양설陰陽說은 남녀간의 젠더불평등을 자연화하고 여성을 '열등한 존재'로 일반화시켰다. 유교에서 여성은 남성陽에 대비된 '음陰'으로 비유되어 남성에 비해 낮고 비천한 존재로 자리잡았다. 이러한 남녀간 성별 위계질서는 크게 두 가지 측면에서 드러났다. 한 가지는 여성의 신체에 대한 통제 원리이고 다른 한 가지는 여성노동에 대한 규정이다. 전자의 경우 여성은 유교에서 성별 공간 분리를 기초로 규정된다. 이것은 여성의 신체와 성에 대한 통제의 필요성에서 기인한다. 특히 '정절情節'이라 불리는 여성의 신체에 대한 규범은 여성을 무성적 존재로 규정하고, 남성과 신체적 접촉을 최소화하며 여성의 신체를 노동력 재생산과 모성으로서의 기능으로 제한했다. 한편 후자의 경우 남성은 공적 영역, 집밖의 일, 정신노동 혹은 남을 다스리는 일에 적합한 것으로 간주하는 반면 여성은 사적이고 집안 일, 육체노동, 남의 다스림을 받는 대상으로 규격화됐다.

특히 여성의 공적 영역 진출이나 개입은 모든 '화란禍亂'의 근원이며, 남성의 판단력을 흐리게 하고 결국 타락시키고 마는 '사악한 존재'로 규정되었다. 다른 식으로 표현하자면 여성은 '위험한 성적 대상'으로 늘 경계되고 배제되어야 하는 존재로 자리잡았던 것이다. 특히 여성에게 강요된 집안에서 육체노동은 여성의 인욕人慾을 억제하기 위한 것이었다. 외부 세계와 분리된 상태에서 진행되는 단순 반복적인 노동은 여성들로 하여금 그러한 노동을 강제하는 구조와 제도 등 사회관계에 대한 문제제기를 불가능하게 만들었다. 동시에 유교에서 죄악으로 간주하는 인간의 생리적 · 물질적 욕망을 남성은 정신노동을 통해, 여성은 육체적 노동, 즉 지속적인 노동력의 소비 과정을 통해 통제하도록 강제당했던 것이다.

5장_ 여공들은 '투사'였나?

— '민주화 담론'의 구성신화 비판

모든 종류의 이론 형성을 엄격히 거부하는 것은 아닙니다. ……저는 이분법적 논리에 어울리는 구상과 사실에 기초한, 그 광범위하게 유포된 이론형성에 문제가 있다고 보는 것이지요. 설사 하나의 전체 사회적 진리가 있다고 해도 '이 운동이 파시스트적', 아니면 '제2차 세계대전시의 군인들의 행동은 명백한 범죄행위'라는 식의 진술에서 보이는 명료성에 그 진리가 존재하는 것은 아닙니다.

—「알프 루드케 교수와의 인터뷰」, 『일상사란 무엇인가』, 청년사, 2002, 466쪽

유신 시기 민주노조의 조합원이던 여성노동자들은 특이한 경험과 이력을 지녔다. 지식인과 국민 대부분이 유신과 긴급조치 속에서 숨죽이고 있을 때 이들은 정권과 고용주에 대항해서 자신들의 권리를 보장받고자 했다. 당시 인천 도시산업선교회에서 실무자로 활동했던 최영희는 여성노동자들이 "물불을 가리지 않고 투쟁했다"고 말한다. 민주노조의 여성노동자들은 과거로 돌아가는 것, 다시 어용노조 아래에서 노예 상태로 돌아가는 것이 어떤 것인지에 대해 확실하게 알고 있었기 때문에 그토록 무시무시하게 싸웠다는 것이다(최영희 2003년 3월 24일 인터뷰). 1970년대의 대표적인 민주노조인 청계피복, 동일방직 등 전설 같은 이야기들은 이미 널리 알려진 절정의 투쟁들이었다. 하지만 이 투쟁들이 항상 여성노동자들에게 긍정적인 결과로 나타났을까? 혹은 1970년대 민주노조의 선택을 '선'이라고 가정했던 한국 노동사에 대한 지배적인 해석은 정당한 것일까? 민주노조운동을 둘러싼 '민주 대 어용'이라는 대립은 지나치게 단순화된 해석이 아닐까?

박정희 시기는 독재 대 반독재 혹은 민주 대 반민주라는 대립이 지배적이었다고 이야기된다. 특히 의미 있는 정치적 행위는 대부분 민주화운동과 연관되어 해석되었다. 나는 이런 지배적 시각을 '민주화 담론에 기초한 노동사 해석'이라고 부르고 싶다. 최근 들어 이러한 경향을 다시 강조하는 입장이 조희연(2004a; 2004b)이다. 그는 반공규율사회 아래에서 1960년대와 다른 저항적 정체성과 감수성을 1970년대 노동자들 — 정확하게 '선진 노동자' — 이 지니게 된다고 논하며, 이것을 노동계급의 탈주체화에서 자본주의적인 사회적 재생산 질서를 쟁점화하는 '주체화적 구성'이라고 부르고 있다. 조희연은 한국 현대사에 대한 일상사적 접근에 대한 비판적 검토에 근거해 이런 입장을 주장하지만, 이것은 '민주-어용'이라는 1970년대 저항적 주체의 '발전적 양상'만을 다시 특권화하는 지배적 노동사·현대사 해석의 '반복'에 불과하다. 단적인 예를 들면, "1970년대 박정희식 개발에 순응했던 여공들은 민주노조운동의 전사로 전환"(조희연 2004b, 174)이라든가, "반독재 민주화운동의 확산으로 국가권력의 압도적인 강제력과 폭력성이라는 공포와 위협에 묵종하던 민중이 공포를 극복하는 계기……선도적 인자들의 희생은……대중이 공포를 극복하고 지배에 대한 허구적 동의를 철회하게 되는 데는 희생양이 필요……"(같은 글, 176) 등의 주장이다. 이것은 매우 중요한 문제인데, 이런 해석에 근거하면 민주화운동으로서 정치투쟁에서 외부화된 실천이나 담론은 의미 없는 것으로 평가절하되거나 해석에서 배제되곤 한다. 지금부터 이런 지배적인 이야기들 뒤에 무엇이 숨겨져 있는지 찾아가보자.

청계피복 노조, 지식인의 정치적 실험장

1970년 11월 전태일의 분신 이후 청계피복 노동조합은 '민주노조의 상징'이 되었다. 청계피복 노조 10년의 역사는 조합원들의 분신, 9 · 9투쟁과 같은 투신, 자살기도, 단식투쟁, 연좌농성과 이런 투쟁에 따른 체포와 기소, 구속의 연속이었다. 1970년대 청계피복 노조의 대표적인 투쟁을 간추려 보면 **자료 5-1**과 같다.

전태일의 장례 직후 어머니 이소선과 전태일의 친구들은 장례 직전 약속되었던 노조 사무실을 찾아갔지만 한 군데도 열려 있지 않았다.[1] 몹시 흥분한 이소선과 전태일의 동지들이 평화시장주식회사 사무실로 찾아가

1_ 전태일의 분신 직후 상황에 대한 상세한 해석과 자료는 오효진(1987), 이소선(1990), 전태일(1988), 조영래(1983) 등을 참조.

책상과 집기를 닥치는 대로 부수며 항의하자, 그때서야 사무실 열쇠 꾸러미를 내주었다. 하지만 며칠 뒤 다시 문은 굳게 잠겨 있었고, 이소선과 삼동회 회원들은 경비들에게 쫓겨나고 만다. 이소선과 김동환 목사, 삼동회 회원들은 을지로6가 경기여관에 모여 투쟁 방향을 논의했다. 일단 선택할 수 있는 것은 평화시장 문제를 사회화시켜 여론에 압력을 넣는 것이었다. 그래서 러닝셔츠에 8개 항의 요구조건을 빨간 글씨로 쓰고, 국회의사당에 들어가 작업복을 벗고 농성을 하기로 했다. 일행은 여관까지 따라온 '짭새'(형사)를 물리치고 국회의사당으로 향했지만 정문에서 국회 경비원에 잡혀 몸싸움을 벌인 끝에 경찰에 연행되었다. 하지만 국회의사당 사건은 신문에 크게 보도되었고, 이런 천신만고를 겪은 끝에야 노조 사무실을 확보하게 된다(이소선 1990).

장례 당시 이소선이 제시한 8개 요구조건은 평화시장에서 노조 결성 인정, 하루 16시간 일하던 것을 8시간으로 줄일 것, 매주 하루를 쉬게 할 것, 정기적인 급료 검토, 적어도 1년에 한 번 모든 노동자들에게 건강검진 실시, 다락방 철거, 시다 임금을 두 배로 올리고 고용주가 직접 지급할 것, 환기구 설치 등이었다(전순옥 2003, 274). 그 후에도 10시간이던 노동시간 단축, 저녁 8시 이후 잔업 철폐, 주일 휴무 실시, 악명 높던 다락방 철거 투쟁 등을 통해 근로기준법이 정한 수준의 근사치에 다가갈 수 있었다. 초기 노사협의회 설치도 고용주의 조합원 노조 가입 방해 공작에 맞서 이소선을 포함한 조합원이 11명이 온 몸에 휘발유를 뿌리며 경찰과 대치한 끝에 얻어낸 성과였다. 또 다락방이 철거되고 노동시간이 저녁 8시까지 단축된 1975년 12월 24일 '근로시간 단축을 위한 단식'(조합원 50여 명 참가) 등도 기억할 만한 것인데, 이 모든 것들이 청계피복 노조가 이뤄낸 성과의 한 측면이었다(김기용 2004).

자료 5-1 청계피복 노동조합 투쟁사(1972~1977)

1972. 4. 22

여성노동자 권익신장을 목적으로 '평화 새마을 교실'을 설립 · 운영.

1975. 2. 7

노동교실 운영권을 사용주들이 일방적으로 뺏으려는 데 맞서 7시간 동안 농성투쟁 끝에 요구조건을 전면 관철해 유림빌딩 3, 4층을 임대해 노조 관리 아래 노동교실을 지속적으로 운영.

1976. 9. 10

풍천화섬 노동자 5백여 명이 추석작업을 거부하고 기숙사에서 시위 농성.

1976. 9. 13.

풍천화섬 시위 주모자 박숙녀의 범인 도피죄로 양승조 총무부장이 구속되자 석방될 때까지 활발한 투쟁 전개.

1977. 7. 10

협신피혁 폐수처리장에서 경비절감을 위해 폐수시설을 가동하지 않고 민종진에게 폐수처리를 시키다 가스중독으로 질식사하자, 한강성심병원에서 장례식을 거행한 후 서울, 인천 등지에서 2백여 노동자들이 유해작업장 감독 철저, 임금인상 시행, 근로기준법 준수, 노동3권 보장을 요구하며 영구차 시위 도중 경찰과 충돌, 노동청 앞마당에서 연좌농성. 이소선 등 42명 연행.

1977. 7. 22

이소선이 장기표의 재판정에서 노동문제가 거론되자 구타 자국을 보이며 법정에서 항의. 이에 태릉경찰서 형사들이 이소선을 연행하려고 했지만, 조합원 50여 명이 격투 끝에 물리치고 노동교실로 모여 대치.

1977. 9. 9

9 · 9 투쟁. 이소선 석방과 노동교실 반환을 요구하며 결사투쟁. 민종덕 투신, 신승철, 박해창 할복 기도. 전순옥, 임미경 투신 기도.

다른 사례들에서도 확인할 수 있지만, 초기 민주노조 활동가들의 전형적인 투쟁방식은 시위나 농성 등을 통해 노동문제를 사회화시키는 방법으로 노동청과 고용주측에 압력을 가해서 노조의 요구를 관철시키는 것이었다. 이것은 두 가지 의미를 지닌다. 하나는 1970년대 초반, 아직 노조에 기반한 집단행동이 제도화되지 않은 시점에서 시위와 농성 등은 노조가 사용했던 '전형적인' 항의 방식이었다. 박정희 정권의 노동정책은 초기부터 체계적이고 일관된 틀을 지닌 것은 아니었다. 정치적 차원이든 경제적 차원이든 개별 노조와 전체 노동 부문에 대한 포섭 전략은 일관적이지 않았다.[2] 1960년대 노동법과 노사관계는 최소한 노조를 '법인法認'하는 정책이었다. 하지만 1972년 이후 한국노총의 역조합기구화 과정 — 공장새마을운동과 노사협의회 상설화 — 에서 정부의 정책은 실제적인 노조 '부인否認'으로 전화했다. 상당수 민주노조의 직접적이고 전투적인 집단행동은 이러한 개별 노사관계에 대한 국가의 무원칙적 개입과 강제적 조치에서 비롯되었다고 볼 수도 있다(구해근 2000). 이런 1970년대의 조건에서 청계피복 노조의 활동이 지니는 의미는 유신체제가 설정해놓은 노조 활동의 제도적 한계를 항상 '침범'하는 단체행동으로서, 민주노조가 할 수 있는 '최대치'를 보여준 것이라고 할 수 있다(최장집 1988, 133; 136).

하지만 더욱 중요한 사실은 항의, 직접행동, 시위 등에 기초한 노조 활동은 다른 한편 노조 조직력이 그만큼 취약하다는 것을 간접적으로 보여

2_ 박정희 시기 노동정치-노동체제의 성격을 둘러싸고 '국가 코포라티즘' 혹은 '시장 기제적 억압' 등 논쟁이 존재한다. 특히 송호근(2000)은 1967년을 전환점으로, 김삼수(2003)는 1972년을 기점으로 상이하게 1960~70년대 노동관계 변화에 대해 서술하고 있으나, '유인 없는 억압', '배제의 노동정치'라는 점에서는 공통된다. 체제의 안정을 위해 노동을 정치적으로 동원하는 것은 1963년 노동법 개정 시기부터 금지되거나 부차적 의제로 간주되었다. 1970년대 노동정책의 개괄적 상황은 송호근(2000), 최장집(1988), 김삼수(2002; 2003), 김형기(1988) 등을 참조.

준다는 점이다. 1970년대 민주노조 가운데 지속적으로 노사간 협상을 통해 안정적인 조직력을 보여준 사례는 원풍모방 노조 정도였다.[3] 그 밖의 노조들은 2~3년 정도의 짧은 민주노조 운영 경험과 고용주측의 잦은 도전 때문에 조직력이 취약한 편이었다. 물론 조직력의 강약을 막론하고, 노조가 제기한 이슈는 임금인상, 노동조건 개선, 노조 민주화 등 근로기준법을 준수하고, 국가가 노동자를 보호해줄 것을 요구하는 수준이었다(최장집 1988, 134).[4] 문제는 이 이슈들이 처리되는 방식, 그리고 그 과정에서 노조의 저항이 조직·표출되는 방식이었다. 정당을 통한 정치적 포섭과 동원이 봉쇄되고 노동자들의 단결권이 법적으로나 제도적으로 봉쇄된 조건에서 노조의 선택 역시 불규칙적이며 불안정한 것일 수밖에 없었다. 이런 현상은 지도력과 기층 노동자간의 투쟁을 위한 조직적인 동원력에 있어 취약성으로 드러났고, 그 대표적인 사례가 청계피복 노조였다.

또 하나 짚고 넘어가야 할 문제가 청계피복 노조의 특수한 성격으로, 지식인, 학생(운동)과 맺은 연계다. 잘 알려진 사실이지만, 전태일은 한문으로만 된 『근로기준법』을 보며, "나에게 대학생 친구가 한 명만 있었더라면"이라고 소원했다고 한다(전태일 1988; 이소선 1990; 조영래 1983). 1970년대 한국 사회에서 대학생은 '특수한 존재'였다. 1980년대 졸업정원제가 실시되면서 대학생 수가 늘어났지만, 1970년대만 해도 대학 진학은 사회적 신분 상승을 보장하는 것이었고, 여공들이 그토록 소망하던 '사무직'이 되는 첩경이었다(황지우 외 2002). 하지만 전태일의 생각처럼 대학생들이 근로기준법에 대해서

3_ 원풍모방의 교육, 소모임 등을 통한 조직력 강화에 대해서는 박순희(2001), 원풍투위(1988) 참조.

4_ 결혼퇴직제 철폐 투쟁, 산전산후휴가 쟁취복쟁, 여성노동자 승진승급 투쟁, 수유시간 확보투쟁 등 여성특수의제는 콘트롤데이타, 원풍모방, 삼성제약 등에 국한되어 제기되었다. 자세한 내용은 방혜신(1993), 한명희(1998) 등을 참조.

다 알고 있거나 노동문제에 대한 구체적인 인식을 지니고 있던 것은 아니다. 오히려 전태일의 죽음을 계기로 대학생, 구체적으로 학생운동이 노동문제에 많은 관심을 가지게 됐다.

이런 학생운동의 흐름 속에서 청계피복 노조의 행동양식에 중요한 요인이 된 학생·지식인과 결합하는 문제가 제기되었다.[5] 당시 평화시장에는 장기표, 이재오, 김문수, 김근태, 이광택, 이영희, 김세균, 장명국 등 이름을 모두 기억할 수 없을 정도로 많은 사회운동 관계자들이 몰려들었다. 대표적으로 장기표는 1972년 내란음모사건 이후 연속되는 구속, 구류, 수배 속에서도 청계피복과 관련을 맺었다.[6] 학생, 지식인과 청계피복 노조의 결합은 전태일 장례식을 학생장으로 치르는 문제에서 시작되었다(김기용 2004, 장기표 증언). 당시 장기표는 수배망을 뚫고 거의 날마다 이소선을 만났다. 이소선은 노동교실 실장으로 청계피복 노조에 직접 관여했고, 장기표는 배후에서 각종 유인물을 쓰고 전략을 수립했다. 장기표는 근로조건 개선에 주력하던 청계피복 노조를 정치투쟁의 장으로 끌어낸 인물이다. 장기표는 한때 '김씨 아저씨'라는 가명으로 평화시장에 위장취업한 일도 있었다. 장기표가 개입했던 대표적인 예가 사용주들이 정부의 세금 인상에 철시 등으로 맞설 때 노조도 힘을 합쳐 투쟁에 임해야 한다고 한 것, 한영섬유 노동자 김진수의 타살 사건이 터졌을 때 사건의 내막을 알려주며 그의 어머니와 함께 투쟁하자고 한 것 등이었다. 이처럼 이들은 개별적으로 청계피복 노동자들을 만났고 노조 활동에 '양각 혹은 음각'이라고 볼 수 있는 영향을 미쳤다(이승철 2003년 5월 8일 인터뷰).

5_ 1970년대 학생운동 활동가들의 노동운동에 관한 기록으로는 정윤광(2001), 주대환(2001), 문성현(2000) 등 자료를 참조.

6_ 당시의 자세한 정황에 대해서는 이소선(1990), 민종덕(2003) 등을 참조.

자료 5-2 1970년대 학생운동의 흐름과 노학연대

1969년 3선개헌 반대 운동이 좌절되면서 선진적 학생 운동가들은 기존 반정부투쟁이 지닌 정치편향성 등 한계를 절감하고 독재체제의 장기화에 대비하는 장기적 대안을 모색했다. 비록 '사회변혁'이라는 용어를 사용하지는 않았지만, 이들 사이에는 민주화와 사회변화를 포괄적이고 구조적으로 사고하는 경향이 대두했다(이종구 · 김준 2003, 206). 이들은 사회운동을 통해서 사회 저변의 대중적 역량을 축적 · 조직화하고, 이런 역량의 결집을 통해 사회변혁을 추구할 필요성을 강조하기 시작했던 것이었다. 이런 배경 아래에서 1970년대 노동문제에 대한 지식인, 특히 학생운동 진영의 관심은 여러 갈래로 나뉘었다. 먼저, 청계피복과 관련, 학생 · 재야운동의 일환으로 노동운동과 접촉을 가진 장기표, 조영래, 김근태, 이창복 등을 들 수 있다. 두 번째, 도시산업선교회나 크리스챤 아카데미 등 종교계의 노동운동 지원단체 간사 활동 등을 통해 노동문제에 대한 관심을 표명하는 실천이 존재했다. 대표적인 인물이 인재근, 최영희, 손학규, 김세균, 신인령 등이었다. 세 번째로, 독자적이지만 고립된, 이른바 1970년대 대학생 출신 노동자 제1세대로 분류되는 경향이다. 대표적으로는 신금호, 김문수, 문성현, 정윤광, 김영곤, 김영준 등이 여기에 속한다. 세 번째 흐름은 조직적인 흐름이라기보다, 개인적인 결의나 준비를 통해 현장 노동자 생활과 노동조합 경험을 쌓은 사례라고 할 수 있다. 예를 들어 김문수의 경우, 이미 1970년 방학 중 공장에 취업을 해 노동을 체험하는 공장활동을 시도하기도 했다. 당시 많은 수의 대학생들이 농촌활동을 갔지만 김문수는 친구 세 명과 함께 "노동자가 대단히 중요하다는 막연한 생각에서 공장활동을 택하였다"고 회고하였다(김문수 1986).

1970년대 청계피복 노조의 활동과 투쟁은 저임금과 다락방으로 상징되는 조건으로부터 강제된 전투적 투쟁이 강조되었다(이소선 1990; 민종덕 2003). 그러나 청계피복 노조의 전투적 투쟁을 둘러싼 구체적인 배경과 맥락에 대해서는 거의 언급되고 있지 않다. 왜 청계피복 노조는 다른 노조와 대비되는 전투적인 투쟁을 지속적으로 전개했을까? 나는 이런 점에서 학생 출신 활동가들이 생산한 담론 그리고 이것이 청계피복노조에 미친 영향이 다른 사업장과 청계피복 노조를 구분 짓는 숨겨진 '익명적 지식'이 아닌가 생각한다. 1970년대 전반에 걸쳐 학생운동이 노동운동과 '조직적 연계'를 가진 경우는 거의 없었으며, 성명서 발표나 연대 선언 등이 일반적인 양태였다. 장기표가 청계피복과 연계를 가지면서 장기적으로는 조직적 전망이 있었을지도 모른다. 하지만 당시 운동의 수준에서는 개인과 개인 혹은 개인과 노조 간의 연대가 일반적이었다. 이것은 몇 가지 요인에 의해 추론할 수 있다. 당시 학생운동은 노동자운동과 민중운동을 이념적 · 조직적으로 지도할 만한 수준이 아니었다. 오히려 초보적인 수준에서 노동자의 정서와 경험을 이해하고, 노조와 조직운동에 대한 지식이나 경험이 부족한 노동자들에게 노-하우를 전달해주는 정도였다. 그러나 청계피복 노조는 다소 양상이 달랐다. 장기표 검거 때도 드러나는 것처럼, 장기표는 이승철, 박문담 등과 노동문제에 대해 정기적으로 논의했고, 장기표가 검거된 다방에 갔던 이유도 이 사람들과 만나기로 한 약속 때문이었다. 이런 사실은 장기표와 청계피복 노조, 서울지역 노동운동 활동가간에 상당히 지속적인 관계가 존재했다는 것을 알려준다(민종덕 2003; 이소선 1990).

그렇다면 이런 흐름은 도시산업선교회, 지오세, 크리스챤 아카데미 등과 비교할 때 어떻게 달랐을까? 1970년대 운동 전반에 걸쳐서, 특히 여성노동자 사업장이나 도시산업선교회 관련 사업장은 대학생이 접근하는 것을 달가워하지 않았다(최영희 인터뷰 2003년 3월 24일). 그러나 청계피복 노조는 다소 조건이 달랐다. 동일방직이나 반도상사와 달리 '지도부'는 여성이 아니라 삼동회 멤버와 이소선 주변 남성 활동가들이었다. 노조도 평화시장 일대의 조건 때문에 연합노조의 형태였고 동일방직이나 YH 등과 조직화의 매개도 달랐다.[7] 600여 개가 넘는 사업장을 통제하기가 사실상 불가능한 조건에서 고용주와 정부는 근로기준법을 어기기 일쑤였다. 따라서 '극한 투쟁을 해야만 정부가 조건을 들어준다'는 인식이 노조 간부들 내에 뿌리 깊이 존재했다(김기용 2004; 이승철 2003년 5월 8일 인터뷰). 특히 이동이 잦았던 사업장의 성격은 안정적인 멤버십을 기반으로 한 조직 활동보다는 공권력의 탄압에 즉각적으로 대응, 시위, 농성 등 전투적 투쟁을 벌이는 경우가 많았다(장명준 1971; 장상철 1988). 그리고 재야인사나 외부 인사와 상대적으로 교류가 많았던 것도 다른 노조와는 다른 투쟁방식을 취하게 만든 배경이 됐다.[8]

이것은 노동교실 운영에서도 드러난다. 중등교실을 운영하고 조합원들을 교육하기 위해서는 알맞은 강사진을 짜야 했다. 노조에서 수소문을 한 끝에 마땅한 강사진을 구할 수가 있었다. 당시 현직 중·고등학교 교사들로 구성된 '상황극단'이 있었는데, 극단 단원들이 노동교실 강의를 맡겠다고 자청했던 것이다. 하지만 이민(가명, 현재 한나라당 이재오 의원)이 이끄는 '상황극단'은 학생운동을 했거나 민주화운동을 하는 의식 있는 지식인들이었다. 때문에 이들과 노조가 어떻게 연결되었는지를 둘러싸고 중앙정보부가 탄압을 해올 것에 대비해서 미리 알리바이를 만들어야 했다. 노조에서는

7_ 더불어 서로 다른 지역적 상황 때문에 청계피복 노조 이후에 나타난 민주노조는 청계피복 노조와 동일한 발전방식이나 조직구조를 따르지 않았다고 전순옥(2003, 330~1)도 인정하고 있다.

8_ 이소선은 조합 간부들에게 외부 활동은 하지 못하게 했지만, 본인이 재야운동이나 학생운동과 연계 역할을 적극적으로 수행했다(김기용 2004).

사진 5-1 청계피복 노동조합 활동가들

야학 강사들을 구한다는 광고를 일간신문에 게재하고 단원들이 그 광고를 보고 응모한 것으로 위장했다(민종덕 2003). 그 밖에도 전남대 이양현, 서울대 김세균 등이 청계피복 노조의 연대사업, 풍천화섬 노조 결성 등에 깊숙이 개입했다. 다시 말하자면 다른 민주노조들은 되도록이면 법적 테두리 안에서 노동조합 활동을 하고 문제가 사회화되는 경우 노조가 사측과 공권력의 직접적인 탄압을 받았다. 하지만 청계피복 노조의 투쟁은 단위사업장 노사문제가 사회화되는 것이 오히려 일상적이었다.

이처럼 청계피복 노조 활동의 특징은 노조 자체의 특수성과 지식인의 대량 개입에서 비롯되었다. 청계피복 노조는 1970년대 내내 전투적 투쟁을 전개했던 것으로 알려졌지만, 이런 해석은 민주화 담론에 의해 만들어진 것이다. 실제로 청계피복 노조의 조직력은 매우 취약했고 '파업 자체도 어려운 상황'이 지속되기도 했다. 청계피복 노조에 대한 공권력의 외부 개입과, 이것에 대한 대항, 그리고 장외투쟁과 전투적인 상황의 전개 등이 반복되던 끝에, 노조는 9 · 9 결사투쟁을 기점으로 불안정해졌다. 조합원들의 조직적인 힘으로 노동조합이 결성된 것이 아니라, 전태일의 분신 항거가 커다란 사회문제가 되어 여론의 힘에 의해 결성된 측면이 강했던 조직적 한계가 있었기 때문이었다. 시장 내에는 700여 개의 사업장과 1만2천여 명 정도의 조합원들이 있었지만, 투쟁에서 동원이 가능한 최대 인원은 300여 명에 불과했다. 이 수는 이승철이 지부장이던 1976년 풍천화섬 투쟁 당시 인원수였다. 청계피복 노조 규모라면 3천 명은 동원이 되어야 조직력에 기반한 투쟁을 전개할 수 있었는데, 실제로 투쟁에 참가한 인원은 노조 조직력의 한계를 보여준다(이승철 2003년 5월 8일 인터뷰).

이처럼 청계피복 노조의 조직력은 외부에 과장되어 잘못 알려진 측면이 컸다. 정부도 청계피복 노조의 조직적 실체를 1980년 신군부가 들어선 뒤에야 파악하게 된다. 당시 정부는 청계피복 노조 간부들의 집을 압수수색하는 과정에서 "니들이 불쌍하다"는 말을 남겼다고 한다. 같은 시기 발생한 사북탄광 어용 노조 간부들의 치부와 부패를 동시에 조사한 정부가 돈도 권력도 없으면서 노조를 하는 청계피복 노조 간부들을 '불쌍하다'는 단어로 표현한 것이었다. 그러나 신군부는 "단체는 모이기만 하면 떠드는 것"이라고 규정하고, 총칼로라도 청계피복 노조를 해산시킬 것이라고 공언했다(이승철 2003년 5월 8일 인터뷰).

학생운동식 활동방식

나는 이 점에서 청계피복 노조 지도부인 이소선과 삼동회 회원들의 전투성과 헌신성, 그리고 이 과정에서 노동문제가 외부화되는 방식이 반드시 청계피복 노조 그리고 여성노동자들에게 긍정적이지만은 않았다고 생각한다. 1970년대 청계피복 노조 관련 지식인들 가운데 노조 간부 등 활동가를 만나지 않은 사람이 없을 정도였다. 문제는 '만남' 자체가 아니라 만남의 내용과 이것이 노조에 미친 영향이다. 지식인, 그리고 학생 출신 활동가들은 무엇이든 '투쟁을 해야만 이루어진다'는 것을 노동자들에게 강조했고, 이것은 청계피복 노조의 일련의 투쟁이 '학생운동적 성격'이 강하게 된 중요한 이유였다(이승철 2003년 5월 8일 인터뷰).

물론 활동가들의 헌신적인 투쟁을 폄하할 생각은 없다. 그러나 노조는 투쟁조직만이 아니다. 물론 유신 시기 노동정책이라는 요인이 고려돼야 하지만, 노동문제의 사회화가 지속되면서 지도부의 잦은 교체와 노조 조직력의 극적 하락이라는 현상이 나타났다. 이런 사실은 '과연 청계피복 노조의 기능이 노조인가, 민주화운동인가?'라는 의문을 가지게 한다. 바로 투쟁하지 않는 지도부에 대한 노동자들의 과도한 불신과 부지불식간에 이것을 승인하는 지도부의 관례적 실천이 이런 현상을 낳았던 것이다.

대표적 사례인 노동교실을 둘러싼 일련의 투쟁을 보면 이 점을 좀더 잘 이해할 수 있을 것이다. 노동교실의 역사는 청계피복 노조뿐만 아니라 1970년대 민주노조운동의 특징을 말해준다(이소선 1990; 민종덕 2003). 앞서 언급했듯이 청계피복 노조는 조합원들의 조직적인 힘으로 결성된 것이 아니라 전태일의 분신이 사회문제가 되어 여론의 힘에 의해 결성된 측면이 강했다. 그렇기 때문에 초창기에는 재정적으로 매우 어려울 수밖에 없었다. 조합원들한테서 징수되는 조합비가 거의 없는 상태에서 노조를 운영하기 위해 운영비를 전태일 열사의 조의금으로 충당해야 할 지경이었다(민종덕 2003). 이러한 것들이 청계피복 노조의 조직적 불안정성과 내부적 전투성간의 딜레마를 형성하는 요인이었다(청계피복 노동교실에 대해서는 **부록 5-1** 참조).

1973년 5월 21일 노동교실 운영권을 노동조합이 되찾아 개관식까지 마쳤지만 노동교실은 온전한 의미에서 '자율적인 공간'은 아니었다. 중앙정보부를 정점으로 하는 정보기관이 노동교실을 매개로 노동조합을 감시 · 통제하려고 했기 때문이었다. 그러나 노동조합의 거센 반발과 조합원들의 강력한 투쟁으로 더는 통제를 할 수 없게 되었다. 이런 상황 아래에서 정보당국은 청계피복 노조를 통제할 다른 방법을 준비했다. 그것은 바로 청계피복 노조의 상급 조직인 어용노조를 통해 조합 간부를 감시하고 통제하는 것이었다. 상급 조직에서 파견된 간부들은 평화시장 출신 노조 간부들이 노조를 운영한 경험이 없다는 점을 이용해서 실무적인 사항들을 지도했다.

다른 한편 이들은 노조운동의 방향이나 정책결정에도 일정한 영향을 미쳤다. 이런 노조 내부의 조건 때문에 파견된 간부와 청계피복 출신 간부 사이에 갈등이 생길 수밖에 없었다. 특히 이소선과 어용노조에서 파견된 간부들의 대립은 대단히 심했다(이소선 1990; 민종덕 2003). 어용노조에서 파견된 간부들은 이소선이 현장에서 일을 하는 노사관계의 직접적인 당사자가 아니기 때문에 노조에 간여하는 것은 '불법'이라는 논리를 내세워 그녀를 노조활동에서 노골적으로 배제하려고 했다. 이런 복잡한 상황은 청계피복 노조 지도부 내부에 삼동회와 이소선을 한편으로 하는, 이른바 전태일 정신을 계승하는 전투적 노조운동 세력과 파견된 간부들 사이의 균열을 낳았다. 이런 균열은 전태일이라는 노조의 정체성이자 상징을 둘러싼 행사와 대정부 관계, 노동교실 사용 등 곳곳에서 드러났다.

그 밖에도 활동방식을 둘러싼 내부갈등도 존재했다. 1975년 4월 노동교실에서 연 '전태일 추모의 밤'을 둘러싼 논쟁이 그것이었다. 이 논쟁도 지도부의 전투성과 외부 개입을 둘러싼 문제였다. 조합원들은 전태일 추도식이 현장에서 투쟁의 의지를 다지는 행사여야 한다고 주장했다. 반면 집행부 입장에서는 사전에 논의되지 않은, 즉 공식적인 행사가 아니기 때문에 노동교실 사용을 허가할 수 없다는 것이었다. 다시 말해서 노조 집행부와 평조합원 사이에 갈등이 발생했고, 조합원들은 '추모의 밤' 행사를 강행했다 (이소선 1990; 민종덕 2003).

이 문제에 대해 이승철은 두 가지 논점을 제기하고 있다. 하나는 추모의 밤처럼 정부와 정면으로 충돌하는 행사를 노조가 직접 맡아서 할 수 있느냐는 점이다. 당시 조건에서 노동조합으로서 할 수 없는 사업도 있었다는 것이다. 다시 말하자면 추모의 밤을 주도하지 않았다는 이유로 당시 집행부를 일방적으로 투쟁적이지 못했다고 비판할 수는 없다는 것이다. 또 다른 논점은 지식인들의 개입 문제였다. 앞에서 청계피복 노조가 외부 지식인들의 영향을 많이 받았다는 것을 지적했다. 문제는 지식인의 개입에 의해 조합원과 집행부 사이에 괴리가 발생한 점이었다. 이승철의 표현을 빌리자면, "지식인들의 특징은 대표자는 만나지 않는다. 대신 밑에만 쑤시는 방식"이라는 것이다. 이 점에 대해 초기 지부장이던 최종인은 상당히 불쾌하게 생각했다고 한다. 최종인은 "친구가 앞에서 죽었으니 다음 타자로 우리가 죽어야 한다는 생각으로 싸웠다. 우리는 정말 순수했다. 그때는 외부세력 때문에 조합원의 희생이 늘고 있다는 생각도 했다. 하지만 시간이 흐르고 보니 우리 생각이 좁았던 것 같다"고 당시를 회고하고 있다(육성철 2000). 실제로 지식인과 접촉한 노동자들이 노조와 독자적으로 투쟁을 진행한 경우가 있었기 때문에 더욱 그러했다(이승철 2003년 5월 8일 인터뷰).

마침내 1976년 4월 16일 지부장 이하 모든 임원이 사표를 내고 물러났다. 이틀 뒤 새로운 집행부가 들어서고, 이소선이 노동교실 실장으로 취임하게 되었다. 이런 일련의 과정을 거쳐서 조합원 가운데 전투적 리더십을 중심으로 한 그룹이 노조의 지도력을 행사하게 된 것이다.[9] 1970년부터 청계피복 노조 10년 역사를 보더라도 6명의 위원장이 교체될 정도로 지도부가 자주 바뀌었다. 이처럼 지도부가 자주 교체되고 불안정한 상태가 지속된 것은 집행부와 "유달리 투쟁적인 대의원"들의 기대치 사이의 간극 때문이라고 해석할 수도 있다(최장집 1988, 134~135). 하지만 일방적으로 '집행부=비전투적', '조합원=전투적'이란 등식을 적용하기는 어렵다. 오히려 문제는 노조 리더십에 대한 이분법적인 사유 방식이었다. 예를 들어 집행부를 불신임했

9_ 당시 노조 간부 중에는 임금체불 사업장이 있을 경우 사장을 불러다 주먹을 휘두르고 돈을 받아내는 경우도 있었다. 그러다 보니 청계피복 노조를 정치투쟁과 연결지으려 했던 사람들과 갈등이 빚어졌고, 최종인은 이 문제를 "우리의 한계가 왔다고 생각했다. 우리는 아마추어였다. 그래서 후배들에게 노조를 물려주고 나왔던 것이다. 죽은 태일이에겐 미안한 일이었지만, 그것이 최선의 선택이었다"고 증언한다(육성철 2000).

던 근거 가운데 조합 간부가 노동청 직원에게 개인적으로 소주를 한 잔 사준 것이 들어 있기도 했다. 당시 노동운동 내에는 정부나 고용주측과는 접촉조차 해서는 안 된다는 '선명성'이 과도하게 강조되었고, 이것을 이승철은 "중간이 없는 사회"였다고 표현한다(이승철 2003년 5월 8일 인터뷰). 청계피복 노조 역시 '민주 대 어용'이라는, 노동운동에 대한 이분법적 담론이 지배하고 있었던 것이다.

그러나 여전히 지도부는 미숙했고 불안정한 상태였다. 공권력의 일상적인 감시와 탄압이 중요한 원인 중 하나였지만, 또 다른 중요한 이유는 외부 지식인들의 개별적인 개입이었다. 표면적으로 노동교실을 둘러싸고 9·9투쟁이 벌어졌던 원인은 이소선의 '법정 투쟁'이었다. 정보당국은 비록 노동교실 운영에 직접 간섭하거나 영향을 미치지는 못했지만 보이지 않는 곳에서 늘 감시하고 있었다. 노동교실 골목 입구의 구멍가게에는 중부경찰서 정보과 형사들이 상주하면서 노동교실 동향을 파악했고, 중앙정보부 요원들은 보이지 않는 곳에서 늘 감시했다. 특히 노동교실에 걸려 있던 육영수 사진이 어떻게 해서 떼어지게 되었는지 집요하게 추궁하기도 했다.

공권력과 청계피복 노조의 이런 갈등은 전투적 노조와 공권력간의 문제이기도 했지만, 정권도 스스로 인정한 전태일이라는 노동조합의 상징과 이것을 약화시키려는 공권력간의 지속적인 긴장관계이기도 했다. 그리고 1970년대 청계피복 노조라는 조건 아래에서 이 긴장의 끈을 쥐고 있던 개인이 바로 이소선이었다. 이소선은 단지 전태일의 어머니라는 개인이 아니었다. 초기 노조의 기반이 취약했을 때 조합원들의 생계와 일상을 보장해주었으며, 노조가 어려움에 처했을 때 또는 전투적 집단행동으로 간부들이 구속되거나 신변에 위험이 닥칠 때 보호해줄 수 있는 상징이었다. 또 조직적·실무적 능력의 한계로 고통받는 지도부에게 학생운동가나 비판적 지식인과의 연결 고리를 놓아준 것도 이소선이었다. 바로 공권력의 압력에서 노동자들을 보호해주는 역할을 이소선은 했던 것이다(이승철 2003년 5월 8일 인터뷰). 존재 조건상 청계피복 조합원이 될 수 없는 제3자였지만, 이소선은 이 제3자라는 불법적인 한계마저 넘어설 수 있는 위치에 있었다. 적어도 전투적인 민주노조 지도부에게 이소선은 실질적인 최대 주주였다. 민종덕은 이렇게 이야기하고 있다(민종덕 2003).

> 이소선은 전태일 열사의 어머니로서 청계피복 노조를 설립하는 데 결정적인 역할을 했을 뿐만 아니라 그 동안 온갖 탄압과 회유를 물리치고 노조를 지탱해주는 버팀목이며, 노동교실은 청계 조합원들의 배움의 터전이요, 힘들고 지칠 때 힘을 얻게 한 힘의 원천이었으며 또한 고단한 삶을 편히 쉬게 한 보금자리였다.

1970년대 노조들과 다른 조건에 있던 청계피복 노조를 보호해준 이소선의 존재는 전투적 노조의 상징으로 자리잡았다. 당시 다른 민주노조들에 비해, 청계피복 노조의 두쟁은 과감하고 반정부 성향이 강했다. 이것은 구속, 구타 등 이소선의 행동 반경과 관련된 모든 사안이 '노조의 제1의 투쟁 조건'이 되는 다소 예외적인 상황을 창출했다. 이소선은 청계피복 노동자, 특히 전투적 지도부에게는 '모성'으로 상징되었다.[10] 이소선이라는 요인과 학생운동의 강한 영향, 그리고 청계피복의 특수한 상황은 노조와 공권력, 정부와 일상적 긴장감을 형성했던 것이다.

10_ 청계피복 노조 노동자들이 이소선을 '어머니'로 부른 이유는 어릴 적부터 도시로 와 공장노동을 해야 했던 시다와 어린 노동자들, 특히 부모의 정이 무엇인지 모르고 자라난 노동자들에게 친어머니 같은 역할을 이소선이 지속적으로 해왔기 때문이었다(이승철 2003년 5월 8일 인터뷰).

그렇지만 잘 알려지지 않은 당시 상황이 있었다. 9·9투쟁이 벌어진 시점인 1976년과 1977년에는 남북간 당국자 회담이 열리고 있었다. 회담 당시 북한 관계자들은 남한에 가면 반드시 평화시장에 오겠다고 했고, 남한 정부는 '북한보다 못해서는 안 된다'는 생각에 청계피복 노조의 요구를 대부분 수용했다. 실제로 1977년 4월에 임금이 60퍼센트 정도 인상됐고, 그 결과 노조 내부에는 '하면 이긴다'는 분위기가 높아졌다. 이런 와중에 청계피복 노조 조합원 민종덕의 형인 민종진이 사망하는 사건이 일어났고 청계피복 노조는 노동청에 쳐들어가는 공격적인 투쟁을 전개하기에 이른다.[11] 청계피복 노조의 공격적인 분위기를 감지한 정부는 '도저히 청계피복 노조를 이렇게 놓아두면 안 된다'는 판단을 하게 된다(이승철 2003년 5월 8일 인터뷰). 그리고 이런 정부의 판단이 구체적인 현실로 드러난 사건이 청계피복 노조의 상징인 이소선의 구속이었다. 아마도 이소선이 구속되지 않았다면 9·9투쟁은 일어나지 않았을 것이다.

9·9 투쟁은 말 그대로 '결사투쟁'이었고, 비타협적이고 전투적인 지도부를 중심으로 한, 1970년대 민주노조운동에서 드문 '선도투쟁'이었다(9·9 투쟁의 상세한 전개 과정은 **부록 5-2**와 **부록 5-3**을 참조). 그리고 이런 투쟁의 정서와 집단적 행동양식은 이전 청계피복 노조의 연장선에 있었다.

9·9투쟁을 전후한 1977년 7월 22일 이소선의 구속, 노조 지도부의 검거와 도피로 청계피복 노조의 조직력은 크게 약화된다(민종덕 2003). 여기서 문제는 노조 조직력 약화와 더불어 전투적·희생적 양상으로 전개되었던 투쟁이 다른 노동조합과 비교할 때 어떤 의미를 지니는가이다. 결론부터

11_ '민종진 사건'은 민종덕의 형인 협신피혁 노동자 민종진이 폐수처리장에 청소를 하러 들어갔다가 유황매탄가스에 질식해서 사망한 사건을 가리킨다.

말하자면 9·9투쟁과 가두시위를 통한 노동문제의 사회화와 정치화를 전개했던 청계피복 노조의 활동방식은 '노조'의 기능보다 '민주화 운동', '재야', 그리고 '학생운동'의 활동방식과 닮아 있었다. 한쪽에서는 청계피복 노조와 조합원들은 사업장이 어디든지 노동자투쟁을 적극적으로 지원하려고 했다는 점을 긍정적으로 평가하기도 한다(전순옥 2003, 328~9).

노조는 쟁의행위도 하지만 일상적인 공간에서 사측과 힘겨루기를 통해 노동자의 지위를 안정화시키는 조직이기도 하다. 하지만 청계피복 노조는 이런 노조로서 해야 할 기능보다 민주화운동, 투쟁을 통해 문제를 해결하는 것, 이소선-전태일이라는 노조의 상징을 수호하는 것 등이 더 중요했다. 물론 전태일이라는 상징, 그리고 이소선이 노조와 재야를 이어주고 청계피복 노조를 보호해준 점은 분명하다. 그러나 청계피복은 '노조'였을 따름이다. 전투적 지도부와 조합원들의 잇따른 장외투쟁은 지도부의 불안정을 가져왔고, 그 과정에 지식인의 '개별적인 개입'이란 문제가 결부되어 있었다. 전태일의 죽음은 1970년대 대표적인 민주노조였던 청계피복 노조를 만들어 주었지만, 청계피복 노조가 전태일이라는 상징에 과도하게 집착할 때 노조의 불안정화, 기층과 지도부의 괴리라는 문제점이 드러났던 것이다. 이것이 1970년대 전투적 노동쟁의의 대표적 사례인 청계피복 노조에 대해 다시 평가해야 할 점이다.

동일방직, 1970년대 민주노조의 신화

동일방직은 1970년대 민주노조운동의 신화인가? 정확하게 말하자면 신화로 만들어졌다는 표현이 맞다. 물론 나체투쟁, 똥물사건, 명동성당 농성 등 동일방직의 치열한 민주노조 사수투쟁을 폄하할 생각은 없다. 그러나 동일방직 노조에 대한 신화화는 1970년대 민주노조 내부의 한계를 은폐하는 측면이 강하다. 나는 동일방직 노조의 운영에 대한 익명적 지식과 지배적 해석 내부의 균열을 살피는 과정에서, 민주노조운동에서 민주와 어용이라는 대립이 은폐한 지점을 살펴보고자 한다. 특히 도시산업선교회의 노조 개입이 여기에서 매우 중요한 문제다. 또한 동일방직이 선택했던 노동문제의 사회화가 어디까지 정당했는지를 '제2차 조직사수 투쟁'인 속칭 '똥물사건'과 그 이후 농성과 해고 과정 등을 중심으로 살펴볼 것이다.[12] 먼저 전체적인 사건일지를 정리해 보면 **표 5-1**과 같다(동일방직복직투쟁위원회 1985; 석정남 1984; 한국기독교교회협의회 1984).

1976년 7월 나체투쟁 이후 노조측은 사측과 노조 정상화를 합의했지만 문제가 생각대로 쉽게 풀리지는 않았다. 아직 대의원 선출과 새로운 집행부 구성이라는 과제가 남아 있었고, 사측 대의원과 이미 동일방직 노조 무력화 방침을 세운 본조 — 한국노총 산하 섬유노조 — 와 다시 대립할 수 있는 가능성이 농후했기 때문이었다. 이것은 새로 구성된 수습위원회의 구성에서도 드러났다. 수습위원 13명은 노조측 7인, 문명순, 박복례 등 노조측에서 친사측으로 '분류하는' 6명을 망라해서 구성되었다. 선거 일자는 1977년 2월 28일로 정해졌다. 그러나 이날 선거도 새벽에 남성 175명이 노동조합 사무실에 난입해서 투표함을 부수는 등 조직적인 방해로 무산돼 다시 선거를 치러야만 했다.

12_ 이른바 '똥물 사건' 이전 '나체투쟁', '사건해부식' 등은 이미 여러 자료로 소개되었기에 여기에서는 생략한다. 자세한 자료는 동일방직복직투쟁위원회(1985, 54~60; 99~107) 참조.

표 5-1 동일방직 노조 사건 일지(1978년)

2월 21일	지부 대의원대회가 반집행부파의 '똥물투척' 등에 의한 방해로 무산.
2월 23일	섬유노조 본조는 동일방직 노조를 사고 지부로 규정하고 업무 일체를 '조직수습책임위원'에게 인계하도록 함.
3월 6일	섬유노조 본조, 지부장을 비롯한 지부 집행부 임원 4명을 '반노동조합활동'을 이유로 제명 처분.
3월 24일	사측은 3월 10일의 한국노총 근로자의 날 기념식장에서의 데모와 서울 명동성당에서의 단식농성(3월 10일~23일) 등 항의집회에 참가한 107명의 조합원에 대해 무단결근을 이유로 경기도 지방노동위원회에 '해고의 예고 예외 신청.'
3월 29일	경기도 지방노동위원회가 해고의 예고 예외신청을 받아들임.
4월 1일	회사측은 126명의 조합원을 집단 해고.
4월 10일	섬유노조위원장(위원장:김영태)은 해고자 126명의 블랙리스트를 작성, 전국 노조와 사업장에 배포.
4월 26일	해고노동자(65명)는 본조와 동일방직 '조직수습책임위원'에 의해 결정된 대의원선거를 저지하기 위해 직장에 침투하여 농성.
4월 27일	동일방직 '조직수습책임위원' 주제로 대의원선거를 실시, 조 · 반장 중심으로 대의원이 선출되고 새 집행부 구성(지부장: 박복례).
5월 16일	해고노동자들이 '임시 전국섬유노동조합 동일방직 지부'를 결성(지부장 직무대리: 추송례).
5월 31일	서울민사지법은 동일방직 노조 집행부에 대한 섬유노조의 제명처분 효력정지 가처분신청을 기각.
7월 30일	해고 노동자들은 섬유노조 대의원대회에서 김영태 섬유노조 위원장 재선 저지 투쟁을 전개.

이런 복잡한 갈등을 거치면서 1977년 4월 4일 선거에서 드디어 이총각을 필두로 하는 이른바 '민주파 노조'가 집행부를 구성하게 된다(동일방직복직투쟁위원회 1985; 석정남 1984; 조화순 1992). 선거 당일 분위기를 석정남은 이렇게 기록하고 있다(석정남 1984, 67).

대회를 무사히 마친 대의원들은 개선장군처럼 만세를 부르며 이총각 지부장님을 떠메고 나오는 게 아닌가! 많은 사람들의 어깨 위에 올라선 총각 언니도 빨그레 상기된 표정으로 두 손을 흔들며 기쁨을 감추지 못하고 있었다. 우리들은 서로 앞을 다투어 밀려 나아갔다. 한 무더기로 엉클어진 우리들은 기쁨을 감추지 못하고 그 자리에서 춤을 추며 환호성을 지르며 목이 터지게 만세소리를 외쳤다.

문명순, 숨겨진 '어용'의 이름

대부분의 자료는 당시를 매우 고무적인 분위기로 기록하고 있지만 이 안에는 감추어진 문제가 하나 있었다. 『동일방직 노동조합운동사』를 포함해서 많은 글에는 문명순을 어용이자 민주노조의 파괴자로 서술하고 있다. 당시 지부장이던 이총각도, "그들(문명순과 박복례 — 인용자)이 그렇게 된 거(친사측으로 된 것 — 인용자)는 야심이 있었기 때문이에요. 문명순은 집행부를 맡았는데 박복례는 간부 자리 줄 정도는 아닌데 그런 야심이 있었어요. 자기 야심이 채워지지 않으니까 따로 행동(똥물 투척 등 반노조 행위 — 인용자)을 한 거죠"라고 증언하고 있다(박수정 2003, 30). 그런데 남성노동자들의 경우 어느 정도 추측이 가능한데 과거 노조 대의원이던 여성들이 사측으로 분류되고 어용-반집행부라는 이름으로 기록되는 것에 다소 의문이 제기될 수 있다. 왜 그랬을까? 문명순과 가까운 관계였던 석정남과 추송례에게 문명순의 행동은 특히 충격적인 사건이었다.[13] 문명순은 석정남이

13_ 석정남과 추송례는 모두 동일방직 노조의 열성 활동가로, 초기 의식화 과정에서 문명순의 강한 영향을 받았다. 자세한 내용은 두 여성노동자가 쓴 수기인 석정남(1984), 추송례(2001; 2002) 참조.

양성공 시절부터 존경하던 지도공이었다. 당시 그녀의 기억을 더듬어보자 (석정남 1984, 29).

> 연봉(최연봉 — 인용자)과 내가 그런 일(도시산업선교회의 클럽 활동 — 인용자)을 열심히 하고 있을 때 특히 우리에게 힘과 용기를 주었던 사람은 직포 1반의 문명순 언니였다. 직포과 같은 황무지에 그 언니처럼 노조에 적극적이고 열의를 가진 사람이 한 명이라도 있었다니 놀라운 일이었다. 더구나 그 언니는 현장에서 조장이라는 직책에 있었고 노조에서는 회계 감사직을 맡고 있었다. 우리가 처음 그 언니를 찾아갔을 때 그 언니는 우리의 손을 덥석 붙잡으며 무척이나 반가워했다. ……나와 연봉은 빨간 완장을 팔에 두르고 목에는 파란 호루라기를 걸고 있는 문명순 언니를 잠시 동안 눈이 부시게 쳐다봤다. 그야말로 황무지 직포과에서 외롭고 강하게 버티어온 사람답지 않게 그 언니의 얼굴은 곱상하게 보였다. 아담한 키와 날씬한 몸매, 예쁜 얼굴은 교양 있게 보였다.

양성공 당시 그녀들의 눈에 비친 문명순은 '경외敬畏' 그 자체였다. 하지만 이제 문명순은 이런 식('나체시위' 등의 사건 지칭 — 인용자)으로 계속 어려움을 당하다 보면 투쟁에도 한계가 있는 법이며, 잘못하면 죽도 밥도 안 될 것이니 수습위원 말대로 우선 반이라도 살려놓고 다시 조직을 정비하자는 의견을 제시했다. 그러나 노조를 둘러싼 현실은 그렇게 녹녹하지 않았고, 이풍우를 중심으로 한 수습위원들의 노조 무력화 공작이 노골화되고 있는 실정이었다. 정부와 고용주측은 이 갈등을 노동자간의 갈등이라고 주장했지만, 실제로는 여성 민주노조 대 반집행부간의 대립으로 나타났다. 섬유노조는 동일방직 노조를 '사고 지부'로 지정했고, '수습책임위원회'에 전권을 넘겨서 노골적으로 동일방직 노동조합을 '회사조합company union'으로 무력화시키고자 했다.

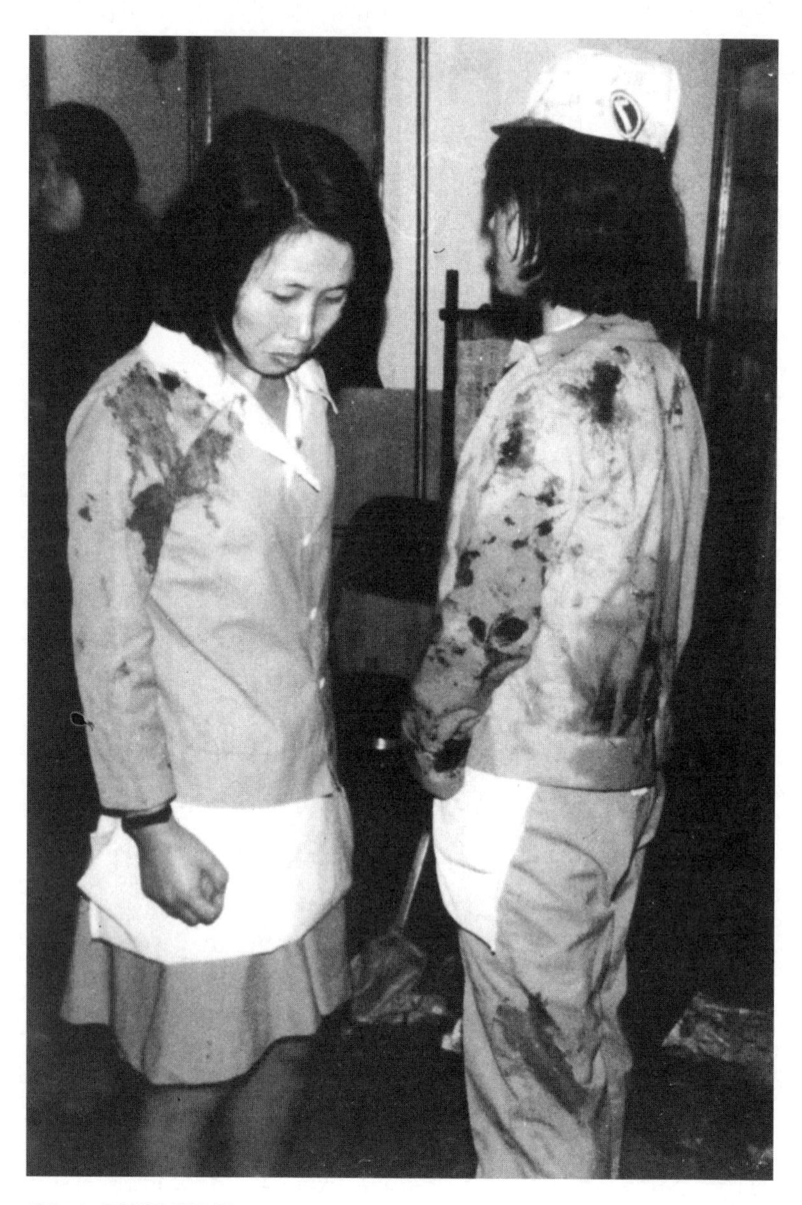

사진 5-2 동일방직 똥물사건

이러한 노조 내부의 균열을 틈타 섬유노조에서 파견된 수습위원 이풍우가 문명순 등과 접촉했다. 문명순 등이 수습위원들과 접촉하고 있다는 사실을 안 노조측은 이들을 경계했고, 그 결과 문명순 등은 노조 내부에서 고립된다. 이런 와중에 문명순은 급속하게 사측으로 경도된다. 바로 여기까지가 『동일방직 노동조합운동사』에 기록된 공식적인 기록의 대강이다(동일방직복직투쟁위원회 1985; 석정남 1984). 그 동안 이 문제는 전형적인 민주 대 어용 구도의 서술로서 거의 의심받지 않았다. 또 다른 자료와 교차 비교해도 마지막 순간(똥물사건)에 문명순이 사측의 집행부 파괴에 관여했던 것은 부정할 수 없다.[14] 문제는 '왜 그랬느냐'다. 좀더 적극적인 질문을 던지자면, 문명순으로 대표되는 반집행부 성향의 여성노동자들은 모두 '어용'이었는가?

문명순은 대의원, 회계감사 등을 맡았던 노동조합의 주요 활동가였다. 당시 상황은 나체시위, 조화순을 중심으로 한 도시산업선교회의 개입, 노조 어용화를 위한 사측의 기도, 그리고 한국노총의 노조 파괴 공작 등이 겹쳐져 있던 상태였다. 이 와중에 사퇴한 지부장 이영숙을 대신할 후임 지부장 선거에 문명순과 이총각이 각각 출마한다. 공식적인 노동조합운동사에는 도시산업선교회 소모임에 기반한 민주파 지도자로 이총각을, 그 반대편에 사측과 밀착된 후보로 문명순을 기록하고 있다(동일방직복직투쟁위원회 1985; 석정남 1984). 그러나 문명순이 왜 사측으로 경도되었는지에 대해서는 언급이 없다. 단지 남성노동자들과 마찬가지로 회사에 돈으로 매수된 것일까? 그렇다고 하기에는 석연치 않은 점이 많다. 여기서 몇 가지 가정을 해볼 수 있다.

먼저, 문명순과 이총각 두 사람 모두 도시산업선교회에서 조화순의 지

14_ 당사자인 문명순은 똥물사건이 일어난 새벽에 의문의 교통사고로 사망했다(동일방직복직투쟁위원회 1985; 석정남 1984; 추송례 2002).

도 아래 소모임을 통해 활동한 지도자였다. 당시 노조 활동가들 대부분이 그랬듯이, 동일방직 노조는 조화순과 인천 도시산업선교회의 영향력이 '매우' 큰 상징적 사업장이었다. 이것은 노조 간부 인선과 투쟁방향 설정에서도 도시산업선교회의 영향력이 행사될 가능성이 있다는 것을 시사해준다. 초기 민주노조가 만들어질 때도 인천 도시산업선교회는 사전에 여성노동자들로 하여금 라인별 대의원을 내정하게 해서 대의원 선거에서 승리하도록 했다(조화순 1992). 이렇듯 도시산업선교회가 노조 운영 등에 매우 깊숙하게 개입했을 가능성을 배제하기는 어렵다. 이총각과 문명순이 노동운동에 대해 서로 다른 생각을 지녔는지 확인할 길은 없다. 다만 두 후보 가운데 도시산업선교회와 집행부측은 한 명을 지지해야만 했고, 그 사람은 이총각이었다. 그리고 이총각의 당선은 민주노조 재생산의 성공이라고 해석돼왔다.

두 번째 문제는 동일방직에서 도시산업선교회가 지녔던 영향력의 정도와 관련되어 있다. 여성노동자의 의식화 과정에서 도시산업선교회의 역할은 결정적이었다.[15] 권리와 자립이라는 단어를 여성노동자들에게 가르치고 깨닫게 해준 장본인이 바로 조화순이었던 것이다. 하지만 시간이 지나면서 여성노동자들 가운데 도시산업선교회의 영향력에서 벗어나는 활동가가 눈에 띈다면 도시산업선교회는 어떤 태도를 취했을까? 애초부터 문명순은 어용이 아니었을 수도 있다. 아니, 아니었을 가능성이 더 높다. 인천 도시산업선교회의 지원 아래 여성 집행부가 등장한 이후 노조와 사측은 노골적인 충돌을 반복했고, 그 과정에서 나체시위도 일어난 것이었다. 물론 불가피한 상황 논리도 있었겠지만 노조는 투쟁만 하는 '투쟁조직'은 아니었다. 그러나

15_ 초기 노조 결성에서 도시산업선교회의 역할에 대한 문헌들은 홍현영(2002), 김준(2003), 홍상운(2002) 등 참조.

사진 5-3 동일방직 조합원들과 조화순 목사

조화순이 중심이 된 도시산업선교회는 정부가 도시산업선교회를 비난하는 논리로 사용하는 극한 투쟁은 아닐지라도, 비타협적 투쟁, 노동문제의 사회화라는 방향으로 노동조합을 이끌었을 가능성 역시 아주 높다. 이 와중에 문명순 등 노조 내부에 비타협적 투쟁보다 사측과의 협상을 강조하는 흐름이 생기게 되고, 이 흐름을 도시산업선교회와 지도부는 '어용'으로 단죄했을 가능성을 배제하기 어렵다. 추송례는 문명순이 개성과 자립심이 강하고 누가 시켜서 하는 스타일이 아니라 자신의 경험을 토대로 행동하는 똑똑한 지도자였다고 기억한다. 그리고 그녀가 어용이 아니었을 것이라는 뉘앙스의 말을 남긴다(추송례 2002, 116~7).

> 나중에 지부장 선거(이총각이 당선된 선거 — 인용자)에 나가겠다고 언니는 저를 설득하려고 했습니다. 지금 같은 투쟁 일변도가 아닌 다른 노조를 모색하고 싶다는 것이었지요. 이총각 언니하고 지부장을 놓고 붙게 된 것인데 산업선교에서 문명순 언니를 회사의 앞잡이, 배반자, 프락치로 몰아붙였죠. 저는 처음에는 당연히 문언니를 지지했는데 100퍼센트 어용이고 회사측을 지지한다고 해서 언니가 궁지에 몰리게 되었습니다. 저마저도 나중에는 문언니를 지지하지 않게 됐지요. 지금은 정말 후회합니다. 문명순 언니는 절대로 노동자를 배신할 그런 사람이 아닙니다.

추송례의 진술은 1970년대 '어용담론'과 관련된 '익명적 지식'이다. 대부분의 노동운동사에서 문명순은 물론 반도상사 지부장이던 한순임도 어용이었으며 '민주노조의 적'이었다고 서술되어 있다(동일방직복직투쟁위원회 1985; 석정남 1984; 장현자 2002). 그러나 25년이 흐른 뒤 나온 추송례의 말은 '도시산업선교회가 문명순을 어용으로 몰았다'라고 해석할 수 있는 가능성을 제시해 주었다. 이것은 당시 인천 도시산업선교회 실무자였고 동일방직 사건과 반도상사 노조의 결성 과정을 소상히 아는 최영희를 통해 간접적으로 확인할 수 있었다. 그녀는 문명순의 일은 아니지만 한순임과 도시산업선교회의 관계에 대해 자세한 이야기를 해주었다. 반도상사 노조는 한순임과 최영희, 두 여성의 합작품이었다. 유감스럽지만 장현자(2002)가 쓴 『그때 우리들은』 가운데 '초기 노조결성 부분'에 대한 서술은 한순임의 역할을 지극히 축소한, 문제가 많은 사료다. 반도상사 노조 결성 과정에서 한순임은 몇 차례에 걸친 고문과 린치 등을 이겨내며 민주노조운동의 '영웅'이 되었다. 문제는 여기에서 시작되었다. 공식적인 기록에는 한순임이 나중에 동일방직 노조 무력화에 동원되었고, 도시산업선교회에 반대하는 선전 · 선동을 한 이유를 밝히고 있지 않다. 결론부터 말하자면 한순임의 경우도, 도시산업선교회가 그녀를 조직적으로 지도부에서 배제시키고 대신 장현자가 지부장이 된 것이다. 물론 한순임에게도 몇 가지 중요한 문제가 있었다. 노조 결성 직후 한순임은 모든 곳에서 영웅 대접을 받았고, 탁월한 선동가 기질과 카리스마는 이것을 더욱 돋보이게 했다. 또한 크리스찬 아카데미의 사례발표회 같은 외부행사에 불려다니면서, 최영희의 표현을 빌리자면 '안하무인'이 된 셈이었다.[16] 그러면서 그녀는 현장 노동자와 멀어지고 독재적인 지도자가 되었던 것이다(최영희 인터뷰 2003년 3월 24일).

물론 한순임의 거취 문제를 둘러싸고 도시산업선교회 내부에서도 많은 고뇌가 있었다. 최영희조차 속으로 어떻게 해야 할지 고민하면서 원칙을 세운 것은 '한순임은 반드시 돌아오게 만든다'는 것이었다. 그래서 한 차례 설득 끝에 돌아오긴 했지만, 일시적인 것이었다. 결국 한순임은 지부장에서 물러나고 말았다. 그렇다면 한순임은 어용인가? 이 문제에 대해서 최영희는

16_ 1970년대 크리스챤 아카데미에 대해서는 정연순(1998), 배지영(2001) 등 참조.

결코 한순임이 사측한테서 돈을 받거나 한 일은 없었다고 말한다. 오히려 최영희는 1970년대 인천 도시산업선교회와 크리스챤 아카데미의 '경직된 운동방식'이 문제였다고 지적한다. 바로 '동지 아니면 적'이라는 식으로 선을 그은 것이 한순임이라는 불행한 사례를 만들었다고 말한다. 최영희는 당시를 회고하며 "한순임이도 그렇게 죽여야 할 사람이 아니었는데……"라고 안타까워했다(최영희 2003년 3월 24일 인터뷰).

자료 5-3 최영희와 한순임, 그 이후

반도상사 노동조합 지부장에서 축출된 뒤 한순임은 자신을 지부장에서 내려앉힌 도시산업선교회를 '원수'처럼 생각하게 된다. 그 뒤 그녀는 한국노총 간부를 하며 정보당국과 경찰에 이용되면서 도시산업선교회를 비난하는 교육에 적극 참여했다. 특히 당시 도시산업선교회 비난용으로 만들어진 '공단 새마을 지도자 교육' 테이프에는 조리 있고 논리적으로 도시산업선교회를 비난하는 한순임의 목소리가 기록되어 있다. 1979년 도시산업선교회에 대한 비난과 마녀 사냥이 한창일 때, 한순임은 '최영희를 빨갱이로 몰아라'는 제안을 받았다. 그러나 그녀는 그것만은 할 수 없다고 거절했다. 인간적인 정리情理 때문일 수도 있고, 적어도 자신에게 노동자임을 가르쳐 준 최영희에게 그런 짓을 하는 것은 사람이 할 도리가 아니라고 생각했는지도 모른다. 중요한 것은 한순임이 도시산업선교회를 비난하고 다니게 된 것은 한순임 개인의 오류도 컸지만 노동문제에 대한 도시산업선교회의 이분법적인 '관점'도 그것에 못지않게 많은 문제들을 안고 있었다는 점이다(최영희 인터뷰 2003년 3월 24일).

한순임과 유사한 맥락에서 문명순 역시 도시산업선교회에게 불편한 존재였을 것이다. 도시산업선교회로서는 동일방직 노조를 지속적으로 자신들의 영향권 아래 두어야 할 필요성이 있었으며, 그 과정에서 조화순의 지도 스타일이 강하게 작용한 것이었다. 특히 문명순과 사측의 밀착은 처음부터 그랬던 것이라기보다는, 집행부와 도시산업선교회에 의해 어용으로 몰리다 보니 사측이 노조 어용화의 계기로 문명순과 남성노동자를 이용한 것은 아닐까, 혹은 그 와중에서 역이용당한 것은 아닐까 '추측'해볼 수 있다. 하지만 중요한 점은 민주노조의 실천이 민주노조측에 설 수 있는 집단과 개인을 '어용'으로 몰아갔던 사실이다. 혹시 도시산업선교회와 거리를 두거나 한국노총 본부와 관계를 가지면 '어용'으로 의심하는 관습적 실천이나 담론이 존재했던 것은 아니었을까?

유신체제가 자신에 반대하는 모든 논의와 주장에 대해 '좌익'이라는 딱지를 붙였듯이 민주노조운동 내부에서 조금이라도 사측이나 본조와 대화나 타협을 하는 기미가 보이면 '어용'으로 규정했던 것은 아닐까? 마치 유신체제의 '거울이미지'와 같은 것은 아닐까? 이것은 여성 노동운동과 교회단체 사이의 연대와 지원과 관련된 '진실'이라고 불린 것이 하나의 담론에 불과하다는 것을 보여준다. 또한 '민주화 담론' 혹은 '민주 대 어용'이라는, 진실이라고 믿어지던 문제설정이 얼마나 많은 균열과 모순으로 가득 차 있으며, 투사들에 의한 영웅적 투쟁과 거리가 있는지 알 수 있는 것이다.

조작된 신화 — 외부화 투쟁을 둘러싼 담론

다음으로 살펴볼 것은 동일방직 노조의 명동성당 농성과 현장 복귀를 둘러싼 문제다. 앞서 똥물사건에서 국가의 개입 과정에 대해 설명했듯이, 사측과 국가 그리고 한국노총에 의한 똥물사건과 노조 지도부의 부정, 한국노총 기념식장에서 벌인 항의 시위, 명동성당 농성, 농성 협상 타결 후 인천에서 이어진 농성 투쟁 등 일련의 과정은 동일방직 노조의 '지난한 투쟁사'로 서술되어 있다(동일방직복직투쟁위원회 1985; 석정남 1984; 조화순 1992). 물론 여성노동자들이 사측의 불법적인 노조 해산에 대항했던 지속적인 투쟁이 노동운동사에서 지니는 의미 자체를 부인할 수는 없다.[17] 그러나 좀더 냉정하게 노조 지도부와 인천 도시산업선교회, 그리고 여성노동자들의 선택을 평가해봐야 한다. 결론부터 말하자면 명동성당 농성 직후 여성노동자들이 인천으로 돌아와서 다시 현장에 돌아가지 않았던 것은 커다란 오류였다. 공식적인 노동조합운동사에는 사측이 복귀의 기회조차 주지 않은 것으로 서술되어 있다. 그러나 그것은 민주노조의 헌신적 투쟁을 합리화하기 위해 '만들어진 담론'일 뿐이다. 여성노동자들은 다시 현장으로 돌아갈 수 있었다. 그러나 그들은 현장으로 돌아가지 않았다. 물론 돌아갈 수 없었다는 담론들도 여러 기록에 있고, 이것은 민주노조 와해를 위한 정권과 자본의 음모라는 담론도 존재한다(박수정 2003, 64; 동일방직복직투쟁위원회 편 1985).

그러나 이 안에는 감추어진 익명적 지식이 있다. 명동성당 농성이 정리된 이후 동일방직 여성노동자들이 현장에 돌아갈 수 있는 길은 존재했다.

17_ 동일방직 노조의 투쟁 과정에서 노동자들의 희생을 무시하는 것은 아니다. 다만 동일방직 노동자들의 선택이 모두 정당했다는 식의 해석에 대해 문제를 제기하는 것이다.

물론 돌아갈 경우 많은 탄압과 고통이 뒤따랐을 것이다. 그러나 노동현장, 노동자들이 존재하는 일상에서 벗어난 노조운동이 의미가 있을까? 여성노동자들 가운데 일부는 벌써 노동현장과 괴리된 '재야인사'가 되어버린 것은 아니었을까? 이것은 당시 인천 중앙정보부 조정관[18]이었던 최종선의 말에서도 확인된다(최종선 2001, 강조는 인용자).

> 당시 서민석 동일방직 사장을 만나서도 "골치도 아프고, 방직공장도 남아도는데 이것 하나 문 닫읍시다", "종업원들에게 제대로 대우를 안 해주니 결국 이런 문제가 생기는 것 아니냐"면서 본부에 했던 말과 비슷한 내용을 말했습니다. 이 무렵만 해도 중앙정보부 담당관 권한이 강력하던 시절이었습니다. 결국 동일방직은 교사 5~6명을 채용해 산업체 특별학급 6학급을 만들고, 상여금도 400퍼센트로 올리고, 통근버스도 3대 구입하여 종업원 출퇴근에 사용하도록 조치하였습니다. 그러면서 노조원들에게는 이제 농성을 풀고 회사로 돌아가라고 종용했습니다. 정부가 모양을 갖춰 물러나는 것이었지요. 이때 저는 농성자들에게 '복직 보장', '구속자 석방'을 약속하도록 관계기관을 통하여 통보하도록 했습니다. 그러나 이들은 돌아오지 않았습니다. 할 수 없이 공고를 붙였습니다. '사흘 이상 무단결근이면 해고가 가능하다'는 법조문을 설명하는 내용이었습니다. 개인별로도 '모월 모일 모시까지 회사로 돌아오면 모든 일을 불문에 부치겠다'고 통지문을 다 보냈던 것으로 기억됩니다. 저는 그때 개인적으로 조화순 목사라든지 인천교구의 신부님들에게 섭섭했던 게 사실입니다. 제 생각엔 그때 노조원들을 회사로 돌려보내는 것만이 오늘날까지 해고자 복직이 이뤄지지 않을 정도로 사태가 복잡해지는 것을 막는 길이었다고 생각합니다. 농성 조합원들은 회사에 복귀하라는 요청에 50여 명씩 화수동 교회에서 나와 만석동의 회사 정문 앞까지 떼를 지어갔다가는 다시 돌아가는 등 조롱하는 기색이 역력했습니다.[19]

18_ '조정관'은 유신 시기 중앙정보부 산하에 기관으로 각 지역마다 있었다. 이들은 노사관계, 사회문제 등의 사회화·외부화를 사전에 차단하는 역할을 했다. 조정관에 대해서는 **부록 5-4** 참조.

이 시점에서 과연 동일방직 여성노동자들의 투쟁이 얼마나 자율적으로 이루어졌는지에 대해서도 의문을 던질 수 있다. 명동성당 농성은 이미 동일방직 사건을 단위 노조에 국한된 문제가 아닌 '전국적인 문제'로 만들었다(동일방직복직투쟁위원회 1985; 추송례 2001; 2002). 여성노동자들이 자신의 문제를 스스로 결정할 수 없게 된 상황, 다시 말해서 동일방직 노조와 상대적으로 '분리된' 민주화 논리에 이리저리 끌려 다닌 셈인 것이다. 노조는 다시 똥물 사건 이전으로 상황을 돌려 달라고 주장했지만 이런 요구는 '회사에 돌아가지 않겠다'는 자기 정당화 이상이 아니었다. 결국 동일방직 조합원들이 해고되고 20여 년 넘게 복직하지 못했던 것은, 정부, 고용주, 한국노총의 탄압에 못지않게 인천 도시산업선교회의 오판과 여성노동자들의 현장에 대한 두려움이 결합된 결과였다. 물론 동일방직 투쟁에 대한 어떠한 해석도 이런 식으로 문제를 평가하지는 않는다. 이것은 1970년대 이후 민주화운동의 정통성과 관련된 지식이었기 때문이다. 추송례는 당시 자신도 현장에 돌아가는 것이 두려웠다고 말하고 있다(추송례 2002, 119~120).

> 그때 저는 단식 끝나고 피를 토하며 무조건 현장 안으로 돌아가 싸우자고 주장했습니다. 어떤 상황이든지 견뎌내면서 현장에서 내 자리를 지키고 노조를 살려내자, 이미 선거는 끝났는데 선거 이전 상황으로 되돌려놓으라는 요구는 어려운 게 아니냐, 우리가 들어가서 우리 힘으로 집행부를 바꾸면 되지 않겠느냐 했지요. 그런데 당시 현장으로 복귀하지 않은 것은 솔직히 현장 안이 두려웠기 때문입니다.

19_ 고문에 의한 의문사로 사망한 고 최종길 교수의 동생인 최종선은 반도상사 지부장이던 장현자(2002)의 기록에도 반도상사의 내부 문제에 개입해 노조에 유리한 상황을 조성해준 이력을 가지고 있으므로, 그의 증언은 어느 정도 신뢰성을 가진다고 볼 수 있다. 최종선의 개인적인 이력과 개인사에 대해서는 최종선(2001) 참조.

사진 5-4 인천 도시산업선교회 조화순 목사

1970년대 민주노조에 대한 신화 중 하나였던 동일방직 투쟁을 둘러싼 지배적인 담론은 이렇게 많은 익명적 지식들을 감추고 있었다. 여성노동자들에게, 특히 조직적 기반이나 연대의 틀이 약화된 조합원들에게 노동현장을 떠난다는 것은 기층 노동자에 기반한 노동운동을 포기한다는 것을 의미했다. 그런 의미에서 농성에 참여했던 여성노동자들과 지도부, 인천 도시산업선교회의 판단은 1970년대 여성 민주노조운동과 동일방직 노조에게 있어서 커다란 오류였다. 그러나 이런 평가는 어떤 자료나 연구에서도 드러나지 않았다. 민주화 담론과 1970년대 노동운동을 '민주 대 어용'이라는 구도로 설명하는 해석은 노동운동의 합법칙적 발전을 합리화하기 위해 여러 가지 담론을 조합해서 만든 것이었다. 민주화운동의 정통성과 민주노조의 희생적 투쟁이라는 시각에 입각한 민주노조 담론은 역사는 여러 가지 사실과 정황을 모아서 특정한 방식으로 만들어진 것이다. 이런 점에서 동일방직의 해산과 투쟁은 해석이 종료된 역사가 아니다. 1970년대 민주노조운동의 역사는 이처럼 그 안에 숨겨진 익명적 지식들과 거리를 두고 해석되어 온 것이다. 이제 또 하나의 익명적 지식이었던 민주노조와 교회 사이의 관계에 대해 살펴보자.

'교회단체'와 '노동운동'

노동운동과 교회, 어떻게 보면 별로 어울리지 않은 단어들의 조합 같다. 널리 알려진 바와 같이, 노동운동사에서 노동자계급(그리고 노동운동)은 교회에 대해 그다지 좋은 감정(혹은 관계)을 지니고 있지 않았다. 이것은 몇 가지 이유 때문이었다. 먼저 초기 산업화 시기 교회가 노동계급에 대해 보였던 차별 때문이다. 특히 파리코뮌 당시 교회에 대한 노동자들의 누적된 분노는 사제들에 대한 테러와 화형 등 집단행동으로 나타나기도 했다(안병직 외 1997). 다른 원인으로 지적할 수 있는 것은 교회가 전통적으로 보수적인 정치세력에 대한 지원을 아끼지 않았으며, 특히 19세기에 들어서는 격렬해지는 계급투쟁과 맑스주의 등 계급해방사상에 위협을 느껴 노자간의 화해를 강조하는 교리를 공공연하게 주장했기 때문이었다(Geary 1981).

하지만 서유럽의 맥락에서 본 교회와 노동운동 사이의 관계가 한국에 그대로 적용될 수는 없었다. 오히려 산업화 시기 한국 노동운동사에서 교회단체는 노동운동의 '동맹세력'으로 간주된 것이 지배적이었다. 그렇다면 교회의 확대, 다시 말해 한국에서 교회가 사회적인 영향력을 지니기 시작한 시점은 언제였는가? 대부분 1950년대, 한국전쟁 이후 시기라는 동의한다(강인철 1993). 한국전쟁은 과거의 사회적 관계를 질적으로 변화시킨 '전쟁을 통한 시민혁명'에 비유될 수 있다. 한국전쟁은 '반봉건적 유산'을 일순간에 해체하고 구래의 사회관계와 위계질서, 그리고 가치체계를 파괴했다. 하지만 한국전쟁 이후에도 전쟁의 유산은 남아서, 적색분자(용공분자)에 대한 학살과 탄압, 원조물자 배정을 둘러싼 비리, 그리고 전통적 가치와 윤리의 쇠락 — 대표적인 것은 양공주, 댄스홀 등 — 이 가속화된다(강인철, 2003). 이 시점에 대중의 불안을 해소하기 위한 기제로 등장한 것이 교회였다.

그러나 이런 사실만으로 산업화 시기 한국의 교회와 노동운동간의 특수성이라는 문제에 도달하기는 어렵다. 여기서 한국 산업화 시기 노동운동에서 '교회'라는 용어에 대해 검토해볼 필요가 있다. 문헌에 따라 다르지만, 노동운동과 연계된 조직이었던 도시산업선교회, 가톨릭노동청년회 등을 통칭해서 '교회'라고 부르기도 하고, '교회세력' 또는 도시산업선교회(이하 산선)나 가톨릭노동청년회(이하 지오세. JOC) 등 약어로 간단히 부르기도 한다. 하지만 엄밀히 이 조직들을 '교회'라고 통틀어 지칭하는 것은 현실과 맞지 않는다. 교회 가운데 노동운동을 지원하는 일에 적극 참여한 그룹은 극히 일부에 불과했다.[20] 그 가운데 가장 지속적으로 활동을 전개했던 것은 서울 영등포와 인천 등지를 중심으로 활동을 전개했던 개신교측의 '산선'과 가톨릭측의 '지오세'였다. 이들은 무권리 상태였던 여성노동자의 권리 획득과 노동조합운동을 정상화시키려는 자유주의적 독트린에 입각해서 활동을 전개했다. 하지만 이 조직들은 구성원의 성격 — 예를 들어, 활동가가 신자가 아니라는 문제 등 — 과 노동운동에 대한 개입의 방식 등에서 차이점이 있었다. 따라서 나는 이들을 모두 교회라고 부르기보다는, 구체적인 명칭을 사용할 것이다. 다만 양자를 통칭할 경우 부득이하게 '교회조직' 내지 '교회단체'라는 용어를, 산선과 지오세가 생산한 담론의 경우에도 '교회 담론'이라고 통칭해 부를 것이다.

1970년대 노동운동 담론에서 가장 중요한 토픽 중 한 가지는 교회와 노동운동의 '관계'였다. 이 문제처럼 극단적인 입장과 상이한 사실들이 교차하는 경우도 찾기 어렵다. 나는 산선 관련 인터뷰 도중 한 노조 지도자를 만났다. 상당수 자료와 연구에 따르면, 산선에 의해 여성노동자들의 의식화가 이루어졌고 산선은 노동운동의 '산파'로 알려져 왔다. 그러나 뜻밖에 그는 "목사들은 자신의 명예와 지위를 위해 노동자들을 이용했고 출세지향주의자"라고 교회단체 지도자들을 비난했다. 그때부터 나는 1970년대 교회와 노동운동 사이의 관계에 대한 재평가가 필요하다고 생각했다.

도시산업선교회를 거론할 때 가장 상징적인 인물은 조화순, 인명진 등

20_ 전체적으로 한국전쟁 이후 교회의 사회문제에 대한 태도는 보수적이었다. 전쟁 이후 개신교의 급속한 교세 확장 등에 대해서는 홍현영(2002, 8~10), 강인철(2003) 등 참조.

이다. 그러나 당시 노동운동의 대부와 대모로 불리던 이들에 대해서는 평가가 엇갈리고 있다.[21] 여기서 나는 노동운동과 교회단체, 이 양자의 관계에 대한 지배적인 담론에 '문제제기'를 하고자 한다. 노동운동과 산선을 둘러싼 지배적인 해석이 은폐하는 지점을 통과하지 않고서는, 여성노동자들의 세계에 접근하기 어렵기 때문이다. 삼원섬유에서 조화순을 만난 김지선은 조화순을 회고하면서, "……목사님은 노동자들 스스로가 주체가 되어 스스로 문제를 해결해야 한다는 관점에서 흔쾌하게 (도시산업선교회 운동이 교회의 틀을 벗어나야 한다는 의견에 — 인용자) 동조하고 인정해주셨다……." 라고 언급하고 있다(조화순 1992, 241). 하지만 김지선의 증언이 전적으로 타당하다고 보기는 어렵다. 앞서 살펴본 바와 같이 실제 노조 지도부의 결정에 산선이 영향력을 미쳤고, 여기에는 교회단체들의 노동운동에 대한 '이분법적인 태도'가 작용했다. (주)서통의 간부였던 배옥병도 1970년대 당시 민주 대 어용 구도에 대해 다음과 같이 진술하고 있다(김지선 외 2003).

> 70년대 민주노조운동이 민주적이었냐 비민주적이었냐는 얘기를 이렇게 할 수 있어요. 노조는 도덕적으로나 법적으로나 하자가 있으면 견딜 수가 없어요. 왜 그러냐 하면, 노총, 경찰, 회사, 이 3자가 다 야합을 해가지고 노동조합 흠집내기를 했었으니까요. 예를 들어서, 지부장이 어디 가서 누구랑 저녁 먹었다는 도덕적인 흠집만 내도, 그 당시 노동조합을 할 수가 없었어요.

21_ 인천 산선과 영등포 산선의 입장에서 서술된 대표적 자료로는 조화순(2002), 영등포산업선교회 40년사 기획위원회(1998)를, 이에 대해 비판적인 입장을 진술한 증언들로는 추송례(2001; 2002), 최종선(2001) 등을 참조.

그러나 시간이 지날수록 여성노동자들의 외부단체에 대한 문제의식은 깊어갔다. 원풍모방의 박순희는 노조 해산 직후 성당과 교회단체의 태도에 대해 다음과 같이 평가하고 있다(박순희 2001).

> 농성을 하다 끌려나온 조합원들이 또 다른 농성장소를 찾으려고 대방동 성당에 찾아갔는데, 거절당했어요. 여기서 농성을 한다고 노동문제가 해결되는 게 아니라며 나가라는 거였죠. 그리고 9·27사태 이후에 도시산업선교회를 주로 이용하면서 법외 노조로 활동을 하려 하자 그걸 반대했어요. 그러면서 이것저것 부딪치다, 마지막에는 한 건물에 두 조직이 있을 수 없다며 나가 달라고 했죠. 그전에도 노조활동과 관련해서 불편한 게 있었는데 일이 그렇게 되면서 관계가 더 악화됐죠. 원풍모방이 죽으면 도시산업선교회도 죽는다는 결의도 했는데 아무 소용이 없었죠. 종교단체가 초기에 도움을 많이 주고 지원을 많이 했지만, 결국 노동운동은 노동자가 하는 거고, 그 점에서 종교단체는 한계가 있다고 생각해요.

박순희의 평가는 교회단체와 노조 사이의 관계와 관련, 중요한 함의를 던져준다. 물론 여성노동자들의 초기 의식화에는 교회단체의 역할이 매우 컸다. 하지만 교회단체의 노동조합에 대한 개입은 노조가 만들어진 이후 지속적인 유산으로 남았다. 초기 운영이 미숙할 때 교회단체가 큰 역할을 했지만, 그 이후에는 '보조적 지원'이라는 자신의 역할에 충실해야 했다.

이처럼 복잡한 관계에 대한 해석은 크게 몇 가지로 나누어볼 수 있는데, 우선 민주노조의 배후조정세력이나 '외부세력'으로 교회를 기술하는 경우다. 다음 정반대로 교회의 개입은 민주노조세력을 '자율적 노동자운동'세력으로 변화시키는 데 '결정적인 장애물'이라는 해석이다. 바로 1970년대 노동운동을 자유주의세력에 종속시킨 당사자가 교회단체라는 해석이다. 마지막으로 1970년대 여성노동자들의 의식화의 '성체聖體'로 교회단체를 해석하는 시각이다.

하지만 나는 교회단체를 둘러싸고 만들어진 민주노동운동에 대한 담론은 상당히 '조작된 측면'이 강하다고 생각한다. 다시 말하자면 교회단체가 민주노조운동을 추동했던 중요한 행위자라는, 더 나가서 이들을 민주노조운동의 성체처럼 해석하는 것은 1970년대 이후 민주화 담론에 의해 만들어진 신화에 불과하다. 교회단체의 독트린과 이것에 대한 여성노동자들의 반응과 기억들을 모아보면 '교회단체=민주노조운동'이라는 해석의 목적은 여성 민주노조운동의 독자성과 자율성을 약화시키기 위한 것이다. 결론적으로 '교회단체=민주노조운동' 담론은 여성노동자들이 스스로 만든 것은 아니었다. 오히려 이런 담론은 교회단체 관계자들 자신이 아니면 노동자운동의 독자성을 배제하려는 특정한 집단에 의해 만들어진 지식체계일 것이다. 이런 점에서 민주노조운동과 교회단체 사이의 관계를 둘러싼 담론 분석은 노동운동에서 확대 해석된 교회단체를 둘러싼 의미체계에 대한 비판이다.

나는 교회단체와 민주노조운동 사이의 관계에 대한 기존의 지배적인 해석들이 '은폐해온 점'을 여성 민주노조운동과 교회단체의 '담론'의 계열을 통해 살펴볼 것이다. 간단히 말해서 산업화 시기 여성 노동운동과 교회단체 간의 관계를 '긍정적'으로 파악하는 지배적 담론의 한계를 드러내고자 한다.

초기 교회 담론의 변화 — 산업전도에서 산업선교로

산업선교의 역사에 대해서는 여러 가지 해석들이 분분하다. 산업선교 담당 목사와 실무자의 성격이 판이했고, 지역별로 다양한 형태의 활동이

표 5-2 지역별 도시, 산업선교 실무자 수(1978. 3. 1 현재)

지역 종별	서울	안양	인천	청주	구미	부산	제주	광주	기타	계
산업선교	24	4	8	2	2	2	-	2	-	44
도시선교	9	-	-	-	-	-	1	1	4	15
합계	33	4	8	2	2	2	1	3	4	59

* 출처: 조승혁(1981, 81)

전개되었기 때문에 더욱 그러했을 것이다. 전국적 분포를 도시산업선교회를 중심으로 보면, 초기인 1960년대에는 경인 지역 이외에도 전국의 주요 산업거점(대전, 대구, 울산, 부산, 안양, 함백 등)에 도시산업선교회가 존재했다. 그러나 시간이 지남에 따라 서울과 경인 지역을 제외한 지방의 산업선교 조직들은 재정적인 이유와 실무자를 구할 수 없는 점 등을 이유로 실질적인 활동이 정지되었다. 반면 경인 지역의 활동은 1970년대 들어 더욱 활성화되었다(조승혁 1981, 81). 당시 전국적 분포를 통계 자료를 통해 확인해보면 **표 5-2**와 같다.

다음으로 도시산업선교회, 지오세 등 노동조합 지원단체들이 적극적으로 노동운동에 개입하게 되는 변화의 과정을 간략하게 살펴보자. 초기 산업전도를 진행한 대표적인 교단은 예장과 감리교다. 홍현영(2002, 12~14)의 조사에 따르면, 이들은 적게는 400명에서 많게는 5천 명에 이르는 대규모 공장에서 산업전도를 펼쳤다. 산선의 노동운동, 그리고 노동자에 대한 태도에서 중요한 변화가 일어난 시점은 1968년경이었다. 산업선교의 역사를 다루는 상당수 연구들이 1968년을 산업전도에서 산업선교로 바뀌는 전환점으로 지적하고 있는 가장 큰 이유는, 1968년에 이르러 1957년부터 사용되던 '산업전도'라는 규정을 폐기하고 '산업선교', '도시선교', '도시산업선교'라는

표 5-3 도시산업선교의 활동과 조직 변화

	초기(1958~67년)	중간기(1968~72년)	현단계(1973~1981년 당시)
조직	· 주로 교단이 지역에 실무자를 파송하는 하향식 방법(예장, 성공회, 구세군) · 일부는 지역교회와 목사의 관심에서 출발해 교단이 이를 인정하는 상향식 방법(감리교, 기장)	· 활동이 미미한 일부 교단 및 지역조직의 중단과 새로운 조직의 확산 · 도시선교의 시작 · 연합적인 도시산업선교 활동체의 조직 · 교단의 역할은 지원조직으로 변화하고 지역조직이 활동의 중심이 됨	· 지역의 선교단체들을 주축으로 하는 상향식 조직의 완성 · 전국단위 조직의 결성(1975년 한국교회 사회선교협의체 → 1976년 한국교회사회선교협의회)
선교 지역 및 대상	· 5개 대도시와 1개 탄광지대 · 모든 산업인(사용주, 관리자, 노동자)	· 지방 산업선교조직의 약화 · 경인지방은 확산 · 강화 · 노동자와 도시빈민으로 명확화	· 1970년대 후반 다시 전국적으로 대상 지역 확대 · 사람이나 조직만이 아니라 '문제와 사건'을 중심으로 활동 · 기독교인과 비기독교인을 구분하지 않게 됨
선교 내용과 방법	· 실무자 훈련에 역점 · 예배 중심의 활동 · 평신도 교육, 훈련 · 공장목회에 중점을 두면서 교육활동, 복지활동을 병행	· 노동자와 도시빈민의 조직화와 권익옹호라는 목표가 분명해짐에 따라 노동자교육, 노동조합 조직 육성, 노사협력관계 조성에 역점을 둠	· 노동문제, 도시빈민문제에 적극적으로 개입 · 노동운동의 자율화를 위한 적극적 노력과 지원 · 목회활동 강화(노동교회, 빈민교회의 확산) · 정부, 악덕 기업주와 마찰과 충돌을 불사 · 민주화운동과 결합
신학적 입장	· 전도에 중점을 두었지만 점차 사회 속의 교회의 책임에 대해 고민	· 산업전도에서 산업선교로 전환(도시선교의 출범에 따라 도시산업선교로) · 개인구원보다 사회구원에 역점을 두는 '하나님의 선교'라는 신학적 입장 채택	· "하나님의 선교"라는 입장이 체화되고 적극화 · 교회선교에서 사회선교로 · 민중 개념의 흡수("섬겨야 될 구체적인 예수는 바로 민중") · 사회적 구조적 모순으로부터 민중을 해방시키는 것이 바로 구원 · 민중과 함께 고난을 당하기('고난당하시는 그리스도')

명칭을 사용했으며, 노동자에 대한 접근방법에서 근본적인 변화가 일어났기 때문이다. 이것을 상징적으로 보여준 것이 산업전도 시기에 사용되던 "나도 일한다"라는 표어가 1968년 이후 "가난한 자에게 복음을"로 변화한 사실이다(조지송 1997, 285). 이런 변화는 근면한 노동윤리의 강조에서 노동자의 권리로 선교의 강조점이 이동했음을 의미했다. 초기 산업전도는 개인의 구원에 초점을 두었으며 고용주와 협력을 통해 노동자들에게 노동윤리를 내면화하도록 강요했다. 따라서 비기독교인이던 경영주들조차 자신이 운영하는 공장의 관리자와 노동자들에 대한 전도에 별다른 거부반응을 보이지 않았으며, 오히려 회사를 위해 바람직한 일이라고 생각할 정도였다. 이처럼 산업전도 시기에는 사장 한 사람만 예수를 믿게 하면 공장의 노동자는 저절로 교회로 나오게 된다고 믿었다. 따라서 기독교인 공장 간부를 찾아가 공장예배를 부탁하고는 강제로 예배를 실시하기도 했다(조지송 1997, 283). 『기독교사상』(1979년 7월)에 실린 조승혁22의 말을 인용해보면 이런 상황을 잘 알 수 있다(홍현영 2002, 12 재인용).

> 방직공장에서 일하는 한 크리스천 여성 노동자는, 목사님 말씀을 듣고 난 후부터, 저는 '와인다'에서 일하고 있어요. 끊어진 실을 잇는 일을 하고 있는데 실이 끊어질 때마다 늘어진 실은 죄악의 줄이고 실패에 감겨 있는 줄은 하느님의 은혜의 줄인데, 나는 이 두 줄을 잇는 매개자로 생각할 때 일이 정말 기뻤습니다.

22_ 조승혁(1935~)은 1962년 대성목제공업에 위장취업하면서, 노동운동을 시작해 인천 도시산업선교회에서 1970년대 중반까지 총무로 활동했다. 1989년 노사문제협의회를 결성, 기업과 노조를 대상으로 노동쟁의 예방 강연과 조정 · 중재, 협력적 노사관계 정립을 지향하는 활동을 했고, 현재 한국기독교사회산업개발원 원장을 맡고 있다.

사진 5-5 1960년대 산업전도 관련 사진

1966년 도림 장로교회 산업전도회가 발간한 『급변하는 지역사회와 산업전도회』에 실린 서울 미원상사의 산업전도 일지를 보면 초기 산업전도가 고용주를 통해 이루어졌다는 사실이 전형적으로 드러난다(영등포산업선교회 40년사 기획위원회 1998, 58, 77~78).

> 1964년 서울 미원 생산과 설계실 김용백 기사와 임정흥 사장과의 일요 휴업에 대한 중요한 의논을 본 바 회사의 산업전도의 발화점이 되었다.
>
> 1964. 12. 31　사장이 일요 휴무를 발표함(기도와 성령의 역사).
> 1965. 1　매월 1회씩 교회 출석 — 기독교 연구.
> 1965. 7　산업스파이에 대한 신앙상 견해 질문 — 사장, 신학자들의 견해 전달. "죄가 됨"
> 1965. 8　노사쟁의에서 산업전도의 입장 규명을 요청 — 선교하는 단체임을 밝힘.
> 1966. 7. 31　사장 신앙 간증(도림 장로교회).
> 1966. 8. 16　사장 기업경영에 정신적 지원 필요 제안.

이 시기 교회의 전도는 강제예배의 형식을 띤 동시에 노동현장과 괴리된 것이었다. 인천 산선 조지송 목사의 증언에 따르면 매주 1회 고용주들은 노동자들에게 강제예배에 의무적으로 참석할 것을 강요했다. 참석하지 않을 경우 '교양 없이 예배에 불참했다'고 한 달간 외출금지를 시키기도 했다. 이런 것에 대한 노동자들의 불만은 심각했다. 단적인 예로 '목사들은 편안하게 침대에서 자면서 12시간 노동으로 피곤한 자신들을 붙잡고 뭐하는 짓인지 모르겠다'고 공공연하게 비난했다고 한다(홍상운 2002). 또 고용주들은 예배할 때 성경에 나온 구절인 '열심히 일하라, 일하지 않는 자는 먹지도 말라'

는 말을 목사들이 노동자들에게 해주기를 원했다고 한다(홍상운 2001).

산업전도에서 산업선교로 노동자에 대한 담론이 변화했던 이유는, 첫 번째, 노동자들의 산업전도에 대한 부정적인 인식 때문이었다. 노동자들은 고용주의 지원 아래 진행되는 산업전도 과정에서 '고용주와 산업전도'의 밀착된 관계가 형성되었기 때문에 산업전도자들을 복음을 전파하는 사람들이 아니라 고용주의 친구 정도로 생각했다. 두 번째 이유는 산업화가 점차 심화됨에 따라 종교적인 노동윤리보다 좀더 체계화된 노동자에 대한 통제 방식이 공장 내부에 도입되었기 때문이었다. 대표적인 예가 1960년대 후반부터 대한상공회의소가 주도했던 '산업합리화' 운동 — 1973년에 공장새마을운동으로 통합 — 이었다. 이처럼 과학적이고 체계화된 노동관리 방식이 도입되면서 고용주들은 더 이상 산업전도를 필요로 하지 않게 되었고, 고용주의 협력을 바탕으로 했던 산업전도도 점차 침체하게 되었다. 하지만 역설적인 결과는 산업선교로 선교정책이 전환됨에 따라 '산업전도' 시기에 교단과 교구가 직접 사업을 전개하던 방식이 사라지고, 산업선교회 '실무자'들의 자율성이 확대된 점이었다. 실무자들의 자율성 확대는 1970년대 인천과 영등포를 중심으로 한 산업선교회가 적극적인 노조 지원활동을 할 수 있게 된 중요한 배경이었다(홍현영 2002, 18).

하지만 산선와 지오세 등 교회단체가 사회과학적인 인식에 바탕을 둔 노동운동을 전개한 것은 아니었다. 이것은 1970년대 대표적인 노동자 교육기관인 크리스챤 아카데미가 내세웠던 '중간집단론'이라는 운동담론을 통해 확인할 수 있다. 이들은 한국 사회를 비인간적으로 만드는 원인으로 '양극화 현상'을 지적하면서 대안으로 양극화된 사회의 가교로서 '중간집단'의 육성을 주창했다.[23] 강원룡의 회고를 들어보자(강원룡 1993, 28, 50).

> 나는 이 두 입장(현상유지와 급진적 혁명적 정치 노선 — 인용자)에 다 반대한다. 내가 택한 입장은 점진적 개혁 노선이었다. 그 이유는 이렇다. 나는 기본적으로 체제를 바꿈으로써 모든 문제가 일시에 그리고 완전히 해결된다고 보지 않는다. ……중간집단이란 우선 자율적이고 민주적인 바탕 위에 형성된 집단으로 힘없는 민중 속에 뿌리를 박는 집단이다. 그리고 중간집단에는 민중과 엘리트가 동등하게 연대하여 참여한다. 그래야 엘리트만의 집단이 가지는 귀족주의와 민중만의 집단이 지니는 비합리성, 비전문성이 동시에 지향……이러한 중간집단의 기능을 요약해 말하자면 힘을 가지지 못한 사람에게 힘을 불어넣어 주면서 억압자에게는 압력을 가하는 압력집단의 역할을 하는 동시에 화해와 통합의 역할을 담당…….

한편 교회단체가 구체적으로 어떻게 노동자에게 다가갔는지를 잘 보여주는 사례가 인천 도시산업선교회의 조화순이다. 1960년대 후반 교회가 산업선교를 본격화할 때 산업선교 목사는 인기가 없었다. 기관에서 일하는 목회자들보다 월급이 적을 뿐만 아니라, 특히 인천의 경우 본격적인 산업선교 이전에 남성 목회자는 1년, 여성은 6개월에 걸쳐 생산현장에 들어가 훈련, 다른 식으로 말해 '노동'을 하는 것이 원칙이었기 때문이었다(조화순 2001; 조화순 1992, 70).

> 1966년 10월 1일부터 한 달 동안은 산업선교회 사무실에서 교육을 받으며 근무를 했어요. 그리고 오글 목사가 2년 전부터 교섭을 해오던 인천시 동구 만석동

23_ 개신교 지식인들이 추구하던 '인간화된 사회'의 현실적인 모델은 국민의 참정권과 기본권이 보장되는 서구 자유민주주의 체제였다. 따라서 이들은 서구의 합리주의적 가치관이 한국 사회에 도입되어 권위주의적인 사회가 자유민주주의로 변화되기를 희망했다(홍현영 2002, 21). 하지만 크리스챤 아카데미 내부의 간사들의 지향은 경우 강원룡 등 목사들의 그것과 상이했다(김세균 인터뷰, 2002년 12월 26일; 이우재 1991).

에 있는 동일방직에서 노동을 시작했어요. ……이것이 18년간 산업선교회 생활의 본격적인 출발이었어요. 처음 공장에 들어가는 나에게 오글 목사는 '훈련받으러 들어가는 것'이므로 노동을 경험하고 배운다는 생각을 해야 한다고 충고했어요. 목사로서 전도하러 가는 것이라고 생각하지 말아야 한다는 것이에요. 이미 예수는 공장에서 노동자와 함께 일하며 역사하고 있으므로 '전도한다는 건방진 생각을 하지 말라'고 이야기했어요. 나는 충격을 받았어요. '노동자에게 배운다는 생각만 하고 열심히 일을 해라'는 말에 겉으로는 '알아요'라고 하며 순종하는 척했지만……그래서 들어가면 어떻게든 전도를 해야겠다는 생각으로 첫 출근을 했어요.

인천 도시산업선교회를 담당했던 오글(한국명 오명걸) 목사는 조승혁과 조화순을 포함한 산선 목사들에게 직접 공장노동을 경험하는 것을 필수 과정으로 만들었다. 목사들에게 공장노동을 경험하게 했던 것은 과거 '전도' 방식이 노동자와 목회자간의 거리감만을 만들었다는 자기반성과 진정한 산업선교를 위해서는 노동자의 현실과 경험을 목사 자신도 공유해야 한다는 생각 때문이었다. 그러나 결코 손쉬운 과정은 아니었다. 조화순은 동일방직에 간 첫날부터 "두 시간 동안 사무실에 내팽개쳐져 있었"고, 처음 간 식당에서는 당시 34살인 그녀에게 소리를 마구 질러대며 반말이 난무했다 (조화순, 1992: 71~72).

어떤 남자가 나를 식당으로 데리고 갔어요. 그 식당에는 원호대상자인 아주머니들이 있었어요. 대개 과부들이었고 내가 34살이었는데 나와 비슷한 나이의 아줌마들이었어요. ……내가 우물쭈물하며 어쩔 줄 몰라 서 있으니까 한 아줌마가 소리를 빽 지르는 것이었어요. '야, 이리와 이거 설거지 해'하는 것이었어요. 처음 대하는 사람에게 이렇게 할 수가 있나, 상식적으로 이해가 안 되었어요. 한 번도 남에게 그런 식으로 명령을 받아본 적이나 무시당해 본 경험이 없는 나는 놀랄 수밖에 없었어요. ……나는 그곳에서 이리저리 시키는 대로 다니며 일하는 노동자들의 아픔을 맛보았어요. ……그 후 식당 설거지를 하는 부서에서 공정의 마지막 작업인 정포丁布를 하는 곳으로 갔어요. ……나는 첫날 노동자들에게 좋은 인상을 심어주어 친해지려고 웃으면서 이야기를 걸기도 했어요. 그런데 갑자기 호루라기를 부는 소리가 들렸어요. 왜 그러는가 의아해 하며 쳐다보았더니, "저 여자 오늘 처음 왔는데 왜 이렇게 말이 많아"하며 소리를 치는 것이었어요. 그 부서에 70~80명이 되는 인원들이 일하고 있었고, 나이도 나보다 어린 18세에서 23세의 노동자들 앞에서 34살이나 먹은 나에게 고래고래 소리를 지르니 어찌나 망신스럽던지 나는 미칠 지경이었고 모욕감에 어찌할 바를 몰랐어요.

그러나 돌이켜 보면 조화순을 변화시키고 목사로서 엘리트 의식을 어느 정도 벗겨내고 노동자의 입장에서 선교 활동을 가능하게 했던 결정적인 계기는 동일방직에서 했단 6개월간의 노동이다. 당시 조화순은 노동하면서 매일 울었고, 하루하루가 '회개'하는 과정이었다고 회고한다. 영등포 산선의 조지송 목사도 한 인터뷰에서 "이년, 저년하고 작업장에서 툭툭 치고 그런 걸 맨 날 당했으니 (여성노동자들은 — 인용자) 당연하게 생각했지만……그 얘기를 듣고 앉아 있으면 눈물나요"라고 회고하고 있다(홍상운 2001). 이처럼 목사들의 변화는 특정한 체계화된 이론에 기반한 것이 아니라, 오히려 현장에서 여성노동자들의 계급경험을 공유하고, 노동자들이 사용하는 언어, 습관, 의례, 행동양식에 맞추어 자신의 활동의 틀을 만들어 나간 결과였다.

도시산업선교회가 주로 교재로 사용한 것은 『근로기준법』이었다. 1953년 만들어진 근로기준법은 '문서상'으로는 자유주의적이고 현실과 맞지 않을 정도로 노동자의 권리에 대해 잘 명시해놓고 있었다(김삼수 1999, 2003). 근로기준법을 통해 여성노동자들은 자신들이 얼마나 많은 권리를 알지 못한 채 공장에서 생활하고 있는가를 처음 접하게 되었다. 산선 실무자들은 '법이 당신들을 위해 권리를 보장하고 있으며 그 권리를 되찾음으로써 당신들은 주인이 될 수 있다'고 가르쳤던 것이었다(최영희 2003년 3월 24일 인터뷰).

또한 산선과 지오세 양 조직 모두 성경에 대한 해석을 여성노동자들의 일상생활에 접목시켰다는 점에서 유사했다. 도시산업선교회 목사들은 성경에서 예수를 여성노동자들의 현실에 맞게 해석해주었다. 단적인 예로 '예수도 노동자였으며, 노동은 소중한 것이다'라는 식으로 노동자를 천하게 여기는 관념에 문제를 제기함으로써 여성노동자들에게 새로운 '노동관'을 제기했다(조화순 1992). 특히 도시산업선교회의 성경 해석을 많은 여성노동자들은 기억하고 있었다. 성서를 토대로 노동과 연계시킨 의식화 교육이었던 것이다. 목사들은 성서를 중심으로 카인과 아벨에 대해 이야기해주었는데, 예를 들어서 '카인아 동생 아벨을 어디 있느냐, 하느님이 묻는데 네 아우 아벨은 어디 있느냐 묻는 것'은 '자기 노동자 형제를 돌아보지 않는 것은 하느님이 부르는데 외면하는 것'이라고 해석하는 등 기존의 성서 해석과 무척 달랐다.

지오세는 예수와 하느님에 대해 이렇게 해석하고 있다(황상근 1989, 28; 66).

> 하느님은 일하는 분이십니다. ……예수님 시대에도 희랍 사상의 영향을 받아 육체노동을 하는 사람들을 천시하였습니다. 예수님은 이러한 옳지 않은 편견을 없애고 노동이 신성하다는 것을 보여주기 위해 목수 일을 하는 노동자 가정에서 태어나 일생을 거의 노동을 하며 사셨습니다.

> 예수님은 이들이 인간 대접을 못 받고 죄인 취급을 받는데 대해 몹시 마음 아파하셨습니다. 예수님은 그들에게 가까이 가서 함께 대화를 나눔으로써 그들을 인정하고 귀한 인간으로 대해주셨습니다. 그리고 이들을 억압하고 소외시키

는 사회 구조나 종교 지도자들을 비난하고 제도나 종교, 법규 등은 인간을 위해 있어야 한다고 강조하셨습니다.

지오세의 경우, 벨기에 조셉 카르덴이 1920년경 유럽 노동자의 정신적이고 물질적인 곤란을 목도하며 "노동자들은 기계도, 동물도 아니다. 이들도 하느님의 모습을 닮은 존귀한 인간이다. ……한 사람의 노동자는 이 세상의 모든 금을 합친 것보다 귀하다"라고 규정하고 지오세 운동을 시작했다. 지오세 운동은 그 복음적인 정신과 함께 노동자들에게 필요한 운동이었기에 빠른 속도로 확산되었다. 한국에서도 1958년 카르덴 추기경의 방문 이후 지오세 운동이 지속되었다.

표 5-4 가톨릭노동청년회의 발전 과정

	초창기(1958~63)	정립기(1964~69)	성장기(1970~79)	방향모색기(1979~82)
특징	· 교회 전체의 관심과 성원 · 회원의 다양성 · 육체노동자가 아닌 회원이나 장년층이 운동을 주도함 · 활동의 다양성(노동자운동만이 아니라 봉사운동, 전교운동 등) · 팀 차원의 활동보다는 개인 또는 본당 차원의 활동이 주류	· 평신도 사도직운동과 JOC운동의 개념을 명확히 함 · 초기의 무원칙적 활동에서 벗어나 노동자가 주체가 되어 동료 노동자에게 봉사, 전교, 양성하는 모임으로 나아감 · 팀, 섹션, 교구, 전국본부 사이의 긴밀한 협조관계 정립 · 여전히 본당을 중심으로 하는 팀이 활동의 중심 · 대학생 등 비노동자 출신 임원의 비중이 여전히 높음	· 노동운동에 적극 참여 · 직장팀의 확산 및 동일 직종 내 팀조직 노력(본당 중심의 활동을 벗어남) · 섹션의 활동력 강화 · 비가톨릭 신자들도 조직에 참여시킴 · 노동문제에 대한 교육의 비중이 크게 증가 · 비신자 회원의 급증 · 본당 신부나 일반 신자들과의 마찰 발생	· 정부와 기업이 JOC에 대한 탄압을 강화 · 다각적인 연대와 투쟁의 모색 · 노조정상화 활동에 대한 실질적 지원 · 교회와의 마찰의 증가와 방향성을 둘러싼 내부 갈등과 분열의 조짐 · 몇몇 교구에서 JOC운동이 급격히 감소하거나 소멸

* 출처: 김준 · 이종구(2003).

1975년 천주교정의구현사제단이 발표한 성명(「민주 민생을 위한 복음운동을 선포한다」)은 노동운동에 대한 가톨릭의 담론을 추측할 수 있게 해준다.

> 농민과 어민, 근로자, 실업자, 병사와 순경, 봉급생활자, 영세상인, 중소생산업자 등을 포함하는 절대 다수의 민중은 정치적 억압과 경제적 착취와 사회적 모멸과 문화적 소외 속에 신음하고 있다. ……민중이 주체로서 참여하는 민주주의로서만 비로소 진정한 민주주의가 건설될 수 있다. ……민생운동은 소외되고 버림받은 민중의 조직확대로부터 출발하여야 한다. ……우리는 민중의 고통을 우리의 고통으로 할 것이며, 민중의 눈물의 기록인 권리침해와 핍박은 우리의 교회에서 고발될 것이다.

하지만 노동자들에 대한 교육이 목사와 실무자에 의해 일방적으로 이루어진 것은 아니었다. 오히려 노동의 신성함과 저임금-장시간 노동에 허덕이는 여성노동자들 자신의 세계를 비교하게 하면서, 계급경험에서 우러나는 언어를 통해 이것을 여성노동자들이 자신의 것으로 만들어 나가도록 했다. 조지송 목사는 여성노동자들의 생각을 변화시킨 방법에 대해, "(관리자들이 여성노동자들을 때린 것에 대해 — 인용자) 왜 (얻어맞고) 웃어, 그건 병신 아니야? 니가 병신이니까 픽 웃고 그냥 돌아서지. ……그럼 첨에 (여성노동자들이 — 인용자) 무슨 말인지 모르지만, 한 반 년 정도 이 얘기를 들으면 아, 정말 내가 병신이구나 하고 느껴요"라고 기억한다(홍상운 2001).

그러나 여성노동자들로 하여금 자신의 언어로 말하도록 하는 것은 간단한 일이 아니었다. 대다수 여성노동자들은 초등학교(당시 국민학교)를 겨우 마친 수준이었고, 사회문제에 대해 스스로 발언하는 것은 간단한 문제가 아니었다. 따라서 산업선교의 교육은 일방적인 강연(혹은 주입식 교육)

보다는 여성노동자들이 자기 생각을 스스로 이야기할 수 있는 것과 이것에 근거한 대화를 '해방시키는 교육'[24]으로 여겨졌다(조화순 1992, 92).

> 어린 노동자들에게 제일 먼저 심어준 생각은 사람은 모두 다 똑같다는 것이었어요. '과장이든 사장이든 누구든지 똥을 안 싸는 사람은 없다. 그들처럼 너희들도 똑같이 똥을 눈다. 별 게 아니다. 인간은 다 똑같은 거다'라는 인식을 심어줬어요. 그들은 불평 · 불만이 있어도 어렵고 무서워서 상사에게 말 한마디 못 붙였어요. 그런데, 그들이 마침내 자신들의 상관에 대해 훨씬 편하게 여기는 것이었어요.

이처럼 도시산업선교회 교육의 특징은 노동현장에서 선교와 교육의 소재를 찾았다는 점이었다. 당시 오글 목사는 일주일에 한 번씩 사무실로 와서 조화순이 일주일 동안 노동한 경험을 이야기하고 보고서를 제출하게 했다. 특히 오글이 조화순에게 주문했던 것은 '현장에 가서 예수를 찾으라'는 애매한 말이었다. 처음에 조화순은 신학 책을 찾아서 보고서를 제출했지만 그것은 답이 아니었다. 오글 목사는 노동현장에서 당신이 발견한 예수의 이름을 써오라고 했다. 그제야 조화순은 현장에서 일어난 사건과 그날 그날 여성노동자들이 고통 받고 매 맞고 울었던 이야기, 바로 현장에 있는 예수들의 삶을 찾아내기 시작했다(조화순 2001). 인천 산선 실무자였던 최영희도 당시 조화순이 자신에게 "교회에 다니는 사람이 크리스챤이 아니라, 하느님

24_ 이러한 교육 · 대화방식은 크리스챤 아카데미에서도 유사하게 나타난다. 당시 크리스챤 아카데미 간사였던 김세균은 대화식 교육을 통해 노동자들은 자신들이 느껴왔고 경험했던 것 가운데 정리하지 못한 것을 명확한 지식의 형태로 정리할 수 있었다고 회고하고 있다(김세균 2002년 12월 26일 인터뷰). 크리스챤 아카데미의 교육방식에 대한 자세한 내용은 정연순(1998) 참조.

의 형상과 행동을 닮으려고 하는 사람이 크리스챤"이라고 말했다고 이야기 하고 있다(최영희 2003년 3월 24일 인터뷰).

그렇다면 1970년대 산선이 반어용노조, 반정부 입장을 강하게 표명했던 이유는 무엇일까? 흔히 도덕성, 비타협성 등으로 대표되던 도시산업선교회 담론은 지도 목사와 실무자의 성향도 영향을 미쳤지만, 한국노총과의 대립관계도 크게 작용했다. 초기 교회단체, 특히 도시산업선교회와 한국노총은 공존하는 관계였다. 1971년 12월까지만 해도 산선과 지오세 활동가들은 한국노총 등에서 실시하는 노조간부 교육과정에 참여하기도 했으며, 산선의 전도사들도 노총 교육과정의 정규 강사로 참여했다(최장집 1988, 169). 초기 인천 도시산업선교회의 경우에도 조승혁, 오글 등 목사와 한국노총의 관계는 1973년을 전후로 한 시기처럼 악화되지 않았다. 하지만 시간이 지날수록 도시산업선교회와 한국노총은 '어용노조' 대 '민주노조'라는 형식의 '대리전'을 치르게 된다. 영등포 산선의 경우 한국노총과 갈등이 생긴 결정적인 계기는 1970년 김진수 사건이었다.

김진수 사건의 처리 과정에서 목사들은 한국노총 지도부가 고용주들에게 매수되고 정부의 압력에 굴복하는 것을 보고 더 이상 같이 활동하기가 어렵다고 판단했던 것이다. 특히 한국노총 간부들 가운데 다수가 산선과 관계를 맺고 활동했다는 점에서 산선이 받았던 충격은 상당히 컸다(영등포산업선교회 40년사 기획위원회 1998, 129). 그렇다면 이런 산선의 노동운동에 대한 입장 전환 속에서 노동운동이나 노동조합운동과의 갈등이나 모순은 존재하지 않았는지 구체적으로 살펴보자.

공존과 차이 — 산선과 지오세

앞서 살핀 바와 같이, 1970년대 교회단체에 대한 지배적 해석은 도시산업선교회와 지오세를 모두 동일한 노동운동 지원단체로 간주하는 것이었다. 물론 두 조직이 노동자와 노동운동에 커다란 영향력을 미친 것은 사실이다. 그러나 산선과 지오세 가운데 어느 단체가 노동문제에 개입하고 영향력을 미치느냐에 따라 개별 노동자와 노동조합의 성격이 달라졌다. 예를 들어 도시산업선교회의 목사와 실무자들이 선동적인데 비해, 지오세는 실무자도 평신도인 구조였기 때문에 느리지만 다른 이들과 같이 변할 수 있는 운동을 지향했다. 이러한 활동방식의 차이는, 도시산업선교회는 지오세의 낮은 활동력을 비판하고, 지오세는 도시산업선교회가 지나치게 노동운동의 자율성을 해친다고 비판하면서 서로에 대한 상이한 평가로 이어지기도 했다(이철순 2002년 12월 27일 인터뷰).

인천 도시산업선교회가 개입했던 가장 전형적인 사례로 동일방직과 반도상사를 들 수 있다. 반면 민주노조 가운데 양쪽 모두에게서 '직접적인' 영향을 받지 않은 경우가 YH물산과 청계피복이었고, 원풍모방의 경우 양자의 영향을 모두 받았다. 도시산업선교회는 인천, 영등포 등에서 목사와 실무자를 중심으로 노조를 조직, 소모임을 관리하는 방식이 일반적이었다. 인천 도시산업선교회의 실무자들은 최영희, 유흥식, 황영환, 인재근 등이었다. 인재근은 당시 인천 도시산업선교회의 분위기를 이렇게 회고하고 있다(조화순 1992, 252~3).

> 제가 처음 조 목사님(조화순을 지칭 — 인용자)을 만난 것은 대학 3학년 때였어요. 그때가 동일방직 노조활동이 한창일 때인데 인천 도시산업선교회의 소그룹

을 통해 교육이 이루어질 때지요. 그 당시 실무자가 최영희 씨였는데 그 선배의 지도로 동일방직에서 소그룹 활동하시는 분들과 함께 활동했어요. ……1975년부터 일주일에 몇 번 활동하다가 1978년부터는 정식 실무자로 활동했어요. 그때 정식 실무자가 되자마자 동일방직 '똥물사건'이 터졌어요. 정말 굉장했지요. 그런데 그 과정에서 목사님은 이게 옳다고 생각하시면 그 다음엔 요지부동이셨어요. ……이를테면 이렇게 하면 당신이 감옥에 갈 것이다, 혹은 저렇게 하면 어떻게 될 것이다, 그런 식으로 재는 법이 결코 없었죠. 내가 보기에 거의 본능에 가까운 직관으로 일을 밀고 나가셨어요.

반면 지오세의 조직 형태는 도시산업선교회와 달리 가톨릭교회의 특성에 영향을 받아서 '중앙집중적'이었다. 지오세는 전국연합회-교구연합회-섹션으로 이어지는 '위계적인 조직구조'를 가지고 있었고, 가장 기초적인 조직인 섹션은 각 본당 단위로 조직되었다. 이 섹션은 다시 JOC의 활동가라고 할 수 있는 투사들로 이루어진 '투사회'로 구성되었다. 각각의 투사회 산하에는 투사가 되기 전 단계의 회원들로 이루어진 '예비회'가, 그 아래에는 일반회원들로 구성된 '일반회'가 존재했다. 이처럼 투사회, 예비회, 일반회 등은 JOC의 독특한 팀 구성 방식에 의해 조직되었다. 이런 질서는 초기에 상당히 불안정했지만 점차 섹션의 자율성을 확보하는 활동 등 조직 원칙을 정립해 나아갔다. 원풍모방 부지부장이었던 지오세 출신의 박순희는 지오세 운동을 가톨릭 정신, 신앙인으로서 창조된 인간이 유린되는 것에 대해 '관찰, 판단, 실천'이라는 3가지 과제를 통해 나누는 '나눔의 운동'이라고 규정하기도 했다(박순희 2002년 12월 30일 인터뷰).

특히 중요한 지오세의 특징은 조직 내부에서 신부의 역할이었다. JOC는 '평신도 사도직 운동'이었지만 가톨릭운동의 일환이라는 점에서 주교의 대리자인 지도신부의 지도를 받는 것을 원칙으로 했으며, 이것은 꽤 엄격하게 지켜졌다. 그래서 "지도신부 없는 섹션은 정식 섹션이라 할 수 없다"고 말할 수 있을 정도였다(한국가톨릭노동청년회 1986, 141). 이런 점에서 가톨릭의 노동사목 방침은 개신교와 상당한 차이를 보였다. 지도신부의 존재, 그리고 위계적이며 중앙집중적인 가톨릭 교단의 보호와 지도는 도시산업선교회에 비해 가톨릭노동청년회가 정권의 강한 탄압을 받지 않도록 해주는 보호막이었다. 그러나 도시산업선교회 관계자들에 대한 지오세의 평가에서 드러나듯이, 지도신부의 존재와 위계적 질서는 도시산업선교회만큼 활발하고 투쟁적인 모습을 보여주지 못하게 만든 한계이기도 했다. 지오세는 평신도 모임의 성격, 특히 노동자 평신도 모임이라는 신앙중심적 성격이 강했다(박순희 2001). 원풍모방의 박순희는 수녀가 되려다가 원풍모방에 노조 간부로 '스카웃'된 사례였다. 그녀 역시 신앙이라는 계기를 통해 노동운동을 접하게 되었다(박순희 2001).

> 우리 집안이 독실한 가톨릭 집안이에요. 고등학교에 갈 수 있게 해 달라고 기도도 많이 했는데 안 들어주더라고요. 그래서 한동안 성당을 나가지 않았어요. 더구나 성당에 가면 중등부에 있다가 진학하면 고등부로 이어지는데 그게 안 되잖아요. ……그래서 한 2년 신앙에도 냉담하게 됐는데, 그러다가 가톨릭노동청년회(JOC)를 알게 됐어요. 그 모임에를 갔는데 신부님이 노동법 얘기를 하시더라고요. 현장에서 일할 때 어린 눈에도 부당한 게 보였지만, 말 한마디 못하고 지났었는데 노동법 얘기를 들으면서 눈이 뜨이고 귀가 열리더군요. '아, 이게 해 볼 만한 일이구나. 노동이란 게 형편없는 일이 아니라 고귀한 거구나. 노동자가 무시되는 현실을 바로잡는 게 하느님의 뜻을 이어가는 것이구나.' 그런 생각을 갖게 됐죠. 그래서 JOC 활동을 하게 됐는데, 팀 모임을 하면서 성서 공부를 했어요.

그렇다면 두 조직의 노동자들에 대한 영향력은 어느 정도였을까? 전체적으로 노동문제에 개입한 비중은 도시산업선교회가 월등히 컸다. 정확한 통계는 확인할 수 없지만, 인천과 영등포 도시산업선교회에는 수많은 노동자들이 클럽 활동을 조직한 것으로 인터뷰를 통해 확인할 수 있었다(최영희 2003년 3월 24일 인터뷰). 한편 JOC는 노동문제를 여론화하는 데 있어서 중요한 역할을 했다. 유신체제 역시 신부들과 가톨릭 관계자들을 쉽게 검거하거나 탄압하지 못했던 상황 때문이었다. 또한 양 조직은 노동문제에 대한 해결이나 서로의 활동에 대해 상이한 시각을 지니고 있었다. 산선의 경우 지오세에 대해 신부 중심의 위계질서 또는 기독교적인 한계를 극복하지 못하는 점 등을 비판했고, 지오세도 도시산업선교회가 선동적이고 자율적인 노동운동에 지나치게 깊숙하게 개입한다고 비판했다(이철순 2002년 12월 27일 인터뷰). 원풍모방의 박순희 역시 유사한 뉘앙스의 말을 남겼다(박순희 2001).

질문자 JOC, 크리스챤 아카데미, 도시산업선교회 등은 70년대 노동운동을 얘기할 때면 꼭 나오게 되는데, 활동에서 차이가 있습니까?

박순희 그때의 민주노조운동을 하는 사람들은 대부분 그곳에서 교육을 받았어요. 당시 노동운동에 큰 영향을 끼쳤죠. 도시산업선교회는 성직자가 중심에 있는 활동이었어요. 크리스찬 아카데미는 교육을 중심으로 했어요. 활동할 수 있는 지도자를 양성하는 데 주력했죠. JOC는 구성원 스스로의 활동을 강조했고요. 그때 우리는 현장에 있는 조합원 당사자의 운동이 중요하고, 그 속에서 활동가의 역할이 중요하다고 생각했어요. 그런 면에서 도시산업선교회는 지원이나 조언의 역할을 넘어 직접 조합원을 지도하려 하는 경향이 있었어요. 그게 갈등을 일으키기도 했죠. 현장에서의 책임성이 해당 노조에 있는데 선교회에서 너무 나아간다고 항의하기도 했어요.

박순희 자신이 지오세 활동가라는 점을 고려해야겠지만 산선은 목회자 중심의 운동인 반면, 지오세의 경우 '당사자'인 노동자가 자신의 삶을 개척하는 '당사자 운동'이라고 증언하고 있다. 극단적으로는 산선(영등포 산선을 구체적으로 지칭 — 인용자)은 정부가 주장하는 주입식 교육에 기반한 '배후 조정 모델'이라고 이야기되기도 했다(박순희 2002년 12월 30일 인터뷰). 도시산업선교회는 단위사업장의 소모임을 중심으로 학습이나 교육, 단사 노조 운영 등에 이르기까지 개입하는 경우도 있었다. 이처럼 인천 산선, 영등포 산선, 지오세 등 대표적인 세 조직은 독트린에서는 유사점을 가질지 모르지만, 실제 여성노동자들과 접촉하는 과정에서 생산하는 담론과 실천, 조직 방식 등은 상당히 달랐다.

이러한 차이는 노동 문제에 대한 '개입' 자체만을 둘러싼 문제는 아니었다. 노동쟁의를 해결하는 방식에서도 차이가 있었다. 영등포 도시산업선교회는 노동쟁의에 목사나 실무자가 '직접' 뛰어들어 사측과 협상을 하는 경우가 많았다.[25] 반면 인천 도시산업선교회의 경우 동일방직의 민주노조 건설

25_ 신광영(1996, 249)이 정리한 교회단체 개입 사업장을 보면, 산선이 경성방직, 남영나이론, 동남전기, 동아염직, 동일방직, 대일화학, 대한모방, 반도상사, 방림방적, 삼송전기, 신한일전기, 신흥제분, 태광산업, 태양공업, 한국모방, 한영섬유, 한흥물산, 훼어 차일드, YH무역 등이었고, 지오세는 동서양행, 신탄진 노조, 유림통산, 한국마벨, 태평섬유, 한국모방, 한진콜코, YH무역 등으로 추정된다. 기록에서 확인할 수 있는 영등포 산선의 개입 사례를 살펴보면, (1) 1969년 삼공기계의 임금체불을 해결하도록 각계에 촉구하는 한편 후원금 전달, (2) 1969년 가을 제일물산에서 발생한 강제해고 문제에 개입, 노조결성과 복직을 위해 진정서 제출 등, (3) 1969년 10월 시그네틱스 코리아의 회사측과 조합측에 의한 부당해고의 시정을 위해 노력, (4) 1970년 구로동 스웨터 보세업체인 동광통상 부당해고 및 해고수당 지불 거부 사건을 계기로 구로 중앙감리교회에서 노조 조직, (5) 1972년 2월 구로동 크라운전자에서 노조를 조직하자 사측이 노조 대표 등을 해고, 가톨릭과 공동으로 노조활동 방해는 불법이라고 항의, (6) 1972년 5월 한국모방 퇴사 여성노동자들의 퇴직금 지불 요청을 회사측이 거부하자 '퇴직금 받아주기 운동' 참여, (7) 1972년 9월 영등포 방림방적 임시공 96명이 회사의 근로기준법 준수를 진정. 김경락 목사를 중심으로 해결을 위해 노력 등이 대표적인 사례였다(영등포산업선교회 40년사 기획위원회 1998, 117~119).

과 관련 여성 사업장에서 잇따른 쟁의가 벌어진 이후 노동쟁의에 직접 개입하는 경우는 많지 않았고, 가능하지도 않았다. 최영희의 증언에 따르면, 인천 산선은 앞서서 문제를 제기하지 않았고 이것이 당시 인천 산선을 지도했던 조지 오글 목사의 철칙이었다고 한다. 또 전면적인 개입은 조화순이 인천 도시산업선교회를 담당하면서 더욱 어려웠을 것이다. 사업주와 투쟁이나 쟁의를 벌이는 데 있어서 비타협적이고 노사관계에 대해 이분법적인 시각이 강했던 조화순은 항상 당국과 긴장관계에 있었고, 이것은 산선이 노사문제의 타협자라기보다 노조의 지지자 혹은 배후처럼 인식되게 만들었기 때문이었다. 영등포 산선의 경우 인명진 목사가 지속적으로 노조 사업에 깊숙이 개입, 노조가 해산될 때까지 '교회가 노조를 업고 다녔다'라는 이야기도 있었고, 일부 산선에서는 노동자들을 어린 양 내지 보호의 대상으로 사고하는 경향이 상당히 많았다는 것이다(최영희 2003년 3월 24일 인터뷰).

"都産하면, 倒産한다"

한편 1970년대 산선과 여성 민주노조간의 연계가 심화됨에 따라 정부와 한국노총의 산선에 대한 공격이 심화되었다. 그 대표적인 형태가 교회단체의 이념을 '좌익'으로 규정하는 것이었다(조선일보 1979. 8. 15). 당시 대검찰청 공안부장으로 특별조사반 반장이었던 박준양은 치안본부, 대검찰청 중앙수사본부, 중앙정보부를 중심으로 공동조사팀을 구성, 과연 산선의 활동이 용공세력과 유사한지, 이른바 산선의 '용공성'을 밝혀내고자 했지만, 산선이 용공 혹은 불순세력은 아니라는 결론을 내렸다. 다만 수출주도형 경제성장에서 생산성 향상에 저해 요인이 된 산선과 여성노동자들의 행동은 '비정상적'이라는 결론을 내렸다. 한편 성경 해석을 둘러싼 용공 시비도 있었다. 당시 공안검사인 박정규는 한 인터뷰에서 누가복음 4장, 마태복음 5장에 나오는 '심령이 가난한 자는 복이 있나니 천국이 저희 것임이요'라는 구절을 산선이 '유물론적'으로 해석해서 노동자들을 선동했다고 주장했다. 실제로 이 구절을 인용했던 인명진 목사가 1년간 복역을 하는 '성경 재판'이 연출되기도 했다(홍상운 2001).

하지만 도시산업선교회가 공산주의 혹은 사회변혁을 지향하는 조직이라는 비난은 엄밀히 볼 때 근거없는 데마고그에 불과했다. 인천 산선의 기본적인 틀을 만든 오글 목사는 『노동공론』에 「생산성과 노사협력」이라는 제목으로 글을 기고했는데, "……(노사협력은 — 인용자) 회사측에서 노동조합이 임금과 근로조건에 대해서 교섭할 권리가 있다는 것을 인정하고, 그리고 조합이 자기의 세력에 대한 안정감을 느낌으로써 가능해진다. 이 두 가지 요인이 구체화되지 않을 경우에는 협력이 현실화되기는 어렵다. ……"라고 바람직한 노사관계에 대한 견해를 피력했다(오명걸 1977, 47).

오글 목사의 글에서 볼 수 있듯이, 가장 전투적이고 비타협적이라고 알려졌던 인천 산선이 내세웠던 노동운동 담론은 작업장에서 경영자의 전횡이 생산성을 하락시키며, 경영자가 노조를 파트너로 인정하기 않기 때문에 노사협력이 불가능하다는 아주 '상식적인 것'이었다. 영등포 산선 인명진 목사도 당시 "산선이 월급 더 달라고 한 적은 없다. 다만 '약속한 월급'은 달라, 일을 더 시켰으면 떼먹지 말라는 것"이었다고 회고하고 있다(홍상운 2001). 이것은 당시 개신교가 맑스주의 혹은 사회변혁운동, 예를 들어 1970년대 도입된 해방신학 등의 흐름에 대해 보인 태도에서도 분명하게 확인할 수 있다(박형규 1968, 43).

1967년에 세계의 신학자들 사이에 가장 많이 논의된 문제의 하나는 맑스주의자와 기독교인 사이의 대화였다. ……(그러나) 6 · 25를 위시해서 그들의 잔인무도한 무력 침공의 위협을 오늘에 이르기까지 뼈저리게 경험해 온 우리로서는 그들과의 대결은 있을 수 있어도 대화는 생각해볼 여지도 없는 것이 사실이다.

이런 신앙고백이라도 할 수 있었던 목사들에 비해 여성노동자들은 이른바 '빨갱이 굴레'에 대해 심각하게 고뇌했다. 1970년대 노동운동에 참여했던 여성노동자들에게 씌워진 가장 큰 굴레는 '빨갱이'였다. 정부와 언론은 노동쟁의와 농성이 일어난 노조의 여성노동자들이 산업선교라는 위장 공산집단에 놀아나고 있다는 '무의식적 공포감'을 쉴새없이 조장했다. 가족을 동원하고 책자를 배포했으며, 특히 YH 농성 이후에는 텔레비전을 통한 도시산업선교회에 대한 공격과 탄압이 '정권 차원'의 문제로 비화된다. 추송례는 당시 뿌려진 책자의 내용을 이렇게 설명하고 있다(추송례 2001, 56).

가장 대표적인 예를 들면 '산업선교는 빨갱이 집단이다. 그 우두머리는 조화순이며 그 졸개들은 동일방직 여공들이다', '각 산업체들은 신업선교가 회사에 침투하면 망한다'는 사실을 명심하고 산업선교를 지지하는 자나 노조운동에 관심을 가지고 있는 사람들은 발본 색원하라는 내용으로 책을 만들어 경인지역 모든 산업체에 뿌렸다.

당시 정부에서 만든 책자에는 산업선교 지지자를 알아보는 방법까지 소상하게 소개돼 있는데, 예를 들면 (1) 공장 내에서 친절하며 모든 일에 솔선수범하고 다른 동료들을 잘 돕는다, (2) 조직을 확산하기 위해 가짜로 친절을 베푸는 것이니 이런 사람을 경계하라 등이었다(자세한 내용은 **부록 5-7** 참조).

하지만 유신체제 아래 '조국 근대화' 담론과 산선이 내세우던 노사관계에 대한 관점은 근본적으로 동일한 것이었다. 산선은 자신들이 기업가의 존재 자체를 부정한 적은 없으며, 산업선교 신학이 지니는 특징으로 성서주의, 이념이나 도덕적인 것에 기초하는 것이 아닌 복음주의, 철저히 고난에 연대하려는 '고난의 신학'을 강조했다(김준 2003, 126). 조화순도 산선이 좌익단체이며, '도산하면 도산한다'라고 반생산적인 집단이라고 산선을 비판하는 것에 대해, "거꾸로다. 오히려 일을 더 잘하니까, 내가 붙들려 갈 때마다 이것(산선 사업장 노동자들이 더 열심히 일한다 — 인용자)을 주장했다" 고 회고하고 있다(홍상운, 2001). 하지만 교회단체들이 좌익 공세 — '용공 시비' — 에 대해 수세적인 대응을 할 수밖에 없던 이유는 유신체제하의 사상탄압이라는 조건 이외에, 정말 용공으로 낙인찍힐 경우 산선의 배경인 교회로부터 고립될 뿐만 아니라, 자신들의 기반인 노동자들 역시 반공 이데올로기에서 자유롭지 못했기 때문이었다(김준 2003, 125~126).

이런 상황 아래에서 여성노동자들은 자신들이 고용주, 정부한테서 좌익 혐의를 받을까봐 심각한 자기검열과 계산을 해야만 했다. 자신들이 좌익이 아닌 것을 보이기 위해 노총과 관계를 가지는 것이 단적인 예였다. 당시 가장 합법적으로 문제없이 교육을 받을 수 있는 곳이 한국노총이었으며, 조합원들도 한국노총이라고 하면 커다란 부담없이 교육을 받을 수 있었기 때문이다. 하지만 도시산업선교회와 다른 단체들의 경우 자신들은 스스로 부정할지는 몰라도 조금만 이상해도 '저건 빨갱이 지시 받고 있구나'라는 선전과 공격이 있었다. 반도상사 지부장 한순임과 인천 산선 실무자 최영희라는 '창窓'을 통해 이 점을 살펴보자.

최영희와 한순임

당시 인천 산선의 실무자였던 최영희는 정권이 벌인 빨갱이 공작의 대표적인 사례로 자신과 한순임이 관련된 이야기를 들려주었다. 이미 알려진 바와 같이 반도상사 노조는 이 두 사람의 합작품이었다. 반도상사 노조의 설립은 최영희의 논리와 한순임의 선동적 카리스마가 결합된 결과였다. 그러나 두 사람의 은밀한 결합을 정보기관이 눈치채지 않았을 리가 없었다. 반도상사 노조 결성 직후 주도면밀한 노조 사전 조직화 과정에 의심을 갖던 중앙정보부는 한순임을 연행, 결국 최영희가 반도상사 노조 결성의 배후에 있음을 밝혀냈다. 그러나 중앙정보부는 곧바로 최영희를 체포하지 않았다. 대신 반도상사 여성노동자들에게 최영희는 '순수하게 노동자들을 도운 사람이 아니라 간첩'이라고 주지시켰다. 노조 결성 직후 정보기관은 남산으로 한순임을 연행, 최영희에 대해 집중적으로 심문하면서 그녀는 좌익이므로 절대 만나서는 안 된다는 '세뇌공작'을 했다. 당시 수사기관은 '최영희는 기독교 신자도 아닌데 왜 도시산업선교회에 와 있겠냐', '뭘 위해 너희 같은 아이들을 도와주겠느냐'며 한순임을 세뇌하고, 두 사람을 '단절'시키기 시작했다. 대표적인 예로 최영희의 얼굴이 그려진 몽타주를 작성해 곳곳에 부착하면서 '최영희는 기독교 신자도 아니며 산선에도 나오지 않는다'고 말하는가 하면, 그녀가 여성노동자들에게 한 말을 다시 해석해주면서 '그게 바로 간첩이 하는 말'이라고 세뇌시켰다(최영희 인터뷰 2003년 3월 24일).

바로 이 시점부터 최영희는 반도상사 여성노동자들로부터 고립되었다. 어느 여성노동자도 그녀를 만나려고 하지 않았고 모두 무서워서 벌벌 떨고 있는 상태였다. 이런 상황에서 노조는 무력화되어갔고 최영희는 하는 수 없이, 노조 조직에서 다소 역할을 했던 장현자를 찾아갔다. 최영희는 장현자가 성당에 다닌다는 사실을 알고 3주 동안 주말마다 주변 성당을 이 잡듯이 뒤진 끝에 드디어 장현자를 만날 수 있었다. 자신과 동갑인 장현자에게 "현자야"라고 부르는 순간, 목소리의 주인공이 최영희라는 것을 안 장영희가 "얼굴이 새파랗게 질렸다"고 최영희는 회고한다. 간첩이라고 하는 인물이 자신 앞에 나타났기 때문이었다. 한순임 역시 취조를 받은 뒤 최영희와 만나야 하지 않겠느냐는 문제에 대해 아주 인상적인 말을 남겼다. "조국이냐 은인이냐……." 이 말은 조국을 위해 간첩과 내통하지 말아야 할 것인가, 아니면 간첩이지만 자신에게 노동자임을 가르쳐준 최영희를 만나야 할 것인가라는 뜻이었다. 이 말은 1970년대의 여성노동자, 그것도 남다르게 권리의식이 강했던 한 여성노동자의 입에서 튀어나온 말이었다. 이처럼 여성노동자들은 자신이 좌익인지 혹은 좌익을 도와주는 일을 하는 것이 아닌지를 놓고 자기검열이 심했던 것이다(최영희 인터뷰 2003년 3월 24일).

그 밖에도 노동청 및 고용주는 민주노조 관련 여성노동자들의 가족들에게 '귀댁의 자녀가 반체제 활동으로 나쁜 길에 빠져 있으니 계도하라'는 식의 편지를 보내거나, 여성노동자의 고향으로 회사 간부를 보내 가족들을 협박했다. 또 해당 지역 공무원에게 지속적으로 노동자 가족을 감시·위협하게 하는 수법으로 여성노동자들과 그 가족들의 심리적 위축감과 공포를 조성했다. 당시 회사는 '당신 딸이 빨갱이에게 잡혀 있다, 남녀 혼숙을 해서 임신할 수 있다'는 말을 하며 가족들에게 여성노동자들을 고향으로 데려가라고 강요했다. 실제로 원풍모방의 경우 노동자들을 귀향시키기 위해 군수와 시장 등이 동원되기도 했다(홍상운 2001). 그 밖에도 민주노조 조합원들은 노조가 해산되고 해고된 이후에도 말로 표현하기 어려운 고통을 겪어야만 했다. 약 1600여 명의 노동자들은 해고된 이후 '블랙리스트' 때문에 '사회에서 추방'되어 파출부나 우유배달로 생계를 이어가야만 했다. 또 여성노동자들은 결혼한 뒤에도 계속되는 경찰의 감시와 좌익 공세로 많은 이들이 자살, 이혼, 정신병을 앓았고, 아예 결혼 자체를 하지 못하는 경우도 잦았다(박수정 2003, 65~8). 원풍모방 조합원이던 정영래는 고향으로 돌아온 뒤 하루가 멀다 하고 걸려오는 경찰의 감시 전화 때문에 주변 사람들과 적응하지 못하다가 결국 신경정신과 치료까지 받아야 했고, 아직까지도 그 내상으로 결혼하지 못한 채 살아가고 있다(홍상운 2001).

결국 1970년대 민주노조운동에서 '외부세력'으로 불린 도시산업선교회와 지오세에 대한 '공포'는 언제나 존재했다. 여성노동자들은 도시산업선교회에 대해 가해지는 이데올로기 공세에 대해 '왜 우리가 빨갱이인가?'라고 자문했다. 고용주와 동료 노동자들한테서 집요하게 제기된 '붉은 공세'는 민주노조 활동가들의 심리적 위축을 가져왔고, 동시에 이들의 무의식적인 내면에 '과연 내가 하는 일이 빨갱이인가?'란 의문을 새겨놓았다. 1970년대 한국 사회에서 한 개인이 좌익으로 몰릴 경우 이것은 개인의 '비국민화'만이 아니라 가족과 이웃까지 비국민화되는 사태로 이어졌다. 이것은 고용주들이 민주노조를 파괴하기 위해 가족들을 동원하는 과정에서 적나라하게 드러났다. 작업장에서 가해지는 폭력과 협박보다 가족에 대한 좌익 공포와 감시는 한 여성노동자가 감내하기에는 너무 가혹한 것이었다.

여기에는 두 가지 얼개가 얽혀 있다. 앞서 말한 성별분업이라는 여공에 대한 담론을 통한 것이 하나고, 아무 관련이 없는 여성의 인생을 송두리째 빼앗고, 국민이라는 이름을 다시 되돌려주지 않은 것이 다른 하나다. 그리고 그 가운데에는 도시산업선교회를 비롯해서 '민주화 담론'에 기초한 1970년대 민주노조운동에 대한 '특정한 담론'이 자리하고 있었다. 여공들은 한편으로는 국가와 고용주에 의해 국민으로서 시민권을 박탈당했다. 하지만 더욱 문제되는 것은 당시의 노동운동가와 여공의 역사를 기술한 다음 세대 남성노동사가들의 담론이었다. 이 사람들은 여공의 운동 속에 존재했던 여러 가지 균열을 부차적인 무엇으로 만들고, 여공의 운동에 개입한 교회와 지식인 — 구해근의 표현을 빌리자면 '유기적 지식인' — 들의 시각에서 민주노조운동에 대한 신화를 만들어냈다. 그러나 이 신화는 여공과 그 운동에 대한 특정한 사실은 배제한 채 그것 자체로 '신화'로 여겨져왔으며, 그 안에서 유기적 지식인들은 여전히 '헌신적 민주화 투사'로 받들어지고 있다. 바로 이것이 민주화 담론이 만들어낸 여공과 그 운동에 대한 '중복살인'일 것이다.

'민주 대 어용'이라는 신화

노동사가들은 1970년대 여성노동자들을 전투적인 투사 혹은 민주노조운동의 영웅으로 기술해왔다. 그러나 노조의 결성과 노동쟁의를 둘러싼 '여공의 담론'과 '여공에 대한 담론들'은 노동사가들이 전제하듯이 '민주 대 어용'이라는 이분법만으로 이해하기 어렵다. 1970년대 여성 노동운동에 대한 해석들을 보면, 우선 민주노동운동에서 교회단체가 한 역할을 강조하는 입장이 있다. 대다수 교회단체의 노동운동사 서술(한국기독교교회협의회 1984)이나 신광영(1996)의 해석이 여기에 해당된다.[26] 특히 남성 노동사 연구자들

26_ 김승경(Kim 1997)과 이옥지(2001)는 기존 노동사의 남성주의적 시각에 대해 비판적이지만, 1970년대 여성노동자들의 투쟁과 노동쟁의에 대한 서술에서는 크게 다르지 않다. 구해근(2003)도 교회의 역할을 강조하고 있지만 한 지점에서 신광영(1996)과 결정적으로 갈라진다. 신광영은 구해근과 상반되게 이 시기 여성 노동운동의 결정적인 취약점으로 민주화운동과 연결되지 못한 점을 지적하고, 남성노동자가 부상함에 따라 여성 노동운동의 주변화는 필연적이라고 해석하고 있다. 이런 점에서 기존의 국내 노동사 연구자들은 일부 여성주의 연구자를 제외하고는 1970년대 여성노동운동의 약화를 '당연한 결과'로 보고 있다.

의 경우, 1970년대 여성노동자들이 집단적인 불만을 표출할 수 있었던 것은 한편으로 비판적 대중으로서 종교단체의 활동이 있었기에 가능했다고 주장한다. 하지만 동시에 자발적인 노조운동을 약화시키는 원인으로 종교단체의 지적·비정치적 영향력을 꼽으면서, 1970년대 노동운동의 특징을 임금문제를 중심으로 한 경제주의와 반남성주의라고 지적하고 있다(신광영 1996).

두 번째 해석은 교회단체의 '제한적 역할'을 강조하는 입장이다. 송호근(2000)은 1970년대 노동정치의 성격을 '전면적 억압' 혹은 '배제의 정치'라고 규정하고, 국가와 정보기관의 감시망을 벗어난 민주노조운동의 '비공식 집단'과 '노조 내부 선거제도'의 중요성을 강조한다. 특히 노동운동에 대한 교회의 영향력이 상대적으로 취약했음을 강조했다. 유사한 맥락의 시각을 전순옥(2003)의 연구에서도 드러난다. 청계피복 노조를 중심으로 서술된 그의 연구는 1970년대 여성노동자들을 '희생양'으로 간주하는 서구 이론에 기초한 여성주의 연구를 비판하며, 당대 여성노동자들의 헌신적인 투쟁과 민주노조운동 운영을 강조했다(전순옥·조주은 2004; 전순옥 2004). 특히 그는 민주노조에 있어서 교회의 역할보다 여성노동자들에 의해 구성된 소그룹 등 자의식적 활동에 무게를 두고 있다. 그러나 청계피복의 노조 활동을 다른 노조의 '모델' 또는 '모범'으로 평가하는 점과 '민주 대 어용' 균열을 전제하고 내부의 균열에는 주목하지 못하는 한계는 여전히 존재한다.

끝으로 주목할 만한 경향은 최장집(1988)의 연구다. 그의 연구는 국가코포라티즘을 1960~70년대 한국에 적용시킨 점에서 여러 논쟁점이 존재하지만, 1970년대 민주노조운동에 대한 통찰력 있는 지적들 — 자주노조의 딜레마, 교회 단체의 자기 제한성 등 — 을 제시했다. 최장집은 1970년대 민주노조(혹은 자주노조) 재생산의 어려움에 대해서 매우 정확하게 지적했는데, 잠시 인용해보자.

> 고용주들의 엄청난 공세에 노동자들이 직면하게 되었을 때 그들은 자신들의 억울한 처지를 외부에 알려 여론화를 시도……이럴 경우 그들은 대개 도시산업선교회의 도움을 구했다. 투쟁이 외부세력과 연결되면 분쟁은 즉시 일개 회사 수준에서 전국적 정치의 장으로 옮겨지게 되고, 여기서 국가 당국은 어떠한 대가를 치르고서라도 결코 싸움에 질 수 없는 상황에 빠진다. 이렇게 해서 결국은 그나마 허약하던 노조의 자주성이 아주 붕괴되고 마는, 항상 똑같은 결과만이 초래된 것이다.

상당히 시간이 지난 연구인데도 불구하고 노동문제의 사회화 · 외부화 투쟁이 단위 사업장 노조에 미친 부정적 효과와 내부 균열에 대해 잘 지적하고 있다. 또한 노조 활동 초기에 교회의 중요성을 인정하지만, 교회가 노동운동 태동기에 있어서 '경제적 조합주의'로 노동운동을 이끈 점, 다시 말해서 교회의 시각이 산업평화와 생산성을 연계시키려고 했던 국가엘리트의 시각과 본질적으로 차별적이지 않다는 것을 정확하게 지적했다(최장집 1988, 88, 144).

이처럼 민주노조운동에 '대한' 상당수 해석들이 공유하는 것은 여공과 여공의 민주노조운동이 지닌 내부의 '복잡성'을 민주 대 어용이라는 '이분법적인 틀'로 환원시킨다는 점이다. 상당수 연구들은 1970년대 민주노조를 주도한 여성노동자들이 가장 큰 문제로 느낀 것을 노동조합의 '어용성' — 대표적인 것이 도시산업선교회와 한국노총간의 '균열' — 이라고 지적하면서, 1970년대 노조에서 남성중심주의를 중심 문제로 다루는 것이 타당하지 않다고 논한다(방혜신 1993, 15). 하지만 바꿔 생각해보면, 중심적 균열은 '어용 대 민주'로 단순화되었고 그 밖의 균열 — 남성노동자와의 문제, 교회 및 지식인과 노동조합간의 관계 등 — 은 서술의 주변부로 밀려난 것이다. 동시에 민주노조의 주체인 여성노동자들을 중성적 · 남성적 전사 · 투사의 이미지로 형상화하면서 민주노조운동 일반은 무모순적인 것으로 '신화화'된다.

이런 신화화를 부추긴 가장 대표적인 연구가 구해근(2002)의 『한국 노동계급의 형성』이다. 에드워드 팔머 톰슨의 방법론을 빌려와 이것을 한국의 1970~90년대 노동자운동에 적용한 이 글은, 1970년대 여성노동자에서 출발, 1987년 노동자대투쟁을 거쳐 한국 노동자계급이 걸어온 궤적에 대한 하나의 '신화' 내지 '서사'를 형성하기 위한 논리구조를 갖추었다. 그리고 이 모든 신화는 하나의 연속적이고 긍정적인 요소들로 가득 차 있다. 톰슨의 『영국 노동계급의 형성』이 개량화되고 약화되어가는 영국 노동운동의 과거 역사에 대한 '신화 만들기'가 목적이었듯이, 구해근의 연구가 가지는 정치적 효과 역시 약화되어가는 한국 노동운동에 대한 '신화' 만들기다. 예를 들어 동일방직 투쟁에 대한 평가가 그렇다(구해근 2002, 137~8).

> 초기 투쟁이 진정한 노동자 위주의 노조를 만들어서 작업조건을 개선하기 위한 노력이었다면, 해고 이후의 활동은 단일 작업장 외부에서 이루어졌기 때문에 민주노조운동이 지하 네트워크를 확대하는 데 기여했다. 그러므로 동일방직 투쟁은 노동운동과 학생 및 재야지식인의 민주화운동 간의 유대를 강화시키는 데 크게 기여했다. 노조운동가들을 산업영역에서 쫓아냄으로써 박정희 정권은 실제로 그렇게 막고자 했던 반정부 정치운동과 점증하는 노동운동 간의 동맹을 촉진시켰던 것이다.[27]

동일방직 노조의 해고투쟁에 대한 구해근의 평가는 앞서 살펴본 나의

27_ 다른 연구에서 구해근은 중산계급의 '한 분파'인 지식인들이 사회운동에서 중요한 역할을 한 이유로 (1) 노동계급이 고도로 조직화되지 못한 사회적 조건, (2) 비판적 대항 이데올로기의 형성(이른바 '비판적 담론 문화') 등을 들고 있다. 자세한 내용은 구해근(1994, 187~191) 참조.

평가와 정반대 입장에 서 있다. 민주화운동과 결합한 동일방직 해고투쟁과 현장의 괴리, 노조활동의 포기, 인천 도시산업선교회의 오류 등의 내러티브는 모두 삭제되고, 민주화운동과 유대를 '맺었기 때문에' 긍정적이라는 평가로 일관하고 있다(구해근 2002). 구해근의 노동사 서술의 특징 가운데 핵심은 이런 논쟁적인 담론이 교차하는 사건과 문제 가운데 '긍정적인 내러티브'만을 강조해서 노동운동의 신화 혹은 민주화운동과 노동운동의 동맹이라는 특정한 담론만을 특권화시킨다는 점이다(신병현 2003).

구해근이 생산하는 1970년대 노동운동에 대한 담론이 지닌 문제는 여기에서 그치지 않는다. 이것은 도시산업선교(그가 '교회'라고 표현하는)에 대한 평가에서도 동일하게 나타나는데, "……1970년대와 1980년대 초 한국 노동운동에서 여성노동자들이 보여준 예외적인 역할을 설명하는 핵심적 요인은……경공업 여성노동자들과 진보적인 교회 조직간에 형성된 긴밀한 연계에 그에 대한 대답이 있다"라고 강하게 주장한다(구해근 2002, 145). 물론 동일방직 노조가 결성되는 과정에서 인천 도시산업선교회 조화순 목사의 역할이 없었다면 여성노동자들이 자신들을 노동자로 인식하는 것조차 매우 어려웠을 것이다.

그러나 동일방직을 비롯한 여성 민주노조에서 도시산업선교회 등 이른바 교회단체 — 구해근이 '유기적 지식인'이라고 부르는 — 와의 연계가 반드시 긍정적이었느냐는 질문에 대해서는 부정적으로 대답할 수밖에 없다. 노조 활동과 방향에 대한 지나친 개입, 노동문제의 사회화를 통한 노조의 기능 상실, 민주 대 어용이라는 이분법에 기초한 '어용 만들기' 등 숱한 모순과 균열이 민주노조운동과 도시산업선교회 사이에는 놓여 있다. 하지만 이런 모순과 균열은 구해근이 생산한 1970년대 민주노조운동에 대한 담론 속에서는 철저하게 배제된다. 기존 연구들 가운데 '유일하게' 이 문제를 지적하는 것이 정미숙(1993, 131~2)의 연구다. 잠깐 들여다보자. "소모임 활동이 주로 영등포 산업선교회와 관계하며 진행이 되었기 때문에 노조와의 관계에 있어서 마찰을 일으킬 소지가 있다. ……즉 비공식 조직이 외부 단체를 중심으로 이루어지기 때문에 노조의 자주성 문제를 일으킬 수 있다. ……동일방직의 경우 일반 조합원과 핵심 활동가 사이에 도시산업선교회를 둘러싼 분열상이 나타남으로써 조직화 과정에서 문제가 되었다. 핵심적인 활동가들은 대량 해고된 다음에 도시산업선교회를 주 모임 장소로 하고 교회세력의 사회여론화에 의존하여 강고하고 끈질긴 폭로투쟁을 벌였다."

이상의 논의를 정리해보면, 첫 번째, 어용 혹은 어용노조는 1970년대 그리고 1987년 이후 한국노동운동의 한 축을 이루었던 담론이다. 또한 '민주노조' 담론도 어용노조에 대한 대립물로서 1970년대에 만들어진 것이다. 기존의 민주 대 어용 담론에 기초한 1970년대 노동운동에 대한 지배적인 해석은, 그것이 남성노동자, 어용, 사측에 맞서 투쟁한 민주노조의 헌신적 투쟁이었다는 것이다. 하지만 민주노조 담론은 '민주 대 어용'이라는 이분법 아래에서 어용의 대립항으로 만들어졌다. 동시에 민주화 담론은 민주노조라는 특정한 틀에서 벗어난 행동을 보인 노조 지도자를 획일적으로 어용으로 담론화했고, 이것은 노조운동의 외연을 축소시키는 결과를 가져왔다. 분명한 점은 이른바 '어용'이라는 담론으로 불린 노조 내지 개인이 모두 '친자본적'이고 '반노조적'인 것은 결코 아니었으며, 이른바 1970년대 노동운동에서 어용이라는 담론은 1970년대 초반 도시산업선교회 대 한국노총의 대립 과정에서 발명된 것이라는 사실이다. 한국노총이 자율적 노동운동과 거리가 멀었던 것은 사실이었지만, 조직력을 확장하기 위해 초기에는 노조 조직화에 동조한 것도 사실이었다. 대부분 도시산업선교회를 중심으로 한 민주노조 내부에서 발명된 어용노조 담론은 당대 노동관계에 대한 과잉결정화된 이분법 구도로, 심각한 문제를 야기했다. 반도상사 한순임, 동일방직 문명순의 예에서 드러나듯 사용자와 약간의 타협을 하거나, 한국노총과 교류하거나, 민주화운동과 관계가 소원해지면 곧바로 어용으로 간주됐으며, 남성 노동사가들은 이것을 민주화 담론에 기초한 역사해석을 정당화하는 데 이용했다.

두 번째, 여성 민주노조에 대한 해석을 통해 나는 그 동안 1970년대 노조를 '민주노조'라고 불렀던 지배적 담론 안에 숨겨진 의미를 찾아냈다. 1972년 동일방직에서 여성 지부장 주길자가 탄생한 것은 한국 여성노동운동사에서 '혁명적 사건'이었으며, 이 사건은 고용주, 국가, 지식인층이 생산했던 생산성 노조 담론을 변화시켰다. 이처럼 여성 민주노조 활동을 통해 여공들은 '여공은 무지하며 권리의식이 취약하다'는 남성 노동사가들의 주장과 반대되는 실천을 조직했다. 그러나 민주노조 담론은 노동운동 내부 여공의 역동성과 주도성을 은폐하고 어용에 반대되는 '민주노조'라는 담론을 부각하기 위한 담론적 실천이었다. 민주노조 담론은 민주 대 어용이라는 이분법적 지식체계를 통해 여공의 정체성과 정치성을 배제했으며, 민주화 담론의 역사해석 속에서 늘 여성보다 민주노조가 지켜야 할 절대선으로 자리잡았다.

세 번째, 산업선교와 지오세 등 교회와 노동운동간의 관계에 관한 지배적인 담론 안에 감추어진 익명적 지식은 교회단체는 균질적 실체가 아닌 비균질적인 조직이며, 동시에 일관되게 친노동적인 태도를 보인 조직이 아닌 비연속적 조직체라는 점이다. 다시 말해서 도시산업선교회가 생산한 담론이 여성노동자들에게 항상 긍정적이었다는 것은 만들어진 담론에 불과하다는 것이다. 도시산업선교회의 노동운동에 대한 이분법적 시각, 개별 노조에 대한 과도한 개입, 현장 중심적 노동운동에 대한 입장 결여 등은 노조운동의 해체를 가져오고 일부 노조 지도자를 어용으로 몰아서 고립을 자초했다. 또한 여공–도시산업선교회 사이 관계를 '어머니-딸'과 같은 모녀관계로 은유한 것 역시 조작된 담론이다. 특히 민주화 담론은 '교회=친노동'이라는 자기 긍정적 담론을 강조했다. 또 맑스주의에 입각한 1980년대 초반 정치적 노동운동과 이것을 지지하는 노동사 연구 혹은 연구자들은 1970년대 교회단체를 근본적 한계를 지닌 대상으로 비판했다. 하지만 도시산업선교회와 지오세 등 교회단체 전체가 일관되게 친노동적인 담론을 생산하고 이 담론의 정치적 효과를 창출한 것은 아니었다. 중요한 점은 교회단체에 대한 이분법적인 시각은 그것이 민주화 담론이든 맑스주의 패러다임에 입각한 것이든 간에 교회단체 내부와 교회단체와 여성노동자간의 권력관계의 다양성을 보지 못했다는 사실이다.

여성노조와 중성적 투사

한편 앞서 살펴본 것처럼 한국 노동운동사에서 여공은 부차적인 주체 혹은 보조적인 역할로 제한되었고 노조라는 공적 활동과는 거리가 먼 대상으로 담론화되었다. 이런 남성중심적인 담론 아래에서 여성노동자들은 노동운동 발전의 장애물이거나 본원적으로 의식이 낮은 운동 주체로 여겨져 왔다. 수기, 구술자료와 인터뷰를 통해 접한 여성노동자들의 익명적 지식 속에서 드러나는 노동사 연구에 대한 여성노동자들의 공통적인 불만은, 노동사가들이 자신들의 일상과 투쟁 등을 낮은 의식, 경제적인 문제로 제한된 '보잘것없는 것'으로 취급했다는 것이다. 19790년대 여성노동운동은 단위사업장 중심의 경제주의적 투쟁을 했고, 제대로 된 연대가 이루어지지 않았으며, 민주화운동에 결합하지 못했다는 이유로, 1980년대 초반에는 개별 노조의 생존에만 급급했다는 이유로 '조합주의'라는 비판을 받았다. 또 1987년 노동자대투쟁 때 여성노동운동은 울산 태화강변을 가득 메운 검게 탄 '남성노동자'의 그늘에 가려 소극적인 투쟁에 그쳤다고 비판받았다. 여기서 끝나지 않았다. 1990년 전국노동조합협의회(전노협) 건설 이후에는 전노협 사업장에 여성 중소사업장이 많다는 이유로, 비생산적인 전투적 투쟁에 매몰되어 노동운동의 발전에 질곡이 된다는 식으로, 이제는 '과격하다', '급진적이다'라는 상반된 이유로 비판받아왔다.

여성노동운동에 대한 이런 지배적인 담론들을 통해 알 수 있는 것은, 여성노동자가 진정으로 있어야 할 장소는 공장이 아닌 집, 바로 가족 안이며, 여성이 남성과 같은 일을 하면 '여성다움'을 상실할 수 있고 거꾸로 남성은 무기력해진다는 것이다. 이른바 남성의 '위신'은 아내가 일하지 않게 되면서 확보된다고 사고되었고, 이것은 노조에 대한 지배적 담론에서도 마찬가지였다. 1970년대 한국에서도 노동운동과 관련된 노조가 '여성'노조가 아닌 '민주'노조로 의미화되는 과정에는 '노조의 관점'='전체의 관점'이라는 지배적인 담론이 자리잡고 있다. 그러나 실제로 '노조의 시각'이란 여성을 배제한 노조 혹은 '남성'노조의 관점이다.

한편 비록 여성노동자들이 노동자로서 권리의식을 획득하더라도 이것은 여성으로서 한 경험에 입각한 것이라기보다 보편적인 노동자의 그것, 즉 중성적인 '투사'라는 담론을 통해 해석되었다. 여기서 주목해야 할 점은 제3세계 여성의 저항 경험은 지배적인 저항 담론과 지식체계 안으로 내화되기 어려운 동시에 왜곡될 가능성이 많다는 것이다. 1970년대 한국의 여성노동자들도 마찬가지였다. 이들은 '싸우고 희생하는 여성'이나 '투사'로 그려졌지만, 이것은 사실과 거리가 멀었다. 민주화 담론에 기초한 노동사 서술에서는 여성의 경험에 기초한 균열과 모순은 '비정치적'이고 '노동자답지 못한' 것으로 간주되었고, 민주노조는 '동지' 관계이자 무성화된 가부장적 가족의 대안 형태인 '유사가족類似家族'으로 서술되었다. 그리고 '남성적' 투사만이 의식성과 정치적인 것을 담지한 것으로 간주된다. 이것은 노동에 대한 성별 은유가 작용한 결과였다. 남성성이 강조되는 노동계급과 노동운동의 지배적인 이미지는 폭력이 수반되는 전투성을 자연스러운 것으로 미화했으며, 이것은 노동계급의 이상적 남성성이 육체적인 힘의 과시와 가정 내부 가부장성의 강화를 통해 이루어질 수 있다는 믿음과 관련이 깊다. 이처럼 1970년대 노동운동을 둘러싼 지배적 담론은 이상적인 남성의 이미지를 재현함으로써 노동자들의 투쟁적 정체성을 확보하는 동시에, 자연스럽게 '계급의식=육체적 저항의 강도'라는 등식으로 환치된다(김현미 1996, 181).

비록 노동운동사의 서술 구조 내부에서 가부장이자 아버지로서 남성의 권력이 '여성노동자=중성적 투사' 담론을 통해 부분적으로 부정되기는 하지만, 여성에 대한 남성의 권력은 여전히 재생산된다. 동지적 관계로 상상되는 유사가족 플롯plot은 이미 성별화된 구분을 지니고 있으며, 여기서 남성의 여성에 대한 지배는 형제로서 인간에 대한 여성의 '복종'으로 서사화된다. 이런 운동 주체의 구성 담론은 여성을 '동지'라는 집단적 주체로 복속시키는 동시에 여성의 성차만을 제거하는 방식으로 구성되었으며, 이 과정에서 여성은 남자 형제들만이 모두 평등한 가장이 되는 새로운 집의 동반자가 된다. 노동운동 혹은 노동운동 서술 내부의 이런 무성적 (혹은 탈성적) 관계는 주로 '형제애적 로망스'의 형태로 드러난다는 점에서 결국 여성적 차이를 무화시킨다. 이런 점에서 민주노조에서 동지적 관계로 구성되는 집단적 주체의 상상적 구조는 표면적인 젠더 중립성에도 불구하고 결국 여성적 차이를 무화시키고 젠더 경계를 재구축했던 것이다(권명아 2000, 96, 125).

신화 뒤집어 보기, '민주화 담론의 국가화'

이상에서 민주화 담론에 기초한 1970년대 여공에 대한 지배적 해석이 지닌 '심층의 의미'를 살펴보았다. 그 결과 여공과 민주노조운동에 대한 지배적 해석은 사후에 만들어진 담론적 구성물임을 알 수 있었다. '민주 대 어용' 구도와 민주화 담론에 대한 비판을 통해 나는 크게 두 가지 현실적인 토픽에 개입하고 싶다.

한 가지는 '민주화 담론의 국가화'이며, 다른 하나는 '여성노동 배제의 현재화'다. 앞의 토픽과 관련, 김대중 정부 이후 과거의 의문사 진상규명이나 민주화운동 보상을 위한 각종 위원회 등 국가기구가 만들어졌고, 광범위한 심사 작업이 진행되고 있다. 내가 문제삼고자 하는 것은 민주화운동에 대한 역사적 평가와 희생자 보상이라는 부분이 아니다. 오히려 '민주화운동' 혹은 '민주화운동 아님'을 판단하는 특정한 담론 질서의 형성이 핵심이다. 그리고 이런 판단의 기준이 되는 지식체계와 담론을 형성하는 주체가 국가라는 점이다. 물론 '국가'에 의한 민주화 보상은 받아들일 수 없다는 식의 '도덕적 순결론'을 강변하는 것이 아니다.

중요한 문제는 '민주화운동'을 평가하는 담론이 특정한 방식으로 다시 날조되고 국가에 의해 전유되고 있다는 점이다. 국가에 의해 전유된 판단을 통해 생산된 담론은 '민주화운동'을 둘러싼 특정한 방식의 지식체계를 형성하는 동시에 민주화운동 내부의 모순과 균열을 은폐 혹은 배제하는 이중적인 정치적 효과를 낳고 있다. 이것은 '역사적 진실 규명'의 문제가 아니라, '민주화' 혹은 '민주노조'에 대한 관습적 사고와 과학적이라고 불린 담론의 정치적 효과를 둘러싼 문제다. 민주화 담론은 민주화운동을 '무모순의 운동'과 '신화'로 만드는 무반성적인 관습적 실천을 재생산해왔다. 가까운 예로 광주민중항쟁의 '국민화', 동의대 사태를 둘러싼 희생과 반희생의 논란이 이런 문제를 드러내고 있다(문부식 2002).

1970년대 여성노동자들의 노동운동을 포함한 민주화 담론과 관계된 일련의 지식체계들도 '운동의 전통'이라는 담론을 통해 운동사에 대한 지배적 해석(혹은 '공식적인 노동운동사')을 생산해내고 있다. 그리고 그 안에는 민주화운동은 운동의 정통성을 위해 특정하게 사유되어야 하며, 이것은 '무오류의 진리'라는 담론이 자리잡고 있다(윤해동 외 2002, 298~9). 그러나 나는 1970년대 여성노동자들의 투쟁사를 민주화에 따른 사회적 합리화, 그리고 이것에 근거한 민주화운동의 정통성-연속성 속에서 파악하는 것이 아니라 갈등과 투쟁의 역사적 실재성과 가해성의 관점에서 보고자 했다.

또 하나의 의미는 현재 여공을 배제하는 지배적 담론과 지식의 '기원'을 1970년대 여성노동자로부터 탐색하고자 하는 것이다. 1970년대 민주노조운동 이후 1987년, 그리고 전노협 시기에도 여성노동자들은 운동의 중심 주체라기보다, 주변부 혹은 부차적 주체로 간주되어왔다(김현미 1999; 2001). 특히 1997년 경제위기 이후 여성노동은 비정규직 혹은 파트타임 등의 이름으로 사회의 최저변층(이른바 '주변계급')으로 배제되었고, 이것은 '가부장제-신자유주의 경제논리'라는 이름 아래 합리화되었다.[28] 신자유주의에 의한 구조조정이라는 측면 이외에도 발전주의 시기 이래 여성노동자에 대한 관습적 사유방식이 재생산되고 있는 것이다. 노조에 의한 비정규직 여성노동자의 배제와 비보호 담론의 확대재생산 등이 대표적인 예다. 잘 알려져 있지만 현대자동차 노조가 비정규직 여성노동자를 정리해고의 거래 대상으

28_ 구조조정기 이후 한국 여성노동의 사회적 배제에 대해서는 조순경(2003); 조순경(1998a); 조순경(1998b); 조순경(1999); 신병현(1999) 등을 참조.

로 삼은 사건 등을 볼 때, 비정규직 노동자의 다수를 차지하는 여성노동자에 대한 담론은 1970년대 여성노동과 너무나도 닮은꼴이다(신병현 2001, 170~181; 강현아 2003). 이것은 신자유주의 구조조정이라는 과정이 남성편향적인 성격을 지니고 있으며, 이 속에서 남성중심적 노조와 국가, 자본 사이에 여성노동자 배제에 대한 '암묵적 합의'가 형성되어 있음을 보여준다.[29] 그러므로 여공을 둘러싼 지배적 담론을 탐색하는 것은 발전주의 시기 형성된 자본축적 및 노동자 주체 형성의 담론, 기제, 메커니즘의 기원이 구조조정기에 어떻게 반복적으로 나타나느냐와 관련해서 중요한 정치적 개입의 소재인 것이다.

29_ 발전주의, 신자유주의 구조조정의 성편향적 측면에 대해서는 다니엘 엘슨(1997) 참조.

부록 5-1 청계피복 노조 노동교실

청계피복 노조 노동교실은 아주 우연한 계기로 만들어졌다. 1971년 6월 6일, 여성노동자들의 소모임 아카시아회를 만들었던 정인숙은 '모범 여성노동자'로 뽑혀 청와대에서 육영수를 만나게 된다. 그녀는 육영수와 이야기를 하는 도중에 청계피복의 '시다'라고 불리는 어린 여성노동자들을 대상으로 하는 교육 프로그램에 대한 지원을 약속받는다. 그 후 3주 뒤에 중앙정보부는 3개 시장 고용주들에게 노동교실 설치에 협조하고 자금을 지원하라는 지시를 내린다. 초기 노동교실의 기능은 친목, 교육, 선후배간의 만남이 이루어지는 요람이었다. 그러나 노동교실은 공간을 사용하고 운영하는 주체와 목적에 따라 지속적인 대립의 장으로 자리잡았다. 당시 '교실 운영의 목표' 가운데 일부를 보면, "청계피복 새마을 교실은 확실한 인간상의 관철을 목표로 삼는 도의교육과 경제적인 자원개발의 일환으로서 수행하는 생산교육의 바탕 위에 시장상가에 종사하는 영세근로자들의 교양과 기술의 지식을 계발하여 긍정적인 생산자의 자세를 확립……"이라고 적혀 있다. 자세한 내용은 전순옥(2003, 324~5), 김기용(2004), 민종덕(2003) 등 참조.

부록 5-2 청계피복 노조 9·9투쟁과 '결사선언'

이소선이 장기표의 재판 때 법정모독죄로 구속되고 노동교실이 폐쇄될 즈음 나온 투쟁선언문인 '결사선언'은 당시 청계피복 노조 활동가들의 '정서'를 잘 보여준다. 1970년대 학생운동 유인물의 분위기를 풍기는 듯한 이 선언문은 비장한 분위기마저 감돌 정도였다. 청계피복 노조의 핵심 요구는 노조의 실질적 지도자이자 후원자인 이소선의 석방과 노조의 조직적 자원인 노동교실의 반환이었다. 그리고 이 두 사안은 모두 개별 고용주와의 관계가 아닌 공권력, 바로 '정부와의 관계'였다. 그리고 그 안에는 전태일이라는, 청계피복 노조를 유지시켜주는 상징이자 전투적 민주노조 지도부의 정당성에 대한 담론이 가득 차 있었다. 당시 노조와 지도부의 긴박한 정서를 보여주는 문건인 '결사선언'의 원문 가운데 일부를 살펴보자.

결사(決死)선언

아! 아! 통탄한다! 착취와 혹사를 일삼는 기업주를 비호하며 그 위에서 군림하는 저 권력자들의 폭력과 기만이 판을 치는 이 암담한 현실을…….

청계천 일대 2만여 우리 노동자의 권리는 저 붉은 박달나무 경찰봉에 무참히 쓰러지고 있다.

보라 저 권력자들의 만행을!

지난 8월 10일 고 민종진 씨의 죽음에 항거하여 노동청에 몰려가 유해사업장 감독철저, 노동운동 탄압중지, 청계상가 임금인상 이행 등을 요구하는 이소선 어머님을 비롯한 서울, 인천 등지의 7개 노동조합 300여 명 노동자들을, 긴급 출동한 경찰은 무참히 구타, 실신시켜 놓고, 이소선 어머님을 비롯한 42명의 노동자들을 개 끌듯 끌고 가 인간으로서는 도저히 상상도 할 수 없는 고문과 수행을 저질러나이 어린 소녀 노동자들을 병원에 입원시키는 사태에 이르렀음에도 불구하고, 저 흡혈귀 같은 권력자들은 이것에 만족하지 않고—지난 7월 22일 7년 전 6백만 노동자들의 고통을 대신해 단결된 투쟁을 호소하며 스물 셋의 젊음을 송두리째 아낌없이 불태우신 전태일 선생의 어머님이시며 모든 노동자들의 소중한 이소선 어머님을 50여 명의 사복 경찰관이 "여간첩 잡으러 왔다"며 창동 온 동네를 침범해 마침내는 목욕하고 계시는 어머님을 속옷만 입힌 채 차마 입에 담을 수 없는 욕설을 퍼부으며 개 끌듯 질질 끌고 가 급기야 "법정 모욕죄"라는 얼토당토 하지 않는 올가미를 뒤집어씌워 구속 기소해버렸다. ……우리는 기다렸다. 인간의 탈은 쓴 저 권력자들에게도 겨자씨만큼의 양심이 남아 있다면, 사랑하는 아들을 노동자 권익쟁취에 바쳤고 당신 역시도 아들의 그 못다 이룬 피맺힌 뜻을 실현코져 7년이라는 긴 세월 동안 하루도 빠짐없이 몸과 마음을 다 바쳐 살아오신, 사랑과 진리 그리고 사회정의의 굳은 의지를 굽힐 줄 모르는 당당한 어머님의 거룩한 정신에 참회하고, 어린 시다들의 저 티없이 맑고 초롱초롱한 눈망울 속에서 활활 타오르는 분노의 불길이, 자신의 안일과 부귀영화를 위해서는 수단과 방법을 가리지 않는 권력자들의 심장에 저려올라 회개하길 우리는 기도했다. 눈물어린 호소를 했다. 소리치며 통곡했다. ……저들은 제2의 전태일을 요구한다! 우리는 어떠한 타협도 원치 않는다. 우리가 살아남기 위해서는 죽음을 각오하고 싸우자! 7년 전 평화시장 앞길에서 우리의 단결된 투쟁을 호소하며 젊음을 불사른 전태일 선생의 위대한 투쟁정신을 받들어 어머니와 노동교실을 되찾고 노동자의 진정한 권리가 보장될 때까지 한 발짝도 물러섬이 없이 한사람이 쓰러지면 또 한 사람이 뒤이어 쓰러지는 죽음의 항쟁을 계속한다.

보아라! 들어라! 그리고 외쳐라! 7년 전 그날의 외침이 들리지 않는가! 타오르는 분노가 치솟지 않는가! 전태일 선생의 마음의 고향은 우리들 가슴이다. 전태일 선생의 넋은 우리를 지켜준다. 이 활 화산 같은 우리의 대열을 막을 자 그 누구냐?

자! 나가자! 싸우자! 승리를 쟁취하자!

부록 5-3 청계피복 노조와 9·9투쟁

9·9 투쟁은 크게 4단계로 나누어 볼 수 있는데, 1단계: 노동교실 진입 단계, 2단계: 경찰과의 대치 국면에서 지도부의 전투적인 투쟁 및 할복, 3단계: 양승조 지부장의 중재에 의한 협상 단계, 4단계: 해산과 연행 단계로 나누어 볼 수 있다.

(1) 제1단계: 노동교실 진입 단계. 9월 9일 오후 1시 30분경 200여 명의 노동자들이 시장 일대에 깔린 사복형사들의 눈을 피해 노동교실 앞으로 몰려갔다. 교실 건물 정문 앞에는 2명의 경찰이 지키고 있었다. 앞장섰던 민종덕(당시 노조 총무부장)이 경찰들에게 "우리 교실에 좀 들어가겠습니다"라고 물러날 것을 요구하자, 경찰들은 못 들어간다고 하면서 민종덕의 멱살을 잡고 뒤에서 두 팔로 목을 졸랐다. 이때 신승철(21세. 재단보조)이 민종덕의 목을 조르고 있는 경찰관에게 석유를 뒤집어 씌웠고, 다른 여공들이 또 한 명의 경관을 습격해서 경관들이 쫓겨갔다. 이 틈을 타 노동자 40명이 노동교실 안으로 뛰어들어갈 수 있었다. 그러나 이 순간 이미 기동경찰대가 노동교실 앞에 도착해서 겹겹이 교실 주위를 포위했고 나머지 노동자들을 노동교실 밖으로 몰아냈다. 노동교실에 들어간 40명의 노동자들은 급히 노동교실로 통하는 입구 셔터를 내리고 3층에 있는 책상과 의자 등으로 바리케이드를 쳐서 창문과 문을 막았다.

(2) 제2단계: 경찰과의 대치 국면. 제2단계는 오후 3시경부터 시작되었다. 이때 5명의 노동자들이 제2의 전태일이 되겠다는 극단적인 저항의 방식으로 자해와 할복을 거듭했고, 노동교실 내부가 뿌연 연기로 가득 찬 채 투쟁이 전개되었다. 기동경찰대는 주변 건물 옥상에 빽빽이 들어차서 노동자들이 농성하고

있는 방의 창문으로 몰려들었으며, 그 가운데 50여 명은 노동교실 옆에 붙어 있는 가정집 문을 부수고 건물 내부로 진입했다. 그들은 한 손에 수갑 하나씩을 들고 있었고, 어깨에는 최루탄을 둘러메고 또 다른 한 손에는 곤봉을 쥐고 있었다. 이때부터 노동자들과 경찰대 사이에 처참한 난투극이 벌어졌다. 노동자들은 4개의 방마다 입구까지 쳐들어온 경찰들이 휘두르는 곤봉에 대항하여, 형광등, 거울, 책장 유리 등에서 깨어낸 유릿조각들을 집어던졌고, 남자들은 걸상 등에서 빼낸 몽둥이로 경찰에 대항했다. 이웃 건물 옥상에서 유리 창문으로 들어오려던 기동대들은 이 기세에 눌려서 한 사람도 넘어오지 못하였다. 한편 건물 안으로 들어온 경찰들은 바리케이드로 쌓아놓은 책상과 걸상들을 집어던져 부수어 버리고 셔터를 올려서 아래층으로 내려가는 통로를 튼 뒤 노동자들을 곤봉으로 마구 구타하였다. 시간이 흐를수록 투쟁의 양상은 노동자들에게 불리해져갔다. 이때 3층에는 노동자들이 4~5명밖에 없었는데 20여 명의 경찰이 방안으로 들이닥쳤다. 이때 노동자 민종덕이 창문 위로 올라서서 기동대에게 "물러가지 않으면 내가 뛰어내려 죽겠다!"고 소리쳤다. 이순자(노조 부녀부장)가 울면서 민종덕을 붙들려고 했으나, 기동대가 그 말을 들은 척 만 척 하고 노동자들을 끌어내려고 하자, 민종덕은 그대로 땅으로 뛰어내려 사지를 뻗고 움직이지 않았다.

한편 4층에서는 노동자들이 새단판 2개로 문을 막고 싸우고 있었는데 경찰들이 그것을 부수려고 방으로 들어오려고 했다. 이때 신승철이 경찰들을 향하여 "물러가라!"라며 소리를 지르면서 거울 유리를 깨들고 창문 위로 뛰어올라서 유리칼로 두 차례 배를 가르고 "물러가지 않으면 모두 다 뛰어내리겠다"고 다시 소리를 질렀다. 박해창(20세. 재단보조)도 유릿조각으로 동맥을 끊으려고 팔을 15센티미터 가량 그었다. 동시에 노동자들은 방 안에 있던 신문지 등을 모아서 휘발유를 뿌리고 불을 질러놓고는, 경찰들을 향해 "들어오면 다 같이 죽자"고 울부짖었다. 당황한 경찰들은 모두 물러갔고 얼마 후 소방대가 소방호스로 물을 뿜어 타오르는 불길을 잡았다. 소방대가 뿌린 물이 교실 바닥에 고이자, 신승철의 배와 박해창의 팔목에서 흘러내리던 피가 번져서 온 방안이 붉게 물들었다.

노동자들은 극도로 흥분해서 모두 창문으로 몰려가 아래를 내려다보면서 기동 경찰들에게 "어머니를 당장 모셔 와라! 모셔오지 않으면 모두 다 죽어버리겠다!"고 요구했다. 이때부터 경찰측은 "요구조건을 다 들어줄 테니 모두 내려오라"고 노동자들을 회유하기 시작했고, 중부서장과 정보과장은 마이크를 통해 "지금 어머니를 모시러 갔으니까 흥분을 참고 조금만 기다려라"고 방송했다.

그러나 시간이 흘렀지만 이소선은 여전히 나타나지 않았다. 기다리다 지친 노동자들은 또다시 흥분하기 시작했다. 오후 6시경, 노동자 김주삼이 유릿조각으로 배를 몇 차례 그었으며 신승철은 "어머니를 모셔와라!"고 외치면서 또다시 할복했다. 이것과 때를 같이 해 전순옥(전태일의 여동생 — 인용자)은 웃통을 벗어서 아래로 던지며 창문에 올라가 뛰어내렸다. 순간 몇 명의 여공들이 전순옥의 다리를 붙잡고 통곡하였다. 전순옥은 발 하나만 잡히고 머리는 땅을 향한 채 공중에 매달려 발을 버둥대면서 "놓아라! 날 죽게 해 달라!"고 울부짖었다. 임미경(15세. 미싱보조)도 웃통을 벗고 유릿조각을 집어 들고 다른 창문 위로 뛰어올라가 배를 긋고 뛰어내리려고 하였다. 다른 노동자들이 몰려들어 유릿조각을 빼앗고 창문에서 끌어내려고 하자, 임미경은 뿌리치면서 "평화시장에서 남자 한 사람(전태일을 지칭 — 인용자) 목숨 바쳤으니까, 제2의 전태일은 여자가 되어야 한다. 딴 사람 희생할 것 없이 내가 죽겠다!"고 외치면서 몸부림쳤다. 두 번째 할복한 신승철은 노동교실 아랫길과 이웃 건물 옥상에 가득 찬 경찰들을 향하여, "앞으로 40분간 여유를 주겠다. 그 안에 어머니를 이 자리에 모셔오지 않으면, 너희들도 다 여기 들어와서 싸워서 같이 죽자. 왜 우리만 늘 혹사당하다가 죽을 때도 억울하게 혼자 죽으라는 법이 있느냐? 빨리 모셔오든지 같이 죽든지 40분 안에 결단하라!"고 외쳤다. 이때 정보과장은 경찰들을 철수시켰으며 어머니를 40분 안에 데려올 테니 진정하라고 회유하였다.

(3) 제3단계: 격화된 농성이 지부장과 경찰측에 의해 조정 · 진정되는 단계. 노동자들은 "어머니를 석방하라!", "노동교실을 돌려 달라!"고 종이 플래카드를

건물에 펼쳐 내려뜨리고 창문에 몰려서서 '억울가', '투쟁가' 등의 노래를 불렀다. 40분 정도 시간이 지나고 노동자들이 다시 흥분하기 시작하자 노조지부장 양승조가 건물로 올라왔다. 그는 "저 사람들(경찰을 지칭 — 인용자)이 어머니를 석방하는데 법적인 절차가 있어서 한 열흘은 걸린다고 좀 기다려 달라고 말하는데, 내가 내려가서 교섭을 더 해보고 올라올 때까지 기다리고 있으라"고 말하고는 내려갔다. 8시 반경에 다시 올라온 양승조는 노동자들이 요구한 사항인 1) 이소선 어머니의 석방, 2) 노동교실을 원 계약기간인 10월까지 사용하도록 해줄 것, 3) 오늘의 사태에 대해서는 어떤 신문도 하지 않으며 구속하지 않는다 등 세 가지 사항을 모두 경찰에서 받아들이기로 했으니 내려가자고 권유했다. 지부장의 해산 제의를 둘러싸고 노동자들은 1시간 반 가량 실랑이를 벌였다. 대부분의 노동자들은 경찰측의 각서가 없는 한 말만으로는 믿을 수 없으니 해산해서는 안 된다고 강하게 주장했다. 밤 10시경이 되자 노동자들은 몇 시간 동안 계속 피를 흘린 채 치료를 받지 못하고 있는 신승철, 박해창 등과 '지부장의 입장을 살려줘야 한다'는 일부 노동자의 주장을 받아들여, 경찰의 약속을 한번 믿어보기로 하고 아래층으로 내려가 해산하려고 했다.

(4) 제4단계: 해산과 연행 단계. 53명의 노동자들이 교실 문 앞으로 내려가자, 문 앞에서부터 큰길까지 양쪽으로 기동경찰들이 물샐틈없이 늘어서 있었다. 농성 노동자들이 큰길 입구까지 다다랐을 때 철조망을 친 기동대 버스가 대기하고 있다가 그들을 전부 실어서 중부서로 데리고 갔다(이소선 1990, 민종덕 2003, 이태호 1982에서 재구성).

부록 5-4 중앙정보부 '조정관'

'조정관'이란 중앙정보부에서 노동쟁의를 포함한 사회문제를 해결하거나 사전에 봉쇄하기 위해 파견한 요원이었다. 당시 노조 활동가들은 대부분 어느 지역 조정관이 누구인지 알고 있었으며, 조정관은 노조 대의원대회에 참석, 논쟁을 조정하기도 했다. 청계피복 노조 지부장이던 이승철도 자신이 지부장일 때 서울특별시 중구 조정관 이름을 박형식이라고 정확하게 기억하면서, 자신도 기관장 대책 회의에 참석한 기억이 있다고 증언했다. 그러나 1970년대 중반까지만 해도 정보기관들이 노조 자체를 파괴하려기보다 '길들이려는' 시기였다고 이승철은 말하고 있다. 조정관들이 동일방직 등 중요 노동쟁의에 개입했던 사실이 최근 경인지역 조정관이었던 최종선의 증언에 의해 밝혀졌다(민종덕 2003; 이승철 2003년 5월 8일 인터뷰).

부록 5-5 YH 노조의 신민당사 농성 과정

1979년 8월 9일부터 위장폐업에 항의, YH 노조 여성노동자들이 신민당사에서 농성을 시작했다. 선명 야당의 기치를 내걸고 신민당 총재에 당선된 김영삼은 농성장을 방문, 조합원들을 격려하고 정부에 대해 'YH무역 여공들이 신민당사에 와서 농성하고 있으니 관계 당국의 책임자들이 와서 그간의 경위와 당국의 대책을 밝혀 달라'고 요청했다. 홍성철 보건사회부 장관은 노동청장을 농성장으로 내기로 하는 한편 자진 해산을 종용했다. 8월 9일 낮 12시에 조합 상집회의를 연 조합원들은 대책과 행동 통일방침에 대해 다음과 같이 결의했다(한국노동자복지협의회 1984, 191).

1. 사건이 해결되기 전에는 절대로 당사에서 나갈 수 없다.
2. 일체의 개인행동을 삼가 한다.
3. 외부에 대한 조합 측의 의사전달은 의장단에게 일임하고 개인적인 의사를 발표하지 않는다.
4. 각 팀의 구성원 중 문제가 발생하면 이를 즉각 의장단에게 보고하고 신속히 대책을 강구한다.
5. 낭설로 인한 동요를 없애기 위해 바깥의 소문에 접하면 내부에서 먼저 분석한 후 판단한다.
6. 전 조합원들이 시종 진지한 자세와 엄숙한 분위기를 지킨다.
7. 당사 내 기물은 깨끗이 사용하고 항상 정리정돈하며 질서를 지킨다.

일단 YH 여성노동자들이 신민당사에서 농성을 시작하자 상황은 급변했다. YH 정상화 문제가 정치화되고 회사에서 농성을 할 때는 한 줄도 실리지 않던 폐업 관련 기사들이 '정치면'에 크게 부각되는 것을 보고, 조합원들은 신문을

사진 5-6 1979년 YH 여성노동자들의 신민당사 농성

에워싸고 마구 울 수밖에 없었다. 하지만 조합원들을 신민당사로 끌고 들어온 지도부는 심각했다. 신문 기사 하나로 YH 문제가 해결된다고 생각하지 않았기 때문이었다. 신민당은 당사를 에워싼 기동대를 돌려보낼 것을 요청하는 한편 노조의 자진 해산을 위한 교섭을 벌였다. 그러나 노조 대표들은 "(1) 사건의 여론화만으로는 우리의 문제가 해결될 수 없다, (2) 식비가 부담된다면 우리가 지금 이후로 금식하겠다, (3) 신민당의 노력을 알고 있다. 사건이 해결될 때까지만 있게 해 달라. 시끄러워서 업무에 방해된다면 침묵으로 투쟁하겠다. 문제해결 없이는 당사를 벗어나지 않겠다"는 단호한 태도를 취했다(한국노동자복지협의회 1984, 192).

8월 10일 신민당은 국회 보사위원회 소집을 요구하고 당내에 사회노동문제대책위원회를 구성하는 한편 대정부 비난 성명을 발표했다. 하지만 여당의 거부로 국회 보사위원회의 소집은 결렬되었고 정부는 신민당에 농성을 해산하라는 요구만을 되풀이하였다. 오후 2시경에 YH의 박정원 사장과 진동희 전임 사장이 신민당사를 방문해서 농성 여성노동자들에게 회사를 은행관리로 넘겨

폐업을 철회하겠으니 농성을 중지할 것을 요청했다. 조합원들은 수속이 이루어지는 즉시 농성을 풀겠다고 대답했으나, 사측은 아무런 연락도 주지 않았다. 신민당은 당사 주변의 경찰들을 철수시키라고 계속 요청했지만 오히려 경찰들은 당사 주변을 더욱 압박하면서 긴장감이 높아갔다. 8월 10일 밤 10시 40분경 조합원들은 긴급결사총회를 열어 결의문과 성명서를 낭독했고, 경찰이 강제해산을 시도할 경우 최후의 한 사람까지 죽음으로 맞설 것을 결의했다. 그리고 다음과 같은 행동지침을 정했다(한국노동자복지협의회 1984, 197).

결의문

1. 정부 당국은 YH무역의 정상화를 실현시켜 우리가 안심하고 생업에 전념할 수 있게 하라!
1. 미국은 악덕기업주 장용호를 소환하라!
1. 조흥은행은 이 모든 사태에 전적인 책임을 지고 고용승계 및 금품청산 등의 제 권리를 보장하고 기업을 인수시켜라.
1. 사용자는 직장폐쇄로 위장된 불법적 폐업 조치를 즉각 철회하고 책임의식을 회복하여 자신과 성의로서 회사정상화에 대처하라.
1. 노동청은 우리 노동자들의 생존권, 근로권, 고용승계권 및 일체의 권리를 보장하라.

행동지침

1. 경찰이 들어오지 않는 한 절대로 먼저 행동하지 않는다.
2. 창문과 문을 지키며 결사적으로 항쟁하겠다는 뜻을 보여줌으로써 경찰의 공격을 사전에 방어한다.
3. 그래도 경찰이 침입해 올 경우 빈사이다 병을 들고 폭력에 대항한다.
4. YH 노동조합 종결대회를 개최한다.

조합원들은 진압 직전에 종결대회를 가진다. 종결대회는 조국과 민족을 위한 묵념, 분신한 전태일 열사와 순직 노동자들에 대한 묵념, 부모형제에 대한 마지막 인사와 애국가, 노총가, 세계노총가를 부르는 순서로 진행되었다. 총회라고 불렸던 결사대회는 당시 여성노동자들의 급박한 분위기와 불안한 심리적 상태를 고스란히 보여주었다. 11시 30분 종결대회를 마친 조합원들은 '경찰들 물러가라'는 구호와 함께 창 밖으로 빈 병을 던지는 등 아우성을 쳤다. 김영삼 신민당 총재는 조합원들을 진정시키는 한편 당사를 포위한 경찰들을 즉시 철수시킬 것을 다시 한번 서울시경국장에게 요청하였다. 시경은 곧 경찰을 철수시키겠다고 응답했지만 여전히 경찰은 철수하지 않았다. 드디어 8월 11일 새벽 2시, 갑자기 자동차 경적 소리와 함께 소란스러운 소리가 들리기 시작했다. 경찰의 진압작전, 이른바 '101호 작전'이 시작된 것이었다.

1천여 명의 경찰들은 소방차와 고가사다리차, 물탱크차 등을 동원하여 당사 정문과 창문으로 진입해 4층 강당에서 농성하고 있던 조합원들뿐만 아니라 김영삼 총재와 국회의원, 기자 등을 무차별적으로 구타하였다. 조합원들은 경찰이 밀어닥치자 사이다 병을 깨들고 저항하기도 했고 창문을 깨고 뛰어내리려 하기도 했지만 경찰에 의해 저지되었다. 진압 과정에서 대의원 김경숙은 왼쪽 팔 동맥이 절단되고 타박상을 입은 채 당사 뒤편 지하실 입구에 쓰러져 있다가 발견되어 녹십자병원으로 옮겼으나 새벽 2시경 숨을 거두었다. 진압 직후 조합원들은 7개 경찰서에 분산 수용되어 조사를 받았고, "신민당사에 간 것은 잘못임을 인정합니다. 다음에 이런 일이 재발하면 어떤 처벌도 달게 받겠습니다"라는 내용의 각서에 서명했다. 12일 오후 조사를 마친 조합원들은 YH 본사 입구에 설치된 '퇴직금 지급소'에서 퇴직금을 받았다. 회사가 약속한 8개월분의 월차수당과 구정 보너스 50퍼센트가 없는 것을 안 조합원들은 퇴직금 수령을 거부하기도 했지만, 경찰의 강권과 설득에 의해 퇴직금을 수령하고 버스에 실려 강제로 고향으로 실려 갔다(한국노동자복지협의회 1984, 198~208). 여기까지가 YH 신민당 농성의 시작과 끝이다.

부록 5-6 고 김경숙의 일기

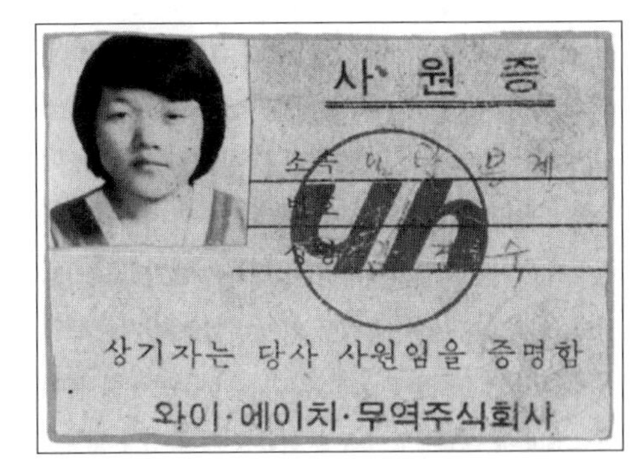

사진 5-7 김경숙의 사원증

김경숙은 1979년 22살의 나이로 신민당사 농성 진압 과정에서 의문의 죽음을 당했다. 아직까지도 그녀의 죽음은 미궁迷宮에 빠져 있다. 그녀는 광주 남국민학교를 졸업한 뒤, 1971년부터 무허가 장갑공장에서 노동자 생활을 시작했다. 72년 서울에 올라온 그녀는 양동의 제품공장, 한풍섬유, 태신산업, 이천물산 등 공장을 다니다가, 76년 8월 YH무역에 입사한다. 여기서는 남동생을 대학에 보내려고 애를 썼던. 세 달마다 5~6만 원을 모아 보내던 실질적인 가장이자, 당시 여공들 사이에 타이밍 중독이란 말이 퍼져가던 것에서 알 수 있듯 장시간노동을 인내해야 했지만, 노조 조직차장이자 노동자로서 그녀의 내면과 일상을 '일기' 중 일부를 통해 살펴보자.

우선 그녀가 글을 읽을 줄 몰랐던 광주의 어머니에게 처음으로 쓴 편지를 보자.

> 보고 싶은 엄마에게,
> 내가 거주하고 있는 이곳, YH무역은 굉장히 큰 회사랍니다.
> 돈 많은 사장은 미국으로 도망가고 없고, 사장들은 자기들만 잘 살겠다고 지금 우리 근로자들을 버렸습니다.
> 회사 문을 닫겠다며 폐업공고까지 내버렸답니다.

그러나 저희 근로자들은 비록 힘은 약하나 하나 같이 똘똘 뭉쳐 투쟁하고 있습니다.

특히 엄마가 꼭 알아두어야 할 것이 하나 있습니다.

그것은 다름이 아닌 우리 회사 사장은 수단과 방법을 가리지 않는 나쁜 사람이어서 어떤 일을 꾸밀지 모르니 내 편지가 아니면 그 어떤 편지를 받더라도 믿지 말라는 것입니다.

회사 폐업이 장기화될 것이 예상되자 그녀는 동생 준곤에게도 한 통의 편지를 보낸다.

사랑하는 동생, 준곤에게.

누나가 일하는 공장이 앞으로 문을 닫을지도 모른다고 하더구나.

이 소리를 듣는 순간 누나 가슴이 어찌나 떨리고 다리까지 후들후들 떨리던지.

그래서 하는 말인데 당분간 누나가 돈을 보내지 못하더라도 눈 빠지게 기다리지 말았으면 한다.

준곤이는 이 누나가 대학까지 공부를 가르치겠다고 엄마가 대신 말 잘 해주세요. 이 누나가 살아가는 이유이기도 하니까요.

김경숙은 자신이 살아온 이야기를 다음과 같이 적고 있다. 여기서도 그녀는 가족, 동생, 일상에서 겪는 고통, 그리고 군데군데 자신의 소망 등을 적고 있다.

이 세상에 태어났을 때에는 어느 누구나 티 없이 맑고 깨끗한 사람이었다. 집안 환경 관계로 인하여 여러 사람들의 차이가 생겼다고 생각한다. 그런데다가 나이 8세가 되던 해 아버지는 갑작스런 병환으로 세상을 떠나시게 되었다. 우리 집 주인이신 아버지를 잃었기 때문에 어머니는 당장 날품팔이를 하면서 생계를 이어야만 했다. ……내가 배우지 못한 공부를 동생에게 가르쳐서 동생만은 성공할 수 있도록 하는 것이 나의 간절한 소원이었다. 그리하여 고향을 등지고 타향에 발을 붙이게 된 것이다. 맨 처음에는 커다란 포부로 꿈을 안고 서울로 왔으나 와서 보니 별 것이 아니었다. 고향에서 생각했던 꿈은 이룩할 수가 없었다.

하지만 대표적 민주노조인 YH의 노동현실은 어린 경숙에게 견디기 힘든 것이었다. 그녀는 1978년 1월 4일 일기 가운데 이런 말을 한다.

오늘은 새벽 4시까지 잠도 자지 못하고 일해야 했다.
육체는 고달프고 눈이 아파오며 수면을 제대로 섭취하지 못해 약간은 머리가 어지러웠으나 사람이 수면을 취하지 못하고 일을 시킨다는 것을 생각할 때, 나의 몸은 지치고 비틀대면서 숙사(기숙사 지칭 — 인용자)에 돌아와 밥을 먹는데 밥이 먹히지 않는다.

하지만 '동일야학', '노조 대의원', '크리스챤 아카데미 교육' 등을 거치며, 경숙의 세계는 점차 변해간다. 그 변화를 일기를 통해 차례로 살펴보자. 먼저 '동일야학' 시절 일기들을 보자.

노동자가 얼마나 중요한 존재인가를 옛날 역사부터 현재까지 무슨 운동을 하는가,
지금까지 그칠 줄 모르고 '살기 좋은 사회'를 만들기 위하여(1978년 3월 8일 일기).

멸시와 비웃음 속에 외로운 길을 가야 하나요.
세월은 어김없습니다.
우리들은 그 동안에 자신의 길을 다시 한번
생각해 볼 필요가 있지 않을까요(유고, 「인간사」).

대의원이 되고, 노조를 와해시키기 위한 사측의 공장 이전 기도 등이 노골화되면서, 경숙의 분노와 결의는 점점 강해진다. 우선 노조 와해를 위한 공장 이전 계획 발표한 뒤 400여 명의 동료들이 자진 퇴사한 직후의 일기를 보자.

본 공장을 돌려라. 고용안전 찾자.
단결. 권리. 뭉침. 싸움. 비평. 노동운동을 해야 한다(1978년 5월 2일 일기).

연약한 근로자 여직공들을 왜 못 살게 하는가.
작년에 똥물까지 쳐 먹이고
자유롭게 현실의 입장을 발표하려 하는데 왜 저러나.
더러운 인간들은 꺼져라.
민주주의 이 땅 위에, 왜 왜 왜.
정말 억울하기만 하고 울분만 나오고
우리들의 마음은 더욱 강인해진다(동일방직 방문 후 쓴 일기, 1979년 2월 25일).

저들 거만하게 자랑하는 많은 재산들.
우리 몸과 머리……어림없다.
불타는 대지 위에 새 세계를 건설하도록
큰 힘주는 조합. 단결하자 언제든지(대의원이 된 직후 1978년 3월 30일 일기).

* 출처: 박진범, “여공, 유신을 몰아내다 — YH 김경숙,” 『인물현대사』, 한국방송공사 2005년 2월 4일 방송

부록 5-7 산선 비난 문건 「산업체, 농촌사회 외부세력 침투 실태」

교회단체에 대한 대표적인 공격은 '도시산업선교회都産'를 '도산倒産'으로 선전했던 것이었다. 이른바 '도산하면 도산한다'가 대표적인 예였다. 가장 널리 알려진 도산 배척운동의 대상이었던 콘트롤데이타 노조의 경우 1982년 7월 19일 오전 회사 마당에서 "우리 회사는 우리 손으로 살리겠다", "도시산업선교회는 즉각 물러가라"는 등의 구호를 외치며 '구사대책위원회'가 조직되었다(조선일보 1982/07/20). 또 1982년 7월 27일 구로공단 성도섬유 노동자 700여 명은 '도산으로 인해 도산된 콘트롤데이타 사례발표회'를 갖고, 도산세력은 임금인상 요구 때마다 식당이나 작업장에서 슬리퍼를 두드리며 노동가 등을 부르고, 생산량을 고의로 30퍼센트 이상 떨어뜨리는 등 극렬한 투쟁을 벌여 회사가 도저히 배겨낼 수가 없도록 했다고 호소했다(조선일보 1982. 07. 28). 더 나아가 1982년 9월 28일 원풍모방에서도 노동자 200여 명이 공장 마당에 모여 '도산추방 구사궐기대회'를 가졌다(조선일보 1982/09/29). 그러나 정부가 산선 때문에 도산倒産했다고 선동하는 대표적 사례였던 콘트롤데이타가 폐업하고 자본을 철수했던 이유는 노조의 존재나 노동쟁의와 연관된 것이 아니라, 컴퓨터 조립산업이 사양산업이 된 '경제적인 이유' 때문이었다. 당시 미국 대사관도 "한국 지사를 폐쇄하는 것은 주로 경제적인 이유였다는 콘트롤데이타사의 통보를 받았다"고 밝혔다(홍상운 2001).

이처럼 산선의 노동운동 담론이 '급진성'을 띠었다는 공격은 근거가 없었다. 산선의 용공성을 조사한 대검찰청 공안부장 박준양은 박정희에게 산선에 대한 결과를 보고하면서, "노동자들이 요구하는 것이 별 것이 아니라 법대로만 해 달라고 한다. 조사를 해도 근로기준법대로 해 달라는 것이 무슨 죄냐고 해서 조사에 애로가 많다"고 하자, 박정희는 당시 청와대 법률 특별 보좌관 신직수에게 "유신 때 근로기준법 안 고치고 뭘 했냐"고 호통을 쳤다고 한다(홍상운 2001).

그럼에도 불구하고 정부는 "일부 종교를 빙자한 불순단체(도시산업선교회, 크리스찬 아카데미)와 세력이 산업체와 노동조합에 침투하여 노사분규를 선동하고 사회불안을 조성"한다고 주장하면서 '산업체 등에 대한 외부세력 침투실태 특별조사반'을 구성했다. 이 조사반은 한국노총과 전국 9개 지역 63개 업체에 383명의 참고인을 대상으로 조사를 실시했고 노사문제에 대한 선교단체의 개입을 방지하는 선교 규제 입법을 추진하기로 했다.[30] 당시 신문기사들을 잠시 살펴보면, 1979년 8월 14일, YH 노조 신민당사 농성 사건 직후 정부는 "야당(신민당 지칭 — 인용자)은 일부 종교단체의 노동활동 개입이 전적으로 근로자의 권익을 위해 추진되어 왔다고 주장하고 있으나 오히려 기업의 생산기반을 약화시키고 이를 위축시키는 사례가 적지 않다"라고 언급하며 일부 종교단체에 대한 조사에 착수했다(조선일보 1979/08/15). 또 「도산은 무엇인가」라는 기사에서는 정부 발표에 근거해서, 산선이 1970년대 후반 14개 지부, 3천여 명의 회원을 거느리고……투사라고 불리는 근로자들을 위장 근로자로 입사시킨 뒤 서서히 근로자를 포섭, 10여 명 내외의 조를 구성해서 노사대립의 감정을 고조시키고 사용주가 받아들일 수 없는 요구를 내걸었다고 주장했다(조선일보 1982. 4. 24).

방송 역시 매일 특집으로 산선에 대해 비난했는데, 몇 가지 예를 들면 크리스찬 아카데미에서 발간한 『내일을 위한 노래』란 노래책 가운데 「많이 좀 더 많이」라는 노래의 가사 가운데 "굴뚝 연기 많이 뿜어 세상 공기 흐려놓자 유해색소 많이 섞어 부정 식품 생산하자" 등을 악의적으로 해석했다. 또한 산선의 소모임에서 이루어졌던 '촛불의식'을 사이비 종교집단처럼 묘사했고, 산선 노동자들을 작업용 가위, 줄, 칼 등 흉기를 휘두르는 '자해 공갈단'이라고 주장했다. 그 밖에도 산선 노동자들이 노조에 비협조적인 노동자들을 집중적으로 공격한

30_ 하지만 이런 정부의 공세는 야당인 신민당의 강력한 반발에 부딪쳐 무산되었다(한국노동자복지협의회 1985).

다는 '독수리 작전'과 반대로 웃음을 띠고 이들을 설득한다는 '스마일 작전' 같은 말을 의도적으로 만들어냈다.

이들은 한술 더 떠서 산선이나 노동쟁의 관련 화면에 모두 '붉은 색'을 입힘으로써 은연중에 '레드 콤플렉스'를 조장했다. 당시 대표적인 TV 프로그램은 「이것이 노동자의 길잡이이다」(한국방송공사 82년 7월 22일), 「특집: 기업의 도산과 도산」(문화방송 82년 7월 28일), 「충격보고: 나는 이렇게 의식화 교육을 받았다」(문화방송 82년 7월 29일), 「콘트롤데이타는 왜 망했나」(한국방송공사 82년 7월 29일) 등이었다(홍상운 2001). 신문과 방송의 산선에 대한 공격은 1979년 YH 사건으로 정점에 이르렀다. 대표적인 사례를 소개해보면, "이는 (산선의 구호는 — 인용자) 해방 직후 남로당의 앞잡이 전평全評이 잘 썼던 '파괴가 건설이다'라는 용어와 비슷하다"(1979년 8월 14일 문화방송 TV 보도특집에서 김영태 섬유노조 위원장의 말), "이들은 우선 사업체를 파고드는 형식부터가 벗어나 있습니다. ……이들은 자기네들의 행동에 동조하지 않는 근로자들에 대해 출근방해, 협박, 폭행 등을 일삼아 고립시키고 이탈자가 생기는 것을 막기 위해 무담보 대출 등 금전적 올가미를 씌우거나 수시로 사례 발표, 교육 등 각종 모임을 갖습니다"(정동호 한국노총 위원장. 서울신문 1979년 8월 21일자) 등이었다. 이제 구체적인 반산선 문건의 원문 가운데 일부를 살펴보자.

1. 산업체

산업체도 인간의 생활영역의 하나인 까닭에 노사관계 이외에도 야간학교, 새마을금고 등 각종 활동이 있으며, 이와 아울러 기독교의 선교활동도 이루어지고 있음. 그런데 작금에 와서 문제의 초점이 되고 있는 것은 일부의 도시산업선교 목사와 이들에 의해 영향을 받고 있는 이른바 '도산계 근로자'들의 행위가 제반 법규를 위해하는 불법행위들임이 이번 조사에서 파악되었음. 따라서 조사반은 도시산업선교의 실체를 조사한 결과, 다음과 같은 사실들을 확인할 수 있었음.

1) 산업선교

산업선교라 함은 우리나라가 산업화 과정을 밟는 데 따라 기독교가 선교대상을 산업체에서 구하고, 복음을 전하는 선교활동의 하나로 간주되었으며, 이를 선교단체로 보기보다는 선교활동의 한 형태로 파악하였음. 현재 기독교에서는 예수교장로회, 기독교장로회 및 기독교감리회 등 3개 교파에서 각기 산업선교 활동을 하고 있음.

……(중략)……

4) 침투실태

이들의 침투 대상은 침투활동이 용이하고 취약점이 많은 대기업에 침투하고 있었음. 사리판단력이 부족하고, 감수성이 예민하여 극렬투쟁 유도가 용이한 나이 어린 여성근로자들에게 집중적으로 침투하고 있었음. 임금이 타 기업보다 낮고 작업과정에서의 태업이 용이한 섬유, 제과, 전자 등 노동집약적 업체에 파고들고 있었음. 분규내용 전파가 빠르고, 집단선동과 각 사업장간의 연합활동이 용이한 공단 등 공장 밀집지역에 주로 침투하고 있었음. 이들의 수법은 꽃꽂이, 뜨개질, 신혼교실 등의 무료강습을 빙자하여 근로자를 유인 포섭했음. 도산신용협동조합에 가입시키거나(78. 6. 17 인가 취소), 또는 7~10명으로 된 이른 바 '해바라기' 그룹, '파이어니어' 그룹, '까치' 그룹 등 소단위 그룹을 조직케 하여 회원이탈을 방지했음.

포섭된 근로자들에게 처음에는 노동관계법령을 강의하다가 강의 도중 틈틈이 '기업주는 착취자', '기존 노조는 어용노조' 등 증오심을 돋우는 자극적인 표현으로 교묘하게 이들에게 계급의식을 주입시킨 후 이른바 '의식화'된 도산 핵심회원을 대상 기업에 위장 침투시켜 세력을 확장하는 수법을 사용하였음. 기존 노조에 파고들어가 조직을 장악하는 수법을 썼음. 그 대표적인 예로 동일방직을 들 수 있음. 동일방직의 경우를 보면 65년 3월부터 69년 3월까지 3회에 걸쳐 '도산 목사'가 현장실습을 빙자하여 동일방직 근로현장에 나타나

'도산계열'을 부식 확산하였음.

5) 투쟁 양태

● 이들의 선동은 불순가요 합창: '노동혁명가', '진짜노동자', '정의가', '해방가', '많이 많이 좀더 많이' 등 폭력투쟁을 찬양하고 계급투쟁을 고무 선동하는 격렬한 내용의 노래들을 합창시켜 이른바 '전의'를 더욱 다짐. 이 같은 불순 노래 일부를 소개하면 다음과 같음.

> 굴뚝마다 연기 뿜어 세상공기 흐려놓자/많이 많이 좀더 많이 좀더 많이.
> 배기가스 많이 뿜는 자동차를 생산하자/유해색소 많이 섞고 부정식품 생산하자.
> 물고기 못살도록 강과 바다 더럽히자.
> 닐리리야 니나노 감옥으로 내가 들어간다.
> 닐니라야 니나노 못살겠소 배고파 굶주려 못살겠소.
> 닐니리야 닐니리 닐리니야 인간답게 살고 싶어 싸우고 매맞으며 투쟁했소.

● 불순구호 제창: "타협해서 10개 얻는 것보다 투쟁해서 1개를 얻는 것이 낫다"는 등 격렬한 불순구호들을 외치면서 노사문제의 타협을 통한 평화해결은 처음부터 거부하고 폭력투쟁만을 주장함. 또한 느닷없이 노사문제와는 상관도 없는 헌법의 개폐 주장 등 불법적인 정치구호를 외치기도 함.

● 왜곡된 내용의 유인물 등 배포: '인권을 강도당한 노동자들의 호소', '약한 자에게 강한 무리여, 심판을 받으라', '노동자의 길잡이' 등 현행 각종 법규를 왜곡 설명하고 현하 우리나라의 내외정세를 지극히 편협되고 편견에 가득 찬 관점에서 왜곡 선전하여 계급투쟁을 조장, 선동하는 내용의 불법 유인물 또는 불법책자를 배포함.

● 자해유도: 81년 3월 12일, 인천 답동성당에서 근로자를 위한 신 · 구교 연합기도회에 참석한 '도산 목사' 조 모는 "나는 죽기를 결심하였다. 나의 기원

은 근로자를 위해 어렵게 살다가 죽었다고 비문에 새겨주는 것이다"이라고 말하면서 자살하려는 듯 언동하여 근로자들에게 자기를 좇아 자살하도록 은근히 유도하고 나아가서 폭력투쟁 의식을 고취 선동했음.

협박으로는 도산계열에서 이탈하려는 근로자에게 전화를 걸어 "노조에서 손을 떼라, 그렇지 않으면 배신자는 죽이겠다"고 협박. 조를 편성하여 교대로 사장 집에 전화를 걸어 요구조건을 수락하라고 협박. 비협조적인 노조본부 간부에게는 "도산탄압을 중지하라. 그렇지 않으면 재미없다"고 협박함.

도산 목사들의 선동을 받은 여성근로자들의 태업 사례 중 조사반이 확인한 몇 가지를 예시하면 다음과 같음. 이른바 독수리작전을 전개하여 태업에 동조하지 않는 비도산계 동료들을 강제로 작업장에서 끌어내거나, 소위 '스마일' 작전을 벌여 미소로 작업장에서 동료를 끌어내어 작업을 방해함. 현장감독자의 눈을 피해 일감이 없는 재봉틀을 건성으로 돌리거나 천천히 돌려 작업능률을 저하시킴.

서로 손발로 신호하면 모두 일하다가도 벌떡 일어나 한꺼번에 집단으로 변소로 몰려가 시간을 끌며 작업을 방해함. 감독자가 주의를 주면 "생리현상도 간섭하느냐"고 달려들며 인권유린이라고 몰아세움. 불량품을 고의로 합격품에 혼입함. 검사 시 불량품임을 발견하고서도 이를 묵인. 도산계 근로자들이 감행하는 폭력적이고 불법적이며, 우리의 미풍양속에 어긋나는 각종 시위, 농성양태 중 조사반이 확인한 몇 가지 예를 들면 다음과 같음.

○ 도산계 여성근로자들이 불법적인 시위 농성을 벌일 경우, 이를 해산시키려 하면 자기 신체의 일부를 일부러 드러내 놓고 저항할 뿐 아니라 거꾸로 자기들을 욕보이려 했다고 뒤집어씌움.

○ 회사 정문 앞에 드러누워 차량통행을 방해, 제품 반출을 못하게 함.

○ 손뼉, 마룻바닥, 식탁, 미싱 등을 두드려 소란을 야기시킴.

○ 공공기관 등에 난입하여 집단난동을 벌임.

○ 농성 도중 정부시책을 사실과 다르게 왜곡하여 규탄하고 불법적인 정치집회에 참여케 하여 투쟁의식을 고취함.

○ 식당에 집결하여 신발을 벗어 들고 식탁을 두들기며 회사에서 무료로 제공하는 식사를 아예 외면, 국에다 밥, 김치, 그리고 그 밖의 반찬들을 한데 뒤범벅으로 섞어 놓고 순갈로 짓이겨 놓아 먹지도 못하게 만들어 놓음. 한때 '도산계' 여성근로자였던 박 모 양의 증언 중 '회원 교육' 내용에 관한 부분은 다음과 같음.

○ 일부 극렬 도산 목사는 '기업가는 나쁜 놈이다', '노동청이나 회사측에서 요구조건을 안 들어주면 오물세례를 하라', '우리가 모두 모이고 단결하면 정권도 전복시킬 수 있다', '모두가 합쳐서 시위를 할 때는 너희들도 앞장서야 한다'고 가르쳤음.

부록 5-8 교회단체와 여성노동자

1970년대 노동운동사에서 교회와 여성노동자는 '상호협력자'로 묘사되곤 한다. 그렇다면 이들의 결합 가능성이 높았던 이유는 무엇이었을까? 구해근은 교회와 여성노동자간의 접근 가능성이 높았던 근거로 '소모임'을 지적한다. 그는 만약 교회조직들이 노동문제에 관여하지 않았더라면 여성노동자들이 한국 노동운동에서 중요한 역할을 했을 것인지는 '의문'이라고 주장하면서, 양자 사이의 결합이 강했던 원인으로 세 가지를 꼽고 있다(구해근 2002, 145).

(1) 교회집단들이 가장 착취당하고 가장 나약한 여성노동자들을 대상으로 삼은 것은 자연스러운 일이었고, 지식인들도 연약하고 피해 받기 쉬우며 보호를 받아야 하는 사람들인 젊은 여성노동자들에 대해서는 '온정주의적인 태도'를 가지고 있었다.

(2) 경공업 부문이 산업선교가 '침투'하기에 상대적으로 쉬운 부문이었다.

(3) 여성과 남성노동자는 교회활동에 참여하는 태도에 있어 '차이'가 있었다. 그 이유는 여성노동자들은 남성노동자들보다 교회에 다닐 가능성이 더 컸으며 교회지도자들이 이끄는 소모임에 남성노동자보다 관심을 더 가졌기 때문이었다. 그렇다면 유독 여성들이 남성들보다 소모임에 관심을 가졌던 이유는 무엇이었을까? 그 이유는 여성노동자들이 남성에 비해 공장에서 더 큰 심리적, 정서적 어려움을 겪었고 공장노동자로서 훼손된 자아 정체성을 보상받기 위하여 교육적 · 문화적 경험에 대해 더 큰 욕구를 지니고 있었기 때문이었다. 이외에도 여성이 남성보다 인간관계에서 더 개방적이고 유연하기 때문에 교회에 가서 낯선 사람들과 익숙하지 않은 사회활동에 참여하는 것에 대한 심리적 제약이 적었기 때문이기도 했다.

구해근의 주장 가운데 (1)과 (2)에 대해서는 특별한 이견이 없다. 문제는 (3)이다. 남는 문제는 왜 여성노동자들이 작업장과 공장 내 차별과 폭력을 교회단체와 소모임을 통해 해소하려고 했느냐다. 강남식(2003, 195)은 구해근의 주장에 대한 몇 가지 '반론'을 제기하고 있다. 먼저, 1970년대 중반 민청학련 사건 이후 왜 진보적인 남성 지식인들이 교회단체로 들어가 민주화운동을 했느냐에 대한 분석이 '차별성'을 갖고 진행돼야 한다. 남성들, 특히 종교에 가장 비판적인 입장을 갖고 있던 '진보적 남성 지식인들'이 왜 교회조직으로 들어가 활발한 사회운동을 했는지가 설명되어야 한다. 다음으로, 1970년대 학생운동 진영의 조직화 방식과 1980년대 노동운동 진영의 의식화와 조직화의 방법으로 소모임이 진행된 것이 1970년대 여성노동자운동에서 벌어진 소모임 활동과 어떤 차별성이 있는지를 설명할 수 있어야 한다.[31] 이 가운데 앞의 문제와 관련해서 유신체제 아래에서 교회에 접근한 지식인들, 예를 들어 최영희, 인재근, 김근태, 김병곤, 장명국, 손학규, 신철영 등 실무자들의 경우 반유신운동 과정에서 '방어벽'이 필요했고, 그 대안이 교회 내 실무자였다. 교회단체와 유신체제간의 직접적 충돌이 일어나기 전에 안전하게 유신 반대운동을 전개하기 위해서는 자신이 '용공容共'이 아니라는 것을 증명해야 했다. 물론 이런 흐름은 조직적인 것은 아니었으며, 개별적인 '투신'과 유사했다. 인천 산선의 실무자였던 최영희도 지식인들의 교회에 대한 시각은 교회 자체에 대한 관심에 기반한 것이 아니라, 유신체제의 직접적인 탄압에서 운동가들을 보호해줄 '은신처' 내지 '보호막'으로 교회를 바라보고 있었다고 말했다(최영희 2003년 3월 24일 인터뷰).

31_ 1970~80년대 학생운동에서 소모임 조직방식에 대해서 은수미(2003) 참조.

6장_ 공순이, 타락했나?

— 여성노동자들에 대한 사회적 시선

보잘 것 없는 계집애는 안 될 거라던 나의 외사촌, 시골에서 중학교를 마친 여동생을 데리고 올라와 상업전수학교에 입학시킨 나의 외사촌, 정규학교가 아니면 어떠니, 난 내 동생은 공장엔 못 보내겠어. ……너도 보잘 것 없는 계집앤 되지 마.

— 신경숙, 『외딴방』 중에서)

1970년대 동아일보 기자였던 이부영(전 열린우리당 국회의원)은 여성노동자에 대해 「공순이, 타락했네」라는 제목의 기사를 썼다. 이 기사를 본 이철순(당시 지오세 활동가)은 우연한 자리에서 만난 이부영에게 거칠게 항의하며, 당장 기사를 고치라고 호통을 쳤다고 한다. 물론 이 일로 이부영은 지오세 관련 야학에 관여하기도 했고, 이후 재야활동을 하게 된 직 · 간접적인 계기가 됐을 것이다. 하나의 에피소드지만 산업화 시기 여성노동자에 대한 시민사회의 시선은 뒤틀려도 한참 뒤틀려 있었다는 것을 알 수 있다. 마치 제국주의 팽창 과정 속에서 백인들이 유색 인종을 보듯, 여공은 비이성적이고 덜 문명화된 열등하지만 순종적인 '집단'으로 여겨졌다. 바로 산업화의 '타자'로 유배되었던 것이다.

산업화 시기 노동운동사를 통해 확인할 수 있듯이 '여성노동자'들은 가난과 가족, 고용주, 국가와 맞서왔지만 계급이자 사회 분석의 범주로부터 배제되어왔다. 더군다나 여성노동자들의 정체성은 이런 저런 근거로 무엇인가 '결여'된 것처럼 여겨져왔다.[1] 달리 표현하자면 여공들은 '계급으로서 정체성이 취약-결여된 주체'로 담론화되었다. 그렇다면 산업화 시기 여성노동자를 둘러싼 사회적 시선에는 무엇이 있었을까?

여공에 대한 대표적인 사회적 시선(혹은 지배적 담론)은 여성노동자에 대한 '무시'와 '차별'을 당연시하거나, 반대로 여성노동자들이 자신의 정체성을 부정하는 것은 소모임이나 노조 활동 등을 통해 곧바로 극복된다고 보는 것이었다. 하지만, 여성노동자에 대한 무시와 차별은 고용주, 국가, 지식인들에 의해 만들어진 담론으로, 여공을 '표준적 여성'으로 주체화하기 위한 것이었다.

1_ 한국과 유사한 일본에서 여성노동자를 둘러싼 지배적인 시각에 대해서는 **부록 6-2** 참조.

한편 여공에 대한 또 다른 사회적 시선은 그녀들은 독자적 욕망이 결여된, 가부장제에 종속된 '미래의 모성'인 동시에, '비도덕적'이며 '문란하다'는 것이었다. 그러나 여공의 욕망이 부재하다는 지배 담론은 여성노동자의 육체를 '무성적' 혹은 '생산적 육체'로 만들기 위한 전략이었다. 이 글에서 나는 의도적 혹은 무의식적으로 여공의 욕망을 역사 서술에서 제거하려는 지배적 담론을 비판하고, 신분상승, 결혼과 신체, 성욕 등을 둘러싼 여성노동자들의 사적이고 주관적인 경험을 통해 일상에서 그들이 욕망과 독립적인 의식들을 지니고 있었음을 밝히고자 한다. 특히 민주노조 활동가들의 경험과 달리, 상당수 여성노동자들은 자신들의 '훼손된 여성성'을 회복하기 위해 여대생 등 중산층 여성의 여성다움을 추구했다는 점을 이야기하고 싶다.

공순이, 거세된 여성성

산업화 시기 여성노동자들에게 있어서 '열등감'은 천형과도 같았다. 차별, 천시, 학대, 무시, 무식. 이 단어들처럼 여성노동자들을 괴롭힌 말도 없었을 것이다. 이처럼 여공을 무시하던 지배적인 담론은 그녀들의 일상을 지배했고 여성노동자의 정체성을 결정짓는 주요 요인이었다. 하지만 이러한 여공에 대한 사회적 시선은 국가-고용주-지식인의 공모에 의해 만들어진 것이었다. '공순이'와 같이 여성노동자를 지칭하는 모멸적인 용어는 근대화 프로젝트 과정에서 중심부 담론 생산자인 여성 지도자, 여대생, 중산층 주부 등과 대비되는 주변부 타자적 재현 대상으로 여공, 식모, 윤락 여성, 농촌 부녀 등을 위치지우기 위해 만들어진 것이었다(신건 2000, 27).

'공순이'라고 여성노동자들을 사회적으로 무시하는 시각에 대한 고용주, 국가, 지식인 등의 지배적인 담론은 '당연하다'는 것이었다. 산업화 시기 고용주와 감독관 등은 노동자, 특히 여성노동자들의 진정陳情이나 저항 등을 대부분 무시했다. 1970년대의 대표적 민주노조 가운데 하나인 YH의 경우 1975년 12월 총무이사, 노무과장과 가진 회식 자리에서 상여금 지급이 어렵다며 회사가 상투적인 적자 타령을 하자 노조는 왜 관리직만 상여금을 주느냐고 항의했다. 그러자 총무이사는, "사장이 자기 돈을 마음대로 하는 것은 당연하며, 여성노동자들은 국민학교 밖에 안 나와서 키우는 데 돈이 안 들어가지만, 관리직은 고졸 이상이니 당연하다"라는 말에서 알 수 있듯이 여성노동자에 대한 모욕적 발언을 서슴지 않았다(한국노동자복지협의회 1985, 74, 90).

또 뒤에서 이야기할 여성노동자들의 여대생에 대한 동경에서 드러나듯이, 지배적 담론은 여성노동자들의 여성성을 '제거'하는 방식으로 표출되었다. 이것을 원풍모방 장남수의 경험을 통해 살펴보자(장남수 1984).

> 여공들의 큰 목소리. 사회에서 말하는 여성성과는 거리가 멀다. ……기계소리 때문에 큰 소리로 말하지 않으면 전달이 안 되고 작업복 차림으로 기계 사이를 오가며 일해야 하니 자연히 행동이 덤성덤성하다. 이 나라 산업발전과 경제성장을 위해 밤잠도 못 자고 땀 흘리는 우리들에게 돌아오는 대가는 공순이라는 천시하는 명칭과 세상에서 말하는 여자다움이 박탈되는 거라면 우린 뭔가?

여성노동자들의 '여성성'을 거세하는 관행적 실천으로는 '몸 수색'이 있었다. 산업화 시기 버스 차장의 '삥땅' 문제는 한 동안 사회문제가 될 정도로 심각했다(이병태 1975). 버스 차장뿐만이 아니었다. 제조업 여성노동자들도 '검신檢身'을 통해 매일 '범죄자' 취급을 받았다(1960~70년대 버스 차장을 둘러싼 담론에 대해서는 **부록 6-1** 참조). 반면 사무직 사원들은 그렇지 않았다.[2] '몸 수색'이야말로 여성노동자들의 여성성이 훼손되는 동시에 계급 사이의 차별이 일상적으로 드러나는 순간이었다. 동남전자에 다녔던 신경숙은 당시를 이렇게 기억하고 있다(신경숙 1995, 46~47).

> ……퇴근시간. 경비실에서 수위가 몸 수색을 한다. 생산현장에서 부품을 몸에다 숨겨 바깥으로 빼돌릴까봐 하는 몸 수색이다. ……(여성노동자들이 몸 수색을 거부하자 — 인용자) 총무과의 하 계장이 튀어나온다.
>
> "도둑이 제 발 저린다더니 몸 속에 뭘 숨겼길래 그래!"

이처럼 여성노동자들은 '범죄자'로 간주되었을 뿐만 아니라, 공장에서 하는 거친 노동이 그녀들의 '여성성'을 상실하게 한다는 담론이 지속적으로 만들어졌다. 한 남성 관리자의 면접 자료를 보자(전혜진 2003, 35).

> C씨 글쎄……그 아이들(여성노동자를 지칭 — 인용자)이 여자처럼 보이진 않았어. 개중에는 얼굴 반반한 얘들도 좀 있긴 했지만, 아휴……걔들이 얼마나 거친 애들이었는데, 막 되먹었다고 해야 하나. ……좀 그런 애들이었어. 일하는 거 보면 남자가 따로 없어. 또 목소리는 얼마나 큰지. 난 고향이 충청도라 목소리 큰 건 딱 질색인데…….
>
> L씨 같이 일하던 반장 중에 성격이 아주 와일드한 애가 하나 있었는데, 이건 이름만 여자지 완전 남자야……. 같이 일하는 애들을 완전히 휘어잡고 통솔하는데……진짜 여자인지 누가 한번 확인해봐야 한다고. ……서로 니가 하라고……뭐 여자가 좀 야들야들한 게 있어야지 여자지, 아무나 다 여잔가…….

2_ 사무직 노동자와 생산직 노동자간의 '차별'은 대일화학 송효순의 경험에서도 확인할 수 있었다. 송효순이 오산으로 강제 전근된 날 통근버스에서 생긴 일이었다. 통근버스를 타는 규칙은 앞에서 세 번째 자리까지는 간부 자리이므로 그 앞자리에 생산직 노동자들은 앉을 수 없었다. 뿐만 아니었다. 추운 날 버스에 탈 때 앞좌석에만 히터가 나왔기 때문에 나머지 뒷자리에 앉은 여성노동자들은 모두 떨며 출근할 수밖에 없었고, 서로 한 자리라도 앞으로 가려고 아우성치곤 했다(송효순 1982).

여성노동자에 대한 차별과 무시는 노동자를 보호해야 하는 근로감독관도 마찬가지였다. 1979년 YH의 회사 정상화 투쟁은 노조, 고용주, 정부 그리고 은행까지 결부된 커다란 사안이었다. 폐업 직후 노조는 1979년 4월 2일 회사 정상화 문제에 관한 협조요청을 하기 위해 북부 노동청을 방문했다. 하지만 근로감독관인 장수식은 여성노동자들에게, "자본주의 사회는 자본을 가진 자가 무엇이든지 하기 싫다면 누구도 막을 수 없다"라며 일언지하에 무시해버린다. 또한 YH 사건 뒤 『노동』이라는 잡지에 「악몽의 2백일」이라는 제목으로 여성노동자들을 충동적인 인간들, 정신병자로 묘사했다(한국노동자복지협의회 1984, 157). 근로감독관도 여성노동자에 대해서는 고용주와 동일한 시각을 갖고 있었다. 이들은 반항하는 여성노동자들을 '정신병자'로 간주했고, 자신들이 보호하거나 지켜줄 수 없다는 태도를 보였다. 이와 같이 국가와 고용주에게 있어서 여성노동자들은 '무성화된 노동력'인 동시에 '생산적'일 때만 의미가 있었다. 다시 말하자면 여성노동자들이 국가-민족으로 의인화된 민족공동체에 대한 충성을 철회하고 이것에 대해 '사소한' 문제제기라도 할 때 민족공동체의 구성원이자 국민의 자격은 철회되었다.

한편 여성노동자에 대한 반복적인 무시와 탄압은 그녀들로 하여금 무의식적인 '자기검열'을 강제했다. 평화시장의 민종숙이 이 점을 잘 보여주고 있다. 민종숙은 공임을 하루 180원에서 220원으로 올려 달라고 공장주에게 요구하는 과정에서 이중적인 감정을 느꼈다. 여성노동자들은 자신들끼리 이야기할 때는 당장이라도 공장주의 멱살이라도 잡을 듯했지만, 정작 공장주를 찾아갈 때는 아무도 내려가려고 하지 않았다. 민종숙은 이것을 여성노동자들의 '생리'라고 말한다(민종숙 1977, 254~5).

내려갈 사람이 없었다. 서로 미루고 있었다. 나는 동료들의 이런 심리를 알고 있다. 하긴 이런 생리 때문에 분통 터질 일을 수많이 당하는 것이다. ……미스 한은 새파랗게 질린 모습이었다. 다방에서 결정한 내용을 주인에게 이야기하러 간다는 것이 두려웠기 때문이다. 나는 이해가 갔다. 주인 없이 우리끼리 있을 때의 기분으로는 주인이 우리의 요구를 들어주지 않을 때는 당장 멱살이라도 잡고 덤벼들 것 같이 기세가 등등했지만 막상 주인을 만나러 가는 지금은 오히려 그 기세등등했던 것이 마음에 걸리고 두려운 것이다.

복종, 위축됨 등과 같은 자기검열은 어디에서 나온 것일까? 민종숙은 이것을 '생리', 바로 본원적 의식이라고 말한다. 여성노동자 자신의 무의식 내부에 자리잡고 있는 열등감이 일상화되는 구조라는 것이다. 공장주는 민종숙을 타이르며 장사가 잘 되지 않고 세금이 많기 때문에 공임 인상이 어려운 듯이 말한다. 하지만 이것은 중소 규모 공장주들이 공통적으로 하는 변명이자, 여성노동자들에게 '경제 개념'은 존재하지 않는 듯이 생각하는 고용주의 전형적인 담론인 동시에 반복적이고 의례적인 실천이었다. 여기서 잠시 민종숙의 분노를 들어보자(민종숙 1977).

장사가 안 된다는 것은 언제나 하는 소리다. 얼마를 벌었는지 알 수는 없지만 물건을 만드는데도 재고가 없는 걸 보면 장사가 잘 되고 있다는 증거……결국 저들은 공임을 정당하게 올려줄 생각은 않고 자기들 이익이 일정하게 늘어나는 것에만 신경을 쓰고 있는 것이다. 공임이 물가상승에 비례하여 오르지 않는 것은 도저히 이해할 수 없다. 이것은 우리 근로자들을 완전히 바보로 취급하는 것이 아니고 무엇이겠는가? 나는 피가 거꾸로 흐르는 것 같았다.

다음으로, 지식인의 여공에 대한 담론을 보자. 산업화 시기 대다수 시민사회 구성원의 노동자, 특히 여성노동자에 대한 시선은 삐뚤어진 것이었다. 이 시기에 사회적 비판 기능을 수행해왔다고 알려진 지식인들의 여공에 대한 시선 역시 그다지 다를 것이 없었다. 대표적인 예를 대일화학 송효순의 경험에서 볼 수 있다. 1979년 YH 여성노동자들의 신민당사 농성 투쟁 이후, 정부와 사측은 도시산업선교회에 대한 대항교육으로 교양강좌를 실시했다. 퇴근 후 집으로 가는 여성노동자들을 억지로 동원해서 교육을 시켰다.

교육의 주된 내용은 반공교육과 유명 교수를 초빙한 교양강좌였다. 당시 초빙되었던 한글학자는 비서 예의범절을 강의했는데, 그 강의의 내용은 박정희 시기 지식인의 여공 담론을 적나라하게 보여준다(송효순 1982, 116~117, 158).

> 출근 시 수위실에 인권, 자존심은 맡겨 놓으세요.
>
> 여러분, 제발 청바지 입지 마세요. 청바지 입으면 공순이 티 나고 교양 없어 보이니까. ……유명 백화점에 가면 옷 한 벌에 5, 6만 원밖에 안 해요. 한 벌씩 사 입으세요.('사랑 받는 아내 교실' 강사)

이런 담론은 '여공=교양 없음=여성답지 못함'이라는 담론 계열을 형성하면서, 여성노동자들의 지식인에 대한 반지성주의적 태도를 싹트게 만들었다. 앞서 3장에서 살핀 것처럼 산업화 시기 국가의 여공에 대한 대표적인 담론은 '산업전사'였다. 국가는 여성노동자들을 군사주의적 냄새가 물씬 풍기는 '산업전사'라고 호명했지만, 면대면 관계face-to-face relationship에서 여성노동자들은 '시민'이라는 범주에서 배제되었다. 여성노동자에 대한 긍정적인 이미지를 창출하기 위해 만들었던 산업전사 담론은 실제로 여성노동자들에게 미래를 위한 희생을 강요했다(Kim 1997). 다른 식으로 정리하면,

"……한국의 근대화 과정은 국가에 의해 '일'의 의미가 새롭게 재조직될 때, 노동의 의미가 어떻게 성별화되며, 노동자가……민족주의적 집합체로 이해될 때 '여성' 노동자들은 어떠한 방식으로 근대화 프로젝트에 편입되는가에 대한 문제를 우리에게 잘 보여준다……"고 말할 수 있다(김현미 2000).

이처럼 국가는 산업전사 담론으로 여공을 '무성화'시키는 동시에 '모성담론'을 통해 여성노동자들에게 '표준적 여성'이 될 것을 강요했다. 국가와 사회는 '여공은 가족을 구성해야 하며 모성의 모체다. 따라서 공장에서 하는 노동은 임시적이다. 하지만 사회적 도덕률에서 벗어난 여성노동자는 어머니의 자격조차 없다. 결혼이 최고의 덕목이다'라는 이중적 기준을 강요했다. 하지만 이런 기준에서 벗어난 여성노동자가 존재할 경우 여성성을 거세시켰다. 단적인 예가 민주노조 활동가들에게, "얘도 못 낳게 해 준다", "너는 처녀냐", "질기다", "처녀가 웬 목소리가 크냐"라고 호명하는 것이었다(유동우 1984).[3]

역설적으로 국가는 외화를 벌어오는 일이라면 하층 여성의 육체도 거래의 대상이었다. 대표적인 예가 기생관광에 종사하는 여성들을 산업전사로 지칭했던 담론이었다. 1973년 6월 문교부 장관이 매매춘을 애국적 행위라고 장려하는 발언을 한 것 이외에도, 박정희 정권은 매매춘 여성들에게 안보교육과 함께 자신들이 국가경제를 위해 얼마나 중요한 일을 하는지 교양교육을 실시해서 이들이 외국인에게 최대한 서비스를 하도록 독려했다(강준만 2002).[4] 하지만 국가의 매춘수출 정책은 매매춘 여성과 빈곤 여성의

3_ 이렇게 여성성을 거세하는 예는 수기에서 자주 등장하지만, 특히 해태제과 8시간 노동과정에서 남성노동자와 관리자들의 '언어폭력'은 가장 적나라했다. 자세한 것은 순점순(1984) 참조.

4_ 한 평자는 이것을 "일제 시대 정신대를 독려했던 독려사와 너무 흡사하여 신판 정신대 결단식 같았다"고 전한다(강준만 2002). 산업화 시기 기생관광에 대한 상세한 내용은 **부록 6-3** 참조.

생활 조건 향상과는 거리가 멀었다. 리영희는 「외화와 일본인」이라는 글에서, "……이 나라가 해마다 수십, 수백만 명의 외국인을 끌어들이려는 목표로 관광 한국을 자랑하는 동안……일본인에 의한 밤의 수요需要가 느는 바람에 농촌의 소녀들은 서울 외곽으로 몰려들고, 외곽의 여성들은 중심가로, 중앙지대의 여성은 호텔로 모인다는 호텔 사람들의 설명이다"라고 당시를 설명하고 있다(리영희 1974, 181).

기생관광뿐만 아니라, 미군을 상대로 매매춘을 할 수 밖에 없던 기지촌 여성들 역시 '산업전사'로 불렸다. 이승호도 자신의 중학교 시절 기억을 다음과 같이 기록하고 있다(이승호 2001, 186~187).

> 1974년, 제가 서울 동대문구에 있는 청량 중학교 2학년생일 때 얘깁니다. 어느 따뜻한 봄날, 얼굴이 검었던 체육 선생 한 분이 애들을 운동장에 모아놓고 이런 훈시를 하셨습니다. ……미군에게 몸을 파는 우리 누나들은 애국자다. 그 누나들이 벌어들이는 달러는 가난한 우리나라 경제발전에 큰 도움을 주고 있다. 너희들은 그 누나들을 양공주, 유엔마담이라고 손가락질하면 안 된다.

이처럼 산업화 시기 여성은 중심과 주변으로 분리되었다.[5] 하나는 여성노동자 등의 주변부 여성들이었고, 다른 한 그룹은 '새 여성'으로 불린 '지식여성'들이었다. 특히 이 시기에 이르러 주목할 사실은 '지식여성'과 '현모양처'라는 담론이 강화되면서, 남녀간의 사랑을 기반으로 한 핵가족중심주의가 등장하게 되었다는 점이다. 서구의 산업화 과정과 흡사하게 가족임금제에 기반해서 남성에게 감정적 노동을 해주거나 사랑만을 꿈꾸는 '표준적

5_ 1960~1970년대 중심부 여성들의 담론과 실천을 '여성'지를 중심으로 분석한 연구로는 신건(2000)을 참조하고, 식모를 중심으로 한 중심, 주변부 여성간의 담론에 대해서는 이 책 1장을 참조.

사진 6-1 기지촌 여성들과 미군

여성상'이 등장하게 되었다(김현미 2000, 53). 근대적 가족 이데올로기의 생산 과정에서 중심 여성은 계몽적이고 도덕적인 주체로서 여공과 식모 등 주변 여성을 '선도'·'교육'하는 대상으로 재현되었다. 이런 중심부 여성의 담론과 실천은 주변부 여성을 평균적 국민으로 끌어올리려는 노력인 동시에, 의식주 과학화와 국민경제와 연관된 생산과 소비에서 근검·절약하는 여성(이른바 '표준적 여성')의 확립을 목표로 한 것이었다(신건 2000, iv). 이와 같이 여성노동자들은 무성적인 산업전사이자 생산적 주체로 호명되었지만, 이 과정은 그녀들의 여성성이 훼손당하는 과정이었다. 문제는 여성노동자들도 지배적인 담론을 깨닫고 스스로 여공임을 인정하기를 꺼려했으며, 더 나아가 자신의 존재를 부정했다는 사실이다. 이제 그 양상을 '여대생 동경'을 통해 구체적으로 살펴보자.

여대생 되기

민주노조 활동가들(혹은 지식인들이 채록한)의 기록에는 여성노동자들이 자신에 대한 부정을 깨는 데는 많은 시간이 필요하지 않았다고 적고 있다. 이 기록들에 따르면, 여성노동자들은 인간다운 대우를 요구했고, 자신도 인간임을 깨닫는 순간마다 표정이 변했고, 공순이라는 것을 결코 부끄럽게 여기지 않았다고 한다. 원풍모방의 경우에도 초기에는 여성노동자들이 작업복에 대해 수치스럽게 생각하는 것은 다른 공장과 마찬가지였다. 그러자 노조는 '작업복 입고 출퇴근하기' 등을 유도함으로써 노동자로서 정체성을 확립하도록 했다(박순희 인터뷰 2002년 12월 30일). 조화순도 이런 변화를 '해방 체험'이라고 불렀다(조화순 1992, 92~94; 강남식 2003, 190).

모임을 하면 7명이 소그룹이면 똑같은 옷을 입어. 나 환장하겠드라구. 월급은 쥐꼬리만한데 월부로 맞춰요. 그게 제일 어렵더라고. 아무리 설명을 해도…… 안 고쳐져. 한번은 이대에서 의식 있는 사회학과 교수들이 이대 학생들을 우리 인천으로 보냈어요. ……그런데 이대 애들은 아무렇게나 입고 왔는데 (여성노동자들은 — 인용자) 너무 세련되고 그게 너무 화가 났더랬어. ……그런데 스스로 그룹 활동을 하고 의식이 스스로 바뀌지고 나서는 한 명도 그런 거를 입는 것이 없어. ……표정까지 달라져요. 그렇게 사람들이 내면적인 미가 달라지니까 어떤 놈이 대학생이고 어떤 놈이 노동자인지 구분이 안 간다니까.

자료 6-1 산업화 시기 여성노동자들에 대한 잘못된 인식

1970년대와 1980년대 대학생과 지식인들은 노동자를 닮겠다고 허름하고 지저분한 군용 복을 입는 경우가 많았다. 하지만 실제 여성노동자들에게 작업복은 지식인들이 생각하는 그런 것이 아니었다. 비록 여성노동자들은 작업복을 입고 외출하는 것을 부끄럽게 여겼지만, 작업복을 신주단지 모시듯이 정성스럽게 다리고 손질해서 입고 다녔다고 한다. 심지어 화장실에 갈 때 작업복이 더러워질까봐 하의를 모두 벗고 용변을 보는 경우도 적지 않았다고 한다(박순희 2002년 12월 30일 인터뷰). 이러한 것이 지식인의 여성노동자들에 대한 조작된 담론의 일부분일 것이다.

그러나 여성노동자들이 자신을 '노동자'로 받아들이는 과정이 순조로운 것만은 아니었다. 오히려 자신을 노동자로 받아들이지 못하고, 작업장과 일상에서 '훼손당한 여성다움'을 맹렬하게 추구하는 경향이 있었다. 신경숙의 『외딴방』에는 자신이 공순이라는 것을 부끄러워 한 것, 그리고 지금도 그 기억에서 자유롭지 못하다는 점이 잘 드러나 있다. 신경숙은 산업체 부설학교 동창 하계숙의 질문("왜 산업체 부설학교 시절 이야기를 소설로 쓰지 않느냐"는 질문 — 인용자)에, "……(여공이었던 것에 대해 — 인용자) 자랑스럽게 여긴 적도 없었지만, 부끄러워하지도 않았다. 모르겠다. 순간순간 부끄러웠을지도……. 아니 그런 생각을 하고 있을 틈이 없었다고 해야 적당한 표현일 것이다. 내게 주어진 상황들이 어렵거나 고통스럽다거나 그런 생각도 못했다. ……늘 분주하고 아침이면 아침대로 저녁이면 저녁대로 다른 생각을 할 틈이 없이 아주 일상적인 것, 발등에 떨어져서 당장 해결해야 할 일들을 마치면 얼른 자거나 일어나거나 했으니까……"라고 기록하고 있다(신경숙 1995, 38).

이런 기억은 동일방직의 선진적 노동자였던 석정남도 예외는 아니었다. 석정남은 또래 여학생들의 모습에 거의 신경질적인 질투를 느꼈다. 석정남은 7월 14일과 7월 16일 일기에 이렇게 기록하고 있다(석정남 1976a).

> 소쿠리와 머플러를 가지고 가서 빵과 모나카를 300원어치 받아 가지고 평화시장으로 갔다. 어디에 놓고 팔까 이리 저리 돌아다녔다. 가슴이 마구 두근거린다. ……어떠한 부끄러움도 참을 수 있었으나 나와 같은 또래의 계집애들이 잘난 체하고 멋진 옷이나 신발로 장식을 하고 사내들과 웃으며 걸어가는 꼴은 확 달려들어 쥐어뜯어 놓고 싶을 정도로 밉다. 이것까지도 참아야 한다. 오직 운명이기에……. (장사를 하는 사람들은 — 인용자) 나 같은 처녀는 하나도 없다.

빵도 안 사먹는 것들의 눈이 자꾸 나를 바라본다. 한결같이 그들의 눈엔 '처녀애가 부끄럽지도 않나?'하는 의아심을 품고 있는 듯 보였다.

여성노동자들에게는 천하고 막돼먹고, 노는 애들 혹은 품행이 방정하지 못하고, 남자관계가 문란한 무식한 것들이라는 '꼬리표'가 늘 붙어 있었다. 이것은 1970년대 대학생들 사이에서 구전되던 「영자송 1」에서 아주 적나라한 방식으로 표현되고 있었다(전혜진 2003, 41).

영자송 1

영자야 내 딸년아/몸 성히 성히 성히 잘 있느냐?/서울에 있는 이 아빠는 사장님이 아니란다/(니미씨팔 가정환경)/서울에 있는 이 아빠는 사장님이 아니라서/광화문 하고도 한복판에서 싹싹 닦는 청소부란다/(니미씨팔 가정환경 좆도)

영자야 내 동생아/몸 성히 성히 성히 잘 있느냐?/군대에 있는 이 오빠는 장교가 아니란다/(니미씨팔 가정환경 좆도)/군대에 있는 이 오빠는 장교가 아니라서/38선 하고도 철책선에서 빡빡 기는 군바리란다/(니미씨팔 가정환경 좆도)

영자야 내 동생아/몸 성히 성히 성히 잘 있느냐?/서울에 있는 이 언니는 여대생이 아니란다/(니미씨팔 가정환경 좆도)/서울에 있는 이 언니는 여대생이 아니라서/청계천 하고도 지하공장에서 빵이 치는 공순이란다/(니미씨팔 가정환경 좆도)

「영자송 1」은 언뜻 보기에 여성노동자들에 대한 연민과 애정이 배어난 노래처럼 알려졌으며, 1980년대까지도 그렇게 불려왔다. 그러나 이 노래 곳곳에는 하층계급과 여성, 그리고 그녀들의 섹슈얼리티에 대한 차별적인 인식이 배어 있다. 「영자송」에 노골적으로 드러났던 공순이와 여대생의 '대비'에서 알 수 있듯이, 누가 여성노동자들에게 '어디에 다니냐'고 물을 때 그녀들의 입술은 파르르 떨렸다. 차마 '공장에 다닌다'고 이야기하기가 어려웠던 것이다. 원풍모방 박순희는 이 문제와 관련해 흥미로운 이야기를 들려주었다. 원풍모방이 한국모방을 인수한 뒤 노량진에 있던 제1공장 굴뚝에 '(주)원풍모방(제1공장)'이라는 글씨가 새겨졌다. 그때 여성노동자들이 우르르 몰려와서 "왜 공장이라고 썼냐"고 항의한 일이 있었다. 그만큼 그녀들에게 '공장'과 '회사'의 차이는 아주 큰 것이었다(박순희 2002년 12월 30일 인터뷰).

또 여성노동자들은 못 배운 티를 내지 않기 위해 옆구리에 책을 끼고 다니기도 했고 천하다는 이야기가 듣기 싫어 깔끔하게 옷을 입고 화장을 하고 다니기도 했다. 공장 다니는 것이 부끄러워 외출할 때는 옷을 반드시 바꾸어 입곤 했다. 이처럼 여성노동자들에게는 낮은 임금도 문제였지만 자신들을 무시하는 사회의 시선이 더욱 두렵고 무서웠다. 하지만 여성노동자에 대한 무시는 공장에서만 있는 것이 아니었다. 산업체 부설학교에 다녔던 여성노동자들은 학교에서조차 '더러운 것, 거지같은 것들'로 무시당했다. 신경숙은 산업체학교에 다니던 시절 자신의 기억을 다음과 같이 적고 있다(신경숙 1995, 204~205).

> 음악시험은 그의(음악 선생님의 — 인용자) 피아노 반주에 맞춰 「망향」을 부르는 일이었으므로, 음악실에서 돌아오는 때면 앞뒤에서 노랫소리가 이어진다. ……음악실은 본관을 지나 별관의 일층에 있다. 본관엔 대학입시를 앞둔 주간 3학년생들이 밤공부를 하고 있다. 그 본관 라일락 나무를 지나야 우리들의 교실이 나온다. ……갑자기 본관 교실의 창이 드르륵 열리고 입시공부를 하고 있던 주간 학생들이 소리를 버럭 지른다.

"야, 조용히들 해."

노래를 부르던 누군가가 맞대꾸를 한다.

"누가 떠들었다고 그래."

"우리 공부한단 말야."

"누가 공부하지 말라고 했냐?"

"너희들이 떠들어서 집중이 안 된단 말야. 조용히 지나가란 말야!"

"노래도 못 부르냐?"

"거지같은 것들!"

……

우리는 이후 음악실에서 나오면 노래를 부르지 않는다. 그래서 지금 내 가슴에 선연히 남아 있는 노래, 꽃피는 봄 사월 돌아오면 이 마음은 푸른 산 저 너머.

이런 모멸감과 공순이라는 자기비하에 대한 여성노동자들의 담론은 어떤 것이었는가? 그것은 공순이처럼 보이는 '외양'을 거두어들이는 것이었다. 그 중 한 가지 방식이 여대생인 것처럼 차리고 다니는 것이었다. 물론 모든 여성노동자들이 그랬던 것은 아니었다. 평화시장의 시다와 같은 미숙련 여성노동자들은 결혼 전까지 화장 한 번 해본 경험이 없는 경우도 비일비재했다. 하지만 동일방직, 원풍모방, YH, 콘트롤데이타 등의 경우 상대적으로 대공장 여성노동자들이었기 때문에 청바지류의 여대생 같은 치장을 하는 경우가 많았다(조화순 1992, 83). 또한 여성노동자들은 작업장에서 '리본'하기(본래 중산층 대학생들의 유행인데 여성노동자들에게 전파), 화장, 고가의 할부 옷 구입 등 중산층의 라이프스타일을 모방하려고 했다. YH무역의 최순영도, "……그때 화장품 참 비쌌어. 고생해서 번 돈으로 왜 이렇게 얼굴에 다 칠해 바를까 했어. 누가 그러는데 아침은 안 먹어도 화장은 해야 된데.

그때는 기성복이 없고 다 양장점에서 맞춰 입었어. 구두도 맞춰야 했고, 공장 주변에 양장점이나 구두점이 많았지. 하지만 다 월부지. 월부 인생, 월부 빚 갚느라 정신없었어……"라고 기억하고 있다(박수정 2004, 90~91).

여성노동자들은 자신이 '여공'이라는 사실을 감추거나 사회에서 요구하는 여성성을 극도로 강화해 자신을 좋은 신붓감으로 포장하기 위해 여대생의 외양을 모방했다. 좀 세련되게 표현하자면, 공순이라는 '문화적 기호'는 현숙하고 아름다운 아내, 오피스 레이디, 숙녀, 여대생 등 산업화 과정에서 새롭게 형성되는 성별분업 체계에 적합한 정체성을 인식하는 데 필요한 '타자'로 기능했다고 할 수 있을까?(전혜진 2003, 73). 콘트롤데이타 노조 부지부장이던 한명희도 자신의 경험을 이렇게 기억하고 있다(강남식 2003, 185).

> 그 당시에는 공장에 다니는 거를 숨기기 위해서 거의가 다 예를 들면 대학생처럼 노트와 책 한 권정도 끼고 다니고……그리고 대학생처럼 꾸미고 다니는 거였어요. 저는 참 특이 했어요. ……사치하기 위해 아모레 화장품 장사를 해서 월급의 2배를 벌었어. ……그걸 다 사치하는데 썼던 거예요. ……예를 들어 코트를 해 입었는데……이대 입구에서 코트를 맞추어 입었는데……그게 내가 월급 만원 받을 때였는데……그게 3만 원짜리였는데 3번째 코트를 해 입은 거야 그때. ……콘트롤데이타 앞에 서 있으면 이화여대나 이런 대학교 앞에 보다 사치스럽고 호화롭다고 얘기했어요. 근데 그 회사에서도……사치의 대가였어요, 제가. 그렇게 막 옷을 해 입고 날라리였고……일주일에 두세 번을 맥주집을 잘 갔는데 호프집이었죠. ……그러니까 사는 의미가 없는 거잖아요. 내 인생이 너무 좌절되고 내세울 게 없고 그러니까 저녁마다 어울릴 수 있으면 명동이나 이대 입구 나가서 호프집에 가서 술 한 잔하고 희희낙락거리고 아이 쇼핑을 하든지 뭘 사든지 하면서 밤낮 시내 중심가만 떠도는 거예요. 그래서 머릿속도 정말 깡통이고 삶에 의미라는 게 전혀 없고 보람이라는 게 전혀 없고 진지한 삶이라는 게 없었던 거 같애.

그 밖에도 여성노동자들은 고고장, 올 나이트 커피숍, 극장 등을 통해 자신의 정체성을 중산층 혹은 여대생의 것과 '일치'시키려고 했다(Kim 1997, 63). 다소 극단적인 예이기는 하지만, 통근버스를 기다리는 10분간의 시간을 위해 월급을 모아 멋진 옷을 어렵게 마련했던 여성노동자들은, 야유회 때나 회식 때가 되면 편안한 옷 대신 정장에 핸드백을 들고 사진을 찍었으며, 맞춤옷이 마침내 자신의 손에 들어오는 역사적인 순간이 되면 양장점에서 나오는 길에 사진관에 들러 증명사진을 남기듯 자신의 '여성스러움'을 증명하는 기록을 남겨 놓았다(전혜진 2003, 65).

결국 균등하지 않았지만 여성 사업장 여성노동자들이 매우 빠른 속도로 자신이 '노동자'임을 자각했다는 민주노조운동의 지배적인 해석 — 저항적 정체성으로 여성노동자를 서술하는 해석 — 은 여성노동자들 내부의 '차이'를 무화시키는 결과를 낳았다. 여성노동자들의 권리의식 성장에도 불구하고 신분상승 의식이나 사무직과 화이트칼라 직종에 대한 선망이 쉽게 사라지지 않은 이유, 다시 말해 자신이 '노동자'임을 부정하고자 했던 이유는 산업 역군의 자긍심마저 압도한 '파괴된 여성성'에 대한 공포를 지니고 있기 때문이었다. 또한 자신보다 사회적 지위가 높은 화이트칼라 남성과 결혼하기 위해 여성노동자들은 결혼시장에서 자신의 가치를 한 단계 높이기 위해 공장과 공장 외부를 격리시켰다. 다시 말해서 여성노동자들은 공장에서 하는 노동에 대해서는 무성적인 의미를 부여했지만, 대중매체에서 재현되는 여성성을 더욱 열광적으로 모방하며 훼손당한 여성성을 복원시켜 나가고자 했다(전혜진 2003, 3; 72). 여성노동자의 정체성 형성에서 '저항적 측면'이 존재한 것은 분명했다. 하지만 저항적 정체성에 대한 '지나친 강조'는 여성노동자들이 지닌 일상적 욕망이란 지점을 '부차적인 현상'으로 간과해 왔다. 이것 역시 산업화 시기 노동사 서술에서 감추어진 측면임에 틀림없다.

'여공은 난잡하다'

이제 좀더 구체적인 성, 가족, 성욕, 결혼 등과 연관된 여성노동자들의 욕망에 대해 살펴보자. 노동사 연구에서 여성노동자의 욕망이라는 화두는 각별한 의미를 지닌다. 여러 글들에서 지적되었지만 동아시아, 특히 한국 여성노동자의 이미지는 순종적이고, 유순한 '시골 처녀' 같다는 것이 지배적이었다(우미성 2001). 이것은 여성으로서 욕망과 권리 의식을 제어하기 위한 담론과 장치들이었다.

이런 여성노동자의 욕망 억제는 유교의 '정절', 현대적으로는 순결 이데올로기에 의해 강화되어왔다. 산업화 시기 여성을 둘러싼 담론은 여전히 충효 등 유교 이데올로기에 지배되었다. 1970년대 중반 상황을 보면, 정부 차원에서 한국 예지원禮知院의 조직과 기능을 보강하고 이곳을 통해 미풍양속과 부덕婦德을 강조 · 계승하는 교육을 강화했다. 특히 예지원은 박정희 정권 때 유교 담론을 재발명한 대표적 기관 가운데 하나였다(강준만 2002).

흥미로운 점은 19세기 서구의 여성노동자를 둘러싼 담론은 남성과 여성의 '존재론적 차이'를 강조한 데 비해, 한국의 경우 산업화 과정에서 여성의 공적 영역 참여를 성별 차이라는 근거로 약화시키기보다, 여성으로 하여금 민족공동체의 구성원으로서 민족정체성을 보존하고 변형시키는 것이었다. 이 과정에서 전통적 여성성과 근대적 여성성이 결합되었다. 산업화 시기 여성은 국가와 민족의 발전에 공헌하는 적극적 동원의 대상으로 변형됐다. 그러나 성별 영역을 무너뜨리지 않은 상태에서 동원됐던 여성노동자들은 남성을 보조하는 '무성적 노동력'이었다(신건 2000, 16~17). 이렇게 '여성'의 권리가 협소한 사회적 조건에서 여성노동자들의 가장 큰 고민은 무엇이었을까?

조화순은 초기 소그룹 프로그램을 진행했던 경험에 대해 이렇게 이야기하고 있다(조화순 1992, 76).

> 근로자들의 문제가 무엇일까? 가까이부터 찾았어요. 이성문제가 첫 번째로 떠올랐어요. 그때 자살 사건이 있었거든요. 인하공대 학생과 연애를 하던 근로자가, 졸업 후 배신한 그 사람 집 앞에서 자살한 사건이었어요. 외로움 때문에 쉽게 남자를 사귀고 학생들과 연애하는 것이 소원이었던 근로자들 사이에서 그런 일들은 쉽게 일어날 수 있는 일들이었어요.

실제 산업화 시기 여성노동자들이 연관된 사회문제들이 많이 보도되었다. 단적인 사례가 여성노동자들의 '임신'이었다. YH의 경우 여성노동자 중 한 사람이 아이를 낳아서 화장실에 유기한 사건이 있었다. 당시 여성노동자들은 주야교대 근무를 했는데, 한 여성노동자가 밤에 근무하고 아이를 화장실에 가서 낳았던 것이었다. 이 사건으로 경찰서에서 찾아오고 기숙사 사감이 조사를 하는 가하면, 의심스러운 여성노동자들을 불러 유방검사까지 실시했다. 이 사건은 여성노동자의 성과 욕망에 대한 사회의 지배적인 시각을 드러낸 '상징적 사건'이었다. 그렇다면 여성노동자의 욕망을 억누른 담론들(특히 도덕 담론들)이 지배화된 원인은 무엇이었을까? 또한 이 담론들이 은폐하고자 한 것들은 무엇이었을까?

'신성한 모성'과 여공

먼저 여공에 대한 지배적인 담론들은 다양한 형태로 '신성한 모성'을 준비하는 여공이라는 담론을 확산시켰으며, 그 이유는 '궁극적으로' 여성노동자들을 가정 내부로 제한시키기 위해서였다. 여성노동자들이 마음 속에 지녔던 욕망들은 여대생과 같은 지위를 얻고자 했던 신분상승, 더 나은 교육, '좋은 결혼' 등이었다. 그러나 지배적 담론은 '좋은 결혼'을 위해서는 '신성한 육체'가 필요하고, 결혼 전 여성노동자의 육체는 순결해야 하며, 그럴 때만이 '신성한 모성'이 될 수 있다고 역설했다. 반면 혼전동거, 성교 등은 금기시되어야 할 것으로 여겨졌다. 이것은 당시 여성노동자들을 대상으로 한 의식조사에서도 드러난다. 여성유권자연맹이 교육에 참가하기를 희망하는 여성노동자들에게 원하는 교육 내용을 조사한 결과, 꽃꽂이, 수예, 자수, 서도 등과 같은 일반 교양과목이 39.2%, 가사, 육아 등 가정생활 내용이 21.8%, 성교육 등 건강상식이 14.0%, 그리고 정규 학교교육의 연장이 9.1%를 차지했다(한국여성유권자연맹 1980, 102).

한편 여공에 대한 지배적인 담론은 가정의 경계 외부에 존재하는 여공, 식모, 사창가의 매매춘 여성들을 비속화하는 동시에 주변계급under-class으로 주변화시켰다. 널리 알려진 바와 같이 YH 여성노동자들 가운데 일부는 낮에는 노동자였지만, 저임금 때문에 공장 주변 술집 등에서 부가적 벌이를 했던 것은 공공연한 사실이다(이철순 2002년 12월 27일 인터뷰). 그렇다면 신성한 모성과 생계를 위한 성노동자화, 이 양자의 모순을 어떻게 해석해야 하는가?

육체에 대한 욕망을 억제하고자 했던 것은 여성노동자 이외의 계급, 계층을 막론하고 유사했다. 국가는 가족계획 등을 통한 산아조절과 도덕 담론을 교육, 제도, 미디어 등을 통해 전파시켰다. 중산층 역시 여성노동자, 식모, 여차장들의 '문란한 성생활' 등을 지적하면서 이들에 대한 교화와 계도를 강조하는 한편, 이들의 성적인 개방이 중산층 가정은 물론 사회적으로도 위험하다는 시각을 제시했다.

남성노동자들 역시 노골적으로 '공장에는 처녀가 없다', '헤픈 것들' 등

도덕 담론을 통해 여성노동자들에게 순결을 강요했고, 고용주들도 결혼을 위한 도덕적 무장을 요구했다. 이들은 크게 두 가지 방향에서 여성노동자의 욕망을 해석했는데, 우선 장시간 노동, 고된 노동, 낯선 도시생활 등의 사회적 조건이 여성노동자들의 동거와 사창가 진출을 부추긴다는 것이었다. 다른 한 가지는 이들의 '성의식 결여는 교육의 부족과 무지에서 기인한 것'이라는 시각이었다. 이런 시각은 여성노동자의 동거와 성적 문란 등을 기정 사실로 인정하고 노동조건의 완화, 여성으로서 지녀야 할 건전한 성의식 확산 등을 대안으로 내세운 것이었다. 이런 담론들 역시 성도덕 혹은 성과학에 입각한 도덕 담론의 틀에서 벗어나지 않았다. 결국 지배적인 담론은 여성의 욕망을 '비정상적인 무엇'으로 강조했고, 이것을 교정하기 위한 제도와 지식을 동원했다. 이것은 신체와 욕망에 대한 지식체계를 여성노동자 자신한테서 체계적으로 배제시키는 것이었다. 이런 과정을 통해 여성노동자들은 '순결한 모성'이자 '건강한 육체를 지닌 근대화의 기수'이며, '미래의 가족'을 지켜야 한다는 지식체계가 유포되었다.

구체적으로 1970년대 지배적 담론을 반영하는 기사를 살펴보자. 1976년 5월 13일자 『한국일보』에 실린 미혼모와 모성에 대한 기사를 보면, 일관되게 미혼모의 급증을 도덕 관념의 부재와 성적 무지에서 찾고 대안으로 '올바른' 성교육을 제시하고 있다(이승호 2002, 147 재인용).

棄兒발생의 직접적인 원인이 되고 있는 미혼모 수가 지난 6년 동안 약 16배로 크게 늘어나 미혼모 발생방지를 위한 대책이 서둘러 요구되고 있다. 홀트 양자회에 의하면 1969년 1년간 同會에 상담을 신청해온 미혼모는 73명뿐이었으나 1975년 1년 동안 상담을 신청해온 미혼모는 1,130명으로 놀라운 증가를 보이고 있다. ……미혼모가 된 동기를 분석하고 미혼모 발생 방지를 위해 제언을 마련

> 한 연구 서적 『한국 미혼모의 현황 분석』(성영혜, 숙대 가정대 전임강사)이 최근 보고했다. ……미혼모가 된 구체적인 동기도 호기심과 순간적인 충동이 35.2%를 차지하고 있는 것으로 보아 이성에 관한 무지가 미혼모 발생의 주요 원인으로 지적될 수 있다. ……미혼모 발생방지를 위해 이 연구논문은 각종 방법을 통해 올바른 성교육을 실시해야 할 것을 주장하고 있다.

1960년대 후반부터 1970년대에 걸쳐 '미혼모' 문제는 사회문제가 되었다. 당시 신문에서는 여공, 식모, 여대생의 미혼모 문제, 영아유기 등의 기사를 찾는 것은 어려운 일이 아니었다. 예를 들어 「처녀가 애 낳고 도망」, 「여대생 미혼모, 3개월 아기 버려」, 「미혼모 늘어난다」, 「집단 여성 근로자에 교양강좌 시급」 등 기사가 자주 등장했다(김승호 2002, 147). 하지만 이것은 미혼모가 증가해서 사회적 문제가 되었다는 측면보다는 여성에 대한 도덕적 통제, 이른바 지배적인 모성 담론의 헤게모니가 흔들리고 있음을 단적으로 보여주는 것이었다. 다시 말하자면 이 문제들이 '심각하다'고 인정하고 여성들이 건전한 모성으로 재무장, 재교육되어야 한다고 역설했던 것이다. 대표적으로 혼전순결 강조, 성교육 재실시 등을 강조함으로써 모성과 가족제도의 혼란에 대해 비판을 가한 것이었다. 「늘어나는 10대 미혼모 — 여공 많아 연차로 보호시설 설치」라는 기사에서도 이렇게 지적하고 있다(조선일보 1974. 01. 13).

> 우리나라에도 10대 미혼모가 점차 늘어나고 있어 새로운 사회문제로 등장하고 있다. 이 같은 현상은 사회구조의 변화와 성 개방 풍조에 따라 나타나는 세계적인 추세이긴 하지만, 우리나라에선 10대 여성을 집단고용하는 공업단지가 생기면서 더욱 두드러져 가고 있는 것으로 보여 보사부에서도 연차적으로 이들 미혼모에 대한 보호시설을 증설할 방침이다. ……대한사회복지회 탄염백 회장

은 10대 미혼모의 발생사유에 대해 1) 사회환경의 변화에 적응할 능력이 없는 소녀들이 갑자기 부모의 감시를 벗어나게 되는 경우, 2) 가정교육, 애정의 결여와 감시소홀로 성에 대한 관심이 이상 발달하는 경우, 3) 사춘기 소녀들이 지도 없이 집단생활하는 경우 등으로 볼 수 있다고 분석하고 공장에서 10대 공원들에게 새 환경에서 집단생활을 하는데 적응할 수 있는 정서, 도덕교육과 함께 건전한 성교육을 시켜 탈선을 막아주는 것이 중요하다고 말했다.

위 기사에서 잘 드러나 있듯이 여성노동자의 성에 대한 지배적인 담론은 1) 가족의 관리에서 벗어난 여성노동자들의 적응력 결여, 2) 새로운 집단생활에 따르는 정서, 도덕, 성교육을 통한 탈선의 사전 방지로 정리할 수 있다. 이처럼 여공, 식모, 매매춘 여성의 성은 건전한 가족을 형성하기 위한 교육적 제도와 장치 등을 통해 통제되어야 하며, 그 핵심에 모성 · 도덕 담론이 자리잡고 있었다. 이런 담론은 형식적인 것이 아니라 매우 강경한 형태로 드러났다. 한 신문에서는 미혼모 문제 대책에 대해 지적하면서, 혼전임신을 반대하는 이유로 "결혼이나 가정, 아기에 대한 완벽한 책임을 지기 전에는 성의 아름다운 혜택을 누릴 자격이 없다"는 과격한 주장도 제기되었다(김승호 2002, 148).

국가의 여공 담론 — '윤리와 과학이 조화되는 가정'

그렇다면 산업화 시기 여성노동자의 욕망을 둘러싼 국가의 담론은 어떠했을까? 이 시기 과도한 인구팽창은 위로부터 권위적 방식을 통해 통제되었다(박태호 2002). 동시에 인구억제를 통해 빈곤에서 벗어나야 한다는 단순 논리에서 한 걸음 더 나아가 경제발전의 최대 자원은 '인력'이며, 좀더 체계적이고 합리적인 인구관리가 필요하다는 주장이 대두되었다. 좀더 세련되게 말하자면 기존 인구의 질적 수준을 높이고 개발사업을 적극화함으로써 현존하는 노동력을 경제개발에 활용하는 일이 중요해졌던 것이다(이기욱 1973, 32~33). 한마디로 '인력개발론'이라고 부를 수 있는 정책 아래에서 여공에 대한 담론도 변했다. 산업화 이전 시기에는 하층계급 부녀들의 직업 보도와 직장 내 성윤리 문제 등을 보사부 부녀행정 관련 부서가 담당하고 있었지만, 1970년 4월에 부녀 및 소년보호 업무를 맡는 '근로기준 담당관'이 신설되었다. 이전에도 근로기준법에 여자와 소년노동에 대한 보호 조항이 존재했지만, 이것은 헌법적 권리에 대한 선언에 그쳤고, 실질적으로 여성노동에 관심을 둔 것은 1970년부터라고 추측할 수 있다. 특히 1970년대 대규모 이농에 따라 도시 여성노동력이 급증하면서 노동행정 당국은 '여성근로자' 문제에 주목하게 됐고, 이전에 사용하던 '부녀婦女'라는 개념은 점차 사라지게 되었다. 부녀가 가족 속의 여자라면 근로자는 가족을 떠나 공장에 소속된 존재이기 때문이었다.[6]

특히 주목해야 할 것은 부녀행정이 계몽과 통제, 보호라는 흐름으로 진행되었다는 점이다. 초창기부터 부녀행정은 어머니로서 여성의 자질 향상, 가정생활의 합리화 등 가족 내 여성에 대한 지도와 계몽, 그리고 공창제 폐지와 미혼모방지 운동 등 가족 밖으로 탈락된 여성에 대한 통제와 보호라는 두 가지 방향에서 진행되었다. 당시 결혼을 선택하지 않는 삶, 즉 가족주의적 관계망에서 벗어나 있거나 다른 가족주의 관계망을 형성하지 않은 채로 개별 여성이 살아갈 수 있는 삶은 선택 가능한 답안에서 제외되어

6_ 전통사회에서 생존이 가족 단위로 이루어졌다면 자본주의 노동시장에서는 개인 단위로 고용이 이루어진다는 차이가 이런 용어 속에 반영되어 있다(황정미 2001, 10).

있었다(전혜진 2003, 62~63).

결과적으로 '여성화된 정책'으로서의 발전국가의 여성정책은 실제로 경제개발과 사회개발에 대규모로 동원되고 있는 여성들의 활동을 비가시화시키고, 특히 생산하고 노동하는 여성의 위치를 계속적으로 부인하고 있다. 이처럼 '여성화된 정책'은 가정에 소속된 피보호자로서 여성, 도덕적 타락을 막기 위해 통제해야 할 여성, 현모양처로서의 자질을 향상시켜 사회에 봉사해야할 여성들을 전제로 사업을 전개하였다. 발전국가가 함축하는 가부장적 권위주의는 여성을 발전에 '일정한 방식으로' 동원함으로써 여성들을 '배제'하는 정책적인 기제를 함축하고 있었던 것이다.

그렇다면 여기서 상정한 '가족'이란 어떤 가족이었을까? 한편으로 "윤리와 과학이 조화되는 건전 가정"(황정미 2001) 혹은 '가정성 숭배'라는 맥락에서 이야기되기도 했는데, 다소 길지만 그 내용을 살펴보면 다음과 같다(신건 2000, 68~69).

> 한국 근대화에서……'여대생'들에게 강조되었던 것은 '현모양처'로서의 역할……여대생은 '자아실현'을 추구하는 동시에 현모양처로서 자신을 가꾸어 나가도록 권고된다. 이처럼 여대생들도 조국 근대화에 대한 의무와 책임을 수행할 수 있는 장소는 가정이므로 예비신부로서, 남성이라는 국민적 주체의 보조자로서 자리매김된다. 이처럼 '현모양처상'이 강조된 사회적 맥락은 19세기 서구 '가정성 숭배' 현상의 발생 맥락과 유사하다. 근대 자본주의 발전은 남성 생계부양자 모델, 생계보조자 등 성별분업 체계를 중산층 가족만이 아닌 노동자 가족으로 확산된다. 이런 구조적 특성 아래에서 '가정성 숭배'라는 가정의 신성화 이데올로기는 가정과 가족을 불안정하고 경쟁적, 계산적 세계로부터 휴식처로 표상화하는 동시에 가족은 사회적 덕목과 개인적 도덕 구현의 장으로 개념화된다.

구체적으로 보면, 1969년 3월 5일에 가정의례준칙이 대통령령으로 공포되었고, 사회풍기 정화와 구습 일소, 도덕적 재무장을 위한 '윤락행위 등 방지법 제정'은 부정적인 전통(허례허식, 구습)과 대비되는 합리성과 계획성, 검약성 등 당시 조국 근대화의 덕목이 건전 가정의 내용임을 분명히 드러내고 있다. 전통가족에서 농사일과 가사일을 동시에 떠맡으면서 생산의 일선에 서 있던 여성들은 이제 가족생활 속에 영양, 청결, 보건 등의 근대적 가치를 도입하고 자녀교육에 많은 관심을 기울이는 '바람직한 어머니상'으로 다시 발명되어야 했다. 이것은 경제개발과 건전한 노동력의 안정적인 재생산을 위한 가족의 전반적인 '재편성'을 의미했고, 그 안에는 근대적 가치를 상징하는 과학과 성별분업에 기반한 모성을 강조하는 윤리가 결합되어 있었다. 다소 시간이 경과한 1980년대 김승경의 조사 가운데 거의 90퍼센트에 달하는 미혼 여성노동자들은 결혼 후 '절대로 공장으로 돌아가지 않는다'고 응답했으며, 대다수가 결혼 후에 직장을 떠나겠다고 답변했다(Kim 1997, 80). 이것은 '모성 담론'에 기초한 전업주부에 대한 욕망과 공장노동에 대한 염증의 결과라고 해석할 수 있다. 이렇게 여성들의 주부와 부인으로서 '투심投心'이 강해지는 현상은 분절된 노동시장이 여성들을 가부장적 가족의 구조로 밀어 넣었기 때문이었다고 해석할 수 있다.

여공과 가족 그리고 결혼

그렇다면 '결혼'과 '가족'에 대한 여성노동자들의 담론은 어떠했을까? 중산층 여성들의 '낭만적 로맨스'와 다른 맥락에서, 여성노동자들에게 있어서 결혼은 자신들의 일생에서 가장 중요한 경제 · 사회적 사건이었다. 특히 한국에서 결혼은 산업화 시기에도 여전히 두 가족 사이의 '거래'라는 성격이 강했다. 여성노동자들에게 있어서 배우자 선택의 가장 큰 기준은 성격과 경제적 안정이었다. 또한 결혼은 개인으로서 여성노동자의 선택이라기보다 가족과 연루된 기대심리의 반영이었다(Kim 1997, 14; 67). 원풍모방 박순희가 말하는 결혼에 대한 당시 여성노동자들의 생각을 보면, "……결혼해서 그 직장에 그냥 다니면 신랑 잘못 만나거나 팔자 사나운 거라고 했기 때문에 일단은 나가서 딴 직장 갈망정 사표를 냈다고……"라고 회고하고 있다(박수정 2004, 180~1).

이처럼 여성노동자들에게 결혼은 일종의 '탈출구'였다. 가톨릭노동청년회의 이철순도 여성노동자들에게 결혼은 "지옥 같은 현장을 탈출할 수 있는 유일한 길"이었다고 이야기하고 있다. 그래서 경제적 이유 때문에 동거를 하는 여성노동자들도 적지 않았다. 여성노동자들은 여가시간도 없었으며 자신이 여공이라는 사실에 대한 피해의식이 컸었다. 그래서인지 같은 공장에서 결혼이 이루어지는 경우가 많았다. 반면 자신보다 좀더 나은 직장에 다니는 남성과 결혼해서 공장에 나오지 않는 것도 큰 욕망 가운데 하나였다(이철순 2002년 12월 27일 인터뷰). 그러나 여성노동자들은 결혼 후 첫아이를 낳은 뒤, 재취업하는 것이 일반적이었다(Kim 1997, 83). 민종숙은 평화시장 여성노동자들의 결혼에 관해 이렇게 서술하고 있다(민종숙 1977).

> 내가 알기로는 평화시장 처녀들의 결혼은 시장 내의 남자들과 이루어지는 경우가 제일 많은 것 같다. 그래서인지 결혼을 하면 지긋지긋한 이 평화시장을 훨훨 떠나 버리겠다던 처녀들이 결혼 후에도 이곳을 떠나지 못하고 다시 눌러앉게 되는 경우도 많다.

어쩌면 결혼 후에 그녀들의 희망처럼 시장을 떠나지 못하는 것은 당연했다. 남편이 재단사일 경우 한 달 수입은 6~7만 원 정도가 보통이었다. 이 정도 수입으로는 가족의 생계를 유지하기 어려웠는데, 아이들 수도 적지 않았기 때문에 더욱 그러했다. 민종숙의 이야기 끝에는 언제나 '가족'이라는 화두가 따라다녔다. 그녀들이 서울로 올라온 가장 큰 이유 중 하나는 빈곤, 특히 실질적 '가장'으로서 가족의 생계를 책임지는 것이었다(민종숙 1977, 250~251). 하지만 결혼 후에도 실질적인 가장 역할을 계속하거나 가부장인 남성노동자의 부족한 수입을 보충하기 위해 여성들은 공장에 나가거나 공장노동에 대한 대안으로 음식점, 꽃가게, 의상실 등 소규모 자영업에 종사했다. 여기서 흥미로운 점은 결혼 후 여성들의 재취업에 대한 남성의 반응이었다. 남성노동자들은 부인의 노동이 자신의 '자존심'에 상처를 낸다고 생각했고, 여성들이 일을 하고 돈을 벎으로써 자신(남편)을 무시한다고 생각하기도 했다. 이것은 남성 생계부양자 모델에 대한 위기감의 '부분적' 반영이었다(Kim 1997, 84; 90).

하지만 미혼 여성노동자들이 가족의 생계라는 이유 이외에 공장노동을 인내했던 또 다른 중요한 이유는 '결혼' 때문이었다. 여성노동자들은 생계조차 꾸리지 못하는 가족한테서 결혼을 위한 경제적 지원을 받을 수 없었다. 특히 '혼수'는 매우 중요했다. 김승경의 조사에 따르면, 46퍼센트 정도의 여성노동자들이 혼수를 위한 저축을 결혼에서 가장 중요하다고 응답했다. 혼수를 위한 저축은 여성노동자들에게 두 가지 의미를 지녔는데, 하나는 가족의 신분상승이었고, 다른 하나는 자신의 신분상승이었다(Kim 1997, 75~77). 동일방직에 들어간 직후 석정남은 자신의 '희망사항'을 이렇게 적고 있다(석정남 1984, 13).

얼마나 손꼽아 기다리던 첫 출근이었는가! 앞으로의 희망과 가지가지 알찬 계획들이 한꺼번에 일어나 마음 속에서 춤을 추었다. 앞으로 3년, 딱 3년만 다니는 거다. 돈은 한 푼도 쓰지 않고 월급 타는 대로 꽁꽁 모아뒀다 시집갈 때 요것 저것 예쁜 거 다 사 가지고 가야지. 그런 나를 누가 구두쇠라고 욕해도 좋아. 오빠 말대로 여자란 그저 얌전히 있다가 좋은 남자를 만나서 시집만 잘 가면 되는 거야. 여자 나이는 스물 셋이 제일 좋은 때라고 했겠다. 3년 동안 열심히 돈을 모으며 책도 많이 읽어두자. 사람이 머리 속에 든 게 없고 교양이 없으면 시집도 좋은 데 못 간다고 하던데 다행히 동일방직의 도서실엔 책도 많이 쌓여 있지 않은가.

하지만 이것은 결혼에 대한 '희망사항'의 목록이지 반드시 실현될 수 있는 것은 아니었다. 석정남의 발언은 여성은 언젠가 결혼과 가족을 위해 공장을 떠날 수밖에 없다는 지배적인 담론을 수용한 셈이었다.

다른 한편 결혼은 민주노조 활동가를 지속적으로 배출하는 데 있어서도 큰 장애물이었다. '결혼장애'를 둘러싼 여공의 담론은 원풍모방 노동자 수련회의 토론 등에서 확인할 수 있다(이옥순 1990, 98~99).

지금도 가장 기억에 남는 토론은 '결혼문제'였다. '여자가 결혼을 하고도 노동운동을 할 수 있을까?' 대부분(당시 30명 대다수가 여자였다. 남성노동자는 1명)이 안 될 거라고 생각했다. 하지만 생활을 위해서는 혼자 살 수 없는 것이 아닌가라는 견해도 많았다. 또한 노동운동을 하기 위해서는 결혼을 하지 않아야 한다는 결론도 적지 않았다. 그리고 생활대책을 세워야 하니까 공동으로 모여 사는 공동생활 구상과 노후에 대한 대책을 함께 마련해야 한다는 의견과 그밖에 중공업 사업장 노동자에게 시집가서 남자들이 노동운동을 하도록 하자는 의견도 나왔다.

1. 결혼을 한다.

문제점

1) 상대자가 어떤 사람인가? 이해해 줄 것인가?

2) 가정에 얽매어 운동하기가 힘들 것이다.

3) 자식을 어떻게 키울 것인가? 자식만 키우다 늙게 되면 자기 발전은 없다.

4) 경제적인 어려움 때문에 돈에 매어 살게 되고 자식들의 원망만 듣게 될지도 모른다.

장점

1) 우린 각성된 사람이니까 자식을 올바르게 교육할 수 있을 것이다.

2) 남편이 운동을 하게 될 경우 여러모로 도움을 줄 수 있을 것이다.

3) 개인적인 안정감이 있다.

4) 부모에게 효도하는 것이다.

2. 결혼을 안 한다.

문제점

1) 경제적인 어려움이 있다. 혼자 벌어먹고 살아야 하는데 우리의 월급이 많지도 못하다.

2) 노후에 외로울 것이다.

3) 성적인 욕구를 제어하고 감당해야 한다.

4) 가족과 주위 사람들의 압력을 이겨야 한다.

장점

1) 운동을 자유롭게 할 수 있다.

2) 정신적으로 한 가지 일에 집중할 수 있다.

3) 개성을 살려서 자신의 생각대로 살 수 있다.

4) 노동운동 발전에 크게 기여할 수 있다.

아주 흥미로운 자료인데 여러 해석이 가능하다. 결혼하지 않을 경우 여성노동자들의 고민은 경제적 어려움, 노후대책의 부재, 가부장제적 사회에서 가하는 압력 등이었고, 이것은 여전히 그녀들의 미래가 가족 이외의 선택지에서 벗어나기 어려웠음을 보여준다. 특히 '모순적인 진술들'이 자주 보이는데, 이런 진술들은 결혼을 둘러싼 갈등을 드러낸다. 결혼을 하는 경우, '자식만 키우다 늙게 되면 자기 발전은 없다'고 주장하지만, 다른 한편 모순적으로 '남편이 운동을 하게 될 경우 여러모로 도움을 줄 수 있을 것이다'라는 진술도 보였다. 이것은 자립적인 운동이 아니라 남성을 통해 운동에 대한 '대리 만족감'을 얻으려는 심리구조라고 할 수 있다. 그 밖에도 결혼을 통해 남성 가부장의 임금에 기초한 생활을 하고 싶은 욕구도 자주 드러난다. 예를 들어 결혼을 할 경우, '개인적인 안정감이 있다'든지, '경제적인 어려움이 있다. 혼자 벌어먹고 살아야 하는데 우리의 월급이 많지도 못하다' 등의 발언은 저임금에 대한 '탈출구'로 결혼을 사고하는 일면을 드러내고 있다. 더불어 '결혼장애'에 대한 여성노동자들의 인식도 정확하게 나타났다. '운동을 자유롭게 할 수 있다'든지 '개성을 살려서 자신의 생각대로 살 수 있다' 혹은 '노동운동 발전에 크게 기여할 수 있다' 등 결혼하지 않을 경우에 대한 의견은 결혼이 여성노동자들에게 미쳤던 담론적 효과를 드러낸다. 다른 한편 동일방직이 법외 노조일 때 벌인 '여성 운동사와 노동'이라는 주제의 토론 과정에서도 흥미로운 내용을 발견할 수 있는데, 두 분과의 토론 결과는 이렇다(동일방직노조복직투쟁위원회 1985, 169).

1분과 토의 내용

1. 잘 싸웠다고 생각했으나 강의를 듣고 보니 밥만 먹고 있었던 것 같다.
2. 지금까지 배운 소중한 가치를 결혼해서도 버리지 않겠다.

3. 2세를 위해서라도 지금 우리의 고통은 극복해야 한다고 생각했다.
4. 시집만 가면 모든 것이 해결된다고 믿었는데, 강의를 듣고 보니 시집갈 마음이 싹 없어졌다.
5. 우리 2세는 공순이로 만들지 말아야겠다.
6. 결혼만 하면 이런 고통은 끝난다고 생각했는데 그렇지도 않은 것 같다.

2분과 토의 내용

1. 회사에 다니는 동안만 할 건데 뭘 그랬었다.
2. 이제까지 고생만 하고 살았는데 시집가면 잘 살고 싶었다.
3. 결혼을 내 인생의 종착역으로 생각했었다.
4. 오늘 강의를 듣고 결혼 상대자에 대한 판단기준이 달라졌다.
5. 시집만 가면 끝장인 줄 알았다.
6. 시집은 가되 돈보다 인격을 보겠다.
7. 노후에 대한 생활대책으로 시집을 가는 것 같다.

동일방직의 토론 내용 중에서도 남성노동자의 임금에 기초한 가족에 대한 욕망이 자주 드러났다. 예를 들면 '시집만 가면 모든 것이 해결된다고 믿었는데, 강의를 듣고 보니 시집갈 마음이 싹 없어졌다'라든지, '결혼만 하면 이런 고통은 끝난다고 생각했는데 그렇지도 않은 것 같다', '이제까지 고생만 하고 살았는데 시집가면 잘 살고 싶었다', '결혼을 내 인생의 종착역으로 생각했었다' 등은 여성노동자들의 결혼에 대한 욕구와 여공생활의 탈출구로 결혼을 사고했던 모습을 보여주는 전형적인 예라고 볼 수 있다. 이것은 여공 담론 해석에서 자주 등장하는 '생계보조적 노동력'으로 간주하는 담론에 여성노동자들이 '동조'했던 결과라고 해석할 수도 있다.

여공들의 사랑, 동거문화와 이성애

구체적인 이성애, 동거 등 성문제에 대한 여공들의 담론들은 어떠했을까? 초기 서유럽 여성노동자의 성과 관련된 담론을 보면 여성노동자가 많은 도시에서는 낙태나 출산통제가 빈번했으며, 사산아 비율도 매우 높았다. 특히 빈곤층은 아이의 탄생보다 자연사를 '다행'으로 여기기도 했다. 또 19세기 여성에게 있어서 '성에 관하여 논의'한다는 것 자체가 금기시되었고, 여성은 마음대로 자신의 신체에 대한 결정권을 지니지 못했으며, 출산 조절, 피임은 '질병'처럼 여겨졌다. 19세기 프랑스의 경우 여성의 성에 대한 통제는 '건강한 결혼, 성생활 그리고 안정된 가정'이란 담론 아래에서 '안정된 국가'("공화국의 어머니")라는 이름으로 정당화되었다(조은 외 1997). 독일의 경우에도 혼전성교 등은 사회적 문제였다. 예를 들어, 대부분의 노동자가 하나의 침대를 소유하는 것이 거의 불가능했던 현실에 대해 부르주아들은 경악했고, 이런 현상이 초래할 '도덕적 타락'을 개탄했다. 그러나 부르주아들의 우려와 달리, 산업화된 도시 내부에서 청소년 노동자들은 자신들 사이에 통용되는 성과 성적 욕구에 관한 집단적인 통제방식을 지니고 있었으며, 오히려 이것은 부르주아보다 해방된 측면을 지녔다. 이처럼 혼전성교를 '도덕적 타락'으로 치부하는 것은 시민계급의 편견에 불과한 것이었다(정현백 2000, 113, 120).

그렇다면 산업화 시기 여공들의 성 담론은 어떠했는가? 14세에 도시로 상경해서 여러 직업을 경험했던 석정남의 성 담론을 살펴보자.[7] 그녀는 일기 『불타는 눈물』에서 주변 동료의 혼전 성행위에 대해, "75년 11월 18일 그녀

7_ 1960~70년대 여성노동자의 욕망을 둘러싼 입장에 대해서는 **부록 6-4** 참조.

(석정남 — 인용자)는 짐을 맡겨둔 홍성여관에 가서 짐을 찾고 그녀를 소개해준 영숙을 찾는데, 여관 주인 왈, 둘(영숙과 남자를 지칭 — 인용자)이서 자고 있다는 말……누구와 둘일까? ……나만은 영숙이 같은 인간이 되지 말아야지. 세상 사람들의 축복과 진실이 이루어지는 순결이라는 것을 고이 간직하리라……"라고 서술하고 있다(석정남 1976a, 199).

석정남의 글 속에서 '여성노동자의 성의식은 매우 보수적이 아닌가'라는 질문이 가능하다. 석정남은 자신은 결혼 전에 반드시 순결을 '수호'해야 하며, 성적인 것(혹은 욕망)을 죄악시하는 멘탈리티를 지니고 있었다. 다시 말해서 그녀의 세계 안에는 성욕(혹은 성적 욕망)이나 그런 욕구를 부정하는 심리가 존재했다. 이처럼 이성애, 성적 욕구 등 전통적 제약에서 벗어난 자유는 곧바로 '성적으로 느슨하다'든지 '비도덕적인 것'으로 규정되는 것이 보편적이었다(Kim 1997, 14). 이런 사실은 1970년대부터 불린 「성냥공장 아가씨」와 「영자송 2」란 구전 가요에서도 확인할 수 있다(전혜진 2003, 47~8).

성냥공장 아가씨

인천의 성냥 공장 성냥 공장 아가씨
하루에 한 갑 두 갑 일 년이면 삼백육십 갑
치마 밑에 숨겨 놓고 정문을 나서다가
치마 밑에 불이 붙어 백 보지가 되었네
인천의 성냥공장 아가씨는 백 보지

부천의 설탕 공장 설탕 공장 아가씨
하루에 한포 두포 일년이면 삼백육십 포

치마 밑에 숨겨 놓고 정문을 나서다가
치마 밑에 불이 붙어 꿀 보지가 되었네
인천의 성냥공장 아가씨는 꿀 보지

영자송 2

영자의 손목이 버스간의 손잡이더냐
이놈도 잡아보고 저놈도 잡아보고 영자는 십팔년
영자의 가슴이 가게 집 쭈쭈바더냐
이놈도 빨아보고 저놈도 빨아보고 영자는 십팔년

'영자'로 상징되었던 여공 혹은 하층여성의 성을 남성의 '노리개' 혹은 '성적 전유물'로 묘사한 이 노래들은 술자리 등에서 아무런 거리낌없이 불려졌다. 이러한 여성노동자들의 신체와 성에 대한 남성중심적인 해석과 관습적인 사유방식은 여성노동자들이 가정 혹은 가부장으로부터 보호받지 못하는 존재라는 '사실'에서 비롯되었다. 강력한 아버지 혹은 오빠로부터 일상적으로 관리 · 감독받지 못하고, '정상적인 가정'에서 유리되어 있는 여성노동자들은 이미 성적으로 보호받지 못한, 혹은 보호받아야 할 가치가 없는 '이미 내둘려진' 또는 '깨진 그릇'으로 인식되었던 것이다(전혜진 2003, 48).

또 한 가지 흥미로운 것이 여성노동자의 성적 욕구에 대한 삼원섬유 '남성' 조합장 유동우의 담론이다. 도시산업선교회 회원인 남성노동자 유동우는 삼원섬유에서 느낀 것 중 하나가 '성의 무질서'라고 언급하면서, 대다수 노동자들은 동거생활이 다반사이고, 자신이 공단에 온 이래 3년간 수십 명의 여성노동자들과 관계를 맺은 것을 자랑으로 여기는 남성도 있다고 말한다. 단적인 예로 유동우는 삼원섬유 가공부의 한 여성노동자가 저임금을 참지 못해 술집으로 직장을 옮겼는데, 그 이유는 하루 임금 190원으로는 세끼조차 먹기 힘든 실정이었기 때문이다. 그녀는 동네 기름장수 아주머니의 꼬임에 빠져 공단 근처 술집에서 일하게 됐고, 이 사실을 알게 된 그녀와 사귀던 남성이 따귀를 때리며 울분을 터뜨렸으나 그곳에서 벗어나지 못했다(유동우 1984, 42~4, 57~9). 유동우는 이런 사례들을 열거하며 20세 미만의 '정신적으로 미숙한' 어린 노동자들의 동거는 심각한 문제이며, 더 심각한 문제는 가난하고 억울한 노동자의 비애, 특히 차별, 저임금, 멸시로 가득 찬 노동자들은 누군가 조금만 자신을 이해해주고 서로 의지가 되면 쉽게 모든 것을 털어놓고 깊이 생각할 겨를도 없이 동거에 들어가는 것이라고 진단한다. 그래서 '공단에는 처녀가 없다'는 유행어가 생긴다고 말을 맺는다(유동우 1984, 42~4, 57~9).

민주노조 지도자인 남성노동자 유동우의 담론에는 동거의 원인을 열악한 노동조건만으로 환원시키는 모습과, 지배 담론이 전제하고 있는 성차별주의, 순결 이데올로기 등이 착종되어 있었다. 그렇다면 여성노동자들의 이성애와 동거 등은 어떻게 해석해야 할까? 여성노동자들의 수기를 관통하는 하나의 특징은 이성애에 대한 이상할 정도의 '무관심'이다. 간혹 이성애에 관해 서술하는 경우에도 대학생과 자신의 신분 차이를 느끼며 좌절하는 내용이 대부분이었다. 반면, 여성노동자들의 일기와 수기 중 일부에서는 같은 직종에 종사하는 남성노동자에 대해서 비교적 자유롭게 이성애 감정을 표현하고 있지만 이것은 소수에 불과했다. 이성애에 대한 무관심이 지배적이었던 것은 여성노동자들을 공순이라고 폄하하는 동시에, 무성화된 육체노동자로 부르던 조건의 산물이라고 볼 수 있다(이정희 2003, 166~7).

먼저 원풍모방 장남수의 친구 운희의 대학생과의 이성애를 살펴보자. 여성노동자인 운희는 우연한 기회에 대학생과 사귀게 되었다. 그러나 대학생은 운희의 돈을 빌려 도망치고 운희는 망연자실해한다. 장남수는, "이제 선녀와 나무꾼 이야기는 없고, 사장 자식은 사장 자식끼리, 노동자는 노동자끼리 사귄다는 것이 고정화"되었다고 수기에 적고 있다. 연애나 인간관계조차 계급적 경계선이 존재한다는 것에 대한 어렴풋한 인식이었다. 여대생이 키 큰 외국인과 연애하면 국경을 초월한 사랑이지만, 여성노동자가 연애를 하면 성문란, 천한 것들이라고 비난하는 여공에 대한 지배적 담론에 대해 그녀는 분개하고 있는 것이다(장남수 1984, 100). 가정부를 거쳐 미싱사 생활을 했던 장안나(19세)는 일기에서, "……오늘 수업은 사회 시간. 과목이 좋다보니 선생님까지 좋아진다. 설마 1 대 1로 좋아하는 건 아니겠지. 아닐 것이다. 내가 그렇게 제 꼬라지를 모르고 주제 파악을 못하는 계집애는 아니니까……"라고 말한다(장안나 1979, 178). 이처럼 여성노동자와 대학생 사이의 연애는 대부분 실패하거나 결혼으로 이어지지 못했다. 1980년대 마산 수출자유지역에서 조사된 내용에 따르더라도, 대학생은 여성노동자에 대해 책임을 느끼지 않고 성적인 착취를 가하는 경우가 많았고, 여성노동자들은 대학생들이 자신들을 '너무 쉽게 본다'는 생각을 갖고 있었다고 한다(Kim 1997, 73).

그렇다면 여성노동자와 남성노동자 사이의 '이성애'는 어떠했을까? 19세의 미싱사인 박정화는 스스로 '조숙하다'고 말할 정도로 자연스런 이성애 감정을 보였다. 그녀와 친구들은 일과 후 친구 집에 모여 라디오 연속극을 듣고, 동네 만홧가게에서 10원 내고 텔레비전을 보다가 알게 된 남자친구들과 '야전'(야외전축 — 인용자)을 틀 채 춤추고 노래 부르며 밤을 새기도 했다. 이때부터 여성노동자들 사이에는 누구는 누구를 좋아하는 등 짝을 지어놓는, 이른바 '파트너'가 만들어졌다. 물론 동네어른들의 '친구들이 못되었다'는 비난도 빠지지 않았다(박정화 1979, 73). 1979년 요꼬 일을 하던 오원희(18세)의 일기를 보면, 그녀는 언제부터인가 같이 요꼬 짜는 남자들이 다르게 보이기 시작했다. 전에는 같이 길을 걸어도 창피했고 그들이 밑으로만 보였는데 지금은 장래의 사람으로 고를 수 있을 것 같다고 고백하고 있다(오원희 1979, 88). 앞서 소개한 미싱사 장안나도 "얼마 전만 해도 그들(남성노동자 — 인용자)과 이야기하는 애들을 보면 '할 짓 꽤나 없나보다'라고 생각했지만, 요즘은 왠지 이야기가 하고 싶어진다. 나보다 나이가 많으니까 오빠라고 부르고 있다"고 일기에 적고 있다(장안나 1979, 188).[8] 이런 말들은 당시 여성노동자들이 같은 남성노동자들에 대해 비교적 자유로운 이성애 감정을 표현했음을 드러내는 간접적인 증거가 아닐까?

끝으로 다룰 여성노동자들의 '동거문화'에 대한 자료는 더욱 희귀할 따름이다. 그러나 동거문화는 빈번했지만 숨겨진 현상이었음을 몇몇 여성노동자들의 수기를 통해 알 수 있다. 1979년 당시 18세였던 미싱사 박정화와 그녀의 지기知己인 미스 신의 이야기를 먼저 살펴보자. 그녀는 가깝게 지내던 미스 신에게 농담조로 "집에 왜 안 데리고 가는가. 혹시 동거하는 것 아닌가"라고 말한 적이 있는데, 실제로 미스 신은 동거 중이었다. 미스 신은 15살 많은 이혼남과 비밀리에 동거 생활을 하고 있었고, 박정화는 과거 남자와 이혼남 사이에서 갈등하는 미스 신을 동정 어린 시선으로 바라본다(박정화 1979, 214~215). 또 하나의 이야기는 신경숙의 『외딴방』에 등장하는 희재 언니의 동거다. 18살의 여성노동자인 신경숙이 사는 벌집에 같이 사는, 신경숙이 가장 따르는 희재 언니는 하나 뿐인 동생을 위해 낮에는 공장에서

8_ 이런 이성애 감정은 같은 또래 남성노동자들도 유사했다. 막노동을 하는 고영생(20세)의 1979년 일기를 보면, "……오늘 처음 데이트를 했지만 현재로서는 좋은 사람인 듯. 좌우간 기쁜 일이 아닐 수 없으며, 나를 좋아하는 사람과 첫 번째 데이트를 했으니 안 좋을 수가 있나? 솔직히 앞으로 잘 꼬셔 봐야지……"라고 서술하고 있다(고영생 1979, 139).

밤에는 의상실에서 일을 하는 실질적인 가장이었다. 그녀는 어느 날 어렵게 신경숙에게 동거 사실을 알린다(신경숙 1995, 146). 가장 가까운 벗인 신경숙에게조차 동거 사실을 밝히는 것을 주저하는 희재 언니의 머뭇거림에서 알 수 있듯이, 여성노동자들의 동거는 사회에서 인정되지 않는 감춰야만 했던 것이었다. 이것은 신경숙의 큰오빠가 희재 언니에게 보인 반응에서도 드러나는데, 그는 결혼도 올리지 않고 남자와 사는 그녀가 자신의 여동생과 가깝게 지내는 것에 대해 불쾌한 감정을 감추지 않았다(신경숙 1995, 146; 201).

이처럼 모든 여성을 '현모양처'로 상정했던 산업화 시기 지배적 담론 아래에서 결혼이 전제되지 않은 이성애는 위험한 것으로 간주되었다. 특히 가족과 사회에서 보호받지 못했던 여성노동자들의 자유분방한 이성애는 침묵되어야 할 것, 다시 말하면 지배적 담론에 의해 감춰져야 하는 '익명적 지식'이었다. 반면 공단지대를 중심으로 존재했던 '동거문화'는 노동자들의 이성애가 사회적 통념을 뛰어넘는 곳에서 이루어지고 있음을 드러낸다. 노동자들의 동거는 생계비 절약을 위한 생계형 동거였기 때문에 당사자들 사이에 큰 부담 없이 받아들여졌으며, 대부분 동거를 비도덕적이라고 생각하지 않았다. 오히려 가난하고 혼기가 찬 여성노동자들에게 동거는 하나의 선택이었으며, 그 이유는 동거가 결혼으로 이어질 것이라는 생각 때문이었다(Kim 1997, 72).

따라서 여성노동자들(혹은 여성노동자들의 수기나 일기) 사이에서 이성애가 '침묵'되었던 현상을 여성노동자들이 이성애와 무관했던 증거로 볼 수는 없다. 여성노동자들 사이에서 이성애가 익명적 지식으로 남았던 이유는 이성애가 사회에서 용인되지 않았던 동거와 같은 형태로 이루어졌기 때문이었다. 이처럼 여성노동자들의 이성애 경험은 유교적 순결 이데올로기, 중산층 로맨스 문화를 전복할 해방적 잠재력을 지녔을지 모르지만, 그것이 언어화되지 못한 데서 알 수 있듯이 '무의식적인 잠재력'으로 존재했을 뿐 의식화된 실체로서 모습을 드러내지는 못했다(이정희 2003, 168~9). 다른 식으로 말하자면, 부분적으로 지배적 담론의 한계를 넘어서고자 했던 동거 문화와 이성애 등은 지배적 담론에 대한 '타협적인 수용'이라는 형태로 존재했던 것이었다.[9]

'미래의 모성'과 여공의 욕망

여공의 욕망에 대한 나의 관심은 여공에 대한 합리적 · 과학적 탐구에 대한 관심이라기보다 '여공'을 둘러싼 지배적인 담론 질서에 대해 반론을 제기하고 싶은 데서 출발했다. 나는 한국에서 여성노동자에 대한 차별은 노동 천시의 전통이나 전근대성 때문만이 아니라 여공에 대한 지배적 담론의 효과, 구체적으로 말하면 국가-고용주-남성 지식인의 공모 아래 만들어진 '표준적 여성' 담론의 효과라고 생각한다. 표준적 여성 담론은 여성에게 노동은, 정상이 아닌 '사회적 병리病理' 현상임을 은연중에 내포했다(스콧 2000, 646). 여성노동자들은 여대생, 사무직 등에 대한 동경을 통해 자신들의 훼손된 여성성에 집착했다. 민주노조 활동가들이 가정했던 여성노동자의 '저항적인 정체성'과 달리, 상당수 여성노동자들의 여성성에 대한 동경은

9_ 김승경(Kim 1997)이 1980년대 마산 수출자유지역 여성노동자들과 한 인터뷰에서 드러나듯이, 여성노동자들의 성과 욕망은 여전히 공공연히 표출되기 어려웠다. 이런 점에서 산업화 시기 여공의 욕망을 둘러싼 지배적 담론은 '장기적인 효과'를 발휘하고 있었다. 동시에 주체와 구성이라는 면에서 산업화 시기보다 '남성성'이 강조되었던 1980년대 노동자운동은 운동의 의제로 여성성과 관련된 사안을 배제하거나, 부차적인 것으로 간주했다. 이것은 노동사 서술에서 여전히 여성노동자들의 이성애, 동거 등은 '익명적 지식'으로 숨겨져야만 했던 지배담론의 '지속적인 효과'였다.

지배적 담론의 '정치적 효과'로 설명될 수 있을 것이다.

또한 지배적인 담론은 여성노동자의 욕망을 '도덕 담론'을 통해 통제하고자 했고 이로부터 벗어날 때 이들을 범죄화하려고 했다. '개인'이자 '여성'으로서 여성노동자의 욕망, 특히 성적인 욕망 등은 비도덕적이고 수치스러운 것이며, 건강한 재생산과 가족에 헌신적인 모성상에 위배된다는 것이다. 특히 대다수 노동사가들이나 남성노동자, 심지어 여성노동자들조차 그녀들의 도덕적 타락은 저임금, 생활고에서 기인한 것이라는 '몰성적' 해석에 집착해왔다. 그러나 실제 여성노동자의 욕망이 억제된 이유는 이른바 '모성 담론'에서 기인했다.

산업화 시기 한국 여성노동자들은 일상적으로 가족주의적 실천과 의례에 의해 노출되어 있었다. 또 국가의 생산성 향상을 위해 동원돼야 했던 산업전사였을 뿐만 아니라 건강한 신체를 지녀야 하는 '미래의 모성'이라는 담론을 통해 규율화되었다. 이것은 여성노동자의 신체와 성에 대한 자기결정권을 박탈하려는 것이었으며, 작업장 내부와 외부에서 '여성다움' 혹은 '여성성'에 대한 고착된 지식체계를 여성노동자의 신체에 각인시키는 것이었다. 여공 담론을 대표하는 용어인 공순이는 '여성노동자'의 다른 이름異名이었다. 여성노동자들의 청바지 차림, 대학생들이 다니는 호프집 출입, 학교 동창을 만날까봐 멀리 돌아 집에 가던 기억들, 이 모든 것은 '열등감'이라는 한 단어로 표현되기 어려운 것이었다. 또 지식인들의 도움에 대해서도, 정보기관의 협박과 강요로 그네들을 '빨갱이'로 생각했던 여성노동자들은 자기를 '벌레 같은 애들'이라며 도와주지 말라고 눈물로 호소하기도 했다. 이처럼 여공이라는 정체성은 그녀들에게는, '필사적으로' 숨기고 싶은 것이었다.

여공에 대한 이런 부정적 사유체계가 형성되고, 준비된 모성으로 여공들을 상상한 것은 산업화 과정에서 작동한 지식체계의 효과였다. 산업화는 합리성을 강조하며 개인들에게 여기에 걸맞은 지식체계를 갖출 것을 요구한다. 그러나 사회적으로 편중된 지식체계 아래에서 여성은 특정한 방식을 통해 배제되었다. 단적인 예가 남녀에게 유용한 지식의 분리였다. 남성에게는 학력을 불문하고 인식론적이고 윤리적인 지식이 강조되었다. 그러나 여성에게는 생활지식을 전달하기 위한 경험적 차원의 지식이 주로 강조되었다. 이렇게 분리된 지식체계는 성별에 따른 사유방식의 차이를 낳았다. 여성노동자들은 기초적인 학교교육만을 받을 수 있었고 공장 내에서 부수적으로 행해지는 교육과정에서도 산업화가 요구했던 기술적 합리성으로부터 배제되었다. 그 대신 고용주와 가족에 대한 복종, 그리고 건전한 모성을 위한 금기와 관련된 지식체계들이 강조되었다(이수자 1999, 36~42). 이런 점에서 여성노동자의 신분상승에 대한 기대와 욕구는 단지 낮은 의식을 반영한 것이 아니라 공적 영역에서 여성노동자들이 체계적으로 배제된 결과였다.

한편 식모, 여공 그리고 매매춘 여성은 국가의 시각에서 보면 모두 사회적으로 '위험한 존재'였다. 산업화 시기에 장시간 노동을 마친 뒤 밤거리로 나오는 여성노동자들은 결코 드문 일이 아니었다. 또 산업화 이후 농촌을 떠난 미혼 여성들 가운데 적지 않은 수가 매매춘에 종사했다. 이처럼 매매춘은 가난한 여성노동자들에게는 낯선 직업이 아니었으며, "창녀는 바로 미숙련 계급들의 미숙련 딸들"이었다. 서구의 자본주의화 과정에서도 매매춘 여성의 절반 이상은 가정부나 식모의 경험을 지니고 있었고, 여성노동자들 사이에서 "순결은 슬픈 할인, 매춘은 고가 경품"이란 말이 돌 지경이었다(조은 외 1997, 157). 이런 상황에 대한 지배적인 담론은 매매춘의 원인인 젠더관계와 사회 · 경제적 문제를 회피하고, 도덕 담론을 통해 이들을 범죄화하는 것이었다.

한국사회에서 성 그리고 욕망은 조국 혹은 변용된 내셔널리즘과 연관되어 의미를 지녔다. 전근대 사회에서 기생은 고급 창녀, 매매춘 여성과 동의어였고, 이상화된 정숙한 아내, 도덕적 어머니 패러다임의 상극相剋을 대표했다. 하지만 이것이 내셔널리즘과 연관된 담론으로 변용되면 이야기는 달라졌다. 조국의 이익을 위해 자신의 순결을 바친 여성들은 한국인의 기억 속에서 칭송받았다(캐서린 문 2001, 71). 산업화 시기 기생관광과 기지촌 여성들이 산업전사로 담론화된 것과 마찬가지로 국가에 봉사하는 욕망은 수치스럽지 않은 것으로 여겨졌다.

이런 개인의 욕망과 신체에 대한 권리의 구속은 유교담론에 기초한 집단주의적 경향과 여성노동자들을 민족공동체와 일치시키려는 국가 담론을 통해 이루어졌다. 캐서린 문은 1970년대 기지촌 여성에 대한 연구에서 이렇게 말하고 있다(캐서린 문 2001, 231).

> 서구 전통의 문제가 개인과 집단의 분리와 집단에 대한 개인의 우위에 있다면, 유교 전통의 문제는 그 반대로 집단이 개인을 포섭하는 경향성에 있다. 한국의 경우, 정부는 '국가안보'를 집단주의를 위한 표어로 이용해왔으며, 개인을 침묵시키고 '비가시적'으로 만들기 위한 구실로 이용해 왔다. ……유교주의 사회는 과도한 집단주의를 조정하기 위해 집단을 위해 존재하는 개인이란 개념에서 떨어져 나와 욕구와 권리를 갖는 존재로서 개인을 인식하는 것이 필요하다.

이처럼 여성노동자의 욕망을 정절, 순결이라는 도덕 담론으로 전치시키는 것은 여성노동자들에 대한 '간접적 사형'이다(고정갑희 1998, 19). 성을 둘러싸고 여성에게 주입되어온 지배적인 담론들은 여성의 신체에 깊숙하게 각인되어 있다. 이런 점에서 여성노동자들의 동거, 식모들의 욕망, 독신 여성노동자의 존재 등은 '비정상적인 여성' 혹은 '도덕적으로 훈육'되어야 하는 대상이 아니라, 모성 담론에 기초해 성차를 자연화하려는 지배적인 담론·지식체계에 대한 저항이며, 그것 자체로 지배적 담론 내부의 균열 가능성을 내장하고 있다고 볼 수 있다.

부록 6-1 1960~70년대 버스 차장을 둘러싼 신문기사들

1960년대 초반부터 1970년대에 걸쳐 버스차장(혹은 여차장)을 둘러싼 문제는 사회적인 이슈가 되었다. 대표적으로 버스요금 삥땅을 방지하기 위한 '몸수색'을 둘러싼 인권 유린, 저임금과 열악한 노동조건 등은 여차장들의 집단적인 항의와 탈출을 낳았다. 여기서는 당시 여차장을 둘러싼 신문기사와 르포 등을 간략히 소개한다.

> 서울시내 상도동에서 신촌 방면으로 운행하던 버스에서 여차장이 추락, 사망한 사고가 일어났다. ……상도동 극장 앞 정류장에서 승객을 태우고 앞문 담당 여차장 정명자(18세)양이 발차 신호를 받았으나 승강구의 문을 닫지 않고서 출발하다가 정양이 차에서 떨어져 중상을 입고 병원서 가료 중 22일 상오 사망했다(「뻐스 여차장 추락사」, 『조선일보』 1961년 9월 23일).

> 마포에서 신흥사로 달리던 합승 택시에서 여차장 이금애(16세)양이 출입문이 갑자기 열리는 바람에 길바닥에 떨어져 전치 2주일의 중상을 입고 수도의대 부속병원에서 입원 가료중이다(「여차장이 중상!, 달리던 合乘서 떨어져」, 『조선일보』 1962년 8월 23일).

> 지난 5일 밤 11시 신수동 101 이현숙(17세)양이 합승차장 생활이 창피하고 싫증이 나서가 아니라 두 어린 동생을 데리고 버티어 볼 기력도 없고 홀어머니는 이미 사랑에 눈이 어두워 오히려 딸자식의 쥐꼬리만한 월급에 눈독만 드리는 판, 이에 역겨운 생각이 물밀 듯 나자 이 세상을 청산하고자 후미진 마포강둑에서 음독했으나 세상은 죽음의 자유마저 허락지 않았다. ……어린 삼남매는 생소한 서울에 올라와 별의별 짓을 다했다. 껌 장사도 해보고 남의 집에서

더부살이도 해봤다. 그러다가 친구의 소개로 63년 10월에 남창운수 소속 합승택시 차장으로 취직했다. 목이 쉬어 터질 것 같고 하루 스무 시간이라는 중노동에 어린 몸이 고달프기도 했지만, 두 동생을 안식시킬 수 있다는 보람찬 삶에 자신을 얻은 이양은 하루에 십 원짜리 우동 한 그릇을 먹고도 차주에게 신임을 받는 모범 차장이었다(「죽음도 외면한 생활고, 자살 미수한 어느 여차장의 경우」, 『조선일보』 1964년 1월 18일).

서울 시내 8천여 명의 미성년자인 여차장들은 하루 평균 16시간(경찰조사)씩 일하며 법정 연장시간보다 7시간이나 초과한 시간을 혹사당하고 있다. ……이와 같은 근로기준법 위반 사실을 추궁하기 위해서 검찰은 지난 3일부터 우리나라 노동 사상 처음으로 고용주가 그의 권력을 남용하여 고용인들의 생활을 위협했다고 시내버스 차주 520명을 근로기준법 위반 혐의로 입건, 그중 2백7명의 차주를 무더기로 기소하고 여차장들에 대해 근로기준법에 규정된 보호조치를 취하도록 조처했으나 여차장들은 오히려 그 근로조건이 더 가혹한 것이라고 불평을 하고 있는 실정이다(「밤이 없는 여차장들」, 『조선일보』 1964년 7월 14일)

해고된 여차장 김모(19세)양에 의하면 이들 암행조사원들은 '넘버링'(승객계수기)이라는 조그만 계기를 갖고 차장이 모르게 승차, 계기를 사용하며 승객수를 알아내곤 한다는데, 이들이 깜빡 졸거나 하였을 때는 승객수를 엉뚱하게 적어 넣어 차장들이 요금을 가로챈 것처럼 꾸민다는 것이다(「여차장미행검사 — 무단해고, 무허가 '운행실태조사소'를 조사」, 『조선일보』 1969년 12월 7일).

8일 새벽 3시쯤 서울 서교동에 있는 대륙교통버스주식회사 소속 버스 여차장 117여 명은 업주 측에서 여차장들의 부정을 캐기 위해 경찰을 총동원, 합숙소 안에서 동원을 하고 방마다 몸수색을 하는데 분개, 집단으로 탈출했다(「부정을 캤다고 형사동원, 여차장들을 고문」, 『조선일보』 1966년 2월 9일)

25일 새벽 서울 답십리동 신흥교통 차장 합숙소에서 여차장 1백여 명이 차주 측의 지나친 몸수색에 반발, 합숙소를 뛰쳐나갔다. ……여차장 김 모 양에 의하면 '지난 21일 밤 박 감독한테 거의 옷을 벗긴 채 몸수색을 당했다'고 했고, 이번 몸수색은 1주일에 두 세 번 씩은 기습적으로 있어왔다고 말했다. ……또 지난 20일 오후에도 동아여객 소속 여차장 전희자양(18세)이 회사 측의 몸수색이 두려워 제1한강교 밑 한강에 투신자살한 일이 있었다. ……몸수색 소동이 한두 번에 그친 일이 아니고 어느 회사건 거의 있다시피 상습적 관례가 있어온 것은 '여차장들의 양심'에만 기대할 문제가 아님을 입증한다(「여차장은 괴롭다, 잇다른 몸수색의 부작용」, 『조선일보』 1966년 10월 26일).

28일 새벽 4시 30분쯤 서울시 성북구 삼양동 화계교통주식회사의 여차장 82명이 회사 측에 처우개선을 요구, 태업에 돌입, 회사 측으로부터 '선처 하겠다'는 약속을 받고 오전 11시에야 정상근무를 받고 시작했다. 이들의 요구 조건은 (1) 무단해고를 금지하라, (2) 숙소를 개선하라, (3) 식사시간을 달라, (4) 몸수색을 완화하라는 것 등인데, 그동안 회사 측에서 4칸짜리 방 3개에 82명의 여차장을 합숙시켜왔다(「처우 개선하라, 여차장 한때 태업」, 『조선일보』 1969년 5월 29일).

9일 오전 5시 30분쯤 서울 시영버스 남부사업소 이촌동 출장소 소속 여차장 약60명이 광화문 지하도 입구에서 '몸수색이 심하다'고 농성 데모를 벌이다 2시간 만에 해산했다. ……차장들은 감독들의 몸수색이 심하고 숙소가 비좁아 버스에서 잠을 자야하는 등 부당한 대우를 받고 있다고 주장했다(「몸수색 심하다, 여차장 데모」, 『조선일보』 1971년 8월 10일).

여성노동자들의 딱한 실정은 지금까지 사회적으로 많은 문제를 제기해온 바지만 그중에서도 가장 고달프고 어려운 환경 속에서 일하고 있는 근로여성의 하나가 여차장이다. 월수입이 좋아야 가까스로 1만원을 넘는 대우를 받으면서 하루 17~18시간이란 과중한 근무를 하고 있는 그들은 직장에서는 물론 세상에서도 접하는 것이라고는 차가운 인정, 불신의 눈초리, 욕설, 천대가 고작이다. ……승객을 태우고 내리기 위해 밀리고 밀리면서도 밤낮으로 목이 터져라 외치는 이 연약한 20세 전후의 여성들에 대해 사회와 당국자들은 과연 어느 정도의 인간적인 이해와 동정을 베풀고 있는 것일까. 들리는 것은 걸핏하면 '불친절하다'는 비난이다. 여차장들이 때로는 불친절한 것을 버스 타는 사람들은 느끼고 있다. 그러나 그렇게 될 수밖에 없는 원인에 대해 아직도 대부분의 사람들이 몰이해하고 있는 데 문제가 있는 것이다. ……이 보고서[전국자동차노조 서울버스 지부의 '버스안내양의 실태조사']에 따르면 여차장들을 참을 수 없이 가슴 아프게 하고 좌절감 속에 몰아넣는 것은 승객들의 인격모독적인 행동과 욕설, 교통순찰들의 딱딱함, 회사직원들의 의심, 운전사의 횡포, 차주의 몰인정 등으로 구분된다. ……수입의 다소, 지위의 고하에도 불구하고 사람은 다같이 인간적 대접을 받아야 하고 인권이 존중되어야 한다. 오늘 한계 상황 속에서 몸부림치는 이 가련한 여차장들에 대해 인간적인 이해와 동정조차 베풀 줄 모른다면 이른바 법 앞에 평등을 아무리 외쳐보았자 그것은 필경은 공염불에 불과하다(「사설: 여차장의 비애, 이들의 처지는 개선돼야 한다」, 『조선일보』 1973년 5월 25일).

부록 6-2 일본에서 여공을 둘러싼 지배적 해석과 비판

전전 시기 일본 노동자를 규정하는 '지배적인 이론'은 데카세이론出稼型論이었다. 전전 일본 여공, 부인노동婦人勞働을 둘러싼 연구들은 여공들을 부국강병을 위한 '희생양'으로 보는 시각이 지배적이었다. 데카세이론에서 제기하는 일시성, 생계보조적 성격, 불안정성으로 인해 여공은 자본주의화의 '부수물' 정도로 여겨졌다. 오오코우치설大河內一男說이라 불리운 데카세이론의 주요 내용은 다음과 같다(西成田豊 1988, 4~5).

(1) 초기 자본주의화에서 원생적 노사관계原生的 労使関係는 특수한 토지소유관계로부터 도출되며, 이는 데카세이出稼 노동력의 특수성으로 더욱 강화된다.
(2) 초기 자본주의화 과정에서 중공업 부문은 실제로 사상되고, 원생적 노사관계만이 고정화된다.
(3) 전전 일본 여공을 규정한 반농노적 영세소작농체제와 자본주의는 상호규정성을 갖는 체제이다.

데카세이론은 전전 일본을 관통하는 하나의 '이념형'으로, 이것을 오오코우치가 노사관계에 적용한 것이었다. 데카세이론과 더불어 전전 일본의 여공 연구에서 주목해야 할 것은 '여공애사女工哀史'라는 '특수한 담론'이었다. 전전 일본 사회과학자들은 여공의 비참한 상황에 주목했고, 그 원인을 일본 자본주의의 '후진성'에서 찾았다. 다시 말해 여공의 인간 이하의 노동조건을 '일본자본주의의 후진성=봉건적 유제의 잔존' 때문이라고 이해했다. 따라서 이들은 봉건제 유산이 자본제의 '순수한' 관철법칙에 의해 해소되고 '제대로 된'(혹은 '정상적인') 자본주의 발전의 길로 들어서게 되면 이런 문제는 해소된다고 생각했다(三

宅義子 2001, 16). 그러나 구체적으로 어떻게 가부장제, 천황제 국가, 자본주의의 결합을 통해 여공에 대한 수취와 차별이 재생산되는가에 대한 구체적 분석은 결여되어 있다. 결국 일본 노동연구에서 보이는, '여공=출가형'으로 규정하고 여공을 부차적인 존재로 삼는 담론은 한국 여공 연구와 크게 다르지 않았다.

이처럼 여공을 무지, 무자각, 맹종하는 대상이자 저항의식이 결여된 주체로 간주하는 담론이 형성된 데에는 전전 일본 사회과학의 기여가 적지 않았다. 초기 일본 사회과학 연구에서 여공에 대한 담론도 여공을 비생산적이고 계급으로서 걸맞지 않은 대상이라는 성별분업이란 관념에서 자유롭지 못했다. 봉건적 수취체제와 접합된 초기 자본주의의 형성을 분석한 전전의 대표적 맑스주의자 야마다山田盛太郎의 자본주의와 여공에 대한 분석을 보면, 여공은 프롤레타리아트 범주에서 제외됐다. 야마다는 남성노동자는 과학적 훈련 및 기술과 체력을 갖춘 프롤레타리아트지만, 대조적으로 여공은 왜소하고 수공업적 수련과 조작만으로도 노동이 가능하다고 규정했다(三宅義子 2001, 32~4).

이렇게 남녀간 특질을 통해 프롤레타리아트를 규정한 것이 가지는 의미는 숙련에 따른 노동력 구분을 통해 노동 내부의 서열을 구축하며, 이런 성별 위계질서는 젠더관계를 은폐한 숙련이라는 개념 안에 내장된 것이다. 야마다는 중공업 남성노동자 내부의 위계질서 — 저숙련과 숙련층의 분화 — 에 대해서는 다루지 않는다. 다만 '여공=저숙련=주변적 노동층'으로 프롤레타리아트 범주에서 '주변화'·'배제'시켰다. 이러한 야마다의 인식은 여공이 비숙련, 출가형 노동력이기 때문에 노동운동의 연대에 저해되는 요소라는 한국 노동사가들의 견해와 거의 유사한 것이었다.

부록 6-3 1970년대 기생관광의 실태

1970년대 기생관광, 매춘관광은 커다란 사회문제가 되었다. 출처 미상의 팸플릿인 『매춘관광의 실태와 여론』(1974년)의 기록을 정리해보면, 관광협회 요정과에서 발행하는 정식 접객원증을 소유한 매매춘 여성은 약 2천 명 정도였고, 포주에게 포섭된 사창私娼까지 합치면 전국적으로 약 20만 명이라고 보고되고 있다. 특히 정부에서 허가한 관광요정 — 이른바 '기생하우스'라고 불린 — 은 서울에 16개소, 부산에 2개소 등 서울에만 30여 개로 알려졌다. 서울시와 부산시 관광과에 등록된 기생은 주 1회 시립병원에서 성병 검진을 받고, 시나 관광협회에서 실시하는 교육을 마치면 수료증을 받았는데, 이 수료증은 호텔방 출입증과 같은 것이었다. 이 팸플릿에 보고된 몇 가지 내용을 살펴보자.

- 남산에서 돌을 던지면 이 씨나 김 씨에게 맞는다고 했으나 지금은 왜공주倭公主에게 맞는다고 할 정도로 격증(일본 『주간조선』 1973년 4월 8일자).
- 민관식 문교장관이 몸을 파는 여성을 찬양해도 그것은 문제시하지 않는 것이 한국의 정치 풍토, 일본인 관광객이 돈 뭉치를 고교생에게 보이며 유혹, 한진재벌 KAL과 S재벌이 대기업화할 움직임을 보임(일본 『자주민단』 1973년 6월 25일자).
- 민관식 문교장관이 방일 여행 도중 동경의 한국학원을 방문했을 때, 동 운영이사회에서 연설한 연설문을 인용하면, "한국여성은 경제건설을 위해서 필요한 외화를 획득하기 위해서 몸을 바치고 있으며 특히 한국의 기생, 호스티스가 대거 일본에 진출해서 몸을 바치며 밤, 낮으로 분투하는 애국충정은 훌륭한 것이다"라고 최대의 찬사를 보냈다(일본 『世界』 1973년 9월호).
- 일본 관광객들은 한국 여자는 돈으로 얼마든지 살 수 있다는 잘못된 생각을 갖고 있다. 물건을 사다가 점원에게 당신은 얼마에 살 수 있느냐, 안내원에게

또는 가수에게 당신은 얼마면 살 수 있느냐고 물어보는 일이 종종 있다(『신동아』 1974년 1월호).

* 출처: 미상, 『매춘관광의 실태와 여론』, 1974년.

부록 6-4 산업화 시기 여성노동자의 욕망에 대한 입장들

이성애, 결혼, 동거, 결혼 등 여성노동자의 욕망과 관련된 첫 번째 입장은 여성노동자의 성의식이 보수적이며, 이런 '보수성'은 그녀들의 자아실현과 여성의식 계발을 위한 모든 정보에서 차단당했기 때문이라고 해석했다(정현백 1991, 413). 그러나 여성노동자들의 성의식을 노동조건 등 구조적 조건만으로 해석하는 입장은 여성노동자들을 둘러싼 지배적 담론의 효과나 결혼, 이성애, 동거 등을 둘러싼 문제에 접근하기 어렵게 만든다. 산업화 시기 여성노동자에 대해 공정하게 평가했다고 알려진 구해근 역시 여성노동자들은 성문제를 다룰 담론이 결여되어, 운동 의제에서 무의식적으로 '배제'되었음을 암시했다(구해근 2002). 그러나 왜 성 담론이 배제되었는지, 그리고 성 담론이 존재했다면 중산층 등 다른 계급과 어떻게 달랐는지에 대한 해석은 구해근의 연구에서 찾아보기 어렵다. 반면 여성노동자의 성의식을 보수적으로 해석하는 앞의 시각과 달리, 이성애 등 여성노동자의 욕망이 지닌 적극적인 면을 부각시키는 연구들을 살펴보자. 이정희는 앞의 해석과 달리, 여성노동자들에게 이성애는 분명하게 존재했으며, 전통적 유교 이데올로기, 중산층의 로맨스 등과 구분되는 해방적 힘을 지녔다고 주장한다. 다만 여성노동자들의 노동자 수기 안에서 섹슈얼리티는 제거되고, 여성 노동의 신체가 무성적인 것으로 재현된 것은 그녀들의 신체가 생산성을 높이는 효율적인 몸으로 제도화된 것과 밀접하게 연관된 것이다(이정희 2003, 158). 김승경(Kim 1997)도 동거 등에 대해 여성노동자들이 비도덕적이어서 그렇다기보다, 생계를 유지하기 위한 '경제적 이유'에서 비롯되었음을 인터뷰를 통해 규명했다. 그녀의 연구는 여성노동자들이 지녔던 욕망의 제약 요소를 규명하고, 동거 문화 등 적극적인 요소를 밝혔다는 점에서 의미가 있다. 한편 여성노동자의 결혼을 '적극적인 생존전략'으로 보는 입장의 경우, 여성노동자의 결혼(혹

은 결혼 욕망)을 '가부장제 이데올로기의 내면화'라고까지 평가했다(전혜진 2003, V). 하지만 이것을 '공모' 내지 '연루'라고 단정짓는 것은 과도한 평가다. 여성노동자의 종속적 지위를 '가부장제'란 개념으로 환원시키는 것도 문제지만, 역으로 지배 담론의 공모라고 평가하는 것도 공정하지 못하다. 다시 말해서 결혼, 이성애 등의 욕망을 가부장제와의 공모라고 해석하는 것은 산업화 시기 여공을 둘러싼 지배 담론을 무비판적으로 수용할 수도 있다는 점에서 '일면적인 평가'다.

7장_ 남진, 나훈아에 열광했던 여공들

— 여공의 일상과 문화

그날 밤 극장 앞에 그 역전 캬바레에서
보았다는 그 소문이 들리는 순희
석유불 등잔 밑에 밤을 새면서
실패 감던 순희가 다홍치마 순희가
이름조차 에레나로 달라진 순희 순희
오늘 밤도 파티에서 춤을 추더라
그 빛깔 드레스에 그 보석 귀걸이에다
목이 메어 항구에서 운다는 순희
시집 간 열아홉 살 꿈을 꾸면서
피난 왔던 순희가 피난 왔던 순희가
말소리도 이상하게 달라진 순희 순희
오늘 밤도 파티에서 웃고 있더라

— 「에레나가 된 순희」(손로원 작사, 한복남 작곡, 1959년)[1]

1_ 1960~70년대 여공들이 매매춘이나 서비스업에 종사하는 경우는 결코 드문 일이 아니었다. 여공들은 자신의 자화상이던 영화 「영자의 전성시대」를 보며 눈물을 짓곤 했다. YH의 경우 여공들이 공장 주변 술집으로 빠지는 경우가 적지 않았고, 이런 동료들의 모습을 생각하며 여공들은 이 노래를 부르곤 했다고 한다. 이 노래는 50년대 후반 이후 여성의 사회사 가운데 일부를 드러내주는 흔치 않은 대중가요다.

여공들의 일상과 문화라는 작은 창을 통해 볼 수 있는 것은 무엇일까? 장시간 노동에 지친 육체를 잠시라도 쉴 수 있게 해주었던 '공간'이 과연 기숙사였을까? 그리고 정권에서 선전했던 '좌익 소조'가 소모임이었을까? 산업화 시기 여성노동자의 문화에 대해서 여러 가지 의견이 분분하다. 7장에서는 여공들의 기숙사 등 주거, 소모임 그리고 유행가, 노동가요 등으로 표현된 '여공의 일상과 문화'에 대해 다루고자 한다.

먼저 여공들의 일상에서 한 축을 구성했던 주거공간을 둘러싼 담론을 살펴보자. 기숙사, 벌집 혹은 판자촌으로 대표되던 여공들의 주거는 단순한 공간이 아니었다. 특히 기숙사의 경우 여성노동력에 대한 '통제 수단'으로서 의미가 강조되어왔다. 기숙사는 노동력을 최대한 확보하기 위해 여성노동자들을 관리하기 위해 존재했다는 것이 지배적인 담론이었다. 대표적인 예가 검신檢身, 외출금지, 기숙사 사감의 감시 등이었고, 이런 관리담론의 최종 목적은 여공들에 대한 절대적 잉여가치의 추출이었다. 그리고 여공을 관리하는 데 있어서 감시담론이 표면적으로 내세운 것은 어리고 판단능력이 약한 여공의 보호, 성적 일탈의 방지 등이었다.

하지만 기숙사는 더 높은 생산성을 내기 위해 여공에 대한 관리가 이루어졌던 장인 동시에 일상 공간으로서 상당히 다른 의미를 지녔다. 지배 담론의 의도와 달리 여공들의 기숙사는 '감옥'의 이미지만은 아니었다. 그 이유는 기숙사 공간을 노조 결성과 노조의 조직력을 강화하는 매개로 활용해서 여공들이 기숙사를 통한 연대라는 익명적 지식을 확대시켰기 때문이다. 이것은 기숙사에 대한 관리담론의 취약성을 보여주는 동시에 지배담론의 비효율성을 나타내는 단적인 예다.

다음으로 살펴볼 문제는 여공문화다. '여공의 문화'에 대한 지배적인 담론은 '여공은 문화가 없다'는 것이었다. 지금까지 한국 여공, 아니 한국

노동계급에 대한 많은 연구들은 '노동문화 부재'를 여러 가지 담론과 입장을 통해 개진해왔다. 왜 여공에게 문화가 없다는 식의 담론이 지배적이 되었을까? 서유럽 노동계급에게 존재했던 '독학자적 전통'이 부재했기 때문이라는 설명은 너무 단순한 입장이다. 여공의 문화가 여공을 둘러싼 제도, 지식, 관습, 일상적 관행 등을 통 털은 것이라면 굳이 그것이 진보적이나 계급적이어야 하는 것은 아니다. 다만 여공들의 담론과 지식 등은 다른 계급과의 관계에서 어느 정도 구분되는 형태이어야 할 것이다. 그럼에도 불구하고 여공에게 문화가 없다는 주장이 대두된 배경은 어디에서 찾아야 할까? 이것 역시 다분히 만들어진 담론이다.

그렇다면 여공문화를 구성하는 요소들을 여공 내부의 여러 가지 익명적 지식들을 통해 살펴볼 수는 없을까? 나는 클럽이라고 불린 소모임, 기숙사 내부의 유사 가족, 독서, 가요, 야학 등 그간 별로 주목받지 않던 범주에 눈을 돌린다. 흔히 '수다'라고 폄하되던 여공들 사이의 잡담은 여공문화의 출발이었다. 수다에서 여공의 불만이 조직되고 모아졌으며, 클럽, 기숙사 등을 통해 여공의 저항담론이 만들어졌다. 하지만 수다와 소그룹이 저항의 '저장소'만은 아니었다. 오히려 이 안에는 더 많은 문화의 질감들이 배어져 있다. 이직과 결혼을 통한 신분 상승, 소시민성, 여성간의 경쟁과 타부 등이 그것이었다. 그리고 독서, 가요, 노동가요 등은 노동문화에서는 기본적 범주였지만 그간 한국 여공의 문화에서는 제대로 언급조차 되지 않은 주제들이었다. 여공들이 기숙사, 소모임 그리고 아주 약간 남는 여가 시간에 무엇을 읽었느냐는 지식인들의 지성사와 다른 궤적으로 여공의 세계를 들여다볼 수 있는 창이다. 또한 여공들이 즐겨 부르던 가요는 여공에 대한 사회의 시각을 보여주는 창이자 여공들이 간직했던, 그러나 섣불리 이야기하기 어려웠던 욕망을 해석할 수 있게 해준다. 이것은 중산층이 무시하고 배제했던 여공에 대한 담론과 문화를 드러내주는 주요한 자원이다.

동시에 간과해서 안 될 부분은 여공의 문화가 지닌 모순성과 이중성이다. 작업장, 가족, 국가의 민족담론은 여공을 여성-노동계급이 아닌 민족-국가-가족으로 수렴되는 몰계급적 통합과 이것에 대한 종속을 강화한 기제들이었다. 따라서 여공의 문화도 1960~1970년대의 다양한 대중적, 계급적 경험이나 가치, 익명적 지식을 통해 만들어진 산물이므로 그것 자체의 모순을 지니고 있다. 다시 말하자면 여공문화의 내부에는 전통적인 유산(가족적 가치, 농촌에 대한 향수, 유사 가족적인 가치 등)과 여성이자 노동계급으로서 지향할 이상적 가치가 중첩되어 있었다. 여공의 문화를 자매애나 민중문화 등으로 일반화해서 이해할 경우, 여성노동자간의 '차이' 내지 '균열'을 파악하는 데 많은 한계에 부딪칠 수 있는 이유가 바로 이것이다. 이런 점에서 '여공의 문화=진보적 혹은 저항적인 문화적 양식'으로 '단순화'해서는 안 될 것이다. 우선 여공들이 둥지를 틀고 살았던 주거공간에 대해 살펴보자.

일상에서 여공의 경험과 삶 — 주거 공간

1960년대 후반에 들어가면서 한국 사회의 빈부 격차는 갈수록 심해졌다. 특히 여성노동자들의 일상, 그리고 삶의 터전은 가난을 대표하는 상징물이었다. 앞서 본 노동조건이나 임금 등과 마찬가지로 여성노동자들은 공간적으로도 매우 유사한 조건을 지녔다. 여기서 공간은 주거를 중심으로 한 생활의 시공간을 의미하는데, 10~12시간에 이르는 장시간 노동과 기숙사 혹은 판자촌 등 공장밀집 지역에 거주했던 여성노동자들의 생활 리듬에는 근본적인 차이가 없었다.

표 7-1 판자촌 주민의 직업

종류	종사자 수	비율
단순 노동	213	22.8
기술	104	11.1
행상 및 노점	130	13.9
소상	31	3.3
상점경영	35	3.8
공장근로자	273	29.2
공무원	61	6.5
서비스	34	3.7
기타	53	5.7
계	934	100.0

출처: 신인령(1985, 335)

기숙사에 들어간 경우를 제외하고 여성노동자들은 대부분 판자촌에서 거주했다. 위의 자료(**표 7-1**)는 1972년 성남 부근의 활빈교회에서 조사한 보고서다. 보고서를 통해 간접적으로 확인할 수 있는 사실은 판자촌 내지 도시 하층민 밀집 주거 지역의 경우 전체 거주자 가운데 51퍼센트에 이르는 인구가 '노동'에 종사하고 있다는 점이다. 단순노동에 종사하는 노동자와 공장 노동자가 모두 포함된 수치지만, 여성노동자들이 대다수를 차지하는 공장 노동자가 30퍼센트 정도였다. 이 수치를 통해 확인할 수 있는 점은 기숙사 이외에 여성노동자들의 거주 지역은 상대적으로 유사한 사회적 배경을 가지고 있었다는 사실이다. 같은 조사 가운데 '판자촌 청소년'을 대상으로 한 직업 조사의 경우에도 공장 노동자가 40퍼센트로 압도적인 비율을 차지하고 있다. 특히 10대 노동자가 다수였던 점을 감안하면, 여성노동자들은 판자촌 등 하층계급 주거 지역에 주로 거주했음을 알 수 있다.

판자촌과 벌집의 위생 담론

여성노동자들이 살았던 판자촌, 벌집 등은 그녀들에게 어떤 의미였을까? 그저 기억하고 싶지 않은 추억이었을까? 굳이 주거에 대해 다루는 이유는 단지 여성노동자들의 빈곤을 보여주기 위한 것은 아니다. 오히려 기숙사와 다른 정서와 문화적 정체성이 이 안에 존재했을 것이라고 생각하기 때문이다. 판자촌은 공간 자체가 아니라, 여성노동자들에게 상당히 오랫동안 문화적인 정체성을 안긴 집단적 기억을 만들어 준 사회적 공간이었다.

당시 도시로 올라와 여성노동자가 된 어린 소녀들에겐 몇 가지 선택이 있었다. 한 가지는 두세 명의 여성노동자들이 돈을 모아서 같이 살 장소를 구하는 것이었는데, 가장 흔한 경우는 대학 혹은 상급학교 진학을 준비하는 남자 형제를 도우면서 같이 사는 것이었다. 다음 선택지는 회사가 운영하는 기숙사에서 사는 것, 마지막으로는 매달 돈을 내면서 전세로 사는 것이었다. 서울 북부 지역의 경우 여성노동자 가운데 조금 형편이 나을 때는 두 명이 같이 자취를 했고 다소 어려운 경우에는 네 명이 함께 살았다. 가톨릭노동청년회 활동가였던 이철순이 근무한 대동화학의 경우, 공장 뒤편 강 건너에 검은 '루핑'[2]으로 지어진 '뚝방'(혹은 천막집)이 즐비했고, 대부분 여성노동자들과 도시 하층민들이 이곳에서 생활을 했다고 한다(이철순 2002년 12월 27일 인터뷰). 여성노동자들 대부분은 회사에서 가까운 특정한 동洞을 선택하고 복덕방과 상담을 통해 거주할 집을 찾았다. 복덕방의 역할은 비공식적이었는데, 여성노동자들이 집주인에게 일시불로 집을 빌릴 수 있는 '전세'를 소

2_ '루핑'이란 넓은 의미로 지붕을 이는 일 또는 지붕을 이는 재료를 뜻하지만, 일반적으로 시트 모양으로 된 길이가 긴 지붕 재료를 의미한다.

개한다.[3] 여성노동자들이 전세를 선호하는 이유는 최소한의 비용만이 소요되고, 일시불로 지불하는 전세금은 저축이자 결혼에 필요한 준비금으로 충분했기 때문이다. 1974년 서울-인천 지역의 여성노동자들은 15~20만 원을, 좀더 중심부의 경우 30~40만 원을 전세 보증금으로 냈다(Spencer 1988).

산업화 시기 여성노동자들이 살던 주거 생활이란 흔히 무허가 판자촌이나 빈민촌을 떠올리게 한다. 물론 규모가 큰 동일방직, 원풍모방의 경우 상대적으로 안정적인 기숙사 생활이 가능했다. 하지만 대부분의 경우 '달동네'라 불리는 빈민촌에서 거주하는 경우가 보통이었다. 1960년 244만 명(전체 인구의 10퍼센트)이던 서울 인구는 1970년에는 543만 명(18퍼센트)으로 급증했고, 가장 심각한 문제로 떠오른 것이 주택 문제였다. 하루가 다르게 서울의 스카이라인을 바꾸어놓은 판자촌은 수출이 종교인 박정희 정권의 아킬레스건이었다(강준만 2002, 170). 서울의 산비탈과 고지대에는 하루가 다르게 판자촌이 늘어났다. 서울의 경우, 특히 1960년대 이후 산꼭대기마다 있던 집들을 '초당집'[4]이라고 불렀다. 당시 주택은 상당수가 산꼭대기에 있었는데, 이곳 대부분은 한국전쟁 때 폐허였던 곳이었다. 이농민과 그 가족들은 여기서 막노동으로 시작해서 생계를 위해 닥치는 대로 일했다. 특히 마포 꼭대기를 보면 빈민들이 많았는데, 그 지역 주민들은 일정한 직업 없이 서울에 올라와 이곳에 대충 집을 짓고 살았다.

중요한 점은 이 사람들 대부분이 도시에서 겪었던 '고통'이다. 교회의 보고에 따르면, 1970년 중반까지 3년 반 동안 서울에서 14만 여 동의 판잣집이 만들어졌고, 그 중 9만 동이 철거되었다. 대부분 공장 노동자거나 하루

3_ '전세'의 경우, 집주인은 반년 또는 1년마다 전세자에게 부가적인 비용을 요구할 권리가 있다.
4_ '초당집'이란 나무로 만든 판잣집인데, 진흙을 이용해 지은 집으로 당시에는 좋은 주택이었다고 알려진다.

벌어 하루 먹고사는 빈민들에게 철거란 길바닥에 나 앉으라는 말과 다름이 없었다. 당시 도시 위생에 대한 담론을 국회 입법조사관인 이상민의 '광주대단지 사건'에 대한 한 보고서를 통해 살펴보자(이상민 1971, 31).

> 유독 못 사는 철거민만을 이주시키려고 하는 것은 합리적인 해결책이 되지 않을 뿐만 아니라 무모하기 짝이 없는 정책이 아닌가? 그 이유는 첫째, 못사는 다수의 민중을 한 곳에 결집시켜 놓으면 반란 세력을 구축하기 용이하고 폭동의 興起가 쉽다는 점도 있고, 둘째 이 상태에서 15만 명의 빈민집단으로 도시화한다 해도 서울 인구를 분산시키는 데 어느 정도의 도움을 줄 뿐 도시의 약동하는 생명력과 자립도가 의심스럽고, 또 세계 어느 곳에서도 찾기 힘든 불량하고 불미스런 도시가 되지 않을까 우려되기 때문이다.

여기서 주목해야 할 점은 '빈민 밀집 주거지=사회 불안 요소'로 사고했다는 점이다. 당시 성남 주민교회 관련자인 이해학은 한 토론회에서 성남 형성이나 대단지 사건과 관련, '국가 안보적 측면'이 존재했다고 지적했다. 1970년대 월남전에서 빈민촌 게릴라 문제가 제기되면서 정부도 1960년대 후반부터 대규모 빈민 형성을 사회 문제로 사고했던 것이다(광주대단지 사건에 대해서는 **부록 7-1**을 참조).

그렇다면 여성노동자들에게 도시, 특히 서울은 어떤 의미로 다가왔을까? 원풍모방의 이옥순은 열여덟 살에 돈을 벌기 위해 서울로 올라왔다. 원풍모방에 들어오기 전에 공장을 두 군데 거쳤다. 한 곳은 봉제공장으로, 작업장은 온통 미싱 소리와 시끄러운 라디오 소리로 가득했고, 화장실이 좁아서 곤욕스럽다 못해 '작은 전쟁'을 방불케 했다(이옥순 1990, 30). 그 뒤 고모 소개로 아폴로라는 색연필 공장을 다니다가 다시 이모의 소개로 원풍모방에 지원하게 된다. 이옥순은 당시 집 주변을 "아침 출근 시간이면 언덕

사진 7-1 1960년대 서울시 빈민촌 사진

배기 달동네에서 쏟아져 나온 아가씨로 가득한 곳"으로 기억한다. 대부분 여성노동자들은 주거 조건이 쾌적했다거나 좋았다는 기억은 가지고 있지 않다. 그녀들은 동경했던 서울의 집들이 마당 하나 없고 시골보다 못하다는 사실에 적잖이 실망하는 경우가 대부분이었다. 이옥순은 열여덟 때 처음 서울에 올라와 고모 집으로 들어가던 때를 생생히 기억한다(이옥순 1990, 30).

> 내가 살아야 할 곳이라고 생각하며 도착한 서울은 놀라움투성이였다. ……우리 고모님이 사는 곳은 드문드문 초가집도 보였고 산등성이를 따라 차곡차곡 쌓아 올려진 판잣집들이 신기하기까지 했다. ……우리 고모 집은 네 가구가 세사는 집에 안채 방 두 개를 세내어 살고 있었다. ……처음으로 집과 방의 차이가 헛갈리던 때였다. 없이 살지만 누구네든 삔 치기, 땅따먹기, 고무줄놀이 정도는 얼마든지 할 수 있었던 시골집이 그립기도 했다.

여성노동자들에게 주거 공간은 장시간 노동 후 그나마 4~5시간 휴식을 할 수 있는 공간이었다. 하지만 빈민촌은 자유로운 공간이 아니었다. 서구 노동자의 주거 공간은 노동자들 사이의 자유로운 교류와 노동자 문화의 원천이었다. 그러나 한국 여성노동자들의 주거지에는 늘 감시가 뒤따랐다. 1970년대 들어서 국가는 사회 기층 단위까지 통제하기 위해 민방위, 등화관제 훈련, 통·반장제, 반상회 등을 실시했는데, 빈민촌이라고 예외는 아니었다. 특히 민주노조의 사전 결성을 비롯해 관련 모임이 다락방과 자취방을 중심으로 이루어지자 정부에 의해 무차별적인 검속이나 사전 예방 조치 등이 이루어졌다. 노동자들의 모임에 대한 감시와 사전 경고가 경찰과 방범대원에 의해 진행된 것이었다. 그렇다면 주거지에 대한 여공들의 익명적 지식은 과연 어떠했나?

여공들의 주거 공간

우선, 여공들의 주거 내부를 들여다보자. 구로공단 등에서 닭장집, 벌집으로 불린 주거 지역은 수많은 작은 방들이 모여 하나의 주거 단위를 형성했다. 좀더 자세히 살펴보면, 당시 경기 지역 농촌 주택의 경우에는 안마당 주변에 U자 혹은 L자형으로 목재나 도료 등을 써 지었고, 도시의 경우 콘크리트로 지었다. 숙소의 넓이는 매우 좁아 대강 두 평 정도면 그나마 넓은 편이었다. 대강의 모양을 그림으로 그리면 아래 **그림 7-1**과 같다(Spencer 1988, 44~5).

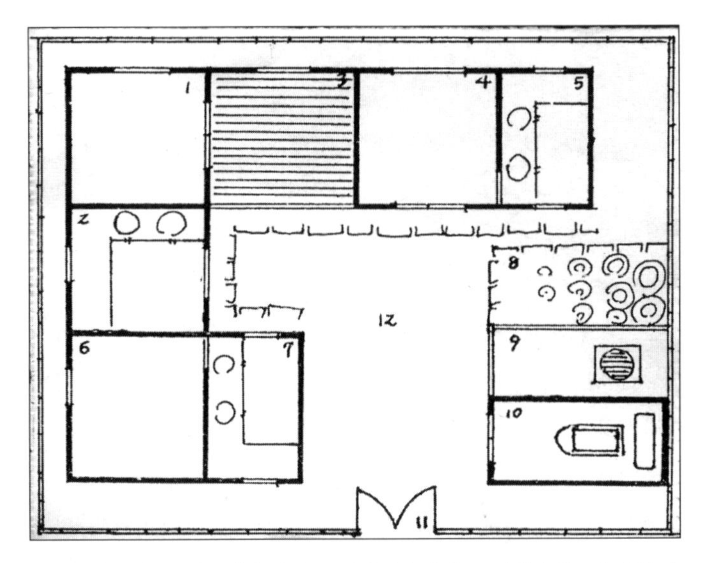

1. 집주인의 방, 2. 집주인의 부엌, 3. 집주인의 안방, 4. 집주인 부모를 위한 방, 5. 세입자를 위한 부엌, 6~7. 세입자를 위한 방과 부엌, 8. 집주인의 창고, 9. 집주인의 우물, 10. 화장실, 11. 정문. — 출처: Spencer 1988, 44~45쪽

그림 7-1 전세가 딸린 현대 도시(서울)집

집주인의 방과 부엌 등 생활 공간은 세입자들의 공간과 '분리'되어 있었다. 하지만 어떤 경우에는 화장실 등을 공동으로 사용하기도 했고, 필요한 가재도구나 연탄 등을 빌려 쓰는 경우도 많았다. 그러나 여성노동자들의 노동시간과 야근, 3교대 근무 등 조건을 고려해볼 때 집주인과 세입자인 여성노동자들 사이의 교류는 많지 않았을 것이다.

한편 판자촌 혹은 벌집의 일상은 서구의 노동자 주거와는 상당히 달랐다. 그 특징은 한마디로 '익명성'이라고 할 수 있을 것이다. 여성노동자들의 주거는 노동자 혹은 여성노동자간의 연대 공동체라고 불리기에는 고립적이었다. 여성노동자들은 옆방에 누가 사는지, 그 사람들이 무엇을 하는지조차 모르는 경우가 적지 않았다. 신경숙은 이런 벌집의 일상을 이렇게 말하고 있다(신경숙 1995, 180; 34).

> 서른일곱 개의 방, 그 방 하나에 한 사람씩만 산다 해도 서른일곱 명일 텐데 봄이 되도록 내가 얼굴을 부딪힌 사람은 서넛도 안 되었다. 어느 방에 누가 사는지 도시 알 수가 없었다. 대문은 항상 열려 있었으며, 대문을 들어서면 밖으로 난 문에 자물쇠들이 먼저 눈에 보였다. 가끔 문을 따고 있는 사람들의 뒷등을 보면서 나는 3층으로 올라가곤 했다. ……같은 집에 살면서 우리가 왜 자주 만날 수 없는지 나도 영문을 모르겠다. 같은 집에 살지만 나는 다른 방에 살고 있는 사람들을 정면으로 바라본 기억이 별로 없다. 문을 열고 나오거나 문에 열쇠를 채우고 있거나 그런 모습들. 이따금 흘러나오는 라디오 소리, 혹은 여럿이 모여서 떠드는 소리, 밤늦게 끓이는 라면냄새, 아침마다 묵묵히 고개를 숙이고 변소 문 밖에 서 있는 모습, 조용히 흘러나오는 불빛, 혹은 불꺼진 방.

다음으로 여공들의 주거 생활에서 경제 담론을 살펴보자. 대가족이 서울로 이주했을 때 집세는 현실적인 문제였다. 청계피복의 민종숙은 집이 철거된 뒤, 일곱 식구라는 대가족이 살기에 맞는 집을 찾기 위해 이곳저곳을 헤매던 기억을 떠올린다(민종숙 1977, 280).

> 지난해 겨울 강제철거를 당하고 난 뒤 돈 10만 원을 들고 일곱 식구가 살 수 있는 방을 구하러 다녔었다. 그런데 일곱 식구가 살 방은 없었다. 더구나 10만 원으로는 도저히 엄두가 나지 않았다. 어느 복덕방에 갔더니 복덕방 할아버지가 혀를 끌끌 차시며, '그래 아가씨가 그 많은 식구를 책임지고 있는 건가. 형편은 알겠는데 일곱 식구가 살 만한 방을 구하려면 최소한 15만 원은 있어야 하는데. 내 아가씨 형편을 봐서 적당한 것을 찾아봐 주지' 하시는 것이었다. 나는 나도 모르게 눈에 눈물이 핑 돌았다.

이렇게 여성노동자들이 사는 주거 공간은 대부분 비슷한 조건을 가진 개인, 가족, 집단으로 이루어졌다. 벌집이 개별 가옥을 중심으로 방을 구분한 것인데 비해, 대일화학 여성노동자인 송효순의 경우 주인집까지 네 식구가 같이 살았다. 주인집은 대가족으로 앞방은 늙은 부모와 공장에 다니는 딸 셋, 삼남매(오빠, 여동생 둘)가 한 지붕 밑에 사는 가난한 네 가족이었다. 아주머니는 딸들이 벌어오는 것으로는 살기가 어려워 가계에 보탬이 되는 일은 닥치는 대로 했다. 하지만 송효순은 오히려 어수선한 집이 차라리 좋다고 느낀다. 주인집에서는 액운厄運 등을 무당을 불러서 해결하려고 하기도 했다(송효순 1982, 48~9).

여성노동자들이 거주하던 마을은 전통적인 가옥들로 이루어졌으며 거주자들은 대부분 지방 출신이었다. 마을의 한쪽 끝은 싸구려 집이나 소규모 주택으로 이루어진 슬럼 지구였고, 점차 매매춘 여성들의 좁은 방도 많아졌다. 이런 마을의 이미지는 부산스럽지만 활동적이었다. 주택들이 빽빽하게 붙어 있었으며 큰길부터 위로는 도시의 언덕까지 이어졌다. 또한 여성노동자들의 임금이 매우 낮았기 때문에 동네에는 소규모 상점들이 많았다. 하지만 모든 서비스와 상품 사용이 가능하지는 않았고 다만 판매자와 소비자 간의 즉각적인 면대면face-to-face 관계만이 존재했다. 아래 **표 7-2**는 주거 지역 상점 목록 중 일부다.

이제 좀더 자세히 주거 내부 구조, 특히 방에 대해 살펴보자. 여성노동자들에게 문제는 집세뿐만이 아니었다. 집의 구조와 환경은 인내하기 어려운 것이었다. 특히 기숙사가 아니라 자취 생활을 한 노동자들의 고민은 반복되는 '이사'였다. 처음에는 언니 집에서 살기도 했지만, 여러 명의 식구가 단칸방에서 함께 사는 생활이 오래 지속되지는 못했다. 대일화학 송효순도 임금이 약간 오른 뒤 언니 집에서 나와 같은 공장에서 일하는 아주머니의 소개로 7만 원짜리 전세방을 얻었다. 하지만 공장을 쉴 수가 없어 이사도

표 7-2 여성노동자 주거 지역 주변 상점의 상품 목록

식료품점	쌀가게 10, 정육점 4, 빵가게 12, 잡화점 등
식당	작은 다방 79, 한국 음식점 37, 중국집 3
건강서비스	병원 3, 치과 2, 한약방 6
숙박시설	호텔 3, 여관 38, 하숙집 4
개인적 서비스	재봉집 9, 옷맞춤집 11, 구두수선집 2, 공중 목욕탕 4
오락	영화관 2, 당구장 6, 탁구장 4, 슬럿 머신 2
종교시설	절 1, 교회 5, 무당 4
학교	초등학교 1, 중학교 1, 고등학교 1

출처: Spencer(1988, 49~50)

한밤중에 해야 했으며, 이사할 때 가져가는 물건은 이불, 찬장, 밥그릇 몇 개뿐으로 단출했다. 손님이라곤 쥐새끼와 때 되면 찾아오는 비, 그리고 빗물을 받치는 바가지였는데, 그녀는 이것을 가리켜 '사람과 쥐가 같이 사는 판자촌'이라고 불렀다(송효순 1982, 53~5). 1970년대 후반 구로 지역에 살던 신경숙은 단짝 친구 희재 언니의 방 안 구조를 아주 상세히 기억하고 있다(신경숙 1995, 232~4).

> 우리와 같은 두 사람이 나란히 서면 돌아보지도 못할 부엌문을 열면 바로 선반이 보인다. 그 위에 놓여 있던 자주색 하이힐. 그 힐은 학교에 입학하기 전에 신고 다녔으리라. 그녀의 방에 들어갈 때마다 나는 자주색 하이힐이 놓여 있던 그 선반에 내 머리를 찧곤 한다. ……하지만, 그 선반은 키와 상관없다. 나보다 한 뼘이나 작은 희재 언니도 이따금 선반 모서리에 찧곤 했으니까. ……창틀은 그녀의 화장대. 그 창이 가지고 있는 풍경은 바로 옆집 붉은 벽돌담. 그녀는 창을 열지 않는다. ……우리 방은 창을 열면 공터가 보이고 118번 종점도 보이고 공장 굴뚝도 보이고 전철역도 보이는데, 희재 언니 방은 창 밖이 곧 담이다. ……바다가 그려져 있던 비키니 옷장, 나무상, 작은 라디오, 벽에 걸려 있는 작은 조개 목걸이, 각각 한 개씩. 교복 칼라를 다리려고 샀다던 상자 곽도 새것이었던 다리미.

그나마 집이라도 있으면 행복한 편이었다. 당시 여성노동자들의 임금으로 구할 수 있는 집은 드물었다. 따라서 여성노동자들은 집을 구하기 위해 방 값이 싼 동네를 발품을 팔며 돌아다녀야 했다. 특히 갑자기 주인이 방을 비우라고 할 경우나 집세를 올려서 더 이상 살기 어려울 경우가 그랬다. 방을 구하는 과정은 자기 처지에 대한 자조自嘲만을 자아내게 한다. 석정남은 1975년 7월 5일 일기에 이렇게 적고 있다(석정남 1976b, 208).

사진 7-2 1960~70년대 서울의 달동네 마을

> 연봉이와 함께 방을 보러 다녔다. 만석동 골목을 온통 다 헤매더니 다리도 아프고 배도 고파 들어가지 않겠다던 가겟집에 들어갔다. ……그때 내 마음은 완전히 절망 상태에 빠져 있었다. 숨이 콱 막혀버릴 것만 같은 험한 길이며, 빽빽이 들어선 작고 낮은 집들. 장미와 과일나무가 있는 시골의 널찍한 우리 집을 이곳으로 옮겨 놓을 수는 없을까. 생활고에 시달리는 그곳 시민들의 환경을 보고 나니 참으로 한심스러워진다. 허구한 날 하루 종일 별 볼일 없이 기다리고 있는 노인들. 아! 우리가 살고 있는 이 땅에도 평등과 경제적 안정이 골고루 내리시길.

다시 송효순이 집을 구하는 길을 따라가보자. 그녀는 주인집이 방 비울 것을 독촉해서 친구 금숙이의 옆집 월세방으로 이사했다. 방은 조그마했고 부엌은 주인집과 같이 사용해야 했다. 그래서 마침 터무니없이 방세가 올라 방을 구하던 금숙이와 함께 다시 방을 구하러 다녔지만 동네마다 방이 없었다. 몇 시간을 돌아다닌 끝에 35만 원짜리 방을 일단 30만 원에 구했지만, 주인집 남자 아들이 자기 방으로 가려면 여자들 방을 통과해야 하는 이상한 구조였다. 아마도 집세를 받으려고 개조한 집인 듯했다. 송효순은 다시 수소문한 끝에 문래동 부근에 작업복을 입고 출근이 가능한 방을 구해, 옷값을 절약할 수 있어서 기뻐했다. 더군다나 새로 구한 방은 공장과 가까워서 소모임 활동을 하는 친구들과 모임하기 용이한 점, 동료들과 일상적인 접촉을 하기가 쉬운 점 때문에 좋았다(송효순 1982, 84~7).

이렇듯 여성노동자들의 자취방은 감시의 대상인 동시에 노조와 소모임 등 의식화의 장으로 사용되기도 했다. 기숙사가 없는 경우 혹은 기숙사에 대한 감시가 심하거나 사측에 비해 여성노동자들의 힘이 취약할 경우 자취방은 적극적인 '의식화의 공간'이 되었다. 경찰의 노조 활동가 거주지에 대한 감시는 이런 차원에서 이해할 수 있다. 반도상사의 경우 자취방이 이런 의식화 공간의 기능을 담당했는데 노조 지부장이던 장현자는 많은 여성노동자들이 경제적 상황만 된다면 기숙사를 나가려고 했다고 언급하며, 「우리들의 아지트 골목 다방」이란 글에서 이렇게 말하고 있다(장현자 2002, 181).

> 우리는 회사에게 당하고만 있을 수 없기에 각 부서별로 소그룹들을 조직하기 위하여 노조에서는 쟁의기금으로 조그만 전세방을 마련하였다. 퇴근 후 이방은 항상 시끌벅적 우리들의 아지트가 되었고 이곳에서 모든 정보는 교환되어 우리들의 단합을 결속하는 장소가 되기도 하였다. 이를 우리들은 작은 골목길을 지나 골목길에 있었기 때문에 골목다방이라고 불렀다. ……골목다방을 관리하기 위하여 부지부장 김분겸 씨가 자취를 이곳으로 옮겨 살면서 조합원들을 보살펴 주었다. 이 집은 우리들만의 별칭으로 불러 왔고 우리들만이 알고 있는 공간이었다. 부평경찰서에서는 우리들이 이야기하는 것이 다방인 줄 알고 전부평 지역 다방을 모조리 뒤져서 찾았지만 허탕을 쳤다는 웃지 못할 이야기도 들려왔다.

이렇게 국가는 하층 사회의 공간적 밀집이 지닌 사회적 위험성을 인식했지만 체계적으로 관리하지는 못했다. 특히 자취방 등에서 행해지던 여성노동자들의 비밀스런 모임 등을 완벽하게 감시하는 것은 현실적으로 불가능했다. 문제는 여성노동자들의 주거 내부에서 이루어지는 익명적 지식의 전파와 네트워크의 형성이었다. 이제 여공들의 은밀한 연대의 망을 형성했던 기숙사에 대해 살펴보자.

기숙사, 관리와 연대의 대립항

산업화 시기 한국에는 생각보다 기숙사 제도가 발달해 있지 않았다.[5] 다소 큰 규모의 동일방직, 원풍모방 같은 기업 이외에는 1970년대 초반기부터 기숙사가 존재하지는 않았다. 기숙사가 만들어졌던 시점을 간략하게 살펴보면, YH무역의 경우 전체 기숙사는 세 동이 있었는데 전체 직원의 8할인 1,200여 명이 기숙사에서 생활했다. 원풍모방은 1964년에 기숙사를 설립했지만, 1967년에 현장 노동자가 증가해서 기숙사를 증축, 약 900여 명의 노동자를 수용할 수 있게 됐다. 기숙사 구조는 3층 건물에 1층에는 20개 방, 2층과 3층에 23개 방이 있었다. 구체적으로 1층에는 200~300명을 수용할 수 있는 강당과 목욕탕과 다리미실이 있었고, 기숙사 1층은 A반, 2층은 B반, 3층은 C반이 배치됐으며 한 방에 12~16명 정도가 생활했다(정미숙 1993, 102~3). 산업화 시기 가난했던 여성노동자들은 기숙사에 들어가려고 무던히 애를 쓰곤 했다. 기숙사 운영의 효과는 여성노동자들이 최저 비용으로 생활할 수 있는, 달리 말하면 저임금 때문에 생기는 불만을 완화시켜준다는 데 있었다. 가족을 부양하기 위해 송금을 해야 했던 여성노동자들은 기숙사에 입주함으로써 더 많은 현금을 만져볼 수 있었다(정미숙 1993, 104).

전전戰前 산업화 시기 일본의 경우에도 기숙사는 철저히 '노동력 초과 착취'를 위한 공간이었다. 마치 소설에나 나올 법한 기숙사 주변의 철창과

5_ 이 책에서는 주로 섬유업종의 '민주노조 사업장'을 다루었다. 산업화 초기 일본 여공들의 기숙사는 노동력의 출혈적 추출出血的 抽出을 위한 수단이었다. 한국에서 일본의 기숙사와 유사한 사례가 평화시장이었다. 평화시장은 공장의 규모가 작았기 때문에 '제대로 된' 기숙사를 갖추는 것이 어려웠다. 고용주들의 입장에서 볼 때, 어린 여성노동자들에게 숙소를 제공하는 것은 노동자들을 보호한다는 명목하에 일상적인 통제를 하고 언제나 손쉽게 시간외 노동을 시킬 수 있게 해주었다. 이것은 대부분 소규모 사업장에서 쉽게 발견할 수 있는 '노동통제 전략'이었다(전순옥 2003, 182~3).

감시조 등은 초기 일본 산업화의 '상징' 가운데 하나였다(金贊汀 1982; 山内みな 1975). 일본 메이지 시기 여공들의 기숙사는 '원생적 노동관계'를 극단적으로 드러내주었다. 여공이었던 츠루미는 당시를, "(여성노동자들의 기숙사는 — 인용자) 돼지우리, 노예 섬에 비유되었고……26명이 10조가 되는 다다미에서 숙식했다. 이들은 목욕조차 제대로 하기 힘들었고, 탕에 한번 들어가더라도 물은 다 식어 있고, 여기도 위계(나이 순서, 고참 순서 — 인용자)대로 들어갔다"고 이야기할 정도였다(Tsurumi 1990). 이런 일본의 강제적 노동계약 때문에 여공들은 공장을 자주 탈출했고 기숙사에 대한 부정적인 담론이 형성됐다(中村政則 1976; 隅谷三喜男 1965; 赤松常子編集委員 1977).

한국에서도 기숙사에 거주하던 여성노동자들은 주말에도 휴일이 없었고, 고용주가 원할 때 언제든지 동원 가능한 노동력으로 여겨졌다. 대표적인 것이 '강제 잔업'이었다.[6] 당시 한 여성노동자의 예를 보자. "음식도 차이가 없고 기숙사에서 갇혀 사는 건 똑같고……이런 거 아니냐 할 정도……다만 방에 갇혀 있느냐 기숙사 화장실도 왔다갔다, 기숙사 전면 문이 닫히면 기숙사 내에 갇혀 있었으니까, 감옥은 방에 갇혀 있는 거고 기숙사는 기숙사에 갇혀 있는 거였다. 이렇게 볼 수 있는 거였죠. 더군다나 잠자다가도 수출에서 무슨 클레임이 왔다던가 아니면 반려가 왔다던가 아니면 또 저해되거나 이러면 벨 울려 가지고 자는 사람 깨워서 동원해서 일시키는 경우도 비일비재하고, 더더군다나 일주일에 철야작업 이런 거는 수출주도형이었잖아요.

6_ 산업화 시기 '강제 잔업'은 상당한 사회 문제였다. 국가는 형식적으로 여성노동의 '보호'를 언급했지만, 이것은 여성노동을 위한 것이 아니라 여성노동의 '열등함' 혹은 '모성으로서 신체에 저해 요인'이라는 논리에 근거해 여성노동을 주변화하기 위한 것이었다. 이 점에서 한국에서 잔업을 둘러싼 여성노동자 보호 담론은 사적 가부장제 내 가족주의가 작업장으로 확장된 것으로 해석할 수 있다. 자세한 내용은 이 책의 2장을 참조.

그때 철야작업 이런 것이 그 일주일에 서너 번은 반드시 있다"(김준 2003b, 31~33).

하지만 한국에서 기숙사는 노조 결성, 파업이나 태업 등 집단적 행동을 조직해내기 위한 은밀한 대항 공간이기도 했다. 이렇게 한국에서 기숙사는 '관리와 연대'라는 이중적 기능을 담당했다. 먼저 기숙사를 둘러싼 여성노동자들의 담론부터 살펴보자. 대부분 기숙사는 여성노동자들에게 '부러움'과 '편안함'의 상징이었다. 원풍모방의 이옥순은 겨울에 스팀과 더운물이 나오는 기숙사를 보고 상당히 좋아했다.[7] 원풍모방 기숙사의 경우 다락방과 비교했을 때 목욕탕과 식사가 상대적으로 좋았고, 한 달 기숙사비가 1,800원으로 자취에 비해서는 상대적으로 싼 편이었다(이옥순 1990, 44). 또한 기숙사들은 대부분 자취와 비교할 때 시설이 좋은 편이었다고 여성노동자들은 회고한다. YH는 기숙사에 방이 1~4층까지 아주 많았고, 큰 방에는 열에서 열두 명 정도, 작은 방에는 일고여덟 명이 생활했다(박수정 2003, 89). 석정남도 동일방직 기숙사를 "현장에서 숨막힐 듯한 긴장과 피로를 풀 수 있는 공간" 혹은 "참으로 편하고 아늑한 휴식처"라고 묘사했다. 다른 사업체에 비해 시설이 편리했던 동일방직 기숙사는 목욕탕, 신식 화장실이 갖추어져 있었고, 한 방에 5~6명이 거주할 정도로 공간도 충분했다. 또 기숙사에는 여가 공간으로 1층에는 도서실이, 2층에도 음악감상실 겸 TV가 있었다(석정남 1984, 17).

특히 여성노동자들이 많이 기억하고 있는 것은 동일방직 기숙사의 '자유 시간'이었다. 노동조합에 대한 본격적 탄압이 들어오기 전까지 근무시간이 끝나면 여성노동자들은 매우 자유로웠다. 여성노동자들은 자신이 살아

7_ YH의 경우, 목욕탕이 있기는 했지만 따뜻한 물을 계속 제공해주는 것은 아니었으며, 이 문제는 노조 결성 이후 투쟁의 이슈가 됐다(박수정 2003, 89).

가는 것이 그때 그때 기쁨으로 다가오는, 다시 말하자면 자기 마음대로 사용할 수 있는 시간이 있다는 것을 최고의 즐거움으로 생각했다(추송례 2001; 2002; 석정남 1984).

하지만 기숙사를 둘러싼 여성노동자들의 익명적 지식들이 항상 '긍정적'이지는 않았다. 특히 한정된 방에 너무 많은 여성노동자들이 같이 생활을 했던 것은 여러 가지 문제를 낳았다. YH 기숙사의 경우 12명에서 14명씩 한 방에서 생활(주로 자는 공간으로)했는데, 방을 반으로 나누어서 한편에는 선반을 만들어 그 위에 물건을 넣어놓았다. 이렇게 좁은 공간에서 생활하다보니 기숙사의 '위생 문제'도 적지 않게 발생했는데, 기숙사에서 이가 옮아 머리에 이가 생기는 경우도 있었다. 또 기숙사비는 2천~2천5백 원 정도로, 당시 YH는 한 달에 3천 원 정도의 임금을 받았기 때문에 여성노동자들에게 남는 것이 거의 없었다(한국노동자복지협의회 1984; 최순영 2001). 더군다나 3교대로 작업이 이루어지는 작업장의 성격 때문에 기숙사는 24시간 내내 어두웠으며 이런 어두움은 여러 가지 질병의 원인이 됐다. 또 하나의 부정적 기억들은 여름의 기숙사였다. 원풍모방 장남수는 여름의 기숙사는 참기 어려웠다고 토로하면서, 선풍기 한 대 없는 기숙사 방에서 잠을 청하는 고통을 호소하고 있는데, 아침 6시 퇴근, 씻은 뒤 숙제하다 보면 8시. 그때 잠이 들어 12시까지 취침. 점심 후 학원에 가면 6시, 부지런히 기숙사로 돌아오면 야근반 방에는 불이 꺼져 있고, 더듬어서 잠자리에 들어가야 할 정도였다(장남수 1984, 39~40). 당시 산업체부설 학교 교사였던 이혜숙은 자신이 관찰했던 주 · 야간 근무 여성노동자들의 기숙사를 이렇게 기록하고 있다(이혜숙 1991, 458).

지금 방에서 잠을 자고 있는 건 열 시부터 근무에 들어갈 갑반 아이들이다. 그들은 밤에 일하기 위해 낮에 잠을 자두어야 하는 것이다. 여직공들은 새벽 여섯 시부터 오후 두 시, 오후 두 시부터 밤 열 시, 밤 열 시부터 새벽 여섯 시, 이렇게 3교대를 한다. 그 애들은 처음부터 갑, 을, 병 세 반으로 나누어져 일주일 단위로 근무시간이 바뀌는 것이다. 학교 수업(부설학교 수업을 지칭 — 인용자)은 거기에 맞춰 오전반 4시간, 오후반 4시간으로 짜여 있다.

기숙사의 특수한 규율, 몸 수색과 외출표

이렇게 여성노동자의 몸은 작업장에서만 관리되는 것은 아니었다. 주휴週休와 외출 금지 등은 높은 노동생산성과 장시간 노동을 강제하기 위해 이루어졌던 '관례적 실천'이었다. 신경숙은 초기 직업훈련원 기숙사에 대해 다음과 같이 회고한다(신경숙 1995, 40~41).

훈련원 기숙사 문에는 유치원에서처럼 꽃 이름으로 된 방 이름이 각 방문에 붙어 있다. 내가 기숙하던 그 방의 꽃 이름은 무엇이었는지? 다만 사무 침대에 사물함이 하나씩 달려 있었다는 생각……열여섯의 내가 묶던 기숙사와 「동작 그만」(병영 생활을 그린 코미디 프로그램 — 인용자) 속의 군대 내무반을 닮아 있었다. 단지 우리는 사다리를 타고 올라가게 되어 있는 2층이 더 있다. 한 층에 다섯 명씩 묵게 되어 있다.

기숙사에 대한 신경숙의 기억만으로 다소 부족하다는 생각으로 자료를 찾다가 영등포 도시산업선교회에서 찍어둔 1970년대 방림방적 기숙사 사진을 발견했다. 이 사진에 대해 설명하자면, 기숙사는 다다미방이었고 양 편에 여성노동자들이 5~6명 정도씩 잤다. 좌우 양측에는 널어놓은 빨래와 이불들이 걸려 있었다. 그리고 창문 정면의 좌측에는 여성노동자들이 가지고 온 짐과 가방들이 나란히 쌓여 있고 그 옆에는 5~6단으로 이루어진 사물함이 있다. 흥미로운 점은 자고 있는 여성노동자들 머리맡에 있는 물건들이다. 화장품으로 보이는 것이 있는가 하면 머리맡에 책을 쌓아놓고 자는 여성노동자도 있다. 사진으로 비교해볼 때, 일본 여공들의 기숙사보다 시설 자체는 나았지만 좁은 공간에 여성노동자들이 밀집해서 침식을 했던 점은 똑같았다(영등포산업선교회 40년사 기획위원회 1998).

한편 여성노동자들이 기거했던 기숙사에는 대부분 사감이 있었고, 엄격한 기숙사 규율이 존재했다. 여성노동자들은 일주일에 3일간 외출이 가능했고 무단 외박이나 도둑질을 하는 경우 퇴사당하기도 했다. 한 방에 13명이 정원이던 방에서 일주일에 외출이 3일로 제한됐기 때문에 여성노동자들은 외출 표를 아껴 사용해야 했으며, 학원에 다니는 경우에만 외출이 허용됐다(장남수 1984, 26). 원풍모방에서도 잠시 밖에 나갔다 오는 것도 외출로 간주됐다. 기숙사 입실은 저녁 10시까지였으며 이것을 어길 때는 일주일간 외출이 금지되는 벌칙을 받았다. 또 기숙사가 공장 내부에 있었기 때문에 여성노동자에 대한 감시는 사감뿐만 아니라 '경비실'에서도 동시에 이루어졌다. 경비실에서는 노동자들이 공장 밖으로 나가고 들어오는 시간과 횟수를 정확히 기록해서 사감에게 넘겨주었다. 이렇게 기숙사에서 여성노동자를 통제했던 목적은 다음 날 생산을 하는 데 지장이 없도록 하기 위한 것이었다. 여성노동자들은 충분한 수면을 위해 11시에 소등을 하게 돼 있었다(정미숙 1993, 103~105). 그렇다면 고용주들이 외출금지의 근거로 내세운 항목들은 무엇이었을까? 또 고용주들은 어떤 방식으로 외출금지를 합법화했을까? 고용주들이 외출금지를 위해 내세운 항목은 몇 가지로 구분되었다.

사진 7-3 1970년대 방림방적 기숙사

(1) 공장 밖은 위험하다.

(2) 휴일에 밖으로 나아가는 것은 노동자들의 탈선을 부추긴다.

외출금지의 항목으로 제기되었던 것은 대부분 여성노동자의 몸과 관련된 사항이었다. 문제는 고용주들이 여성노동자의 신체에 대한 확인되지 않은 지식들로 그녀들을 관리했다는 점이다. 고용주들이 여성노동자 관리를 위해서 표면적으로 내세웠던 것은 어리고 판단 능력이 취약한 여성노동자의 보호, 성적 일탈의 방지 등이었다. 물론 생활고 등 여러 가지 이유로 산업화 시기 지배적인 지식체계가 '도덕적'으로 금기시하던 사창가나 유흥업소 같은 공간에 출입했던 여성노동자를 찾는 것은 어렵지 않았다. 주휴와 외출금지는 신체 · 도덕담론과 연결된 지식을 통해 여성노동자들이 자신의 신체를 자유롭게 사용하지 못하게 통제했다. 비록 직접적이고 일시적인 신체에 대한 구속이 아닐지라도, '도덕적이고 생산적 신체'라는 지배적인 담론은 지속적으로 여성노동자들의 무의식 속에 각인되었다.[8]

그렇다면 기숙사 내부 여성노동자들에 대한 통제와 관리에 사용된 담론과 장치로는 어떠한 것들이 있었을까? 무엇보다 기숙사 하면 떠오르는 인물은 '사감'이다. 하지만 사감은 여성노동자의 일상을 돌보는 개인이 아니라 여성노동자를 '감시하는 장치'였다(이옥순 1990, 43).

기숙사에는 두 부류의 사람이 있어요. 맨날 놀러 다니고 흥청망청 사는 언니들이 있는가 하면, 또 알뜰살뜰 저축해가면서 열심히 살아가는 언니들도 있어요.

8_ 박정희 정권은 근대적 노동윤리에 기초한 노동력 양성을 위해 기존의 부녀보호정책을 유명무실하게 만드는 동시에, 여성노동 등 공적 영역에 진출한 여성을 '잠재적인 윤락 여성'으로 간주했다(황정미 2001; 신건 2000).

……그래, 그래야 알뜰히 모아서 시집을 가지요. 생활하면서 착실하게 돈을 모아서 사표낼 때는 웃으면서 가도록 해요. 일주일에 세 번 외출할 수 있어요. 그리고 무단 외박을 하거나 기숙사의 규율을 어기거나 남의 물건을 훔치거나 하면 퇴사 조치를 하고 있으니까 그런 일이 없도록 해요.

사감의 말은 기숙사 내 여공을 둘러싼 몇 가지 의미를 함축하고 있었다. (1) 저축이 미덕이라는 산업화 시기 경제개발 담론이 기숙사란 노동자의 일상에도 확산되고 있다는 점, (2) 공장 그리고 기숙사 생활을 '시집가기 위한 통과의례'로 사고하게끔 담론을 구성하고자 했던 점[9], (3) 기숙사의 엄격한 규율을 들 수 있다. 위에서 사감이 말한 항목과 기숙사 규칙은 고용주와 민족공동체가 구성하고자 하는 '생산적인 주체'의 전제 조건이었다. 대표적인 예로 YH에서는 기숙사 방송을 통해, "산에서 빨갱이들이 내려와서 여러분들을 현혹시키려고 한다. 여러분들 빨갱이 옛날 빨갱이들이 한 작태를 너무나 잘 알고 있는데 여러분들한테 무조건 잘해 준다고 해서 여러분들 현혹시켜서 여러분들 선동해서 빨갱이 나라로 만들려고 하니까 절대로 거기 듣지 말고 옆으로도 돌아보지 말고 출근만 해라. 뭐를 주더라도 받지도 말고 해라"는 방송을 통해 '반노조 담론'을 일상화시켰고, 여성노동자의 '탈정치화'를 노렸다(김준 2003b, 42).

한편 1982년 원풍모방 노조파괴 과정에서 사측은 기숙사가 강성노조의 근원지라고 판단하고, 기숙사에 입주할 때 여성노동자들에게 '각서'를 받았다. 각서의 원본을 보자(원풍모방 해고노동자 복직투쟁위원회 1988, 318).

9_ 산업화 시기 여성노동자들은 가족에 대한 송금 이외에 가족으로부터 결혼을 위한 경제적 지원을 받을 수 없는 조건 아래에서 저축을 통해 '결혼 혼수'와 '지참금'을 모으고자 했다. 이처럼 공장노동을 결혼을 위한 통과의례로 여겼던 경향은 여성노동을 '일시적 노동'으로 간주한 지배적 담론의 영향력이라고 볼 수 있다(Kim 1997; 석정남 1984).

각서

본인은 기숙사를 입주함에 있어 회사가 복지향상을 위해 기숙사를 제공한데 대해 감사하게 생각하며 나의 제2의 가정임을 명심하고 가족적이고 화기애애한 분위기로 생활하기 위하여 최선을 다할 것이며 이를 저해하는 어떠한 행위도 하지 않을 것이며, 특히 아래 사항을 준수하고 이를 위반할 시 어떠한 조치도 감수할 것임을 엄숙히 서약합니다.

아래

1. 기숙사내에는 기숙사 관리 규칙을 준수하며 사감의 명령에 복종한다.
2. 불법노조활동에 관계되는 어떠한 행위도 하지 않는다.
3. 노조 및 신협 기타 대외에서의 전달사항 및 홍보물 제작 및 배포를 하지 않는다.
4. 특정인, 타인에게 중상모략, 공갈, 협박적인 행위를 하지 않는다.
5. 상습적인 불평불만의 언동을 하거나 선동적인 행위를 하지 않는다.
6. 기숙사생의 외출은 주 1회 일요일 8시부터 20시까지로 한다.
7. 기숙사생은 사감의 지시에 순응하며 다음 사항은 사감이 행한다.
   가) 기숙사 호실 배정 및 인원 조정에 관한 문제
   나) 각실 실장 임명 및 기타 입주 부여
   다) 정기 및 필요시 내무검사, 호실 전 품목 검사
8. 기타 세부사항은 기숙사 관리 규칙을 준수한다.
9. 기숙사 자치회 규정은 82. 10. 1자로 인정하지 않는다.

각서의 핵심 내용은 (1) 사감 및 내규에 복종, (2) 노조관계 활동 엄금, (3) 기숙사 내부 선동행위 금지 등이었다. 이전에는 몸수색과 외출표 등을 통해 통제가 이루어졌지만 노조의 힘이 약화된 뒤에는 호실의 배정 및 인원

조정, 실장 임명권, 내부 검사 등 자의적인 규정이 다수 포함되었다. 이렇게 기숙사는 노조와 현장권력의 역관계에 따라 이중적인 기능을 수행했다.

기숙사에서 여공들의 일상

이런 상황 아래에서 여성노동자들이 친해지는 방법은 무엇이었을까? 유사한 노동환경에 처했다는 점도 중요하겠지만, 그것만으로는 부족한 느낌이 든다. 유사한 조건에 처한 사회적 소수자인 여성이자 노동자로서 무언가 '동질감'을 형성해 나아가는 과정은 생각보다 소박한 공간들 속에서 이루어졌다. 그 중 하나가 신참 여성노동자를 위한 '기숙사 환영회'였다. 처음 기숙사에 들어오면 실장의 소개로 고향, 나이, 가족관계 등을 물으며 여성노동자들은 친분 관계와 기숙사 내부 질서를 형성했다. 기숙사 환영회는 작은 먹을 거리를 사다놓고 진행되었으며 이것을 통해 언니, 동생이라는 친밀한 인간관계를 형성했다(이옥순 1990, 44~45).

여기서 잠시 여성노동자들의 식사 문제를 살펴보자. 한국인들은 의식주 가운데 '식食'을 무척 중요하게 여겼다. 전근대 시기 민중들은 빈곤의 연속에 놓여 있었으며 산업화 시기 여성노동자들 역시 보릿고개를 경험한 세대들이었다. 일본 여공들과 마찬가지로 한국의 여공들도 가족의 '입을 줄이기' 위해 서울로 올라온 경우가 잦았다. 하지만 서울에 온다고 식사 문제가 해결됐을까? 결코 그렇지 않았다. 대표적인 예가 앞서 이야기한 광주대단지 사건이었다. 1971년 당시 광주대단지를 방문해 르포 기사를 작성한 소설가 박태순은 직접 인터뷰한 이여수(57세)의 말을 근거로 광주대단지 주민들이 아사 직전 상황에서 인육을 먹었다는 소문을 전하고 있다(박태순

1971, 281). 그럴 만큼 당시에 무언가 먹을 수 있다는 것은 '행복'이었다. 평화시장 시다들의 이야기는 경제 성장기 비숙련 여공들 자신의 이야기였다.

평화시장의 식사 시간은 여느 작업장과 마찬가지로 스산했다. 점심시간에 여성노동자들이 오순도순 모여 식사를 하는 것이 아니었다. 각자 자기 자리에 앉아 식사를 했다. 식사는 정부미로 지은 밥, 반찬은 김치였다. 하지만 이것도 여성노동자들에게는 '고급'이었다고 민종숙은 말한다. 매일 점심을 국수나 수제비로 때우는 이들에게 도시락은 큰 부담이었다. 그나마 미싱사들은 도시락이라도 싸올 수 있었지만 시다들 중에는 그것조차 제대로 가지고 다니지 못하는 경우가 다반사였다. 민종숙은 당시 시다들의 식사에 대해 이렇게 기록하고 있다(민종숙 1977, 262~3).

> 17~8세의 한창 먹을 때인 시다들 중에 도시락 없이 오는 아이를 보면 딱하기만 하다. 도시락을 안 싸오니 자연히 굶는 것이다. 아침에 수제비 한 그릇 먹고 나와서 하루 종일 일하고도 그대로 굶는 것이다. 남들이 점심을 먹는 시간에는 밖에 나가 할 일 없이 돌아다니다가 그대로 들어와 밤늦게까지 또 배겨내는 것이다. 시다 중에는 더러 점심 대신 밖에 나가 떡볶이로 때우기도 하는데 고작해야 10~20원 어치다.

1970년대 대동화학에 다녔던 가톨릭노동청년회 활동가 이철순이 당시 최대의 영양보충 식품으로 소개하는 것은 '계란'이었다. 여성노동자들은 계란 30개를 한꺼번에 삶아서 1인당 10개씩, 그야말로 '입에서 닭 냄새가 날 때까지' 먹었다고 한다. 이것이 여성노동자들에게는 아주 소중한 '보양식'이었다. 조금 나은 경우 버터와 계란과 왜간장을 비벼서 먹는 것도 가장 손쉬운 일이었다고, 지금도 무척 맛있다는 기억을 그녀는 이야기했다(이철순 2002년 12월 27일 인터뷰).

표 7-3 가계부(식비 목록) — 1월부터 3월까지(1974년)

쌀 500그램	100	쌀 500그램	100	쌀 250그램	50
보리쌀 1킬로그램	70	보리쌀 1킬로그램	70	보리쌀 500그램	35
콩나물 150그램	50	고등어 대가리	50	국수	80
무 200그램	50	야채	50	감자	50
파 50그램	20	식용유	120	김치	100
새우젓 100그램	50	무	30	콩나물	50
야채	70	파	20		
총액	410원	총액	440원		365원

출처: 전순옥(2003, 199)

이처럼 여성노동자들의 일상과 관련, 한 가지 주목해야 할 것이 '영양부족'이었다. 10대 후반에서 20대 초반 여성노동자들에게 공급된 영양은 늘 부족했다. 상황을 좀더 자세히 이해하기 위해 전순옥이 조사한 청계피복 노동자들의 '가계부'를 살펴보자.

표 7-3에서 보는 것처럼 평화시장 여성노동자들은 영양소를 제대로 섭취할 수 있는 식사를 거의 하지 못했다. 다른 식으로 표현하자면 최대한의 절약과 긴축을 기반으로 한 가계경제를 운영했던 것이었다.

그렇다면 기숙사에 거주하던 비교적 대공장의 여성노동자들은 진수성찬으로 매일 끼니를 해결할 수 있었을까? 상대적으로 대규모 공장의 기숙사에서도 굶지는 않았지만, 매일 10시간 이상 잔업에 시달리는 노동자들의 식사라고 보기에는 너무나 열악했다. 이렇게 늘 영양부족에 시달리던 그녀들이 일상에서 몰두한 것 중에 하나가 '군것질'이었다. 이옥순은 원풍모방 여성노동자들이 겪던 굶주림을 수기에서 이렇게 이야기하고 있다(이옥순 1990, 58).

이런 일도 있단다. 기숙사의 다른 방에서 흔히 있는 일이라고 한다. 기숙사생들은 밥이 형편없으니까 잘 먹지를 못해서 군것질을 많이 하는데, 간혹 욕심쟁이들은 낮에 외상을 가져다가 캐비닛 안에 숨겨두고 모두 불을 끄고 잠든 사이에 몰래 일어나 숨겨놓은 과자나 빵을 두고 먹는단다. 부스럭부스럭 하고.

원풍모방의 여성노동자들은 그때의 식사를 이렇게 기억한다(장남수 1984, 34).

기숙사의 음식은 2천 명이 한 번에 먹으므로 짠 무, 오이지, 일주일에 한 번 주는 고깃국은 '소가 장화신고 건넌 물' 수준.

같은 원풍모방의 이옥순도 열악한 당시 식사를 기억하며 여성노동자들이 이현의 「잊지 마」를 개사해서 「짠 무」란 노래를 만들었다고 소개한다(이옥순 1990, 44~5).

기숙사 생활하던 시절 잊지 않겠지
배고파 쩔쩔매며 식당에 가니
상 위에 놓인 것은 짜디짠 짠 무
그 누가 먹으래도 먹지 마 먹지 마
웬만하면 먹지 말자
기숙사에서 퇴사생은 되지 말자고
너하고 나하고 말했지

(주)서통의 배옥병은 초짜 시다 시절에 먹는 것이 여가이자 낙樂이었다고 기억하고 있다(김지선 외 2003).

제가 처음 시다 노릇하던 75년도 10월 달에 받았던 금액이 6천 원 되요. 그 한 달 월급이. 그 돈을 갖고 기숙사에 있으면서, 밤 11시, 12시까지 일하고 라면땅 하나 먹고 싶어서, 사탕 하나 먹고 싶어서, 몰래 개구멍으로 나가서 사먹고, 외출했을 때 자기 필수품 몇 개 사면, 그 돈이 다 없어지던 그런 형편이었지요. 시간도 없고, 경제적 조건도 안됐기 때문에, 제가 생각했던 그런 부분들은 상당히 불가능하다는 것을 알게 되었어요. 자기가 하고 싶었던 일들을 못한다는 좌절 상태에서, 결국은 끼리끼리 한 달에 첫째, 셋째 노는 날, 산에 가서 놀고, 디제이 다방에 가서 폼 잡고 노래 한 번 들어 보는 것이 우리들의 생활이었던 것 같아요.

남몰래 하던 군것질은 여성노동자들에게 부끄러운 일이라기보다는 일상이었다. 여성노동자들에게 억제하도록 강요된 것은 성 혹은 권리에 관련된 문제만이 아니었다. 여성노동자에게 강요되었던 절약, 저축 등의 담론은 그녀들의 먹고자 하는 욕구마저 자기검열의 장으로 틀어막았다. 이렇게 박정희 정권 시기 여성은 소비적이고 주변적인 대상으로 간주되었으며, 조국 근대화라는 국가적 과제를 달성하기 위해서 여성노동자들을 포함한 부녀들의 임무는 '절약'과 '내핍'에 근거한 '근대적 노동윤리'를 체현하는 것이었다.

눈물의 '보름달빵 계'

그렇다면 먹는 것 이외에 여성노동자들이 일상에서 즐겨 한 것은 무엇이었을까? 일부는 혼수용품으로 십자수를 놓기도 했지만 무엇보다 많았던 것은 '계契'모임이었다.[10] 여성노동자들이 친해지기 가장 손쉬운 방법이 바로 계모임이었다. 당시 여성노동자들 사이에는 혼수 준비나 목돈을 마련하기 위한 계가 유행했다. 내가 직접 인터뷰한 사람 가운데 가장 기억에 오래 남는 것은 원풍모방 전 부지부장 박순희의 '빵 계' 이야기였다.[11] 1970년대 원풍모방 부지부장 등을 역임했고, 현재 천주교정의구현전국연합 공동대표인 박순희는 인터뷰 몇 달 전 미 대사관 시위 때 그녀를 덮친 사고로 온전하지 못한 몸을 이끌고 인터뷰 자리에 나타났다. 여장부답게 내게 종교를 믿느냐고 물어 세례명이 요셉이라고 하자, "예수의 아버지시네, 그분도 카펜터(목수 — 인용자)였지요"하며 말을 시작했다. 인터뷰를 하던 도중에 당시 여성노동자들의 '보름달빵 계'에 대해 이야기를 하기 시작했다.

잔업 때 여성노동자들에게는 '보름달'이란 빵이 한 개씩 지급되었다. 하지만 여성노동자들은 그런 빵조차 제대로 배불리 먹어보지 못한 형제들과 부모 생각에 빵이 목으로 넘어가지 않았다. 그래서 생긴 것이 '빵 계'였다. 빵은 금세 부패하기 때문에 개인이 빵을 계속 모아서 가족들에게 보내줄 수는 없었다. 따라서 하루 날을 정해 빵 계 회원들이 자신의 부식으로 나온 빵을 한 사람에게 몰아줘서 그날로 집으로 부쳐주는 것이었는데, 그야말로 '눈물의 보름달빵'이었다. 이 이야기를 하면서 그녀는 참았던 눈물을 감추지 못했다. 연신 미안하다는 말을 되뇌면서도 그녀는 당시 어리디 어린 동생뻘 되는 여성노동자들이 너무나도 비참하고 불쌍했다며, "가난을 겪어보지 못한 사람들은 가난을 몰라요……"[12]라는 말로 이야기를 맺었다(박순희 2002년

10_ 산업화 시기 이전에도 '계모임'은 존재했다. 1950년대 전쟁 미망인들은 가부장의 동의 없이 금융기관을 이용할 수 없었기 때문에 자체적인 '계모임'을 통해 경제활동을 했고, 이것을 통해 여성 네트워크를 형성했다. 자세한 내용은 이임하(2002) 참조.

11_ 박순희에 대한 자세한 기록은 배지영(2002), 박순희(2001), 하종강(2002) 등 참조.

12_ YH물산 지부장이던 최순영도 유사한 보름달빵 계 이야기를 기억하고 있다(박수정 2003, 95~6).

12월 인터뷰). 그 밖에 혼수, 목돈, 이불, 반지 계 등 여성노동자들 사이에는 계의 종류가 다양했다. 이옥순은 기숙사에서 가장 흔한 모임이 '계' 모임이라고 하면서, 자신의 경험한 계모임으로 '0표 돈계'[13], '밍크이불계'[14], '금반지계' 등을 들고 있다(이옥순 1990, 73~74).

기숙사 자치회, 대항 담론의 산실

다음으로, 기숙사를 둘러싼 치열한 갈등과 투쟁의 영역이었던 '기숙사 자치회'에 대해 살펴보자. YH에서 기숙사는 노조 결성과 활동을 위한 토론의 장이었다. 세 차례에 걸친 노조 결성이 실패한 뒤, 사측은 여성노동자를 일상적으로 통제하기 위해 관리직 사원과 남자 직원 총동원령을 내렸다.[15] 사측은 남성노동자들에게 새벽 4시 통행금지 해제, 출·퇴근 노동자 감시, 미행 등의 보고 체제를 세웠다. 또 기숙사 여성노동자들의 외출을 불허하고, 한 방에 신발이 많이 놓여 있으면 사감이 쫓아와 다른 방 여성노동자들을 색출해 자기 방으로 복귀하라고 명령하기도 했다. 하지만 노조 결성 직후 이런 통제망을 뚫고 500여 명의 노조 가입원서를 받을 수 있었던 네트워크 역시 기숙사를 통해 만들어졌다(한국노동자복지협의회 1985, 45).

13_ 월급날 계원 6인이 각자 100원씩, 6개 쪽지 중 0표를 고르는 사람이 곗돈을 타는 방식의 계모임이었다.

14_ 밍크이불은 1만8천 원으로 당시로는 비싼 편이었다. 밍크이불 계는 여성노동자 10명이 1800원씩 채워가는 일종의 혼수 장만용 계라고 볼 수 있다. 평화시장 상급 시다나 미싱사들도 유사한 작업장 내 지위를 지닌 12명 정도가 월급을 받을 때마다 계원들이 일정 금액을 계주에게 맡기는 흡사한 방식으로 계를 운영했다(전순옥 2003, 203).

15_ YH노조 결성을 둘러싼 상세한 내용은 최순영(2001), 박수정(2003) 등 참조.

기숙사를 거점으로 한 노동자들의 결집에 맞선 사측의 대응을 살펴보면, 1977년 기숙사가 노조의 힘을 강화시킨다고 판단한 사측은 기숙사 인원을 전면 재배치했다. 이것은 간부는 간부, 대의원은 대의원, 일반 노동자는 노동자끼리 방을 다시 배치함으로써 노동자의 조합 참여를 최소화시키기 위한 '일방적인 조치'였다. 노조가 거부했는데도 사측이 이 조치를 강행하려고 하자 조합원들은 저녁식사를 거부하고 전원 문을 잠근 채 대치하기에 이르렀다. 다음 날 사측은 휴업 명령을 내리고 기숙사생을 강제로 몰아낸 뒤 방을 재배정하기 위해 남자 직원을 동원했다. 이런 사측의 행동에 대해 노조는 강력하게 대응해 오히려 기숙사 자치회를 얻어내고 실장, 동장을 중심으로 한 현장권력의 기반을 마련했다(한국노동자복지협의회 1985, 102~104). 또 자치회 결성을 계기로 기숙사에 대한 자율 통제, 특히 외출 문제가 완화되었다. 노조가 기숙사를 운영하게 되자 방장의 사인만 받고 사유를 이야기하면 언제든지 외출을 할 수 있게 되었다. 그 결과 수요일, 토요일, 일요일은 외출이 가능하게 됐으며 점차 자율화되기에 이른다.

그렇다면 대항 담론 및 조직적 결집의 장으로 기숙사가 위치지어질 수 있었던 이유는 무엇이었을까? 나는 기숙사가 현장에서 여러 가지 문제와 불만 등을 토론하는 일상적인 '정치의 장'이었기 때문이라고 생각한다. YH의 경우 기숙사 운영에 있어서 노조가 헤게모니를 장악한 뒤 기숙사 세 동이 조합원들의 토론장이 되다시피 변화한 과정이 민주노조가 안정화된 동력이었다. 기숙사 운영권을 노동조합이 장악한 뒤 조합원들은 사감을 배척하고 운영위원회에서 3동 각각의 동장을 뽑고, 방장을 선출해서 민주적으로 운영해갔다. 이러한 기숙사 내부 '변화'에 대해 YH 노조 사무국장이던 박태연은 이렇게 회고하고 있다(박승옥 · 오장미경 외 2003, 298).

초기에 노동조합운동을 막 시작할 당시에는 기숙사가 완전히 감옥 같은 존재였구요. 마지막에는 기숙사 운영권을 저희가 다 노동조합이 하고 조합원들이 그것에 조합원들이 동장도 뽑고 운영위원회를 만들고 그래서……기숙사 사감이 사실 감시하는 사람이거든요. 그 사람들을 오히려 내보내고 우리가 기숙사 자치운영위원회가 있고 운영위원회에서 동장도 뽑고, 아까 세 동이라고 했잖아요. 동장도 뽑고 방에 방장도 뽑고 해서 민주적으로 운영해가는 방식이었고……가게도 만들고 기숙사 내에, 그러니까 조그만 상점 뭐 화장품도 팔고 뭐도 팔고 이렇게 하는데, 그걸 꾸준히 이윤을 남기지 않고 조합원들에게 제공해 노동조합에서 제공해가는 이런 거였고……어쨌든 그런 과정에 나중에는 기숙사 그 자체가 대단히 우리가 자치운영권이죠. 그러니까 자치운영권 선에 들어 왔을 때 아까 얘기했던 대로 기숙사가 우리 토론의 장이기도 했고 그 다음에 우리 삶의 터전이기도 했고.

원풍모방도 노조 민주화 이후 기숙사 자치회를 구성해서 사감을 배척하고 노조 상집 간부 가운데 부녀부장과 조직부장 등이 자치회장을 맡아 자율적으로 운영했다. 원풍모방의 경우 1973년경부터 조장급 장기 근속자들이 기숙사 실장을 맡아서 다른 노동자들을 통솔할 수 있는 권한이 있었다. 이것은 작업장의 현장권력이 기숙사라는 일상 공간에서 지도력으로 연결된 것으로, 현장에서 쌓인 불만이 기숙사라는 공간에서 공유되기 쉬운 구조를 창출했다. 특히 기숙사는 입사 순서별로 방에 배치되어, 서로 다른 부서의 여성노동자들이 각 부서에서 벌어지는 문제점이나 불만을 공유할 수 있었다(정미숙 1993, 107). 더불어 원풍모방은 기숙사 내부 교육 및 일상 활동이 상당히 활발했는데, 대표적인 예로 일주일에 1회 '싱어롱sing along' 프로그램을 설치해서 외부 강사를 초빙해 「사노라면」 등 1970년대 금지곡 등을 여성노동자들에게 가르쳐 주기도 했다(박순희 2002년 12월 30일 인터뷰).

위에서 본 것처럼 여성노동자들에게 기숙사는 '감옥'이나 '노동력의 자의적 수탈'을 위한 공간만으로 해석될 수 없다. 기숙사는 사측 관리자, 사감 등과 여성노동자 사이의 일상적인 투쟁이 전개되는 장이었다. 더불어 강조하지 않을 수 없는 것은 기숙사는 작업장 내 '현장권력'과 밀접하게 연관되어 있었다는 점이다. 기숙사 자치회 등 여성노동자의 자율적인 네트워크 형성은 현장 내부 협상력이 존재할 경우에만 가능했다. 노동규율을 둘러싼 여성노동자들과 자본의 갈등에서 여성노동자의 우위는 자신의 '시간'을 통제할 수 있다는 의미에서 중요했고, 이것을 기초로 기숙사의 의미는 변화했다. 다음으로는 여공들에게 있어서 또 하나의 문화였던 소모임에 관해 살펴보자.

소모임의 형성과 확산

여성노동자에게 소모임은 어떤 의미였을까? 정부는 '소모임 · 클럽 활동=공산당식 소조'라고 비난을 퍼부었다. 그러나 여성노동자들이 소모임에서 체계적인 사회과학 훈련을 받았다는 흔적을 찾아보기는 힘들다. 오히려 크리스챤 아카데미 등에서 일부 선진적인 여성노동자를 대상으로 사회과학 훈련이 진행되었을 뿐이었다.

그렇다면 소모임은 언제부터 만들어졌을까? 여러 기록을 살펴보면, 1971년 또는 1972년, 그러니까 민주노조가 만들어지기 1~2년 전이 아닌가 싶다. 초기 도시산업선교회는 평신도 혹은 노동자 가운데 지도자급을 중심에 둔 조직 · 교육 활동을 전개했다. 하지만 이런 활동은 일반 여성노동자까지 확대되지 못하는 한계를 드러냈다. 소모임을 초기 노동자 조직화의 매개로 삼았던 이유는 대다수 노조들이 산업선교를 기피한 탓에 도시산업선교 조직사업의 한계점이 명확했기 때문이다. 이 시점에 시작된 것이 '소모임' 혹은 '클럽 활동'이었다. 산업전도에서 산업선교로 활동의 중심이 이동한 뒤에 영등포 도시산업선교회가 조직한 소모임은 1974년 70개, 1975년 80개, 1979년 100개로 꾸준히 성장했고 1973년 1,648회였던 모임의 횟수도 1979년에는 5,200여 회로 증가했다. 또한 참가 노동자 수도 1973년 1만 1,536명에서, 1977년 2만 2,564명, 1979년 6만 2,400명으로 급격히 증가했다(영등포 산업선교회 40년사 기획위원회 1998, 135~137). 영등포 도시산업선교의 조지송은 1970년대 소모임 운동의 의미에 대해 이렇게 말한다(조지송 1997, 288~289).

> 이 운동(소모임 운동 — 인용자)은 70년대 노동운동에 많은 업적을 남겼으며 산업선교의 중심 사업이기도 했다. 박정희 독재정권이 이 운동을 미리 막지 못한 것은 중대한 실수였을 것이다. 왜 이런 형태의 조직이 필요했을까? 모든 문제를 노동현장으로 집중하기 위해서였다. ……노동자들의 모임은 그것이 규모가 크거나 작은 것을 막론하고 노동문제와 직결된다는 것이다. 비록 꽃꽂이나 요리 모임이지만 이 시간의 중심 화제는 현장 이야기로 귀착된다는 것이다. 정부와 기업이 이런 평범한 노동자 모임을 두렵게 본 것은 바로 이것 때문이었다.

또 하나 의문이 드는 것은 왜 여성노동자를 중심으로 소모임이나 클럽 활동이 이루어졌느냐다. 물론 이 단체들이 영등포, 인천 등 여성노동자들이 다수 거주하던 지역, 바로 여성노동자 '밀집 지역'에 존재했던 지리적 조건도 고려해야 할 것이다. 그러나 이 단체들과 크리스챤 아카데미에서조차 '초기' 교육을 받은 노동자들은 대부분 남성이었다. 단적인 예로 영등포 도시산업선교회의 '파이오니어 그룹'도 남성노동자가 대부분이었다(영등포산업선교회 40년사 기획위원회 1998). 그러나 시간이 지나면서 소모임에서 다수를 차지한 것은 여성노동자들이었으며 민주노조 조직에 성공한 사례도 대부분 여성 사업장이었다. 이런 사실은 소모임 이전 도시산업선교회 활동을 살펴보면 잘 드러난다. 초기 평신도 모임이나 활동에서는 남녀를 특별히 구분하지 않거나, 혹은 남성노동자를 중심으로 조직화가 이뤄졌다. 그러나 성과는 그다지 크지 않았다. 소모임 활동이 본격화되기 이전 남성노동자 중심의 노동교육에 대해 영등포 도시산업선교회의 조지송은 이렇게 회고하고 있다(조지송 1997, 285~286).

> 각종 노동교육이 있을 때마다 명성 있는 신학 교수들의 수준 높은 강의가 있었지만 노동자들은 피곤한 모습으로 묵묵히 앉아 있을 뿐 활기가 없었다. 수강생들은 졸음을 참느라 애쓰는 모습도 보였다. ……그러나 강의가 끝나고 난로가에 앉아 보리차를 마시는 시간은 강의 시간과는 딴판으로 다른 분위기였다. 노동현장에서 일어난 크고 작은 사건들로 폭소를 터뜨리는가 하면 때로는 흥분하여 거친 욕설을 주고받기도 했다. 활기차고 진지한 현장 이야기들이며 노동자의 체취가 물씬 풍기는 이야기들이었다.

이렇듯 노동교육과 노동자들의 조직화에 대한 문제의식은 초기 노동교육의 반성에서 출발했다. 그렇다면 왜 '여성노동자'에 대한 조직화로 방향이 전환됐을까? 인천 도시산업선교회에서 오글 목사가 1960년대 후반에야 조화순을 영입한 사실이나 "산업선교회의 간부들은 처음부터 여성들을 조직화의 대상으로 보지 않았다. 처음에는 기업주와 접촉을 시도했고, 그 다음에는 남성노동자들을 조직화하려고 했다. 이러한 시도가 다 실패로 돌아갔고 그 다음에 눈을 돌린 게 여성이었다"라는 조지송의 언급(정미숙 1993, 127~128)으로 미루어볼 때, 1960년대 후반~1972년을 전후로 소모임 중심으로 여성노동자에 대한 조직화가 이루어진 것으로 추측된다. 또한 개신교 지식인들의 입장에서 보았을 때, 노동조합에 관심을 지니게 된 이유는 노조가 '중간집단'으로 성장할 가능성이 가장 높았기 때문이었다. 즉 다른 집단에 비해 그 집단이 추구할 공익의 내용이 곧 노동자 자신의 이익 추구라는 점에서 노조운동은 활동의 성과가 즉각적이고 가시적으로 나타날 수 있었으며, 객관적 여건만 성숙된다면 가장 활발해질 잠재력이 있다고 판단했기 때문이었다(홍현영 2002, 22).

삼원섬유 지부장이던 유동우[16]가 초기 삼원섬유를 조직할 때 노총과 상담하는 과정에서도 드러나지만, 인천 · 경기 지역 한국노총 본부는 대규모 남성 사업장의 조직화에 관심이 많았으며, 한국노총은 대부분 남성 지도부였기 때문에 여성노동자를 조직하기가 상대적으로 어려웠을 것이다(유동우 1983). 이런 상황은 인천 도시산업선교회에게 '틈새 공간'인 여성 사업장을 조직하기 좋은 조건을 제공했다. 또한 동일방직에서 6개월간 노동 경험을 했던 조화순 역시 여성노동자를 중심으로 사업을 전개했던 것은 정서나 경험상 당연했을 것이다. 이것은 지역적으로 멀리 떨어진 YH(1975년)와 비교해보면 확연하게 드러난다. 노조 결성을 세 차례나 실패했던 YH 노조는 영등포 도시산업선교회 등과 신민당 농성 이전까지 직접적인 관계를 맺지 않았으며, 초기 조직화는 상대적으로 양심적인 노조 간부인 섬유본조 교육선전부장 표응삼의 지원을 받았다. YH 노조 지부장이던 최순영은 표응삼을 통해 크리스챤 아카데미를 소개받아 회의 진행법, 총회 진행, 교육방법 등을 교육받았는데, 표응삼은 최순영과 원풍모방 박순희 등 당시 여성 지부장들의 만남을 주선했다(박수정 2003, 98~99). 이렇게 두 지역 도시산업선교회

16_ 유동우 개인사에 대해서는 하종강(2003) 참조.

가 가진 영향력은 지도자의 경험과 성격, 그리고 해당 지역 고용주와 한국노총과 맺는 관계에 따라 다양했다.[17]

이런 점에서 기존 연구들이 평가하는 교회 단체의 영향력은 상당히 과장된 것이다. 교회단체가 여성노동자를 중심으로 한 노동운동 전반에 영향력을 가진 것처럼 평가하는 것 역시 만들어진 담론에 불과하다. 오히려 교회 단체의 긍정적인 효과는 소모임 등 초기 의식화 단계와 노조 결성 단계 등에 국한되어야 할 것이다. 이제 소모임을 통한 여성노동자의 초기 의식화 과정과 이 속에서 생산된 담론들을 하나씩 살펴보자.

소모임의 내용과 역할 — 수다에서 불만으로

여성노동자들의 소모임은 교회 조직에서 시작되었지만, 소모임의 형태가 모두 같은 것은 아니었다. 먼저 지오세는 단사별 소모임은 존재하지 않았고, 대신 '섹션 모임'이 존재했다. 5~6명 정도 회원이 한 팀을 이루어 주간에 1회 팀 회합을 갖고 이 회합이 지오세 운동의 기초였다.[18] 팀 회합을 통해 지오세 정신과 방법에 의해 양성된 지도자들이 또 다른 지도자를 훈련하는

17_ 청계피복노조의 경우에도 도시산업선교회와 직접적인 관계없이 소모임이 만들어졌다. 평화시장에서 노조가 결성된 뒤 6개월 정도 뒤에 노조 여성부장이던 정인숙은 여성노동자들과 좀더 쉽게 의사소통을 할 수 있는 방안으로 모임을 만들기 시작했다. 노조 활동가들은 공장 가까이 일하는 노동자들을 각각 10~15명 정도로 나누어 조직을 관리하는 책임을 맡았고, 이 체제를 '아카시아회'라고 불렀다. 1973년까지 3개 주요 시장을 통틀어 50개가 넘는 소규모 모임이 존재했으며, 특히 널리 분산된 토끼장과 같은 노동착취형 공장으로 침투하는 데 있어서 아카시아회는 효과적이었다. 자세한 사항은 전순옥(2004, 322~3)을 참조.

18_ 가톨릭노동청년회에 기초한 노동조합운동과 활동가들에 대해서는 박수정(2003), 박순희(2001) 등 참조

방식이었다. 팀 회합에서 다루는 주제는 회원들의 삶의 현장에서 일어난 일들이었다. 소모임은 이론적이거나 주입식 교육이라기보다 회원 각자의 경험을 공유하고 나눔으로써 자신과 사회에 대해 눈을 뜨게 되는, 지오세의 표현을 빌리자면 "자신이 몸을 담고 있는 사회에 적극 참여토록 하는 것"이 목적이었다. 특히 지오세 교육은 결과보다 '과정'을 중시했는데 그 내용은 이렇다(황상근 1989, 101~102).

> 그들은 일의 결과도 중요하지만 일을 배우는 과정에서 배우고 발전하는 것을 소중하게 생각……가령 임금인상 투쟁에서 목적했던 바를 거두지 못하더라도 그 투쟁 과정을 면밀히 분석하고 평가를 철저히 할 때 우리는 많은 것을 얻을 수 있습니다. 또는 투쟁을 해서 성공을 한다고 하더라도 우리의 긴 인생에서 볼 때 그것은 사실 미약한 성과에 불과합니다.

반면 영등포 도시산업선교회의 경우, 초기 '파이오니어 모임' 등 지도자 모임에서 점차 공장 내부 소모임 혹은 서클을 중심으로 조직화 방식이 변화했다. 또한 일반 여성노동자를 대상으로 한 소모임 활동이 가장 활발했던 것으로 알려진 인천 도시산업선교회는 초기부터 일반 여성노동자를 중심으로 하나의 그룹이 만들어지면, 이 그룹을 모태로 해서 다른 하나의 그룹이 만들어지는, 이른바 '도미노식'으로 소모임이 만들어졌다. 그리고 동일방직에서 여성 조합장 주길자가 당선된 뒤에는 포스트가 될 공장 — 대표적인 사례가 인천 반도상사였다 — 의 핵심 인물을 '찍어서' 교육하고 핵심 인물을 통해 소모임을 만들고 노조를 결성했다.

사진 7-4 1970년대 여성노동자들의 소모임 모습

그렇다면 왜 소모임, 클럽이 여성노동자의 조직화에서 매개가 되었을까? 당시 소모임은 여성노동자들을 모으기 가장 용이한 조직 형태였기 때문이었다. 영등포 도시산업선교회의 기록에도 소모임의 '장점'에 대해서 다음과 같이 기록하고 있다. (1) 인간관계가 강화되어질 수 있다. (2) 소모임은 보안을 잘 유지할 수 있다. (3) 전체적인 통일적인 입장을 가질 수 있다는 특성을 지니고 있다고 생각하며, 다수의 소모임을 조직하여 미조직 노동자의 조직화나 기존 조직의 강화와 민주화를 달성할 수 있다(영등포산업선교회 편 1985, 20~42). 원풍모방 이옥순이 참여했던 사례를 보면 여성노동자들이 도시산업선교회에 대해 초기에 가진 관심은 소박한 것이었다. 10대 후반에서 20대 초반이던 여성노동자들은 소모임을 통해 자신들의 '끼리 문화'를 만들고자 했다. 보통 소모임은 7~10명 정도로 만들어졌으며, 회비는 500원 정도였고 회장, 서기, 클럽 이름 등이 자율적으로 정해졌다.

동일방직의 경우에도 조화순 주도로 3교대 작업에 따라 반별로, 그리고 소모임에 따라서 같은 프로그램들이 3회 반복되어 실시됐고, 부서별 소모임이 무려 30여 개나 만들어졌다. 조화순은 1967년부터 인천에서 동일방직 노동자 15명과 소모임을 시작했는데, 처음에는 예배 형식의 집회를 시도했지만, 노동자들의 참여가 부진하자 계획을 수정해 1단계 자치 활동(생활 실습, 일반 교양, 이성 교제, 오락 등을 중심으로), 2단계 실력 양성(성서 공부, 한문 공부), 3단계 의식화(노동법, 노동조합론, 역사 공부)로 나누어 소모임 활동을 전개했다. 이 방법이 주효해서 1972년경에는 240여 명의 노동자들이 소모임 활동에 참여하게 되었다. 조화순은 소모임 활동을 통해 1972년 동일방직의 어용 집행부를 민주적 집행부로 교체하고 최초의 여성 지부장을 탄생시킬 수 있었다(김준 · 이종구 2003, 229). **표 7-4**에 나타난 영등포 도시산업선교회 소모임 운영 원칙을 보자(홍현영 2002, 26~27).

표 7-4 영등포 도시산업선교회 소모임 운영의 원칙

항목	내 용
인원 수	5명 이상 10명 이내
구성원	반드시 동일 공장이어야 하고 같은 부서에서 일하는 사람이어야 한다. 남녀를 분리해 조직한다.
임원	회장, 서기(회계 겸임) 각 1명
모임 내용	생활과 직접 관련된 문제를 광범위하게 취급(예: 꽃꽂이, 요리, 예절, 노래, 가정, 결혼, 육아, 한문, 경제, 노동법, 정치, 종교)
회비	각 조직에서 자율적으로 정하나, 월 300~500원을 초과하지 않고 회비 전액은 각 그룹이 독자적으로 정한다
통합, 분리	한 조직 회원 수가 10명 이상으로 증가하면 두 개로 분리, 5명 이하로 줄어들면 그룹을 해산하고 각자 원하는 그룹에 편입
가입, 탈퇴	가입, 탈퇴는 자유지만 이직하거나 퇴직하면 자동 탈퇴
그룹 조직 수	한 공장에 조직 수는 제한하지 않는다. 다만 전체 그룹 수는 100~120개 정도로 조정
그룹 모임	매주 1회 정기 모임(1시간 30분~2시간)

이렇게 만들어진 소모임의 역할은 자연스럽게 소모임에 참여한 여성노동자들이 노동현장에서 겪는 일상적인 계급경험 등을 공유하고, 서로 같은 여성이자 노동자임을 확인하는 동시에 그녀들과 감독자, 고용주가 다른 집단임을 인식하게 할 수 있는 '일상적인 정치적 공간'이었다. 낯선 도시와 공장 노동 속에서 한 유사한 경험과 그 경험을 교류하는 과정은 상대방에 대한 애정과 연대의식을 형성했다. 여성노동자들이 노동조합 활동에 적극적으로 참여하게 되는 계기는 작업 현장에서 느낀 불만을 같이 나눌 수 있는 동료들에 대한 애정이나 친구와 나누는 대화를 통해서였다(박기남 1988, 71). 장남수는 원풍모방 초기 노동교회에서 경험했던 한 소모임에 대해 이렇게 기록하고 있다(장남수 1984, 54).

노동교회는 참 편하고 위선과 가식이 없어서 좋았다. 나는 노동교회에 나가기 시작했고 열심히 다녔다. 그때 노동교회에는 지부장님과 순애 언니, 봉순 언니, 나, 그리고 다른 회사 친구 몇 명 등 모두 합해 20여 명 정도 되었다. 버스 안에서 지부장님과 얘기를 하기도 하고 대림동에 내려 영화제과에서 현장 얘기, 기숙사 얘기, 또 노동자가 가져야 할 자세를 얘기 나누며 나는 조금씩 성장해갔다.

문제는 소모임 활동 이후 여성노동자들의 변화였다. 여성노동자들은 여대생과 같은 치장을 하거나 노동자로서 정체성을 숨기려고 한 경우도 많았다.[19] 하지만 권리, 인간, 인권, 노조라는 '단어'조차 알지 못했던 여성노동자들은 '권리'와 '조직'을 소모임이란 일상 속에서 발견하게 된다. 반도상사가 대표적인 예라고 할 수 있다. 반도상사는 인천 도시산업선교회 실무자였던 최영희가 한순임을 지속적으로 설득하고 지도한 것이 당시 표현으로 '감동'을 불러온 것이었다. 최영희가 교육을 통해 여성노동자들을 일깨워준 내용은 거창한 것이 아니었다. 예를 들어, '노동 3권이 있고, 노동조합이라는 것을 이렇게 만들 수 있고, 식당에 어떠한 문제가 있는 것' 등을 가지고 한순임을 설득했던 것이다. 당시 한순임은 '검수직'[20]을 맡고 있어서 자유롭게 2층이나 4층을 다닐 수 있는 조건이었기 때문에 조직화는 더욱 빠르게 진행될 수 있었다. 초기에는 교회에 대한 이야기를 하다가, 점차 사회 부조리와 여성노동자 탄압과 연관된 이야기를 흘리면서 소모임 구성원을 늘려

19_ 1970년대 여성노동자들의 여대생 동경 사례와 문헌에 관해서는 김원(2004a) 참조.

20_ '검수직'이란 검사실에 속한 직책으로 각 부서마다 2인씩 파견, 생산 제품들을 검사해서 꼬리표에 검사원 도장을 찍어주는 작업이었다. 반도상사 노동자들은 노동조건 등이 상대적으로 나은 검사실에 배속되기를 희망했다. 특히 검수직은 여러 부서를 돌아다닐 수 있었기 때문에, 각 부서의 노동조건 파악과 노동자의 조직화에 유리한 위치에 있었다(장현자 2002, 46).

간 것이었다(최영희 2003년 3월 24일 인터뷰). 도시산업선교회와 가톨릭노동청년회 소모임에 모두 참가했던 동일방직 추송례는 처음 소모임에 참가했던 느낌에 대해 다음과 같이 술회하고 있다(추송례 2001, 41~42).

거기(산업선교회 소모임 — 인용자) 모여 있는 대부분의 사람들은 평소 공장에서 자주 보는 낯익은 얼굴들이었다. 나는 친구 곁에 앉아 그들이 나누는 이야기를 듣고 있는데 도무지 알아들을 수가 없었다. 나하고는 아무 상관이 없는 것으로 알고 있던 사회 문제들을 그들은 서슴없이 이야기하며 세상일에 대해 걱정을 많이 하고 있는 것이었다. 그날 밤 나는 너무 놀라 잠을 이루지 못했다. 자신감이 넘치고 똑똑한 친구들이 너무 부러워서 하루 빨리 그들을 따라갈 수 있어야겠다는 생각으로 모든 시간을 의식화를 위한 교육과 책에 묻혀 지냈다.

처음에는 조장 흉보기, 춤, 남자 이야기 등 일상적인 수다에서 시작했지만 점차 노동현장에서 벌어지는 문제를 둘러싼 대안 모색으로 발전했다. 은유적으로 말하자면, '수다에서 불만으로' 소모임의 성격이 점차 변화했다고 할 수 있다. 동일방직에서 클럽 활동의 종류는 상조회, 한문반, 야학, 등반대, 합창반, 탈춤반, 수련회 등 여러 가지가 있었다(석정남 1984; 동일방직복직투쟁위원회 1985). 1972년 영등포 도시산업선교 소모임 활동을 관찰했던 박정세 목사는 이런 의식변화 과정을 몇 가지로 구분했는데, 중요한 부분만을 정리하면 다음과 같다(박정세 1992).

1. 충격 — 최초의 만남
   1) 싫어하는 것을 꼬집고 원인 규명
   2) 분노와 흥분을 새 힘으로

3) 새 미래와 새 형상을 심어줌

2. 제1기 — 사귐

1) 실제로 도움이 되는 것을 제공

2) 자신의 의견이 성취되는 것을 보게 함

3) 지식에 대한 공포를 제거함

4) 표현을 자유롭게 하도록

5) 주변의 문제에 관심을 갖게

6) 편견의 점진적 해소

7) 감정의 바른 발산을

3. 제2기 — 구체적인 깨달음

1) 자기의 처지를 깨닫게

2) 자기에 대한 보장을 자기 눈으로 확인케

3) 타인에 대한 것을 구체적으로 깨닫게 함

4) 협동력의 묘미를 느끼게 함

5) 생을 객관적으로 보게 한다

4. 제3기 — 구조를 보고 방법 연구

1) 방법론 강구

2) 타 경험과의 결합

3) 예비경험과 사람 찾기

4) 악조건에 대한 점검

5. 제4기 — 행동으로 성취

1) 주모자가 없어야 한다

2) 문제의 제기

3) 지도자의 발생

4) 성취와 축하

5) 실패하는 경우

이런 의식 변화를 이끌어낸 구체적인 교육 방식은 가족의 생계와 남성의 학비를 대는 것을 최대의 목표로 삼던 여성노동자들의 사고방식을 변화시키는, 다시 말하자면 자신의 존재에 대한 물음이었다. 영등포 도시산업선교의 조지송 목사는 당시를 이렇게 회고한다(정미숙 1993, 130).

> 산업선교회 교육은 주로 자극을 주는 방법을 했어요. 여성노동자들의 최대 관심이 음식 만들고 꽃꽂이하고 그런 거지. 이런 욕구는 사실 조직운동을 하는 데 필요없는 욕구야. 하지만 이런 욕구가 꽉 차 있기 때문에 그 필요없는 욕구를 충족시키는 단계를 거쳐야……. 그러면 내가 그 옆에 앉아서 이야기를 시작하지. 여성들이 가슴 아팠던 경험들. 의식하지 못하고 있었던 것들을 흔드는 거여. 자극을 주는 거지. 그건 주로 구박의 형태로 나타나. 예를 들면, '너는 미쳤다고 너희 오빠 학비를 대냐, 미친 년! 그럴 돈 있으면 너 배고플 때 짜장면이라도 사먹고 그러지.' 이런 식으로 여자들이 처해 있는 사실에 대해서 반복적으로 이야기를 했지요.

초기에는 반장이나 관리자에 대한 '흉보기'와 '비난'에서 출발했던 여성노동자들의 관계는 서로 유사한 환경에서 자라난 빈농, 빈민의 딸들임을 확인하고 나서 자기 자신의 힘을 통해 현재 상황을 바꿀 수 있다는 신뢰감을 형성하게 되었다. 이런 과정은 '일상적 저항'이자 '말들의 전쟁'이기도 했다. 전제적 작업장에서 남성 관리자에 대한 공공연한 저항은 저항의 비용이 너무 많이 들며 폭력과 해고의 위험이 있었다. 이런 와중에 옆으로 흐르는 말들, 바로 수다를 통해 여성노동자들이 작업장에서 불만을 토로하고 공유할 수 있는 장이 소모임이었다. 여성노동자들은 자신의 인격과 가치를 침해하는 관리자 등을 비방함으로써 상대방의 도덕적 권위를 침식하고 자신들만의 언어를 공유했던 것이다(Scott 1985, 320~322). 이 점에서 여성노동자들은 침묵으로 가득 찬 공장의 묵시적인 공모자이기 했지만, 동시에 이것에 대한 간파penetration를 통해 자신들에게 가해진 지배적 담론을 뒤집었던 것이다.

소모임은 '의식화의 성채'였나? — 소모임의 한계와 의의

그렇다면 소모임은 그 자체로 여성노동자들간의 '차이'를 통일한 공간이었을까? 분명한 점은 소모임을 무모순적인 '의식화의 성체'처럼 인식하는 것은 소모임에 참가한 여성노동자들간의 차이와 모순, 소모임에 참가한 이들간의 경쟁, 그리고 지배담론과의 타협 등을 사상하는 결과를 초래할 수 있다. 다시 말해서 다시 민주화 담론의 해석으로 침잠할 수 있다는 것이다. 여공들의 소모임 참여 동기는 획일화하기 어려웠고, 모임의 성격이나 참여했던 여공들에 따라 상당히 차이가 있었다. 또 작업장과 일상에서 여공들이 지배적 담론과 공조 또는 타협했던 점들이 비슷하게 드러나기도 했다. 따라서 소모임이 민주노조운동에서 갖는 '운동적 의미'를 인정해야 하지만, 동시에 소모임을 통해 여공들 사이의 균열, 차이 그리고 지배적 담론에 동의했던 것이 '일순간에 해소'된다고 생각하는 것은 여러 가지 문제를 일으킬 수 있다. 우선 여공들의 소모임 참여 동기를 통해 이 점들을 살펴보자.

우선 여성노동자들은 시집가기 위한 준비로 소모임에 참가하는 경우도 적지 않았다. 잔업과 장시간 노동으로 개인적인 여가 시간이 전혀 없던 노동자들에게 소모임에서 하는 교양교육 등은 좋은 기회였을 것이다. 다음으로 배움의 열망 때문에 소모임에 참가하는 경우를 들 수 있다. 앞서 본 것처럼 여성노동자들에게 배우지 못한 것은 일종의 콤플렉스였다. 산업화 시기 중산층 핵가족과 달리, 저소득층 가족일수록 교육 기회에서 아들과 딸 사이에

자료 7-1 청계피복 시다들의 소원

가족 내 젠더 불평등 때문에 여성노동자들이 '교육 욕구'가 얼마나 컸는지는 청계피복 시다들의 이야기를 통해 알 수 있다. 아카시아회에서는 크리스마스이브에 500명이 넘는 시다들을 위해 파티를 열었다. 여기서 시다들이 노조에 가장 바랐던 일은 압도적으로 '중등교육 과정'이었다. 시다들의 이야기를 들은 노조는 6개월 교육 프로그램을 고안했고, 1972년 2월에 처음 수업이 시작되었다. 청계피복 노동조합에서 처음 마련한 중등교육과정 수업에 너무 많은 노동자들이 지원(40명 정원에 200여 명이 지원)해서 자리가 모자랄 정도였다는 사실은 여성노동자들의 배우고자 하는 열망이 얼마나 절실했는지를 보여준다. 청계피복 노조 사례는 전순옥(2004, 323, 375)과 김기용(2004)의 영상 자료 등을 참조.

'차별'이 심했다. 특히 가족의 생계가 위협받을 때 우선 딸의 취학을 중단하고 노동시장에 빨리 방출한 뒤 결혼을 늦추는 등 가족의 생계를 딸에게 전가시켰다(김수영 2001). 이런 조건 아래에서 여성노동자들에게 소모임을 통한 배움의 기회를 제공하는 것은, 커다란 인센티브인 동시에 소모임의 감추어진 이면이기도 했다.

세 번째, '종교에 대한 의지'라는 차원에서 소모임에 참여한 경우다. 도시산업선교회에 참여하며 노조 활동을 한 활동가 가운데 상당수는 독실한 개신교, 가톨릭 신자였다. 동일방직 여성노동자들은 1968년부터 인천도시산업선교 소모임 활동을 시작했는데, 1972년까지 240명 정도의 노동자들이 소모임이 참여한 것으로 기록되어 있다(홍현영 2002, 26). 하지만 도시산업선교회나 지오세 모두 신자만을 회원으로 받아들이지는 않았다. 조화순은 초기 소모임에서 여성노동자들을 만났던 이야기를 이렇게 회고하고 있다(조화순 1992, 77~78).

> 첫 번째부터 크리스마스 날 제가 노동자들을 초대를 했어요, 교회에다가 첫 번째 제가 한 게 초대를 했어요, 예쁜 종이에 초대를 하고 교회식이야. 회비 돈 없다, 노동자니까 돈 없다, 초대를 했어요. 내리 교회, 내가 내리 교회 출신이니까, 교회에다 얘기를 해 가지고 선물을 잔뜩 다 일일이 확인하고 기다린다고 어쩌구 했어. 그런데 하나도 안 오는 거야. 그때 충격은……현장에 들어가 알아보니까 회비가 없어서 안 왔대. ……그래서 그 다음에 다시 또 우리끼리 한번 만나자, 그래 가지고 쉽게 생각해서 오라고 했어요. 둥그렇게 앉아서 얘기하기 시작했어. 얘기를 하다 보니까 이성 문제야. 다 뭐 이야기 듣고 싶으니 다 배꼽을 잡지. 데이트할 때 오른손을 잡아야 좋냐 왼손을 잡아야 하냐, 또 커피를 먹을 때 어떻게 먹느냐는 둥 그런 거를 질문하더라구. 나도 모르지만 에티켓에 대해서 이야기를 했어요. 그 사람들이 원하는 대로 아르바이트 하느라고 요리 강습도 했어요. 과일 깎는 법을 가르쳐주니까 시집가서 하니까 너무 좋대. 과일 깎는 법, 짜깁기하는 거 배웠어. 짜깁기하는 거, 남편 바지 뭐, 좋대. 짜깁기하는 거, 뭐 뜨개질하는 거, 뭐 이런 거 많이 했어요, 뜨개질 하다보면 뜨개질은 손으로 하잖아. 두 가지 일을 할 수 있다구. 수다를 떠는데 맨 얘기를 하면 뭐해. 당연히 아는 게 현장 얘기만 나와요. 이 새끼 저 새끼 죽일 놈의 새끼뿐이야. 과장 얘기하고 계장 얘기하고 욕하는 거야. 그러면서 뭐, 뭐 월급은 적네, 현장에 대한 불평을 얘기하더라구. 야, 불평을 얘기하는 거야. 이놈의 거 단계 올려야 하는데 어떻게 올릴까 궁리하는 데, 욕하는 얘기를 하는 거야. 욕만 하면 뭐하냐, 응 욕한다고 해결되니? 그래서 현장 문제 가지고 얘기하기 시작해서, 그러다 보니까 노동조합이라는 것이 자연스럽게 쉽게 나오게 되었어요. 요리는 할 생각을 안 해. 저절로 없어지고 노동조합에 대해 교육하고 그런

식으로 대화를 하다보면 그 사람들의 관심이 거기서부터 시작하면 되더라구요.

하지만 초기 소모임 전개 과정에서 여성노동자들은 노동법 등 자신들의 권리의식과 관련된 교육과 훈련에 대한 '두려움'이 많았다. 학력에 대한 열등감과 작업장에서 당하는 일상적인 억압 등이 그녀들을 그렇게 만들었을 것이다. 이렇게 여공들의 소모임 참여 동기 안에 감추어진 점은 교육을 통한 신분상승 욕구, 과일 깎기, 뜨개질 등 좋은 결혼을 위한 교양교육을 받고 싶은 욕망 등이었다. 또한 사측의 위협뿐만이 아니라 지배담론이 규정하는 절약과 내핍에 충실한 '좋은 여공'이 되기 위해 소모임 참여를 거부하거나 주저하는 여공들도 있었으며, 소모임별 경쟁은 과연 이런 자율적 조직이 작업장 내 '생산성 경쟁'에서 완전히 자유로웠느냐는 의문을 제기해주기도 한다. 이 점에서 소모임을 통해 여공들의 의식이 누적적으로 상승했다는 해석 역시 민주화 담론을 합리화하는 동시에, 여공들 사이의 차이나 여공들과 지배적 가치간의 타협 또는 공모에 대해 간과하게 될 가능성이 높다. 이제 주거와 소모임과는 다른 결을 지닌 여공의 문화를 찾아가 보자.

여공의 문화

독서, 가요, 노동가요 등은 노동문화의 기본 범주였지만 그 동안 한국 여공의 문화에서는 제대로 언급되지 못했던 주제들이다. 노조 운동의 조직화 과정에서 여공의 문화로 부각된 소모임과는 다른 차원에서 여성노동자들이 일상 속에서 향유했던 문화 형태에 대한 접근은 취약했다. 물론 장시간 노동에 따른 여가 시간의 '결핍' 등 구조적 요인이 있었지만 여성노동자들이 일하는 기계처럼 산업화 시기를 겪어왔던 것은 아니었다. 노조 조직화와 연관된 노동조합의 문화 · 실천과는 다른 차원의 일상 세계에서 여공들의 문화는 존재했을 것이다. 나는 이런 틈새를 찾기 위해 여러 가지 수기와 자료들을 찾아보았지만 만족할 만한 것을 발견하지는 못했다. 다만 여성노동자들의 수기와 인터뷰 등에서 '흔적'처럼 스쳐가듯 몇 가지 단서들을 찾았을 뿐이었다. 그 단서는 독서와 유행가였다.

여공들이 읽었던 책들, 여공의 '지성사'

한국 노동자들은 산업화 시기 어떤 책을 읽었을까? 무척 흥미로운 문제다. 대부분 학력이 낮았지만 상상을 초월하는 배움에 대한 열정을 지녔던 여성노동자들이 읽던 책은 무엇이었을까?

하지만 당시 노동자의 독서에 대한 연구는 물론 자료조차 거의 없다. 당시 유신체제 아래에서 책을 공공연하게 소장한다는 것은 매우 위험한 일이었기 때문이다. 일상적인 감시와 구속 그리고 가택 수색 때문에 여성노동자들은 자취방, 기숙사 등에서 자유롭게 책을 읽기 어려웠을 것이다. 하지만 일부 남겨진 자료들을 통해 노동자들이 읽던 책을 살펴봄으로써 여성노동자들이 바라보았던 세상이 '부분적으로' 열릴 것이다.

산업화 시기, 특히 유신 시기 비판적 지식인의 의식세계는 '금서'라는 창을 통해 부분적으로 파악할 수 있다(1970년대 주요 금서 목록은 **자료 7-2** 참조). 금서는 국가와 사회에서 금지했던 '의식화' 교재들이었기 때문에 어떻게 책을 소개받고 집단적으로 토론을 하고 이것을 바탕으로 저항의 논리를 형성할 수 있었는가를 파악할 수 있다. 하지만 여성노동자들의 경우 소모임을 통해 살펴본 것처럼 지식인들의 '의식화' 경로와는 상당히 거리가 있었다. 여성노동자들은 특정한 이론이나 지식보다는 작업장과 일상에서 겪은 '살아 있는 경험'을 통해 초보적인 의식적 각성을 했다. 그럼에도 불구하고 여성노동자들이 기숙사, 소모임 그리고 아주 약간 남는 여가 시간에 무엇을 읽었느냐 하는 문제는 지식인들의 지성사와 다른 궤적에서 그녀들의 문화를 들여다볼 수 있는 창이다.

자료 7-2 1970년대 주요 금서 목록

제3공화국에서 6공화국까지는 이념 서적이 금서의 대부분을 차지했다. 파시즘체제는 긴급 조치와 반공법으로 비판적 지식인들을 사회 혼란과 국가 전복을 기도하는 불순 세력 내지는 빨갱이로 몰아붙였다. 반공법에 의한 대표적인 탄압의 사례는 1965년 『현대문학』에 발표된 「분지糞池」가 반미 · 용공성을 띠고 있다는 이유와 북한의 기관지 『통일전선』에 전재되었다는 것을 근거로 작가 남정현을 구속한 사건이었다. 또 1970년 『사상계』에 실렸던 「오적五賊」은 부정부패로 물든 재벌, 국회의원, 고급 공무원, 장성, 장 · 차관 등 한국의 권력층을 을사조약 당시 나라를 팔아먹은 오적에 비유해 적나라하게 풍자했다는 이유로 저자 김지하가 반공법 위반으로 유죄 판결을 받았다. 이런 조건 아래에서 공산주의 국가 중국(당시에는 '중공中共')을 객관적으로 이해하기 위해 외국 학자들의 논문을 엮은 책인 리영희의 『8억인과의 대화』가 금서였던 것은 놀라운 일이 아니었다. 중국을 '있는 그대로 인식하자' 는 의미를 지녔던 이 책 때문에 리영희는 반공법으로 구속되었다. 리영희의 책은 대부분 금서로 묶였는데, 이 책은 『우상과 이성』, 『전환시대의 논리』와 더불어 1980년대 초 대학생들의 의식화 서적으로 활용되었다.

또 1972년 10월 17일 긴급조치 9호 발령은 언론과 출판, 사상의 자유를 절멸시켰다. 이때 불온 도서 33종, 음란저속 도서 44종 등 총 77종이 판금되었다. 문학 서적으로는 『신동엽 전집』, 김지하의 『황토』, 조태일의 『국토』, 양성우의 『겨울 공화국』, 제주 4 · 3항쟁을 소재로 한 현기영의 소설 『순이 삼촌』 등이 금서였다. 사회과학 서적으로는 리영희 교수의 모든 저작과 장일조의 『사회운동이념사』, 마르쿠제의 『이성과 혁명』, 『위대한 거부』 등 네오마르크시즘 서적들이 금서가 되었다.

한편 1970년대 중반 기독교 단체들이 인권과 교육운동에 참여하면서 관련 도서들도 금서가 되었다. 대표적으로 구티에레즈의 『해방신학』, 프레이리의 『페다고지』, 라이머의 『학교는 죽었다』는 폭력을 정당화한다는 이유로 금서가 되었다. 그 밖에 사회 혼란 조성과 반체제 · 반정부 내용을 담고 있다는 이유로 김병익의 『지성과 반지성』, 김우창의 『궁핍한 시대의 시인』, 박현채의 『민족경제론』, 『해방 전후사의 인식』 등이 금서가 되었다.

▶ 유신 시기

* 강춘봉, 『단상단하』, 민중여론사, 1970
* 구스타브 구티에레즈, 『해방신학』, 분도출판사, 1977
* 권지숙 외, 『반시』 제4집, 한겨레, 1979
* 김경수, 『목소리』, 현대문학사, 1975
* 김동길, 『가노라 삼각산아』, 정우사, 1977
* 김동길, 『길을 묻는 그대에게』, 삼민사, 1978
* 김동길, 『우리 앞에 길이 있다』
* 김병익, 『지성과 반지성』, 민음사, 1977
* 김용기, 『운명의 개척자가 되어』, 배영사, 1975
* 김우종, 『그래도 살고픈 인생』

* 김우창, 『궁핍한 시대의 시인』, 민음사, 1977
* 김윤환 외, 『한국노동문제의 구조』, 광민사, 1978
* 김응삼, 『오늘의 민족전선』, 한일출판사, 1975
* 김정길, 『우리의 가을은 끝나지 않았다』, 석림, 1981
* 김지하, 『황토』, 한얼문고사, 1975
* 김홍철, 『전쟁과 평화의 연구』, 박영사, 1977
* 라이머, 『학교는 죽었다』, 한마당, 1979
* 마르쿠제 지음, 유효종 옮김, 『위대한 거부』, 광민사, 1979
* 마르쿠제, 『이성과 혁명』, 박영사, 1972
* 문병란, 『죽순 밭에서』, 한마당, 1979
* 박현채, 『민족경제론』, 한길사, 1978
* 박형규, 『해방의 길목에서』, 사상사, 1974
* 백기완, 『자주고름 입에 물고 옥색치마 휘날리며』, 시인사, 1979
* 브라이텐시타인, 박종화 옮김,『인간화』, 한국기독교서회, 1971
* 송건호 외, 『해방전후사의 인식』, 한길사, 1976
* 송건호, 『한국민족주의의 탐구』, 한길사, 1977
* 신동엽, 『신동엽 전집』, 창작과비평사, 1975
* 신석상, 『속물시대』, 관동출판사, 1977
* 싱클레어 지음, 채광석 옮김, 『정글』, 광민사, 1979
* 안병욱, 『A교수 에세이 21장』, 삼육출판사, 1974
* 양성우, 『겨울공화국』, 화다, 1977
* 염무웅, 『민중시대의 문학』, 창작과비평사, 1979
* 우인기, 『건국전야의 비화』, 대한공론사, 1976
* 유동우, 『어느 돌멩이의 외침』, 대화출판사, 1978
* 이기용, 『9대 국회 13인 전집』,한국정경사, 1976
* 리영희, 『우상과 이성』, 한길사, 1977

* 리영희, 『전환시대의 논리』, 창작과비평사, 1974
* 리영희, 『8억인과의 대화』, 창작과비평사, 1977
* 장익 옮김, 『세상에 열린 신앙』, 분도출판사, 1977
* 장준하, 『죽으면 산다』, 사상사, 1975
* 전 미카엘, 『노동자의 길잡이』, 가톨릭출판사, 1977
* 전 미카엘 외, 『한 아이와 두 어른이 만든 이야기』, 새벽사, 1979
* 정연희, 『갇힌 자유』, 삼익, 1974
* 조기탁, 『밀 경작』, 삼현출판사, 1975
* 조용범, 『한국 자본주의의 원점』, 법문사, 1976
* 조태일, 『국토』, 창작과비평사, 1975
* 존스 지음, 안재응 옮김, 『제3세계와 인권운동』, 1977
* 파울로 프레리 지음, 성찬성 옮김, 『페다고지』, 한국천주교평신도회, 1979
* 프란츠 파농 지음, 박종열 옮김, 『대지의 저주받은 자들』, 광민사, 1979
* 한완상, 『산업선교를 왜 문제시하는가』, 한국기독교교회협의회, 1978
* 허요석, 『한국의 문제들』, 인간사, 1975
* 현기영, 『순이삼촌』, 창작과비평사, 1977
* 황명걸, 『한국의 아이』, 창작과비평사, 1976

▶ 10 · 26 이후
* 강석원 옮김, 『인간없는 학교』, 한마당, 1980
* 강원룡 옮김, 『크리스찬의 정치적 책임』, 대한기독교서회, 1979
* 김대중, 『내가 걷는 70년대』, 범우사, 1980
* 김대중, 『조국과 함께 민족과 함께』, 한섬사, 1980
* 김정준, 『시편 명상』, 기독교서회, 1980

* 김지명 옮김, 『가난한 자에게 복음을』 대화출판사, 1979
* 김창완, 『새끼를 꼬면서』, 평민사, 1980
* 박권흠, 『대변인』, 한섬사, 1980
* 박종화 옮김, 『그리스도의 몸이 되어』, 기독교서회, 1979
* 송기준, 『송기준 연설문』, 한일출판사, 1980
* 양성우, 『북치는 앉은뱅이』, 창작과비평사, 1980
* 이광복, 『사육제』, 대청문화사, 1980
* 이무영, 『체제와 민중』, 청사, 1980
* 이문구, 『누구는 누구만 못해서 못하나』, 시인사, 1980
* 이병주, 『왜 김영삼이냐』, 신태양, 1980
* 이순기, 『서민이 나의 친구다』, 관동출판사, 1980
* 이주억 옮김, 『청년과 사회변동』, 대한기독교서회, 1979
* 이호채, 『한국 외교정책의 이상과 현실』, 법문사, 1980
* 장동성, 『한글세대론』, 공학사, 1980
* 장일조, 『사회운동이념사』, 전망, 1989
* 정을병, 『인동덩굴』, 세광공사, 1980
* 정 철, 『인간 이상향』, 신기원사, 1980
* 조태일, 『고여있는 시와 움직이는 시』, 전예원, 1981
* 채선웅, 『맞벌이꾼의 수기』, 관동출판사, 1979
* 한완상 외, 『다시 하는 강의』, 새밭, 1981
* 한완상 외, 『이 시대에 부는 바람』, 대양문화사, 1980
* 한완상, 『불균형시대의 문제의식』, 일월서각, 1980

먼저 원풍모방 탈출반은 대본 구성을 위해 조세희의 『난장이가 쏘아 올린 작은 공』(난쏘공), 황석영의 『객지』, 농민 수기와 노동자 수기(명칭이 정확하게 나오지 않음), 『알려지지 않은 이야기』, 『가면극의 미학』 등을 읽었다(원풍투위 1988, 197). 또한 1982년 노조 해산 이후 가택수색 과정의 와중에 이현순, 김순녀의 집에서 『자유냐 죽음이냐』, 『투쟁과 증언』이 압수되었다(원풍투위 1988, 320). 같은 탈춤 반 활동을 했던 원풍모방의 장남수도 공장에 들어온 지 1년이 지날 무렵, 원풍모방에 다니는 언니한테 『월간 대화』, 석정남의 『불타는 눈물』, 유동우의 『어느 돌멩이의 외침』을 받아서 읽고 새로운 사회의식이 생기는 계기를 맞았다. 그녀의 말을 빌리면 이렇다(장남수 1984, 25).

> 동일방직 여공들, 생존의 문제를 해결하려는 몸부림으로 노조를 지켜가려는 노동자들, 그것을 방해하려는 회사측 사람들의 비인간적인 처사, 그에 항의하여 모질게 싸우는 장면들, 그것이 날 밤새도록 생각하게 만들었다. ……또한 평화시장에서 '노동자의 인권을 회복하라' 고 외치며 분신자살했다는 고 전태일 씨의 이야기도 내게는 새로운 인식과 깨우침을 주었다. 나는 내가 바로 석정남이며 유동우며 전태일이란 것을 느꼈다. 나도 이런 사람들처럼 진지하게 살고 싶다는 생각을 하며 몇 번이나 그 책을 읽었는지 모른다.

이처럼 노동자 수기는 여성노동자들이 가장 많이 읽던 책 가운데 하나였다. (주)서통에서 일한 배옥병의 기억을 보자(김지선 외 2003).

> 『어느 돌멩이의 외침』, 그런 책들을 접하게 되면서, 인제 정말 그것을 보게 되면서 참 충격적이었고, 막 힘이 생겼던 것 같아요. '그래, 이렇게 사는 거야'라는. 야학 교사가 전해 준 삼원섬유 유동우 선배의 『어느 돌멩이의 외침』을

읽고, 그 다음에 전태일 열사의 일기장을 복사본으로 읽으면서, 몇날 며칠 울었어요. 그러면서, '나는 노동운동을 하는데 이제 결혼하기는 틀렸구나'라고 생각했어요.

지오세의 경우 전태일 '필사본 교육'이 이루어졌다. 노동자들이 처음 하는 공부 중 한 가지가 전태일 노트 필사본을 돌려보는 것이었다. 노조 간부들 사이에는 전태일 평전을 긁어서 나눠주는 일도 적지 않았다고 한다. 그 밖에 『미국노동운동비사』 같은 책들도 노조 간부들에게 많이 읽혔고, 조합원들에게는 『노동조합이란 무엇인가』나 『노동조합 운동사』 같은 직접 만든 교본들이 읽혔다.

한편 동일방직 석정남은 글쓰기 재능이 뛰어난 여성노동자답게 많은 문학 작품을 읽었다. 하지만 글쓰기에 대한 욕구가 깊어질수록 거기에 따르는 상실감도 컸다. 당시 그녀의 일기를 보자. "오늘은 하루 종일 시를 썼다. 헬만 헤세, 하이네, 윌리엄 워드워즈, 바이런, 괴테, 푸쉬킨. 이 얼마나 훌륭한 이들의 이름인가? 나는 감히 상상도 못할 만큼 그들은 훌륭하다. 아, 나도 그들의 이름 틈에 끼고 싶다. 비록 화려한 영광을 받지 못할지라도 함께 걷고 싶다. ……감히 내가 저 위대한 이들의 흉내를 내려고 하다니. 이거야말로 짐승이 웃고 저 하늘의 별이 웃을 것을 모르고……아무 지식도 배움도 없는 나는 도저히 그런 영광을 가질 수 없다. 이대로 그날 그날 천천히 밥이나 처먹으면서 사는 거지. 그리고 끝내 돼지같이 죽는 거야"(석정남 1976a, 188). 또 1976년 2월 27일 일기에는, "문학에 조예를 가진 벗을 가지고 싶은데 나의 주위에선 힘들어. 『한국문학』이란 월간지를 읽어야겠다"라는 구체적인 관심을 보였다. 하지만 그녀들의 독서가 석정남과 같은 성격의 것만은 아니었다. 신경숙은 산업체 부설학교 동기였던 미서를 소개한다.

사진 7-5 석정남과 유동우

어떤 경우 여성노동자들에게 독서란 '다르게 보이기 위한', 자신이 여공이라는 사실을 잊기 위한 수단이기도 했다(신경숙 1995, 202).

> 헤겔을 읽는 아이가 있다. 급장이며 내 오른편으로 짝이 되는 미서. 그 애는 등교해서도 헤겔을 펼쳐 들고 쉬는 시간에도 책상 밑에 넣어두었던 헤겔을 책상 위에 올려놓고 읽는다.
> "너, 말야. 아까 그 책에 써져 있는 말들 다 이해하니?"
> "……그건 왜?"
> "어려운 책 같아서."
> "나도 몰라."
> "……."
> "왜 그렇게 쳐다봐?"
> "무슨 말인지 모른다면서 어떻게 그렇게 열심히 읽을 수가 있어?"
> 미서는 책상 밑에서 헤겔을 꺼내 책가방에 넣는다.
> "상관 마."

오랜 후, 열일곱의 나와 친해진 미서가 헤겔에 대해서 말한다. 이 책을 읽고 있을 때만 내가 너희들과 다른 것 같아. 나는 너희들이 싫어.

하지만 여성노동자들의 독서와 의식을 이해하기에는 이것만으로는 매우 부족하다. 내가 부딪친 문제는 노조나 여성노동자들 자신의 독서목록이나 사내 도서관 도서목록 같은 것을 발견하기 어렵다는 점이었다. 그럼에도 불구하고 여성노동자들이 소모임 등에서 교육받을 때 읽던 책들을 부분적이나마 확인할 수 있었다. 영등포 도시산업선교회에 기록된 도서 및 교육자료가 그것이다. 물론 이 책들은 여성노동자 가운데 노조 간부와 도시산업선교회에 관계하던 여성노동자들에 한해서 읽혔을 가능성이 높다. 도서목록에는 '기본도서 12권'이라는 이름이 적혀 있는데, 목록은 아래와 같다(영등포산업선교회 40년사 기획위원회 1998, 245).

『에세이 예수의 죽음』, 종로서적
『현실에 도전하는 성서』, 분도
『일꾼의 성서』, 감리교 본부 선교국
『서울로 가는 길』, 형성사
『근로자의 벗』, 일월서각
『난장이가 쏘아 올린 작은 공』, 동서문화사
『서울로 간 허수아비』
『철학 에세이』, 동녘
『마더 존스』
『세계사 편력』, 석탑
『뜻으로 본 한국사』
『미혼의 당신에게』, 백산서당

나도 대학시절 이 가운데 상당수를 읽었기 때문에 기억에 근거해 말하자면, 쉽지 않은 내용의 책들이다. 아마도 소모임 등에서 의식화 교육을 위해 사용했던 책의 목록으로 추정되는데, 주로 성서 관련 분야, 노동자의 생활을 다룬 수기와 소설 그리고 역사, 여성에 관한 사회과학 입문서들이다. 당시 여성노동자들은 독서할 시간적 여유는 많지 않았을 것이다. 전체적으로 보았을 때 체계적인 지식을 제공해줄 장소는 크리스챤 아카데미 정도였을 것이다. 실제로 지식인들은 여성노동자들에게 접근하기 어려웠고 도시산업선교회의 목사들은 사회과학적 인식이 취약했다. 결국 남는 것은 도시산업선교회 실무자들과 크리스챤 아카데미 교육이었다. 그러나 실무자들의 경우 대부분 투쟁 조직화와 노조 소모임 등으로도 시간이 모자라는 형편이라서, 체계적인 교육을 실시하지는 못했다.

당시 크리스챤 아카데미가 유일하게 사회과학에 대한 초보적 교육을 했는데 여성 노조위원장들은 간사 신인령에게 초보적 사회과학 교육을 받은 것으로 보인다. 반도상사 노조 지부장이었던 장현자는 이총각, 최순영, 박순희, 이영순, 시오세의 이경심 세시리아 등 노조 활동가들이 이 교육의 멤버였고, 1979년 크리스챤 아카데미 사건의 수사 과정에서 "경제학 공부하던 것을 쏙 빼버리고" 아카데미 교육에 대해 이야기했다고 증언하고 있다(장현자 2002, 190). 신인령은 크리스챤 아카데미 사건 당시 발견되지 않은 교재를 만들거나, 구두로 여성노동자들에게 자본주의의 논리 내지 사회과학 기초 학습을 진행했던 것으로 보인다. 하지만 이런 교재나 강의 이외에 여성노동자들이 체계적이고 독자적인 독서를 했던 경우를 발견하기는 어렵다. 크리스챤 아카데미 간사였던 김세균도 당시 일선 노조 간부들은 장기 교육이 어려웠고, 특히 학력이 낮은 경우에는 사회과학적인 내용을 이해시키는 것이 쉬운 일이 아니었다고 증언하고 있다(김세균 인터뷰 2002년 12월 26일). 그러나 독서목록을 통해 본 여공의 문화는 다소 제한적이다. 이것은 상당수가 노조 간부나 소모임에 적극적으로 참여했던 여성노동자들의 '문화적 양식'일 가능성이 높기 때문이다. 이런 한계를 보완하기 위해 다음으로 여성노동자들이 일상적으로 즐겨 불렀던 노래를 살펴보자.

'트로트'와 여공의 세계

산업화 시기 한국 노동자들이 불렀던 노동가요는 크게 두 가지 종류로 구분될 수 있다. 한 가지는 이른바 '노동가'로, 1980년대 들어와서는 민중가요라고 불린 노래들이다.[21] 또 다른 하나는 노동자들이 일상적으로 즐겨 부르던 노래인 노동가요였다.[22] 잘 알려진 것처럼 노동가는 노조의 결성과 투쟁을 위해 '목적의식적'으로 만들어졌다. 하지만 노동가의 경우 1980년대식으로 말하자면 '운동가요'에 근접한 형식이었고 지식인들에 의해 창작된 경우가 적지 않았다.

반대로 노동자들이 즐겨 부르던 가요들은 당대 노동자들의 경험과 정서를 보여주는, 바꿔 말하자면 여공의 문화를 드러내주는 익명적 지식들이다. 1970년대는 '쇼', 혹은 '쇼 문화'의 전성기였다. 당시 톱 가수들이 등장하는 남진 쇼, 이미자 쇼, 김상희 쇼, 나훈아 쇼 등이 열리면 많은 여성노동자들이 몰려들었다.

21_ 여기에는 이른바 '노가바'라 불린 '노래가사 바꿔 부르기'도 포함된다.
22_ 1970년대 노동조합에서 불린 노동가요에 대한 분석은 최도은(2000)을 참조.

사진 7-6 1970년대 당시 남진의 공연 모습

사진 7-7 1970년대 당시 나훈아의 앨범

여성노동자들에게 가장 인기 있던 대표적인 가수는 남진과 나훈아였다. 이 둘은 당대의 라이벌로 1970년대를 풍미했던 대중가수였다. 특히 출신 지역에 따라 호남 사람들은 남진의 팬, 경상도 사람들은 나훈아 팬인 경우가 많았다. 심지어 앨범을 나훈아와 남진의 사진으로 다 채우고, '남진 쇼 온다, 나훈아 쇼 온다'는 소문이 돌면 여성노동자들 사이에서는 한바탕 난리가 났을 정도였다. 심한 경우에는 남진, 나훈아를 비난하거나 흉을 보면 서로 다툼이 일어나기도 했다. 또 여성노동자들이 당시 유행하던 나팔바지를 입고 자기 전에 머리맡에서 춤을 추는 모습도 흔하게 볼 수 있었다고 한다. 이렇게 열아홉에서 이십대 초반이던 여성노동자들에게 남진과 나훈아는 문화적 상징이었는데, 당시 열기는 1990년대 이후 등장한 팬클럽에 못지않았다. 반도상사 장현자는 당시 상황을 다음과 같이 회고한다(장현자 2002, 38).

> 서로가 자기가 좋아하지 않는 가수가 나오면 라디오를 꺼버리고 자기가 좋아하는 가수 노래가 나오면 더 크게 틀어놓고 모두들 듣도록 하였다. 극장에 그들이 좋아하는 가수가 와서 리사이틀을 하면 일 끝나기 무섭게 팬들은 달려가 꽃다발을 걸어주고 사진도 찍고 그날은 그 팬들의 날이기도 했다. ……여성노동자들은 그 가수의 노래를 듣고 좋아하는 즐거움에 힘든 노동일도 즐겁게 하였다. 회사에서는 1년에 한번씩 12월이면 가수들과 악단들을 불러다가 노동자들의 사기를 북돋아주기도 하였다. ……일에 지친 사람들은 자기가 좋아하는 가수들의 노래를 듣는 것이 유일한 희망이었고 즐거움이었다.

내가 남진과 나훈아로 대표되던 트로트에 주목하는 이유는 이 두 사람의 노래가 여공, 식모 등 하층계급 여성들에게 호소력이 있고 인기가 누렸을 뿐만 아니라, 트로트라는 장르가 산업화에 따라 고향을 떠나 도시에 살면서도 도시의 화려함의 선두에 서서 살지 못하는 소외당한 사람들의 고달픔을 다루었기 때문이었다. 「님과 함께」의 가사를 음미해보면 은연중에 도시의 빈부 격차와 사회 문제를 비추고 있는데, '멋쟁이 높은 빌딩 으시대지만 유행 따라 사는 것도 제 멋이지만/반딧불 초가집도 님과 함께면 나는 좋아'가 그 부분이다. 높은 빌딩과 초가집은 대조를 이루며, 식모 언니들과 여공들이 바라봐야만 했던 중산층의 위선을 보여준다. 또 '저 푸른 초원 위에 그림 같은 집을 짓고 사랑하는 우리 님과 한 백년 살고 싶어'라든지 '반딧불 초가집도 님과 함께면 나는 좋아 나는 좋아 님과 함께면' 같은 부분은 불행한 가정 생활에 대한 여성노동자들의 기억과 고통을 미래의 행복한 가족으로 환치시키는, 여성노동자들의 사소하지만 작은 욕망을 드러내준다.

아이러니컬한 점은 두 가수의 출신 지역과 스타일이었다. 고향이 경상도인 나훈아와 전라도가 고향인 남진, 두 가수는 YS와 DJ라는 야당 정치 지도자와 비견되기도 했다.[23] 나훈아의 말을 빌리자면 다음과 같다, "고향도 호남과 영남이었고, 생긴 것도 한쪽(남진)은 아주 잘 생겼고 이쪽(나훈아)은 소도둑 같고, 노래하는 스타일도 저쪽은 엘비스 프레슬리처럼 막 춤추면서 하고, 이쪽은 거의 서서 하고"(강준만 2002, 283~5). 하지만 중산층이나 지식인들은 남진과 나훈아의 노래를 좋아하지 않았다. 두 가수의 노래가 '천하다'는 이유 때문이었다. 실제 두 가수의 노래말이 그랬을까?

나훈아의 「머나먼 고향」과 함께 다소 다른 감성이지만 김민기도 「고향 가는 길」을 살펴보자.

23_ 실제로 남진의 노래에는 목포, 유달산, 남도 등 호남을 상징하는 가사가 자주 등장했다.

「머나먼 고향」(나훈아 노래)

머나먼 남쪽 하늘 아래 그리운 고향
사랑하는 부모형제 이 몸을 기다려
천리타향 낯선 거리 헤매는 발길
한잔 술의 설움을 타서 마셔도
마음은 고향하늘을 달려 갑니다

「고향 가는 길」(김민기 작사 · 작곡)

내 고향 가는 길 뜨거운 남도 길
저편 뚝 위로 기차는 가고
노중에 만난 사람 날 보더니만
나 걸어 내려온 길 되걸어가네

에라! 낯신 꽃 화시히게 피어 있건만
칡뿌리 여기저기 널리어 있어
화사한 꽃들일랑 뽑아 버리고
칡뿌리 질겅질겅 씹어나 뱉어보세

내 고향 가는 길 매서운 북녘 길
찬바람 마른 가지에 윙윙거리고
길가에 푹 패인 구덩이 속엔
낙엽이 엉긴 채 살얼음 얼었네
에라! 눈보라 내 눈 위에 녹아 흐르니
내 더운 가슴에 안아 볼 꺼나

> 뿌리 채 뽑혀버린 나무등걸에
> 내 더운 눈물 뿌려 잎이나 내어보세
> 내 더운 눈물 뿌려 잎이나 내어보세

김민기의 「고향 가는 길」은 남진이나 나훈아보다는 다소 세련된 풍이지만, 호남을 배경으로 농촌의 피폐를 적나라하게 드러내주고 있다. '뿌리 채 뽑혀버린 나무등걸에/내 더운 눈물 뿌려 잎이나 내어보세'는 피폐한 농촌의 현실을 드러내고 있으며, '내 고향 가는 길 뜨거운 남도길'이란 구절에서는 뜨거운 남도로 되돌아가는 혹은 잠시 돌아가는 여성노동자들의 귀향길을 연상시킨다. '도중에 만난 사람 날 보더니만/나 걸어 내려온 길 되걸어가네'는 여러 가지로 해석될 수 있지만, 고향에 돌아오는 여성노동자와 이제 도시로 떠나 여성노동자가 될 소녀의 '조우'를 상징하는 듯하다. 이렇게 여성노동자들이 즐겨 불렀던 트로트는 산업화와 이농 속에서 뒤쳐졌던 민중의 비애와 절망을 반영했다. 비록 1970년대 들어서 트로트는 쇠퇴했지만, 여전히 이농해서 여성노동자나 하층민이 된 이들의 망향의 정서를 드러내 주었다(이영미 2002, 233). 여기서 왜 여성노동자들은 트로트에 눈물짓고, 반대로 왜 중산층들은 트로트를 혐오했는지 질문해봐야 한다. 대중음악 평론가 이영미는 그 이유를 이렇게 설명하고 있다(이영미 2002, 285~286).

> 엘비스 프레슬리 같은 의상에 꼭 엘비스처럼 한쪽 다리를 떨며 노래를 불렀던 남진과 조금 촌스러운 용모를 가졌지만 개성적이고 놀라운 가창력으로 「사랑은 눈물의 씨앗」, 「가지 마오」를 불러 인기몰이를 하고 있던 나훈아, 이 둘이 가요계를 주름잡고 있었다. ……그 시절 막 초등학생에서 중학생이 되었던 나는 이런 트롯들이 정말 싫었다. 텔레비전을 보다가도 '도대체 왜 재네들은 자꾸 나오는 거야?' 하고 신경질을 냈다. 천박해 보였던 것이다. '천박'과 '촌스

러움.' 그게 무슨 말이었을까? 얼굴이 붉어지는 것을 무릅쓰고 솔직하게 말하면 당시 나는 트롯을 식모 언니나 좋아하는 노래로 알고 있었다. 그 생각의 밑바닥에는 저학력에다 시골 출신이고 가난한 식모 언니에 대한 무시가 깔려 있었음은 물론이다. ……도대체 왜 그때 식모 언니나 공장 다니는 가난한 사람들이 이런 노래를 그렇게 좋아했는지 비로소 깨닫게 된 것이다. 그것은 1970년 대 초반 트롯이 당시 도시 하층민의 경험과 욕망을 드러내고 있었다는 점이었다. 다시 말해 1960년대 트롯이 시골 이미지와의 결합이라면, 1970년대 초반 트롯의 특징은 거기에 도시 하층민의 경험이 덧붙여져 있는 것이다. ……돈 벌기 위해 꿈의 도시 서울로 올라왔던 돈 없고 못 배운 사람들은 결국 행상, 점원, 가정부, 단순 제조업 노동자, 매춘부 등의 직업을 가지며 고달픈 서울 생활을 하게 된다. 총각 선생님의 바짓가랑이를 붙잡으며 서울을 꿈꾸던 1960년대와 달리 이제 팍팍한 서울살이에 익숙해진 이들은 배고프지만 평화로웠던 고향에서의 삶을 그리워하게 된다. 나훈아의 「고향역」 같은 노래는 물론이거니와, 「님과 함께」도 '멋쟁이 높은 빌딩 으시대지만' 자신만은 '저 푸른 초원 위에 그림 같은 집을 짓고' 살고 싶다는 내용이 아닌가.

실제 남진과 나훈아가 부른 많은 노래들은 여성노동자들의 경험과 욕망을 드러내주었다. 예를 들어 나훈아의 「고향역」에는 '코스모스 반겨주는 정든 고향역/다정히 손잡고 고개 마루 넘어서 갈 때/흰머리 날리면서 달려온 어머님을/얼싸안고 바라보았네 멀어진 나의 고향역'이라는 구절이 있다. 여성노동자들의 이농 과정에서 알 수 있듯이 고향역은 이별과 재회의 장소였다. 이농은 도시와 공장에 대한 동경이기도 했지만, 가족과 생이별해야만 했던, 고향역을 등져야 했던 슬픔을 뜻했다. 1년에 한두 번밖에 찾아가지 못했던 고향역은 가족에 대한 그리움과 평온함의 장소로 여겨졌을 법하다. 이처럼 여성노동자들이 공장과 열악한 도시의 현실에서 마음이나마 탈출하고 싶은 한 가닥 욕망을 대중가요를 통해 드러냈던 것이다. 남진의 「내 고향 목포」도 기본적인 가락과 플롯은 유사했다.

내 고향 목포

고향이 그리워서 눈을 감으면
남풍 따라 스쳐 가는 찔레꽃 냄새
꽃피는 삼학도에 물새 날으고
뱃고동이 울던 고향 그리운 고향
언제 다시 가보나 내 고향 목포여

고향이 멀다 해도 마음은 가네
남풍 따라 스쳐오는 동백꽃 냄새
안개 낀 유달산에 노을이 지면
뱃고동이 울던 고향 그리운 고향
언제 다시 가보나 내 고향 목포여

「내 고향 목포」는 고향에 대한 절절한 그리움을 노래하고 있다. 고향은 너무 멀어 갈 수 없고 단지 마음만 그곳을 향할 뿐이다. 이제 서울에서 돈을 벌어 자랑스럽게 고향에 돌아가야 하지만, 여성노동자들은 실제로 그러지 못하고 그리움만이 사무칠 뿐이다. 이렇게 여성노동자의 욕망과 정서를 대변했던 트로트에 비해 노동가는 어땠을까.

노동가와 노동조합

노동가의 경우 의식화의 기제로서 노동자들에게 교육돼왔다. 마음 속에서는 파업, 단체협상, 농성 등에 대한 공포감이 사라지지 않고 있던 노동자들의 단결을 고양하기 위한 노래들이 노동가였다. 노동가는 대부분 의식화를 위한 내용을 함축했고, 국내외 곡을 개사하거나 번안해서 부르기도 했으며, 필요에 따라 창작곡 형태로 만들어지기도 했다. 이렇게 노래를 통한 교육은 여성노동자들의 정서에 직접 호소함으로써 노동자들 사이의 일체감을 형성한다는 점에서 탁월한 효과를 발휘했다. 이런 점에서 1960~1970년대 노동가 혹은 의식화 가요는 가장 뛰어난 '의식화의 무기' 중 하나였다(강원룡 1993, 67). 그렇다면 많은 노동자들의 소모임과 의식화 교육, 기도회 등이 진행된 도시산업선교회에서는 어떤 노래들이 불렸을까? 송효순은 당시 산선에서 불렀던 노래들을 다음과 같이 기억하고 있다(송효순 1982, 74).

> 인명진 목사님이 구속되어 목사님을 위한 기도회에 참석하고 싶어 퇴근하자마자 배고픔도 잊은 채 달려온 우리 공순이들을 경찰들은 험악한 인상을 쓰며 몰아낸다. 어떤 때는 그냥 집으로 돌아가야 하고 어떤 때는 들어가서 기도회에 참석을 한다. 그때는 답답한 가슴을 달래기나 하려는 것처럼 목이 터져라 노래를 불러댄다. 「농민가」, 「해방가」, 「우리 승리하리라」 등 노동자와 농민을 위한 노래가 대부분이다.

이런 노동가를 보급한 곳 가운데 대표적인 곳이 크리스챤 아카데미였다. 1979년 크리스챤 아카데미 사건 당시 여성노동자들에게 보급한 노래들이 문제가 될 정도였는데, 1975년 『내일을 위한 노래집』이란 책 속에 129곡의 의식화 노래를 실어 400원에 판매했다. 당시 이 노래들은 감옥, 구속자

가족 등에게도 확산되어 의식화 노래의 교과서처럼 사용되었다. 당시 상황을 강원룡은 이렇게 기록하고 있다(강원룡 1993, 78~79).

> 그들이 문제 삼은 노래들은 세계적으로 유명한 마틴 루터 킹 목사의 「우리 승리하리라」를 비롯, 「혼자 소리로는 할 수 없겠네」, 「흔들리지 않게」, 「많이 많이 좀 더 많이」, 「오, 자유」, 「정의파」, 「자유로운 노동자」, 「세상에 외치고 싶어」, 「세상에 외치고 싶어」 등이었다. 그 밖에 시인 신석정이 작사한 「東學의 노래」 같은 것은 '죽창도 들었다'는 가사 때문에 적잖은 문제가 되었고, 노래뿐만이 아니라 불끈 쥔 주먹이 그려진 삽화까지 시비의 대상이 되었다.

물론 처음부터 노동가가 만들어지고 불린 것은 아니었다. 초기에는 교회의 성가나 외국 노래가 번안된 경우가 많았다. 원풍모방의 경우 1972년 노조 정상화 농성 때 흑인 민권운동에서 유래한 노래로 널리 알려진 「우리 승리하리라」를 불렀다. 당시 기록을 보자(원풍투위 1988, 54).

> '손에 손을 잡고 손에 손을 잡고 힘을 합해 그날에'라는 2절의 노래를 부를 때는 모두가 서러움을 견디지 못하고 울먹이기 시작했다. 이 노랫소리는 현장에서 근무하고 있는 동료들의 마음까지도 흔들어놓았다.

이 시기에는 독자적인 창작 노동가보다는 개사, 번안 그리고 특히, '노래가사 바꿔 부르기'(이하 노가바)가 유행했다. 원풍모방은 1972년 퇴직금 받기 투쟁위원회에서 「조국 찬가」에 맞추어 「여자 임시공」이란 개사곡을 불렀다.[24]

24_「조국 찬가」(김동진 작곡, 양명문 작사)는 박정희 정권의 정당성을 홍보하고 대중을 동원하기

여자 임시공

우리들은 노동한다 오늘의 삶을 위해
근로법이 보장하는 휴일도 없이
열두 시간 노동해도 냉면 한 그릇 못돼
근로조건 개선하자

(후렴)
근로자여 단결하자 대한의 번영을 위해
근로자여 일어서자 근로조건 개선하자

봉급날이 다가오면 돈 걱정 더 커진다
한 달을 개근해야 사천 이 백원
사글세로 한몫 빼고 쌀 두말 사고 나면
곗돈 걱정뿐이다

우리 위해 일한다던 그때 그 남자들
쥐약을 먹었는지 맥을 못 추네
용감했던 그때 기백 어디다 버렸는가
돌아오라 님이여

위한 노래로 만들어졌다. 가사를 보면 다음과 같다. "(1절) 동방에 아름다운 대한민국 나의 조국/반만년 역사 위에 찬란하다 우리문화/오곡백과 풍성한 금수강산 옥토낙원/완전 통일 이루어 영원한 자유평화, (2절) 꽃피는 마을마다 고기 잡는 해변마다/공장에서 광산에서 생산경쟁 높은 기세/푸르른 저 거리엔 재건부흥 노랫소리/늠름하게 나가는 새 세기의 젊은 세대, (후렴) 태극기 휘날리며/벅차게 노래 불러/자유대한 나의 조국/길이 빛내리라."

흥미로운 점은 노가바는 군가나 정부에서 만든 노래, 예를 들어 「조국 찬가」 같은 노래의 노래말을 바꾼 경우가 많았다는 것이다. 「여자 임시공」을 보면, '근로자여 단결하자 대한의 번영을 위해' 같은 구절은 노가바를 한 탓도 있지만 노동자의 단결 역시 조국 근대화라는 틀 안에서 해석되었음을 알 수 있다. 또 "우리 위해 일한다던 그때 그 남자들 쥐약을 먹었는지 맥을 못 추네 용감했던 그때 기백 어디다 버렸는가 돌아오라 님이여"라는 구절에서는 남성노동자들의 배신을 비난하고 동참을 촉구하는 내용으로 해석할 수 있다. 청계피복 노조의 투쟁가도 마찬가지로 「전우여 잘자라」라는 대중가요를 개사한 것이었다.[25]

전태일 동지의 죽음을 헛되이 하지 말자
노동자와 학생은 다 같이 투쟁한다
피에 맺힌 복지사회 언제나 오려나
강철같이 단결하여 끝까지 투쟁한다.

다음으로 당시 불리던 노래들을 가사의 주제별로 구분해보자. 굳이 주제별로 하는 구분한 이유는 창작곡보다 노가바가 많았던 사정, 다시 말하자면 특정 내용을 폭로하거나 노조의 활동 강화를 위해 만들어졌던 노래들이

25_ 유호 작곡, 박시춘 작사의 노래로, 가사는 이렇다. "전우의 시체를 넘고 넘어 앞으로 앞으로/낙동강아 잘 있거라 우리는 전진한다/원한이야 피에 맺힌 적군을 무찌르고서/꽃잎처럼 떨어져간 전우야 잘 자라/우거진 수풀을 헤치면서 앞으로 앞으로/추풍령아 잘 있거라 우리는 돌진한다/달빛 어린 고개에서 마지막 나누어 먹던/화랑담배 연기 속에 사라진 전우야/고개를 넘어서 물을 건너 앞으로 앞으로/한강수야 잘 있더냐 우리는 돌아왔다/들국화도 송이송이 피어나 반기어주는/노들강변 언덕 위에 잠들은 전우야/터지는 포탄을 무릅쓰고 앞으로 앞으로/우리들이 가는 곳에 삼팔선 무너진다/흙이 묻은 철갑모를 손으로 어루만지니/떠오른다 네 얼굴이 꽃같이 별같이."

다수를 차지했기 때문이다. 크게 보면 (1) 노동조건에 대한 폭로와 선동, (2) 고용주에 대한 비난, (3) 단결 촉구, (4) 공권력에 대한 증오 등으로 구분할 수 있다.

먼저 노동조건에 대한 폭로와 관련된 노래를 보면, 크리스챤 아카데미 사건을 발단으로 널리 알려진 '노가바'를 들 수 있다. 이 노래들은 중간간부 교육 중 집단 창작시간에 만들어졌는데 인기가 좋아 그 뒤에도 계속 불리게 되었다고 한다(최도은 2000). 이 가운데 「아, 미운사람」의 가사를 보자.

아, 미운 사람

노동자가 얼마나 노동을 더 해야 아~살 수 있나요
우리 모두 지금까지 피-땀 흘렸는데 아~슬픈 현실
지금까지 빼앗겼는데 계속해서 착취당하면

노동자는 기계인가요 느낀 것이 너무 많아요
설움에 지친 눈에 빛이 보여요 내일에 찬란한 빛이

(후렴)
노래를 못하면 장가를 못 가요 아~미운 사람
장가를 가~도 아들을 못 나요 아~미운 사람
아들을 나아도 고자를 나아요 아~미운 사람

착취, 기계, 성적인 은유 등은 공장에서 노동자들이 일상적으로 느꼈던 적대감을 표현했던 가사들이다. 또한 청계피복 노조는 시간단축 투쟁 때 '밤 8시에는 무조건 전기를 내려라!', '주휴제를 실시하라!', '다락을 철거하라!', '건강진단 실시하라!'는 구호를 써 붙이고 노래도 써서 붙였다. 그때 부른 노래가 「정의파」(훌라송 개사)와 「투쟁가」 등이었다.

우리들은 노동자다 좋다 좋아
같이 죽고 같이 산다 좋다 좋아
무릎을 꿇고 사느니보다 서서 죽기를 원한단다
우리들은 노동자다 청계피복 노동자다

두 번째로, 고용주에 대한 비난을 주제로 한 노래들도 많았다. 아래 인용한 「작살조」는 가족 같다던 사장의 변화를 적나라하게 드러내고 있다. 특히 주목할 것은 1970년대 들어서면서 점차 노동자의 삶에 관심을 갖고 결합했던 지식인 문예일꾼들의 활동이었다. 김문환의 「언덕에 서서」, 외국곡을 번안한 「큰 힘주는 조합」, 「이 세계 절반은 나」, 「흔들리지 않게」, 「가라 모세」, 「우리 승리하리라」 등이 있었다. 이 중에서 「작살조」의 가사를 살펴보자.

작살조

다 그런 거지 뭐 그런 거야 그러길래 착취뿐이지
처음 만나 사랑할 때 상냥하던 사장이 늑대같이 변할 줄이야
다 그런 거지 뭐 그런 거야 그러길래 작살내야지

폐업으로 잦은 농성을 경험했던 YH 노동자들도 많은 개사곡을 만들어 불렀다. 농성 때는 그룹별로 준비한 노래를 발표하고, 결의문, 요구 사항, 구호 등을 외쳤다. 특히 폐업을 자행한 고용주에 대한 분노가 컸기 때문에

고용주에 대한 비난과 관련된 노가바가 유난히 많았다. 그 가운데 몇 가지를 살펴보자(한국노동자복지협의회 1985, 170~2).

조개껍질 묶어

장용호 사장님은 탈법으로 돈 빼내어
미국에다 공장 짓고 백화점도 차렸다네
면목동 공장에는 빈털털이 끌어안고
은행 빚이 자산보다 두 배정도 된 답니다

박정원 사장님은 공장운영 두 달 동안
자체운영 한다면은 안전체계 된다는 말
두 달이 지나가고 세 달이 지났건만
아직까지 깡통 소식 혼자 살길 찾는 대요

뼈빠지게 벌어주니 미국으로 가져가고
노동자는 내몰라라 팽개치고 오지 않네
5백 명 노동자는 어디서 먹고 자나
아무리 생각해도 살 방법이 막연하네

잊지는 말아야지

잊지는 못할 거야 장용호 회장을
잊지는 못할 거야 진동희 사장을
돈 벌 때는 좋았지만 노동자는 괴로워

장용호는 탈법자 진동희는 불법자
나라 망신 다 시키고
이제 와서 우리에게 한다는 말
공장폐쇄 왠 말이냐

이 노래들은 고용주에 대한 불신으로 가득 차 있다. 예를 들어, '아직까지 깡통 소식 혼자 살길 찾는대요/뼈빠지게 벌어주니 미국으로 가져가고/노동자는 나 몰라라 팽개치고 오지 않네'라든가, "잊지는 못할 거야 진동희 사장을/돈 벌 때는 좋았지만 노동자는 괴로워/5백 명 노동자는 어디서 먹고 자나" 등은 고용주의 실명을 거론하면서 비난과 더불어 불법·탈법자 등을 일삼는 '기생계급'으로 호명했다.

세 번째로 단결을 촉구하는 노래들을 보면 대부분 노동자도 '주인'이며, 노조를 중심으로 뭉쳐야 한다는 '당위'를 설파하는 가사였다. 아래 소개한 「자유로운 노동자」도 권력도 돈도 없지만 그 모든 것에서 자유로운 노동자상을 설파하고 있다. 이 노래는 당시 대학 출신 문예운동가들이 만든 것이었다. 알려진 바에 따르면, 김민기는 군대에 입대하기 전까지 크리스챤 아카데미에서 자원봉사 활동을 했다고 한다. 이런 창작과 번안곡, 그리고 노가바 외에 「선구자」, 「노총가」 등도 자주 부른 노래였다고 한다(최도은 2002).

기다리는 사람

닭이 운다 닭이 운다 먼 동네에서 닭이 운다
어둠과 싸워서 어두운 곳에서 어둠과 싸워서
쓰러드리는 사람의 귀에 닭의 울음소리 들린다
먼 동네에서 닭이 운다 새벽이 온다

자유로운 노동자

우리는 자유로운 노동자 권력이 없어서 용감하고
재물이 없어서 슬기롭다 우리는 역사의 참주인

원풍모방에서도 조합원의 단결을 고양하기 위한 다양한 노가바가 불려졌다. 1982년 노조 무력화 과정에서 긴급 상집회의를 마치고, 조합원들은 대의원 교육 때 배웠던 「마지막 십자가」를 목이 터져라 불렀다(원풍투위 1988, 284~285).

단결 없이 승리하지 못하네
원풍모방 노동조합
조합원들이 단결해야지
그 누가 해결하나요
돈과 권력 야합하여 탄압하는 데
우리 문제 힘을 합쳐 해결해야지
마지막 십자가 내가 지어야지
정상가동을 속히 하여라
단체협약 준수하라

많이 참았네 오래 참았네
노동조합 탄압을 중지하라
노동자들의 생계비를 보장하여라
살고 싶다 법치국가, 법을 지켜라
누굴 위해 일하는가, 말 좀 해봐라
뜨거운 피가 용솟음치네

정상가동을 속히 하여라
단체협약 준수하여라

또한 집회나 투쟁 때는 「애국가」, 「투사의 노래」, 「마지막 십자가」, 「농민가」, 「흔들리지 않게」 등이 불렸다(원풍투위 1988, 313). 이 중 「투사의 노래」는 원풍모방 노조가 해산되는 과정에서 불린 노래다.

투사의 노래

나 태어나 원풍모방 노동자 되어
민주노조 세운 지 어언 십여 년
내 젊음 다 바쳐서 땀 흘려 일했건만
9월의 마지막 밤에 매 맞고 끌려갔네
아~억울하다
짓밟힌 생존권
민주노조 어디 갔나 감옥 속에 갇혀 있네

나 끌려나와 거리에서 방황했지만
한 맺힌 이 울분을 참고는 살 수 없다
무엇을 배웠는가 무엇을 느꼈는가
어둠이 깊어지면 새벽이 밝아온다
아~노동자여
잠깨어 일어나서
단결과 투쟁으로 민주화 이룩하자

YH 노조도 노조 활동과 농성 과정에서 '단결'과 '노조 중심의 투쟁'을 강조한 노래들을 많이 불렀다.

나는 못난이

YH 회사 안에 조합원들이
하면 된다 신념 아래 굳게 뭉쳤다
기동대들 번쩍 구두 겁나지 않아
덤빌 테면 덤벼봐라 단결이 있다 라라라라
기동대를 임무란 무엇이길래
옳은 주장하는 우리 못살게 굴어
그러나 우리들은 자신이 있어
정상화를 위해서 투쟁하리라

나에게 애인이 있다면

우리에게 노조가 있는 한
우리에게 동지가 있는 한
언제든지 언제든지 단결할 거야
우리에게 정의가 있는 한
우리에게 진리가 있는 한
언제든지 언제든지 승리할 거야
슬픈 일도 함께 하며
기쁜 일도 함께 하며
어떠한 불의라도 물리칠 거야

세월이 가도 우리 동지
해와 달이 가도 우리 동지 변치 않으리

(후렴)
우리에게 단결이 있는 한
우리에게 투쟁이 있는 한
언제든지 승리하리라

앞의 노래들은 조합원들의 지속적인 단결을 유지하기 위해 만들어진 것이었다. "언제든지 언제든지 단결할 거야"라든가, "세월이 가도 우리 동지/해와 달이 가도 우리 동지 변치 않으리" 등 가사에서 보이는 변치 않는 동지애 등을 강조하는 담론은 내 · 외부적인 혼란에서 노동조합의 중심을 세우기 것이었다. 마지막으로 공권력에 대한 증오를 다룬 노래들을 살펴보자.

무식한 기동대(「구름 나그네」의 개사)

울다 불다 고개 드니 기동대가 쫙 깔렸네
머리채를 휘어잡고 무더기로 끌려갔네
억울하게 당한 우리들 악에 받쳐서
아픈 줄도 모르고 내동댕이쳐졌네
핸썸한 기동대들 무식하기 짝이 없네
연약한 여성들이 짐승으로 보였나요
연약한 여성들이 축구 볼로 보였나요

목화밭

우리들이 처음 만난 곳은 YH라네
우리들이 단결한 곳도 YH라네
생존권을 찾기 위해 뭉쳐서 투쟁하면서
밟히고 머리도 잡혔지
그러나 우리는 승리를 위해서
최후까지 싸우고 싸운다
우리는 노동자 우리는 노동자
보아라 승리는 우리 것

뛰뛰빵빵

새장차 타고 새까맣게 몰려온 기동대들
그 속에서 우리들은 축구볼이 되었었지
정신 차려 계단이다
그러면서 집어 던졌지

한편 동일방직 투쟁 당시 노동자들이 부른 노래를 보면 '똥물 사건' 때는 「농민가」나 「흔들리지 않게」를 조합원들과 함께 불렀고, 가장 많이 기억하고 있는 노래는 노가바 「진짜 노동자」였다. 이 노래는 미국 남북전쟁때 불렸던 남군 군가의 가락에 가사를 넣은 것으로, "우리들은 노동자다 좋다 좋다/우리들은 노동자다 좋다 좋다/무릎을 꿇고 살기보단 서서 죽길 원한다/우리들은 노동자다"라는 식의 노가바였다. 1978년 4월 1일 124명 열성 조합원이 해고된 뒤 벌인 '나체 시위' 때 불린 노래 역시 독립군 애국가였던 노래(원곡은 「어매이징 그레이스」)를 노가바한 것이었다.

사진 7-8 김민기

억눌림서 헤어나려 발버둥쳤다
인간답게 살기 위해 투쟁을 하였다

오 하느님 주신 권리 어디 있나요
세상아 너는 아느냐 억압자의 호소를

무엇보다 이 시기 노동가에서 주목하지 않을 수 없는 것은 김민기의 「공장의 불빛」이었다. 1970년대 후반 동일방직 똥물 사건을 극화했던 노래극 「공장의 불빛」은 유신 말기의 시대 상황을 채희완 연출 · 안무, 김민기 작곡으로 작품화됐다. 당시 노동현장으로 이전한 대학의 문화운동 출신 선배들도 현장에서 나와 이 작품에 합류했다. 대학의 탈춤반, 풍물반에서 사회문화운동으로 이전하려고 고민하던 사람들에 의해서 만들어진 「공장의 불빛」은 당시 시대 상황에서 매우 의미 있는 작품인 동시에 사회 · 문화운동 전반의 총화와 결집의 결과물이었다(최도은 2001).

공장의 불빛

예쁘게 빛나는 불빛 공장에 불빛 온데 간데도 없이 희뿌연 작업등만
이대론 못 돌아가지 그리운 고향마을 춥고 지친 밤 여기는 또 다른 고향

야근

서방님의 손가락은 여섯 개래요
시퍼런 절단기에 뚝뚝 잘려서
한 개에 오만 원씩 이십 만원을 술 퍼먹고 돌아오니 빈털터리래

울고불고 해봐야 소용 있나요

막노동판에라도 나가봐야죠

불쌍한 언니는 어떡하나요 오늘도 철야명단 올리겠지요

자료 7-3 노동자문화와 '여성'노동자

노동문화 연구는 여러 갈래를 통해 변화 · 발전해왔다. 노동운동의 산물 혹은 노동조합운동의 일부분으로서 '노동조합 문화'(혹은 사민주의 정당 문화)라는 노동문화의 '정치성'을 강조한 논의들은 일상생활과 지역 공동체에서 드러나는 노동자문화의 '역동성'에 주목하지 못했다(Guttsman 1990). 이것은 역사적 행위자로서 노동계급을 분석 대상으로 삼지 못한 한계에서 비롯됐다. 그러나 1960년대 이후 노동사에서 노동문화를 강조한 흐름이 '대세'를 이루게 되는데, 이것은 에드워드 팔머 톰슨과 에릭 홉스봄으로 대표되는 새로운 연구 경향에 힘입은 결과였다. 홉스봄은 노조와 노동운동을 대상으로 한 연대기적 역사 서술에서 '노동계급 자체'로 연구대상을 전환할 필요성을 제기하면서, 노동계급의 독자적 생활방식과 사고방식 그리고 그 과정에서 드러난 집단행동과 저항 등에 연구의 초점을 맞췄다(홉스봄 1984; Hobsbawm 1964). 톰슨 역시 『영국 노동계급의 형성』을 통해 자본주의 초기의 노동자들이 지닌 수동적인 성격과 미성숙성 등을 장인의 독학자적 문화와 공동체, 급진적 문화 등을 통해 반박하면서, 초기 노동계급 형성에서 노동자문화와 자의식의 중요성을 강조했다(톰슨 2001).

한편 노동자문화에 대한 관심은 톰슨 이후 톰슨의 개념을 발전시킨 폴 윌리스P. Willis로 대표되는 영국의 노동자문화 연구 — 노동계급 자녀와 청소년의 문화적 재생산(윌리스 1989)을 대상으로 했다 — 로 이어졌고, 정치운동과 궤를 달리 하는 노동계급의 '일상'과 생산자 문화로서 노동자문화를 강조하는 독일 '일상사' 연구 등으로 확대되었다(뤼트케 2002).

하지만 톰슨 이후 형성된 노동자문화 연구 속에서 여성노동자들의 문화는 거의 서술되지 않거나, 부차적인 것으로 여겨졌다. 이것은 에드워드 팔머 톰슨의 『영국 노동계급의 형성』에서도 비슷하게 나타났다. 여성노동을 바라보는 톰슨의 시각에서 드러나는 문제점은 톰슨의 내러티브 속에 여성이 부재한 데 있는 것이 아니라, 여성에 대한 묘사가 어색한 데 있다. 『영국 노동계급의 형성』에서 '노동자'는 일반적 개념인 남성을 지칭하며, 정치적 행위자들로 해석된다. 독학자적 문화를 향유하고 적극적으로 글을 쓰며 행진하고 감옥에 가서도 용감하게 치안판사에 맞서는 행위자들은 모두 '남성' 장인artisan이다. 여성들은 글 속에서 주변적일 뿐이며 여성과 연관된 스토리를 조직하고 내러티브를 구성하는 중요한 코드는 남성적 표상에 도전하기보다, 그것을 확신하는 방식으로 배치되어 있다. 이렇게 톰슨의 글 속에서 여성노동자들은 남성을 도덕적으로 후원하는 데 한정지어져 있었으며, 여성의 독립은 노동 대신 가정성이 먼저라는 명분 아래 짓눌려 있었다. 톰슨이 한 분석의 핵심은 남성노동자들이 자본주의에 가하는 충격이지, 노동시장에서 여성의 지위가 낮은 원인을 밝히는 것이 아니었다. 이 점에서 톰슨의 내러티브에서 여성 장인들은 여전히 무의식적으로 무시된다(Scott 1989). 이처럼 일상에서 노동자문회가 노동운동이나 노동자조직과 별개의 분석 영역으로 주목받았지만, 여성노동자의 노동자문화를 다룰 개념적 도구는 여전히 취약한 상태라고 볼 수 있다.

'여공문화=민중문화'인가?

지금까지 나는 산업화 시기 여공의 문화에 대해 살펴보았다. 하지만 한국에서 '여공문화'를 둘러싼 지배적 해석은 '여성노동자들은 문화가 없다'는 것이었다. 기존 연구는 '노동문화 부재'를 이렇게 설명해왔다(구해근 2002).

① 한국 노동자는 장인적 전통이 없었고 육체노동에 대한 무시로 인해 독자적 문화는 존재하지 않는다.
② 낮은 학력과 장시간 노동으로 인한 여가 부재는 여성노동자의 자율적인 의식의 부재로 나타났고, 만일 존재해도 '빈곤의 문화' 정도였다.
③ 노동문화는 말 그대로 노동자에 의해 창조된 문화라기보다, 지식인에 의해 '민중-민족문화'가 도입된 형식이었다.

왜 여성노동자에게 문화가 부재하다는 해석이 지배적이 되었는가? 서유럽 노동계급에게 나타났던 '독학자적 전통'이 부재했기 때문이라는 설명은 너무 단순하다. 여성노동자의 문화가 여성노동자를 둘러싼 제도, 지식, 관습, 일상적 관행 등을 통틀어놓은 것이라면 그것이 진보적이나 계급적이어야 하는 것은 아니다(신병현 2001). 다만 여성노동자들의 문화는 다른 계급과 관계에서 어느 정도 '구분되는 형태'이어야 할 것이다. 여성노동자에게 문화가 없다는 주장 역시 여성노동자들의 자율성 훼손과 비정치성을 강화하기 위해 '다분히 만들어진 담론'이었다. 나는 그 동안 여공에 대한 연구에서 거의 사료로 사용되지 않던 여공의 주거, 소모임, 일상적으로 즐기던 관행, 독서나 노래 등의 의례를 통해서 여공이 지배적 담론과 자신의 독자적인 가치에 대해 표현하고 수용했는지 그렇지 않은지 확인할 수 있었다. 다시 말해서 '독학자적인 장인문화'의 결핍이 한국에서 여공문화가 부재했다는 논거가 될 수는 없다. 마찬가지로 대학생과 지식인의 민중 · 민족문화가 여공문화로 등치될 수도 없을 것이다. 여공의 문화는 산업화 시기 당대 지배적 문화담론과 문화구성체와 교섭을 통해 존재할 수밖에 없었기 때문이다.

물론 기숙사와 소모임을 중심으로 구성한 산업화 시기 '여공문화'에 대해 여성노동자들이 일상에서 어떤 문화 활동을 했는지 살펴보는 '문화적 접근'이 결여됐다는 반론이 제기될 수 있다. 다시 말해서 여공문화를 '조직화의 수단'으로 활용된 기숙사와 소모임 활동에만 한정지어 해석하는 것은 제한적이라는 지적이다. 노동자문화는 '노동조합 문화'와 일상의 '노동문화'로 구분될 수 있지만, 이 두 가지 분석 수준이 명확하게 구분되는지에 대해서는 논쟁의 여지가 있다. 단적인 예로 독서목록, 고향을 그리며 열광하던 나훈아와 남진 등 대중가요, 이성애 등 다양한 범주가 여성노동자들의 '노동문화'일 것이다. 하지만 소모임과 기숙사 등의 문화적 관행을 조직화를 위한 '운동문화'로 파악하는 것은 작업장 이외에 여성노동자들이 대부분의 시간을 보낸 사회적 공간을 협소하게 파악하는 시각이다.

특히 이 글에서 나는 구해근(2002)의 '민중문화 이식설'과 달리 산업화 시기 여성노동자들은 공통의 경험에 기반해서 독자적인 관행, 제도, 지식 등을 형성해낸 자율적인 주체임을 강조했다. 앞에서 밝힌 대로 노동자문화를 '여성노동자를 둘러싼 제도, 지식, 관습, 일상적 관행 등을 통틀어놓은 것'으로 사고한다면 조직화를 위한 노동조합 문화와 노동문화간의 '교섭' 과정에 주목할 필요가 있다고 본다. 물론 이 글의 연구대상인 섬유산업 민주노조 사업장이란 사례 자체가 지닌 한계는 충분히 인정한다. 그렇다면 7장에서 나름대로 제기한 '여공의 문화'를 다시 정리해보자.

우선 여공의 주거를 둘러싼 지배적인 담론은 여공의 주거 공간과 그 내부의 생활이 생계를 유지할 수 있는 수준 이하라는 점을 강조했다. 또 기숙사를 둘러싼 담론들도 일상적으로 여공을 동원할 수 있는 초과이윤 수탈의 장임을 강조한 나머지 기숙사 내부의 문화적 역동성과 균열을 파악하지 못했다. 하지만 여공의 주거 공간은 공간의 장악을 둘러싼 사회적 투쟁이 일상적으로 전개되던 장이었다. 기숙사 내부 소모임, 노조 결성, 은밀한 여공들의 모임인 계모임, 공장 주변 여공들의 공부방이나 모임방 등은 익명적 지식에 의한 연대 확장의 네트워크였다. 바로 기숙사 등의 공간을 통해 여공들은 주거 공간에 대한 통제에 대항해서 시간에 대한 자기결정권을 획득하고자 했다. 이런 의미에서 여공문화 결여와 부재를 강조하는 견해는 여공들의 '수동성'을 주장하기 위해 만들어진 담론에 불과하다. 또 일상적인 차원에서 노동가요 등은 노조 운동에 긍정적 영향을 미쳤으며, 독서를 통해 노조와 노동자라는 계급 정체성을 획득한 경우도 상당수 있었다. 동시에 여성노동자들이 즐겨 부르던 가요는 도시 하층민의 고통과 소외를 고향과 가족으로 환치해서 자신들의 정서를 표현했다.

이렇게 여공의 문화는 여성노동자들이 작업장, 주거, 가족, 노조, 그리고 그 밖의 사회적 관계들을 자신들의 경험이나 가치 등을 통해 표현한 산물이었다. 하지만 여공문화가 지속적으로 '저항적'이었다는 해석은 여공문화 내부의 균열과 모순, 그리고 지배적 담론과 타협하는 과정을 포착하지 못할 수 있다. 단적으로 여성노동자들이 읽던 책들은 노동자로서 정체성을 강화해주기도 했지만 여공에 대한 지배적인 담론, 즉 낮은 지위, 여공이라는 정체성에 대한 부정 등이 각인돼 있었다. 또한 여성노동자들이 즐겨 불렀던 가요의 내용에 잠재된 이직 · 결혼을 통한 신분 상승, 대학 입학, 소시민성, 가족에 대한 집착, 여성노동자간 경쟁 등은 여공문화 안에 자리잡고 있던 여성노동자간의 '차이'이자 '내부적 균열'이었다. 이 점에서 여공의 문화 안에는 지배적인 담론 — 가족적 가치, 농촌에 대한 향수, 유사 가족적인 가치 등 — 과 여성이자 노동계급으로서 지향할 이상적 가치가 중첩되어 있었다. 그렇다면 여성이자 계급으로서 여성노동자들의 문화를 어떻게 규정해야 할까?

여공문화와 '자매애'

중간계급이나 부르주아와 달리, 노동자들의 인간관계는 매우 직설적이고 직접적이다. 서구 노동계급의 경우도 비슷했다. 독일의 경우 부르주아-중간계급과 노동계급 가족 사이의 가장 큰 차이 가운데 하나는 '가족 형태'였다. 부르주아 가족은 사생활의 은밀성이 가족을 중심으로 철저하게 보장된 반면, 노동계급은 그렇지 않았다(필립 아리에스 외 2002; 권현정 2002). 노동자들의 경우 주택이 심각하게 부족해 가족 이외의 노동자 성원이 한 방에서 생활하는 '반공개적 가족' 형태가 지배적이었기 때문에 가족 이기주의에 빠지지 않고 주거 지역 노동자간의 '연대감'을 발전시킬 수 있었다. 바로 인간과 인간 사이의 관계가 가족을 매개로 한 사생활을 중심으로 이루어졌던 것이 아니라(또한 그 은밀성이 가족 내부에만 공유되는 것이 아니라), 노동자라는 정체성을 중심으로 가족을 넘나들며 연대의 문화 등 독특한 문화가 형성된 것이다(안병직, 1997; 정현백, 2002).

그렇다면 한국 여성노동자들의 문화를 어떻게 규정해야 할까? 여공들은 소모임과 계모임, 교육, 수다 등 문화적 형식을 통해 저항적 정체성을 형성하기도 했다. 바로 유사한 작업장과 일상의 경험, 그리고 노조 간부가 여성이라는 점 때문에 작업장에서 일어나는 문제만이 아니라 여성노동자들의 개인적인 문제도 함께 공유할 수 있는 '친밀성intimacy'이 형성됐다고 볼 수 있는데, 가족관계, 건강, 친구, 연애, 결혼 등 개인적인 문제는 기숙사나 소모임을 매개로 한 일상 속에서 공유되었던 것이다(방혜신 1993, 51).

이렇게 한국 여성노동자들도 기숙사와 소모임을 통해 서로 '생애사life history'를 공유하는 과정에서 여성이자 노동자로서 동질감을 형성했다. 다른 식으로 말하자면 서로 숨기고 싶던 가난, 빈곤, 가정불화, 좌절된 배움의 욕구, 작업장의 고통 등이 전면 공개되고 공유되면서 이전에 경험하지 못하던 새로운 인간관계가 형성되었던 것이다.[26]

자료 7-4 자매애

'자매애sisterhood, female solidarity'는 여성 문제를 해결하기 위해 서구 중심의 페미니스트들이 지녔던 이념인 동시에, 여성해방투쟁 과정에서 몸으로 체험한 유대감의 표현이었다. 이념적 차원에서 자매애는 모든 여성들이 인종, 성, 민족과 무관하게 가부장제라는 문제를 공유한다는 인식에 기초했다. 19세기 영국 여성노동운동의 경우에도 자매애는 계급을 초월한 실천적이고 정치적인 동맹으로 사고되었다. 여성노동의 '보호'를 둘러싸고 남성노동자들과 대립하는 과정에서 여성들은 자유계약에 근거한 반국가개입주의, 자유주의와 박애주의에 근거한 정치전략으로 자매애를 선택했다(강남식 1997).

이런 맥락에서 여성노동자 문화로서 기숙사와 소모임 등이 지닌 중요성, 즉 1970년대 여성 노조의 특성이자 여성들 사이의 연대의식인 '자매애'를 지적하면서, 여성노동자 사이의 연대의식은 여성들이 지니는 특성에서

26_ 1960년대 후반부터 한국 사회에서 '핵가족'과 이것에 동반한 '과학과 윤리가 조화된 가족 모델'이 중산층을 중심으로 확산되었다. 그러나 여성노동자, 식모 등 주변부 여성들은 가정의 보호 — 더 정확히는 가부장의 '보호' — 에서 이탈된 '요보호 여성'으로 호명되었다. 하지만 여성노동자들은 새로운 '가정'을 형성하려는 욕구를 가졌고, 다른 한편 자매애에 기반한 '유사 가족'을 형성했다. 이 점은 같은 시기 중산층과 구분되는 여공의 문화가 지녔던 '이중성'이었다(김원 2004b).

유래했다고 하는 주장도 존재했다(방혜신 1993, 46, 51; 김원 2005; 정미숙 1993, 101~2, 109, 122)). 이렇게 자매애를 강조하는 논리는 여공들이 작업장과 일상에서 개인적 문제를 공유함으로써 '친밀감'을 형성했고, 작업장 이외의 생활공동체에서 여성노동자들이 일상적으로 하는 경험이 중시되면서, 여성노동자들 사이에 일상생활의 연결망을 강화한 것이 '비공식 관계망'(주로 소모임이나 클럽)이라는 것이다.

하지만 여공의 문화를 자매애로 규정하는 것 자체가 논의의 대상이라고 나는 생각한다.[27] 여성노동자들간의 문화와 관계를 설명하는 데 있어서 자매애라는 규정은 신중하게 사용돼야 할 것이다. 자매애라는 문제설정은 생물학적인 여성이 사회적으로 규정된 특정한 여성적 특징이나 여성다움을 지니고 있는 것처럼 '부당 전제'할 수 있는 위험이 존재한다. 단적인 예로 자매애는 여성성을 따뜻함, 돌봄, 평화 지향성이라 가정하는 '고정된 여성성'으로 상정하고 이것은 피지배 집단인 여성간의 연대를 추출하기 위한 주요한 논거로 사용되어왔다. 하지만 '자매애'는 남성성을 이성, 폭력, 전쟁 지향 등으로, 여성성을 감성, 육체, 비폭력성, 평화 지향 등으로 정의하는 근대적인 이분법 구도를 수용함으로써 고착화된 여성성을 강화하는 역설적인 결과를 초래할 수도 있다.

이렇듯 여공의 문화를 자매애로 해석할 경우 여공들의 문화가 지니는 불연속성, 더 나아가 여성노동자들 사이의 '차이'를 인식하지 못하게 될 위험이 존재한다. 다시 말하자면 산업화 시기 여공을 둘러싼 '남성주의적 담론'에 대한 비판의 결론이 '자매애'로 귀결될 수는 없다고 본다. 이것은 남성주

27_ 나는 이 책의 초판(2005)에서 '자매애'로 소모임의 성격과 여공문화의 특징을 규정했지만, 문제가 많은 주장이었다. 이번 개정판에서는 이것을 자기비판하고 수정하고자 한다. 자세한 내용은 '개정판 서문'을 참조.

의라는 지배 담론의 내용만을 바꾼 것에 불과할 수도 있기 때문이다. 자매애로 여공문화의 성격을 규정할 경우 여성 내부의 차이를 없애버리고, 복잡한 문화적 결을 '획일화'할 수 있기 때문이다. 단적인 예로 여성노동자의 문화와 정체성은 그것 자체로 폭력적인 남성성과 대비되는 평화, 연대성 등으로 '일반화'되어 오해될 수 있다.

실제 앞서 본 바와 같이 작업장에서 여성노동자들간의 관계는 서로를 경계하는 경우가 적지 않았으며, 이것은 지배적인 담론을 둘러싼 여성노동자들의 공모, 타협, 경쟁이 내재되어 있기 때문이었다. 마찬가지로 여공의 문화 안에도 하나로 획일화될 수 없는 여공간의 차이가 분명하게 존재했다. 국가가 제기하는 근대적 노동윤리인 절약과 내핍을 식생활과 주거 등 일상생활에서 구현한 여공의 문화, 혼수와 결혼 준비를 위해 계모임에 몰두하던 여공의 문화, 권리를 주장하기에 앞서 공장과 기숙사 생활을 결혼을 위한 통과의례로 여기던 또 다른 여공의 문화와, 결혼을 위한 교양과 못 배운 결핍을 충족시키기 위한 장으로 소모임을 생각한 여공들간의 차이, 그리고 여공들이 즐겨 부르던 가요의 내용에 잠재된 욕망이던 이직 · 결혼을 통한 신분 상승, 대학 입학, 소시민성, 가족에 대한 집착 등이 여공문화의 또 다른 이면일 것이다. 이런 점을 인식하지 못할 때 여공에 대한 남성주의적 지배담론이 여공을 저숙련=주변적 노동자층으로 간주해서 프롤레타리아트 범주에서 주변화 · 배제했던 것의 '거울 이미지'인 중성화된 여공, 무모순적인 여성 주체, 그리고 여공 사이의 차이가 사상된 획일화된 여공문화라는 얼굴만이 반복될 것이다.

나는 비록 지금 이 글을 읽는 사람들이 '불편'하더라도 복잡하고 불연속적인 여공을 드러내는 '다시 읽을 수 있는 텍스트'를 보여주고 싶다.

부록 7-1 광주대단지 사건과 도시 빈민

내가 1980년 광주와 다른, 또 다른 광주(광주대단지 사건)에 관심을 가지게 되었던 것은 그렇게 오래 되지 않았다. 윤흥길의 「아홉 켤레의 구두로 남은 사내」(1977)란 소설을 보기도 하고, 구석에서 뒹구는 광주에 관한 이야기를 빛바랜 신문과 남겨진 자료, 간접적인 인터뷰를 통해 광주대단지 사건에 대해 조금씩 알 수 있었다. 먼저 장세훈의 글에서 눈에 띄는 부분을 보면, 70년대 초 서울시 행정 당국자들의 눈에 비친 서울시의 판자촌은 "……서울시가 온통 시커먼 루핑 지붕을 얹은 올망졸망한 판자촌으로 뒤덮이지 않을까……"라고 걱정할 정도였다. 바로 판자촌에 대한 공포감, 그것이었다. 나는 이 구절을 보며 두 가지 생각이 들었다. 하나는 이후 전개된 대규모 철거, 강제 이주에서 드러나는 '도시 위생'에 대한 행정 당국자들의 사고였고, 다른 하나는 개발독재 시기 대부분의 대민 행정과 정책이 '밀어붙이기식'으로 진행된 남한 발전주의 전략에 대한 것이다. 단지 '군인' 출신 정치인의 마인드 때문만이 아니라, 빈곤과 개발, 급격한 도시화에 따른 재원의 부족 등 여러 사정이 복잡하게 얽혀 있는 것이다.[28]

광주대단지(지금의 성남-분당)에 버려진 민중들의 모습은 너무 비참했다. 몇 가지만 인용하면, "……전기와 수도가 없어 호롱불로 불을 밝히고 냇물을 길어다가 쌀을 씻고 인근 야산의 생나무를 베어다 밥을 하는……공중화장실조차 없어 인근 야산은 순식간에 온통 인분으로 뒤덮이는……이질, 콜레라, 설사 등의 전염병에 시달려 전염병이 심했던 70년 초여름에는 한 천막촌에서 하루에 서너 구의 시신이 실려 나오는……." 마치 19세기 중반 페스트가 지나간 유럽의 빈민촌을 연상시킨다. 바로 광주는 정부가 만들어놓은 '구빈원'에 다름이 없었

28_ 장세훈, 「광주대단지 사건과 3공 도시정책의 파행」, 『월간중앙』 1991년 3월.

다. 어처구니없는 사실은 서울시는 "인구 10만 명만 모아놓으면 어떻게 해서든 뜯어먹고 산다"는 기막힌 발상을 했다는 것이다.

이 기록들을 보며 스치는 생각은 비록 판자촌이었지만 주거와 생계의 원천을 일거에 강탈당했던 이주민의 신분하락 의식이다. '강제실업자'가 됐다면 지나친 말이었을까? "딱지"와 "투기꾼" 이야기는 말할 필요조차 느끼지 못한다. 철거민, 그리고 철거민들이 하루 이틀 만에 서울로 돌아간 사이 들어온 전매입자들도 이농민, 도시 빈곤층, 기지촌 출신 인구층인 주변 계급이었다. 주변이 주변부를 낳고, 빈곤은 또 다른 빈곤을 낳았던 것이다.

지난 8월 10일 나는 성남의 한 심포지엄에 갔다. 물론, 뭔가 보고 정보를 얻을 것이 있기 때문이었다. 흔히 '광주대단지 사건'이라고 불리는 8 · 10사건 30주년 기념사업 추진위원회에서 개최한 심포지엄이 당일 성남시청에서 열렸다. 거의 왕복 두 시간이 넘는 곳을 땀을 비 오듯 흘리며 다녀왔다.

발표는 김동춘 「71년 광주대단지 8 · 10 항거의 재조명」, 박태순, 「광주대단지 사건 30주년에 부치는 3개의 질문」, 김준기, 「8 · 10 민중항쟁과 성남의 정체」라는 기조 발제와 토론으로 이어졌다. 그다지 많은 기대를 하진 않았지만, 워낙 기존 연구들이 부재한 영역이라 발제들의 질은 상당히 낮았다. 대부분 기존에 저널이나 신문에 일부 나온 자료들을 취합, 자기 의견을 개진하는 수준이었다. 하지만 몇몇 토론 내용에서 8 · 10과 연관된 쟁점들 가운데 몇 가지를 알아낸 것이 수확이라면 수확이었다. 시청의 매서운 에어컨 바람을 견디며 쓴 메모를 정리하면 다음과 같다.

먼저 김준기의 경우, 김동춘이 8 · 10의 비조직성을 주된 논거로 '항거'라고 성격 규정을 한 데 대해, 참가자의 성격으로 보나 민중의 기본 생존권 투쟁이란 점에서도 광주대단지 사건은 '항쟁'으로 규정되어야 한다고 역설했다. 주된 논거로 이미 71년 7월 초 대단지 내 분양가 시정 대책위원회가 구성돼 각종 건의와 요구를 제시했고, 이 요구들이 묵살되자 약 350여 명이 투쟁위원회를 구성했다는 사실을 들었다. 또한 투쟁위원회의 조직체계로 볼 때 각 지구별 대표와 반별

대표까지 구성된, 상당히 조직적인 투쟁을 주도했다고 역설했다.

다음으로 성남의 정체성이란 문제를 놓고 지역 활동가들 사이에도 이해가 무척 달랐다. 토론에서 제기된 바와 같이, 성남의 어원은 '남한산성 남향'의 약자로 1946년 출장소가 설치된 이후에 역사가 시작되었다고 한다. 하지만 성남의 역사가 과연 8·10이 기점인지에 대해서는 논란이 많다. 이미 8·10 이전에도 이른바 '원주민'의 역사는 무척이나 오래됐었고, 8·10과 성남의 도시화를 배경으로 이주민이 다수 밀려 들어왔다. 아마도 도시정책과 지역민의 정체성을 둘러싼 문제는 지역운동이란 차원에서 계속 논란이 될 것이다.

세 번째로, 몇 가지 새로운 사실을 확인한 것이 있었다. 8·10 당시 성남의 상황에 대한 몇몇 증언에 따르면 너무나 생활이 어려웠던 나머지 빨래 도둑도 많았고, 입사 때 주거지를 성남으로 기재하면 대부분 도둑이나 사기꾼으로 간주해서 취업이 되지 않았기 때문에, 일단 서울로 전입하고 난 뒤 다시 성남으로 재전입을 한 사례가 많았다고 한다. 그리고 8·10 당시 투쟁위원회 혹은 대책위원회와 일반 철거민들 사이의 주장이나 이해에 있어서 상당히 달랐다는 주장이 증언을 통해 확보되었다. 상당수 투쟁 참가자들은 대책위원회의 존재를 잘 알지 못했으며, 대책위원회와 상당히 다른 요구 사항을 제시했다는 것이다. 그리고 그때 분위기를 보여주는 8·10 당시 성남의 캐치프레이즈는 "성남으로 호적 옮기기 운동", "성남에 뿌리를 심자" 등이었다. 성남이라는 지역의 자기 정체성이 취약했는지 알 수 있다. 사건 직후 광주를 방문한 소설가 박태순 씨의 말처럼 광주는 "활화산"이자 "용광로"였을 것으로 짐작될 뿐이다.

마지막으로, 앞서 잠시 언급한 대책위원회의 성격에 대한 반론을 살펴보자. 성남 제일교회 목사 이해학은 '과연 시정 대책위원회가 항쟁의 주체였는가'라는 질문을 제기하면서, 당시 대책위원회 간부 박진화 씨를 면담한 자신의 경험에 근거해서 '대책위원회=투쟁 주체'라는 주장을 반박했다. 오히려 대책위원회는 8·10사건 직후 성명을 발표해서, '8·10은 우리와는 무관한 불순분자의 소행'이라고 주장했다고 한다. 또한 이후 성남시 복구 과정에서 주도적 역할을 담당하면서 각종 이권에 개입했다. 결국 투쟁위원회는 철거민과 거리가 있는 이른바 '전매 딱지'를 수백 수천 개 지닌 프티부르주아 계층이었는데, 딱지를 무효화시킨 시의 대책에 대응하기 위해서 이런 조직을 만들었다는 것이다. 바로 이권을 누릴 수 없게 된 데 대한 일련의 대응이란 이야기다. 물론 당시 대책위원회가 태평로에 사무실을 내고 조직을 했던 것은 사실이지만, 8 · 10의 경우 이런 사람들의 주도하에 이루어진 것이 아니라 민중의 생존권 투쟁이 우발적으로 결합한 사건이라고 이해학은 주장했다. 이 문제는 8 · 10을 둘러싼 성격 규정에서 가장 큰 논란이 됐다.

결국 여전히 해결되지 않은 논점은 몇 가지로 정리될 수 있다. 하나는 8 · 10에서 대책위원회의 주도성과 대표성, 그리고 대책위원회를 포함한 참여 성원들의 성격을 둘러싼 문제다. 현재 당시 참여 주체로는 김철 씨 한 명의 증언만을 확보했을 따름이다. 또한 8 · 10의 실제 주도세력과 대책위원회 사이의 관계 문제다. 주도세력은 대책위원회의 이름, 요구 사항도 제대로 몰랐다는 증언이 나오는 만큼 실제 많은 증언이 수집되어야 할 것이다. 그 밖에도 대책위원회와 주도세력 사이의 계급적 차이가 실제로 존재했는지도 중요한 쟁점일 것이다.

8 · 10 당시 공무원 월급은 1만 원이었고, 성남에서 20평짜리 집 한 채 값은 2만~2만5천 원 정도였다고 한다. 그런데 딱지 분양가는 1만 원에서 계속 하락했고, 8 · 10 당시 민중들이 내뱉은 첫 마디는 "또, 속았다"였다고 한다. 비록 8 · 10은 6시간 만에 종결됐지만, 6시간의 정치적 효과는 무척 컸다. 1971년 8 · 10은 그 이름과 성격 규정을 둘러싼 문제와 더불어, 산업화 시기에 본격 시작되던 민중의 역사를 복원함에 있어서 여전히 중요하고 민감한 사건이다.

아래 덧붙인 두 가지 자료는 광주대단지 사건 관련자 전성천과 김철의 증언이다.

30년 만에 광주대단지 사건의 전말에 대해 이야기하고 있는 전성천 박사.

"벌써 30년이라는 세월이 흘러갔군요. 모든 사람들이 다 잊어 버린줄 알았는데 성남지역단체들이 광주대단지사건을 재조명하기 위한 작업을 진행한다는 것은 의미가 있다고 생각합니다."

광주대단지 사건(일명 8 · 10사건) 발생 30년을 앞두고 말문을 연 전성천 박사(89). 전 박사는 성남교회 목사이자 사건 당시 구성된 '광주대단지 불하가격시정대책위원회' 고문을 맡았던 기독교계의 원로 목사로 더 잘 알려진 분이다. 지난 71년 8월 10일 발생한 광주대단지 사건은 당시 언론에 의해 '폭도들의 난동' 등으로 보도돼 광주대단지 사건의 성격 규명을 어렵게 했던 것이 사실이다. 이처럼 광주대단지 사건의 성격 규명 작업이 부진한 가운데 당시 사건의 핵심부에 있었던 전 박사를 만나 당시의 상황을 들어 보았다.

전 박사가 기자에게 내놓은 첫 번째 자료는 사건 당일 시내 일원에 뿌려졌던 전단 한 장. 30년이 돼 색이 바랜 황색 종이에 "백 원에 매수한 땅 만원에 폭리 말라 살인적 불하가격 결사 반대한다"는 내용이 담긴 '광주대단지 불하가격시정대책위원회' 명의의 직인이 선명하게 찍혀 눈길을 끌었다.

전 박사는 당시의 상황에 대해 "청계천변 판자촌에 살던 사람들이 하루아침에 수천 명씩 이주해 텐트촌에 2가족이 살 정도로 당시의 상황은 말로 표현할 수 없을 정도로 비참했다"고 당시의 상황을 소상하게 밝혔다.

광주대단지 사건 당시의 상황은

당시 상황은 한마디로 최악이었다. 청계천변에 살던 판차촌 사람들을 하루에 수천 명씩 차에 실고와 정비도 안 된 언덕에 내려놓았고 기반시설은 텐트가 전부였다. 심지어 당시 상당수의 사람들은 하나의 텐트에서 2가족 이상이 살 정도로 주거환경이 열악했다. 내가 미국행을 포기하고 70년 9월 30일 성남에 들어와 목회를 시작했다. 그러나 시간이 갈수록 주민들의 생활은 어려워지기만 했다. 주민들은 처음에는 가지고 온 돈으로 생활을 했으나 몇 달이 지나자 그 돈도 떨어지자 먹고 사는 것 자체가 어려웠으나 정부는 이에 대해 아무런 대책도 강구하지 않았다. 사건이 일어난 71년 5월 이후부터는 굶어 죽는 사람이 생겨날 정도로 생활이 더욱 악화됐다. 실제로 71년 5월경 인근 주민이 달려와 사람이 죽었다고 해 신도들과 함께 가보니 방에 죽은 지 3일이나 된 시체가 그대로 방치되고 있었다. 이것이 사람 사는 세상인가 싶었다.

리어카에 실어 장례를 치르자 이후에는 이 같은 일만 생기면 교회로 달려올 정도였다. 이 같은 주민들의 비참한 환경을 개선하기 위해 관계기관에 찾아다니며 대책을 호소했으나 효과가 없었다. 당시 김종필 국무총리를 만나 도움을 요청했으나 총리 자신도 힘이 없다면서 청와대가 아니면 어렵다고 했다. 그래서 청와대를 찾아가 호소를 하려고 했으나 방법이 없었다. 마지막에 내린 결론은 시민들의 힘을 통해 문제를 제기하는 방법밖에 없다고 생각했다. 이후 이러한 문제를 해결하기 위해 광주대단지 불하가격시정 대책위원회를 구성해 집회 날짜를 8월 10일로 잡았다.

집회 날짜를 8월 10일로 잡은 특별한 이유라도 있는가

과거 공직생활과 야당생활 등을 하면서 형성된 정보가 있었던 것이 사실이다. 지나간 이야기지만 주민결의대회를 8월 10일로 잡은 것은 이날 미국 상원의원들이 한국을 방문하기로 한 날이어서 당시 주민들의 처참한 생활을 알리는 데는 최선이라는 생각이 들어서 날짜를 그렇게 잡은 것이다. 그러나 당시 사건이 그렇게 확산되리라고는 꿈에도 생각하지 못했다.

당시 집회는 사전에 준비가 된 것인가

그렇다. 데모는 청와대 등을 찾아가 문제를 해결하려 했는데 이것이 여의치 않다고 판단되자 71년 5월경부터 은밀하게 준비를 한 것이 사실이다. 당시 위원장에는 성남교회 장로였던 박진하 장로가 맡았고 나는 목사라는 신분상 고문을 맡았으나 실질적인 일은 내가 주도했다고 봐야 한다. 목사의 신분으로 나서기에는 한계가 있었던 것이 사실이다.

사건 당일 상황은

8월 10일 아침에는 이슬비가 내리는 내렸다. 그러나 10시에 오기로 한 양택식 서울시장이 오지 않자 현장에 모인 6만 명 이상의 주민들이 양 시장이 속였다고 흥분하면서 관용차에 불을 지르는 등 통제가 안 되는 상황이 발생했다. 이러한 상황을 보면서 집회를 주도한 사람으로서 사형은 아니겠지만 최소한 무기징역은 되겠다고 생각했다. 당시 박정희 이름을 잘못 써도 감옥에 가는 상황이었다. 오후 들어서도 주민들의 소요는 계속되고 있는 가운데 당시 중앙 부처에 근무하던 내 동생이 찾아와 정부에서 무슨 부탁이든지 들어주겠다는 제안을 간접적으로 전해왔다.

그래서 관계자와 만나 5가지 요구사항을 제시했다.

첫째는 주민들의 생계를 위해 쌀 2만 가마를 제공할 것, 둘째 현금 20억 원 제공, 셋째 도로 4차선 확장, 넷째 공장 50개소 건립, 다섯째 세금 5년간 면제 등 5개항이었다. 이 요구에 대해 정부는 무조건 들어주겠다는 입장을 밝혔다. 이에 이날 오후 7시경 이 같은 사실을 마이크를 통해 알리자 데모가 순식간에 진정됐다. 당시 모인 주민이 6~7만 명이었으니 한 집에 한명은 나온 꼴이었다. 이유야 어쨌든 다음 날 쌀과 21억 원의 현금이 도착한 것은 당시 사건을 바라보는 정부의 입장을 알 수 있다. 지나간 이야기지만 당시 외국에 있던 사람들은 광주대단지 사건이 일어난 것을 놓고 한국에서 혁명이 일어났다고 했을 정도로 광주대단지 사건은 커다란 사건이었다. 사건이 종결되자 국회에서도 조사단이 나와 증인으로 참석해 광주대단지 사건의 진상에 대해 소상히 밝히기도 했었다.

당시 구속자 현황 등은 어떤가

사건이 마무리되자 정부는 관용차 등에 불을 지른 사람을 찾기 위해 혈안이 됐었다. 그래서 지나가는 젊은이를 붙잡아 주동자로 만드는 사례도 있었다. 당시 16명이 구속됐는데 이들을 변호하기 위해 수색에 있는 땅 5천 평을 팔아 변호사 수임료로 사용했다. 그러나 수사기관은 이 젊은이들에게 내가 이 사건을 주도한 것으로 고백하도록 고문 등을 실시했음에도 불구하고 젊은이들이 소신 있게 어려움을 이기는 것을 보면서 의미 있는 일을 했다고 생각했다.

당시 언론보도에 대한 견해는

70년대의 언론은 철저하게 통제돼 있었다. 그러한 상황에서 광주대단지 사건의 본질이 제대로 보도될 수가 없다고 본다. 이제는 광주대단지 사건의 의미에 대한 역사적 재평가가 필요하다고 본다.

앞으로 활동계획은

광주대단시 사건 등을 담은 자서전을 준비하고 있다. 늦어도 내년 초에는 나올 것으로 보인다. 그리고 광주대단지 사건 당시 관련 자료를 필요하다면 지역사회에 기증할 계획이다. 30년을 맞은 광주대단지 사건이 역사적 재평가 작업을 통해 올바른 자리매김이 이뤄지기를 기대한다.

전 박사의 약력은 이채롭다. 지난 1955년 미국 예일대학에서 박사학위를 받은 뒤 귀국해 서울대에서 교수 생활을 하던 전 박사는 이승만 정권 시절인 56년부터 4 · 19혁명 때까지 공보실장을 역임했다. 또한 64년부터 69년까지 윤보선 씨 등과 함께 야당 정치인 생활도 한 경력도 갖고 있다

—『디지탈 성남일보』 2001년 8월2일 모동희 기자.

"인간답게 살고 싶은 마지막 절규였다" — 8·10 광주대단지 사건 관련 구속자 최초 인터뷰

8·10 광주대단지 사건을 재조명하기 위해 지난 3일 성남지역 민간단체로 구성된 8·10 광주대단지 사건 30주년 기념사업 추진위원회(공동대표 이해학 목사와 김준기 교수)가 발족식을 거행하고 본격적인 활동을 벌이고 있는 가운데 광주대단지 사건 관련 구속자가 나타나 추진위원회에 결합하고 있어 관심을 모으고 있다.

이날 8·10 기념사업 추진위원회 발족식이 거행되고 있는 성남 문화의 집 강당 한켠에는 시종 진지하고 감회가 어린 눈빛을 하고 추진위원회 발족식을 지켜보는 중년의 한 남자가 있었다.

당시 21세의 젊은 나이로 8·10 광주대단지 사건에 참여하여 시위를 벌이다 구속되어 서대문형무소에서 6여 개월 수형 생활을 하고 집행유예로 풀려난 김철 씨(51세, 신흥동 거주)가 바로 그 당사자이다.

8·10 기념사업 추진위원회는 그 동안 8·10 광주대단지 사건을 재조명하기 위해 당시 상황에 대한 증언이나 유인물, 문건, 신문, 사진 등을 수집하고 있었으나, 유인물 등 몇몇 자료를 제외하고 당시 사건과 직접 관련된 사람들을 찾는 데 어려움을 겪어왔었다.

그러나 당시 8·10사건과 관련해 구속되었던 김철 씨가 연락을 해옴에 따라 김철 씨를 통해 4~5명의 관련자들이 연락되고 있는 것으로 알려지고 있으며, 그 숫자는 점차 확대될 것으로 추진위원회 관계자는 내다보고 있다.

다음은 8·10 광주대단지 사건 당시 박정희 대통령을 면담하기 위해 청와대로 진격해야 한다면서 송파대로까지 진출하다 구속된 김철 씨(51세)와의 간단한 인터뷰를 진행한 것을 정리했다.

8·10기념사업추진위원회와는 어떻게 연락이 되었나

현재 수정구 신흥동에 거주하고 있는데 지역 언론에서 광주대단지 사건 재조명 작업을 한다는 내용을 접하고 추진위원회로 연락을 해와 직접 참가하게 되었다.

당시 상황에 대해 설명해 주신다면

1969년 9월에 서울 영등포에서 성남으로 이주하면 살 곳을 마련해주겠다고 해서 성남으로 이주해왔다. 그러나 성남에 이주해온 뒤로 현실은 달랐다. 먹을 것도 없었고, 일자리도 없는 막막한 상황이었다. 일방적으로 던져 주고 간 24인용 천막 하나에 5가구가 생활하라고 했으며, 이곳에서는 누워 다리를 뻗을 수조차 없는 열악한 상황이었다. 물을 먹고 싶어도 물지게를 지고 당시 수도가 2곳 정도밖에 없었는데 돈 주고 물을 사먹을 형편도 안됐다. 한마디로 서울에서 집단 이주시켜 놓고 살 곳도 먹을 것도 일할 곳도 없는 참담함 그 자체였다. 그러한 상황에서 주민들의 감정 폭발은 당연한 것이었는지도 모른다.

어떻게 구속되었는가

8 · 10 당시에 수진리 고개를 지나, 복정동을 거쳐 송파대로까지 진출하는 과정에서 경찰에 연행되었다. 그때 당시 박정희 대통령의 면담을 요청하고 청와대로 향하려고 했었다. 가다가 붙잡히는 한이 있더라도 배고프고 어려운 현실에 대해 하소연이라도 하고 싶어 직접 행동에 나섰다. 당시 서울시와 정부 당국에서 시민들을 만나 의견을 들어준다고 해 놓고 만나주지도 않아 대통령을 직접 만나야겠다고 생각해 거리로 나섰다. 살기 위해 생존권 차원에서 진행된 일에 대해 행정 당국과 경찰들은 마치 빨갱이들이 뒤에서 배후 조종한 것이라고, 간첩이 분명히 있을 것이라며, 수사 과정에서 폭력과 고문이 난무했다. 경찰들이 자행한 폭력에 의해 몸은 온통 시퍼런 멍이 가득했으며, 이 때문에 한 달간이나 면회도 금지되었다.

혼자 구속된 것인가

그때 당시 22명 정도가 연행되었는데 2명은 훈방된 것으로 알고 있고, 20명이 현주건조물 방화와 폭력 등의 혐의로 구속되어 서대문형무소에서 실형 생활을 했다. 6개월여 동안의 수감 생활을 마치고 집행유예로 풀려와 다시 돌아온 성남은 달라진 것이 하나도 없었다. 사건 당시와 똑같이 먹을 것이 없었고 일자리도 없었다. 경찰들은 계속해서 찾아오고 동향 감시가 이어졌으며, 함께 구속된 관련자들을 만날 수가 없었다. 그러는 과정에서 강제징집 형태로 군대에 입대하게 되었고 함께 했던 사람들은 모두 뿔뿔이 흩어지고 말았다. 심지어 휴가 나왔을 때에도 경찰들이 찾아올 정도였다.

8 · 10기념사업 추진위원회가 발족해서 역사적 재조명 작업을 준비하고 있는데 소감은 어떤가

당시 8 · 10사건 관련자들이 모여 난동이 아니라 정당한 자신들의 권리와 주장을 요구한 것이라며 명예회복 차원에서 기념사업 추진위원회를 구성하려고 했는데 30년이 지난 지금 이렇게 다른 분들이 먼저 나서서 준비하는 것을 보니 감개무량하고 무척 기쁘다. 언젠가는 이 사건에 대해 진상규명 작업이 이루어져야 한다고 생각하고 대책위나 추진위원회를 구성할 것을 생각도 해보았지만, 먹고 사는 문제가 너무도 심각해서 그럴 겨를이 없었고 30년이라는 시간이 흘러가 버리고 말았다. 이제라도 그때 당시 관련자들을 수소문해서 연락도 해보고 함께 나서서 추진위원회 사업에 적극 동참할 계획이다.

8 · 10 광주대단지 사건 이후 김철 씨의 아버님은 화병으로 돌아가셨다고 한다. 그 이후 김철 씨는 열심히 일해서 한때 사업이 번창해 성남시에서 개인부문 납세자 순위 5위 안에 들 정도로 잘 나갔다. 그리나 사업 실패로 이제는 또다시 일자리를 알아보고 있는 상황이라고 했다.

기자와의 인터뷰에서 김씨는 많은 얘기를 하지 않았다. 한순간에 얘기하기에는 너무도 많은 시간이 흘렀으며, 마음 깊은 한구석에서 응어리가 맺혀 있어 쉽게 말을 잇지 못하는 것 같았다. 그동안 8 · 10사건에 대해 터놓고 얘기할 수 있는 자리가 없었다고 한다. 아니 말할 수가 없었다고 한다. 기념사업 추진위원회 한 관계자는 김씨와 같은 관련자들을 수소문해서 연락이 되면 증언을 통해 당시 사건 자료를 모아 책으로 발간할 것이라고 말했다.

김철 씨도 당시 사건 관련자들을 수소문해서 8 · 10 기념행사에는 혼자가 아닌 함께 참여할 수 있도록 노력하겠다고 밝혔다. 김씨 얼굴에도 조금씩 명예회복에 대한 기대와 당시 사건의 재조명을 통한 삶의 자신감이 엿보이는 듯 했다. 김철 씨 인터뷰 도중 8 · 10사건 당시 서울대 법대에 재학하며 광주대단지 사건에 대한 진실을 규명하기 위한 작업을 하기 위해 법대 학생회의 사회법연구회 회원들과 함께 관련자들을 만나려고 직접 돌아다녔으며, 그 자료를 모아 책으로 발간하기도 한 신영수 현대건설 이사(전 『성남의 역사현실과 시민의식』 편집인)는 "성남이라는 곳은 한국 사회의 총체적인 모순이 담지한 곳으로 이곳에서 사회 문제의 본질을 파악할 수 있는 백신을 찾아낼 수 있는 곳"이라고 설명했다.

그만큼 성남이라는 도시의 생성 과정이 한국사회 산업화 과정에서 연구할 만한 가치가 있는 것으로 그는 해석하고 있는 것이다. 8 · 10 기념사업 추진위원회 관계자들도 "광주대단지 사건과 관련해 이는 일순간의 감정 폭발로 인한 폭동이 아니라 민중들이 생존권을 사수하기 위한 항쟁이었다"면서 "성남 시민들이 그때 당시 사회적 배경에 대해 올바로 이해하는 것이 필요하며, 이를 통해 성남의 정신, 정체성을 찾아 자존심을 회복해 나가야 한다"고 밝혔다.

8 · 10 기념사업 추진위원회의 발족에 따라 김철 씨의 바람처럼 당시 8 · 10 광주대단지 사건이 어려운 조건에서 생존권을 위한 삶의 조건을 변화시키려는 시민들의 정당한 투쟁이었고 난동과 폭동의 이미지만 부각되어 왜곡되고 뒤틀려진 사건의 의미와 성격이 올바른 자리매김을 할 수 있도록 시민들과 당국의 적극적인 관심이 요구되는 때이다.

— 『디지탈 성남일보』 2001년 8월7일자. 김락중 기자.

에필로그_

그녀들의 세계를 본 뒤

대부분의 우리 역사를 통해 '조국'은 나를 노예처럼 부려왔다. 조국은 내가 교육을 받거나 재산을 소유하지 못하게 해왔다. '우리' 조국이란 만약 내가 외국인과 결혼한다면 더 이상 내 조국이 아니다. '우리' 조국은 스스로 나를 보호하는 수단마저 부정하며 나를 보호한다는 명목으로 매년 거액의 돈을 남에게 지불하도록 강요한다. ……그러므로 만약 당신이 나를 또는 '우리' 조국을 보호하기 위해 싸우고 있다고 계속 주장한다면 당신은 내가 공유할 수 없는 성별인 본능을 만족시키기 위해, 그리고 내가 공유해 오지 않았고 앞으로도 결코 공유하지 않을 이익을 얻기 위해 싸우고 있음을 진지하게 또 합리적으로 이해해야 한다. 당신은 나의 본능을 만족시키기 위해 혹은 나 자신이나 내 조국을 지키기 위해 싸우고 있는 게 아니다. 왜냐하면 여성인 내게는 조국은 없기 때문이다. 여성으로서 나는 조국을 원하지도 않는다. 여성으로서 내 조국은 전 세계다.

— 버지니아 울프, 『3기니』 중에서

페미니스트 소설가 버지니아 울프는 1930년대 후반 쓴 『3기니』에서 국가가 시민 혹은 국민의 이해를 보호한다는 통념을 맹렬하게 비판했다. 여기서 '3기니'란 여성의 교육, 경제적 자립, 전쟁과 폭력이 없는 사회를 위한 각각 1기니씩의 기부를 뜻한다. 버지니아 울프의 눈으로 보기에 국가의 이해는 남성, 남근, 남자 아이 그리고 가부장의 이해에 다름없었고, 여성들에게 조국은 '망령'에 지나지 않았다. 오히려 국가는 여성들에게 일상적인 영혼의 불안만을 안겨줄 뿐이었다. 그리고 이 불안은 바다를 건너 40년이 지나 한국 여성, 특히 여성노동자들에게도 스며들어 있었다. 국가와 남성은 여성노동자들을 보호해주지 않았을 뿐만 아니라, 그들의 영혼과 욕망은 발기발기 찢겨져 똥물에 던져졌고 공권력에 의해 짓이겨지는 광경들이 반복되었다. 역사적 사실에서만 그랬던 것이 아니었다. 여성노동자들을 연구대상으로 다루었던 남성 노동사가들의 '진보적 시각'은 아이러니컬하게도 여성노동자를 계급으로부터 추방시키는 동시에 그들의 운동을 전체 운동으로부터 '부차화'시켰다. 거기다가 여성노동자들의 욕망을 더럽고 천한, 그래서 노동자답지 못한 존재로 담론화했다. 에필로그에서는 이런 기존의 지배적인 시각을 비판하기 위해 내가 이 글에서 사용한 방법론적 문제들을 '이론적인 측면'에서 다루어보고자 한다. 먼저 계보학과 미시사를 보자.

방법론적 토론 — 계보학과 미시사

나는 산업화 시기 여성노동자들이 어떻게 살았는가 하는 생활이나 의식 등에만 주목하지는 않았다. 오히려 여성노동자들을 둘러싼 지식, 담론의 연속성과 불연속성을 추적하고자 했다. 산업화 시기 여성노동에 대한 담론,

혹은 여성노동자들이 주도했던 노동운동을 둘러싼 담론에서 핵심적인 문제는 민주냐 어용이냐를 둘러싼 문제가 아니었다. 핵심은 가족과 회사, 가족, 회사 그리고 국가 및 민족공동체 혹은 회사와 노동자공동체 및 노조라는 시·공간 속에서 여성노동자들의 '계급·여성으로서의 정체성과 국가·가족으로 의인화된 민족공동체에 대한 충성' 사이의 문제였다. 다른 한편 자본주의화와 유신 체제라는 특정한 역사적 계기를 통해 여성노동자들은 시민적 권리의 주체, 산업전사로 호명된 생산적 민족구성원으로 혹은 가부장제 질서 내부로 호명되는 가운데 생산현장, 국가, 가족, 남성적 노조, 사회제도, 관행을 '타협적'으로 수용함으로써 자신의 무의식적 욕망과 판타지 등을 충족시키고자 했다. 이 과정에서 여성노동자들은 국민-민족-가부장제라는 수준에서 종속과 통합을 경험했다.

그러나 여성노동자들은 자신들을 규율화시키려는 권력과 담론의 계열에 대항해 익명적 지식의 유통과 망을 통해 우발적인 전투와 반항을 지속했다. 결국 나는 여성노동자들이 고용주와 자본의 지배적 담론에 공조 혹은 규율화되어 일상을 재생산하는 동시에 자신의 욕망과 익명적 지식을 통해 일상에서 저항을 지속했음을 밝혔다. 이 작업은 그 동안 당연하게 여겨졌던 남성적 노동사, 민주노조 담론이라는 지배적 담론이 얼마나 비연속성과 불연속성으로 가득 찬 것인지 밝히는 것이었다. 여기서 사용한 방법이 '계보학'이었다. 먼저 계보학에 대해 살펴보자(칠더즈 1999, 강조는 인용자).

> 역사분석의 한 형태인 계보학은 발전의 연속성과 패턴을 발견하려는 충동을 전통적으로 갖고 있는 역사연구 방법들과 대립된다. 계보학은 발전의 연속성과 패턴 대신에 단절, 불연속, 표층에 관여하고 미셸 푸코가 썼듯이 "어떠한 단조로운 합목적성finality에서도 벗어난 단독적 사건들을 기록"하려 시도한다.

……[푸코는] 철학과 역사에서 발굴하려 하는 '심층의 의미'란 모든 사상과 존재의 절대적 기반으로서가 아니라 담론에 의한 발명품으로서 존재하는 구축물에 지나지 않음을 입증하려 한다. 계보학은 오히려 총람總覽의 성격을 갖고 있으며, 계보학자의 목표는 "사물은 어떠한 본질도 갖고 있지 않다"는 것, 아니 좀더 정확히 말하면 "사물의 본질은 이질적인 형식들로부터 조각조각 끌어 모으는 방식으로 날조 된다"는 것을 입증하는 일이라고 푸코는 주장한다. 따라서 종결, 합목적성, 해석의 종료를 계보학은 기피한다. 오히려 계보학은 담론적 사건의 표층을 검사하는 데에 주로 관여하고, 역사가 객관성을 가장하고 있을 때조차 해석을 통해 역사의 방향을 정하려는 시도가 무수히 많았음을 기록한다.

앞의 인용문에서 보여지듯이, 푸코는 자신의 연구를 개념과 담론의 지층을 파고들어가 그 계보를 추적하고, 이것을 통해 개념의 역사 속에 존재하는 연속, 불연속의 과정이 담론의 지층 내부에 어떻게 새겨져 있는가를 밝히는 작업이라고 이야기했다. 보통 자신이 속해 있는 사회 혹은 집단에서 사용하는 개념이나 단어를 별다른 의심 없이 사용한다. 이것은 질문 자체가 필요 없는 자명한 사실이라고 생각되었다. 그러나 푸코는 용어와 개념에 대한 무비판적인 사용에 대해 문제제기를 했다. 푸코는 오늘날 인간과학들이 객관적인 동시에 주어진 것으로 받아들이고 있는 기본 개념과 범주들(예를 들면, 범죄성, 광기, 질병, 섹슈얼리티 등)의 '객관성' 자체를 근본적으로 문제삼기 위한 '도구'로서 역사를 사용했다. 이 점에서 푸코의 분석들은 '반역사학anti-history'의 성격을 강하게 띤다. 계보학의 기획을 관통하는 것은 기존 사유방식이 전제하는 경험주의나 실증주의가 아니다. '계보학'은 진정한 지식의 이름으로 또는 과학의 권위를 내세워 국부적인 지식에 침투해 위계질서를 세워 그것을 정돈하려는 통일적인 이론의 심급에 대항해서, 국부적이고 불연속적이며 폄하되고 합법성을 인정받지 못하는 지식에 활기를 불어넣는 작업이다. 바로 계보학은 주의 깊고 정확한 과학의 형태로 돌아가려는 실증주의적 기도가 아닌, '반과학'이다. 다시 말해서 계보학은 소위 과학적이라고 간주되는 담론들이 지니는 고유한 권력의 효과에 대항하는 것이다(푸코 1998, 26~27). 이 점이 흔히 근대적 사회과학이 전제하고 있는 과학적 혹은 인과적 탐구와 계보학이 갈라지는 점이다.

이러한 역사관 혹은 방법론을 둘러싸고 푸코는 역사가들과 숱한 설전을 벌였다. 기존 역사학자들은 푸코의 역사학을 "인과관계나 세심한 연구를 포기한 야만적 기사"라고 비난했고, 반면 푸코는 역사학자들을 향해 "방금 야만인에게 약탈당한 지구의 조그만 부분 때문에 울고 있는 마음 상한 학자"라고 비아냥거렸다. 잘 알려진 바와 같이 전통적인 사유방식은 참과 거짓을 구분해왔고 이러한 진위眞僞의 구분이야말로 참된 인식을 추구하는 데 있어서 당연한 전제였다. 그러나 푸코에게 이런 진위의 구분은 권력이 담론을 통제하는 방식에 불과했다. 푸코에게 '진위의 양분법'이란 지식의 근저에서 작동하고 있는 권력의 작동방식을 은폐하려는 논리에 불과했다. 다시 말해서 지식을 그 자체로서 다루기 위해서는 무엇보다도 지식의 근저에서 작동하는 진위의 양분법 구도를 타파해야 한다는 것이다(이정우 1993, 98). 푸코의 계보학 방법론 내에는 객관적 · 절대적 진리는 없으며 오직 상대적인 '참과 거짓'이라는 담론만이 존재한다. 계보학 방법론에 비추어 볼 때 인과관계 법칙에 근거한 통일성을 추구하는 역사 방법론은 제한적인 동시에 근본적인 한계를 지닌다. 이런 맥락에서 계보학은 연속적이지 않고 단절적인 역사를 연구하고 그 변화를 파악하기 위한 수단이라고 할 수 있다(조한욱 2000, 106).

더불어 주목해야 할 점은 계보학이 비정치적인 것으로 간주되어왔던 광기, 범죄성, 섹슈얼리티 등과 같은 근대적 경험들을 권력과 주체화의 관점에서 논의함으로써 근대 정치와 근대 정치이론에 의문을 제기할 수 있다는 점이다. 이것은 푸코가 사료를 다루는 방식에서도 드러난다. 『감시와 처벌』 등 저작에는 프랑스혁명과 같은 '거대한 사건'들이 누락되어 있으며, 기존의 권위 있는 학문적 저작들이나 이론들도 마찬가지다. 푸코는 역사적 연구에서 지엽적 · 비정치적이라고 간주된 주제를 탐구하기 위해, 고문서 보관소나 자료 저장고들을 뒤져 '고상하지 못한' 사료와 기록들을 발굴해내 활용했다. 대표적인 예가 감옥이나 감화원感化院[1]의 등기부와 내규집 및 일지, 경찰 기록, 수사 보고서, 신문기사들 등이다. 이처럼 푸코는 "그간 역사와 아무런 관련이 없었고 또한 아무런 도덕적, 미학적, 정치적 또는 역사적 가치가 없다고 간주되어 왔던" 자료들을 이용했으며, 이것을 통해 지배적 사유방식과 지식체계를 반박할 수 있었다(Foucault 1980, 50~52; Deleuze 1994, 266). 결국 계보학의 의의는 지금까지 배제되어온 역사적 사실을 재평가하게 하고, 절대적인 진실이라고 간주되어온 가치에 대해 의문을 품게 한다는 점이다. 계보학의 방법론적 출발점은 기존의 철학, 사회과학, 정치학 등에 내재되어 있는 이원론적 가치체계를 전복시키는 것이며, 이 점이 '뒤집음을 통한 드러내기'라는 계보학의 비판적 성격일 것이다.

익명적 지식

그렇다면 푸코가 기존 사료가 아닌 불길하고 사료로서 가치 자체가 의심되는 익명적 지식들을 분석하는 이유는 무엇인가? 푸코는 이 문제에

1_ 보호처분을 받은 소년 · 소녀를 수용하여 감화 · 선도하는 시설.

대해 부르주아를 비롯한 지배계급들이 "공공연하게 발언하는 것은 헤겔이나 오귀스트 콩트를 통해서가 아니다. 신성한 것으로 간주되는 이들의 텍스트들과는 별개로, 정치적 행동에 관한 효과적인 담론을 구성하고 있는 알려지지 않은 다량의 문서들이 존재하는데, 그 안에서 우리는 절대적으로 의식적인 전략, 조직되고 잘 고안된 전략, 명백히 읽어낼 수 있는 전략을 찾아볼 수 있다"고 언급한다(Deleuze 1994). 푸코는 크게 두 의미에서 '익명적 지식'을 사용하고 있다. 한편으로는 충분히 가공되지 않은 지식 또는 비개념적 지식들로 폄하된 일련의 지식, 순진하고 낮은 위계에 속하며 기존 과학의 수준까지 미치지 못하는 하위의 자격이 없는 주변적인 '보통 사람들의 지식'을 지칭한다. 다른 한편 '익명적 지식'은 기능적인 일관성이나 형식적 체계화 안에 감싸진 은폐된 역사적 내용을 의미한다(디디에 에리봉 1995; 푸코 1998, 24).

산업화 시기 여성노동자들과 그들이 전개했던 운동에 대한 지배적인 담론들인 조합주의론, 민주화 담론 등은 나름대로 근거와 체계를 지니고 있다. 그러나 지배적 담론 안에는 여성노동자를 적극적인 행위자로 간주하지 않고 민주노조운동 내부의 균열과 모순 등을 은폐하려는 특정한 사유방식이 존재하고 있다. 예를 들어 5장에 서술된 민주노조의 신화 안에 숨겨진 교회단체나 지식인의 문제들 같은 것이 은폐된 역사적 내용으로서 익명적 지식에 해당된다. 또한 6장과 7장에서 본대로 여성노동자들이 사용한 주목받지 못했던 수다, 노동자답지 못하다고 인용되지 않던 신분 상승이나 성적인 욕망, 공장에 대한 동경 등은 분산적이고 체계적이지 않지만 작업장 내·외부에서 여성노동자들의 익명적 지식이라고 할 수 있다.

이런 푸코의 문제의식에 대해 제기되는 문제제기가 푸코의 권력이론에는 '저항이 부재하다'는, 다시 말하자면 '생산적 권력' 자체를 다룬 이론이 아니냐는 의문이다. 하지만 『감시와 처벌』이나 푸코가 지향하는 연구의 목표는 이론적 지식이나 과학적 진리를 발견하기보다는 실제적인 저항과 투쟁에 쓰일 수 있는 '진리의 효과들'을 생산하는 것이다. 계보학은 "정확하고 청결하며, 개념적으로 방부 처리된 역사"가 아니라 "잿빛의, 주도면밀한, 그리고 참을성 있게 기록하는" 역사이며, 더 나아가 "문제의 현장에서 일어나고 있는 투쟁들에 개입"[2]함으로써 "참이면서 동시에 전략적으로 효과적일 수 있는 담론의 가능성과 정치적 효과를 가질 수 있는 역사적 진리의 가능성"을 모색하는 역사적 작업이다(푸코 1994).[3] 이 점에서 푸코는 근대 사회의 합리화 과정을 권력과 '권력의 내적 합리성 및 연속성'이라는 관점에서 파악하지 않는다. 대신 푸코는 갈등과 투쟁의 역사적 실재성과 가해성의 관점에서 권력의 문제를 파악한다. 바로 이 점이 '계보학'을 통한 담론 연구의 장점이라고 할 수 있다.[4]

2_ 잘 알려진 바와 같이 푸코의 저술은 대부분 정신의학 병원에서의 수련의 훈련, 감옥정보집단The Prison Information Group을 통한 활동 등 개인적으로 겪고 관계했던 운동들에 근거한 것이다. 자세한 내용은 에리봉 디디에(1995) 참조.

3_ 이것을 들뢰즈는 "(푸코는) 늘 전투의 먼지나 술렁임을 환기시키고" 있으며, "사유 자체가 그에게는 하나의 전쟁 기계이다"라고 표현하기도 했다(질 들뢰즈 1993).

4_ 푸코가 제기한 익명적 지식은 '지방적 지식local knowledge'과도 연결된다. 근대적 기획의 산물인 국가는 합리적인 과세, 반란 방지, 징병을 위해 사회적 척도를 '단순화'시켰다. 이것은 '판독력legibility' 혹은 '국가에 의한 단순화state simplification'라고 불린다. 이런 단순화를 통해 민중과 밑으로부터 전승되어온 지방적인 지식이나 기술을 원천적으로 배제하고 이들의 자율성을 약화시킨다. 문제는 국가가 지배를 위해 사회를 단순화시킨 것과 동일하게 학자들도 연구를 위해 사회를 단순화시킨다는 점이다(Scott 1998, 2~6, 28~9). 이렇게 단순화된 지식 및 측정수단을 둘러싼 일련의 실천과 행위는 모두 권력관계의 작동을 나타내는 "측정수단의 정치학"이다. 과세를 둘러싼 전통적인 측정수단과 표준화된 측정수단 사이의 지속적인 투쟁, 19세기 이전 빵의 크기를 둘러싼 갈등, 민족어와 미터법 등이 대표적인 예다. 모든 측정수단을 둘러싼 투쟁은 지방적 지식의 존재가 근대적인 동질적 민족, 국가 형성에 장애물이기 때문에 일어났던 일련의 사건들이었다. 제임스 스캇은 이것을 근대적 사회공학과 유토피아적 기획의 '재앙'이라고 지칭했다(Scott 1998, 4~5, 29~33). 이러한 과학적 관점(혹은 보편적 · 일반적 지식)에 대립하는 것이 지방적 지식 혹은 실천적인 지식이다. 바로 과학적 지식에 대립되는 익명적인 지식 혹은 비체계화된 상식, 경험, 요령, 메티스metis 등 실천적인 지식들도 유사한 맥락에서 해석될 수 있다. '실천적인 지식'들은 변화하는 환경

이상에서 살펴본 바와 같이 익명적 지식을 통해 여성노동자들은 지배적 담론을 간파하고 수다와 소모임 등 자신들만의 의사소통과 자신들만의 언어로 태업이나 주모자를 감춘 저항을 전개했다. 여성노동자들은 가부장적인 틀 안으로 그녀들을 옥죄는 담론으로부터 탈출하거나 고용주와 공권력을 은유하는 노래 혹은 작업장에서 벌어진 알려지지 않은 사실을 화장실 등을 통해 유포함으로써 공장과 여공을 둘러싼 지배적인 질서와 전투를 벌였다. 하지만 여성노동자들이 지배적 담론에 완전하게 내면화되지 않았던 것과 마찬가지로 여성노동자들이 지배적인 질서와 담론을 전복시켰다는 해석 역시 또 다른 '신화 만들기'에 불과하다. 여공을 둘러싼 지배적 담론과 그 내·외부를 어슬렁거리는 익명적 지식은 엇갈림과 공모가 교차하는 이중적인 장이기 때문이다. 이제 두 번째로 이 글에서 분석한 '담론 분석'에 대해 자세히 살펴보자.

담론 분석의 의미

이 글에서 사용하는 담론談論(혹은 언설言說[discourse]) 개념은 푸코의 용례에 따랐다. 푸코에게 담론이란 특정한 대상이나 개념에 관한 '지식'을

속에서 만들어지며 규칙을 지닐 수 있으나 유동적이며 원리로 단순화되는 것에 저항하는 일반화시키기 어려운 형태의 지식이다. 좀더 적극적으로 해석하자면 실천적 지식들은 익명적 지식과 같이 과학화·일반화를 거부하는 동시에 고도의 근대주의, 계획화된 사회질서에 반대하는, 특히 지방적인 지식이나 기술을 배제·주변화시키는 헤게모니적 계획에 반대한다(Scott 1998, 6). 이 점에서 담론과 익명적 지식을 참과 거짓, 진실과 허위라는 이분법으로 나누어서 생각할 수는 없으며, 오히려 익명적 지식의 의미는 잘 드러나지 않고 비체계적이고 복잡하지만 과학적 지식과 담론에 숨겨진 부분들을 드러내어 이들과 전투를 전개한다.

생성시키고, 그러한 존재들에 관해 무엇을 말할 수 있고 무엇을 인식할 수 있는가를 정하는 규칙들을 형성함으로써 현실에 관한 설명을 산출하는 언표statement들의 응집성 있고 자기지시적인 집합체다. 담론 분석의 가장 기본적인 관심은 우리의 생각과 지식을 현재와 같은 형태로 위치지워준 여러 '힘들forces의 역사'를 쓰는 것이다. 이러한 언표와 규칙의 집합체인 담론은 역사적으로 존재하며 물리적 조건에 따라 변화한다. 푸코는 이런 의미에서 담론은 개인들간의 교환에 의해 규정되는 것이 아니라 '익명성의 층위'에 존재한다고 주장했다. 다시 말하자면 담론은 사고하고 인식하는 주체의 표현이라기보다는 '—라고 말해진다'라는 층위에 존재한다. 따라서 담론 분석은 담론(언어 사용의 특정한 영역, 제도, 입장)의 의미를 일반적인 언어체계나 구조에서 찾으려고 하는 것이 아니라, 담론이 가지는 효과, 이것을 형성하는 관계, 그런 담론을 사용하는 사람들이 취하는 입장, 담론들이 다양한 제도와 갖는 관계 등을 탐구한다(칠더스 1999). 이처럼 담론 분석의 일차적 관심은 어떻게 사회를 변혁시킬 수 있는가에 있으며, 이 점에서 한 시대의 주요 쟁점을 둘러싼 담론은 문제 변화의 방향을 보여준다고 할 수 있다.

물론 알튀세르는 이데올로기를 특정 사회체제 속에서 개인을 주체subject로 정의하는 보편적인 수단인 동시에 인간이 정체성identity을 획득하는 과정과 분리시킬 수 없다고 해석했다. 알튀세르에게 이데올로기는 인간과 인간의 존재 조건 사이의 '체험된lived' 관계를 표현하는 표상의 체계다. 하지만 엄격하게 볼 때 그람시 등이 사용하는 신념의 체계로서 이데올로기와 알튀세르가 사용한 주체가 체험한 '현실과의 상상적 관계'의 서사화된 변형으로서 이데올로기 그리고 이런 이데올로기의 제도화로서 담론은 구별되어야 할 것이다. 특히 '과학' 혹은 '진리'를 또 하나의 담론으로 상대화시키는 전략을 사용하는 푸코의 입장에서 굳이 이데올로기와 담론을 구분하

자료 담론과 이데올로기

잘 알려진 것처럼 맑스에게 이데올로기는 과학에 대당 하는 '허위의식'이었다. 다시 말해서 '과학'(진실)의 반대편에 이데올로기는 존재한다는 것이다. 하지만 푸코는 담론 사이의 차이를 이데올로기만으로 볼 경우 나타나는 문제를 몇 가지로 들고 있다. 첫 번째, 이데올로기라는 용어를 사용하면 이미 '진실'이 존재한다는 전제를 가지고 있기 때문에 진실에 반대되는 것은 모두 이데올로기로 폄하된다. 반면 담론 분석의 목적은 진위의 여부를 가리거나 과학성 여부를 밝히는 것이 아니라 사람들이 거점으로 삼고 있는 입장과 관점 그리고 말해진 것들이 배포하는 기관을 밝히려는 것이다. 두 번째, 이데올로기 개념에는 '주체의 자율적 영역'이 내장되어 있다. 하지만 담론 분석은 주체의 존재를 부정하고 역사적 틀 내부에서 주체가 어떻게 형성되는가를 밝혀내는 것이 목표다. 마지막으로 이데올로기 개념은 이데올로기를 경제적 결정인 물질성, 하부구조의 '반영물'로 간주한다. 이런 맥락에서 이데올로기는 물질적 생산관계에 비하면 '부차적 도구'에 불과하다. 물론 담론과 이데올로기라는 두 가지 개념이 혼용되어 사용되기도 했으나 맑스주의자와 푸코를 대비시켜 본다면 맑스주의에서 이데올로기는 '과학'의 반대말이지만, 푸코에게 과학은 또 하나의 담론에 지나지 않는다(조은 외 1997; 멕도넬 2002).

자면 — 실제 푸코는 이데올로기라는 단어를 거의 사용하지 않았다 — 담론은 특정한 지향 내지 목적을 지닌 이데올로기가 제도화된 양식으로 이야기될 수 있다(알튀세르 1991b; 맥도넬 1992).

정리하자면 계보학과 담론 분석은 현재 존재하는 생각과 지식을 현재와 같은 형태로 위치지워준 여러 힘들forces의 역사를 구성하는 것이다. 1970년대 여성노동자를 둘러싼 조합주의, 경제주의, 민주화 담론 등 지배적인 담론은 아직도 강한 힘을 지니고 있다. 내가 계보학을 선택한 이유는 이런 지배적인 담론이 형성되어온 역사와 이것을 구성해온 힘들의 역사를 작성하기 위해서였다. 바꾸어 말해 너무나 자명해 보이는 개념, 이제는 보편화된 혹은 사라진 단어, 언어가 가진 신비성, 물신성物神性, commodity fetishism을 벗겨내고자 한 것이다. 이것은 고고학자가 근대의 지층을 발굴하며, 근대 담론의 기원을 탐색하는 것과 유사한 방법이다. 나는 1970년대 여성노동에 대한 기존 연구들이 지녔던 과학, 인과관계에 대한 지나친 집착, 운동사의 전통에 대한 무비판적인 인식에서 자유로워져야 한다고 생각한다. 기존 연구들은 '이론에 대한 맹목' 혹은 '실증에 대한 과도한 애정' 탓에 역사적 현상을 협소화 · 도구화시키는 경향이 강했다. 오히려 나는 익명적 지식과 담론에 관한 연구에서는 '내러티브', 바로 '서사'의 복원이 필요하다고 생각한다. 인과관계, 과학에 대한 맹목은 역사적 상상력을 배제하고 익명적 지식을 무가치한 것으로 만들고 말았기 때문이다. 바꾸어 말하자면 사료가 보여주지 못하는 공백을 연구자들은 인정해야만 하고, 이 공간을 역사적 상상력을 동원할 수 있는 사료들, 예를 들어 구술과 문학, 서사 담론 등을 통해 채워야 한다. 특히 이런 역사적 상상력이라는 문제의식을 적극적으로 수용한 시각이 '미시사' 연구다.

미시사와 여공의 작은 세계

'거시사' 혹은 '구조의 역사'에 대비되는 연구 전략이자 방법론으로 제기된 '미시사'는 한 개인과 같은 작은 규모의 세계를 역사에서 복원하려는 시도다.[5] 물론 맑스주의도 역사에서 주변계급, 민중, 노동계급을 복권하는

데 일정 정도 성공했다. 그러나 구체적으로 살펴보면 반드시 그렇지만도 않다. 맑스주의의 거시적 · 구조사적 연구에는 '혁명의 주체'이자 붉은 메시아로서 노동계급은 존재했지만, 역사 속에서 지리멸렬하던 평범한 인물들은 오히려 구조 속에 함몰되어 있다. 예를 들어 에드워드 팔머 톰슨 등이 제기했던 "왜 계급이 스스로를 계급으로 인지하는지?"(톰슨 2000)라든가 "노동자들은 왜 혁명을 선택하지 않았고, 그 안에서 그들의 의식, 세계관은 무엇인가" 등의 질문에 답하지 못했다. 미시사 이전에 이런 문제에 대해 비판을 가했던 집단은 톰슨을 중심으로 하는 영국 맑스주의 역사가들이다. 흔히 '밑으로부터 역사'라고 불리는 이 경향은 역사 속에서 발언권을 얻지 못했던 민중들에게 정당한 목표를 찾아주고, 관료적 엘리트 집단이 된 기존 공산당에 대한 비판을 포함했던 '정치적 기획'이었다.[6] 맑스주의에 기초한 기존 연구들이 토대와 상부구조에 입각한 거시적 역사변동을 분석하는 데에는 성공했다. 그러나 정통적 맑스주의에서 노동자, 민중은 계급투쟁을 위한 '도구'처럼 묘사되었으며, 역사적 공간 안에 존재했던 사람들의 가치관, 세계관, 선택 등을 파악하는 데에는 결정적 한계를 지녔다. 반면 톰슨과 나탈리 데이비스N. Davis는 농민 폭동, 폭도 연구 등에 공동체적 가치, 종교의식 등과 같은 문화적 요인을 도입, 계급 이외의 관계 등을 통해 민중의 사회사를 구성할 수 있다는 주장을 제기했다(린 헌트 1996). 이런 미시사의 지적 배경을 이해하기 위해 먼저 1960년대 이후 노동사의 흐름과 이것에 대한 도전을 개괄해보자.

5_ 1970년대 이후 미시사에서 중요한 저작들은 상당수 한국에 소개된 바 있다. 이 중 가장 대표적 저작들은 린 헌트(1996, 1999), 로버트 단턴(1996), 카를로 진즈부르그(2001) 등이다.

6_ 이 경향에 대한 자세한 내용 및 다른 분과학문에 미친 영향 등은 하비 제이 케이(1993), Thompson (1978), 신병현(2001) 등에 자세하게 수록되어 있다.

'밑으로부터의 노동사'의 전통과 그 변용

1960년대 이후 노동사, 특히 영국의 노동사가 역사학에서 새로운 흐름이자 대세를 이룰 수 있었던 것은 에드워드 팔머 톰슨 그리고 에릭 홉스봄으로 대표되는 새로운 연구 경향에 힘입어서였다. 홉스봄의 경우 노조와 노동운동을 대상으로 한 연대기적 역사서술에서 '노동계급 자체'로 연구대상을 전환할 필요성을 제기하며, 노동계급의 독자적 생활방식과 사고방식 그리고 그 과정에서 드러난 집단행동과 저항 등에 연구의 초점을 맞추었다(홉스봄 1984; Hobsbawm 1964). 동시에 톰슨은 『영국 노동계급의 형성』을 통해 자본주의화 초기에 노동자들의 수동적인 성격과 미성숙성 등을 장인의 독학자적 문화와 공동체 등을 통해 반박했다(톰슨 2001). 특히 노동사 전통에 결정적인 영향을 미친 톰슨의 방법론은 사회경제적 변화가 어떠한 경험을 낳고 이 경험은 주체의 문화, 의식 그리고 전통이라는 여과막을 통해 축적되는, 다시 말하자면 사회(혹은 경제적 관계)라는 구조 위에 '경험'이라는 중심 개념을 설정했다. 물론 많은 비판자들은 톰슨을 문화주의자라고 비판하기도 했다. 하지만 톰슨이 노동계급 문화의 능동성을 강조했다고 하지만 톰슨에게 경험이라는 범주는 어디까지나 사회적 실재와의 관계 속에서 위치지워진 것이다. 이런 의미에서 톰슨의 방법은 일종의 '경험 환원론'으로서 크게 보면 '사회 환원론'의 차원을 벗어나지 않는다(이영석 1997, 93). 이런 영국의 노동사 연구는 노동계급의 일상성과 계급적 경험 등을 복원하는 '밑으로부터의 전통'을 부활시켰고 이후 노동사학자들에게도 지속적인 영향을 미쳤다(하비 제이 케이 1993).

그러나 1980년대에 들어서면서 노동사는 새로운 시각과 패러다임들로부터 여러 가지 비판과 도전에 직면한다. 기존 노동사가 '사회 환원론'이라는 방법론에 기반했지만, 새로운 접근들은 '언어를 통한 접근'이란 시각을 제시했다(이영석 1997, 72). 언어를 통한 접근이라고 불리는 새로운 시각은 개러스 스테드먼 존스G. Stedman Jones와 패트릭 조이스P. Joyce에 의해 구체화되었다. 이들은 기존 노동사의 커다란 전제였던 계급을 해체하고 그 대신에 담론적 현실만을 분석 대상으로 삼았다. 또한 이들은 계급은 사회관계로부터 도출된 실재라기보다 담론적 현실이며 따라서 계급 역시 언어적 맥락에서 분석할 수밖에 없음을 주장했다(Jones 1983, 3~8). 예를 들어 스테드먼 존스는 차티스트 운동의 분석은 차티스트들이 작성하거나 말한 것에서 출발해야 한다고 전제하고, 이것에 기초해서 차티스트 운동을 톰슨 등이 주장하는 근대적 노동계급 운동의 시발로 이해하지 않는다. 오히려 존스는 차티스트 운동은 노동과 자본의 대립이 아닌 노동자와 공정한 고용주를 포괄하는 생산적 사회성원과 전제적 정치권력 및 부패세력 간의 대립, 다시 말해서 자본주의적 사회관계에 바탕을 둔 운동이 아닌 '전통적 형태의 정치운동'이라고 주장했다(Jones 1983). 조이스 역시 『민중의 전망*Visions of the People*』에서 당대 민중의 언어, 관습, 변론 등을 분석한 결과 노동자들이 세계를 이해한 언어는 계급적 언어라기보다 '인민주의 언어'에 가깝다고 주장한다. 이것은 1790년대를 거치며 영국 노동계급은 '하나의 계급의식'이라는 방향으로 모여진다는 톰슨의 주장을 정면으로 반박하는 것이었다(Joyce 1991, 332~3).

톰슨 이후 노동사의 새로운 경향이라고 평가할 수 있는 조이스와 존스의 두 저작만을 놓고 볼 때 '언어를 통한 접근'은 전통적 노동사가 전제해온 사회 환원론, 다른 식으로 표현하자면 사회적 존재가 의식을 결정한다는 맑스주의의 핵심 개념에 대한 거부를 근본으로 하고 있다. 이런 노동사의 새로운 경향은 맑스주의에 대한 신념의 소멸을 의미하는 동시에 그 동안 사회사가 추구해온 전체사적인 기획이 지녔던 한계를 지적하는 동시에,

1960년대 이래 사회사가 추구해온 지적인 정체성의 위기를 반영한다고 할 수 있다(이영석 1997, 92). 바로 밑으로부터 역사를 표방해온 노동사가 이념적 정체성 및 정치적 기획의 혼란을 경험하고 이것에 대한 대안을 모색한 것과 유사한 맥락에서 미시사도 등장했던 것이다.

미시사 — 방법, 사료, 지향

미시사의 출발점 역시 기존 연구들에 대한 반발에서 비롯되었다. 미시사는 역사 속에서 인간의 구체적인 삶과 경험들을 구현하려는 '역사적 인간학'(혹은 역사인류학)이다. 미시사는 각국의 전통에 따라 상당히 다르지만 여러 흐름 가운데 합의된 점을 간략히 정리하면 다음과 같다. 첫 번째, '두껍게 독해하기'이다. 미시사 연구의 기념비적인 작품인 로버트 단튼R. Darnton의 『고양이 대학살』을 통해 알 수 있듯이, 미시사 연구는 연구대상에 대한 피상적 관찰과 서술에 머무르는 것이 아닌 과거 혹은 당대의 개인, 집단들이 지녔던 의미, 상징체계의 이해가 필수적이다. 그들의 시각과 지평에서 연구자 자신을 놓아두고 사물을 바라보는 '해석학적 시각'이 미시사에서는 매우 중요하다(로버트 단턴 1996). 두 번째는 '다르게 독해하기'다. 역사를 서술함에 있어서 가해자와 피해자의 시각을 바꿀 경우 동일한 사건과 현상이라도 해석은 '정반대'로 나올 수 있다. 특히 '다르게 독해하기'라는 시각은 그 동안 역사 서술에서 제대로 평가받지 못한 여성, 민중 가운데에서도 주변층의 역사를 강조한다. 이 시각을 대표하는 『프랑스 혁명의 가족 로망스』에서 린 헌트L. Hunt는 자유, 평등, 박애로 상징되는 혁명에서 '여성'이 배제되었음을 혁명세력이 마리 앙트와네트를 희생양으로 삼은 것을 사례로 '다르게'

분석한다. 남성 혁명가들은 여성 혁명가들의 공적 영역 진출을 남성 고유의 영역에 대한 침해로 여겼으며, 여성을 정치에서 제거하기 위한 '제의'의 희생양으로 앙투아네트를 살해했다(린 헌트 1999). 세 번째는 '작은 것을 통해 읽기'다. 미시사의 주요 연구대상인 민중들은 대부분 문맹이거나 자신의 기록을 남기지 않았다. 민중에 대한 미시사적 연구는 민중이 남긴 '이상한 작은 사료들', 역사학에서 사료로서 가치를 인정하지 않던 재판 심문록, 일기, 민담, 설화 등 '작은 것'을 통해 그 시대를 읽어낸다. 대표적인 예가 카를로 진즈부르그Carlo Ginzburg의 『치즈와 구더기』다. 16세기 종교재판에서 이단 심문기록에 바탕을 둔 이 연구는 심문기록이라는 역사학자들이 하찮게 여기던 '작은 사실'로부터 16세기 지배층과 농민문화(민중문화)간의 자율성과 상호 교섭에 대해 밝히고 있다(카를로 진즈부르그 2001).[7]

하지만 미시사적 접근에 대한 '반론' 역시 만만치 않다. 가장 대표적인 반론이 연구대상의 '대표성'과 전체 사회와 미시적인 연구대상과의 '연관관계'다. 다시 말해서 작은 마을, 집단, 노조 등 사례로부터 어떻게 전체적인 연관관계를 이해할 수 있느냐는 것이다. 하지만 공장과 노조를 둘러싼 담론이라는 미시적 연구단위를 분석하는 것이 작은 노조만을 연구하는 것은 아니다. 오히려 작은 연구대상을 통해 여성노동자들의 세계가 지닌 '단면'을 파악할 수 있으며, 미시사 연구는 기존 역사에서 잘 나타나지 않는 인물, 개인의 경험과 삶을 '역사 세계' 안으로 편입시키는 것이다. 다시 말하자면 "의미 없는 것에 의미를 부여하는 작업"이라고 말할 수 있다(조한욱 2000, 82).

7_ 이런 분류는 조한욱(2000)에 근거한 것이다. 이 밖에 '통념을 깨뜨리기' 전략은 앞서 설명한 푸코의 계보학적 전략에 해당되는 미시사 연구의 경향이다. 그러나 이런 분류는 미시사의 일부에 불과하며 영미권, 이탈리아 그리고 독일에서 미시사(혹은 일상사)는 각각 초점이나 연구방식이 상이하다. 이탈리아 미시사에 대해서는 곽차섭(2000), 독일의 경우 슈름본(2001)과 뤼트케(2002) 참조.

다음으로, 미시사가 '사료'를 처리하는 관점과 방식에 대해 살펴보자. 미시사는 구체적인 사료의 양을 통해 역사적 사실을 확인하는 기존 역사 연구에 대한 반발에서 시작되었다. 흔히 생각되듯이 남은 사료가 많으면 사실에 근거한 것이고, 사료의 양이 적다면 사실과 거리가 먼 것인가? 미시사의 주장은 그렇지 않다는 것이다. 오히려 사료가 대변하는 역사적 진실은 사료의 '담론 질서'를 구성하는 권력관계의 반영이다. 예를 들어 한국 노동자의 노조 만들기, 소모임, 도시산업선교회 활동, 농성, 파업 등을 둘러싼 담론은 지배 엘리트에게 '이단' 내지 '불온한 무엇'으로 간주되었다. 하지만 하층민의 사료가 적다고 해서 그들의 세계를 이해할 수 없는 것은 아니며, 이들에게도 역사는 존재한다. 나는 노동자 수기, 노사 회의록, 일기, 유인물, 일지 등을 통해 산업화 시기 노동자의 세계를 이해할 수 있다고 본다. 이러한 하층민과 민중의 행동과 관계 망은 다른 계급과 상이한 노동자의 세계관과 의미 체계의 '독자성'을 드러내주는 명확한 증거라고 생각한다.

하지만 단지 미시사가 이런 사료를 통해 특이한 사건을 다루기 때문에 새로운 것은 아니다. 미시사의 근본적인 지향은 과거 역사 · 사회연구에서 간과된 인간과 사회집단 개개인의 구체적 삶의 이면에 감추어진 익명적 지식과 이들이 역사에서 차지하는 정당한 역할을 복원하고자 하는 것이다. 따라서 미시사는 '밑으로부터의 역사'를 실현시키는 노력이며, '작은 것을 통해 읽기'란 방식은 취약한 자료를 풍성하게 파악할 수 있는 시도다. 이 점에서 미시사의 사료 분석을 '실마리 찾기' 방식 혹은 '가능성의 역사'라고 부를 수 있다. 여기서 '가능성'이라 함은 실증적인 의미에서 '증거'와 대비되는, 증거의 단편성이 문제될 경우에 증거와 증거를 이어주는 최선의 가능성을 탐구한다는 의미다. 소규모 공동체나 개인을 추적하는 미시사의 서술 방식은 '내러티브' 혹은 '이야기체' 역사서술의 가능성을 탐구하는 역사 서술의 '문학성'을 지향한다. 하지만 전통적인 역사 · 사회 연구는 실마리를 찾는 방식의 연구를 '상상력'에 의존한 것으로 여기고, 실증적 근거가 부재한 연구로 비판해왔다. 그러나 미시사 연구가 '무조건적으로 상상력'을 남용하는 것은 결코 아니다. 기존의 실증적 연구방식은 엘리트층과 지배층의 문화 · 생활 연구에 유용했다. 그러나 앞서 언급한 바와 같이 구전, 구술, 소수 자료에 의존하는 민중 연구에는 결정적인 약점을 보인다.

마지막으로, 미시사의 단위는 하나의 마을, 가족, 노조, 개인과 같이 경계가 제법 구획된 현상을 중심에 두고 실제로 존재했던 인물들의 일상생활을 다룬다. 이 방법은 마치 인류학자가 현장조사를 통해 현상이 지니는 복잡한 사회관계를 구체적으로 파악하는 것과 유사하다. 특히 미시사 연구에서 중요한 것은 '실명의 역사'라는 점이다. 이 점이 미시사가 '사례 연구'와 구분되는 특징이다(조한욱 2000). 실명의 역사를 통해 미시사는 연구대상의 인적인 관계를 추적하고 복원하려는 것이다. 이 책 역시 산업화 시기 여성 민주노조, 여성노동자 기숙사 내부, 생산현장에서 여성노동자 사이의 인간관계, 공장 내부의 위계적 인간관계, 노조 활동가와 노조 파괴자 사이의 증오의 원천 등을 추적함으로써 '실명의 역사'를 지향했다.[8]

미시사와 산업화 시기 '여공'

산업화 시기는 그동안 군부독재, 체육관 선거, 금서와 금지곡 등의 이미지로 형상화되어왔다. 특히 사회과학은 이 시기를 거시적으로 중요하다고

8_ 이 글에 등장한 여성노동자 및 관련자들의 인적 사항에 대해서는 '프롤로그'를 참조.

여겨지는 사건들, 특정한 국가성격, 사회구성체론 등을 통해 규명해왔다(박현채 · 조희연 1989). 구체적으로 많은 남성 연구자들은 1970년대 유신 시기 근대화 전략의 부정적인 면을 지적했다. 예를 들어 재벌의 팽창, 억압적 노동통제, 지역주의, 시민사회의 약화 등이 그것이다. 하지만 남성 사회과학자들의 산업화 시기를 둘러싼 사유방식은 두 가지 문제를 내포하고 있다. 먼저 모든 국가들은 그 결과와 정치적 효과가 부정적이든 긍정적이든 근대화 과정을 피할 수 없으며 근대화 전환 과정에서 최소한의 대가를 치룰 수밖에 없다고 생각한다. 또 다른 문제는 산업화를 '제도적인 면'을 중심으로 사고한다는 점이다. 예를 들어 수출주도형 산업화 과정에서 국가와 관료기구는 국가가 설정한 정책목표를 효율적으로 달성하기 위한 수단으로 각종 제도와 기구를 만들었다는 것이다.

이처럼 산업화 시기에 대한 남성 연구자들의 평가에서 결여된 것은 1960~70년대 산업화 속에 잠재했던 '젠더'라는 의제다(김은실 1999, 99~100). 혹자는 당시 여론조사나 양적인 조사자료들이 이것을 보여주지 않느냐고 반문할 수 있다. 하지만 이 자료들 역시 그 시대의 지배적 담론의 일부다. 이런 통계자료들은 산업화와 도시화를 통해 급속하게 변해가는 여성, 특히 여성노동자들이 과연 어떤 지식체계를 가지고 있었고 여성노동자들에게 부과된 사회적 한계 안에서 어느 정도로 자신의 행동을 선택할 자유가 존재했는지에 대해서 거의 알려주지 못한다. 이처럼 사회과학에서 산업화 시기 여성노동자들이 어떠한 담론과 논리체계에 의해 동원되었는지에 대해서는 침묵해왔다. 간혹 인간주의적 담론을 통해 노동자와 농민이 사회로부터 배제된 것이 언급되지만, 이런 접근에서도 '여성노동' 자체에 대한 관심은 거의 존재하지 않았다. 이것을 김은실은 '남성적인 것'으로서의 근대화라고 칭하고 있다(김은실 1999, 105).

우리 사회에서 추구하는 근대화 지향은 남성적인 것으로 재현되는 생산과 발전의 이미지로서의 근대성이다. 역동적인 활동과 발전, 무한한 성장에의 욕망과 동력, 부르주아 주체의 산업생산과 합리화, 목적의식적으로 노력하는 합리적 개인인 남성의 근대적 욕망과 남성들의 연대를 수용하고자 하는 것이었다.

그러나 산업화 시기 여성노동자들의 세계와 의식 그리고 선택에 대한 이해는 단순히 연구틀 속에 여성노동이라는 '단어'만이 하나 더 첨가되는 것은 결코 아니다. 오히려 산업화 시기 여성노동이 남성적 근대화 과정에서 어떻게 여성노동자들이 체계적으로 배제되었고 이들을 배제해온 담론이 어떤 방식으로 은폐되었는가를 탐구하기 위해 연구의 초점을 '망원경에서 현미경'으로 옮기는 작업이다. "역사란 역사가가 구성해낸 흔들리는 담론이다. 역사가는 과거의 존재로부터 오로지 하나의 읽기를 강요받지는 않는다"는 젠킨스의 말처럼, 근대화론, 민주화 담론 등으로 대표되는 산업화 시기 한국 사회에 대한 남성주의적 이해로부터 벗어날 필요가 있다(케이스 젠킨스 1999). 그리고 그 출발의 가능성을 보여주기 위해 이 책은 아주 작은 집단이 모인 미시적 영역에서 여성노동자들의 내면세계와 사회 · 정치적 선택 그리고 여성노동자들을 둘러싼 담론을 추적했던 것이다.

한국 노동사에서 남성주의적 담론

그렇다면 산업화 시기 여성노동자에 대한 시각으로는 어떠한 것들이 존재하는가? 남성중심적 노동사가 대표적인 흐름이다. 1987년 이후, 1980년대 초반과 1970년대 노동운동에 대한 지배적 담론 생산자들은 남성들이었으며, 여성 학자 혹은 여성노동을 다루는 연구자들은 이론화 과정에서 배제되었다. 이 점을 여성노동 연구자인 김현미는 정확하게 지적하고 있다. "공적인 노동의 영역은 남성노동자의 영역이며, 특히 생산성과 투쟁성은 남성성과 동일시된다. 담론 생산자들의 남성중심적 성향과 상징적 위계질서를 통해 유지되는 노동영역(남성=정규, 선진, 핵심노동자/여성=임시, 후진, 주변노동자)은 노동운동을 남성성을 확보 · 강화하려는 정치영역으로 자리매김한다"(김현미 2000). 이와 같이 한국 노동운동에 대한 지배적인 담론과 내러티브는 남성노동자를 중심으로 구성되었다. 대신 여성노동자는 노동운동의 약화 혹은 취약성의 원인으로 분석되었다. 이것은 대표적인 진보적 연구자들의 시각에서 극명하게 드러난다. 이제 그 내용들을 하나씩 살펴보자.

1970년대 노동운동의 담론 구조 안에 자리잡은 첫 번째 단어는 '전태일'이라는 세 글자다. 전태일은 1970년대 노동운동을 이해하는 지식체계의 맨 앞자리에 위치하고 있다. 하지만 오히려 특정한 방식으로 전태일에 대한 담론이 노동운동사 해석에서 특권화된 것은 아닐까? 전태일을 해석하고 이것에 부여한 의미체계가 특정한 방식을 1970년대 노동운동에 대한 '사유방식'을 형성한 것은 아닐까? 이것이 1970년대 노동운동의 담론을 둘러싼 나의 중요한 질문이다.

한국에서 노동운동의 정신, 기풍, 외양, 이슈 등은 전태일의 죽음으로부터 출발되고, 종결된다. 전태일은 '전태일 정신'이라는 형태로 한국 민주노조운동을 둘러싼 특정한 사유방식을 만들었다. 1970년대 노동운동 내부에 있던 행위자, 특정한 노동운동에 대한 사유방식을 만들어낸 것은 전태일의 죽음 이후의 해석자들이었다. 문제의 핵심은 1970년대 노동운동을 둘러싸고 형성된 '전태일은 모든 노동자의 상징'이라는 지배적 담론이다. 이런 담론은 노동운동이 진행되는 주체의 성격과 주체들 내부에 작동하는 균열과 분열을 은폐하게끔 만들었다. 또한 1970년대 노동운동에 대한 지배적인 담론이 지닌 결정적인 문제는 노동문제를 '중성적' 혹은 '남성적인 무엇'으로 사고하게 만든다는 점이다. 그 결과 여성노동자들은 '부차적인 대상'으로 여겨졌다. 그 이유는 노동운동사에 대한 남성적 해석을 매개로 전태일 담론이 작동했고, 전태일 담론을 만들었던 남성 지식인들의 사유구조 때문이었다.

우선 살펴볼 문제는 산업화 시기 노동운동에 대한 지배적인 담론인 한국 노동문제의 출발이 '전태일의 분신'이라는 담론이다. 전태일 정신이라고 불린 담론은 '민주적' 노동운동의 상징인 동시에 '객관적인 역사'이자 자명한 진실로 받아들여졌다. 청계피복 노조의 민종덕은 자신이 처음 만난 전태일을 다음과 같이 기억한다(민종덕 2003).

> 내가 처음 청계천에 발을 디딘 때가 아마 1974년쯤이라고 기억된다. 20대 이전부터 노동자로서 생활하면서 '어떻게 살아야 할 것인가?', '희망은 있는가?'라는 것들을 고민하면서 방황하던 그 시절, 낡아빠진 헌 잡지에서 '전태일'을 처음 만났다. 그를 처음 만난 나는 커다란 충격을 받았다. 한 사람의 노동자로서 자신과 동료들 그리고 모든 이웃들을 사랑하기 위해서 그토록 고뇌하고 방황하고 끝내는 온몸을 불사르면서까지 실천한 위대한 사람을 만날 수 있었다는 것에 무한한 감사와 새로운 빛을 찾았다는 것에 충격을 받았던 것이다.

그렇다면 1987년 이후 전태일이 해석되는 방식을 살펴보자. 1987년 직후 노동자 집회에서 재현된 전태일 상징을 살펴보면 다음과 같다(전노협백서백서발간위원회 1997, 2권).

전태일 노동상 제정 취지문……모든 노동자가 단결하여 투쟁하지 않는 한, 노동자의 인간다운 삶은 결코 찾을 수 없다는 동지의 외침이 아직도 쟁쟁하다. 그로부터 인간을 억압, 착취하는 모든 반인간적인 것들을 깨부수기 위해 노동대중을 비롯한 근로대중이 벌여나가는 민족해방, 계급해방, 인간해방 쟁취투쟁에 전태일 정신은 늘 살아 숨쉬는 민중의 심장이었으며, 앞서가는 모든 노동자의 영원한 스승이었다. ……지금도 인간답게 살아가려는 모든 노동자의 가슴속에 고동치는 전태일 정신은 더욱 그 계승과 구현이 절실하다고 하겠다. 또한 노동대중과 함께 새 세상 건설을 위한 해방투쟁에 멸사헌신하며, 모든 이들의 앞길을 찬란히 밝혀주는 믿음직한 선봉의 횃불로 살아나는 수많은 전태일을 요구하고 있다.

위에서 보듯이 전태일 담론은 1987년 이후 대부분 민주노조운동과 노동자계급 혹은 노동해방의 상징으로 간주되었다. 집회 내지 노동관계 문헌은 노동문제 출발로서 전태일 분신을 이야기했고 전태일 열사 정신의 계승은 '반복적이고 습관적 문구'로 나타났다. 그렇다면 왜 1987년 이후 전태일은 모든 노동운동의 상징으로 간주되었을까? 물론 그 이전에도 전태일 분신의 중요성에 대해서 강조되었지만, 1987년 이후와 같은 형태는 아니었다. 그러나 1987년 이후 대공장 남성노동자 중심의 노동운동은 '새로운 남성노동자의 상징'을 필요로 했고, 그것은 전태일이라는 남성 노동영웅으로 구체화되었다. 전태일이라는 상징을 중심으로 한 한국 노동운동에 대한 담론들은 남성노동자들의 전투성, 계급성, 연대성 등을 강조하기 시작했다. 바로 남성노동자들은 노동운동의 핵심세력인 동시에 건전하고 전투적인 노동운동 세력으로 담론화된다. 물론 1987년부터 1990년대 초반에 이르기까지 대공장 중공업 남성노동자들의 억압적 국가기구와의 대립은 '계급적 전면전'이라는 형태로 나타났고, 대공장 남성노동자들의 투쟁은 선진적인 의식을 지닌 노동계급의 선도적이며 전투적인 투쟁으로 서술되었다. 김현미의 표현에 따르자면, "1980년대 후반의 노동담론은 숙련직 대기업 노동자들의 세력화를 낭만화하고 한편으로 전노협 소속 민주노조의 급진적 정치성을 담보해 나아간 것"이었다(김현미 2001).

1980년대 후반 노동운동 담론 지형 내부에서 여성노동자들의 '노동운동'에 대한 남성주의 담론들 가운데 두드러진 문제점은 1987년 이후 민주노조운동에서 여성노동을 둘러싼 '형상화' 문제다. 결론부터 말하자면 이 담론들은 성별분업의 시각과 방법에 근거해서 노동운동을 평가하고 있다. 이 담론들의 해석은 노동운동에 대한 급진적 · 진보적 연구 혹은 담론의 생산이라고 간주되고 과학적인 지식으로 정당화되었다.[9] 이런 노동운동에 대한 지배적 담론과 해석은 1970년대 노동운동 내부에서 여성노동자를 체계적으로 주변화시키려는 '과학적 이론'의 시선이었다. 지배적 담론의 요체를 정리하면 이렇다.[10]

(1) 여성노동자에 의해 주도된 민주노조운동은 1970년대 민주노조운동의 질적 발전의 장애요인이었다.

(2) 1970년대 민주노조운동이 지닌 조합주의, 경제투쟁 중심성 등은 단기고용 여성노동자들의 한계에서 기인한다.

(3) 1970년대 민주노조운동은 이데올로기 혹은 철학이 결여된 물질적 빈곤에 대해 반응한 운동이다.

9_ 노동운동에 대한 남성주의적 서사에 대한 해석과 비판은 김현미(1996; 1999; 2000; 2001)의 선구적인 연구에 많은 도움을 받았다.

10_ 이러한 시각을 지닌 자료는 현재까지 발간된 대부분의 자료나 연구의 시각이다. 반면 이런 1970년대 노동사 및 노동운동사의 시각에 대한 여성주의적 시각에 입각한 초보적인 문제제기는 이옥지(2001), 김현미(1999, 2000), 윤택림(2003) 정도다.

당시 청계피복 노조의 지도부였던 양승조도 1970년대 민주노조운동을 평가하는 한 문서에서, "대기업 남성노동자들이 민주노조운동에 동참하지 못한 것은 적들이 대기업노동운동을 원천 봉쇄한 탓도 있었으나, 일어났던 대기업 남성노동자들의 폭동적인 진출을 민주노조 건설로 승화해내지 못한 것도 원인……70년대 노동운동이 경공업 여성노동자 중심으로 된 것은 노동운동의 질적인 발전에 커다란 장애"라고 언급한다(양승조 1990, 67). 또한 1980년대 노동운동의 중요 이론가인 김금수는 1970년대 노동운동은 여성노동자 중심으로 이루어졌고 이것은 여성노동자들이 남성보다 저임금, 장시간 노동의 상태에 놓여 있었기 때문이라고 논하면서, 이 시기 민주노조운동을 철학이 빠진 단순히 물질적 빈곤에 반응한 운동이라고 평가하고 있다(김금수 1989). 이처럼 노동운동의 성패는 누가 운동을 주도했느냐, 특히 남성이냐 여성이냐라는 '젠더'라는 기준에 의해 판가름되었다. 1970~80년대 노동운동의 중요 활동가였던 이목희도 유사한 맥락에서 여성노동자 주도의 1970년대 노동운동에 대해 이렇게 해석하고 있다(이목희 1994; 강조는 인용자).

> 여성노동자에 의한 민주노조의 주도는 여성운동적 관점에서도 괄목할만한 발전이기는 하였으되 자본의 유기적 구성도가 높은 중화학공업의 남성 노동자에게로 민주노조의 기반이 확산되지 못한 것은 남성노동자에 의한 폭발적 쟁의의 조직적 수렴에 실패함으로써 운동의 양적 확대 그 자체뿐만 아니라 질적 발전에서도 이를 저해한 요인이라고 할 수 있다.

노동문제에 대한 지배적 담론은 노동조합과 노동운동을 '남성의 전유물'로 위치지우고, 여성노동자와 여성적 의제는 노동운동의 연대를 해치는 '분열적인 무엇'으로 간주된다. 이것은 노조 지도자로서, 남성노동자와 여성노동자의 비교에서도 드러난다. 남성노조의 부패에 비해 여성노동자들이 기존 사회의 부패로부터 상대적으로 자유로운 이유에 대해 1970년대 영등포산업선교회 실무자였던 신철영은 남성주의적 시각으로 해석하고 있다. "……대체적으로 여성노동자들의 경우에도 아주 특별한 경우를 빼놓고는 미혼이고 하니까 본인들이 갖고 있는 부담도 단순하고. 더 그런 면에서 다른 부분의 외압으로부터 견뎌내기가 상대적으로 낫지 않았겠느냐……"(이원보 외 2003; 강조는 인용자). 남성 활동가였던 신철영 역시 미혼 여성노동자들이 가족이 주는 부담이 없었기 때문에 노동운동에 참여가 가능했다는 시각을 공유하고 있다. 1970년대 전국섬유노동조합연맹 간부였던 이원보도 유사한 시각을 보이고 있다(이원보 2003, 강조는 인용자).

> 방직공장 같은 경우에 3교대를 하는데 조장 같은 게 저기 어디 끌고 가서, 그런 일은 다반사라. 그런 게 설움들이 쌓이면. 그런 것이 계기가 되어 폭발…… 상대적으로 남자들은 가장家長 책임이 엄청나게 크니까. 섬유 산업에 뭐가 있었냐하면, '불알 다 떼 버려라'. 막느라고 바쁘니까, 쥐도 안 먹는다, 차라리 참기름 발라줘라, 자기도 노동자면서 그런 자조적인 얘기도 하고 그랬는데. 미혼 여성들이 갖고 있는 순수성이라고 할까요. 매인 것도 없고, 때려 치고 나가면 되니까. 그 당시에야 웬만하면 여성노동자들, 동생들 딸 같은 사람들인데, 사장들, 어떻게 공순이들이 나랑 마주 앉아서 같이 회담을 하나? 내가 먹여 살리고 그러는데, 권위에 대한, 이런 것들에 비해서 여성노동자들은 순수하고 매이는 게 별로 없었다. 한번 붙으면, 지속성에는 문제가 있지만, 한번 붙으면 단결력이라는 게 대단히 강했다고 보지요.

여전히 여성노동자들의 투쟁은 '순수성', '가족이나 사회관계로부터 자유롭기 때문에 지속성에 문제가 있지만'이란 단서를 달면서 '단절적인 운동'

으로 평가되고 있다. 이처럼 여성노동에 의한 활동이나 조직은 무엇인가 결핍된 것으로 사고되었고, 반면 남성에 의한 것은 전투적이고 한 단계 높은 수준의 운동으로 간주되었다. 대표적인 연구 가운데 하나가 1987년 이후 노동운동의 한계를 '노동자 구성의 여성성'에서 찾는 것이다. 최장집의 글이 이런 시각 가운데 하나다(최장집 1993, 288. 강조는 인용자).

> 대중적 연대를 어렵게 하는 이념적 경직성과 분파주의는 고도의 강권력이 작용하는 조건 하에서 그러한 강력한 탄압에 맞서게 한 측면도 있다. 그러나 다른 한편 지도성의 이념을 강조함으로써 밑으로부터의 요구의 수용보다는 조직 간의 횡적, 종적 연대를 약화시키고 나아가 분열시키기도 하였다. 더욱이 전노협은 비재벌 노동집약적 제조업체 중심의, 여성근로자들이 다수를 차지하는 경기 인천 지역과 마창지역에 집중되어 있다는 조직기반상의 커다란 약점을 갖는다. 대안이 부재하는 급진적 리더십은 대중 사이에서 설득력을 약화시키고 이념적 분열상은 도덕성을 상실하게 한다.

최장집은 전노협의 전투적 조합주의에 대한 가장 '전투적인' 비판자였다. 나는 최장집이 대안으로 제기하는 민주적 코포라티즘에 대해 문제삼고 싶지 않다. 오히려 문제는 그가 노동운동이 조직적으로 취약한 원인으로 여성노동자를 거론하는 점이다. 물론 남성 노동문제 연구자들은 이런 문제제기에 대해 동의하지 않을 것이다. 자신은 그런 의도가 없었으며, 그것은 문제의 핵심이 아니라고 반론할지도 모른다. 하지만 이런 시각은 산업화 시기 그리고 그 이후, 여성노동에 대한 남성 연구자들의 무의식적이고 관습적 사고가 아닐까? 전노협과 1987년 이후 전투적 노동운동을 다룰 때 등장하지 않았던 여성노동자들이 전노협의 핵심 멤버이자 노동운동의 연대를 해치는 원인으로 등장한다. 이것은 노조(혹은 노동자간의 연대)에 대한 남성적 사유방식과 깊이 연관되어 있다. 이들이 생산하는 연대 속에 여성, 주변층으로서 여성노동자의 자리는 존재하지 않는다. 이것은 '노조=남성노동자의 조직', '연대=남성 숙련 노동자들 사이의 정서'라는 지배적 담론이 작용한 결과였다.[11]

그 밖에도 노동운동에서 여성 의제의 제기를 '이적 행위' 혹은 '분열 행위'로 평가하는 경우도 존재했다. 1980년대 도서출판 석탑을 주도하며 노동운동의 중요 이론가로 활동하던 장명국이 그 경우다. 장명국의 경우, 전체 운동(민족민주운동)과 별개의 여성운동 혹은 여성 의제를 "구미 제국주의의 잘못된 여성운동"으로 규정하고 있다. 잠시 중요한 부분을 보면 다음과 같다(장명국 · 이경숙 1988, 28, 강조는 인용자).

> 여성들을 남성과 대립적인 관계로 보는 지배층 여성의 견해는 가족법 개정운동을 왜곡시켜 오기도 하였다. 올바른 가족법 개정운동의 방향은 우리 사회에서 돈(자본)과 토지에 의한 권력의 독점을 반대하면서 그에 발맞추어 전개되는 것이 바람직한데, 반봉건적 잔재와 결합한 일부 부르주아 여성들은 남성의 지배와 독점에 대한 반대로 운동을 이끌어 왔다.

글의 맥락으로 볼 때 1987년 직후 사무직 여성운동에 대한 이론적 개입의 형태로 쓰여진 글이다. 당시 사무직 여성 노동운동의 주요 사안은 결혼퇴직제 폐지, 동일노동 동일임금 등의 요구였다. 이것은 1987년 이후 나타난

11_ 최장집의 입장은 최근 다소 변화를 보이고 있다. 1990년대 연구와 『민주화 이후의 민주주의』(후마니타스, 2002) 등에서 보이지 않던 여성노동, 주변부 노동에 대한 학문적 접근이 보이고 있다. 특히 그가 소장으로 재직 중인 고려대학교 아세아문제연구소의 『아세아연구』에서는 "특집/민주주의하에서 보호받지 못하는 노동/파견직, 여성 그리고 촉탁직 노동자"라는 제목의 글들을 연재하고 있어 주목된다.

여성노동자의 의제였다. 그러나 장명국은 극단적으로 "제국주의의 수입품인 페미니즘"이라든지 "바람직한 여성 노동운동은 우리나라 여성노동자의 확고한 입장과 사상을 가진 운동이어야……외국의 잘못된 이념을 무작정 수용한 여성운동이론이 나타나 현 단계 가장 중요한 민족민주운동 내부의 분열을 초래하고 있다"라고 주장하고 있다(장명국 · 이경숙 1988, 30). 이런 시각은 전체 노동운동과 여성운동의 관계에 대한 남성 노동운동 연구자들의 견해에서도 유사하게 반복된다. 여성노동 문제는 지나치게 독자성을 강조하면 안 된다든지, 전체 노동운동의 성패에 의해 여성노동자 문제는 해결이 가능하다는 인식이 그것이다. 단적인 예로 김금수의 주장을 살펴보면 다음과 같다(김금수 1986, 88~9).

> 여성노동을 둘러싸고 제기되는 문제들은 노동문제 범위 내에서의 여성문제이기 때문에 여성노동 문제의 해결은 노동운동의 고양을 통해 보다 효과적으로 추진해 나가야한다. ……그런데 노동여성운동의 독자성을 지나치게 강조한 나머지 남성일반에 대한 적대감이나 증오심을 표시하는 배타적인 경향을 띠게 되는 수가 많은데, 이 같은 경향은 경계해야 할 대상이다.

이것은 여성노동의 독자적인 의제를 '배타성', '적대감' 등으로 간주하는, 다시 말하자면 노동운동과 노동자 사이의 남성주의적 성격에 대한 비판을 '잘못된 무엇'(혹은 경계해야 할 무엇)으로 간주하는 시각이다. 결국 전체 노동운동의 발전에 여성노동은 종속될 수밖에 없다는 것이다. 정리하자면 남성노동자 혹은 전체 운동의 동의를 얻지 않은 성평등 요구나 여성 의제를 제기하는 것은 전체 노동운동의 분열을 가져올 뿐이기 때문에 삼가야 한다는 것이다. 이런 시각은 1980년대 노동운동 내부의 여성 혹은 여성노동자에 대한 지배적인 담론을 보여준다.

이처럼 1980년대에 서술된 1970년대 여성노동자에 대한 담론은 여성노동자가 운동의 주체임에도 불구하고, 여성주의적 성격은 거의 지니지 못했다. 이것은 노동운동과 노동자를 다루었던 1980년대 '진보 학계'의 남성중심주의적 성격에서 기인했다. 사회구성체 논쟁에서 보이듯이 여성 연구자와 이론가들은 거대 이론 및 논쟁 속에서 남성적 개념어와 추상어 속에 침몰하거나 이것을 그대로 받아들이는 경우가 적지 않았다. 이 점에 대해 조순경은 다음과 같이 지적한다(조순경 · 김혜숙 1995, 271).

> 사회변혁운동 이론이나 논의에 여성들을 익숙하지 않게 만드는 또 하나의 요인은 이러한 논의들에서 사용되는 언어 때문이다. 많은 경우 전투적인 용어가 사용되고 있다. 여성에게 전투는 전혀 익숙지 않은 영역이며, 이와 관련된 언어 사용은 여성들이 이론적인 논쟁에 진입하는 것을 원천적으로 차단한다.

뿐만 아니라 1980년대와 1970년대 노동운동과 관련된 대부분의 평가는 남성 이론가 혹은 남성 활동가(혹은 성을 밝히지 않은 익명)로 국한되어 있다. 혹시 여성이 집필한 문헌이나 문건의 경우에도 여성주의적 시각을 제시한 경우는 찾아보기 힘들다.

이와 같이 남성중심적 담론은 여성노동자의 '성'을 근거로 부정적이고 취약한 노동운동의 원인과 성격에는 여성노동자를, 전투적이고 건강한 그리고 계급의식적인 성격에는 남성노동자, 특히 중공업 남성노동자를 위치시켰다. 이러한 노동운동에 대한 담론(혹은 서사) 구조를 김현미는 "메시아적 노동계급 사회 서사"라고 지칭한다. 다시 말하자면 여성노동자들이 유일하게 민주노조운동의 행위자였던 1970년대를 '정치의식 부재' 혹은 '연대의 결핍' 등으로 형상화함으로써 1987년 이후 현재 노동운동이 선도적 남성노동자들에 의해 계급적이고 계급연대적 방향으로 나아가기를 기원하는 구성된 서사였던 것이다. 잠시 주요한 내용을 보면 다음과 같다(김현미 1999, 128: 141).

……1980년대 후반의 노동자대투쟁 이후 쏟아져 나온 학술지는 1980년대 노동운동을 1970년대 민주노동운동과 대비시키므로 그 주요 특징을 기술한다. 즉 노동운동의 중심세력이 1970년대 경공업 분야의 비숙련직 여성노동자로부터 중공업 분야의 숙련공 남성 노동자로 전환되었으며, 그러므로 노동운동의 성격이 계급의식을 지향하는 정치적으로 올바른, 질적으로 양적으로나 발전적인 방향의 노동운동으로 자리잡게 되었다는 분석이다…….

하지만 남성주의 담론 이외에 여성노동자들의 저항의 원인을 '민족적인 것'으로 여기는 경향도 존재한다. 이제 그 내용을 구해근의 글을 통해 살펴보자.

한恨과 '한국적 계급 정체성'

한 가지 더 짚어야 할 점은 구해근이 한국 여성노동자들에게 있어서 저항의 멘탈리티로 지적했던 '한恨'이라는 용어다. 구해근의 민주노조운동에 대한 서술구조 속에서 한은 계급이나 전근대적 신분으로 환원되지 않은 '한국적인 무엇'이다. 이것은 동아시아 여성노동을 '유순한 소녀'로 본 오리엔탈리즘적인 시각의 '거울 이미지'와 같다. 또한 이것은 서구 연구자들이 한국을 포함한 동아시아 여성에 대한 특정한 담론으로 — 예를 들어 일본에서 '화和[Harmony]'가 그러하듯이 — 만들어진 산물이다. 더욱 직설적으로 말하자면 서구 연구자들이 동아시아의 특수성에 대한 학문적 정체성을 드러내기 위해 고안해낸 '오리엔탈리즘적 상품'이다.

물론 전근대 사회 아래에서 하층민중이 불평등한 사회질서에 대한 불만, 새로운 사회에 대한 희구 등을 『정감록鄭鑑錄』, 대동사상大同思想 등을 통해 표출했고, 그 가운데에는 한과 유사한 내용이 존재했다. 그러나 과연 한이 1970년대 노동자들의 정체성 속에 존재했는가? 오히려 '한'이라는 담론은 '민족의 한'이나 '한의 승화昇華' 등의 형태로 대립하는 대상을 눌러 사멸시키는 것이 아닌, 용서하고 설득해서 품안에 넣는 화해와 융화의 담론으로 자주 사용되었다. 좀더 구체적인 한의 표출에 대해 구해근의 주장을 살펴보자(구해근 2002, 204).

> (YH노조의 최종 선언문을 인용 — 인용자) 이러한 감정적인 호소는 1970년대 노조운동을 이끈 젊은 여성노동자들 사이에서 특히 강했지만, 여성에게만 국한된 것은 아니었다. 집단행동을 할 때 남성 노동자들도 똑같이 감정적이었고 그들이 제기한 문제도 항상 경제적인 것이라기보다는 더 포괄적이고 광범위한 것이었다. 노조원들의 자연발생적인 파업, 농성, 시위가 있을 때 나타난 폭력적인 행동은 한풀이의 한 형태로 이해할 수 있다. ……이 모든 사건들은 신분억압과 그것이 만들어낸 한의 응어리가 한국 노동계급의 발달과정에서 중요한 역할을 했음을 잘 보여준다.

위의 구절을 통해 구해근이 사용하는 한에 대해 좀더 정확하게 알 수 있다. 정리해보면 ① 한은 이성적이라기보다 감정 · 정서적이고 계급이나 성별, 지역 등으로 통합되지 않은 담론이다. ② 한은 경제적 이해로 국한되지 않는 불의不義, 부정의不正義, 원한怨恨 등의 해소, 일종의 굿의 형태다. ③ 노동자들의 자발적인 집단행동도 일종의 한풀이라고 볼 수 있다. ④ 한은 계급언어로 환원되지 않는, 신분적 억압을 통해 만들어진 담론이다. 이제 왜 구해근이 '한'이라는 개념을 통해 노동자들의 정체성을 보려고 했는지 알 수 있다. 구해근은 노동자들의 정체성이 계급 담론으로 환원되지 않는 교육, 신분적 억압에서 기인한다고 보았다. 그리고 이것은 계급의식보다는 '한'이라는 형태로 표출된다고 생각했다. 다시 말하자면 한은 체계적인 인식을 통해 억압, 착취, 불평등 등을 인식하는 것이 아니라, 매우 즉흥적이고 감정적인 측면이 강하고, 한국 노동계급의 경우가 특히 그러했다는 것이다. 이것은 계급의식, 정체성에 대해 구해근이 언급한 대목에서 잘 드러난다(구해근 2002, 222).

> 노동자 정체성은 계급의식을 발달시키는 데 필수적인 요소이다. 계급의식이 인지적(혹은 과학적이라고 말할 수 있는) 요소를 지니고 있다면, 노동자 정체성은 감정적이고 정서적인 요소를 지니고 있다. 그러나 뚜렷한 계급의식이 발전되기 전에 강한 계급적 감정이 발달하는 것은 필수적이라고 볼 수 있다.

구해근은 한국의 노동계급 의식과 관련해서 계급적 적대와 환원되지 않는 계급 정체성을 강조했고, 이 정체성은 계급의식이 발달하기 전 단계의 감정적이고 정서적인 면이 강하다는 것이다. 그리고 정서와 감정이 한이라는 형태로 표출된 셈이다. 바로 계급의식의 '한국적 형태', '한국적인 특수성'이 한이라는 것이다. 하지만 서유럽이나 여러 국가 노동운동사에서 확인되듯이, 계급경험은 처음부터 체계적인 인식 형태 혹은 완결적인 형태로 나타나지 않았다. 오히려 분노, 울분, 좌절 등의 형태로 누적되거나 폭발되었다. 앞서 구해근이 언급한 요소들은 '한국적 특징'이 결코 아니다. 이것은 어느 국가의 노동운동사를 보아도 공통적으로 나타나는 특징이다. 그럼에도 불구하고 구해근이 한을 한국 노동계급 정체성의 특징과 같이 담론화한 것은 그가 노동계급의 정체성 형성에 대해 오해하고 있는 것이거나 아니면 앞서 말한 대로 오리엔탈리즘의 거울 이미지로서 한을 학문적 상품으로 담론화한 것 이상이 아닐 것이다.

자료 여성노동자의 한과 민족의 한

1990년대 중반 한편의 영화가 한국인들의 눈물샘을 자극했는데, 그 영화의 이름은 「서편제」였다. 국민적 거장으로 추앙받는 임권택 감독은 이 영화를 통해서 소리꾼들의 애증愛憎과 정한情恨의 민족적인 소리 굿으로 재현했다고 평가받았다. 이 시기에 이르러 이른바 '민족적인 것' 혹은 '한국적인 것'에 대한 사회적 관심이 다시금 증폭되었다. 하지만 과연 이것이 '한국적인 것'일까? 구해근의 '한'의 해석과 관련해서, 매우 흥미로운 것은 여성노동자들의 '한풀이' 정서를 우익 지식인들도 공공연하게 이야기하고 있다는 점이다. 박정희 집권 시기 경제 제2수석이던 오원철의 글을 잠시 인용해 보면 다음과 같다(오원철 1999).

> 졸업식 날 학생들은 서로 부둥켜안고 울었다. 울다 보니 감정이 복받쳐 엉엉 소리를 냈다. 재학생도 따라 울고, 교사도 울었다. 사장도 울고, 참석한 내빈도 울었다. 졸업식장이 울음바다가 되어 행사도 잠시 중단되었다. 못 배운 한을 푸는 날. 얼마나 감격적인 광경인가. 女工들은 중학교 과정을 마치고 고등학교 과정으로 진급했으며, 고등학교 졸업생 중에는 대학에 입학한 학생도 생겼다. 이들 대학생에게는 회사에서 장학금을 주었다. 직장 야간학교 제도는 전국적으로 확산되었다. 이는 정부나 기업이 女工들에게 베푼 情이었다. 이 정이 순수했기 때문에 女工들은 이를 사랑으로 받아들였고 고마워

했다. 서로가 학우로서 친하게 되니, 협동심도 생기고 단결심도 생겼다. 일의 능률도 올랐다. 당시 각 공장에는 월별로 품목마다 수출목표가 정해져 있었다. 女工들은 이 목표량을 생산하는 데 스스로가 노력했다. 목표량이 달성될 때마다 기쁨의 환성을 올렸고 기업주는 이에 보답했다. 이런 일을 정치적이나 노동착취의 관점에서만 해석하려고 한다면, 이는 당시의 실정을 왜곡하는 것이며 우리 민족의 아름다운 情을 모독하는 일일 것이다.

박정희가 풀어준 여공의 한과 구해근이 주장하는 여공의 한의 차이는 무엇일까? 구해근이 주장하는 민족의 정한으로서 한과 박정희가 여공에게 베푼 情은 근본적으로 다른 것일까? 다만 오원철은 이것을 노사화합의 산업전사이란 담론으로 재발명했고, 구해근은 여성노동자들 저항의 담론적 기초로 한을 다른 방식으로 재발명했을 뿐이다.

'정치적인 것'과 여성노동

이와 같이 1970년대 민주노조운동에 대한 지배적 담론은 현재까지 이어지고 있으며, 그 담론은 여러 가지 방식으로 세련화되었다. 민주화 담론이 가정하는 두 가지 전제, 즉 민주노조운동을 무모순적인 존재로 신화화시키는 내러티브와 민주화 운동과 결합·연대할 때 비로소 여성노동자들에 의한 노조운동이 의미를 획득할 수 있다는 담론 구조는 1970년대 노동운동에 대한 '지배적 담론'이자 '과학'으로 자리잡고 있다. 그렇다면 여공의 세계(여공에 대한, 여공의 담론) 내부에는 '정치적인 것'이 부재했는가? 이것은 '정치적인 것'을 사유하는 방식의 근본적 차이에서 비롯되었다. 개념사로 볼 때, '정치적인 것'은 정당, 의회, 노조 등 제도적 형태를 의미하는 협소한 개념만이 아니다. 정치적인 것은 국가의 제도적 질서를 가리키며, '사회의 이름으로 이야기'할 수 있는 장소를 차지하려는 행위자들에게 일차적인 투쟁의 지반을 제공한다. 그러나 정치는 사회관계에서 창출되는 것이지만, 제도만으로 환원되지는 않는다.

여성노동자들의 일상적 사회관계를 둘러싼 담론들은 가족, 공장 취직 과정과 경쟁 과정, 작업장 내부에서 위계질서와 권력 관계, 여성노동에 '대한' 담론들, 노조 및 소모임, 교육 활동과 성으로서의 욕망 등이었다. 과연 이 범주들이 정치적인 것과 무관한 것일까? 여성노동자들의 일상은 사적인 것과 공적인 것이 혼합된 영역이다. 그러나 앞서 밝힌 바와 같이 민주화 담론에 입각한 연구들은 여성노동자들에게 정치적인 것은 민주화 담론의 '기준'에 맞는 파업, 시위, 농성, 공권력에 대한 격렬한 저항만으로 해석된다. 그리고 민주화 담론에 입각해서 민주 대 어용 구도를 만들고, 민주노조 내부의 정치투쟁과 경제투쟁간의 심연을 만들어, 여성노동자들을 후자에 집어넣는다.

여성노동자들에게 '일상'이란 파업에 참가하지 않는 시기나 교육을 받는 시기 등으로 분절될 수 없다. 예를 들어 작업장은 노동자와 고용주 사이의 갈등과 공모가 이루어지는 장인 동시에, 노동자들 자신에 의해 작업장체제가 재생산되기도 한다. 바로 노동자에게 일상은, "가족과 회사, 회사와 지역, 가족 그리고 국가 및 민족 혹은 회사와 노동자 공동체, 지역과 노동자 공동체, 가족과 노동자 공동체 등 상이한 실제적 · 상상적 사회적 관계를 환원시키는 특정한 일상적 시공간과의 관계 속에서 고찰되어야 한다"(신병현 2001). 이것은 다음과 같은 몇 가지 차원으로 구분할 수 있다.

(1) 노동자들의 일상은 자본주의적 기계화 및 규율화 기제들이 작동한 기계문화의 확산 과정을 중심으로 하는 계급투쟁이 축적된 역사이다. 구체적으로 초기 산업화 과정에서 노동자들의 일상은 지역이었으며, 노동자들은 공장 외부에서 공장을 파괴하는 등의 방식으로 자신들의 일상을 규율화하는 것에 대항했다. 그러나 공장과 작업장은 일상생활을 제한된 공간 내로 환원하는 힘을 발휘해서 노동자들의 일상을 기능적으로 배치했다.

(2) 노동자들의 일상은 작업장을 중심으로 한 선형적 · 기능적 공간으로 환원되는 경향을 띠며, 철저하게 자아와 타자에 의해 규율되는 공간이다. 초기 산업화 과정에서 노동자들이 지켜온 노동문화, 시간 개념 등의 일상이 자본주의적 선형적 기간으로 변형되는 과정이다. 이런 의미에서 노동자와 자본 간의 일상을 둘러싼 투쟁은 노동 과정만이 아닌, 노동자의 신체, 일상에 대한 규율화를 둘러싼 계급투쟁의 역사였다.

(3) 노동자의 일상은 규율화된 시공간인 동시에, 노동자들에게 능력을 부여해주는 가능성의 시공간이다. 푸코의 언급과 같이 규율은 이중적인 성격을 지니는데, 일상에서 노동자들의 신체는 반복적으로 규율화되는 종속적 주체성의 표현이다. 동시에 일상은 가족과 지역 공동체라는 전통적 사회관계의 제약으로부터 탈출과 저항의 가능성을 열어주는 시공간이기도 하다. 이런 의미에서 노동자들에게 일상은 계급 정체성이 만들어지는 장이자, 노동자들 사이의 네트워크가 창출되는 장인 동시에 투쟁과 반역의 진앙지震央地이기도 하다.

(4) 노동자의 일상은 노동운동에서 일상, 다시 말하자면 작업장에서 운동가와 노동자들의 일상투쟁을 의미하며, 일상에서 만들어 가는 정치적인 시공간이다.[12]

12_ 자세한 내용은 신병현(2001, 33~7) 참조.

산업화 시기 여성노동에 대한 계보학적 연구

이러한 네 가지 차원에서 일상의 정치성과 여성노동을 둘러싼 지배적 담론을 분석하기 위해 이 책에서 나는 계보학을 방법으로 사용했다. 나는 계보학과 담론 분석이란 방법을 통해 산업화 시기 여공에 대한 지배적인 담론의 '조작적인 성격'을 드러내, 다시 말하자면 여공에 대한 담론 질서 안에 내재한 '과학적 인식' 혹은 '진리 효과', '객관적 인식'에 대해 문제제기한 셈이다. 그러나 이 책의 목적이 산업화 시기 여성노동의 역사를 새로 쓴다거나 새로운 '객관적 역사'를 기술하고자 했던 것은 아니다. 오히려 핵심은 여공에 대한 지배적인 지식 · 담론이 전제하는 객관적인 역사들이 공유하는 범주들, 예를 들어 여성노동에 대한 지배적인 성격 규정인 생계보조적 단기 출가형 노동, 여성노동자들의 낮은 의식, 수동성, 경제 · 조합주의적 투쟁의 필연성 등에 대해 근본적으로 문제제기하기 위한 것이다. 이 과정에서 여공에 대한 익명적 지식은 '사실의 재구축'이 아니라 관습적 · 지배적 담론을 문제화하기 위해 '노구적'으로 사용되었다. 그러나 이것은 담론은 허위이고 익명적 지식은 진실이라는 의미가 아니라, 담론의 허구성과 조작성을 드러내기 위해 익명적 지식을 사용했다는 뜻이다.

한국 노동사 연구에서 '여성노동'이라는 범주는 일시적인 노동력이자 비정치적인 대상으로 간주되어왔다. 상당수 노동운동사와 노동조합사에서 여성노동을 연구하는 '객관적 방식'이라고 불리는 방법은 '여성노동의 비율, 여성노동의 노동조건(장시간-저임금 구조), 고용주의 비인간적 대우, 여성노동자의 분노, 국가와의 대규모 충돌 그리고 노조 해산'이라는 연구의 정형과 절차를 지녔다. 그리고 그 중에도 의미가 있다고 여겨진 남성과 유사한 전투성을 발휘했던 '헌신적 · 전투적 항쟁'들이 '의미 있는', 더욱 정확히 말하자면 '민주화에 크게 기여한 사건'으로 해석되었다.

산업화 시기 여성노동을 둘러싼 과학적 · 객관적 연구는 여기서 종료되지 않았다. 여공에 대한 지배적인 담론은 1987년 이후 남성 노동운동과의 대비를 통해 여성노동을 '낮은 의식', '경제주의', '높은 차원의 연대에 대한 장애물' 등으로 해석해왔다. 이것이 1980년대 초반 이후 현재에 이르기까지 여공에 대한 지배적인 담론이었다. 이러한 여공에 대한 지배적인 담론에서 여성노동자들의 투쟁, 노동조합을 둘러싼 헌신성과 함께 내부적 균열과 갈등, 혹은 가족, 국가, 작업장 차원에서 여성노동자들의 지배적 담론 · 질서에 대한 타협적인 수용 과정은 대부분 은폐 · 왜곡되거나 삭제되었다. 앞에서 살펴본 청계피복노조의 전투성, 동일방직과 도시산업선교회의 관계, 여성노동자들이 생산했던 담론 내부에 존재하는 자기 검열 등은 여성노동자와 여성노동자들의 운동에 대한 담론 속에서 제대로 등장하지 않았다. 이런 익명적 지식은 민주화 담론으로 불린 노동운동에 대한 과학적인 지식체계 내부에 포섭될 수 없었던 것이다.

하지만 여공에 대한 계보학적 접근 속에는 여성노동자들에 의한 거대한 사건들은 생략되거나 그 사건에 대한 지배적인 담론의 내부적 모순이나 균열을 드러낼 때만 등장했다. 오히려 그 사건들을 다루는 것은 여공에 대한 지배적 · 관습적인 담론과 여공을 둘러싼 담론의 계보를 밝히는 데 장애물이었기 때문이었다. 이 사건들에 대한 해석은 그것 자체로 지배적인 지식체계를 지탱해주는 '권력'이었기 때문이다. 전태일의 분신과 노동문제의 사회화라는 지배적인 노동운동 서술은 '노동'이라는 담론을 '남성적인 것'으로 고착화시켰고, 앞서 본 바와 같이 전태일 담론은 1987년 이후 남성 노동운동의 '상징'이 되었다. 또한 민주노조운동의 '신화'들인 동일방직, YH노조와 김경숙의 죽음 그리고 유신체제의 붕괴, 유신체제에 맞선 청계피복 노조,

여성노동자의 벗 산업선교 등은 '무오류의 헌신적 투쟁'으로 담론화 · 계열화되었다.

이 점에서 여공의 담론에 대한 계보학적 연구는 '이중적 전선'을 형성했다. 하나의 전선은 이 글에서 남성주의라고 부른 여성노동에 대한 과학적 지식이고, 다른 한 가지는 지배적인 담론이 전제했던 민주화 담론이라 불리는 노동운동에 대한 과학적 지식이다. 여공에 대한 지배적인 담론을 해부하는 작업은 여공에 대한 지배적인 담론과 운동의 지층을 파고들어가 그 계보를 추적하고, 지배적인 담론이 전제했던 개념의 역사 속의 연속, 불연속의 과정이 담론의 지층 내부에 어떻게 새겨져 있는가를 연구하는 작업이다. 결국 민주화 담론과 여성노동에 대한 특정한 사고체계가 진실도 과학도 아닌 가공의 산물임을 드러내는 것이다.

이것을 위해 나는 '여공의 익명적 지식'을 '도구로서 역사'를 위한 작업에 폭넓게 활용했다. 이것은 두 가지 의미를 지니는데 적극적 의미에서 역사적으로 그다지 가치가 없다고 간주되어왔던 사료를 통해 여공에 대한 지배적 지식의 '틈새'를 발견할 수 있다고 생각했기 때문이다. 이 책에서 집중적으로 살펴본 익명적 지식들은 산업화 시기 식모에 대한 신문의 가십 기사들, 식모를 주제로 만들어진 텍스트로서 영화, 공장에 들어가기까지 과정을 상세히 기술한 당시 르포와 여성노동자들의 수기들, 여기 저기 흩어져 있는 공장 배치도, 미숙련 여공들의 노래가사, 작업장 내에서 일상을 그린 소설과 수기, 르포, 1970년대 노동조합의 팸플릿, 노동조합 교육 및 토론 자료, 기숙사 모습이 그려진 사진, 여성노동자들이 읽던 책과 즐겨 부르던 가요 등이었다. 이런 익명적 지식들은 기존 노동운동사에서는 주목받지 못하거나 역사적 의미가 없는 것으로 간주되어 왔다. 그러나 익명적 지식을 통해 숨겨진 여공에 대한 담론을 통해 작동하는 권력의 움직임과 그 효과가 여성노동자

개개인에게 어떻게 전달되고, 여성노동자들이 어떻게 주체화되는지 파악할 수 있었다.

또한 그 가치가 무시되던 익명적 지식들의 행간에는 '여성노동=비생산적, 일시성, 수동적, 미래의 모성'이라는 여공에 대한 특정한 사유방식이 녹아들어 있었다. 이것은 여성노동자들이 전개했던 운동을 둘러싼 지식들에서도 마찬가지였다. 한편으로 익명적 지식체계 내부에는 수동적, 경제주의적, 비정치적이라는 지배적 담론과 배치되는 여성노동자들의 행동양식, 담론 · 지식체계가 자리잡고 있었다. 소모임, 남성 주도의 작업장 위계질서에 대한 수다를 통한 말들의 전쟁, 순종적인 농촌의 딸이 아닌 자립적인 인격에 대한 욕구, 기숙사 내부의 옆으로 도는 연결의 망, 소모임, 노동자로서 정체성을 공유하게 한 독서목록들이 그것이다. 하지만 익명적 지식 자체가 적극적이며 저항적인 것만을 의미하는 것은 결코 아니다. 오히려 여공의 익명적 지식들의 계보를 분석함으로써 여성노동자들이 지배적 담론과 사회제도 및 관행을 타협적으로 수용함으로써 자신의 무의식적 욕망과 환상을 충족시키려는 '균열'의 지점 역시 발견할 수 있었다. 이것은 노동운동에 대한 지배적 담론에서도 유사했다. 여성노동자의 운동은 내적 합리성과 연속성을 가진 것만은 아니었다. 민주 대 어용이라는 산업화 시기 노조를 둘러싼 지배적인 담론은 민주노조가 어용노조의 완벽한 '대체물'이라는 정치적 효과를 낳았다. 그러나 이것은 여성노동 내부, 노조 내부의 갈등 및 균열을 은폐하는 정치적 효과를 낳았고, 민주노조의 관행을 무반성적인 것으로 정당화했다. 오히려 여성노동자들의 운동은 불연속적이었으며 내부적 균열로 가득 차 있었다. 이런 균열과 모순이 민주노조 혹은 여성노동자 내부, 민주노조와 산업선교 등의 관계망 속에서 존재했음에도 불구하고 어용노조에 대항한 '헌신적 투쟁'으로 해석되어왔다.

결국 산업화 시기 여공을 둘러싼 지배적 담론들은 여성노동을 비생산적, 수동적, 단기적, 비정치적으로 규정했다. 지배적인 담론은 국가(민족공동체의 생산적 주체)·가족(가부장적 질서)·공장(성별분업의 위계질서)이라는 차원에서 여성노동을 주체화시키기 위한 정치적 기획이었다. 또한 민주화 담론의 시각에서 구성된 민주 대 어용이라는 노동운동에 대한 지배적인 담론은 여성노동을 무모순적인 주체로 사유하는 정치적 효과를 창출했고, 이 효과는 민주화 운동에 대한 특정한 해석 방식으로 연결되었다. 이 점에서 산업화 시기 여공에 대한 계보학적 접근은 여공에 대한 또 다른 과학적 이론이나 진리를 발견하기보다, 여공에 대한 담론이 어떻게 현재화되어 있으며 그 진리효과는 무엇인가를 밝혀내는 작업이라고 할 수 있다.

참고문헌_

1. 한국어 문헌

강남식 1997, 「영국 여성노동정책과 여성들의 자매애: 1840-1880년대」, 한국여성학회 편, 『한국여성학』 13집 1호.

강남식 2003, 「70년대 여성노동자의 주체형성과 노동운동」, 『1970년대 산업화 초기 한국노동사 연구 — 노동운동사를 중심으로』, 성공회대학교 사회문화연구소.

강선미 2000, 「페미니즘 에쎄이: 자매애에 대하여」, 한국여성연구소 편, 『여성과 사회』 11호, 창작과비평사.

강성재 1971, 「르뽀 — 그 후의 평화시장」, 『신동아』 3월호.

강원룡 1993, 『빈 들에서(3)』, 열린문화.

강인순 2001, 『한국여성노동자운동사 2』, 한울아카데미.

강인철 1993, 「한국개신교 교회의 정치사회적 성격에 관한 연구: 1945-60」, 서울대학교 사회학과 대학원 박사학위 논문.

강인철 2003, 『전쟁과 종교』, 한신대학교 출판부.

강준만 2002, 『한국현대사 산책』, 인물과 사상사.

강평순 1974, 「가난을 물리치고」, 『산업과 노동』 6월호.

강현아 2003, 「대기업 노동조합에서 비정규 여성노동자의 배제양상」, 『한국여성학』 19집 1호.

고경임 2000, 「노동자 주체성의 특징과 교육적 형성과정에 대한 연구」, 숙명여자대학교 교육학과 박사학위 논문.

高橋進 1995, 「일본 서민사회의 유교: 石門心學을 중심으로」, 『한국학논집』 27호.

고소아 1968, 「食母없이도 잘만 해나간다」, 『여성동아』 4월호.

고영복 1966, 「오늘의 세태에 비쳐진 한국의 어머니상」, 『여성』 5월호.

고재광 1999, 「동아시아 담론에 대한 비판적 고찰 — 역사적 전개과정 및 서구담론과의 조응을 중심으로」, 서강대학교 정치외교학과 석사학위 논문.

고정갑희 1998, 「여성주의적 주체생산을 위한 이론」, 『여성이론』 1호.

고정갑희 1999, 「성장치와 여성주의 문화론」, 『여성이론』 2호.

고조리 1973 · 1974, 「행복을 찾아서」, 『산업과 노동』, 12월호, 6월호.

공장새마을운동추진본부 1983, 『공장새마을운동: 이론과 실제』, 새마을운동중앙본부 공장새마을운동추진본부.

곽차섭 편 2000, 『미시사란 무엇인가: 역사학의 새로운 가능성 — 미시사의 이론 · 방법 · 논쟁』,

푸른역사.
구해근 2002, 『한국노동계급의 형성』, 창작과 비평사.
구해근 1994, 「한국의 중간계급, 민주화 그리고 계급형성」, 『남북한 정치의 구조와 전망』, 한울.
국회도서관 입법조사국 1973, 「핵가족화와 가정교육문제」, 『여성』 4월호.
권두영 1969, 「외기노조의 쟁의투쟁과정」, 『세대』 12월호.
권명아 2000, 『가족 이야기는 어떻게 만들어 지는가』, 책세상.
권현정 2002, 『마르크스주의 페미니즘의 현재성』, 공감.
권현정 외 2003, 『페미니즘 역사의 재구성: 가족과 성욕을 둘러싼 쟁점들』, 공감.
권희영 2001, 「한국 근대화와 가족주의 담론」, 『동아시아 문화전통과 한국사회』, 백산서당.
금종우 1990, 「전통유교국가와 유교가족사회의 성격에 관한 연구」, 『역사교육논집』 13 · 14호.
김경문 1969, 「노동조합」, 『신동아』 3월호.
김경숙 외 1986, 『그러나 이제는 어제의 우리가 아니다』, 돌베개.
김경자 1977, 「삼백만원 저축이 되기까지」, 『노동』 10월호.
김경재 1984, 「민중신학의 신학사적 의미와 그 평가 — 조직신학의 관점에서 서남동의 민중신학을 중심으로」, 민영진 외, 『한국민중신학의 조명』, 대화출판사.
김경희 1999, 「한국 여성노동조합운동의 출현 — 노동운동의 새로운 패러다임을 향하여」, 『경제와 사회』 가을호.
김근영 1991, 「한국 전통사회에서 맹아적 임노동의 발생과정에 관한 일고찰: Jurgen kocka의 노동계급 형성수준과 관련하여」, 서강대학교 대학원 사회학과 석사논문.
김금수 1986, 『한국 노동문제의 상황과 인식』, 풀빛.
김금수 1989, 「80년대 노동운동의 전개와 발전을 위한 과제」, 『한국민족민중운동연구』, 두레.
김기석 1988, 「한국공단의 이색지대: 한국속의 일본땅 마산수출자유지역」, 『현대노사』 56호.
김기용 2004, 「어머니의 힘, 이소선」, 『인물현대사』, 한국방송공사, 2004년 5월 21일 방송.
김귀옥 2003, 「1960, 70년대 의류, 봉제업 노동자 형성 과정: 반도상사 인천공장을 중심으로」, '1960년대 산업화와 노동자 정체성 그리고 현실', 2003년 5월 17일, 성공회대학교.
김낙중 1961, 「식모 소녀 생활조사 보고와 사회적 보호를 위한 소견」, 『사회사업』 제2호.
김낙중 1972, 「여성근로자의 정치의식에 관한 조사연구」, 『사회과학논집』 1집.
김낙중 1983, 『한국노동운동사 — 해방후 편』, 청사.
김대환 1974, 「농촌여성의 노동력의 실태 및 이용」, 『여성』 12월호.

김동춘 1993, 「한국 노동운동의 정치조직화의 실패」, 『경제와 사회』 겨울호.
김동춘 1995, 「사상의 전개를 통해 본 한국의 근대 모습」, 『한국의 근대와 근대성 비판』, 역사비평사.
김동춘 1996, 「전략으로서 국가와 노동통제」, 『경제와 사회』 겨울호.
김동춘 1998, 「1950년대 한국 농촌에서의 가족과 국가」, 『1950년대 남북한 사회의 변화와 굴절』, 역사비평사.
김동현 1974, 「르뽀 근로자」, 『신동아』 11월호.
김동현 1975, 「실업 — 불황의 현장」, 『신동아』 3월호.
김말룡 1985, 「노동운동을 치안문제로 다뤄선 안돼」, 『신동아』 311호.
김문수 1986. 「어느 실천적 지식인의 자기반성 — 노동현장 속의 지식인, 김문수」, 『현장』 6집.
김문자 1975, 「근검운동과 부녀층의 역할」, 『도시문제』 10집 2호.
김미영 2002, 「유교문화 속 여성의 존재적 단절: 여성에게 전통이란 무엇인가?」, 『철학과 현실』 봄호.
김민정 1980, 「길은 멀어도 외롭지 않네 — 노사협조로 타결된 청계피복 노조 11일 쟁의 전말기」, 『월간중앙』 6월호.
김백산 1985. 「한국 노동조합운동의 특성」, 박현채 외 편, 『한국자본주의와 노동문제』, 돌베개.
김봉률 1984, 「한국 노동여성의 실태와 분석」, 『노동 — 일터의 소리』 10월호.
김삼수 1999, 「1960년대 한국의 노동정책과 노사관계」, 한국정신문화연구원 편, 『1960년대 한국의 공업화와 경제구조』, 백산서당.
김삼수 2002, 「박정희 정권 시대의 노동정책과 노사관계 — '단결금지'의 노동정책과 노사협의제」, 『사회경제평론』 18호.
김삼수 2003, 「한국자본주의 국가와 노동: 1970년대의 노동정책」, 『1970년대 산업화 초기 한국노동사 연구 — 노동운동사를 중심으로』, 성공회대학교 사회문화연구소.
김석수 2001, 『현실 속의 철학, 철학 속의 현실: 박종홍 철학에 대한 또 하나의 해석』, 책세상.
김선건 1992, 「1970년대 이후 노동소설에 나타난 계급의식에 관한 연구」, 연세대학교 사회학과 박사학위 논문.
김세서리아 1999, 「한국의 유교 문화와 여성: '우리' 안에서 여성을 이해하기」, 『철학과 현실』 42호.
김수영 2000, 「동아시아 자본주의 발전과 가족 — 한국과 일본의 사례를 중심으로」. 고려대학교 사회학과 박사학위 논문.
김수영 2001, 「한국산업화 과정과 가족, 여성」, 『진보평론』 7호.
김순분 1976, 「빛을 잃은 슬픔」, 『노동』 12월호.
김언호 1977, 「소외학교」, 『대화』 10월호.
김영대 2003, 『도울 수만 있다면 이룰 수만 있다면』, 느낌이 있는 나무.
김영옥 2003, 「1970년대 근대화의 전개와 여성의 몸」, 한국여성연구원 편, 『한국의 근대성과 가부장제의 변화』, 이화여자대학교 출판부.
김영일 1975, 「한국기독교의 사회참여」, 『신동아』 2월호.
김영일 1976, 「저임금지대」, 『신동아』 6월호.
김영자 1977, 「노동행정에 비친 근로여성의 실태」, 제1회 한국여성학연구소 강연회 '한국의 근로여성', 이화여자대학교 한국여성학연구소.
김영자 외 1967, 「윤락여성의 선도를 위한 좌담회」, 『여성』 4월호.
김옥렬 1975, 「근로여성의 실태분석에 관한 연구」, 『아세아여성연구』 21호.
김용기 · 박승옥 엮음 1989, 『한국노동운동논쟁사』, 현장문학사.
김용장 1966, 「이런 職業女性을 願함」, 『여원』 7월호.
김우종 1967, 「직장은 결혼 전의 놀이터인가」, 『여원』 1월호.
김원 2003, 「여공담론의 남성주의 비판: 전전 일본에 비추어 본 한국 사례를 중심으로」, 서강대학교 정치외교학과 박사학위 논문, 2003년 8월.
김원 2004a, 「70년대 민주노조와 교회단체: 도시산업선교회와 지오세 담론의 형성과 모순," 『산업노동연구』 10집 1호.
김원 2004b, 「여공의 정체성과 욕망: 1970년대 '여공 담론'의 비판적 연구」, 『사회과학연구』 12집 1호.
김원 2004c, 「근대화 시기 주변부 여성노동에 대한 담론 — 식모를 중심으로」, 『아세아여성연구』 43집 1호.
김원 2004d, 「1970년대 '여공'의 문화: 민주노조 사업장의 기숙사와 소모임 문화를 중심으로」, 『페미니즘 연구』 제4호.
김원 2004e, 「세계화 이후 시민사회 변화 — 정규직과 비정규직 간의 노동조합 내부 정치를 중심으로」, 학술진흥재단 중점지원연구소 제1차년도 연구과제 발표회, 서강대학교 6월 19일.
김윤환 외 1971, 「근로조건개선과 노동운동의 방향」, 『신동아』 3월호.

김윤환 1977,「임금정책의 과제와 방향」,『대화』 7월호.
김윤환 1979,「임금이 물가를 좌우하는가 — 임금인상론 시비」,『신동아』 3월호.
김윤환 1981,『한국노동운동사 1』, 청사.
김은실 1984,「한국도시 빈곤의 성격에 관한 연구 — 봉천동 무허가 거주지역사례를 중심으로」,『인류학논집』 7집.
김은실 1999,「한국 근대화 프로젝트에 재현된 여성의 몸.」『동아시아 근대성과 여성』 한중일 국제학술대회. 1999년 6월 11일~12일.
김은형 2000,「세상이 서러운 '청량리 드림'」,『한겨레21』 7월 27일자.
김이정희 2002,『여성운동하는 사람들』, 여성신문사.
김인건 1966,「식모 — 변함없는 인권의 푸대접」,『여원』 5월호.
김인동 1985,「70년대 민주노조운동의 전개와 평가」, 편집부 편,『한국노동운동론 I』, 미래사.
김재명 1987,「권양의 고백적 자화상」,『월간경향』 9월호.
김재은 2003,「민주화운동과정에서 구성된 주체위치의 성별화에 대한 연구」, 서울대학교 사회학과 석사학위 논문.
김정자 1978,「억척스런 가시내」,『노동』 10월호.
김정화 2002,「1960년대 여성노동 — 식모와 버스안내양을 중심으로」,『역사연구』 11호.
김종렬 1971,「사회정의 실현을 위한 권력정책에 관한 연구 - Saul D. Alinsky를 중심으로」, 연세대학교 연합신학대학원 석사논문.
김종철 1980,「산업화와 문학」,『창작과 비평』 15호.
김준 2002,「70년대 여성노동자의 생활과 의식 - 이른바 '모범 근로자'를 중심으로」, 한국노동자 계급의 의식과 문화: 노동사 학술대회. 6월 1일-2일.
김준 2003,「민주화운동과 교회: 개신교 산업선교를 중심으로」,『노동과 발전의 사회학』, 한울.
김준 · 이종구 2003,「시민사회와 노동운동」,『1970년대 산업화 초기 한국노동사 연구 - 노동운동사를 중심으로』, 성공회대학교 사회문화연구소.
김지선 2002,「노동운동 암흑기를 뚫고 일어선 구로동맹파업」,『이론과 실천』 2월호
김지선, 박태연, 정명자, 배옥병 2003,「좌담: 노동운동과 나」,『1970년대 산업화 초기 한국노동사 연구 — 노동운동사를 중심으로』, 성공회대학교 사회문화연구소.
김진명 1994,「전통적 담론과 여성 억압」,『한국문화인류학』 26집.
김춘선 1978,「신동아 인터뷰: 한국노총위원장 정동호씨」,『신동아』 10월호.

김충근 1980, 「사북탄광사태의 심층분석」, 『신동아』 6월호.
김현미 1996, 「노동통제의 기제로서의 성」, 『한국문화인류학』 29집 2호.
김현미 1999, 「한국노동운동의 담론 분석을 통해 본 성적 재현의 정치학」, 『열린 지성』 6호.
김현미 2000, 「한국의 근대성과 여성의 노동권」, 『한국여성학』 16집.
김현미 2001, 「한국 여성 노동에 대한 여성주의적 입장」, 『전태일 30주기 학술심포지움』 2001년 11월 3일.
김현장 1977, 「무등산 타잔」, 『대화』 8월호.
김형기 1988, 『한국의 독점자본과 임노동 — 예속독점자본주의하 임노동의 이론과 현상분석』, 까치.
김형수 1968, 「主婦의 再就職: 그 要件과 可能性」, 『여성동아』 8월호.
김활란 1966, 「근대화에 참가하는 여성의 책임」, 『여성』 10월호.
나보순 외 1983, 『우리들 가진 것 비록 적어도 — 근로자들의 글모음 I』, 돌베개.
노동부 1981, 『구로공단 근로자 주거환경 개황』.
노동청 1968, 「좌담: 산업재해 및 직업병은 어떻게 예방할 것인가」, 『산업과 노동』 2:3.
노동청 1972, 『근로여성 자료: 근로여성의 현황』, 노동청부녀소년상담실.
노동청 1973, 『노동행정 10년사』, 노동청.
노동청부녀소년담당관실 1974a, 『근로여성의 현황』, 노동청.
노동청부녀소년담당관실 1974b, 「공업단지여성근로자들은 어떤 생각을 갖고 있나?」, 『산업과 노동』 9월호.
노영순 1972, 「10대 비행소녀를 위한 선교대책 연구」, 『여성』 4 · 5월호.
다니엔 엘슨 외, 권현정 편역 1997, 『발전주의 비판에서 신자유주의 비판으로: 페미니즘의 시각』, 공감.
단튼 로버트, 조한욱 옮김 1999, 『고양이 대학살: 프랑스문화사 속의 다른 이야기들』, 새물결.
대한가족계획협회 1977, 「새마을운동으로서의 가족계획」, 『노동』 1977.
대한상공회의소 1980, 『근로자 의식구조 조사보고』, 대한상공회의소.
도요한 1972, 「미국인이 본 한국의 노동문제」, 『노동공론』 2:3.
동일방직복직투쟁위원회 편 1985, 『동일방직 노동조합 운동사』, 돌베개.
들뢰즈 질, 김종호 옮김 1993, 『대담 1972-1990』, 솔.
뤼트겐 알프, 이동기 외 옮김 2002. 『일상사란 무엇인가』. 청년사.
리영희 1974, 「외화와 일본인」, 『전환시대의 논리』, 창작과 비평사.

리햐르트 반 뒬멘, 최용찬 옮김 2001, 『역사인류학이란 무엇인가』, 푸른역사.
마루야마 마사오, 김석근 옮김 1997, 『현대정치의 사상과 행동』, 한길사.
멕도넬 다니안, 임상훈 옮김 1992, 『담론이란 무엇인가』, 한울.
모정순 1977, 「차창에 미소를」, 『노동』 8월호.
문부식 2002, 『잃어버린 기억을 찾아서: 광기의 시대를 생각함』, 삼인.
문성현 2000, 「나의 노동운동과 '살아있는' 전태일들」, 『역사비평』 2000년 겨울호.
문소정 2002, 「현모양처 — 양처현모 정체성을 통해 본 한일 여성의 일상적 삶의 질 비교연구」, 『사회와 역사』 61집.
문옥표 1996, 「가족 내 여성지위의 변화: 유교전통을 중심으로」, 『정신문화연구』 63호.
문옥표 2001, 「일본의 가족: 전통적 제도와 현대적 변용」, 『동아시아 문화전통과 한국사회』, 백산서당.
문은미 2000, 「가부장제」, 『여성이론』 제2호.
문 케서린, 이정주 옮김 2001, 『동맹속의 섹스』, 삼인.
민영진 외 1984, 『한국민중신학의 조명』, 대화출판사.
민종덕 2003, 『민종덕 이야기 마당』(http://www.juntaeil.org).
민종숙 외 1984, 「보릿고개대신 비철고개가 — 청계피복 여성노동자들의 생활방담」, 『민중현실과 민족운동』, 돌베개.
민종숙 1977, 「인간시장: 평화시장에서 일하는 미싱사의 1일 체험수기」, 『대화』 4월호.
박계영 1982, 「무허가 정착지 주민의 경제행위에 대한 일고찰」, 『인류학논집』 6집.
박균섭 2000, 「유교경전의 여성교육관연구」, 『한국교육』 27집 2호.
박근혜 1979, 『새마음의 길』, 구국여성봉사단.
박기남 1988, 「여성노동자들의 의식변화 과정에 관한 한 연구 — 1970년대부터 1980년대 중반까지」, 연세대 석사학위 논문.
박기호 1984, 「한국의 노동쟁의 I — 현대한국노동운동의 제양상」, 박현채 편, 『한국자본주의와 임금노동』, 화다, 1984.
박노해 외 1989, 『노동문학』, 실천문학사.
박미숙 1993, 「70년대 여성노동운동의 활성화에 관한 경험세계적 연구 — 섬유업을 중심으로」, 이화여자대학교 여성학과 석사학위 논문.
박세련 1976, 「누가 이 소녀에게 미소를」, 『노동』 10월호.
박수정 2003. 『숨겨진 한국여성의 역사』. 아름다운 사람들.

박순선 1978, 「婦女子와 都市福祉施設, 都市開發 과 社會福祉施設」, 『도시문제』 142집.
박순희 2001, 「정권 · 자본 · 어용노총의 탄압을 뚫고 선 '70년대 민주노조운동' — 원풍모방 노동조합과 박순희 당기위원」, 『이론과 실천』 10월호.
박승옥 2003, 「70년대 민주노조운동의 성장」, 『1970년대 산업화 초기 한국노동사 연구 — 노동운동사를 중심으로』, 성공회대학교 사회문화연구소.
박승옥 · 오장미경 2003, 「경공업 부문의 노동운동」, 『1970년대 산업화 초기 한국노동사 연구 — 노동운동사를 중심으로』, 성공회대학교 사회문화연구소.
박양자 1995, 「유교논리에 나타난 여성문제」, 『한양대한국학논집』 27호.
박영근 1984, 『공장 옥상에 올라 — 일하는 사람들의 짧은 이야기』, 풀빛.
박영기 1979, 『한국의 노동과 산업관계』, 서강대 출판부.
박영숙 1964, 「여성에게 부과된 과제」, 『여성』 10월호.
박영식 1985, 「70, 80년대 노동운동에 대한 소고」, 『민중』 2호.
박영호 1984, 『산업선교 비판』, 기독교문서선교회.
박점아 1968, 「부엌아가씨, 행주치마의 19세」, 『주부생활』 6월호.
박정삼 1979, 「인력란 속의 저임금실태」, 『신동아』 3월호.
박정세 1992, 「1970년대 한국산업선교 방법론: 영등포 산업선교회의 클럽 — 방법을 중심으로」, 『매지논총』, 제9집.
박정화 1979. 「나는 그 친구들을 원망하지 않는다.」 한윤수 편, 『비바람 속에 피어난 꽃』, 책소리.
박종렬 1971, 「한국노동운동의 특성과 과제」, 『신동아』 3월호.
박춘자 1973, 「가정에 있어서의 식모실태에 관한 조사연구」, 조선대학교 사범대학 『논문집』 제4집.
박태순 1971, 「광주단지 4박 5일」, 『월간중앙』 10월호.
박태순 2001, 「광주대단지 사건 30주년에 부치는 3개의 질문」, 『8 · 10 광주대단지 사건 30주년 기념심포지엄』, 8 · 10 30주년 기념사업 추진위원회.
박태순 · 김동춘 1991, 『1960년대의 사회운동』, 까치.
박태호 2002, 「한국 민주주의의 발전과 가족주의 — 가족계획사업과 가족주의: 가족계획 담론의 생체정치학」, 2002년 비판사회학대회 발표문. 2002년 9월 28일, 연세대학교 위당관.
박한용 1999, 「한국 민족주의: 그 신화와 현실」, 『정신문화연구』 77집.
박해광 · 오유석 2003, 「노동자생활상태의 변화」, 『1970년대 산업화 초기 한국노동사 연구

— 노동운동사를 중심으로』, 성공회대학교 사회문화연구소.
박현채 1978, 「한국노동운동의 현황과 당면과제 — 70년대를 중심으로」, 『창작과 비평』 봄호.
박현채 1985, 「70년대 노동자 · 농민운동」, 박현채 편, 『해방 40년사의 재인식 II』, 돌베개.
박현채 · 조희연 1989, 『한국 사회구성체 논쟁』, 죽산.
박형규 1968, 「마르키스트-크리스천 대화의 문제점」, 『기독교사상』 12권 11호.
방원철 1956, 「食母들의 生態」, 『여원』 1월호.
방혜신 1993, 「70년대 여성노동운동에서 여성 특수과제의 실현조건에 관한 연구」, 서강대학교 사회학과 석사학위 논문.
방효덕 1974, 「74년도 노총 전국대의원대회 인상기」, 『노동공론』 11월호.
배무기 1985, 『한국의 임금구조』, 문학과 지성사.
배지영 2001, 「남상헌 지부장 가슴에 남은 사람 — 천영세, 신인령 노동자를 지독히 사랑했던 이들」, 『노동사회』 12월호.
배지영 2002a, 「박순희 부지부장 가슴에 남은 사람 — 임재수 입사 동기에서 30년 삶의 동지로」, 『노동사회』 1월호.
배지영 2002b, 「30년을 3년처럼 살아온 김은임 여성국장」, 『노동사회』 3월호.
백도근 2000, 「유교의 여성관」, 『現代와 宗教』 23호.
백영서 외, 2002. 『새벽을 엿본 마로니에 나무, 72마당 에세이』, 나눔사.
백제봉 외 1977, 「토론회 — 저임금의 원인과 그 해소대책」, 『대화』 7월호.
변형윤 편 1989, 『한국경제론』, 유풍출판사.
보건사회부 1987, 『부녀행정 40년사』, 보건복지부.
사회사업학과연구실 1972, 「서울시 가정부의 실태조사」, 『사회복지연구』 6호.
서문현주 1993, 「청소년노동자 노동통제기제로서의 산업체학교 제도 연구: 취학노동자의 수기분석을 중심으로」, 한양대학교 대학원 사회학과 석사학위 논문.
서울노동정책연구소 1995, 『일본적 생산방식과 작업장체제』, 새길.
서울사회과학연구소 경제분과 1991, 『한국에서의 자본주의 발전: 시론적 분석』, 새길.
서울특별시 1973, 「가출여성의 실태」, 『여성』 3월호.
서중석 1985, 「한국노총을 해부한다」, 『신동아』 4월호.
석정남 1976a, 「인간답게 살고 싶다」, 『대화』 11월호.
석정남 1976b, 「불타는 눈물」, 『대화』 12월호.
석정남 1984, 『공장의 불빛』, 일월서각.

손의목 1973, 「부녀보호시설의 진로」, 『여성』 11월호.

송건호 1969, 「우리들의 가정을 비판한다 — 가정과 부부의 역할」, 『여성』 6월호.

송중배 1976, 「나는 차장입니다」, 『산업과 노동』 5월호.

송호근 1990, 『노동과 불평등: 노동시장의 사회학』, 나남.

송호근 1991, 『한국의 노동시장과 정치』, 나남.

송호근 2000, 「박정희 정권의 국가와 노동 — 노동 정치의 한계」, 한국사회사학회, 『사회와 역사』 58집.

송효순 1982, 『서울로 가는 길』, 형성사.

순점순 1984, 『8시간 노동을 위하여: 해태제과 여성노동자들의 투쟁기록』, 풀빛.

슈름본 위르겐, 백승종 옮김 2001, 『미시사와 거시사』, 궁리.

스스키 유코 2001, 「천황제와 일본여성」, 『한일여성 공동역사교재 편찬 제1회 공개심포지엄』 10월.

스콧 조안 2000, 「여성노동자」, 『여성의 역사』, 새물결.

신건 2000, 「1960-1970년대 근대화 프로젝트와 여성담론에 관한 연구」, 연세대 사회학과 석사학위 논문.

신경숙 1995, 『외딴방』, 문학동네.

신광영 · 김현희 1996, '여성과 노동운동: 70년대 여성노동운동을 중심으로', 96년 후기사회학대회 발표논문.

신동아 편집부 1966, 「막바지에 이른 외기노조의 쟁의」, 『신동아』 3월호.

신두범 1970, 「근로자보호정책의 방향」, 『노동공론』 제1호.

신병현 외 1999, 「여성, 노동, 환경과 몸」, 『전통과 현대』 여름호.

신병현 1999, 「여성노동자의 집단적 정리해고와 '민주' 노조 운동」, 『진보평론』 창간호.

신병현 2001, 『노동자문화론』, 현장에서 미래를.

신병현 2002, 「노동자 문화와 노동자 조직: 엘리트주의적 의미생산과 그 조직적 귀결을 초점에 두고」, 『진보평론』 제14호.

신병현 2003, 「1960, 70년대 산업화 과정에서 가부장적 가족주의 담론과 여성노동자 형성」, 『한국 산업노동자의 형성과 생활세계』 제1차 연도 연구발표회, 5월 10일.

신병현 · 이채관 1996, 「상상적 이념 공동체로서의 기업조직?: E기업의 기업문화와 하위문화」, 『산업노동연구』 2:1.

신원철 2003, 「1970년대의 기업과 노동」, 『1970년대 산업화 초기 한국노동사 연구 — 노동운동사를 중심으로』, 성공회대학교 사회문화연구소.

신인령 1985a, 『여성 · 노동 · 법』, 풀빛.

신인령 1985b, 「한국의 여성노동 문제」, 박현채 외, 『한국자본주의와 노동문제』, 돌베개.

심상정 2002, 「노동운동 암흑기를 뚫고 일어선 구로동맹파업」, 『이론과 실천』 2월호.

안광수 1978, 「운동 현장에서 고통과 보람, 경수지역 산업선교 현장에서」, 『씨알의 소리』 11월호.

안병직 편 1997, 『유럽의 산업화와 노동계급』. 까치.

알튀세르 루이, 김진엽 옮김 1991a, 『자본론을 읽는다』, 두레.

알튀세르 루이, 김동수 옮김 1991b, 『아미엥에서의 주장』, 솔.

양계숙 1971, 「여성근로자와 보호문제」, 『산업과 노동』 5:2.

양명문 1967, 「대학을 결혼을 위한 간판으로 아는 데 대해」, 『여원』 1월호.

양승조 1990, 「1970년대 민주 노조운동의 평가와 교훈」, 『한국노동운동 20년의 결산과 전망』, 세계.

에리봉 디디에, 박정자 옮김 1995, 『푸코』. 시각과 언어.

여성한국사회연구회 편 1990, 『한국가족론』, 까치.

영등포산업선교회 40년사 기획위원회 1998, 『영등포산업선교회 40년사』, 영등포산업선교회.

영등포산업선교회 편 1985, 「소모임 활동을 어떻게 할 것인가」, 『노동자』, 형성사.

오길성 1988, 「노동자로 돌아가리라」, 『월간중앙』 4월호.

오동혁 1985, 「69년 면방쟁의파업과 직장폐쇄의 소용돌이」, 『현대노사』 24호.

오명걸 1977, 「생선성과 노사협력」, 『노동공론』 9월호.

오명석 1998, 「1960-70년대의 문화정책과 민족문화 담론」, 『비교문화연구』 4호.

오원철 1999, 「수출 전략의 입안자가 쓴 20세기 한국의 위대한 세대 — 여공 찬가」, 『월간조선』 12월호.

오원희 1979. 「눈물이 고인 눈으로 공장에」, 한윤수 편, 『비바람 속에 피어난 꽃』, 책소리.

오장미경 2003, 「산업화 시기 여성노동자의 일, 노동의식」, 『한국 산업노동자의 형성과 생활세계』 제1차 연도 연구발표회, 5월 10일.

오효진 1987, 「전태일의 어머니 이소선」, 『월간중앙』 9월호.

우미성 2001, 「근대, 동양 여성이 가지 않은 길」, 『근대, 여성이 가지 않은 길』, 또하나의 문화.

우에노 시즈코, 이선이 옮김 1999, 『내셔날리즘과 젠더』, 박종철출판사.

원풍모방 해고노동자 복직투쟁위원회 편 1988, 『민주노조 10년 — 원풍모방 노동조합활동과 투쟁』, 풀빛.
윌리스 폴, 김찬호 옮김 2004, 『학교와 계급재생산: 반학교문화, 일상, 저항』, 이매진.
유동우 1984, 『어느 돌멩이의 외침』, 청년사.
유석춘 1998, 「유교 자본주의와 IMF 개입」, 『전통과 현대』 6호.
유용태 2001, 「집단주의는 아시아 문화인가: 유교자본주의론 비판」, 『경제와 사회』 49호.
유의영 1978, 「인구이동과 도시화」, 『한국사회: 인구와 발전』, 고려서적.
육성철 2000, 「전태일 분신 30년, 인생을 바꾼 사람들」, 『신동아』 11월호.
윤능선 외 1971, 「좌담: 체불임금을 말한다」, 『산업과 노동』 5집 4호.
윤명분 1978, 「먹구름 뒤에 찬란한 햇살이」, 『노동』 9월호.
윤여덕 외 1984, 『이농민의 도시적응과 사회통합에 관한 연구』, 한국농촌경제연구원.
윤여덕 1964, 「음지에 피는 독버섯」, 『세대』 10월호.
윤정용 1996, 『식모살이 가기 싫어서 시집갔는데: 신(神)을 받은 여자』, 남희.
윤택림 2001, 『한국의 모성』, 미래인력연구원.
윤택림 2003a, 『인류학자의 과거 여행: 한 빨갱이 마을의 역사를 찾아서』, 역사비평사.
윤택림 2003b, 「1970년대 여성노동자의 일상생활과 노동운동의 의미」, 『여성연구논총』 제17집.
윤혜동 외 2002, 『인텔리겐차』, 푸른역사.
은수미 2003, 「의식화조직, 사회운동, 대항이데올로기: 70-80년대 학생운동 '소규모' 의식화 조직을 중심으로」, 김진균 편, 『저항, 연대, 기억의 정치』, 문화과학사.
이경만 1977, 「광산촌: 어느 광부의 생활체험 수기 (상) (중)(하)」, 『대화』 7, 9, 10월호.
이광일 2001, 「민주화이행, 80년대 '급진노동운동'의 위상 그리고 헤게모니」, 『진보평론』 9호.
이광택 1977, 「노동조합과 민주주의, 노동조합의 힘은 어디로부터 나오는가」, 『대화』 2월호.
이근성 1980, 「재야세력」, 『월간중앙』 6월호.
이근창 1993, 「노동헌장 정신에 비추어 본 강화도 가톨릭 노동청년회 사건에 대한 연구」, 인하대 경영대학원 석사학위 논문.
이기남 1973, 「전도시노동자가족가구의 비용구조 분석」, 서울대학 가정학과 석사학위 논문.
이기욱 1973, 「한국의 인구정책 방향과 문제점」, ILO · 한국경영자협의회 공동주최, 『경제발전과 인구문제 — 최고경영자 세미나보고』.
이동우 외 1983, 『공장새마을운동 — 이론과 실제』, 새마을운동중앙본부 공장새마을운동 추진본부.
이만갑 외 1974, 「당면한 물가위기와 그 대책」, 『대화』 3월호.
이매순 1976, 「아직도 먼 종착역」, 『산업과 노동』 6월호.
이목희 1994, 「10월 유신과 민주노동운동의 외로운 출발」, 『70년대 이후 한국노동운동사』, 동녘.
이미경 1999, 『신자유주의적 반격 하에서의 핵가족과 가족의 위기』, 공감.
이병태 1975, 『자동차여성근로자연구 — 안내원의 실태조사와 분석』, 전국자동차노동조합.
이병태 1976, 「여성, 연소근로자현황과 그 보호대책」, 『노동』 3월호.
이상민 1971, 「빈민집단의 사회정책적 성격」, 『정경연구』 10월호.
이상수 1988, 「법정에서 본 노동사건」, 『월간중앙』 4월호.
이상우 1985, 「70년대의 반체제인권운동」, 『신동아』 3월호.
이상하 1967, 「무서운 서울驛前: 무작정 上京 그 뒤를 따라가 보면」, 『여성동아』 1월호.
이성수 1968, 「어글리 코리언만이 아니다 — 파월기술자들의 생활과 의견」, 『신동아』 2월호.
이소선 1990, 『어머니의 길 — 이소선 어머니의 회상』, 돌베개.
이수자 1983, 「한국 영세 제조업 부문의 성별노동분업 연구 — 평화시장 의류봉제 공장의 사례를 중심으로」, 이화여대 여성학과 석사학위 논문.
이수자 1999, 「여성주의 방식으로 근대 넘어가기」, 『여성이론』 2호.
이수자 2004, 「젠더 관계에 투영되는 유교의 사회의식」, 『후기 근대의 페미니즘 담론』, 여성이론정책연구소.
이숙인 1999a, 「여성 몸의 유교적 구성: 몸의 주체화를 위하여」, 『전통과 현대』 8호.
이숙인 1999b, 「유교의 관계윤리에 대한 여성주의적 해석」, 『한국여성학』 15집 1호.
이숙인 2000, 「유교의 새로운 여성 이미지는 가능한가」, 『전통과 현대』 12호.
이숙인 2001a, 「여성주의적 전통담론, 무엇이 문제이고 어떻게 만들어 갈 것인가」, 『전통과 현대』 16호.
이숙인 2001b, 「전통담론을 통해 본 교육과 어머니」, 『여성이론』 4호.
이숙인 2002a, 「『여사서』 읽기의 방법과 사상」, 『여성이론』 6호.
이숙인 2002b, 「가족에 관한 유교적 상상」, 『현상과 인식』 제25권 제3호.
이승호 2002, 『옛날 신문을 읽었다: 1950-2002』, 다우.
이열모 1966, 「연두교서와 가정경제」, 『여성』 2월호.
이영미 2002, 『흥남부두의 금순이는 어디로 갔을까』, 황금가지.

이영석 1997, 「언어로의 전환과 노동사의 위기」, 『영국 연구』 제1집.
이예행 1956, 「女性의 職場은 臨時停留場인가」, 『여원』 9월호.
이예희 1974, 「부녀공무원의 저축생활수기: 절약은 고되나 저축결과는 우람하다」, 『지방행정』 23집.
이옥순 1984, 「두개의 세계 — 판잣집과 고급아파트」, 『민중현실과 민족운동』, 돌베개.
이옥순 1990, 『나 이제 주인이 되어』, 녹두.
이옥지 2001, 『한국여성노동자운동사1』, 한울아카데미.
이우재 1991, 「1979년 크리스챤 아카데미 사건」, 『역사비평』 봄호.
이원보 1978, 「한국노동운동사 연구, 60년대 이후 노동운동을 중심으로」, 『산연논총』 3호.
이원보, 이광택, 유동우, 신철영 2003, 「좌담: 1970년대 노동운동사를 어떻게 볼 것인가」, 『1970년대 산업화 초기 한국노동사 연구 — 노동운동사를 중심으로』, 성공회대학교 사회문화연구소.
이원보 2004, 『한국노동운동사, 경제개발기의 노동운동 1961-1987』, 지식마당.
이은진 1984, 「한국의 노동쟁의 II — 사회적 구조분석」, 박현채 편, 『한국자본주의와 임금노동』, 화다.
이응인 1965, 「특수윤락여성에 대한 실태조사」, 『아세아여성연구』 4권.
이인순 1977, 「작은 꿈이 꽃 필 때」, 『노동』 12월호.
이임하 2002. 「1950년대 여성의 삶과 사회적 담론」, 성균관대학교 사학과 박사학위 논문.
이재경 2003, 「근대의 발명품, 과학적 모성」, 『가족의 이름으로』, 또하나의문화.
이재선 1976, 「어제의 슬픔이 오늘의 행복을」, 『산업과 노동』 8월호.
이재성 2004, 「70년대 민주노조운동의 현재적 의미를 묻는다」, 『경제와 사회』 여름호.
이재현 1983, 「문학의 노동화와 노동의 문학화」, 『실천문학』 제4호.
이정우 1993, 「미셸 푸코의 신체와 권력」, 『문화과학』 4호.
이정희 2003, 「훈육되는 몸, 저항하는 몸」, 『페미니스트 연구』 제3호.
이종구 2001, 「일본의 기업과 가족주의 담론」, 『동아시아 문화전통과 한국사회』, 백산서당.
이종구 2003, 「1970년대 노동운동 연구의 의미와 접근방법」, 『1970년대 산업화 초기 한국노동사 연구 — 노동운동사를 중심으로』, 성공회대학교 사회문화연구소.
이종대 1976. 「우리는 왜 정든 땅을 버렸는가 — 이농민의 인생역정」, 『대화』 11월호.
이종영 2001, 『성적지배와 그 양식들』, 새물결.
이지영 2002, 「한국의 남성생계부양자의 위기에 관한 연구」, 서울대학교 사회학과 석사학위 논문.
이진경 1997,「근대사회의 시간-기계와 공간」,『근대적 시 · 공간의 탄생』, 푸른숲.
이창복 1974,「마산수출자유지역」,『창작과 비평』 가을호.
이채언 1997,「19세기후반 러시아의 산업화와 '혁명적' 노동계급의 형성」,『유럽의 산업화와 노동계급』, 까치.
이춘선 1977.「최저생계 보장급의 확보」,『대화』 7월호.
이태복 1994,「노동운동 투신동기와 민노련 · 민학련 사건」,『역사비평』 25호.
이태영 외 1966,「여차장의 권익보호를 위한 좌담회」,『여성』 12월호.
이태호 1980,「어용노조, 그 실태」,『월간중앙』 6월호.
이태호 1982,『70년대 현장』, 한마당.
이태호 1983,「1970년대 노동운동의 궤적」,『실천문학』 제4호.
이태호 1984,『불꽃이여 이 어둠을 밝혀라: 70년대 여성노동자의 투쟁』, 돌베개.
이태호 1986,『노동현장의 진실』, 금문당.
이필원 1977,「근로여성의 특별보호〈특집〉」,『여성』 138호.
이혜숙 1991,「산업체부설학교」,『바람 속의 얼굴들』, 창작과 비평사.
이혜연 1971,「식모살이는 고달파」,『가난도 죄인가』, 오륜출판사.
이효인 2002,『김기영』, 하늘아래.
이효재 1978,「종합토론」,『한국의 근로여성』, 이화여대 한국여성연구소.
임동규 2001,「4월 혁명에서 남민전, 민주노동당까지 민중해방의 한길」,『이론과 실천』 창간준비 1호.
임정남 1984a,「동일방직사건의 전말」,『신동아』 12월호.
임정남 1984b,「이대로 얼마나 갈수 있겠습니까 — 택시기사들의 노동현장」,『실천문학』 5호.
임정남 1984c,「평화시장 노동자들이 원하는 것」,『노동현실과 노동운동』, 돌베개.
임종률 1985,「노동법의 제문제」, 박현채 외,『한국자본주의와 노동문제』, 돌베개.
임종철 1970,「공업화와 불평등심화 — 1960년대의 반성」,『신동아』 7월호.
임혁백 1993,「산업사회에서 국가, 노동, 자본의 관계」, 최장집 · 임현진, 공편,『시민사회의 도전』, 나남.
장경섭 1995,「가족농체제의 위기와 농촌개혁의 전망: 90년대 농촌현실의 사회학적 평가」,『농촌사회』 5집.
장남수 1984,『빼앗긴 일터』, 창작과 비평사.

장동칠 1967, 「윤락여성의 실태에 대한 소고」, 『사회복지연구』 2집.
장명국 · 이경숙 1988, 「민족민주운동으로서 여성운동의 과제: 노동운동을 중심으로」, 『새벽』 3호.
장명준 1971, 「전국연합노동조합 청계피복지부의 결성 및 운영에 관한 실증적 고찰」, 고려대 경영대학원 석사학위 논문.
장상철 1988, 「업종별 지역노조에 관한 연구: 청계피복노동조합의 사례」, 연세대학교대학원총학생회 편, 『원우논집』 16호.
장상환 2001, 「1970년대 사회운동과 크리스찬 아카데미 교육」, 『이론과 실천』 11월호.
장안나 1979, 「나의 이력서」, 한윤수 편, 『비바람 속에 피어난 꽃』, 책소리.
장영달 1985, 『새벽부터 새벽까지: 자동차 운수노동자 실태분석』, 풀빛.
장해일 1992, 「우리 나라 근로청소년 노동문화운동에 관한 연구」, 연세대학 행정대학원 석사학위 논문.
장현자 2002, 『그때 우리들은』, 한울사.
전경연 1984, 「민중신학의 평가」, 민영진 외, 『한국민중신학의 조명』, 대화.
전노협백서발간위원회 1997, 『전노협 백서』 1~14권.
전보희 1977, 「남몰래 울던 날이 웃음 꽃 피는 날로」, 『노동』 6월호.
전순옥 2004, 『끝나지 않은 시다의 노래』, 한겨레신문사.
전순옥 · 조주은 2004, 「우리는 왜 그렇게 혁명을 갈구했나: 여성, 노동 그리고 삶」, 『프레시안』 2004년 5월 15일자.
전영배 1977, 「저임금통한 자본축적은 시대착오」, 『대화』 7월호.
전재호 2000, 『반동적 근대주의자 박정희』, 책세상.
전점석 편 1985, 『인간답게 살자: 부산지역 야학노동자 글모음』, 녹두.
전태일 1971, 「인간 최소한의 요구입니다」, 『신동아』 1월호.
전태일 1988, 『내 죽음을 헛되이 하지 말라』, 돌베개.
전태일기념사업회 1991, 『한국 노동운동 20년의 결산과 전망』, 세계.
전혜진 2003, 「미혼 공장 여성노동자의 경험을 통해 본 근대적 여성성 형성에 관한 연구」, 연세대학교 사회학과 석사학위 논문.
정대용 1988, 「재야 민주노동운동의 전개과정과 현황」, 김상곤 편, 『한국노동운동의 이념』, 정암사.
정도상 1988, 『천만개의 불꽃으로 타올라라』, 청사.

정미숙 1993, 「70년대 여성노동운동의 활성화에 관한 경험 세계적 연구 — 섬유업을 중심으로」, 이화여대 여성학과 석사학위 논문.

정연순 1998, 「1970년대 노동교육 사례연구: 크리스챤 아카데미 산업사회 중간집단 교육」, 서울대학교 교육학과 석사학위 논문.

정옥자 · 이숙인 외 2000, 「좌담: 조선 여성은 억압받았는가」, 『전통과 현대』 제12호.

정윤광 2001, 「유신반대학생운동에서 노동현장으로 — 민청학련, 서울지하철노동조합 투쟁과 정윤광위원장」, 『이론과 실천』 창간준비 3호.

정충량 · 이효재 1971, 「도시 주부생활에 관한 실태조사 — 중류 가정을 중심으로 (2)」, 『여성』 4월호.

정충량 1965, 「알뜰한 주부살림, 나라자원 늘린다」, 『여성』 10월호.

정현백 1991, 「여성노동자의 의식과 노동세계: 1970년대의 노동자수기 분석을 중심으로」, 『노동운동과 노동자문화』, 한길사.

정현백 2001, 「생존단위 혹은 연대의 공동체 — 19세기 독일노동자가족」, 『서양사론』 65호.

젠킨스 케이스, 최용찬 옮김 1999, 『누구를 위한 역사인가』, 혜안.

조기동 외 1975, 「여성단체 부녀복지사업, 어떻게 하고 있나?」, 『여성』 3월호.

조기홍 1965, 「한국 주부의 정신무장」, 『여성』 7월호.

조돈문 1996, 「50년대 노동계급의 계급해체: 노총의 호응성 전략과 노동자들의 저동원」, 『경제와 사회』 29호.

조동필 1973, 「과학적인 가계운영과 경제 발전」, 『여성』 8~9월호.

조성준 1980, 「노사분쟁의 현장」, 『신동아』 6월호.

조순경 1990, 「산업의 재편성과 여성노동운동: 한국과 대만의 비교연구」, 『아시아문화』 6호.

조순경 1998a 「'민주적 시장경제'와 유교적 가부장제」, 『경제와 사회』 38집.

조순경 1998b, 「경제 위기와 여성 고용 정치」, 『한국여성학』 14집 2호.

조순경 1999, 「'구조 조정'의 성별 불균등 구조」, 『산업노동연구』 5집 2호.

조순경 2001a, 『노동과 페미니즘』, 이화여자대학교 출판부.

조순경 2001b, 「유가 사상과 성별 분업」, 『여성학논집』 제18집.

조순경 2003, 「신자유주의와 유교적 가부장제」, 한국여성연구원 편, 『한국의 근대성과 가부장제의 변형』, 이화여대 출판부

조순경, 김혜숙 1995, 「민족민주운동과 가부장제」, 『교육부 광복 50주년 기념 학술논문집 8권』.

조순경, 여난영 · 이숙진 1989, 「여성노동과 성적통제」, 『한국여성학』 제5권.
조승혁 1968, 「단위노동조합을 통하여 본 한국노동운동의 방향」, 『대화』 12월호.
조승혁 1978, 「산업선교와 노동자의 인권」, 『씨알의 소리』 11월호.
조승혁 1981, 『도시산업선교의 인식』, 민중사.
조승혁 1984, 『한국공업화와 노동운동』, 풀빛.
조영래 1983, 『전태일 평전』, 돌베개.
조옥라 1986, 「가부장제에 대한 이론적 고찰」, 『한국여성학』 2집.
조옥라 · 조은 1991, 『도시빈민의 삶과 공간 — 사당동 재개발지역 현장연구』, 서울대학교 출판부.
조은 외 1997, 『근대가족의 변모와 여성문제』, 서울대학교 출판부.
조은 2002, 『침묵으로 지은 집』, 문학동네.
조지송 1997, 「간추린 영등포 산업선교회 이야기」, 『나의 삶 나의 이야기』, 연이.
조한욱 2000, 『문화로 보면 역사가 달라진다』, 책세상.
조형 · 장필화 1990, 「국회 속기록에 나타난 여성정책 시각: 賣買春에 대하여」, 『여성학논집』 7집.
조화순 1992, 『고난의 현장에서 사랑의 불꽃으로: 조화순 목사의 삶과 신학』, 대한기독교서회.
조화순 2001, 「여성노동자의 대모, 조화순 목사」, 『함께 걸음』 12월호.
조희연 1993, 「하청관계와 노동사의 내부구성과 실태에 관한 조사연구」, 『계급과 빈곤』, 한울.
조희연 2004a, 「반공규율사회와 노동자 계급의 구성적 출현」, 『당대비평』 여름호.
조희연 2004b, 「박정희 시대의 강압과 동의: 지배, 전통, 강압, 동의의 관계를 다시 생각한다」, 『역사비평』 여름호.
조희정 1979, 「파출가정부의 실태조사」, 『사회복지연구』 13집.
주길자 1972, 「최초의 여성 지부장 탄생」, 『노동공론』 제2호.
주대환 2001, 「폐허 위에서 다시 싹튼 사회주의 운동 - 70년대 학생운동, 부마항쟁, 한국노동당과 주대환위원장」, 『이론과 실천』 창간준비 4호.
주태익 1967, 「家事를 食母에게 맡기는 일에 대하여」, 『여원』 1월호.
지학순 1977, 「노동자의 인권을 보장하라」, 『대화』 10월호.
진즈부르그 카를로, 김정하 · 유제분 옮김 2001, 『치즈와 구더기: 16세기 한 방앗간 주인의 우주관』, 문학과지성사.
최근배 1980, 「사북 동원탄좌에서 보내온 편지 — 막장에서 벗어날 날을」, 『신동아』 6월호.

최남형 1975, 「윤락여성의 선도」, 『여성』 12월호.
최대현 1968, 「청소년범죄소고」, 『여성』 7월호.
최도은 2000, 「노동운동과 노래 — 해방 이후부터 현재까지」, 한국노동이론정책연구소 콜로키움 6월 3일.
최서연 2000, 「한국의 근대화와 가족: 한 대기업의 사보를 중심으로」, 『말리서사』 1호.
최순영 2001, 「유신독재를 무너뜨린 여성 노동자의 힘 — YH 노조 투쟁과 최순영 부대표」, 『이론과 실천』 창간준비 2호.
최순임 1982, 「수출자유지역의 하루」, 『마산문화』 1집.
최영자 1980, 「불안과 생활고에 쫓기는 나날」, 『신동아』 6월호.
최일섭 1984, 「한국의 도시영세여성 발전을 위한 논고」, 『여성연구』 제4호.
최일성 2000, 「유교 '정상가족 이데올로기'(normal-family-ideology) 비판: 구조주의적 이데올로기론을 중심으로」, 서강대학교 정치외교학과 석사학위 논문.
최장집 외 1992, 「계급타협과 노동운동의 진로」, 『경제와 사회』 제15권.
최장집 1988, 『한국의 노동운동과 국가』, 열음사.
최장집 1993, 『한국 민주주의의 이론』, 한길사.
최재석 1981, 「한국에 있어서의 윤락여성 연구의 전개」, 『아세아여성연구』 20호.
최재현 1985, 「공식부문과 비공식부문간의 상호교류 — 전기자료에 근거한 해석」, 『산업사회연구』 1호.
최재현 1987, 『공업노동자의 사회의식 — 섬유 및 전자산업 노동자에 대한 질적 조사연구를 토대로』, 서강대학교 산업문제연구소.
최정운 2001, 『5월의 사회과학』, 풀빛.
최종선 2001a, 『산 자여 말하라: 고 최종길 교수는 이렇게 죽었다』, 공동선.
최종선 2001b, 「동일방직 사건에 대한 진술」, 2001년 3월 19일(미출간 원고).
추송례 구술, 박승호 기록 2002, 「새로운 삶이 거기 있었지요」, 『기억과 전망』 1호.
추송례 2001, 「어김없이 봄은 오는 가」, 『실업일기』, 작은책.
칠더즈 조셉 · 게리 헨치 편, 황종연 옮김 1999, 『현대 문학 · 문화 비평 용어사전』, 문학동네.
카토릭여성연합회 1971, 「여성생활검소화 운동 취지문」, 『여성』 10월호.
태혜숙 1998, 「성적 주체와 제3세계 여성 문제」, 『여성이론』 1호.
톰슨 에드워드 1993, 「시간, 노동규율 그리고 산업자본주의」, 『학회평론』 8호.
톰슨 에드워드, 나종일 외 옮김 2001, 『영국 노동계급의 형성 (상), (하)』, 창작과 비평사.

팽경인 1988, 「노동자가족의 노동력재생산에 대한 사례연구 — 제조업 생산직노동자가족에서 여성의 역할을 중심으로」, 이화여자대학교 사회학과 석사학위 논문.

푸코 미셸, 오생근 옮김 1994, 『감시와 처벌: 감옥의 역사』, 나남.

푸코 미셸, 박정자 옮김 1998, 『사회를 보호해야 한다』, 동문선.

필립 아리에스 외 공편, 주명철 · 전수연 옮김 2002, 『사생활의 역사: 로마제국부터 천년까지』, 새물결.

하비 제이 케이, 양효식 옮김 1993, 『영국의 마르크스주의 역사가들』, 역사비평사.

하상락 1973, 「요보호여성의 자립대책」, 『여성』 11월호.

하종강 2001, 「'꼴값들 하고 있네'」, 『한겨레21』 8월 22일.

하종강 2002, 「'그래도 말뚝은 부러지지 않는다'」, 『한겨레21』 11월 6일.

하종강 2003, 「'어느 돌멩이'는 살아있었다」, 『한겨레21』 1월 15일.

한경구 1992a, 「왜 '일본은 계급사회가 아니다'라고 하는가」, 『한국문화인류학』 제23집.

한경구 1992b, 「천황제와 일본문화」, 『일본평론』 5호.

한경구 1994, 「메이지시대의 기업가 정신이라는 신화와 그 실상」, 『한국문화인류학』 제25집.

한경구 1999, 「일본의 근대조직의 발전과 한계: '이에'형 조직과 운명공동체」, 『아세아연구』 101호.

한경구 2000, 「동아시아 경영문화: 가능성과 한계의 모색」, 『발견으로서의 동아시아』, 문학과 지성사.

한국가톨릭노동청년회 1986, 『한국가톨릭노동청년회 25년사』, 분도출판사.

한국교회사협의회 1985, 『노동자의 살림살이』, 풀빛.

한국기독교교회인권위원회 1987a, 「노동자의 생존권투쟁과 교회의 연대」, 『1970년대 민주화 운동(III)』, 청사.

한국기독교교회인권위원회 1987b, 「도시산업선교회에 대한 왜곡 · 비방」, 『1970년대 민주화 운동(III)』, 청사.

한국기독교교회인권위원회 1987c, 「동일방직 여성노동자들의 생존권투쟁과 인간선언」, 『1970년대 민주화 운동(III)』, 청사.

한국기독교교회인권위원회 1987d, 「산업선교수호활동과 산업선교신학선언」, 『1970년대 민주화 운동(III)』, 청사.

한국기독교교회협의회 도시산업선교문제대책위원회 1979, 『도시산업선교문제조사보고서 — 불순세력 운운…의 문제를 중심으로』, 한국기독교교회협의회 도시산업선교문제대책위원회.
한국기독교교회협의회 인권위원회 1987, 『1970년대 민주화운동 - 기독교 인권운동을 중심으로, I-III』, 한국기독교교회협의회 인권위원회.
한국기독교교회협의회 1984, 『노동현장과 증언』, 풀빛.
한국기독교사회문제연구소 1983a, 『한국의 가난한 여성에 관한 연구』, 민중사.
한국기독교사회문제연구소 1983b, 『1970년대 민주화운동과 기독교』, 한국기독교사회문화연구원.
한국노동자복지협의회 1984, 『YH노동조합운동사』, 형성사.
한국노동조합총연맹 1978, 『조직여성근로자의 근로실태에 관한 조사연구보고서(Ⅱ): 비제조업을 중심으로』, 한국노동조합총연맹.
한국노동조합총연맹 1979, 『한국노동조합운동사』, 한국노총.
한국민주노동자연합 1994, 『1970년대 이후 한국노동운동사』, 동녘.
한국여성유권자연맹 1980, 『여성근로자 실태조사 보고서 — 구미, 구로공단을 중심으로』.
한국천주교정의평화위원회 1984a, 「어린이의 취업실태에 관한 조사보고서」, 이태호 편, 『80년대 상황과 논리』, 아침.
한국천주교정의평화위원회 1984b, 「5 · 17이후의 노동운동 — 노동운동에 대한 규제사례를 중심」, 이태호 편, 『80년대 상황과 논리』, 아침.
한기수 1968, 「우리는 직업훈련을 이렇게 본다」, 『산업과 노동』 2:6.
한명희 1998, 「아름다운 여성노동운동사, 한명희.」 『여성과 사회』 제9호.
한승헌 편 1984, 『유신체제와 민주화 운동』, 삼민사.
한윤수 편 1980, 『비바람속에 피어난 꽃 — 10대 근로자들의 일기와 생활담』, 청년사.
허상수 2003, 「한국노총과 70년대 노동운동」, 『1970년대 산업화 초기 한국노동사 연구 — 노동운동사를 중심으로』, 성공회대학교 사회문화연구소.
허영섭 1977, 「가정부의 이력서」, 『대화』 10월호.
헌트 린, 조한욱 옮김 1995, 『프랑스 혁명의 가족 로망스』, 시각과 언어.
헌트 린, 조한욱 옮김 1996a, 『문화로 본 새로운 역사: 그 이론과 실제』, 소나무.
헌트 린, 조한욱 옮김 1996b, 『포르노그라피의 발명』, 책세상.
호스톤, 김영호 · 류장수 옮김 1991, 『일본자본주의 논쟁: 마르크스주의와 일본경제의 위기』, 지식산업사.
홉스봄 에릭, 박현채 · 차명수 옮김 1984, 『혁명의 시대』, 한길사.

홉스봄 에릭 · 테렌스 랑거, 최석영 옮김 1996, 『전통의 날조와 창조』, 서경문화사.
홍금종 1980, 「개선되어야할 작업환경」, 『신동아』 6월호.
홍현영 2002, 「1970년대 개신교의 도시산업선교회 활동」, 한양대학 사학과 석사학위논문.
황무순 1966, 「윤락여성 선도사업」, 『여성』 10월호.
황병주 2000, 「박정희 시대의 국가와 '민중'」, 『당대비평』 가을호.
황상근 1989, 『벽돌 없는 학교: 가톨릭 노동청년회』, 성바오로 출판사.
황석영 1983, 「일과 삶의 조건 — 문학에 뜻을 둔 아우에게①」, 『실천문학』 제4호.
황석영 1985, 『죽음을 넘어 시대의 어둠을 넘어: 광주 5월 민중항쟁의 기록』, 풀빛.
황정미 2001, 「개발국가의 여성정책에 관한 연구: 1960 70년대 한국 부녀행정을 중심으로」, 서울대학교 사회학과 박사학위 논문.
효성여대 여성문제연구 1975, 「윤락여성의 실태」, 『여성』 1-2월호.
훅스 벨, 박정애 옮김 2002, 『행복한 페미니즘』, 백년글사랑.

2. 영어 문헌

Aronowitz, Stanley 1992, *The Politics of Identity*. London: Routledge

Ashi Nandy 1983, *The Intimate Enemy*. Delhi: Oxford University Press.

Chun Soonok. 2000, "They are not Machines — Korean Women Workers and their Fight for Democratic Trade Unionism in the 1970." Ph.D. Dissertation University of Warwick.

Coontz, Stephanie 1992, *The way we never were :American families and the nostalgia trap*. New York, NY: Basic Books.

Deleuze, Gilles 1994, "Foucault and the Prison," in Barry Smart(ed.) *Michel Foucault: Critical Assessment*. Vol. 3. London: Routledge.

Eckert, Carter J 1991, *Offspring of Empire: The Koch'ang Kims and the Colonial Origins of Korean Capitalism, 1876-1945*. Seattle: University of Washington Press.

Foucault, Michel 1980, Colin Gordon ed. and trans., *Power/Knowledge: Selected Inter views and Other Writings, 1972-1977*. New York: Pantheon.

Geary, Dick 1981, *European Labor Protest, 1848-1939*. London: Macmillan.

Guttsman, W.L 1990, *Culture and German Proletariat, in Workers' Culture in Weimar Germany-Between Tradition and Commitmen*. New York: St. Martin's Press.

Hobsbawm, E. J 1964, *Labouring Men: Studies in the History of Labour*. New York: Weidenfeld and Nicolson.

Irokawa Daikichi 1985, *The Culture of the Meiji Period*. Princeton: Princeton University Press.

Jones, Gareth Stedman 1983, *Languages of Class: Studies in English Working Class History, 1832-1982*. Cambridge: Cambridge University Press.

Joyce, Patrick 1991, *Visions of the People: Industrial England and the Question of Class, 1848-1914*. Cambridge: Cambridge University Press.

Kim Seung-kyung 1997, *Class struggle or family struggle? : the lives of women factory workers in South Korea*. Cambridge: Cambridge University Press.

Nimura Kazuo 1990, Marcel van der Linden & Jurgen Rojahn(ed.), *The Formation of Labour Movements 1870-1914: An International Perspective*, Vol. II. Leiden:

Brill.

Scott, J. C 1998, *Seeing Like a State*. New Haven: University of Yale Press.

Scott, J. C 1985, *Weapon of the Weak*. New Haven: University of Yale Press.

Scott, Joan 1989, *Gender and the Politics of History*. New York: Columbia University Press.

Spencer, Robert 1988, *Yogong: Factory Girl*. Seoul: Royal Asiatic Society, Korea Branch.

Thompson, E. P 1978, *The Poverty of Theory and Other Essays*. New York: Monthly Review Press.

Tsurumi, E. Patricia 1990, *Factory Girls: Women in the Thread Mills of Meiji Japan*. Princeton: Princeton University Press.

3. 일본어 문헌

赤松常子編集委員 1977,『雑草のようにたくましく：赤松常子の足跡』赤松常子顕彰会.

井桁碧 2000,『日本国家と女』青弓社.

石原修 1970,『女工と結核』生活古典叢書 5 光生館.

石井寛治 1979,『日本蚕業業史分析 : 日本産業革命研究序論』東京大出版会.

石井寛治 1991,『日本経済史』東京大学出版会.

石井寛治・中村政則 編 1977,『近代日本経済史を学ぶ(下)』有斐閣.

伊藤幹治 1982,『家族国家観の人類学』ミネルヴァ書房.

犬丸義一 1998,『職工事情 (下)』岩波文庫.

井上清 1969,『大正期の政治と社会』岩波書店.

井上清・渡部徹 1959,『米暴動の研究』有斐閣.

岩本由紘 1972,「諏訪製糸同盟成立活動」,『日本近代史研究(上)』東京大学出版会.

上野千鶴子 1990,『家父長制と資本制：マルクス主義フェミニズムの地平』岩波書店.

上野千鶴子 1994,『近代家族の成立と終焉』岩波書店.

大河内一男 1961,『日本の労働組合』慶友社.

岡実 1916,『工場法論』有斐閣.

奥平康弘 1977,『治安維持法小史』筑摩書房.

楫西光速 等 1955,『製糸労働者の歴史』岩波書店.

川島武宣 1950,『日本社会の家族的構成』日本評論社.

北崎豊二 1960,「わが国紡績業と労働問題: 明治22年の天満紡績におけるストライキ」,『歴史評論』113号.

金賛汀 1982,『朝鮮人女工のうた: 1930年岸和田紡績争議』岩波書店.

金賛汀・方鮮嬉 1977,『風の慟哭: 在日朝鮮人女工の生活と歴史』田畑書店.

熊拓誠 1981,『日本の労働者像』筑摩書房.

熊拓誠 2000,『女性労働と企業社会』岩波書店.

佐倉啄二 1981,『製糸女工虐待史』信濃毎日新聞社.

佐口和郎 1991,『日本における産業民主主義の前提: 労使懇談制度から産業報国会へ』東京大学出版会.

トマス.C.スミス, 大島真理夫 訳 1995,『日本社会史における伝統と創造: 工業化の内在的諸要因 1750-1920』ミネルヴァ書房.
光田京子 1985,「近代母性観の受容と変形: 教育する母親から良妻賢母へ」,『母性を問う(下)』人文書院.
鈴木裕子 1989,『女工と労働争議: 1930年洋モス争議』れんが書房.
鈴木正幸 1986,『近代天皇制の支配秩序』校倉書房.
隅谷三喜男 1965,『日本賃労働史論: 明治前期における労働者階級の形成』東京大学出版会.
隅谷三喜男・小林謙一・兵藤釗 1967,『日本資本主義と労働問題』東京大学出版会.
隅谷三喜男 1977,『日本労使関係史論』東京大学出版会.
隅谷三喜男・古賀比呂志 共編 1978,『日本職業訓練発展史: 戦後編 ― 労働力陶冶の課題と展開』日本労働協会.
隅谷三喜男 1979,『現代日本労働問題』東京大学出版会.
塩田庄兵衛 1974,『日本労働運動の歴史』労働旬報社.
瀬地山角 1996,『東アジアの家父長制』勁草書房.
高井とし 1981,『わたしの「女工哀史」』草土文化.
たかせとよじ 1979,『官営富岡製糸所工女史料』たいまつ社.
竹下景子 1999,「明治, 大正における女工意識の一考察 ― 孝, 忠 分析を基軸」,『史論』25号.
東条由紀彦 1990,『製糸同盟の女工登録制度: 日本近代の変容と女工の「人格」』東京大学出版会.
東条由紀彦 1991,「日本労働者の自己意識の変遷と社会形成」,『歴史研究』626号.
千本曉子 1981,「明治期紡績業の男女間賃金格差」,『経済史学』16巻 1号.
千本曉子 1990,「日本性別分業の形成: 家計調査」,『制度としての女』平凡社.
中西洋 1979,『日本における「社会政策」「労働問題」研究: 資本主義国家と労資関係』東京大学出版会.
中林真幸 1999,「製糸業における労資資係の形成」,『史学雑誌』108巻 6号.
中根千枝 1978,『タテ社会の力テ』講談社.
中村政則 1976,『労働者と農民―日本近代をささえた人』小学館.
中村政則 編 1985,『技術革新と女子労働』国際連合大学 東京大学出版会.
西尾末広 1971,『大衆と共に: 私の半生の記録』日本労働協会.
西成田豊 1988,『近代日本労資関係史の研究』東京大学出版会.
西成田豊 1997,『在日朝鮮人の「世界」と「帝国」国家』東京大学出版会.

二村一夫 1959a,「足尾暴動の基礎過程 —「出稼型」論に関する一批判」,『法学志林』57券 1号.

二村一夫 1959b,「足尾暴動: 日本労働運動史 3」,『学習の友』69号.

二村一夫 1969,「戦前における労働運動の本格的発展と敗北」,『日本労働運動の歴史と課題』労働運動史研究 50号.

二村一夫 1971,「60年代における日本労働問題研究の到達点 — 兵藤釗『日本における労資関係の展開』について」,『季刊 労働法』80.

二村一夫 1975,「労働者階級の状態と労働運動」,『岩波講座 日本歴史』18.

二村一夫 1979,「職工義友会と加州日本人靴工同盟 — 高野房太郎の在米時代労働運働史研究」,『黎明期日本労動運働の再検討: 労働運働史研究62』労働旬報社.

二村一夫 1981,「足尾暴動の基礎過程 —「出稼型」論に関する一批判」,『労働運動史』校倉書房.

二村一夫 1984,「企業別組合の歴史的背景」, 法政大大原社会問題研究所,『研究資料月報』305.

二村一夫 1987,「日本労使関係の歴史的特質」, 社会政策学会年報 第31集『日本の労使関係の特質』御茶の水書房.

二村一夫 1994,「戦後社会の起点における労働組合運動」, 渡辺治他編,『日本近現代史 4』岩波書店.

二村一夫 1996,「工員, 職員の身分差別撤廃」,『日本労働研究会誌』443号.

二村一夫 1998,「日韓労使関係の比較史的検討」, 法政大大原社会問題研究所編,『現代の韓国使関係』御茶の水書房.

二村一夫2000,『高野房太郎とその時代』(http://oohara.mt.tama.hosei.ac.jp/nk/tfcontents.htlm)

二村一夫 2001,「日本における職業集団の比較史的特質 — 戦後労働組合から時間を逆行し, 近世の〈仲間〉について考える」,『経済雑誌』102券 2号.

野村正実 1994,『終身雇用』岩波書店.

間宏 1978,『日本労務管理史研究: 経営家族主義の形成と展開』御茶の水書房.

花井信 1976,「工場法成立期における製糸工女の就状態: 上諏訪の製糸工場特別教授をめぐって」,『歴史評論』321号.

花井信 1999,『製糸女工の教育史』大月書店.

林功郎 2002,『地平線以下』文芸社.

早田リツ子 1997,『工女への旅: 富岡製糸場から近江絹糸へ』かもがわ出版社.

兵藤釗 1971,『日本における労資関係の展開』東大社学研究叢書.

細井和喜蔵 1929,『女工哀史』改造社.

松村敏 1992,「大正昭和初期における諏訪製糸業の二重構造」,『金沢大経済論集』29号.

松本衛士 1991,『製糸労働争議の研究 — 岡谷,山一林組争議の一考察』柏書房.

三宅義子 2001,「日本の社会科学とジェンダ — 女工哀史言説をめぐって」,『現代の日本社会とジェンダ-』明石書店.

牟田和恵 1997,「日本近代と家族 — 明治期 家族国家観 再考」,『家と女性』吉川弘文館.

村串仁三郎 1989,『日本の伝統的労資関係 : 友子制度史の研究』世界書院.

村上信彦 1970,『明治女性史(上)』理論社.

山田盛太郎 1977,『日本資本主義分析』岩波書店.

山崎益吉 2003,『製糸工女のエ-トス: 日本近代化をった女性たち』日本経済評論社.

山内みな 1975,『山内みな自伝: 十二歳の紡績女工からの生涯』新宿書房.

山本茂実 1977,『あ 野麦峠 — ある製糸工女哀史』角川文庫.

山川菊栄 1990, 鈴木裕子 編,『山川菊栄評論集』岩波書店.

山中永之佑 1982,「近代の家族と共同体」,『歴史評論』441号.

安岡憲彦 1999,『近代東京の下層社会: 社会事業の展開』明石書店.

横山源之助 1985,『日本の下層社会』岩波書店.

米田佐代子 1956,「明治19年の甲府製糸女工争議について」,『歴史評論』105号.

和田英 1973,『富岡日記』上毛新聞社.